Oskar Negt

Achtundsechzig

Politische Intellektuelle und die Macht

Steidl

1. Auflage, November 1995

© Copyright: Steidl Verlag, Göttingen 1995
Lektorat: Daniela Hermes
Umschlag: Klaus Detjen
Umschlagfoto: Gerhard Steidl
Alle deutschen Rechte vorbehalten
Satz, Druck, Bindung:
Steidl Verlag, Düstere Straße 4, D-37073 Göttingen
Printed in Germany
ISBN 3-88243-299-3

STEIDL

Inhalt

Für Ute und Jürgen Habermas,
die liebevollen Begleiter meiner
akademischen Anfangsjahre –
auf der »Heidelberger Sonnenseite«

Vorwort

Dieses Buch ist im Zorn und gegen das Vergessen geschrieben. Zornig bin ich, weil ich in der intellektuellen Landschaft der deutschen Gesellschaft, die sich wieder in ihren normalen geschichtlichen Rhythmen bewegt, immer mehr öffentliche Auftritte von Personen wahrnehme, die sich selbst als 68er bezeichnen, um mit glaubwürdiger Geste alles abwerten zu können, wofür sie sich einst haben schlagen lassen. Das läßt nur einen Schluß zu: Der Opportunismus ist die eigentliche Geisteskrankheit der Intellektuellen. Wo diese ihren Eigensinn, die bohrende und widerständige Kraft ihrer Entwurfsphantasien einbüßen, werden sie zu abrufbaren Legitimationsproduzenten mit beschleunigten Häutungen, und am Ende bleibt nur die Haut übrig, die man selbst zu Markte tragen muß.

Daß in den Fabrikationshallen des konservativen Lagers der Zusammenbruch der menschenverachtenden nachstalinistischen Gesellschaftsordnungen, die sich den Ehrennamen des Sozialismus zulegten, als einzigartige Chance genutzt wurde, eine Endabrechnung mit allem vorzulegen, was sozialistische Utopie, was grenzüberschreitendes Denken überhaupt seit Generationen politisch ausdrücken wollte – das ist gut zu verstehen.

Daß aber diejenigen, die ein Stück ihrer Identität, ihrer Kompetenz und häufig auch ihrer Karriere aus der mit den Ideen dieser Zeit verknüpften Praxis gewonnen haben, leichtfertig oder gar mit Willen und Bewußtsein sich die für diesen Zusammenhang geltenden Begriffe, die Werte und Symbole der politischen Sprache im vorauseilenden Gehorsam enteignen lassen, hat für mich den Rang eines kulturellen Skandals.

Und ich schreibe gegen das Vergessen. Nichts in der heutigen Welt erscheint mir bedrohlicher als der Verlust der gesellschaftlichen Erinnerungsfähigkeit – eine »Menschheit ohne Erinnerung«, die schon Adorno als drückende Hypothek diagnostizierte. Damit meine ich nicht die antiquarische Geschichtsschreibung, das professionelle Anhäufen von Tatbeständen der Vergangenheit, die schon heute wie ein »Alp auf den Gehirnen der Lebenden« lasten. Lebendige Kultur ist nur existenzfähig, wenn die Menschen mit ihrem kollektiven Gedächtnis, dem inneren Gemeinwesen, pfleglich umgehen. Jeder Traum von individueller

Selbstverwirklichung zerfällt, wenn das Gemeinwesen Schaden erleidet; und wer das Gemeinwesen ruiniert, beschädigt am Ende sich selbst. Ohne die notwendige Energie zur Aufbewahrung, zum Austragen der Probleme in Raum und Zeit, setzt sich eine Maschinerie der beschleunigten Entwertung in Gang, der am Ende die eigene politische Identität zum Opfer fällt, ja viel mehr: an deren Ende die Entwertung des gelebten Lebens steht – und es triumphiert genau jenes Unwesen im Bestehenden, dessen Beseitigung ursprünglich entscheidendes Motiv für unbotmäßiges Handeln war. Die selbstverschuldete Entmündigung der Intellektuellen, die sich ihrer Sorge und ihrer Verantwortung für ein besseres Gemeinwesen durch auftrumpfenden Realismus zu entledigen suchen, ist nicht ohne inneren Bezug zu dem, was 68 aufbrach und in äußerlich nicht immer kenntlich zu machender Maulwurfsarbeit auf den Weg gebracht worden ist.

Wo ist der Anfang zu machen, wenn man sich ernsthaft darauf einläßt, in dem mittlerweile verwilderten Landschaftsgemälde »Achtundsechzig«, das mit jedem mediengesteuerten Rückerinnerungsdatum zusätzlich verdreht, perspektivisch verzerrt und retuschiert wird, einige Linien zu ziehen, die den Proportionen der damaligen Ideen und den heutigen Bewegungsabläufen zugleich gerecht werden?

Ein Bild, das alle zur Einstimmung zwingt, wird es nicht geben; jedes Urteil über diese Zeit wird anfechtbar sein. Auch das meine. Aufrichtigkeit ist der einzige jedem zumutbare Leitfaden für eine Auseinandersetzung, die in Erinnerungen und Annäherungen mit dieser Zeit kritisch umgeht.

Jubiläen sind zur Zeit die günstigsten Einstiegsmöglichkeiten für ein Buch der Art, wie ich es vorhabe – »zwanzig, fünfundzwanzig, dreißig Jahre danach«. Ich habe bewußt ein Erscheinungsdatum gewählt, das sich querlegt.

In Jubiläen leben, wie man weiß, archaische Elemente fort. Die großen Feste der Wiederkehr, die dionysischen Feiern in Griechenland, als der Geist der sokratischen Aufklärung bereits um sich griff, und die Saturnalien Roms, waren kollektive Versöhnungsrituale, in denen der ursprüngliche Trennungsschmerz zwar Thema war, aber nie völlig durchsichtig werden durfte. Den Ursprung der Tragödie, die merkwürdigerweise Jubiläen häufiger bestimmt als Geburtsereignisse und Stunden geglückter Eingriffe, restlos aufzuklären bedeutete das Ende des Mythos.

Ein großes Fest zu feiern, auf dem nicht nur die heute noch Lebenden, sondern auch die Toten auftreten und ihre alten Kämpfe vor einem

Publikum ausfechten, das den Ausgang kennt und deshalb im Wissen um die wirklichen Vorgänge über das eine weinen und das andere lachen kann – das wäre eine angemessene Form des Jubiläums von 68.

Da alle gesellschaftlichen Voraussetzungen für solche kollektiven Gedächtnisrituale in Form einer sinnlich-praktischen Verarbeitung von großen Ereignissen, die starke emotionale Verwicklungen hervorgerufen haben, fehlen, ist Aufklärung der einzige Weg, der aus dem Dilemma von bewußtloser Identifikation und arroganter Distanzierung herausführt; denn beide sich durchaus ergänzenden und gegenseitig bestätigenden Verhaltensweisen behindern die politische Urteilsfähigkeit und blockieren das geschichtliche Lernen, ohne dessen Idee jede Auseinandersetzung mit der Vergangenheit eine sinnlose Beschäftigung wäre.

Ich beginne deshalb am besten mit meiner eigenen Rolle. Sie ist die eines Mentors, eines aktiven Begleiters der Ereignisse, der Anregungen gibt, sich in die politischen Debatten einmischt, vor allem aber versucht, in Reden und Abhandlungen das Neue, das im Alten heranzuwachsen sich müht, auf Begriffe zu bringen und in strategischen Perspektiven praktikabel zu machen.

Das Wort »Mentor« ist griechischen Ursprungs. In Gestalt des Mentors begleitet Athene beratend Telemach, den Sohn des Odysseus, nach Pylos und unterstützt Odysseus gegen die Freier, die seinen Besitz plündern. Abgelöst vom Mythos ist der Mentor, in Übersetzung des ursprünglichen griechisches Wortsinns, ein »erfahrener Ratgeber«: eine treffende Bezeichnung für das, was ich politisch gemacht habe, wie ich mich selbst verstand und wie meine Funktion von anderen verstanden wurde.

Als Ergebnis der bitteren Erfahrungen, die ich mit Fraktionsauseinandersetzungen, mit Personalfragen und unterschwelligen Konflikten in der SPD, den Gewerkschaften und dem Sozialistischen Deutschen Studentenbund gemacht hatte, war ich entschlossen, mich aus solchen politischen Streitereien herauszuhalten und die Aufgabe eines politischen Mentors ernst zu nehmen. Ich habe mich darauf beschränkt, Ratschläge zu formulieren, zu ermahnen und unausgetragene Konflikte öffentlich zu machen. Eine solche Haltung stieß innerhalb der Linken auf Anerkennung. Die Kategorie »Erfahrung« rückte zunehmend ins Zentrum meiner politischen Philosophie.

Weder kann ich Originalität in der Theorie der Protestbewegung beanspruchen – dafür stand die Frankfurter Schule, stand in vorderster

Front Herbert Marcuse ein – noch in den Aktionen und Aktionsformen, die wohl eher kollektives Resultat spontaner Regungen, auch kunstvoller Rhetorik waren als die Folge ausgeklügelter Entwürfe Einzelner, die als Sprecher auftraten und Parolen skandierten. Da ich bereits 1962 wissenschaftlicher Assistent für Philosophie wurde, zu einer Zeit also, als meine Generation (damals zwischen fünfundzwanzig und dreißig) noch vor den Toren der Universitäten stand und nicht mehr als drei oder vier dezidiert linke oder gar marxistische Hochschullehrer im Amt waren, gewann ich sehr schnell durch meine öffentliche Parteinahme für die rebellierenden Studenten eine unerwartete Autorität, die es mir ermöglichte, Kritik zu üben, ohne sogleich ausgegrenzt zu werden.

Davon habe ich gezehrt. In der eigenen politischen Sozialisation eher ein 58er, durch die SPD, durch Gewerkschaften und den damals recht kleinen Sozialistischen Deutschen Studentenbund geprägt, kann ich heute in kritischer Distanz zu 68 stehen, ohne mich distanzieren zu müssen.

1968 ist ein symbolbesetztes Jahr wie 1789, 1848, 1914, 1933 und andere mehr; sie zeigen Umbrüche an, mit positiver und negativer Tendenz der Wertung. Sie als Substanzbegriffe zu nehmen ist in jeder Hinsicht verkehrt. Jubiläen heften sich in der Regel an solche Daten. Ich spreche von 68 als symbolbesetztem Datum, in dem sich sehr verschiedenartige Ereignisse bündeln. Zunächst ist jedoch der Hinweis erforderlich, daß 68 ja viel mehr ist als die Rebellion der Studenten und Jugendlichen; es ist eine Protestbewegung in einem umfassenden Sinne.

In Paris sammeln sich im Mai 1968 eine Million Arbeiter, und der Sturz des de Gaulleschen Präsidialsystems ist in greifbare Nähe gerückt; de Gaulle macht sich, ein äußerst kluger Schachzug, unsichtbar. In der Tschechoslowakei entwickelt sich, wie wir heute nachträglich feststellen können, unter Dubček eine der letzten möglichen, aber bereits überfälligen Reformen des Sozialismus, die sich aus der uralten Kraft sozialistischer Utopien nährt, um durch einen Sozialismus mit menschlichem Antlitz, friedlich und waffenlos, die nachstalinistischen Bürokratien zum Abtreten zu veranlassen – die letzte wird von manchen Linksintellektuellen in der Gorbatschowschen Öffnungsstrategie gesehen. Über zwanzig Jahre hat es gedauert, bis der verachtete und geprügelte Alexander Dubček recht behalten durfte – aber jetzt war es kein Sozialismus mehr, den er repräsentierte. Der Vietnamkrieg treibt dem Höhepunkt entgegen. Die Tet-Offensive leitet das allmähliche Scheitern der amerikanischen Interventionspolitik ein. Antikriegskampagnen und Bürgerrechtsbewegungen der Vereinigten Staaten verschmelzen mit jener Rebellion von Studenten und Jugendlichen, die in Berkeley ihren Ausgang nimmt. Aber es ist auch das Jahr furchtbarer individueller Tragödien: Martin Luther King wird hinterrücks erschossen, Robert Kennedy, der Hoffnungskandidat eines Neuaufbruchs, getötet.

In Deutschland passiert ebenso Ungewöhnliches, keineswegs von geringerer Bedeutung und Reichweite. Deutsche Studenten und Jugendliche, seit über hundert Jahren in großer Mehrheit regelmäßig nach rechts ausschlagend, begehren gegen die herrschende Ordnung und die vorgegebenen Lebensformen auf, ohne aus Parolen der nationalen Selbstbefreiung, des Einheitspatriotismus, aus der Ausgrenzung alles Fremden und aus Rassenvorurteilen Perspektiven ihrer Wunschidentität zu gewinnen. Da tritt plötzlich eine Generation in Erscheinung, die allem widerspricht, was ihr politisch und in empirischen Untersuchungen attestiert wurde. Diskussion, der rhetorisch inszenierte Wortstreit (in Deutschland als parlamentarische Schwatzbude verachtet), erhält einen hohen Rang, Selbstverwirklichung und Internationalismus gelten als gleichrangige Ziele, die Politisierung des Privaten steht neben Organisationsformen direkter Demokratie.

Das hatte es seit dem Hambacher Fest 1832, das den revolutionären Vormärz einleitete, nicht gegeben.

68 ist also weder schwärende Wunde noch ein revolutionärer Umbruch wie die Französische Revolution von 1789. Es ist ein beziehungsreicher, die Offenheit eines Prozesses gewinnender Anfang. Wie ein Pfahl im Fleische sitzt dieses Jahr in der offiziell immer noch als wohlgeordnet geltenden Gesellschaft der Bundesrepublik (auch ihrer glücklos erweiterten Gestalt), die längst ihre normalen geschichtlichen Bewegungsrhythmen zurückgewonnen hat.

Das Jahr 68 öffnet die Geschichte für Augenblicke; es ist ein in jeder Hinsicht anstößiges Jahr, das Anfänge und Hoffnungen setzt. Aber auch die Niederlagen und die enttäuschten Erwartungen gehen in jenes kollektive Gedächtnis ein, das, je entfernter die Originalereignisse liegen, immer straffer im Sinne der gegenwärtigen Realitätsanpassung zurechtgestutzt wird.

So ist die Frage legitim: Was bleibt? Was soll gemacht werden, und was ist unter allen Umständen zu vermeiden? Welche Anstöße dieses anstößigen Jahres wirken weiter, welche Ideen und Ansätze sind unausgetragen, unabgegolten? Wir sind Lernende, und nur in einem Prozeß kollektiven Lernens, also der mühevollen Annäherung werden uns Ereignisse der Vergangenheit wieder lebendig und gewinnen ihren Gebrauchswertcharakter zurück.

Ich möchte in dieser Vorrede zunächst das Zwiespältige, die Ambivalenz dieser Bewegung festhalten: Denn 68er waren es, die aus der Erfahrung, daß das herrschende System die überfällige Aufarbeitung der faschistischen Vergangenheit blockierte oder sich nur zögend und fragmentarisch darauf einließ, den Schluß zogen, daß es sich hierbei um eine latent faschistische Ordnung handle. Wer von dieser Wirklichkeitsanalyse ausging, mußte sich völlig frei fühlen in der Wahl der Gewaltmittel, diesem System Widerstand zu leisten:»... und natürlich kann geschossen werden« (wie Ulrike Meinhof es später ausdrückte). Der tödliche Irrtum hat zehn Jahre gewährt, und er hat nichts an Produktionsprozessen hinterlassen, an die heute anzuknüpfen wäre – außer der Erkenntnis, daß terroristische Praktiken nie für Emanzipationszwecke einsetzbar sind, daß Befreiungsbewegungen nie frei sind in der Wahl ihrer Mittel. Die Absicht der RAF, durch exemplarische Anschläge das System zu erschüttern, hat nur die Vergrößerung des Sicherheitsapparats bewirkt.

Es waren 68er, die auszogen, um mit festem Schritt und Tritt und eiserner Disziplin den gesunden Kern des Proletariats aus seinen reformistischen und revisionistischen Schalen zu lösen. Sie haben den Anti-Intellektualismus in der Arbeiterschaft vergrößert, aber keinen einzigen Arbeiter für die Revolution gewonnen. Studentische Berufsrevolutionäre, die sie waren, mußten sie schließlich anerkennen, daß revolutionäre Veränderungen mehr erfordern als das fleißige Sammeln von Gleichgesinnten. Sie wollten mit dem Beispiel ihrer Organisation der antiautoritären Bewegung den Zahn der Spontaneität ziehen und haben doch nur dazu beigetragen, daß die Organisationsmüdigkeit wuchs. Dem verdinglichten, zur Substanz erhöhten Begriff der Revolution entspricht die verdinglichte Wirklichkeit, die keinerlei Risse und Widersprüche kennt, entweder mit einem Schlag gesprengt werden kann oder gar nicht. Es sind zwei Seiten desselben Irrtums.

Aber es waren auch 68er, die mit Energie und Umsicht, mit klarem Bewußtsein von Grenzen und kleinen Schritten an die mühevolle Arbeit in den einzelnen Berufsfeldern gingen. Als Revolutionäre im Beruf verstanden sie sich, nicht als Berufsrevolutionäre. Sie nahmen den moralischen Impuls der Bewegung auf und organisierten nach Interessen, nicht nach gleichgesinnten Köpfen. Die Protestkultur lebte eben nicht nur von der Straße, und die leicht faßlichen Formeln »Gewalt gegen Sachen – keine Gewalt gegen Personen« oder vom »langen Marsch durch die Institutionen« hatten für die, die Veränderungen im konkreten Interessenzusammenhang der Menschen bewirken wollten, keinerlei politische Bedeutung. Ein Betriebsrat kann nicht, will er Einfluß auf seine Kollegen behalten, seinen Industriebetrieb als Durchmarschgebiet betrachten, und unter welchen Bedingungen er von der Erlaubnis, Gewalt gegen Sachen zu üben, Gebrauch machen sollte, wird ihm viel Kopfzerbrechen bereiten.

Im Bereich der Erziehung, in der Sensibilität für Verletzungen der menschlichen Integrität und für Proportionen der Lebenswelt, überall dort, wo das Verhältnis von Politik, Moral und Macht öffentlich thematisiert wird, sind dagegen Wirkungen der 68er Bewegung bis zum heutigen Tage spürbar.

Eine freiheitssichernde Justiz hat sich herausgebildet. Während sie 68 noch mit Gründen als »Klassenjustiz« vermöge eines Systems der »Berufsvererbung« attackiert wurde, ist die Liberalisierung der Rechtsprechung bis hin zum gegenwärtigen Kruzifix-Urteil deutliches Kennzeichen einer von wachsendem Widerstandsgeist bestimmten Zivilisierung der Konflikte, die im Rechtssystem Anerkennung findet.

Schließlich ist vor gut fünfundzwanzig Jahren die kulturelle Hegemonie, der geschlossene Zusammenhang der konservativen Gesellschafts- und Weltinterpretation, in Frage gestellt worden, und sie hat, trotz größter Anstrengungen und erheblicher Machtmittel, auch unter den heutigen günstigen Bedingungen in einer der Vergangenheit, das heißt der Restaurationsordnung der Nachkriegsgesellschaft vergleichbaren Form nicht wiederhergestellt werden können. Das ist gewiß nicht nur das Resultat der 68er Impulse; denn unter Bedingungen gesellschaftlicher Erosion werden kulturelle Hegemonialansprüche ohnehin immer fragwürdiger. Die politisch-kulturelle Sozialisation der Menschen, Urteilsfähigkeit und Widerstandsgeist sind es schließlich, worin sich die größten Wirkungen und Nachwirkungen der 68er Bewegung zeigen.

Da ist zunächst die Form der Öffentlichkeit zu nennen, die politische Erweiterung des Ausdrucks menschlicher Interessen und Bedürfnisse. Die Demonstrationsöffentlichkeit stand 68 im Blickfeld der Medien; aber unterhalb dieser offiziellen Ebene, im Unterholz der praktizierten Lebensentwürfe, hat sich ein differenziertes Spektrum alternativer Öffentlichkeiten herausgebildet. Herrschaft lebt von Nicht-Öffentlichkeit.

Eine wesentliche Voraussetzung basisdemokratischer Mobilisierung von Interessen und Bedürfnissen ist die Herstellung kritischer Öffentlichkeit vor Ort, wo der wirkliche Produktionsprozeß stattfindet, nicht auf Marktplätzen und in Vereinslokalen. Was die Studenten und Jugendlichen von 68 praktiziert haben, davon leben heute noch die Demonstrationsformen der Stahlarbeiter im Ruhrgebiet und den neuen Bundesländern. Nicht daß diese wüßten, wann und wo die Blockadetechniken entwickelt wurden; aber sie gehören zum selbstverständlichen Arsenal einer Protestkultur.

Das hat für die deutschen Verhältnisse eine ganz andere Bedeutung als in den Ländern entwickelter bürgerlicher Demokratien; denn zur Herstellung von Öffentlichkeit reicht die bloße Veröffentlichung von Meinungen und Gesinnungen nicht aus. Der Mangel an entfalteter bürgerlicher Öffentlichkeit in Deutschland, wo das liberale Bürgertum sich ja nicht gegen den feudalabsolutistischen Staat, sondern mit ihm emanzipierte, hat dazu geführt, daß öffentliche Interessen, mehr als in anderen Ländern bürgerlicher Demokratien, durch den Staat definiert werden. Deshalb gehört hierzulande zur Herstellung von Öffentlichkeit ein Moment von Provokation, der begrenzten Regelverletzung, welche die Decke verdinglichter Verhältnisse aufbricht.

Aber auch der Begriff der Politik hat sich im Verlauf der vergangenen drei Jahrzehnte geändert. Daß Politik sich von den Lebenszusammenhängen der Menschen, der Basis, nicht trennen könne, dieser Grundsatz ist eine Fernwirkung der 68er Bewegung. Wenn Parteien dieses Basiselement spontaner Selbstorganisation nicht aufgreifen, werden sie mit erstaunlicher Regelmäßigkeit in die Rolle bloß kontrollierender und disziplinierender Organisationen gedrängt. Sie fangen an, das in den Massenaktionen selbst steckende politisch-organisatorische Element von der Erfahrungsbasis der Massen abzutrennen und in Gestalt von Direktiven oder Beschlüssen nachträglich und von außen wieder in die Massen hineinzutragen.

Zahlreiche Beispiele aus der Geschichte der Arbeiterbewegung belegen, daß ein solches Verfahren stets zum Scheitern geführt hat. Das bedeutet keine Fetischisierung der Spontaneität: Wer Spontaneität zu einem unter allen Bedingungen wirksamen, jederzeit erfolgversprechenden Mechanismus formalisiert, drückt damit nur die andere Seite des bürokratischen Organisationsmodells aus. Auf dem ausgedörrten und kalten Boden des Pflasterstrandes gedeihen Bedürfnisse nach menschlicher Nähe zum Staat. Dem spontanen Empfinden und Träumen, die sich zum Prinzip verdinglichen, ist politisch zu mißtrauen. Veränderungen im Erziehungsmilieu sind vielleicht die greifbarsten Grabeergebnisse dieser sonderbaren Untergrundtätigkeit. Pflanzschulen der Erziehung sind geblieben von Anstößen, die Eltern der 68er Generation gaben, und sie haben sehr viel Mühe darauf gewandt, dem Begriff des Antiautoritären, der im Schwange war, die Richtung eines Arbeitsprozesses zu geben, von Regeln der Zeit und des Raumes. Selbstregulierung war das Stichwort, das die Grenzen zum Alten benannte – zu einem Alten, von dem die, die mit Kindern zu tun hatten, sehr genau wußten, wie sehr es in die Katastrophengeschichte des zwanzigsten Jahrhunderts eingebunden war. Der Studienrat hatte schon den Massenselbstmord von Langemarck im Ersten Weltkrieg mit verschuldet. Stalingrad und die Unfähigkeit, nach der Katastrophe wenigstens eine Zeit des Atemschöpfens und der Trauer einzuschieben, bevor der bienenfleißige Wiederaufbau einsetzte, waren auch Resultate einer Erziehung, die jetzt niemand mehr wollte.

Allerorten bildeten sich pädagogische Experimente der Selbstregulierung, die so sehr ins Alltagsbewußtsein von Eltern und Erziehern eingegangen sind, daß heute niemand mehr die Ursprünge in Erinnerung hat. Das gehört zu den Resultaten der 68er Bewegung, die geräuschlos in das kulturelle Erziehungsklima eingegangen sind.

Schließlich haben Erfahrungen dieser Zeit Lernprozesse ausgelöst, durch die eine neue Dialektik von Theorie und Praxis deutlich wurde. In diesen ganzen Irrwegen ist auch die Erkenntnis gewachsen, daß die erste Aufgabe der Theorie nicht die ist, in Praxis umgesetzt zu werden. Als der junge Lukács, der »Geschichte und Klassenbewußtsein« geschrieben hatte, nicht zufällig übrigens in den Jahren 1922/23, als in Europa die letzten Hoffnungen auf revolutionäre Umwälzungen zerbrachen, der »Organisation« die Funktion zusprach, weltgeschichtliche Theorie in Praxis umzusetzen, hatte er einen der gefährlichsten und folgenreichsten Irrtümer auf den Begriff gebracht. Gerade die Jahrzehnte nach 68 haben – nicht nur in den vertrauten Verhältnissen unserer Gesellschaft, sondern auch beispielsweise in China und der Sowjetunion – durch die Praxis in einer der Logik entsprechenden Beweiskraft gezeigt, daß Theorie weder in Praxis umgesetzt werden kann noch eine solche Aufgabe hat.

Wo das im Ernst versucht wird, ist das harmloseste Resultat, daß das Scheitern den Menschen bewußt wird; wo es gelingt, kann es im

Extremfall praktische Konsequenzen haben, wie in Kambodscha nach der Befreiung, wo europäische Revolutionstheorie im agrarischen Zuschnitt Pol Pots auf eine im Kolonialstil urbanisierte Gesellschaftsordnung übertragen und mit Gewalt umgesetzt wurde. Was sich aus dieser konkreten Erprobung des im Marxismus immer wiederholten, aber dem Geist des Marxschen Denkens zutiefst widersprechenden Grundsatzes, daß die Praxis das Wahrheitskriterium der Theorie sei, ergeben hat, sind Millionen von Schlachtopfern im gestohlenen Mantel der Revolution.

Theorie hat die Aufgabe der Orientierung. Sie muß ihre Distanz zur Praxis bewahren, um ihren Wahrheitsgehalt zu retten. Sie hat Grundbedingungen der Praxis aufzuklären, zu benennen, nicht selbst virtuelle Praxis zu sein. Die in Praxis umgesetzte Theorie hat ihre kritische Funktion schon verloren, ist schon auf Verteidigung und Legitimation abgerichtet. Das hatte Adorno, in politischer Agitation überhaupt nicht geübt und den an seine Theorie gerichteten Praxisanforderungen eher hilflos ausgeliefert, gleichsam instinkthaft den Studenten, seinen Studenten mitgeteilt, weil er die Struktur des intellektuellen Produktionsprozesses aus eigenen lebendigen Erfahrungen kannte und damit den Unterschied zwischen »Reflexionszeit« und »Aktionszeit«.

Hinter diese Erfahrungen können Emanzipationsbewegungen nicht zurückfallen: Das bestehende Herrschaftssystem kann auf Theorie verzichten, kann mit Machtvorteilen angereicherte Theoriefragmente und ideologische Versatzstücke anbieten, um Herrschaftsverhältnisse zu dekorieren. Doch eine Emanzipationsbewegung kann keinesfalls auf Theorie verzichten; denn nur diese geht zunächst, indem sie Zusammenhänge herstellt, an die Wurzel der Verhältnisse, und die praktischen Schritte müssen daran gemessen werden. Der emphatische Nachdruck, mit dem ich die politische Funktion einer kritischen Theorie in den Vordergrund rücke, entspringt der Erfahrung, daß die mechanistischen Störungen in der Dialektik von Theorie und Praxis politisches Handeln orientierungslos machen.

Habent sua fata libelli – diese altrömische Weisheit über das unvorhersehbare Schicksal von Büchern gilt häufig auch für deren Entstehungsprozeß, der nicht weniger verschlungene Schicksalswege nehmen kann. Meine ursprüngliche Absicht, Reden und Essays aus den Jahren 1967 bis 1973 in leicht kommentierter Form als Dokumente aus dieser Zeit herauszugeben, um wenigstens für meine Person öffentlich zu machen, was und wie damals gedacht wurde, stieß auf den entschiedenen Widerspruch von Leuten, die vom Büchermachen etwas verstehen; fast gleichlautende Kritik übten Adalbert Hepp und Jürgen Manthey, die einwandten, daß in der dokumentarischen Zugangsweise der lebendige Gegenwartsbezug fehle, deshalb auch die Möglichkeit einer Aufarbeitung der linken Vergangenheit.

Aber der Empfehlung, einfach meine aktuellen Kurzkommentierungen zu den Reden und Essays von damals zu einem Buch zusammenzustellen und mit Hinweisen auf die Originalveröffentlichungen zu versehen, vermochte ich dann doch nicht zu folgen; mir lag daran, der politischen und kulturellen Atmosphäre jener Zeit möglichst nahe zu kommen, ohne bei diesem Rekonstruktionsversuch den Gegenwartsblick vernachlässigen zu müssen.

So ist aus der Bearbeitung eines kaum überschaubaren gesellschaftlichen Rohstoffs ein Buch mit einem fragilen Gefüge geworden, mit der Tendenz zu einer »unendlichen Geschichte«, die mit offenen Fragen ausklingt, aber keinen Abschluß hat.

Aus der Psychoanalyse kennt man die Regel, daß alles Verdrängte und aus dem Bewußtsein Ausgegrenzte wiederkehrt; es arbeitet weiter, überwiegend in verdrehten Formen, in denen die Urspungsmotive kaum noch erkennbar sind. Auf geschichtlich-gesellschaftlichem Boden, in kollektiven Zusammenhängen des Denkens und Handelns, ist es nicht anders: Das Ausgegrenzte entfaltet die eigentümliche Kraft eines Gespensterdaseins. Ideen und Ereignisse von 68 sind in Gefahr, zu solchen Gespenstern zu werden.

So ist der Assoziationshorizont, in dem das Material für unverkürzte Aufarbeitungen des Vergangenen vorzulegen ist, möglichst weit zu fassen. Was sich mir aufdrängt, liegt auf verschiedenen Ebenen. Es sind eingeprägte Bilder, wiedererinnerte Szenen, Texte und Gespräche. Daß ich eigene Texte (Redeausschnitte, Essays, politische Stellungnahmen) verwende, hat für mich die Bedeutung, das Zeitkolorit meines Denkens jener Zeit zu dokumentieren und in meine nachträglichen Betrachtungen einzubeziehen.

Gegliedert ist meine Untersuchung um sechs konzentrische Kreise, mit deutlich voneinander unterschiedenen Themen, Fragestellungen und einem gewissen Eigengewicht der jeweiligen Diskurse; der Leser riskiert also nichts, wenn er nach Interesse und Lust auswählt.

Fragil ist dieser Buchaufbau, weil ich mich in verschränkten und wechselnden Zeit- und Erfahrungsdimensionen bewege; persönliche

Erlebnisse verknüpfen sich mit politischen und soziologischen Analysen. Die Rekonstruktion ursprünglicher Ereignisse und Ideen geht unmittelbar über in Gegenwartsbezüge, und Deutungen aus heutiger Sicht verwandeln das Faktische der Vergangenheit in Normen und Verpflichtungen, die auf ungelöste Probleme unserer heutigen Welt verweisen und neue Verantwortungen herausfordern. In der hier notwendigen »Arbeit der Zuspitzung« (Hegel) liegt gewiß ein Moment des Einseitigen, ohne das eine politische Analyse, zumal eine, die durch persönliche Erfahrungszusammenhänge geprägt ist, jedoch nie zustande käme.

Meine Bilanz dieser Zeit versucht so abgewogen und nüchtern zu sein wie gegenwärtig möglich. Eine alles umfassende Geschichte der 68er ist noch nicht geschrieben. Ich sehe den Gebrauchswert dieses Buches vor allem in Anregungen, den gegenwärtig um sich greifenden Ausgrenzungsstrategien gegenüber dem, was links war, Mißtrauen entgegenzubringen und sich selbst ein kritisches Urteil über 68 zu bilden.

Da wir, wenn wir moralisch aufrichtig sein und dem Prinzip intellektueller Redlichkeit folgen wollen, alles neu durchdenken müssen, nicht zuletzt auch unsere Begriffe von Sozialismus und alternativem Handeln, ist die Überprüfung unserer eigenen Vergangenheit – was wir für wichtig und aufbewahrungswürdig und was wir für verabschiedungsreif halten – unbedingte Voraussetzung einer Regeneration gesellschaftskritischer Politik.

Stephan Lohr, Christine Morgenroth, Joachim Perels und Jürgen Seifert danke ich für Kritik und Anregungen.

Hannover, Herbst 1995   *Oskar Negt*

I. 68 im Kampffeld der gegenwärtigen deutschen Geschichtsschreibung

1. Zwischen der Angst der Erinnerung und der Niedertracht des Vergessens

Kein Ereigniszusammenhang in der Geschichte der Bundesrepublik hat die Gemüter stärker und anhaltender erregt als jenes Jahresdatum, aus dem eine ganze Generation politisch aufgewachter junger Menschen positiv oder in abgrenzender Distanzierung Identitätsmerkmale bezog: neunzehnhundertachtundsechzig.

Wenn in regelmäßigen Abständen, zuverlässig jedoch im Rhythmus von fünf Jahren, öffentliche Erinnerungsrituale veranstaltet werden, die im wesentlichen Bekanntes, längst vertraute Szenen und Bilder unermüdlich wiederholen, so muß sich dem aufmerksamen Zeitgenossen die Frage aufdrängen, welche geheimnisvollen Kräfte aus dieser Vergangenheit in eine Gegenwart hineinwirken, die in ihrem Modernisierungsverständnis doch von fast allen Problemstellungen abgerückt scheint, die damals aufgeworfen wurden.

Indem ich mich nun diesem symbolträchtigen Datum nähere und den anstößigen Rohstoff, der seinen Quellen entsprungen ist, zu bearbeiten versuche, stoße ich sofort auf einen bemerkenswerten Widerspruch: Der großen öffentlichen Aufmerksamkeit, der sich dieses Jahresdatum in fast allen Medien erfreut, entspricht in keinem Punkt das wissenschaftliche Forschungsinteresse, mit soliden Quellenstudien und analytischen Deutungen. Es entsteht der Eindruck, als wolle die mit biographischen Details, ungewöhnlichen Karrieren der 68er, ihren Charakterwandlungen und strittigen Positionsbestimmungen in Erregung gehaltene offizielle Gesellschaft so genau gar nicht wissen, was wirklich geschehen ist.

Hatte Leopold von Ranke noch das hohe, immer wieder angestrebte Erkenntnisideal des Geschichtsforschers formuliert, im Vergangenen herauszufinden, was dem interesselosen Wohlgefallen des Gegenwärtigen besonders nahe kommt, wie es also eigentlich gewesen sei, so hat es schon zu seiner Zeit Einwände und Kopfschütteln über einen so naiven

Umgang mit Historie gegeben. In seiner Vorrede zur Geschichte der germanischen und romanischen Völker hatte er 1824 seinen für die Geschichtsforschung folgenreichsten Streitsatz formuliert: »Man hat der Historie das Amt, die Vergangenheit zu richten, die Gegenwart zum Nutzen zukünftiger Jahre zu beleben, beigemessen; so hoher Ämter unterwindet sich gegenwärtiger Versuch nicht: er will bloß zeigen, wie es eigentlich gewesen.«

Ranke, der mit dem Objektivitätspathos dem aufklärerischen Fortschrittsoptimismus entgegentrat, war selbst von einer aufmerksamen Selektion des Quellenmaterials für den bestimmenden Zweck seines Forschungsinteresses, nämlich dem protestantisch-deutschen Nationalstaat Gründungshilfe zu gewähren, überhaupt nicht freizusprechen. Die intellektuelle Unredlichkeit, die darin sich ausdrückt, daß die Gegenwartsinteressen mit Nachdruck verneint werden, veranlaßt Nietzsche dann – fast vierzig Jahre später, aber nicht weniger im Affekt –, gegen diese historischen Verdrehungen seines Zeitalters Einspruch zu erheben. Nicht wie es eigentlich gewesen sei, die Wahrheitssuche nach dem Toten, Erledigten, kann von Interesse für die gegenwärtigen Menschen sein, vielmehr nur das, was am Vergangenen das heutige Leben reicher macht und von praktischem Nutzen ist.

»Unzeitgemäße Betrachtung« nennt er seine kleine Schrift »Vom Nutzen und Nachteil der Historie für das Leben«, weil er gerade das, was die große wissenschaftliche Leistung und den Selbststolz seines Zeitalters ausmacht, die historische Bildung, als die Misere und das Gebrechen dieser Gegenwart betrachtet. Indem Nietzsche darauf besteht, die Interessenlage der Vergangenheitsbetrachtung zu differenzieren, entwickelt er jene Kategorien, die, wie ich meine, noch heute Gültigkeit haben: Idealtypisch unterscheidet er zwischen der antiquarischen, der monumentalischen und der kritischen Geschichtsbetrachtung.

Der Lebensbezug der drei ist grundverschieden. »Wenn der Mensch, der Großes schaffen will, überhaupt die Vergangenheit braucht, so bemächtigt er sich ihrer vermittels der monumentalischen Historie; wer dagegen im Gewohnten und Altverehrten beharren mag, pflegt das Vergangene als antiquarischer Historiker; und nur der, dem eine gegenwärtige Not die Brust beklemmt und der um jeden Preis die Last von sich abwerfen will, hat ein Bedürfnis zur kritischen, das heißt richtenden und verurteilenden Historie.«[1]

Der frühe Nietzsche war der Überzeugung, daß ohne ein Element des »Unhistorischen« der Horizont möglicher geschichtlicher Entwicklung verengt und verdunkelt wird. So führte er, ohne es wahrhaben zu wollen, unter der Hand eine vierte Art der Geschichtsbetrachtung ein, für die das geschichtliche Geschehen selbst nur noch Folie der an sich geschichtslosen Natur ist. Es ist die Balance zwischen Geschichtlichem und Ungeschichtlichem, an der Nietzsche interessiert ist. Aber im Kampf gegen diese historische Krankheit, die er seinem Zeitalter attestiert, wird der Mythos der ewigen Wiederkehr des Gleichen und die »Natur in der Geschichte« herangeführt. In den heilkräftigen Instinkten der Natur kennt die Jugend »die Wundsäfte und Arzneien gegen die historische Krankheit, gegen das Übermaß des Historischen: Wie heißen sie doch? Nun, man wundere sich nicht, es sind die Namen von Giften: die Gegenmittel gegen das Historische heißen – das Unhistorische und das Überhistorische… mit dem Worte das ›Unhistorische‹ bezeichne ich die Kunst und Kraft, *vergessen* zu können und sich in einen begrenzten *Horizont* einzuschließen; ›überhistorisch‹ nenne ich die Mächte, die den Blick von dem Werden ablenken, hin zu dem, was dem Dasein den Charakter des Ewigen und Gleichbedeutenden gibt, zu Kunst und Religion. … So bedarf die Wissenschaft einer höheren Aufsicht und Überwachung; eine *Gesundheitslehre des Lebens* stellt sich dicht neben die Wissenschaft; und ein Satz dieser Gesundheitslehre würde eben lauten: Das Unhistorische und das Überhistorische sind die natürlichen Gegenmittel gegen die Überwucherung des Lebens durch das Historische, gegen die historische Krankheit.«[2]

In diesem Nietzsche-Kontext ist alles versammelt, an kritischen Perspektiven wie Vorurteilen, was für uns auf dem gegenwärtigen Kampfplatz »Geschichte« Bedeutung hat. In der vorliegenden Untersuchung beschränke ich mich auf Ort und Zeit jener geschichtlichen Situationen, die Rückbezüge zum Jahr 1968 nahelegen. Es ist jedoch nötig, die in den achtziger Jahren mit dem sogenannten Historikerstreit verstärkte, aber keineswegs erst da beginnende Debatte um den öffentlichen Gebrauch von Geschichte in Erinnerung zu rufen, um sich der Maßstäbe bewußt zu sein, an denen die vergangene Rebellion von Studenten und Jugendlichen und deren Wirkungen, was im Begriff der »Protestbewegung« genauer benannt wird, zu messen sind.

Die konzentrischen Kreise, in denen sich ein Klima der öffentlichen Aufmerksamkeit für strittige Gegenwartsfragen bildet, haben mittlerweile ganz verschiedene Namen: Man spricht vom Paradigmawechsel, von Debatten, von Streit, von Diskursen, erinnert an die alte französische Tradition des »discours«, zum Beispiel den über die Methode von Descartes. Positivismusstreit, Historikerstreit, philosophischer Diskurs der Moderne, eine neue Sozialismusdebatte – wir haben, von dem viel älteren Werturteilsstreit ganz abgesehen, in drei Jahrzehnten viele solcher öffentlichen Diskurse erfahren, die unser Bewußtsein geschärft und die Aufmerksamkeit für gesellschaftliche Zusammenhänge produktiv erweitert haben.

Im weiten Spektrum dieser öffentlichen Diskurse, die ein wesentliches Element der politischen Kultur der Bundesrepublik ausmachen, nimmt der Historikerstreit insoweit eine Sonderstellung ein, als hier der im nationalen Identitätsbedürfnis und im realpolitischen Machtzuwachs (1990) begründete Selbstanspruch, ein normales Volk in einer normalen geschichtlichen Kontinuität zu sein, mit erheblichen Verschiebungen der bisher allgemein anerkannten Deutungen des Vergangenen verknüpft ist.

Steht Versöhnung mit der Geschichte, die Tilgung der »Wunde Auschwitz« auf der Tagesordnung, sind die deutschen Geschichtsverbrechen aus ihrer einzigartigen Stellung herausgelöst, dann muß sich um so deutlicher der Blick auf jene Kräfte in Deutschland richten, die gerade aus dem Nichtvergessenkönnen und der Pflicht zur Aufarbeitung dieser Geschehnisse das neue Selbstverständnis Deutschlands gewinnen wollen. Gegenkonturen, die man fast schon vergessen glaubte, werden sichtbar.

Auf der rechten Seite, und leider nicht nur da, erscheinen die extremen Ausschläge der deutschen Geschichte gleichrangig, ob es sich um den Faschismus, um den Massenmord an der jüdischen Bevölkerung oder um die Protestbewegung der Jugendlichen und Studenten von 68 und die mörderischen Aktionen der Baader-Meinhof-Gruppe handelt. Mit der Linken insgesamt aufzuräumen, die gesamte deutsche Geschichte zu entsorgen, was immer die einzelnen Positionen gewesen sein mögen, ist der entschiedene politische Wille der sogenannten geistig-moralischen Wende seit Anfang der achtziger Jahre. Die Peinlichkeiten von Bitburg, als deutsche Verlierergeneräle mit den amerikanischen Gewinnern Hand in Hand gezeigt wurden, Bundeskanzler Kohl und US-Präsident Reagan Versöhnung demonstrierten, waren Versuche, die nicht so recht wirkten. Selbst im Historikerstreit, als Ernst Nolte Auschwitz durch das geschichtliche Prius des stalinistischen Gulag moralisch zu entlasten versuchte, wäre im Nebel der national-konservativen Ideologien versickert, hätte nicht 1989, als die nachstalinistischen

Systeme selbst in ihrem militärpolitischen Widerspruch zum Westen, also in ihren stärksten Bastionen zerbröckelten, eine gewaltige, unerwartete Legitimationshilfe für diese Geschichtsbetrachtung geliefert. Von der Erweiterung dieses geschichtlichen Schlachtfeldes in dem Maße, wie sich die Ost-West-Konfrontation allmählich beruhigte, hatte Jürgen Habermas eine Ahnung, als er anläßlich der Verleihung des Geschwister-Scholl-Preises am 18. November 1985 sagte: »Noch das Vergessen steht unter dem Zwang des Nicht-vergessen-Könnens; das nennen wir Verdrängung. Es ist, als wenn sich jene zwölf Jahre unter dem Druck immer erneuter Aktualisierungen ausdehnten, statt aus immer entfernteren Retrospektiven zu schrumpfen. Die vergangenen Gegenwarten bleiben auf unheimliche Weise aktuell und halten die Diskussionen heute stärker besetzt als in den fünfziger und sechziger Jahren... Am 8. Mai 1985 haben schließlich die öffentlich-rechtlich inszenierten Peinlichkeiten von Bitburg und Bergen-Belsen das Bewußtsein der Nation gespalten.«[3]

Je größer die Verdrängung des wirklichen Geschehens und je aufdringlicher die Alternativen sind, die es immer auch gegeben hat, desto aufwendiger und gnadenloser ist der Kampf um geschichtliche Legitimationen, die betriebsame Suche nach Ursprungsquellen, die die gegenwärtige Misere erklären helfen.

Moralischer Ausgangspunkt einer öffentlichen Debatte über ein Deutschland, das in seiner Entwicklung aus der Normalität, das heißt überwiegend dem Katastrophenablauf ausbricht, ist das entschiedene Wollen und Bewußtsein, für die Verbrechen der Vergangenheit zu haften, selbst wenn die gegenwärtige Generation keine Schuld trifft. So hat Jürgen Habermas diesen Punkt des anderen Deutschland bezeichnet, das sich aus der bewußten Aufarbeitung ergibt. Was im vierten Flugblatt der Weißen Rose als »Erneuerung des schwerverwundeten Geistes« angesprochen wird, ist die Anerkennung einer aus Mithaftung resultierenden Verantwortung. »Die Herrschaft der alptraumhaft wiederkehrenden Vergangenheit über eine unerlöste Gegenwart könnte nur durch die analytische Kraft einer Erinnerung gebrochen werden, die die gelassene historische Vergegenwärtigung des Geschehenen nicht mit dessen Neutralisierung erkauft.«[4]

Das ist der entscheidende Punkt, auch in der geschichtlichen Umgangsweise mit 68. Die Normalisierer übernehmen weder Verantwortung noch Mithaftung; im Gnadenlicht der späten Geburt tun sie so, als würde die deutsche Geschichte sie nichts angehen, obwohl sie unentwegt darum bemüht sind, im Sinne Nietzsches Monumente ihrer Rechtfertigung, antiquarische Ablagerungen in Museen und intellektuelle Vorratskammern anzulegen, in denen es ausschließlich um »richtende und verurteilende Historie« geht.

Das Jahr 68 sitzt, um den Satz aus der Vorrede ein wenig zu variieren, wie ein Pfahl im Fleische dieses auf Neuordnung und ungebrochene geschichtliche Kontinuität versessenen Landes. Denn das hatte es in Deutschland noch nie gegeben. Tausende, ja in ihrer Summe Hunderttausende von Studenten und Jugendlichen waren auf die Straßen gelaufen und hatten Parolen skandiert, die dem ordnungsbewußten und eher national gesinnten Publikum völlig fremdartig erscheinen mußten: aktive Unterstützung für Revolutionen der Dritten Welt, Kampf der Ordinarien-Universität, Solidarität mit jenen, die vom kapitalistischen Herrschaftssystem unterdrückt wurden, Befreiungslosungen sehr verschiedener Art. Aus dem Munde deutscher Studenten und Jugendlicher hatte man bisher, wenn sie sich politisch auf die Straße wagten, nur Parolen der nationalen Selbstbestätigung und des Opferwillens zu erwarten.

So ist es in der Tat gewesen, seit mit dem großen Hambacher Fest von 1832 Studenten und rebellierende Bevölkerung ein Befreiungsfest im Vorgriff auf kommende Revolutionen veranstalteten. Den organisierten Studenten, in Burschenschaften, den schlagenden Corps, selbst den christlichen Verbindungen, die sich mit politischen Erklärungen an die Öffentlichkeit wagten, war bis zum geschlossenen Übergang in den nationalsozialistischen Studentenbund die Treue zum Vaterland und der Opfermut für die Nation so selbstverständlich, daß die sozialistischen und liberalen Studentenverbindungen zum Beispiel der Weimarer Republik völlig am Rande verblieben.

1968 und 1832, hundertsechsunddreißig Jahre – so weit ist der Zeitbogen zu schlagen, um Vergleichbares zu finden. Seit national gestimmte Massenheere aufgetreten sind, die vom Opfermut und der Begeisterungsfähigkeit junger Menschen zehrten, standen Studenten in vorderster Frontlinie. Das beginnt mit den Koalitionskriegen gegen Napoleon, erreicht erste Höhepunkte bei Verdun und im Massenselbstmord bei Langemarck und ist noch (wie die Kriegsbriefe gefallener Studenten bezeugen) für Stalingrad bestimmend. In den nicht-kriegerischen Zwischenräumen betätigen sich die Studenten in fremdenfeindlichem und antisemitischem Hurrapatriotismus, was den Burschenschaften zum Beispiel 1935 die Entscheidung leicht machte, sich auf jener denkwürdigen Wartburgtagung bereitwillig als Kameradschaften in den NS-Studentenbund eingliedern zu lassen.

Ihr Geist war jedoch längst der der Nationalsozialisten gewesen. Wer im Erwartungshorizont dieser chronischen Staatsfixiertheit der deutschen Nachwuchsintelligenz, ihrer jederzeit abrufbaren patriotischen Verläßlichkeit und ihrer Einsatzbereitschaft für alles dachte, was die Ausgrenzung des Fremden und des intellektuell Fremdartigen betrifft, mußte aufs äußerste erschrocken und verwirrt eine breite Bewegung von Studenten und Jugendlichen wahrnehmen, die völlig quer zu den deutschen Gewohnheiten stand. Es ist dasselbe Erschrecken mit ähnlich repressiven Folgen wie das der damaligen Staatsgewalten, als das Hambacher Fest vom Mai 1832, eine zunächst von der akademischen Jugend auf dem Hambacher Schloß veranstaltete Volksversammlung, an der sich jedoch auch Kreise des Kleinbürgertums und der Handwerkerschaft beteiligten, zum Ausgangspunkt einer ganz anderen deutschen Studentenbewegung werden konnte, die freilich, bis in die sechziger Jahre dieses Jahrhunderts hinein, praktisch ein Randdasein führte, dessen eigentliche Kraftquellen zudem aus der offiziellen Geschichtsschreibung getilgt wurden.

So setzt 68 nichts fort, wofür es im Deutschland des zwanzigsten Jahrhunderts Beispiele hätte geben können. Die Erfahrung dieses geschichtlichen Bruchs läßt nach Momenten suchen, die fortgeführt werden könnten. Wer also ohne Verdrängungen und Stilisierungen die Studentenbewegung von 68 sinnvoll in den Zusammenhang deutscher Geschichte einordnen will, muß an die Periode des Vormärz und an die gescheiterte Revolution von 1848 anknüpfen.

Der radikale und politisch aktive Demokrat Georg Büchner hatte 1833, nachdem der von Studenten geführte Handstreich auf die Frankfurter Konstablerwache, der das Signal für eine demokratische und nationale Erneuerung Deutschlands hatte werden sollen, blutig zusammengebrochen war, in einem verzweifelten Brief aus Straßburg geschrieben: »Ich werde zwar immer meinen Grundsätzen gemäß handeln, habe aber in neuerer Zeit gelernt, daß nur das notwendige Bedürfnis der großen Masse Umänderungen herbeiführen kann, daß alles Bewegen und Schreien der einzelnen vergebliches Torenwerk ist. Sie schreiben – man liest sie nicht; sie schreien – man hört sie nicht; sie handeln – man hilft ihnen nicht.«[5]

Es ist freilich gerade die Zeit des Vormärz, die durch beispiellose intellektuelle Produktivität und Regsamkeit bestimmt ist. Kein Problem des sich vorbereitenden gesellschaftlichen Umbruchs wird aus der öffentlichen Debatte ausgegrenzt, obwohl es harte Zensurbedingungen für das öffentliche Wort gibt. Als fünfzehn Jahre später die in Paris beginnende Revolution auf Berlin und Wien übergreift, verwandelt sich das von Büchner kritisierte abstrakt-revolutionäre Selbstverständnis der Studenten, das in Solidarisierung mit den nationalen Befreiungsbewegungen der Griechen, der Italiener und Polen entstanden war (auch das eine Form der geborgten Realität), in eine aktive, häufig richtungsweisende Beteiligung an der bürgerlichen Revolution. In Wien bilden sich aus Studenten und Arbeitern der Vorstadt Bataillone, die bis zum blutigen Ende an der Spitze der Revolution stehen. Minister und Staatssekretäre erscheinen in den Universitäten, um sich für ihr politisches Verhalten zu verantworten; im gesamten deutschen Sprachbereich stellen die Studenten auf Gesellschaftsreformen gerichtete bildungspolitische Forderungen, die teilweise bis heute nicht erfüllt sind.

Keineswegs eine versprengte Minderheit ist es, sondern der politisch bewußte Teil der Studenten, der objekte Interessen und Bedürfnisse auch der breiten Masse formuliert, als er unter anderem fordert: Aufhebung des Maturitätszeugnisses der Gymnasien als ausschließliche Zugangsbedingung zu den Hochschulen; Umwandlung der mittelalterlich-ständischen Hochschulen der Einzelstaaten in »National-Anstalten«; Ersetzung der Fakultäten durch eine Fächergliederung nach »enzyklopädischem« Prinzip; staatliche Besoldung der Privatdozenten und schließlich: Beteiligung der Studierenden an der Wahl der akademischen Behörden und bei der Besetzung der Lehrstühle.[6] Die Studentenbewegung von 1848 brach zusammen, weil ihr die Machtbasis fehlte. Der Zusammenbruch der bürgerlichen Revolution leitete die Elendsgeschichte der demokratischen Studentenbewegung Deutschlands ein, die bis 1968 nachwirkt.

Eine aufbegehrende, ja rebellische Jugend und Studenten, die ihre eigenen beruflichen Lerninteressen in Ansprüche und Verantwortungen gegenüber dem Schicksal der Gesellschaft, in der sie 68 leben, einzubinden entschlossen sind, ohne den Aufbruch als kriegerisches Abenteuer zu verstehen – das stößt bei jener Generation, die das Dritte Reich leidvoll miterlebt, aber auch als Aufforderung zum Umdenken begriffen hat, auf neugieriges und erwartungsvolles Interesse. Für sie eröffnet es eine hoffnungsvolle Sicht auf die Zukunft, bei anderen jedoch erzeugt es Angst, daß das labile Gleichgewicht der gerade erst auf sichere Fundamente gesetzten demokratischen Institutionen gestört werden könnte.

Um die radikale Klimaveränderung im öffentlichen Gebrauch von Geschichte zu vergegenwärtigen, bedarf es des Textvergleichs von Reden hoher Staatsrepräsentanten Anfang der siebziger Jahre und heute. Denkwürdig sind in diesem Zusammenhang die mutigen Ansprachen Gustav Heinemanns; auch ihm ist es darum zu tun, dem demokratischen Deutschland seine Geschichte zu sichern und aus allen Brüchen, die nicht zu leugnen sind, eine Folge von Beispielen für rebellischen Widerstand und aufrechten Gang als Traditionsbestand in die Gegenwart aufzunehmen. Tradition ist für ihn das, was sie für Jean Jaurès war, der seinen sozialistischen Pazifismus schon vor Ausbruch des mörderischen Ersten Weltkrieges mit dem Tode bezahlen mußte: »Nicht Asche verwahren, sondern eine Flamme am Brennen halten« – das ist die kritische Anstrengung, aus dem bloß Monumentalischen und Antiquarischen der Geschichte auszubrechen, ohne die Dokumente der Vergangenheit zu verfälschen.

»Wer sind heute die wahren Patrioten?« gibt Heinemann, als hätte er 1945 und 1989 gleichzeitig im Kopf, zu bedenken. Und die offenen Fragen setzt er fort bis zu dem Punkt, da ihm ein deutscher Emigrant die Antwort ermöglicht. »Ja, sind es die Selbstzufriedenen, die Deutschland, gleich was bei uns geschah oder geschieht, aus Nibelungentreue ohne Einschränkung bejahen? Oder sind es die, die, weil sie ihr Vaterland lieben, sich nicht einfach mit dem, wie es ist, abfinden? Sie, die die Liebe zu Deutschland dazu treibt, in ihm mehr Raum für Freiheit, Gerechtigkeit und Menschlichkeit zu schaffen, und damit manchmal notgedrungen zu Kritikern des Bestehenden werden? Diese Frage jetzt und hier zu beantworten, dazu möchte ich zu meinem Teil an Heinrich Heines Geburtstag aufrufen.«[7]

Dieser aus der Substanz von Menschen- und Bürgerrechten heraus lebende Begriff des Patriotismus, dem vergleichbar, was der Franzose Ernest Renan als »permanentes Plebiszit« bezeichnete, ist von Deutschtümelei ebenso weit entfernt wie von der beschwörenden Identitätssuche, die immer mehr abgestorbene Bruchstücke der deutschen Geschichte in den Status von Monumenten und musealen Aufbewahrungsstätten zu heben sucht. »Ja, Heine war ein Patriot«, erklärt unumwunden Heinemann. Ihm ist die deutsche Geschichte, wie seine Reden durchgängig zeigen, vielfältiger Anlaß zum Nachdenken über die Fragwürdigkeit der geschichtlichen Legitimation von Siegern, die nachträglich freie Verfügungsgewalt über den Wahrheitsgehalt des Vergangenen beanspruchen und selbst jenen Besiegten die Monumente und die Museen versagen, die in ihren Kampfmotiven und der moralischen Integrität ihres Widerstandes die späteren Sieger weit überragen.

Heinemann ergreift bewußt Partei für die Rebellen, die Widerständler der deutschen Geschichte, die Aufständischen und Revolutionäre, in einem Maße, das im heutigen Klima der allseitigen Staatsvermitteltheit von Äußerungen so hochgestellter Persönlichkeiten leicht als staatsgefährdend eingestuft werden könnte. Denn der »hohe Erinnerungswert in der Geschichte der deutschen Freiheitsbewegungen«, die unbeirrbare Suche nach »eigenständigen Wurzeln der heutigen Demokratie«, ist bei Heinemann derart weit gefaßt, daß Paulskirchenbewegung, Hambacher Fest, Protestbewegung der Jugendlichen und Studenten von 68 in seinem Verständnis von demokratischer Unbotmäßigkeit eher gemäßigte Widerstandsformen ausdrücken. Wie kein anderer hochrangiger Staatsrepräsentant der Bundesrepublik hatte Heinemann ein Bewußtsein von dem, was Traditionen für die Stabilität einer demokratischen Gesellschaft ausmachen, wenn sie mit ihrer Geschichte aufrichtig und im Blick auf moralische Verantwortung umgeht. Ihm war klar, was eine aus Mithaftung für die eigene Geschichte resultierende Verantwortung bedeutet.

Nicht Schuld, kollektive Haftung ist das ins Gewicht fallende Stichwort für eine kritische Aufarbeitung der Geschichte. Diese ist nie auf der Seite der Sieger, die sich als solche ausgeben; die moralische und rechtliche Seite von Widerstand, von Volksaufruhr und Revolution ist in dieser entschiedenen Parteinahme für die Ohnmächtigen, welche die Wahrheit auf den Weg bringen wollen, aber unterliegen, immer mitgesetzt. Dieses historische Feingefühl, das Gustav Heinemann kennzeichnet, ist dem heutigen vorherrschenden Politikertypus fast völlig abhanden gekommen. Sobald es um die Strategien des Machterwerbs und der Machterhaltung geht, setzen die »furchtbaren Vereinfachungen« ein, indem holzschnittartige Zuordnungen ausreichend sind für die unmißverständlichen Hinweise, wer Freund und wer Feind ist.

Aus der Ansprache bei der Schaffermahlzeit im Bremer Rathaus am 13. Februar 1970 zum Thema Geschichtsbewußtsein und Tradition in Deutschland zitiere ich eine größere Passage, um zu zeigen, wie sehr in der zweiten Hälfte der sechziger Jahre, angestoßen und weitergeführt durch die Bewegung von 68, deutsche demokratische Traditionen wieder in Erinnerung gerufen wurden, die damals fast vergessen waren und die heute schon wieder dem »niederträchtigen Vergessen« anheimgefallen sind. Heinemann wollte sie in deutschen Geschichtsbüchern verankert wissen; und in fast jeder Rede, ob es um Kommunalpolitik, um eine Museumseröffnung, um die Funktion des Bundesverfassungsgerichts, um Erinnerungen an den ersten Reichspräsidenten ging, versäumte er es nicht, auf die »Maulwurfsarbeit« in der deutschen Geschichte zu verweisen, die von der Generallinie der staatsorientierten Geschichtsschreibung abwich und unterdrückt wurde.

»Ich glaube«, sagte er bei der Bremer Schaffermahlzeit, die seit 1545 mit Stockfisch und Beilage gegessen wird, »daß wir einen ungehobenen Schatz an Vorgängen besitzen, der es verdiente, ans Licht gebracht und weit stärker als bisher im Bewußtsein unseres Volkes verankert zu werden. Seit Jahren habe ich es mir zur Gewohnheit gemacht, bei Besuchen in den Landkreisen und Städten unseres Landes anhand von Chroniken und Kirchenbüchern nachzuforschen, was es in den verschiedenen Landschaften unseres Vaterlandes an freiheitlichen Regungen oder gar an örtlichen Aufständen gegeben hat. Es ist erstaunlich kümmerlich, was man dabei in der umfangreichen Produktion an Städtebüchern und dergleichen findet. Mein Interesse gilt dabei nicht nur den Vorläufern und örtlichen Verästelungen der Revolution von 1848/49 wie etwa dem Hambacher Fest von 1832 oder den Kämpfen auf den Barrikaden in Elberfeld oder um Rastatt im Badischen Aufstand 1849, an denen – was zur Erklärung meines Interesses gesagt sein mag – Männer aus der urgroßväterlichen Generation meiner mütterlichen Vorväter beteiligt waren. Glücklicherweise hat es auch in Deutschland lange vor 1848 nicht wenige freiheitlich und sozial gesinnte Männer und Frauen gegeben, auch ganze Gruppen und Stände, die sich mit der Bevormundung der Herrschenden nicht abfinden wollten. Ich denke zum Beispiel an die Stedinger Bauern, die schließlich 1234 dem Erzbischof von Bremen unterlagen. Oder ich denke an die sogenannten Salpeterer, die in der ersten Hälfte des achtzehnten Jahrhunderts im Hotzenwald bei Säckingen und Waldshut im Südschwarzwald in mehreren Aufständen insbesondere gegen den Fürstabt von St. Blasien für ihre bäuerliche Freiheit fochten, bis ihre Anführer durch den Kaiser von Österreich nach Ungarn verbannt wurden. Der Kaiser von Österreich wollte sie unter anderem zur Ablieferung von Stalldung zwingen, um daraus Salpeter für Schießbaumwolle für seine Kriege zu gewinnen. Kennzeichnend für unser mangelhaftes Geschichtsbewußtsein scheint mir, daß auch Einwohner des Südschwarzwaldes so gut wie nichts von den Kämpfen der Salpeterer wissen, obwohl sie sich vor ihren Hoftüren abgespielt haben und in manchen Fällen die eigenen Urahnen daran beteiligt gewesen sind. Dabei müßten ihnen doch solche Ereignisse weit mehr bedeuten als jene Kriege, die Kaiser und Könige zur Ausweitung ihrer Macht geführt haben.«[8]

Welch neugierige Aufmerksamkeit für demokratische Traditionen – die vielleicht nicht immer in jenen geschichtlichen Augenblicken erfolgreich waren, da sie sich rührten, aber weiter wühlten und am Ende für das demokratisch gewachsene Bewußtsein der Menschen wichtiger waren als alles, was von der Siegerarroganz in den Geschichtsbüchern überliefert wurde –, drückt sich in diesen Reden eines Bundespräsidenten aus! Es ist ja nicht die radikale Linke, die hier spricht, sondern es sind Aufklärer, die einen Begriff von Demokratie haben, der über das Regelsystem von Machtbalancen und parlamentarischen Regierungswechseln weit hinausgeht.

Ohne diesen Traditionsstrang zu vergegenwärtigen, ist eine Wiederaneignung der 68er Bewegung von vornherein schräg und verfälscht. Heinemann betont ausdrücklich, ein Präsident dieser Republik sei nicht der Geschichtslehrer der Nation, aber er hält gleichzeitig entschieden daran fest, daß die Art und Weise der Traditionsbildung über die Zukunft entscheidet. »Einer demokratischen Gesellschaft«, sagt er, »steht es schlecht zu Gesicht, wenn sie auch heute noch in aufständischen Bauern nichts anderes als meuternde Rotten sieht, die von der Obrigkeit schnell gezähmt und in Schranken verwiesen wurden. So haben die Sieger die Geschichte geschrieben. Es ist an der Zeit, daß ein freiheitlich-demokratisches Deutschland unsere Geschichte bis in die Schulbücher hinein anders schreibt.«[9]

Das Jahr 68 steht in dieser Tradition. Daß Heinemann unbefangen, sogar in einer Zeit, als der RAF-Terror grassierte, solche Reden zu halten wagte, auch gegen die von der Regierung Brandt-Scheel initiierten Extremistenbeschlüsse, ist ein Beweis für die wachsende historische Bewußtheit, die in der zweiten Hälfte der sechziger Jahre entstand, ohne gesonderten Aufwand der Historiker. Nach Abschluß der Wohlstandsperiode begannen viele Menschen darüber nachzudenken, was die Wunden und das Glück dieses an Verbrechen und kulturellen Produktionen gleichzeitig so reichen Volkes sind.

Es ist merkwürdig, daß sich heute im Verhältnis zu unserer Geschichte eine kulturelle Rückbildung vollzieht (auch im Reflexionsniveau geschichtlicher Prozesse), in der sich alte Linien der deutschen Geschichte wieder abzeichnen. Die Verluderung des geschichtlichen Bewußtseins, die wir 1995 festzustellen haben, ist möglicherweise nach dem Aufbruch von 89, als viele Hölderlins »Soviel Anfang war nie« zur Parole machten, die folgenreichste kulturelle Rückbildung, die uns bedrückt.

2. Die moralische Regression der »geistigen Wende«

An der kulturellen Regression, welche die »moralisch-geistige Wende« der achtziger Jahre ermöglichte, ist die Linke, die sich in der Tradition von Widerstand und Aufklärung verstand, nicht weniger beteiligt als die konservative Rechte, deren Kapital immer darin bestand, die Lücken und Löcher innerhalb des linken kulturellen Spektrums auszuwerten, die Chancen zur eigenen Verarbeitung des von der Linken liegengelassenen Rohstoffs wahrzunehmen.

Um den Klimawechsel zu verdeutlichen, der im Umgang mit der deutschen Geschichte eingetreten ist, nehme ich zwei Beispiele aus der Zeit Ende September, Anfang Oktober 1994 – also wenige Tage vor der Bundestagswahl am 16. Oktober. Es sind zwei als liberal geltende Wochenblätter, der »Spiegel« und »Die Zeit«, die sich, nach ihrer Geistesrichtung befragt, sofort als der Aufklärung verpflichtete Medien begreifen würden. Der Rückbezug zu 68 ist in beiden Beispielen unverkennbar.

Robert Leicht, seiner politischen Herkunft nach eher am Liberalismus alter Prägung orientiert als an den von 68 angestoßenen Fragestellungen, macht in »Der Zeit« vom 7. Oktober 1994 den Versuch, das Hantieren mit den spiegelverkehrten Symbolzahlen 89 und 68 aus dem Zusammenhang eines Generationskonflikts zu lösen und die Verschiedenartigkeit der Denkweisen in den jeweiligen Zusammenhängen zu präzisieren. Mit Recht fordert er die Liberalen heraus, Unterscheidungsvermögen zu entwickeln, sich von den Bocksgesängen der neualten Rechten, die den Staatsbürger, den Aufklärer, den historisch bewußten und mit moralischer Verantwortung sich belastenden Menschen gegen den Menschen überhaupt, den Stärke, tabuloses Reden und Gewalt ästhetisch genießenden Menschen austauschen möchte, nicht ins Bockshorn jagen zu lassen. Antiliberalismus, Abwertung von Denken und Aufklärung, die Lust am Ausspielen gefühlter oder nachahmend aufgewärmter Tiefe gegen die Rationalität und den Pragmatismus des westlichen Denkens – alles das steckt in dieser neuen Wende des rechtskonservativen Denkens, das schon einmal den Boden zubereitet hat für politisch äußerst folgenreiche Mythen. So verteidigt Robert Leicht, bei aller Kritik des 68er Aufbruchs, die universalistische Denkweise dieser Generation gegen jene, die nach »Realitätsanschluß« suchen und ihre Energien im neuen Rausch wiedergefundener nationaler Identifikationen verbrauchen.

68 bezeichnet, in der Wahrnehmung dieser Liberalen, einen spürbaren Bruch in der deutschen Geschichte, die 89er beleben dagegen uralte, mit der deutschen Katastrophengeschichte des Bismarckreiches aufs engste verflochtene Archetypen. Robert Leicht sagt: »Das Ereignis von 1968: Ein Aufbruch, der in seiner Widersprüchlichkeit die ganze westliche Welt bewegte. Ein Bruch mit Institutionen, Sitten und Gebräuchen. Auch wenn zur Heroenverehrung und zum Veteranengeschwätz kein Anlaß besteht, trug die Revolte zur Öffnung und Durchlüftung der westlichen Gesellschaft bei. Gewiß, kein großer Gewinn ohne herbe Verluste, keine klaren Erkenntnisse ohne düstere Irrtümer. Aber eine gewisse Idee von Emanzipation und Aufklärung, von Rationalität und Reform, von Transparenz und Toleranz wurde zum Leitbild einer Gesellschaft, die 1969 auch den ersten politischen Machtwechsel in der Bundesrepublik erlebte. Und so linksradikal und militant sich die Wortführer der 68er oft gaben, so deutlich war am Ende der Gewinn an Liberalität für alle.

Das Erlebnis von 1989: Was bedeutet Deutschlands zweite Einigung – eine Bekräftigung der zweiten Republik oder ein Dementi ihrer geistigen Grundlagen? Das ist der Streit, um den es nun geht. Verdanken wir das Ende der Teilung (und den Sieg im kalten Krieg) unserer spätzivilisatorischen Verankerung im westlichen Verfassungsdenken, von der englischen Bill of Rights über die Amerikanische und Französische Revolution? Oder gingen wir seit 1945 nur einen von den Siegern erzwungenen Sonderweg, der jetzt im Niemandsland unserer Souveränität endet, bei uns selbst also und im Deutschsein als solches?«

Diese Worte eines Liberalen sind abwägend und kritisch; sie eröffnen vernunftorientierte Verständigung über eine Zeit, die prekär und strittig ist. Ganz anders ist der Tonfall eines Autors, der sich, wenn damit Publizitätswert verknüpft ist, gewiß als 68er bezeichnen würde, aber eine Denkweise verrät, die sich erheblich von der Robert Leichts unterscheidet. Politisiert durch die 68er Bewegung, in Jahren auch zur Karriere gekommen, ist 68 für ihn doch weniger eine fortwirkende Herzensangelegenheit als ein publizistisches Objekt, an dem sich die Irrtümer einer ganzen Generation leicht faßlich darstellen lassen, wobei die Beweiskraft der Analyse um so nachdrücklicher wirkt, als der Betreffende selbst dieser Zeit sehr viel verdankt. Claus Leggewie ist Symptom, nicht Repräsentant. Nur als Symptom führe ich ihn an, um zu zeigen, wie das geistige Klima innerhalb des linken Spektrums gegenwärtig von Konvertitenhaltungen geprägt ist.[10]

Am 26. September 1994 schreibt Claus Leggewie, schon vorher durch eine sonderbare Deutung der Wirkungen antiautoritärer Erziehung aufgefallen, im »Spiegel«: »Das Manko der 68er ist, daß sie lieber Recht- als Machthaber bleiben. Die Chance für den Wechsel ließen sie saft- und kraftlos verstreichen. Rote und Grüne mußten sich im Jahr 1994 fühlen wie eine schlechtgelittene Heimmannschaft vor einem verwöhnten und nörgelnden Publikum – die bringen es ja eh' nicht. Mit der nächsten Generation, den 89ern und Jungwählern hat die Bonner Gerontokratie, so hofft sie jedenfalls, auch keine Schwierigkeiten. Zahlenmäßig schwach, kann sie sich von der Seniorenmehrheit der Besitzstandswahrer, zu der jetzt die 68er stoßen, übereinstimmen lassen und im übrigen die reichlich in Aussicht gestellten Erbschaften verzehren. Die 89er sind schon in die Falle gegangen. Sie schwächen sich selbst durch ihre politische Abstinenz. Dabei ist eine satte Mehrheit der unter Fünfundvierzigjährigen, insbesondere die jungen Frauen, rot-grün gesinnt. Aber sie sind nicht Partei geworden, haben nicht Partei ergriffen, den Wechsel nicht organisiert. Sie haben sich weismachen lassen, daß Parteien nicht mehr so wichtig sind und vor allem unkonventionelle politische Partizipation zählt – von der Demo über die Lichterketten bis zur Unterschriftenaktion. Das alternative Leben – die Neudefinition des Berufslebens und der sozialen Beziehungen – kann nicht allein ›subpolitisch‹, also in der Nische der Lebenswelt, organisiert werden. So verfehlen sie das Zentrum der Macht noch mehr als schon die 68er.«[11]

Welche Veränderung in der Wahrnehmung des Vergangenen! Gustav Heinemann hatte die Unbotmäßigkeit in ihrer ganzen Breite des rebellischen Verhaltens und des revolutionären Umgestaltungswillens, rar genug in der deutschen Geschichte, noch in die Schulbücher bringen wollen, weil er den Siegern und den Mächtigen nicht traute. Einem, der Karriere gemacht hat, schrumpft die ganze für ihn selbst wichtige Vergangenheit offenbar zusammen auf die mageren Kriterien von Machterwerb und Machterhalt. Unbefangen kann er daher, obwohl einem gelernten Politikwissenschaftler doch eher Mißtrauen angeraten wäre, von der Regierung als dem Machtzentrum der Gesellschaft sprechen. Die 68er, ausgestattet mit der Arroganz der Rechthaber, wärmen sich in den »subpolitischen« (im Blickwinkel eines Staatsfixierten unpolitischen) Nischen der Lebenswelt. Diesen Menschen fehlt also der entschiedene Machtwille; und von des Gedankens Blässe angekränkelt, gehen wir, die Linke in allen ihren Schattierungen, allmählich in den Ruhestand über.

Die grenzenlose Verehrung für die von den Mächtigen gesetzten Realitätsdefinitionen läßt in diesem dualistischen Weltbild in der Tat nur Sieger und Verlierer zu. Das Hantieren mit den Jahresdaten erlaubt sogar, jetzt schon der 89er Generation (wenn es so etwas überhaupt geben sollte) den entschiedenen Mut zur Macht abzusprechen. Von den zur Zeit gängigen Geschäftspraktiken in der Entwertung von Utopien und alternativen Gesellschaftsvorstellungen, von Sozialismus und sozialer Demokratie, unterscheidet sich das Selbstverständnis solcher durch 68 geprägten Intellektuellen nur in dem Punkt, daß die nach rechts ausschlagenden, politisierenden Wissenschaftler, wie Brigitte Seebacher-Brandt, Joachim Fest, Kurt Sontheimer, Ernst Nolte usw., der Maulwurfsarbeit, die vom anstößigen Jahr 68 ausging, eine nach wie vor bedrohliche Kraft für das gegebene Herrschaftssystem zuschreiben. Ungeheure Betriebsamkeit und historischen Aufwand haben sie daher in den vergangenen Jahren entfaltet, um mit dem geistig-kulturellen Erbe dieser Zeit durch Öffnung ganz neuer geschichtlicher Legitimationsquellen und durch Erhärtung alter, fast vergessener Traditionsbestände endgültig fertig werden zu können.

Im Sinne bestehender Macht- und Herrschaftsinteressen die ganze deutsche Geschichte umzuschreiben und auf den Kapitalismus zuzuschneiden, der sich als alternativloser Endzustand der Menschheitsentwicklung zu begreifen bemüht, dazu werden zur Zeit die größten Anstrengungen unternommen. Die Gewinner von 89 setzen alles daran, diesem Sieg in der politischen Sprache, in Symbolen, in Monumenten und Museen, vor allem aber durch geschichtliche Ausgrenzung aller anderen möglichen Alternativen alltäglich und gegenständlich sichtbar Dauer zu verschaffen.

Angesichts gewachsener Legitimationsbedürfnisse der vereinigten Rechten im Hinblick auf eine faktische Machterweiterung erscheinen Revisionen fast aller Tatbestände und Vorstellungen möglich, die bisher als gesichert betrachtet wurden. Es zeichnet sich eine Gegenbewegung zu jenem von Kurt Hiller in der »Weltbühne« von 1932 beschriebenen Bild »Linke Leute von rechts« ab: Heute ist immer deutlicher ein Zuwachs von Rechtsintellektuellen aus dem linken Lager festzustellen. Die Sympathien für Ernst Jünger und Carl Schmitt sind merklich gewachsen. Wer 68 im Auge hat, muß darüber aufs äußerste verblüfft und bestürzt sein.

Für dieses Konvertitentum, charakteristisches Merkmal von Menschen, die ihre »radikale« Identität immer nur durch gnadenlose Ausgrenzung anderer bewahren konnten und in diesem Radikalisierungsprozeß dort wieder angekommen sind, wo einmal der Ausgangspunkt ihres kritischen Anfangs gewesen war, hat Walter Boehlich passende Worte gefunden: »Man kennt sie, die Leute, die vor aller Öffentlichkeit verbrennen, was sie einmal angebetet, und anbeten, was sie einmal verbrannt haben, weil sie sich geändert haben, aber auch, weil sie das Bedürfnis haben, dort gesichtet zu werden, wo sie den Zeitgeist vermuten. Was sie nicht wollen: unsichtbar bleiben oder als Verteidiger einer Sache gelten, die sie für verloren halten. Wer hätte etwas gegen Lernprozesse? Gegen die Korrektur von Überzeugungen oder Meinungen, die der sich Ändernde als irrig erkannt hat? Gegen die Kontrolle der Theorie mit Hilfe erfahrener Praxis? Aber gegen den ostentativen und aggressiven Hemdenwechsel, dem kein Sauberkeitsbedürfnis zugrunde liegt, läßt sich wohl doch dies und jenes einwenden, schon gar dann, wenn er mit der Denunziation der vermeintlich unsauberen Hemden einstiger Gesinnungsgenossen verbunden und von einem gewissen Opportunismus nicht ganz frei ist oder zu sein scheint.«[12]

Woran erinnert man sich?
Stichworte zum Verhältnis von Gewalt und Gedächtnis

Wenig öffentliche Bilder sind bekannt, auf denen die 1968 Protestierenden friedlich dargestellt sind. Auch Bilder und Berichte, die über die diskutierenden Massenversammlungen Auskunft geben, zeigen in der Regel agitatorisch verzerrte Züge der Sprechenden und andachtsvolle Stille der Zuhörenden, also ein eher unlebendiges Klima. Diese Bilder sind einseitig und häufig auch Verfälschungen.

Was immer damals an Gewalt geübt wurde, richtete sich gegen die Mächtigen und Herrschenden, gegen vertraute Personen, die Macht ausübten, gegen jene, die den demokratischen Diskurs, zur Legitimation ihrer Positionen, verweigerten. Nie richtete sich diese Gewalt gegen ohnmächtige Menschen, gegen die Fremden, Behinderten, von der offiziellen Gesellschaft Diskriminierten, die Kranken und Alten. In keinem Punkt waren Verlierer des gesellschaftlichen Konkurrenzkampfes Objekte dieser Aggression.

Wäre das der Fall gewesen, würde man sich an 68 heute in keiner Hinsicht mehr erinnern oder es nur für erinnerungswürdig halten, indem man es der Gewaltgeschichte der deutschen Entwicklung als zusätzlichen Posten einordnete.

Wie bildet sich kollektives Gedächtnis? Was erscheint aufbewahrungswürdig an vergangenen Ereignissen, die nicht nur die ohnehin drückenden Lagerbestände antiquarischer Geschichtsschreibung vergrößern?

An welchen Leitfäden ist eine Wiederaneignung des Vergangenen möglich, die die heutige Generation, die den Blick nach vorne gerichtet hat, mit erweiterten Lebensperspektiven ausstattet und nicht nur mit folgenlosem Wissen bedrückt?

Diese und andere Fragen muß sich jeder Autor stellen, der dem Leser zumutet, einer mit subjektiven Erinnerungsspuren versetzten Untersuchung der vergangenen Gegenwart Vertrauen entgegenzubringen. Drei kollektive Typen des Erinnerns erscheinen mir für das zwanzigste Jahrhundert kennzeichnend zu sein. Es sind jeweils Zusammenhänge, in denen sich geschichtliche Erinnerungen brennpunktartig verdichten. In den Motiven und Anlässen dieser Erinnerungen gänzlich verschieden, ist für alle doch charakteristisch, daß sie Züge des Wiederholungszwangs tragen, so als verspürten die

Menschen von Zeit zu Zeit eine innere Not, das von Vergessenheit Bedrohte nicht verloren zu geben, sondern durch eine besondere Intensität der Erinnerungsarbeit, meist aus Anlaß von Gedenktagen und Jubiläen, im öffentlichen Bewußtsein zu befestigen. Und alle diese Erinnerungsversuche haben ihre eigenen kategorischen Imperative, also ein auf Erkenntnis gegründetes Sollen.

Die härteste Form des kollektiven Gedächtnisses ist jener Erinnerungszwang, bei dem Geschichtsverbrechen, Völker- und Rassenmord, menschenverachtende Kriege im Spiel sind, ist Gedenken, ist innehaltende Erinnerung, die häufig schon durch die Denkmalsarchitektur gesichert erscheint. Diese Art von kollektiver Erinnerungsfähigkeit der Menschen hat Nietzsche im Blick: Nichts sei »furchtbarer und unheimlicher an der ganzen Vorgeschichte des Menschen als seine Mnemotechnik«, erklärt dieser Zeitkritiker, durchaus zwiespältig in seinem eigenen Verhältnis zur Kultur. Von bedrückender Aktualität sind seine Worte aus der »Genealogie der Moral«: »Wie macht man dem Menschen-Tiere ein Gedächtnis? Wie prägt man diesem teils stumpfen, teils faseligen Augenblicks-Verstande, dieser leibhaften Vergeßlichkeit etwas so ein, daß es gegenwärtig bleibt?«[13] Hauptsatz dieser die Verbrechen und Wunden der Menschheit ins Zentrum rückenden Gedächtnispsychologie ist Nietzsche zufolge: Daß es niemals ohne Blut, Martern, Opfer abging, wenn der Mensch es für nötig hielt, sich ein Gedächtnis zu machen. Erster Lehrsatz seiner Gedächtnisphilosophie ist: *Nur was nicht aufhört weh zu tun, bleibt im Gedächtnis.* Das zwanzigste Jahrhundert ist voll von solchen Erinnerungen; es sind schwärende Wunden, die immer wieder aufbrechen, Auschwitz, Vietnam, die Stalinschen Arbeits- und Vernichtungslager, Verdun und Stalingrad, ethnische Säuberungen. Und für Ereignisse dieser Art hat Adorno, indem er den Blick vom erstarrten Entsetzen abwendet und auf ein mögliches Lernen richtet, den kategorischen Imperativ formuliert: *Handle so, daß Du angesichts solcher Geschichtsverbrechen alles unternimmst, die Bedingungen ihrer Unwiederholbarkeit zu verbessern.*

Von ganz anderem Zuschnitt ist der zweite Erinnerungstypus, keineswegs gewaltlos, aber doch von entscheidenden moralischen Motiven bestimmt, die weiterwirken. Es sind die großen politischen und sozialen Revolutionen, die unvorhersehbare Anstöße zu neuem geschichtlichem Nachdenken geben; sie sind ursprüngliche Befreiungsakte von Herrschaft und Unterdrückung, die selbst dann aus dem kollektiven Gedächtnis der Menschheit nicht verschwinden, wenn die Versprechungen, die darin enthalten sind, nicht eingelöst werden.

Was sich hier in der Gedächtnisbildung der Menschheit abspielt, hat am eindrucksvollsten Kant formuliert. Dieser prinzipientreue Moralist, aber auch Skeptiker einer kompletten Moralisierung der Welt, hat die Zwiespältigkeit, die diese Form des kollektiven Gedächtnisses bestimmt, so ausgedrückt, daß kein antirevolutionärer Spießer daran Vergnügen haben kann.

Revolutionen sind für Kant Geschichtszeichen, Signale, Hinweise auf eine moralische Anlage der Menschen zum Besseren; so sind selbst Niederlagen, der an den vorgefundenen Bedingungen zerbrochene revolutionäre Wille keine entscheidenden Einwände gegen solche Ereignisse, die, im Gedächtnis der Menschheit, aufbewahrungswürdig und wiederholbar bleiben.

»Die Revolution eines geistreichen Volkes«, sagt Kant, »die wir in unseren Tagen vor sich gehen sehen, mag gelingen oder scheitern; sie mag mit Elend und Greueltaten... angefüllt sein... diese Revolution findet doch in den Gemütern der Zuschauer (die nicht selbst in diesem Spiele mitverwickelt sind) eine *Teilnehmung* dem Wunsche nach, die nahe an Enthusiasmus grenzt... *ein solches Phänomen in der Menschengeschichte vergißt sich nicht mehr*, weil es eine Anlage und ein Vermögen in der menschlichen Natur zum Besseren aufgedeckt hat, dergleichen kein Politiker aus dem bisherigen Laufe der Dinge herausgeklügelt hätte...«[14]

Dieser kategorische Imperativ, der ein kollektives Gedächtnis eigener Art begründet, enthält die Aufforderung, so zu handeln, daß die moralischen Impulse, die in solchen revolutionären Bewegungen wirksam wurden, nicht in Vergessenheit geraten, sondern als Aktivposten der Menschheit aufbewahrt und als Anspruch gegen eine falsche Wirklichkeit erhalten bleiben.

Kant und Nietzsche treffen geschichtliche Ereignisse, die deutliche Wendepunkte markieren, ja häufig vernarbte Erfahrungen ausdrücken. Das Jahr 68 ist dagegen weder eine Revolution noch eine schwärende Wunde, ein Verbrechen; es ist eine Zeit unausgestandener Probleme. Es sind geschichtliche Texte, die immer wieder gelesen werden, ein gutes Buch, das immer neue Seiten zeigt – wie Günter Busch, der große Buchproduzent, diese Zeit charakterisiert hat.

3. Der Historikerstreit heute

Die zunächst als Probleme der Geschichtsschreibung fixierten Positionen im Historikerstreit erfahren heute durch die Ereignisse nach 89 – durch das Anwachsen des rechtsextremen Potentials in Europa, vor allem in den ehemaligen Ostblockländern, durch die Beteiligung von Faschisten an der Regierung Berlusconi, durch die in Österreich immer wieder von spektakulären Wahlerfolgen bestätigte rechtsextreme Bewegung Jörg Haiders usw. – eine Zuspitzung und Verschärfung, die noch im klassischen Historikerstreit Mitte der achtziger Jahre so nicht denkbar war. Über die Auschwitz-Relativierungen und das Gulag-Prius gegenüber dem Massenmord an den Juden, das im Grunde nachträglich den Nazis ein Recht der Selbstverteidigung zubilligt, weit hinausgehend, sehen Leute jetzt in Hitlers Angriffskriegen die Idee einer europäischen Einigung am Werk, die heute, mit anderen Mitteln, durchgesetzt werde. »Hitler war eben nicht nur ein Ideologe, und der Zweite Weltkrieg war tendenziell, der Möglichkeit nach, auch ein europäischer Einigungskrieg. Deutschland ist der größte Staat in Europa, und wenn man an Piemont denkt, kann man sich vorstellen, daß Deutschland Europa geeinigt hätte ... «[15]

In diesem Zusammenhang ist es nicht notwendig, den rechtsradikalen Geschichtspolitiker Nolte zu traktieren. Die Gefährlichkeit seiner so öffentlich gemachten Haltung besteht vor allem darin, daß Worte, Begriffe und Kalkulationen, deren Verwendung mit Recht als unanständig und moralisch verwerflich galt (wie zum Beispiel das Zählen der Auschwitztoten, ob zwei oder vier Millionen umgekommen sind, ob Vergasen eine mildere Todesform sei als Verhungern, die Gleichsetzung von Seuchentoten in der übrigen Welt mit den Naziopfern usw.), in den wertfreien Status eines wissenschaftlich zulässigen Skeptizismus versetzt erscheinen, ohne daß die wissenschaftliche Gemeinschaft aufschreit und es als rechtsextreme Propaganda verurteilt. Diese in dem »Spiegel«-Gespräch ungebrochen durchgehaltene Paranoia verschafft der Judenvernichtung ein neues historisches Recht in doppelter Weise: einmal als Reaktion auf den Gulag, zum anderen als Reaktion auf eine friedliche westliche Zivilisation. »Die Nationalsozialisten hatten auf ihre Weise recht, wenn man mit Hitler die Angst vor jener Welt und Geschichtsbewegung teilt, die Heidegger die friedliche Weltzivilisation nennt, am Ende sogar noch mit einer Weltregierung.«[16]

Dieses Geschichtsbild zehrt von präventiver Aggression. Die Paranoia des NS-Staates, ohne die es ihn gar nicht gegeben hätte, wird nachträglich zum völkerrechtlichen Legitimationsgrund eines vorbeugenden Krieges. Nicht die momentane Stärke des Gegners, ja nicht einmal seine Aggressionabsichten sind es, welche den eigenen Krieg und die eigenen Vernichtungsabsichten steuern; in erster Linie ist es die mit Angst besetzte Wahrnehmung vom möglichen Kraftpotential des anderen, die das Recht zum eigenen Handeln gibt.

Das ist die Grundthese Noltes zur »Größe und Tragik« des Nationalsozialismus, und in diesem Sinne bekundet er unverhohlen Sympathien für den jungen Mussolini, für den Ursprungsansatz der Nationalsozialisten, so wie ihn, mit metaphysischer Würde versetzt, Heidegger in der Rektoratsrede von 1933 vertreten hat. Deshalb kann er auch, weil es lediglich um die potentiellen Bedrohungen einer nach Führerstrukturen aufgebauten Gesellschaft geht, ob es sich nun um die Aufklärungstradition, 68 oder die Bürgerbewegungen handelt, in aller Unschuld die These vertreten, daß jetzt der Linksradikalismus machtvoll und verbreitet ist und er, Nolte, deshalb, um der geschichtlichen Balance willen, entschieden und öffentlich auf die rechte Seite treten muß. In aller Unbefangenheit zitiert er (ich nehme es zu seinen Gunsten an) einen in diesem Zusammenhang völlig unverdächtigen Schriftsteller. Auf die Frage »Sind Sie ein Rechtsradikaler?« antwortet Nolte: »Thomas Mann hat einmal gesagt: Wenn das Boot nach links kippt, setze ich mich nach rechts, und umgekehrt. Im Augenblick verdienen die rechtsradikalen Geistesströmungen eher Unterstützung als die linksradikalen.«[17]

Das kann doch nur gelten, wenn, wie Thomas Mann es auch gemeint hatte, ein Mensch wirklich fähig ist, seine festgelegten Positionen zu reflektieren: Wo wäre Nolte je auf die linke Seite des Bootes getreten, um das Übergewicht der rechten auszugleichen? Und übrigens: Wo sind, wenn man nicht durch eine imaginäre Angst fixiert ist, die selbst in ihrer Fiktion vielleicht ganz andere Ursachen hat, gegenwärtig die Anzeichen, daß das Boot nach links kippt?

Eine Menge Material herbeizuschaffen, das die Tendenz verdeutlicht, in welchem bedrohlichen Ausmaß das Boot nach rechts kippt, dürfte dagegen Historikern und Sozialwissenschaftlern, die sich ihres Wahrheitsanspruchs noch nicht entledigt haben, kaum sonderliche Mühe bereiten.

4. Der politische Kampf um Sprach- und Symbolbesetzungen

Gegenwart als ein geschichtliches Problem zu behandeln stellt gewiß die höchsten Anforderungen an intellektuelle Redlichkeit und abwägendes Urteilsvermögen, wenn die Proportionen zwischen Nähe und Distanz zu den untersuchten Ereignissen gewahrt bleiben sollen. Weil ich durch meine eigene Lebensgeschichte in alles, was ich sichtbar zu machen versuche, zutiefst verwickelt bin, kann die Auseinandersetzung mit 68 für mich nicht bedeuten, dem Rankeschen Erkenntnisideal zu folgen: »Bloß zu zeigen, wie es eigentlich gewesen ist.«

Das ist ja gerade das Dilemma der inflationären Interviewliteratur jener Generation, die sich 68 zugehörig fühlt: Hier wird Zeitzeugenschaft, also Intimität und Nähe zu den damaligen Ereignissen suggeriert; aber die in den Medien befragt werden, sind in der Regel doch auf einer relativ hohen Stufe der Karriereleiter angekommen. Jetzt, im Rückblick richtend und urteilend, bewerten sie ihre Jugendsünden. Was in diesen Erlebnisdarstellungen fehlt, ist der Zusammenhang der Fragestellungen und Probleme, um die es in jener Zeit ging und die wohl, nimmt man sie in ihren gewandelten Gestalten, bis heute nicht ausgestanden sind. In den meisten dieser Zeitzeugengespräche, wiederholt in den üblichen Jubiläumsrhythmen, ist überhaupt nicht erkennbar, warum man sich, über fünfundzwanzig Jahre danach, noch darüber aufregt oder auch nur eine einzige Fernsehminute für eine solche Sache verschwendet.

So ist eine andere Form der Objektivität im Umgang mit diesen vergangenen drei Jahrzehnten nötig. Man muß gerade für das entschieden Partei ergreifen, was nicht im oberflächlichen Glanz des Sieges und von Siegern steht, die sich als Träger des offiziellen Machtmilieus definieren; vielmehr ist 68 vieles aufgerissen, begonnen, in Perspektiven und Utopien entworfen worden, was manchmal liegenblieb, was verlorenging, aber in ungewöhnlichen Zusammensetzungen auch in die Poren des kulturellen Lebens unserer Gesellschaft eingedrungen ist und dort Wirkungen zeigt, die nicht immer die Greifbarkeit von Wahlergebnissen und Regierungsbeteiligungen haben.

Vielleicht hat das Jahr 68 mehr Fragen aufgeworfen als Antworten gegeben; aber zu überprüfen, ob die heutigen Antworten überzeugender und geschichtlich tragfähiger sind als die Anfänge und Ansätze von

68, als die politischen Tagträume, die in Fragen aus dieser Zeit enthalten sind – das scheint mir der kritischen Untersuchung bedürftig zu sein. Die Ausdrucksformen von 68, Worte, Sprache und Symbole, drohen bei der gegenwärtig tobenden Schlacht um Traditionsbestände und sprachliche Symbolzusammenhänge ausgegrenzt und zerschlagen zu werden, indem unterschiedslos alle das bestehende Herrschaftssystem überschreitenden Alternativen – Revolutionen (selbst die vergangenen), Aufstände, alternative Lebensformen, Runde Tische, Bürgerbewegungen – mit dem Makel des Schwachen und Realitätslosen belegt und in einem wahnwitzigen Zustand des Sozialdarwinismus, in dem nur Starke überleben, der Vernichtung preisgegeben werden. Deshalb sind neue Überlegungen erforderlich, wie historische Diskurse in Gang gebracht und öffentlich aufgewertet werden können, die Erinnungsfähigkeit und kollektives Gedächtnis pflegen.

Die Linke hat bis in die achtziger Jahre den Kampf um Symbole und Sprache, ob es um die der Arbeiterbewegung, um Friedensinitiativen oder Bürgerprotest gegangen ist, als einen politischen Kampf betrachtet. Das ist heute nicht mehr selbstverständlich. Die vereinigte Rechte entwickelt eine große Betriebsamkeit in der Neudefinition geschichtlicher Tatbestände, einzig von dem Interesse geleitet, »für die Schaffung von positiver, ›zustimmungsfähiger‹ Vergangenheit«[18] Materialien aufzutreiben. Das ist nicht erstaunlich. Um die Kräfte der sozialen und politischen Integration, wozu jetzt auch das nationale Einheitssyndrom gehört, gegen alle instabilen, von unten kommenden Ansprüche zu stärken, sind kritische Intellektuelle erstaunlicherweise bereit, sich ihrer eigenen Symbole, ihrer Sprache und Denkweisen enteignen zu lassen. Vor diesem Sprachtribunal der Rechten sind Worte angeklagt wie Utopie, Emanzipation, direkte Demokratie, Konflikt und anderes mehr.

Historiker wie Ernst Nolte und Michael Stürmer, Philosophen wie Hermann Lübbe haben der politischen Rhetorik und der öffentlichen Sprache eine bestimmende Funktion für den politischen Kampf zugeschrieben. Stürmer sagt: »In einem geschichtslosen Land (gewinnt derjenige) die Zukunft, der die Erinnerung füllt, die Begriffe prägt und die Vergangenheit deutet.«[19] Daß die unerwartet zustandegekommene Wiedervereinigung, ja deren Folgewirkungen in Wucherungen und zahlreichen neuen Teilungen, eine große Chance für solche Geschichtsumdeutungen und Erinnerungsfüllungen darstellt, ist aus der deutschen Geschichte wohlbekannt; die nationalen Identifikationen vermochten in dem Maße Kräfte an sich zu binden, wie die sozialen und kulturellen Spaltungen im Lande unverarbeitet blieben und wuchsen.

Lübbe verdeutlicht, was mit dem Kampf um Worte gemeint ist: »Politik ist nicht zuletzt die Kunst, im Medium der Öffentlichkeit Zustimmungsbereitschaften zu erzeugen. Dabei muß man sich der Worte bedienen, die den Angesprochenen vertrauterweise verbal repräsentieren, was ihnen teuer ist. Diese Worte nicht zu verwenden, weil sie, in anderem politischen Richtungssinn, auch schon der Gegner verwendet, hieße den verwirrenden Anschein erzeugen, man habe diesem Gegner einen Alleinvertretungsanspruch bezüglich der hohen Zwecke eingeräumt, die in jenen Worten Parole sind. Natürlich könnte man sagen: Überlassen wir doch dem Gegner die Worte und halten wir uns um so fester an die alsdann anders zu benennende Sache. Aber das hieße, die politische Rede zu einer Rede über Wortgebräuche zu machen, und deren Erfolgsaussichten dürften um so geringer sein, je umfassender die Öffentlichkeit ist, an die sie sich richtet.«[20]

Politische Wortverbote und politische Sprachverfolgungen sind nach Lübbe Extremfälle des Streites um die Worte, in denen der Kampf um die Liquidation geführt wird. Wichtiger ist aber der Streit um die Verschiebung der Bedeutungsgehalte von Worten bis zu dem Punkt, an dem von einem politischen Wort der Kerninhalt entfernt wird. Es gibt, sagt Lübbe, »den politischen Wortstreit als Kampf um die Rettung der Worte vor dem Feind, wobei es stets darum zu tun ist, die Worte bei ihrer ›wahren Bedeutung‹ festzuhalten«.[21]

Der Blick des Konservativen trifft, wie wir dem Werk Carl Schmitts beispielhaft entnehmen können, schärfer die Schwäche der Linken, als sie selbst es zu sehen vermögen. Was heute dem Begriff des Sozialismus angetan wird, ist genau das, was Lübbe meint. Nimmt man diesem Begriff alles, was mit ihm in einer Jahrhunderttradition verknüpft war – zum Beispiel Freiheit, Gerechtigkeit, Frieden, Selbstverwirklichung usw. –, und ordnet es einem anderen Zusammenhang zu, dann könnte es in der Tat so sein, daß andere Benennungen einen Vorzug haben. In diesen Zusammenhang gehört auch der Vorschlag von durchaus reflektierten und um die Sache besorgten Sozialdemokraten, statt von Sozialismus von sozialer Demokratie zu sprechen. Wie sehr diese Sprachumwandlung fast alles dementiert, was im Begriff Sozialismus mitgesetzt war, wird selbst kritischen Sprachanalytikern nicht immer deutlich.

Im Selbstopfer der Worte liegt die Gefahr, auch dem Verlust der Sache allenfalls noch nachzutrauern, aber Kraft zu deren Verteidigung nicht mehr aufbringen zu wollen. Die Auseinandersetzung mit 68, die ich im Sinne habe, läßt sich nur nach den Regeln eines politisch-praktischen Diskurses gestalten, der von der Deutung und Analyse der gegenwärtigen Krisenherde unserer Gesellschaft ausgeht. Diskurse dieser Art sind historisch-systematische Erarbeitungen von Problemzusammenhängen, die durch Wiederaneignung von Erinnerungsfähigkeit und kollektivem Gedächtnis das historische »So und nicht anders« aufbrechen und damit auch für die Gegenwart Zukunftslösungen schaffen, die sich aus dem Vorrat der besseren Möglichkeiten speisen. Die bloße Rekonstruktion des Vergangenen ist nicht meine Absicht; auch nicht die Niederschrift meiner persönlichen Erinnerungen an Situationen und Motive, die ich wahrgenommen oder selbst mitgeprägt habe. Gegenüber denjenigen, die durch 68 in ihrer politischen Sozialisation entscheidend beeinflußt wurden, beanspruche ich selbst, der sich, wie zum Beispiel auch Jürgen Habermas und Jürgen Seifert, eher als 58er bezeichnet, eine durch Emotionalität der eigenen Lebensgeschichte nicht so stark besetzte Erfahrungsqualität.

Dieses Buch ist, wie ich am Anfang des Vorworts gesagt habe, im Zorn und gegen das Vergessen geschrieben; der Verfall linker politischer Identität hat eine entscheidende Ursache in diesem Vergessen, das dem schändlichen Opportunismus Tür und Tor öffnet. Der innere Widerstand dagegen, daß sich besonders orthodox gebende 68er, die über privilegierte und einflußreiche Stellungen verfügen, in einer schier unerträglichen Weise dazu hergeben, diese Zeit als unterhaltsamen Medienrohstoff zu verwerten, oder gegen andere, die daraus einen dem Spießer verständlichen Studentenulk in revolutionären Kostümen machen, hat mich veranlaßt, um inhaltliche Fragen organisierte konzentrische Kreise zu bilden, die von den gegenwärtig dringenden Problemen ausgehen. Wer sich auf die Oberflächenerscheinungen der vergangenen fünfundzwanzig Jahre kapriziert und Erfolg nur dort zu erkennen vermag, wo Siege gefeiert werden, dem wird vieles verschlossen bleiben, was Maulwurfsarbeit in verwinkelten Gängen und eigens hergestellten Netzwerken geleistet hat, die vielleicht die Welt mehr veränderten als die spektakulären Haupt- und Staatsaktionen, deren geschichtliche Tragweite ja bereits in der großen Philosophie von Aristoteles bis Marx in Frage gestellt wurde.

Wenn kommunikative, auf Kompromisse, also Verständigung gehende Vernunft jenes kulturelle Minimum herstellt, das nicht zwangsläufig die Lösung gesellschaftlicher Konflikte zur Folge hat, sehr wohl aber dazu beiträgt, daß ein zerrissenes Dasein, Elend und Ungerechtigkeit der öffentlichen Wahrnehmung geöffnet werden, dann befinden wir uns gegenwärtig in einer Situation, in der politische Diskurse zu einer bedrohlich angewachsenen Zahl von ungelösten Problemen stattfinden müssen. 68 und das, was in dieser Zeit in Gang gebracht wurde, können dazu Anlaß und Ansatzpunkt sein.

II. Rechtsordnung, Öffentlichkeit und Gewalt

1. Eine Atmosphäre von Gewalt – 1993 und 1968

Kein Land der europäischen Zivilisation hat, im gesellschaftlichen Binnenverhältnis nicht weniger als in kriegerischen Expeditionen nach außen, eine so stark mit sozialpsychologischen Mechanismen von Schuld und Abwehr versetzte Gewalterfahrung wie Deutschland. So erweist sich der 68 weltweit angestoßene Gewaltdiskurs in diesem Lande als besonders kompliziert. Vor dem gleichmachenden moralischen Blick erstarren die Gegenstände, auf die sich kritische Urteilskraft einzulassen hätte, zu ununterscheidbaren Objekten. Wo schon die Sitzblockaden auf Straßenbahnschienen oder vor Kasernentoren, um Raketentransporte zu behindern, als Gewalt betrachtet werden und der Schutzhelm, mit dem man sich gegen Polizeiknüppel sichern möchte, als passive Bewaffnung verstanden wird, verwischen sich allmählich auch die Unterschiede zwischen revolutionärer Gewalt, die Motiven einer Massenempörung gegen Unterdrückung und Herrschaft entspringt, und den Gewalttaten eines gewöhnlichen Kriminellen oder dem Aggressionsstau von Jugendlichen, der sich im Vandalismus von Sachbeschädigungen Luft macht.

Wäre es nur eine Frage des verletzten Stolzes bei der sozialwissenschaftlichen Untersuchungsarbeit, die ihre spezifischen, einigermaßen trennscharf entmischten Erkenntnisobjekte verloren hat und nicht mehr anzugeben vermag, was Wesen und was Erscheinung ist, dann könnte man sich damit beruhigen, daß der Kampf gegen Gewalt bei Polizei, Gerichten und (wenn überhaupt nötig) Sozialpädagogen in guten Händen ist; dann wären die Pragmatiker unter den scharfen Verbrechensbekämpfern im Recht, die sich die Basisdaten für ihre Eingriffe und Handlungen durch die Kriminalstatistik oder durch Milieu- und Randgruppenforschung vorgeben lassen. Aber die bloßen technischen Lösungen der Gewaltprobleme in unserer Gesellschaft stoßen auf immer engere Grenzen. Das kommt auch daher, daß in dem Maße, wie sich die Vorstellungen von einem gesellschaftlichen Gesamtzusammenhang verlieren, der in der dialektischen Denktradition konkrete Totalität genannt wird, Untersuchungen der politischen Ausdrucksformen und der Beziehungen vom gesellschaftlichen Zentrum, der etablierten Ordnung des Rechts und des Wirtschaftens, zu dem, was sich in den Zwischenwelten des sozialen Lebens und an den Rändern dieser Gesellschaft abspielt, zunehmend als nutzlos angesehen werden. Sie sind es aber ganz und gar nicht; freilich haben sie nur eine produktive Erkenntnisrichtung, wenn sie von Methoden und Kategorien einer kritischen Gesellschaftstheorie geleitet sind. Ein vernunftorientierter, das heißt auf Verminderung von Gewalt, Alltagsaggression, Unterdrückung und Unglück gerichteter Gewaltdiskurs ist nur möglich, wenn die scheinbar gewaltlosen Mechanismen des gesellschaftlichen Produktions- und Reproduktionsprozesses, wenn die zentralen Ordnungsprinzipien der Gesellschaft in diese kritische Auseinandersetzung einbezogen werden und die Tabus, mit denen Gewalt belegt ist, gebrochen sind.

Je deutlicher erkennbar wurde, daß Arbeitslosigkeit als Massenschicksal von den wirtschaftlichen Wellenbewegungen, von Konjunktur und Rezession weitgehend abgekoppelt ist, desto größere Anstrengungen sind für den Nachweis unternommen worden, daß Arbeit und Gewalt nichts miteinander zu tun haben. Aber es dringt doch breiten Bevölkerungskreisen immer nachdrücklicher ins Bewußtsein, daß der Boden, auf dem Gewalt entsteht, sich ausweitet und sich in diffusen, häufig motivlos erscheinenden Aktionen entlädt, in erster Linie von einer Gesellschaft bereitet wird, die nicht mehr fähig ist, den verschwenderisch aufgehäuften gesellschaftlichen Reichtum angemessen zu verteilen. Mit angemessen bezeichne ich hier etwas sehr Einfaches: das instinktive Gefühl großer Teile der Bevölkerung, an der gesellschaftlichen Gesamtarbeit und deren Ergebnissen in einer als gerecht und billig empfundenen Weise beteiligt zu sein.

Damit ist überhaupt nicht gesagt, daß die Arbeitslosen gewaltanfälliger wären als andere gesellschaftliche Gruppierungen und Schichten; vielmehr sind es Veränderungen des gesellschaftlichen Klimas, des sozialen Bodens, auf dem die mit Verletzungsgefühlen und innerer Empörung verknüpften Gewalterfahrungen wachsen. »Denn Arbeitslosigkeit ist ein Gewaltakt, ein Anschlag auf die körperliche und seelisch-geistige Integrität, auf die Unversehrtheit der davon betroffenen Menschen. Sie ist Raub und Enteignung der Fähigkeiten und Eigenschaften, die innerhalb der Familie, der Schule und der Lehre (vorausgesetzt, diese Ausbildungsstufe wird überhaupt noch erreicht) in der Regel in einem mühsamen und aufwendigen Bildungsprozeß erworben wurden und die jetzt, von ihren gesellschaftlichen Betätigungsmöglichkeiten abgeschnitten, in Gefahr sind, zu verrotten und schwere Persönlichkeitsstörungen hervorzurufen.«[22]

Nur wer sich einen Begriff von dieser Gesellschaft macht, wer die Mühe auf sich nimmt, den Prinzipien des Zusammenhalts dieser nach wie vor vom Kapital und von der betriebswirtschaftlichen Zeitökonomie definierten Produktionsordnung auf die Spur zu kommen, wird auch vom sogenannten Wertewandel, von den Desintegrationstendenzen und den Erosionen etwas verstehen. Der Grundskandal dieser Gesellschaft, an dem sich auch vielfältige moralische Abwehrhaltungen gegen das Bestehende kristallisieren, liegt im Zentrum und nicht an den Rändern. Dieser Grundskandal besteht darin, daß diese Gesellschaft an ihrem Reichtum und ihren Überschußprodukten zu ersticken droht und gleichwohl außerstande ist, Millionen von Menschen das zivilisatorische Minimum für eine menschliche Existenzweise zu sichern: nämlich einen Arbeitsplatz, einen konkreten Ort, an dem sie ihr gesellschaftlich gebildetes Arbeitsvermögen anwenden können, um von bezahlter Leistung zu leben. Es ist dabei zunächst noch keine Rede von Selbstverwirklichung in der Arbeit, sondern nur von der bloßen Möglichkeit, durch gegenständliche Tätigkeit, und sollte sie auch noch so entfremdet sein, die materiellen Grundlagen der Existenz zu sichern.

Ist es verwunderlich, wenn in dieser zerrissenen Gefühlslage viele Menschen Verzweiflung und Resignation ergreift und sie in ihren Angstreaktionen, die stets Verengungen sind, eigene, häufig nicht mehr verständliche Auswege suchen? Eine Gesellschaft, die dieses Minimum Angst reduzierender Sicherheit nicht mehr anzubieten vermag, verspielt langfristig ihren moralischen Kredit, der für eine einigermaßen friedliche Konfliktregelung ihrer Interessenwidersprüche unabdingbar ist; unter solchen Verhältnissen wachsen Gewaltpotentiale sehr schnell.

Die Gewalt des Systems selbst – die Menschen erfahren, die, im Vollbesitz ihrer geistigen, seelischen und körperlichen Kräfte und mit starkem Arbeitswillen ausgestattet, in die Arbeitslosigkeit gestoßen werden, die ihre Wohnung verlieren und von magerer Sozialhilfe leben –, diese Gewalt aus dem Gewaltdiskurs auszusparen würde zu nichts anderem führen als zu einem für sozialwissenschaftliche Erkenntnis unbrauchbaren Datenverschnitt. Denn den fortwährenden Anstrengungen der offiziellen Gesellschaft, die Gewaltmomente in der eigenen Ordnung zu verleugnen oder dadurch zu neutralisieren, daß sie dem staatlichen Gewaltmonopol als Legitimationsbestandteile zugeschlagen werden, ist der Satz des Berliner Malers Heinrich Zille entgegenzuhalten, der sich im Milieu der Ausgestoßenen gut auskannte und der diese Formen von sublimer, verdeckter und aus dem öffentlichen Bewußtsein verdrängter Gewalt hautnah wahrgenommen hat. »Man kann«, sagte er, »einen Menschen mit einer Wohnung genauso töten wie mit einer Axt.«

Erst 68 ist jener Gewaltdiskurs eröffnet worden, der schon zwanzig Jahre früher, als die Erfahrungen und Erinnerungen an Faschismus und Krieg noch lebendig waren, hätte in Gang gesetzt werden müssen, wäre eine tiefgreifende Aufarbeitung der Vergangenheit erwünscht gewesen. Dieser Anfangsdiskurs hatte eine philosophische und praktische Reichweite, die sich in den siebziger Jahren Schritt für Schritt auf den Baader-Meinhof-Komplex und die staatlichen Reaktionen darauf verengte; heute ist er fast vergessen, allenfalls bei Jubiläumsveranstaltungen, in Bildern von Demonstrationen oder in faden Erinnerungen gegenwärtig. Den Gewaltdiskurs wieder aufzunehmen und öffentlich zu machen oder um ganz neue Fragestellungen zu erweitern gehört jedoch zu den dringlichsten Aufgaben jener Intellektuellen, die sich der aufklärerischen Tradition verpflichtet fühlen und Verantwortung für das Wohl und Wehe unseres Gemeinwesens zu übernehmen bereit sind. Denn Häuser brennen wieder, in denen Menschen freiwillig oder zwangsweise vorübergehend leben, die sich zunächst durch nichts anderes auszeichnen als durch ihre Hautfarbe, ihre Sprache, ihre nationale Herkunft und durch die Not ihrer Lebensverhältnisse, die sie in die Fremde getrieben hat. Hoyerswerda, Rostock, Solingen, wie Vieh durch Magdeburg gejagte Farbige – nur wenige Jahre nach dem Wiedervereinigungserlebnis, das so viele Menschen mit Stolz erfüllte und zu nationalen Feiern Anlaß gab.

In Deutschland haben kollektive Brandstiftungen, Flächenbrände in städtischen Milieus eine von den anderen europäischen Ländern eigentümlich unterschiedene Tradition. Mit Bücherverbrennungen im Frühstadium der Naziherrschaft fängt diese sadistische Lust am Lösen der Probleme durch Abbrennen an – und der aus Deutschland vertriebene Heinrich Heine hatte, weil er durch Leiden scharfsinnig geworden war, eine präzise Vorahnung, als er im Umgang mit Büchern, vor allem den unbotmäßigen und die bestehenden Verhältnisse kritisierenden, deutliche Zeichen der Menschenverachtung erkannte. In der Tragödie »Almansor« stehen sich, mit dem Problem religiöser Säuberungen konfrontiert, Christen und Moslems gegenüber; es ist Hassan, der betroffene Moslem, der inmitten des Marktes zu Granada den Koran auf einem Scheiterhaufen in Flammen aufgehen sah und der darin mehr wahrnimmt als die Vernichtung heiliger Texte. »Das war ein Vorspiel nur«, ruft er aus, »dort, wo man Bücher verbrennt, verbrennt man auch am Ende Menschen.« Die den Büchern angetane Gewalt setzt sich in zwischenmenschlichen Verdinglichungen fort. Aus lebendigen Wesen werden Sachen, die innerlich fremd bleiben und deshalb in ihrer Verletzlichkeit auch gar nicht wahrgenommen werden.

Heine hat sehr genau verstanden, was es für eine Gesellschaft bedeutet, wenn sie ihre kritischen Intellektuellen mitsamt ihren Produktionswerkzeugen und Produkten vertreibt, ihnen durch Zensur oder die sublime Gewalt des Öffentlichkeitsentzugs das Sprachmedium verweigert. Eine angemessene Aufarbeitung der Naziherrschaft zwingt uns daher, mit Büchern und Traditionen pfleglicher umzugehen, als es für andere Länder üblich erscheinen mag. Denn die in Flammen aufgegangenen Synagogen und die Gasöfen von Auschwitz sind Brandmale, die sich aus der Archäologie der deutschen Geschichte nicht wegarbeiten lassen. »Deutschland den Deutschen!« brüllen sie, aber die, die draußen bleiben sollen, werden immer zahlreicher und in ihren nationalen, religiösen, rassischen Merkmalen immer unübersichtlicher.

So ist in diesen Tagen erinnernde Reflexion in zweifacher Hinsicht nötig.

Zum einen ist auf der gesicherten sozialwissenschaftlichen Erkenntnis zu beharren, daß Bewegungen, die ihre Identität ausschließlich aus Feinderklärungen gewinnen, durch Ausgrenzung der Fremden und Andersdenkenden, nur dann Erfolg haben, wenn sie genügend Sympathisanten im gesellschaftlichen Zentrum finden. Auch der deutsche Faschismus war nicht ein Problem der marodierenden Randgruppen, der Schlägerbanden von SA und SS; ohne die leistungsbewußten Mitläufer im Beamtenapparat, ohne hilfswillige Polizei und mit schiefem Rechtsbewußtsein ausgestattete Richter, die sich heute schon wieder rühren, hätte die Nazibewegung nie den Staat erbeuten können. Die Professoren und Lehrer, Sinnproduzenten und Sinnvermittler im Berufsalltag, taten nach Kräften das ihre, das Symbol- und Sprachspektrum der deutschen Kultur so zu korrumpieren, daß viele Worte und Begriffe seitdem unrettbar beschädigt sind und ins »Wörterbuch des Unmenschen« gehören.

Die Schlägerbanden, die Feuerballen in bewohnte Häuser werfen, sind schlimm genug; gefährlicher für den Bestand eines demokratischen Gemeinwesens sind die, die zustimmend zusehen, Beifall spenden oder noch schlimmer: zustimmend wegsehen, wenn Stellvertreter das tun, wozu sie selbst, solange der staatliche Befehl noch nicht erkennbar ist, keinen Mut haben.

Aber ein zweiter Zusammenhang ist wichtig, über den in der Geschichte der Sozialwissenschaften viel nachgedacht wurde. Mischungen von Stämmen und Völkerschaften sind charakteristische Merkmale der Hochkulturen. Der Ursprung der griechischen Philosophie in den ionischen Landstrichen ist zum Beispiel dieser Völkermischung zu danken. Wo freilich ungelöste soziale Probleme aufbrechen, besteht ein starkes Bedürfnis, nach Erklärungen der eigenen Misere zu suchen. Da die eigenen Herren oder das von diesen repräsentierte und gestützte System als mögliche Verursacher übermächtig erscheinen und der Gedanke eines Angriffs auf diese Angst erzeugt, wird nach Ersatzschuldigen Ausschau gehalten. Häufig wird weit zurückgegriffen, bis in den archaischen Vorrat von Stammesrivalitäten hinein, die man längst für ausgestanden hält. Für die Ersatzschuldigen ist jedoch typisch, daß sie auswechselbar sind.

Über Jahrhunderte waren es in Europa die Juden, die Sozialneid auf sich zogen. Jetzt sind es Fremde aller Arten. Worum seit den Toleranzedikten, welche die religiösen Bürgerkriege beendeten, in Europa gekämpft wurde, ist jetzt wieder gefährdet. Wer das jüngste Wort aus dem Wörterbuch des Unmenschen geprägt hat – »ethnische Säuberung« –, hat diesen Rückfall in den barbarischen Zustand von Intoleranz am präzisesten bezeichnet. Diese Säuberungen leben, wie alle anderen des zwanzigsten Jahrhunderts, vom Schein: Als könne durch Ausgrenzung andersartiger Menschen irgendein selbsterzeugtes Problem gelöst werden; oder noch schlimmer: Als könne das Völkische oder Reinrassige an der Grundmisere einer von Macht- und Herrschaftsverhältnissen zerrissenen Gesellschaft etwas ändern.

Um das Jahr 89 herum, als die Herrschaftssysteme des Ostblocks zerbröckelten und Massendemonstrationen eine neue Phase demokratischer Beteiligung einklagten, die allmächtigen Sicherheitsapparate, ja das Militär aktionsunfähig machten, liebäugelten die Modernisierungstheoretiker innerhalb der Sozialwissenschaften mit der Konzeption der »Zivilgesellschaft«. Diese der angelsächsischen Soziologie und politischen Philosophie entnommene Idee bezeichnet zwar nicht einen Friedenszustand, aber doch ein System friedlicher Konfliktregelungen, die sie deutlich unterscheidet von der durch staatliche Gewalt, durch Polizei und Militär vorgegebenen Systemintegration. Die Erosion des östlichen Militärblocks und der damit verknüpfte Zerfall der Weltaufteilung in zwei gefährlich hochgerüstete Systeme trug dazu bei, dieses Entmilitarisierungskonzept als menschlichere Alternative ins Gespräch zu bringen. Nimmt man den Bürgerkrieg im ehemaligen Jugoslawien, die stets aufflackernden Kleinkriege in der ehemaligen Sowjetunion, ja die Innenverfassung europäischer Kernländer, sieht es freilich so aus, als würde diese Konzeption immer stärker von der Realität widerlegt.

Im Prozeß der Zivilisierung erkennt Nobert Elias – politischer Emigrant in England und deshalb wie Heine scharfsinniger Beobachter des Landes, das ihn vertrieben hatte – eine säkulare Tendenz zur Erweiterung der Scham- und Peinlichkeitsgrenze im zwischenmenschlichen Verkehr. Elias geht von dem Tatbestand aus, daß in zivilisierten Gesellschaftsordnungen die Normalbiographie mit gewissen Unlustregungen oder verinnerlichten Ängsten ausgestattet ist, die Verbotsskala der Gesellschaft zu durchbrechen. Sein Erkenntnisinteresse ist wohl von der Frage beeinflußt: Warum haben die vielen Menschen, die sahen, daß Juden verschwanden, nicht nachgefragt, wo sie geblieben sind? Ihn hat beunruhigt, wie sich der Sensus communis auflöst, das öffentliche Unterscheidungsvermögen, das in der großen deutschen Philosophie so zentrales Gewicht hatte. Gewissen kann man nennen, was sich im Menschen als selbstverständliche, ohne viel Nachdenken arbeitende Instanz herausgebildet hat. Für die friedliche Konfliktregelung hat diese durch Gewissen angeleitete Aggressionshemmung, diese Affektkontrolle, wie Elias es nennt, eine große Bedeutung. Und diese Affektkontrolle wurde im Nationalsozialismus außer Kraft gesetzt.

Es bestürzt und erregt Angst, daß wir uns gegenwärtig in einem gesellschaftlichen Klima bewegen, in dem die längst vergangen und ausgestanden geglaubte Mordlust erneut in den Alltag einzugehen droht. Ich meine damit nicht jenen Bereich von Kriminalität, wo Täter und Opfer entweder durch individuelle Beziehungen verwickelt sind oder gänzlich beziehungslos aufeinander treffen. Womit wir es gegenwärtig zu tun haben, ist etwas ganz anderes. Die Mordlust richtet sich auf bestimmte Gruppen und Schichten von Menschen; die einzelnen Opfer sind gleichgültig und auswechselbar. Es wäre leichtfertig, diese neue, aber wiederum auch sehr alte Tendenz in Deutschland, bestimmte Klassen von Menschen durch Ausgrenzung zu vernichten, auf Ausländerhaß zu beschränken und dem Irrglauben zu folgen, daß die Änderung des Asylrechts, dieses verwundbarsten Artikels unserer Verfassung, daran Entscheidendes ändern könnte.

Mittlerweile zeichnet sich in Deutschland eine alptraumhafte Entwicklungslinie ab, die durch eine bedrohlich herabgesetzte Hemmschwelle für das Töten charakterisiert ist. Unter den siebzehn Todesopfern und den mehr als achthundert Verletzten, die die Polizei für das Jahr 1992 rechtsextremen Gewaltaktionen zuschrieb, finden sich keineswegs nur Ausländer; deutsche Minderheiten wie Homosexuelle, Obdachlose, Behinderte, diskriminiert schon von der offiziellen Gesellschaft, werden zunehmend in diesen Gewalthorizont der Vernichtungsphantasien einbezogen.

Zum ersten Mal in der deutschen Nachkriegsgeschichte kann man mit Fug und Recht – und ich sage das sorgfältig genug, um nicht einzelne Institutionen dieser Gesellschaft in Verdacht zu bringen – von einem faschistischen Potential reden. Denn hier wird Leben umdefiniert: Wie soll man mit »unwertem Leben« leben, mit dem umgehen, was aus den Gebrauchsrastern der Leistungsgesellschaft herausfällt, mit verschrottbarem, parasitärem Leben? Die Mordlust ist Ausdruck eines räuberischen Kampfes um Erfolg, der jede Form der Solidarität und der Gefühlswelt des Mitleidens beschädigt. Dieser Sozialdarwinismus, bei dem nur die Bestausgestatteten überleben, bestimmt das Handeln jener, die bei diesem Kampf auf der Strecke geblieben sind. Sie sind Kinder dieser Gesellschaft, Opfer und blutige Täter in einem.

Aber auch darauf ist das Problem des marodierenden Rechtsextremismus nicht zu beschränken. Durch die allgemeine gesellschaftliche Abwertungsmentalität, die mit den Verfallsdaten der Konsumgüter am Ende auch die atemlosen Produzenten erreicht, die nicht mehr so recht mithalten können, wird der Lebensschutz alter und kranker Menschen in geschlossenen Anstalten und in Krankenhäusern gebrochen. Auch hier sinkt die Hemmschwelle beim Töten. Patiententötungen in Wuppertal, Wien, Freiburg; ein sechsunddreißigjähriger Pfleger tötet in einem renommierten Gütersloher Krankenhaus über zehn Patienten, die er für lebensuntauglich einschätzt. Er habe, erklärt er vor Gericht, bei seinen Taten das Gefühl gehabt, »neben mir zu stehen und zuzuschauen«, er sei sich keiner Schuld bewußt, denn er wollte von seinen Schützlingen immer nur sagen können: »Du hast alles für sie getan.«

Mit Bestürzung und einer neuen Erkenntnis hatte Hannah Arendt ihren Bericht über den Eichmann-Prozeß in Jerusalem verfaßt; nie für möglich hatte sie gehalten, daß von einem gesellschaftlichen Klima der Mitleidslosigkeit gegenüber den Verlierern, für die Schwachen und Ohnmächtigen, ein unwiderstehlicher Anreiz ausgehen kann, sich als Funktionäre des Todes zu verstehen, ohne Dazwischenreden des Gewissens, im begründet vermuteten Auftrag höherer Interessen.

Das schlimme Wort vom »Beileidstourismus«, das der Regierungssprecher, um den Bundeskanzler von der Anwesenheit bei den Opfern zu entlasten, in die Welt gesetzt hat, gehört aktuell in diesen Kältestrom der Gesellschaft – und ins Wörterbuch des Unmenschen. Die Gefahr liegt nahe, daß es zu einer Veralltäglichung des Tötens kommt. Hannah Arendt sprach deshalb von der Banalität des Bösen.

Was ist geschehen seit 68? Hat sich der Gewaltumgang zivilisiert, sind die Affektkontrollen stabiler geworden, seit erkennbar wurde, daß Gewalt und Gegengewalt auf dem Niveau zerstörerischer Rückwirkungen sich ausgleichen? Wo sind die Lernprozesse geblieben, die von der ausweglosen und ohne Gnade von beiden Seiten betriebenen Konfrontation von Staat und Terrorismus in den siebziger Jahren angestoßen wurden?

Fragen über Fragen, wenn es um innergesellschaftliche Kriegsgeschehen geht, denen niemand einen produktiven Ausgang zu bestätigen bereit ist. So liegt es nahe, geschichtliche Situationen in Erinnerung zu rufen, in denen die Gewaltfrage anders, vielleicht mit größerer Aufrichtigkeit und in aller Öffentlichkeit diskutiert worden ist.

Wie war das 68, als ein Toter und ein Schwerverletzter Reaktionen hervorriefen, die tief ins moralische Bewußtsein der Menschen eindrangen?

Drei Mordanschläge waren es, die nachhaltig die moralische Empörung gegen die bestehende Gesellschaftsordnung auslösten und der Vorstellung von reaktionärer Gewalt eine über individuelle Erfahrung hinausgehende Bedeutung verliehen: erstens der tödliche Polizeieinsatz im Juni 1967 zum Schutz des Schahs von Persien, der den Demonstranten Benno Ohnesorg das Leben kostete. Es ist der Tod eines anonymen Einzelnen, der tragische Berühmtheit erst durch diesen tödlichen Schuß erhält. Zweitens das atmosphärisch (nicht zuletzt durch die Springer-Presse) gesteuerte, jedoch von einem Einzelgänger ausgeführte Attentat auf Rudi Dutschke. Und drittens der Großeinsatz der amerikanischen Militärmaschinerie in Vietnam, also Mordanschläge auf ein ganzes Volk. Nur wer die Erfahrungen von gesellschaftlichen Mordanschlägen in diesen drei voneinander völlig verschiedenen, aber miteinander verschränkten Dimensionen wahrnimmt, wird sich einen Begriff von der damaligen Aktualität der Gewaltfrage in Deutschland machen können.[23]

Kein Thema kennzeichnet deutlicher die atmosphärischen Veränderungen der bundesrepublikanischen Gesellschaft zur Zeit der außerparlamentarischen Proteste als das der Gewalt. Daß sich ein solcher Zustand ergeben konnte, ist ohne Rückbeziehung auf die Struktur der relativ »gewaltfreien« Verhältnisse, die es vorher gab, jedoch nicht zu erklären. Es geht nicht um allmähliche Übergänge, bei denen vereinzelte Hinweise, Andeutungen, Zahlen über wachsende Kriminalität oder wenigstens zunehmende gesellschaftliche Konflikte auf einen Zustand verweisen, in dem das Tauschprinzip nicht mehr der Hauptregulator ist. Nachdem fast zwei Jahrzehnte der gesellschaftliche Neuordnungsprozeß darauf beruht hatte, daß jeder das erhielt, was ihm zustand oder was er verdiente, daß also nach mehr oder weniger durchsichtigen Äquivalenten entgolten wurde, treten jetzt gesellschaftliche Gruppen in die Öffentlichkeit, die diesen Realität gewordenen Gesellschaftsvertrag aufkündigen und mit massivem Druck mehr und anderes verlangen, als sie verdienen oder was für sie vorgesehen ist.

Im Wohlstand einer autoritären Leistungsgesellschaft hatten sich Lebensregeln institutionalisiert, die sich auf eine verläßliche und breite Folgebereitschaft in der Bevölkerung gründeten. Alle gesellschaftlichen Klassen, Schichten, politischen Fraktionen, die aus Tradition oder Programm Forderungen hätten stellen können, um diese Regelungsmechanismen außer Kraft zu setzen oder über das System hinauszuweisen, waren entweder gesellschaftlich integriert oder zu ohnmächtigen Randgruppen neutralisiert. Deshalb konnte sich der objektive Schein einer absolut gewaltfreien Gesellschaftsordnung bilden.

Mit Recht hat man das, was im Burgfrieden der Großen Koalition an Konsensfähigkeit noch einmal bestätigt wurde, als die erste bürgerlich-demokratische Ordnung auf deutschem Boden bezeichnet, der von keiner Seite aus innere Gefahr drohte. Weder hatte das Militär eine dominante Stellung im Staatsapparat noch feudal-aristokratische Gruppierungen, welche die Wiederherstellung der alten Ordnung erstrebten, noch gab es revolutionäre Massenparteien, die eine andere gesellschaftliche Zukunft wollten. Sogar ein Problem, mit dem die Weimarer Republik nichts zu schaffen hatte, was aber deren Integrationsleistung gut hätte überschreiten können, wurde von dieser Grundordnung der westdeutschen Nachkriegsgesellschaft gelöst: die soziale und politische Integration der riesigen Flüchtlingsmassen von über fünfzehn Millionen Menschen aus den Gebieten jenseits von Oder und Neiße, ebenso die wachsende Zahl derjenigen, die der DDR den Rücken kehrten.

Man kann verstehen, wie sehr der Leistungsstolz der etablierten Parteien auf das ausbalancierte System von Institutionen und Organisationen die Selbstgewißheit prägte, es handele sich bei dieser Ordnung um die einzig mögliche und im besten Sinne gelungene Bewältigung der Vergangenheit. Das galt selbst für skeptische Emigranten, die widerwillig und mißtrauisch zurückgekehrt waren.

Das historische Projekt Bundesrepublik schien mit größerer Beweiskraft für die praktizierte Aufarbeitung der nationalsozialistischen Vergangenheit ausgestattet als das, was sich in wissenschaftlich-öffentlichen Aufarbeitungen von moralischen und lebensgeschichtlichen Problemen zeigte. Ob nun belastete Richter aus dem Dritten Reich immer noch nicht abgeurteilt waren, wie die eigensinnige Untersuchungsarbeit des SDS-Mitgliedes Rainer Strecker in seiner Dokumentation »Ungesühnte Nazijustiz« zeigte, ob Staatssekretäre, Minister und Abgeordnete Mitwisser oder gar Akteure vergangener Verbrechen waren – das alles konnte doch, wo individuelle Schuldzurechnungen mit wachsender Distanz zur Zeit des Verbrechens ohnehin immer riskanter wurden, mit dem Hinweis auf die gegenwärtige Beteiligung am Aufbau eines Regel- und Institutionensystems ausgeglichen werden, das sich als kollektiv bewältigte Vergangenheit darstellte.

Es ist freilich charakteristisch für diese Zeit, daß nicht nur die, die als Akteure belastet waren oder sich als Mitläufer betätigt hatten, fundamentale Interessen mit der Befestigung dieses Regel- und Institutionensystems verbanden; auch Naziopfer, die in Deutschland überlebt hatten oder aus der Emigration zurückkehrten, waren eifrige Verfechter dieses Institutionalismus, der Freiheit und Gewaltlosigkeit zu verbürgen schien.

Trotzdem war es ein angstbesetzter Institutionalismus. Man mußte ihn so verteidigen, als wäre er gesellschaftliche Natur. Den Institutionen wurde aufgebürdet, was an lebendigem demokratischem Verhalten in der Gesellschaft zunehmend verlorengegangen war. Es bildete sich, in Gesinnungen und politischer Praxis, um diese Weltanschauung der festgefügten Institutionen herum das sogenannte Establishment, die etablierte Ordnung. Eine gute und vor Selbstgerechtigkeit strotzende Gesellschaft, die alles, was radikale Kritik an diesem Zustand übte, in Gewaltverdacht brachte und mit innerstaatlichen Feinderklärungen auszugrenzen versuchte.

Als sich die Außerparlamentarische Opposition, durch unkonventionelle Aktionsformen radikalisiert, auszuweiten begann, war es zunächst keineswegs der Kampf gegen die gesellschaftlichen Institutionen, der als Motiv im Vordergrund stand. Eingeklagt wurde vielmehr der demokratische Gehalt dieser Institutionen, deren bloßes Dasein, wie die Protestierenden meinten, nicht als Begründung ihrer Existenznotwendigkeit ausreichte.

Daß die Gewaltfrage dann plötzlich zum alles beherrschenden Thema der öffentlichen Auseinandersetzungen wird, ist keine Folge theoretischer Spekulationen irgendwelcher revolutionärer Kader, wie die »Frankfurter Allgemeine Zeitung« schon 1967 vermutet; vielmehr entwickelt sich der Gewaltdiskurs erst im Zuge immer härterer Erlebnisse der Demonstranten mit Gewaltreaktionen des bestehenden Staatsapparates, die Verblüffung und Betroffenheit hervorrufen. Eine doppelte Erfahrung liegt dem zugrunde:

Zum einen ist keine Konfliktzuspitzung gering genug, um dieses Institutionensystem nicht mit der ganzen Härte polizeilicher Machtmittel und der Gerichte zu verteidigen. So recht hat niemand geglaubt, daß Provokationen im Stile von Happenings, Plakataktionen, Sitz- oder Spaziergangdemonstrationen in der Nähe amerikanischer Wohnviertel Westberlins die Staatsgewalt und die gesamte etablierte Öffentlichkeit derart in Erregung bringen können, daß in den Reaktionen von der »Verhältnismäßigkeit der Mittel«, die doch rechtlich vorgeschrieben ist, nichts mehr zu spüren ist. Dieses Institutionensystem, das Gewaltlosigkeit zum Prinzip hat, enthüllt plötzlich ein Ausmaß von Gewalt, von dem viele, die selbst gar nicht mit der Außerparlamentarischen Opposition sympathisieren, aufs Höchste überrascht und betroffen sind.

Professoren fühlen sich gestört, wenn sie in Vorlesungen mit unangenehmen Fragen über Sinn und Zweck ihrer Wissenschaft und ihrer Lehre konfrontiert werden. Nie zuvor ist soviel mit dem Hausrecht operiert worden. Der eingerichtete Gewerbebetrieb rückt in der Hierarchie der schutzwürdigen Institutionen ganz weit nach oben, so als handele es sich um eine hochrangige Verfassungseinrichtung oder gar um Naturrecht.

In lebhafter Erinnerung geblieben ist mir eine Versammlung mit Tausenden von Demonstranten vor der Frankfurter Universität. Es kommt zu einer öffentlichen Diskussion über die Auslieferungsblockaden von Springer-Zeitungen, unmittelbar zuvor im Hof der Sozietätsdruckerei. Die Bild-Zeitung gilt allgemein als ein Hetzblatt gegen die Studenten, gegen alles, was sich links lokalisieren läßt. In Reaktion auf den Mordanschlag auf Rudi Dutschke, den dieser schwerverletzt über-lebt, haben sich in der ganzen Bundesrepublik und Westberlin Demon-strationszüge in Richtung auf Verlagshäuser des Springer-Konzerns oder auf Druckereien in Bewegung gesetzt, in denen »Bild« und »Die Welt« hergestellt werden. Der Stadtrat Walter Möller, ein durchaus kri-tisch denkender Sozialdemokrat, findet auf die Fragen, die ihm über die Zulässigkeit der in der Springer-Presse praktizierten Verhetzung der Stu-denten gestellt werden, immer nur dieselbe Antwortformel: Der Staat sei dazu da, die Funktionsfähigkeit des eingerichteten Gewerbebetrie-bes zu sichern. Ob in der Springer-Presse versteckt oder offen zur Selbst-justiz gegenüber Demonstranten aufgefordert werde, stehe nicht in der Beurteilungskompetenz städtischer Behörden. Nach seiner persön-lichen Meinung befragt, meint er, sie spiele in diesem Fall keine Rolle.

Gerade sie ist jedoch für alle, die Ostern 1968 demonstrieren, von entscheidender Bedeutung. Die Kritik ist gerichtet auf die immer greif-barere Erfahrung, daß Menschen zu bloßen Anhängseln der Institutio-nen geworden sind. Deren innere Gewaltförmigkeit entzieht sich dem öffentlichen Beurteilungsvermögen. Es sind diese Erfahrungen, die den anti-institutionellen Affekt hervorrufen. Die institutionelle Wirklich-keit hat sich zu einer geschlossenen Gesellschaft entwickelt, von der man jetzt sicher ist, daß sie mehr Gewaltpotential in sich enthält, als das System zuzugeben vermag.

Zum anderen erfahren die Demonstranten, daß in der Perspektive des geschlossenen Institutionensystems die verschiedenen Protestfor-men immer stärker zum allgemeinen Ausdruck von Gewalt zusammen-gefaßt werden. Gewalt wird zu einem Substanzbegriff angereichert, der ein für die Betroffenen völlig unverständliches weites Spektrum um-faßt, von Störungen einer Vorlesung über Sitzblockaden bis zu Steinen, die auf Polizisten geworfen werden. Ist Chaosangst ein entscheidendes Motiv der Reaktion, so besteht die Tendenz, jede Form der Kritik als Gewalt aufzufassen. Indem Gewalt freilich alles ist, was die bestehenden Verhältnisse in Frage stellt, hat sie ihren spezifischen Charakter verlo-ren; es ist nur noch das Prinzip erkennbar, nicht mehr die wirklichen Ausdrucksformen.

Mitte der sechziger Jahre ist weder in der Außerparlamentarischen Opposition, obgleich deren Kampf gegen Remilitarisierung, für Abrü-stung und gegen das gefährliche Spiel mit den Atomwaffen dieses Thema nahegelegt hätten, noch im Sozialistischen Deutschen Studen-tenbund die Gewaltfrage ein theoretischer und praktischer Gegenstand der Diskussion. Erste Demonstrationserfahrungen rücken dieses Thema in den Vordergrund, und es entsteht, ohne daß ein einzelner oder Gruppen das gewollt hätten, eine Atmosphäre von Gewalt, in der das Unterscheidungsvermögen verlorenzugehen droht, obwohl theoretisch gerade darauf die ganze Arbeit des SDS gerichtet ist. Wo Gewalt das ganze Klima der Auseinandersetzung bestimmt – wie ist es da möglich, befreiende Gewalt von unterdrückender Gewalt zu unterscheiden? Es muß aber möglich sein, denn sonst wäre die Geschichte ein völliges Durcheinander. Niemand hätte die Möglichkeit, den Sadismus im Dreißigjährigen Krieg und die Vernichtungsmaschinerie des Dritten Reiches von der Französischen Revolution zu unterscheiden.

Produktion und Recht – Ein rechtsphilosophisches Colloquium 1968/69

1964 nach Frankfurt zurückgekehrt, nach zweijähriger ruhiger Arbeit als Assistent am Philosophischen Seminar der Universität Heidelberg bei Jürgen Habermas, bin ich in meinen Lehrveranstaltungen darum bemüht, Materialien und Texte für eine größere Arbeit zusammenzutragen, die seit Jahren um ein rechtsphilosophisches Thema kreist. Ein im besten Sinne offener rechtsphilosophischer Diskurs bildet sich, in dessen Horizont die Schwerpunkte wechseln, nie jedoch den Zusammenhang von Recht, Gewalt und Öffentlichkeit verlassen.

Um aus dem Umkreis enger marxistischer Fragestellungen herauszukommen, für die ich in der zweiten Hälfte meines Studiums und mit besonderer Intensität in einem von mir gegründeten Marx-Arbeitskreis im Rahmen des Sozialistischen Deutschen Studentenbundes der Gruppe Frankfurt eine gewisse Kompetenz erworben hatte, habe ich den gewiß ehrenvollen Vorschlag von Jürgen Habermas abgelehnt, seinen für die spätere Marx-Rezeption grundlegenden Aufsatz über die »Diskussion um Marx und den Marxismus« in einem zweiten Teil fortzusetzen. Statt dessen stürze ich mich auf Fichte, zunächst auf dessen »Grundzüge des gegenwärtigen Zeitalters«, Thema meiner ersten Heidelberger Lehrveranstaltung. Dann folgen: »Grundlage des Naturrechts nach Prinzipien der Wissenschaftslehre«, der »Geschlossene Handelsstaat«, »System der Sittenlehre« und die »Staatslehre«.

In Frankfurt erweitere ich die Fragestellungen, die sich an den Beziehungen zwischen Naturrecht und Positivem Recht orientieren, durch langjährige Beschäftigung mit den rechtsphilosophischen Fragestellungen von Hobbes und Rousseau, von Kant und Hegel, von John Locke und Montesquieu. Aber je weiter ich mich in die klassische bürgerliche Rechtsphilosophie zu vertiefen bemühe, um so näher rücke ich jener zunächst als innerphilosophisches Problem auftretenden Dialektik von Genesis und Geltung, die in allen diesen Theorien zugunsten des »quid iuris« entschieden wird. Wo der Begriff Gewalt auftritt, zeigt er sich entweder als außerrechtliches Problem oder als etwas, das als staatliches Gewaltmonopol oder als Rechtszwang legitimiert wird.

Das Ungenügen an der substantialisierten Geltungssphäre des Rechts, an den Staatskonstruktionen auf der Grundlage von Gesellschafts- und Herrschaftsverträgen, die ursprungsphilosophisch gedacht waren, legt, auf dem Hintergrund dieses mir hermetisch erscheinenden Begründungszusammenhangs des bürgerlichen Rechts, eine erneute Auseinandersetzung mit der Marxschen Kritik der politischen Ökonomie nahe. In dem Maße nun, wie diese Pflichtveranstaltungen, die ich als Assistent am Philosophischen Seminar zwei Stunden in der Semesterwoche zu halten habe, politische Ökonomie und materialistische Geschichtsauffassung in die rechtsphilosophische Dimension des Deutschen Idealismus und des revolutionären rationalen Naturrechts einbeziehen, entwickeln sich daraus unter der Hand politische Colloquien. Viele sind daran beteiligt, manche semesterlang, andere wiederum nur für kurze Zeit oder besuchsweise, die später dann von sich reden machen. Selbstverständlich studieren alle auch bei Adorno und Habermas, um derentwillen sie in der Regel nach Frankfurt gekommen sind. Was aber Hans-Jürgen Krahl und Alexander Kluge, Angela Davis und Rolf Wiggershaus, Detlef Claussen und Bassam Tibi, Thomas Leithäuser und Eberhard Knödler-Bunte, Hubert Rottleuthner und Alfred Krovoza und viele andere mehr veranlaßt, diese Rechtsphilosophie-Seminare aufzusuchen, mitzudiskutieren und meist auch Arbeiten anzufertigen, gründet sich vor allem darauf, daß die neu erwachten politischen Interessen und Bedürfnisse dieser Studentengeneration hier einen akademischen Ort finden, an dem sie sich im Zusammenhang philosophischer Traditionen und aktueller politischer Strategien artikulieren können.

Die Dichte und Brisanz, die diese Diskussionen über politisch-rechtsphilosophische Fragestellungen der damaligen Gesellschaft auszeichnen, habe ich später, nachdem die Protestbewegung abzubröckeln beginnt, in meinen akademischen Lehrveranstaltungen nur selten wieder erfahren. Höhepunkt dieses Reflexionsweges, den dann doch sehr viele politisch bewußte Studentinnen und Studenten in Frankfurt beschritten haben, ist ein rechtsphilosophisches Colloquium im Wintersemester 1968/69 und im Sommersemester 1969, das im neu errichteten Juridicum stattfindet. Hier sammeln sich etwa hundertfünfzig Leute, die über zwei Semester an meiner Veranstaltung über marxistische Rechtstheorie teilnehmen; keineswegs, wie ich aus den mir vorliegenden Teilnahmelisten ersehen kann, nur eingeschriebene Studentinnen und Studenten, sondern auch Gewerkschafter, Filmemacher, Schüler und Lehrer, einzelne Frauen der an der Universität lehrenden Professoren, die meisten mit wachen Erwartungen, um für die eigene aufgebrochene Lebenssituation politische Erklärungen zu finden.

Kurz vor den Weihnachtsferien 1968, als der größte Teil der Seminarteilnehmer den Raum bereits verlassen hat, tritt jemand auf mich zu und stellt sich vor: Alexander Kluge. Er hat an mehreren Sitzungen teilgenommen, ohne daß ich das bemerkt hätte. Ich kannte ihn natürlich längst, hatte mit ihm aber noch nie gesprochen. In diesem Colloquium lernen wir uns kennen.

Gegen die verflachten und auf bloße Rechtfertigungsideologien reduzierten Marx-Sätze, in denen das Wort Recht »vorkommt«, wendet sich in erster Linie diese öffentliche politische Reflexion. Den ganzen Colloquiumsverlauf rekonstruieren zu wollen wäre ein zu aufwendiges Unternehmen und zudem kaum nützlich. Was den damals erreichten Reflexionsstand kennzeichnet, an dem sich über das Colloquium hinaus Tausende von Studenten beteiligen, die sich auf dem Vorplatz des Universitätsgebäudes in der Jügelstraße im Zuge der nur eine Woche dauernden politischen Universität »Karl Marx« zu einem fast zehnstündigen öffentlichen Diskussionsprozeß versammelt hatten, läßt sich jedoch in wichtigen Punkten benennen.

Die entscheidenden Fragen organisieren sich um Klassenjustiz, um Potentiale der Gewalt und des Zwangs, um Ungerechtigkeit im Recht, ja um Kriminalisierung des Rechts, aber auch um Emanzipationschancen des Formalrechts. Diese radikalen rechtsphilosophischen Fragestellungen haben große Gewährsleute: Walter Benjamin und den von ihm lebensgeschichtlich so ganz verschiedenen, aber ihm in der Denkweise doch sehr nahe stehenden Gustav Radbruch. »Fünf Minuten Rechtsphilosophie« aus dem Jahre 1945 gehört unzweifelhaft zu den bedeutendsten Kurzfassungen der rechtsphilosophischen Literatur, die in unübertrefflich prägnanter Form die Erfahrungen einer ganzen Epoche rechtlicher Verirrungen auf den Punkt bringt – wie der Titel verspricht, in nicht mehr als fünf Minuten.

Ich trage dem Colloquium diese fünf Minuten Rechtsphilosophie vor, Satz für Satz, langsam redend, Worte eines Denkers, der von den Zuhörern nur schwer der revolutionären Tradition des Rechts (eher der »verachteten« sozialdemokratischen) zuzuordnen ist – zunächst herrscht betretenes Schweigen, dann folgen gleichzeitige Meldungen sehr vieler. Wie? Das ist ein bürgerlicher Denker? Ein bürgerlicher Jurist, gar Justizminister? – Ja. Ich versuche in aller Verlegenheit einen denkenden Menschen zu präsentieren, der offen sagt: Es gibt übergesetzliches Recht und gesetzliches Unrecht; die vermeintliche Eigengesetzlichkeit des Rechts, der juristische Positivismus, mündet folgerichtig in die Anerkennung des totalen Staates und seiner Gesetze.

Nichts beeindruckt meine Zuhörerinnen und Zuhörer so sehr wie die folgenden Sätze aus dem »Fünf-Minuten-Text«: »Befehl ist Befehl, heißt es für den Soldaten. Gesetz ist Gesetz, sagt der Jurist. ... sie setzen letzten Endes das Recht der Macht gleich, nur wo die Macht ist, ist das Recht.«

Aber nicht nur die Gleichsetzung von Recht und Macht ist ein Irrtum; auch die von Recht und Volksnutzen.

Wenn man Recht wesentlich als Wille zur Gerechtigkeit versteht, so befindet sich jedenfalls für die, denen die Restriktionen des Rechtssystems den Atem für ihre Utopien und für ihre Lebensbedürfnisse nehmen, die zentrale Aussage Radbruchs in einem Satz der vierten Minute: »... es kann Gesetze mit einem solchen Maße von Ungerechtigkeit und Gemeinschädlichkeit geben, daß ihnen die Geltung, ja der Rechtscharakter abgesprochen werden muß.«

Erregte Diskussionen in vielen Sitzungen nehmen die »Fünf Minuten Rechtsphilosophie« Radbruchs in Anspruch.

Was revolutionäres Recht unterscheidet von dem einer etablierten Rechtsordnung, die Gleichheit vor dem Gesetz, aber keineswegs Gleichheit der Lebensverhältnisse sichert, bleibt der bohrende Gedanke des Colloquiums. Aber auch das, was von der bürgerlichen Rechtswissenschaft als Rechtsnihilismus bezeichnet wurde, nämlich die Aufhebung des Rechts, wenn die Warenform, die gesellschaftliche Grundlage der Wert- und Rechtsform, ist, als vorherrschende Gestalt des Austausches im Güterverkehr und in den zwischenmenschlichen Verhältnissen verschwindet, ist Diskussionsgegenstand. Wie kann die Marxsche Kritik der politischen Ökonomie so umformuliert werden, daß eine Rechtstheorie für sie konstitutive Bedeutung annimmt?

Vier Positionen kristallisieren sich im Verlaufe der erregten und häufig auch erregenden Diskussionen dieses Colloquiums heraus; sie zielen darauf, philosophische Voraussetzungen für eine materialistische Rechtstheorie zu bestimmen. Aus der Erinnerung und auf der Grundlage meiner Materialien, der Seminarprotokolle und der Hausarbeiten versuche ich diese vier Positionen, die im Colloquium dargestellt und diskutiert wurden, näher zu charakterisieren:

1. Die materialistische Rechtstheorie ist das Stiefkind der marxistischen Theorieentwicklung. Das liegt offensichtlich nicht allein daran, daß sie bei Marx und Engels nicht entwickelt wurde; nur fragmentarische Hinweise in ihren Schriften gibt es auch für die Erkenntnistheorie, die Logik, die Ästhetik, also für Wissenschaftszweige, die sich alle im Laufe der bürgerlichen Wissenschaftsentwicklung zu eigenen Disziplinen entfaltet haben. Gleichwohl finden sich in diesen Gegenstandsbereichen inzwischen ausgebreitete Materialien und respektable Theorieansätze. Es hat mit der Sache etwas zu tun; denn das Recht steht im Schnittpunkt von Emanzipation und Gewalt. Es ist ein prekärer Gegenstand für jede Gesellschaftsordnung, die den Anspruch auf Überwindung der in ihr steckenden Gewalt erhebt. Das Recht ist nicht, wie ein großer Rechtsgelehrter behauptet hat, ein ethisches Minimum, sondern ein geschichtlicher Index für notwendige Gewalt und überflüssige, jeweils am Maßstab des Entwicklungstandes der menschlichen Produktivkräfte gemessen, auch für überholte Gewalt. Das öffentliche Eingeständnis von Gewalt bedeutet für jede Gesellschaftsordnung das Eingeständnis mangelnder Legitimation einer Herrschaftsform.

Geht eine Rechtstheorie von der anthropologischen Voraussetzung aus, daß sie es mit dem Menschen als einem »aus krummem Holze« geschnitzten Lebewesen zu tun hat, dessen »vollendete Sündhaftigkeit«, wie Fichte meinte, gesellschaftlich zu domestizieren sei, so hat sie mit dem Eingeständnis der Gewalt im Recht keine Schwierigkeit. Kant begreift die Rechtswelt als eine »allgemein einer Naturordnung ähnliche Gesetzmäßigkeit der Handlungen« und definiert dementsprechend das Recht: »Es ist der Inbegriff der Bedingungen, unter denen die Willkür des einen mit der Willkür des anderen nach einem allgemeinen Gesetze der Freiheit zusammen vereinigt werden kann.«

Niemand, der 68 auf die Straße geht und in schier endlosen Teach-ins über Gott und die Welt redet, ist der Überzeugung, daß es eine Anthropologie des gebrochenen Menschen gibt, so wie Kant sie der Rechtsphilosophie voraussetzt, wenn er sagt, daß aus dem krummen Holze, woraus der Mensch geschnitzt sei, schwerlich etwas Gerades gezimmert werden könne. Die Gebrochenheit liegt nicht im Menschen, sondern in den Verhältnissen, die ihm den aufrechten Gang erschweren oder unmöglich machen.

So gewinnt auch das Recht, die rechtserhaltende Gewalt, in diesem Kontext eine ganz andere Funktion. Nicht die Sicherung eines gesellschaftlichen Naturzustandes mit gegeneinander stehenden Willkürsphären verschafft ihm die zivilisatorische Legitimation; Rechtsgewalt bezieht vielmehr ihren einzig verständlichen Sinn aus der Schaffung von Bedingungen, die sie eines Tages überflüssig machen.

Aufhebung der Entfremdung und der Selbstentfremdung ist das Programm einer materialistischen Rechtstheorie, die den Menschen von der Seite seiner positiven, auf Emanzipation drängenden Eigenschaften nimmt. Am Zustand existierender Gewaltverhältnisse ist erkennbar, wie weit die Rechtskultur das sittliche Verhältnis einer Gesellschaft, wie Hegel es verstanden hatte, mit geprägt hat. So ist Recht im materialistischen Sinne nicht als ethisches Minimum zu definieren, sondern als emanzipatives Minimum. Wo immer die Rede von sozialistischer Gesetzlichkeit sein mag, sind die Verhältnisse, unter denen die Freiheit jedes Individuums Bedingung für die Freiheit aller ist, einzig verbindlicher Maßstab.

Wird die materialistische Rechtstheorie als ein solches Medium der Praxis, nicht nur der Erkenntnis verstanden, dann ergeben sich neue Gesichtspunkte für die Interpretation der Marxschen Position.

2. Die Beziehungen zwischen ökonomischer Basis und juristischem Überbau haben zu endlosen Debatten über den Wirklichkeitsstatus des Rechts geführt, über den Klassencharakter einzelner Gesetze, über ökonomistische und voluntaristische Verzerrungen der Marxschen Auffassung, über rechtsnihilistische und rechtsfetischistische Positionen. Das hat sich, bei allem Scharfsinn, der darauf verwendet wurde, als Scheinproblem erwiesen. Deshalb sind auch jene »Marxisten«, die unentwegt die Klassenjustiz traktierten, in eine Sackgasse geraten; denn der Überbau des Rechts hat sich als viel folgenreicher und stabiler erwiesen, als eine bloße Widerspiegelungstheorie rechtlicher Verhältnisse das sich vorstellen konnte. So ist es, wenn man dem Marxschen Prinzip der materialistischen Geschichtsauffassung folgt, notwendig, von der bloßen Zirkulation von Ideen und Herrschaftsformen in die Produktion einzusteigen, um dem Recht jene Substanz zu verschaffen, die es mit einer erstaunlichen Kontinuität in der Geschichte zeigte. Produktion und Recht stehen deshalb im Zentrum einer Rechtsphilosophie, für die

der Begründungszusammenhang der gesellschaftlichen Genesis des Rechts ebenso wichtig ist wie dessen Geltung; sein Sinngehalt besteht freilich darin, zur faktischen Aufhebung von Ungleichheit und Ungerechtigkeit beizutragen.

In allen Schriften von Marx und Engels finden sich Hinweise auf Rechtsprobleme, aber beide haben keine Rechtstheorie entwickelt. In seinem Jurastudium hatte Marx, in dem berühmten Brief an seinen Vater vom 10. November 1837, einen rechtsphilosophischen Buchentwurf entwickelt, der stark an den Einteilungen des Römischen Rechts und Kants orientiert war. Doch bereits in seinen Auseinandersetzungen mit Hegel, auch in den Rechtsfragen, welche die Debatten des Rheinischen Landtags über den Holzdiebstahl betrafen, verlagert sich das Erkenntnisinteresse eindeutig auf die Seite der gesellschaftlichen Entstehungsbedingungen und der politischen Herrschaftsfunktion des Rechts. Die Strategie der Kritik am Recht geht auf vollständige Entwertung einer wie immer als selbständig geltenden Rechtssphäre. Das betrifft nicht nur das Erkenntnisinteresse, sondern vor allem auch die politische Funktion des Rechts, dem die Fähigkeit abgesprochen wird, als Hebel gesellschaftlicher Veränderungen zu dienen.

So ist die erstaunliche Pedanterie zu erklären, mit der Marx jede Äußerung zum Recht an konkrete ökonomische Beziehungen, vor allem der Produktionssphäre, bindet. Spott und Ironie schüttet er über die Rechtsillusionen der Linkshegelianer. Noch 1886 spricht Engels verächtlich vom »Juristen-Sozialismus«. Marx erklärt: »Das Recht hat ebenso wenig eine eigene Geschichte wie die Religion.« So vollzieht sich die Originalgeschichte menschlicher Entwicklung in ihrer materiellen Lebensproduktion, wovon Recht, Religion, Sprache usw. nur spezifische Ausdrucksformen sind.

Diese Entwertung der Geltungssphäre des Rechts wirkt bis in den kritischen Marxismus dieses Jahrhunderts hinein nach, wenn selbst Rosa Luxemburg, die entschiedene Verfechterin von Freiheit des Andersdenkenden und Menschenrechten, in der Schrift »Sozialreform oder Revolution?« sagt: »Während die Revolution der politische Schöpfungsakt der Klassengeschichte ist, ist die Gesetzgebung das politische Fortvegetieren der Gesellschaft. Die gesetzliche Reformarbeit hat eben in sich keine eigene, von der Revolution unabhängige Triebkraft, sie bewegt sich in jeder Geschichtsperiode nur auf der Linie und solange, als in ihr der durch die letzte Umwälzung gegebene Fußtritt nachwirkt, oder konkret gesprochen: nur im

Rahmen der durch die letzte Umwälzung in die Welt gesetzten Gesellschaftsform.«

Die Entwertung einer selbständigen Geltungssphäre des Rechts heißt keineswegs, daß Marx dem Recht Realitätsmacht abspricht. Im Gegenteil: Für die ideologischen Selbstillusionen des Bürgertums hat es ebenso zentrale Bedeutung wie für Produktion und Warenverkehr. Gerade weil das Recht so zentral mit der Produktions- und Reproduktionsform einer Gesellschaft verknüpft ist, drückt es mehr aus als den bloßen von Herrschaftsinteressen bestimmten ökonomischen Klasseninhalt.

Die Waren können nicht selbst zu Markte gehen, hatte Marx gesagt; sie müssen ihre Hüter finden, also die Warenbesitzer, die sich in der Funktion der Warenhüter als Personen zueinander verhalten, mit einem freien Willen. Ein solches Willensverhältnis setzt Anerkennung des anderen voraus. »Dies Rechtsverhältnis, dessen Form der Vertrag ist, ob nun legal entwickelt oder nicht, ist ein Willensverhältnis, worin sich das ökonomische Verhältnis widerspiegelt. Der Inhalt dieses Rechts- oder Willensverhältnisses ist durch das ökonomische Verhältnis selbst gegeben.« Dieser Satz aus dem ersten Band des »Kapital« ist im Marxismus des zwanzigsten Jahrhunderts unendlich wiederholt worden, um zu zeigen, daß das bürgerliche Recht ein Privilegienrecht der bürgerlichen Klasse ist. Denkt man konsequent weiter, könnte man demzufolge auf die Idee kommen, daß die Entmachtung der bürgerlichen herrschenden Klasse entweder das Recht absterben läßt oder ihm eine ganz neue Funktion verleiht.

3. Beide Positionen hat es in der bereits von Lenin mitgeprägten Marxismusdiskussion der ersten Hälfte dieses Jahrhunderts gegeben. Die einen sagen: Mit dem Sturz der bürgerlichen Klassenherrschaft und des sie stützenden staatlichen Zwangsapparates ist das bürgerliche Recht (jedenfalls in der Struktur von generellen und abstrakten Normen) umzufunktionieren in ein Instrument der Diktatur des Proletariats, für Zwecke der Niederhaltung der entmachteten alten Klassen und im Sinne der planvollen Umgestaltung der neuen Gesellschaft. Was Marx immer bestritten hat, daß das Recht mehr ist als eine Sicherung gegen grenzenlose Ausbeutung (wie sich in seiner Zustimmung zur Zehn-Stunden-Bill zeigt), nimmt jetzt die Form eines normativen Gewaltmittels zur Durchsetzung emanzipatorischer Ziele an. »Die sozial-normative Funktion des Rechts hat im Vergleich zur Übergangsperiode vom Kapitalismus

zum Sozialismus größere Wirksamkeit und Bedeutung erlangt und hat sich qualitativ verändert; sie ist jetzt auf die Schaffung der materiell-technischen Basis des Kommunismus, auf die Vervollkommnung der sozialistischen Verhältnisse und ihre Umwandlung in kommunistische, auf die Erziehung der Erbauer des Kommunismus gerichtet.« (P. E. Nedbailo) Wird Recht so verstanden, dann hat das zur Folge, daß in der so umfunktionierten Rechtsform alle Gewalt- und Zwangselemente des bürgerlichen Rechts beibehalten werden, aber durch Überpolitisierung von allen Elementen der Rechtssicherheit, der Billigkeit und der subjektiven Rechte des einzelnen getrennt sind. Im Stalinismus, auf dem Höhepunkt der Moskauer Prozesse, ist daher das formalisierte Rechtsgeschehen nur noch die Dekoration einer dahinter steckenden Gewaltförmigkeit.

Die anderen sagen: Mit der Warenform stirbt gleichzeitig die Rechtsform ab. Das ist die Position von Paschukanis, der entschieden das gesellschaftliche Verhältnis gegen die Norm setzt. Mit der kapitalistischen Warenproduktion geht die substantielle Grundlage der bürgerlichen Rechtsform verloren, weil es die über den Markt und die Warenhüter vermittelten Austauschprozesse nicht mehr gibt, sondern der revolutionäre Staat mehr oder weniger technisch bestimmte Regeln der Produktion und des Austauschs durch gesamtgesellschaftliche Planung festsetzt. Diese auf das Absterben des Zwangsrechts im revolutionären Rußland zielende Position ist schon in den zwanziger Jahren äußerst umstritten und findet keine Verteidiger unter den bestimmenden Figuren der Oktoberrevolution. Dieser Rechtsnihilismus ist freilich nur die Kehrseite jenes Rechtsfetischismus, den der beginnende Stalinismus als dekorative Fassade benutzt, um Terror und Gewalt gegen das eigene Volk zu etablieren.

Der das bürgerliche Recht lediglich äußerlich treffende Versuch eines geschichtlichen Übersprungs, der ja, wie wir heute wissen, in allen Punkten gescheitert ist, beruht auf zwei groben Mißverständnissen der Marxschen Ansätze, soweit sie die Rechtssphäre betreffen: Der eine Irrtum entsteht dadurch, daß der ökonomische Klasseninhalt der Rechtsnormen nicht aus der konkreten Totalität der kapitalistischen Arbeitsgesellschaft begründet wird, sondern lediglich plakativ der herrschenden Klasse zugeordnet ist. Der zweite Irrtum bezieht sich auf die Bedingungen, unter denen bei Marx der »bürgerliche Rechtshorizont« überschritten werden kann; also auf die grundlegende Veränderung in den Beziehungen zwischen toter und lebendiger Arbeit, zwischen Güterproduktion und kultureller Verfeinerung der zwischenmenschlichen Beziehungen.

4. Zunächst also die Begründung und Ableitung des Rechts, wie sie bei Marx zu finden ist. Der berühmte Satz von Karl Liebknecht, »wenn man von Klassenjustiz redet, muß man zunächst vom Staate reden«, ist in eine andere Richtung zu wenden, wenn die Marxsche Methode der Kritik der politischen Ökonomie auf Rechtsverhältnisse anwendbar sein soll. Wer von Klassenjustiz spricht und die Rechtsverhältnisse insgesamt im Auge behält, muß zunächst von der Produktion reden. Der Rechtsfetischismus tritt überwiegend als Warenfetischismus auf, im Warenverkehr, wo die tauschenden Subjekte als gleiche auftreten und wo sich Rechtsillusionen selbst bei denjenigen bilden, deren manifeste Interessen solche Mystifikationen der kapitalistischen Produktionsweise leicht durchschaubar machen müßten.

Was ist in diesem Zusammenhang charakteristisch für die Marxsche Theorie? Es sind die allgemeinen Merkmale der Warenzirkulation, in der die einzelne Ware als »geborener Leveller und Zyniker«, die Warenbesitzer als ökonomische Charaktermasken einander gegenübertreten. Es ist nicht die allgemeine Tatsache, daß alle Warenbesitzer sich in ihren ökonomischen Transaktionen als gleich betrachten und gegenseitig anerkennen müssen, worauf sich das bürgerliche Recht gründet, sondern es ist ein diesen Transaktionen in der Zirkulationssphäre zugrundeliegender, sie bedingender Austauschprozeß ganz besonderer Art: das Austauschverhältnis von zwei besonderen Privateigentümern, den Lohnarbeitern und den Kapitalisten – den Besitzern und Anbietern von Arbeitskraft und den über das Kapital Verfügenden –, ein produktionsvermittelter Austausch, aus dem das ganze bürgerliche Recht seine geschichtliche Substanz und seine Geltung bezieht. Dieser Schritt von der Zirkulation zur Produktion ist, da die Marxsche Methode der Kritik wesentlich in dem Nachweis der Vermitteltheit der gesellschaftlichen Phänomene besteht, nicht nur methodisch und sachlich begründet, sondern entspricht auch dem realen Entwicklungsgang der politischen Ökonomie. »Die wirkliche Wissenschaft der modernen Ökonomie«, sagt Marx, »beginnt erst, wo die theoretische Betrachtung vom Zirkulationsprozeß zum Produktionsprozeß übergeht.«

Indem Marx das Recht so nahe an die spezifische Form der Produktion, an den Austauschprozeß zwischen lebendiger und toter Arbeit rückt, reichert er die Rechtsbeziehungen mit geschichtlicher

Substanz an; sie sind nicht bloße Spiegelungen faktischer Verhältnisse, sondern das Normative ist so mit der spezifischen Lebensproduktion verknüpft, daß erst diese verändert werden müßte, um die Rechtsverhältnisse grundlegend umzugestalten. Den ökonomischen Kern der ideologischen Nebelbildungen, der juristischen Vorstellungen, Normen und Rechtsentscheidungen zu untersuchen und deren Klasseninhalt zu bestimmen ist für Marx die leichteste Erkenntnisarbeit. Auf sie hat sich jedoch praktisch der gesamte Marxismus konzentriert. Die verhimmelten, fetischistischen Formen und Verhältnisse aus der Selbstzerrissenheit, der Widerspruchsstruktur der jeweiligen wirklichen Lebensverhältnisse zu entwikkeln ist dagegen die einzig vertretbare materialistische Methode der Kritik des Bestehenden.

So rückt Marx einen Austauschprozeß von Waren ins Zentrum dieser Ableitung des Rechts, in der es zunächst um den Austausch von Äquivalenten geht, solange er sich gleichsam im Ruhezustand befindet: den Austauschprozeß von Lohnarbeit und Kapital, von Produktionsmitteleigentümern und Nichteigentümern, bloßen Besitzern von Arbeitskraft. Erst in dem Augenblick, da die Produktion einsetzt, wird die Ebene des Äquivalententauschs verlassen, und es entsteht im Gebrauch der Arbeitskraft ein Nicht-Äquivalent. Marx sagt: »Der Tausch Kapital gegen Arbeitskraft gehört ausschließlich der Zirkulationssphäre an. Erst mit dem Gebrauch der Ware Arbeitskraft durch denjenigen, der sie angekauft hat, beginnt die Sphäre der materiellen Produktion. Im Arbeitsprozeß, im Produktionsprozeß tauschen sich keine Äquivalente mehr aus. Es ist der Prozeß der Komsumption der Arbeitskraft durch ihren Käufer. Der Gebrauch der Arbeitskraft ist die Arbeit selbst.«

Diese Dialektik von Zirkulations- und Produktionssphäre verweist auf den »produktionsvermittelten Austausch«, durch den die bürgerliche Rechtsform, in der Gleichheit und Ungleichheit, Gerechtigkeit und Ungerechtigkeit, Äquivalent und Nicht-Äquivalent untrennbar miteinander verknüpft sind, immer aufs neue produziert und reproduziert wird. In der Zirkulationssphäre sieht es so aus, als ginge alles mit rechten Dingen zu; dieses unmittelbare Sein ist jedoch Schein. »Wenn ursprünglich der Akt der gesellschaftlichen Produktion als Setzen von Tauschwerten und dies in seiner weiteren Entwicklung als Zirkulation erschien, ... so geht jetzt die Zirkulation selbst zurück in die Tauschwert setzende oder produzierende Tätigkeit. Sie geht darein zurück als in ihren Grund.«

Es ist heute kaum noch nachvollziehbar, mit welcher Intensität und Beharrlichkeit an diesem Punkt des »produktionsvermittelten Austauschs«, der den Produktionsherd des Mehrwerts ausmacht, von Studenten und Schülern, Gewerkschaftern und arrivierten Akademikern diskutiert wurde. Keineswegs ist es nur die Lust am Entdecken unterdrückter oder überhaupt nicht zur Kenntnis genommener Textvarianten des Marxschen Werkes. Immer geht es gleichzeitig um die Frage: Wo trifft Erkenntnis die Wirklichkeit so, daß sie auch für praktische Zwecke der Veränderung faßbar wird. Denn sind nicht die staatsvermittelten »Erklärungen des Rechts« (in diesem Punkt stimmen die leninistischen Positionen durchaus mit denen des sozialdemokratischen »Juristensozialismus« überein) entscheidend, sondern die, in denen es um den spezifischen Austauschprozeß zwischen lebendiger Arbeit und toter Arbeit (das heißt der kapitalfixierten Maschinerie) geht, so daß die bestehende Rechtsform die Verfügung der Produktionsmitteleigentümer über lebendige Arbeit sichert, dann ergeben sich auch ganz andere Perspektiven für Rechtsutopien, ja für die Aufhebung des bürgerlichen Formalrechts. Nicht so entscheidend ist dabei, ob es ein Privatkapitalist, eine staatliche Behörde oder ein Funktionärsgremium ist, das über gegenständliche Produktionsmittel verfügt und damit Herrschaft ausübt; wie es der lebendigen Arbeit geht, der wirklichen Lebensproduktion der Menschen, in ihren gesamtgesellschaftlichen Bezügen und in ihren Assoziationsverhältnissen mit anderen, davon hängt am Ende ab, ob der bürgerliche Rechtshorizont überschritten wird oder die Menschen hinter die Errrungenschaften bürgerlichen Formalrechts zurückfallen, in unmittelbare Gewalt oder in archaische Formen der Unterdrückung.

So dreht sich diese rechtsphilosophische Diskussion 68 um jenen Punkt einer Wirklichkeitskritik, bei dem die Veränderung der Arbeitsverhältnisse, ja die lebendige Arbeit selbst zum Thema probandum des politischen Handelns wird. Es entsteht eine Rechtsutopie, die sich von der, die Paschukanis formuliert hatte, darin zentral unterscheidet, daß die bloße Abschaffung kapitalistischer Warenzirkulation am Zwangsrecht überhaupt nichts ändert, sondern nur dann Bedingungen für das Absterben des formalisierten Rechts und des Staates gegeben sind, wenn die Menschen in ihren gesellschaftlichen Produktionsprozessen autonom und frei werden.

Gesellschaftsordnungen, die sich zur Regulierung des gesellschaftlichen Lebens hauptsächlich der Rechtsform und damit des staatlichen Zwangsapparats bedienen, in welchem Ausmaße und in welcher Form sie auch immer die ökonomischen und sozialen Grundlagen für eine neue Gesellschaft zu schaffen vorgeben, existieren diesseits des »bürgerlichen Rechtshorizonts« – so hat es wenigstens Marx verstanden. Wenn er statt von der »Abschaffung« oder Zerstörung des Staates von seinem »Absterben« spricht, dann hat er die Vorstellung von einem geschichtlich sehr weit gefaßten, eher organischen Prozeß der Veränderung, mit Um- und Abwegen; aber alles deutet darauf hin, daß seine Rechtsutopien so eng mit der Aufhebung von Arbeitszwang, von Unterdrückung und Erniedrigung verknüpft sind, daß absolut nichts, was bürgerliche Errungenschaften des Rechts sind, auf diesem Wege der revolutionären Transformation der Gesellschaft verlorengehen darf. Wo in den Systemen, die sich der Oktoberrevolution und dem chinesischen Langen Marsch anschlossen, der Versuch gemacht wurde, in »großen Sprüngen« über den bürgerlichen Rechtshorizont hinwegzuschreiten oder ihn schon als überholt zu betrachten, sind alle diese Gesellschaftsordnungen mit Momenten der Selbstdestruktion versetzt. Sie sind in einen mühevollen Prozeß hineingestoßen, die unterbrochene bürgerliche Rechtsentwicklung nachzuholen, oder sie fallen zurück in vorbürgerliche Stammesrivalitäten, die das ohne das Fundament einer bürgerlichen Rechtsordnung produzierte Gewaltmonopol großer Territorialstaaten zerstören.

Der rechtsphilosophische Diskurs von 68 zielt auf ein alternatives, revolutionäres Recht. Die Rebellion dieser Jugendlichen und Studenten, in der sich gesellschaftliche Widersprüche politisch kristallisieren, die einen herkömmlichen Generationskonflikt weit überschreiten, ist wesentlich geprägt vom Protest lebendiger gesellschaftlicher und politischer Arbeit gegen das Tote, gegen den bloß geschützten Gewerbebetrieb, gegen das Eigentum, das nur noch verdinglichte Kommunikationen erlaubt. Die spontane Inbesitznahme und Belebung aller dieser toten Realität ist ein entscheidendes Motiv für diesen Protest.

So ist es kaum zufällig, daß in diesem Diskussionszusammenhang jene Passagen von Marx besonderes Gewicht annehmen, die von der Aufhebung der Arbeitsteilung, von Arbeit als erstem Lebensbedürfnis, von Unterordnung der Ware unter die Gebrauchswerte handeln. Die neue Gesellschaft, die man sich vorstellt, geht aus dem Schoße der alten hervor und ist mit deren Muttermalen behaftet; gleichwohl ist der Kommunismus, wie ihn insbesondere der junge Marx verstand, kein bloßes Ziel, kein Zustand, der hergestellt werden muß, sondern die reale Bewegung der praktischen Kritik des Überkommenen und des zu Überwindenden. »In einer höheren Phase der kommunistischen Gesellschaft, nachdem die knechtende Unterordnung der Individuen unter die Teilung der Arbeit, damit auch der Gegensatz geistiger und körperlicher Arbeit verschwunden ist; nachdem die Arbeit nicht nur Mittel zum Leben, sondern selbst das erste Lebensbedürfnis geworden; nachdem mit der allseitigen Entfaltung der Individuen auch ihre Produktivkräfte gewachsen und alle Springquellen des genossenschaftlichen Reichtums voller fließen – erst dann kann der enge bürgerliche Rechtshorizont ganz überschritten werden und die Gesellschaft auf ihre Fahnen schreiben: Jeder nach seinen Fähigkeiten, jedem nach seinen Bedürfnissen.« (Kritik des Gothaer Programms)

Man mag heute, vermeintlich reifer und realistischer geworden, über solche Vorstellungen von einer neuen Gesellschaft die Nase rümpfen und sich überlegen fühlen. Aber der gegenwärtige Unbewußtseinszustand in Beziehung auf Probleme, die das Verhältnis von Arbeit und Recht, von toter und lebendiger Arbeit, von Eigentum und dem Zynismus betreffen, mit dem die Eigentümer lebendige Arbeitskraft, also Menschen behandeln – alles das dokumentiert eine Arroganz der Macht, die Widerstand und Empörung produziert. Das meiste von dem, was hier diskutiert wurde, ist unausgestanden und hat eine brennende Aktualität bewahrt.

Es ist eben mehr im Marxschen Werk enthalten als die bloße Kritik des damals existierenden Kapitalismus. Indem er sich ganz auf die Struktur der Gesellschaft seiner Zeit einläßt, wird ihm die Zwiespältigkeit und Zerrissenheit der menschlichen Situation klar, die sich aus der Produktion des Objektüberhangs ergibt. Akkumulation ist nicht nur eine Frage der Zweckökonomie und des Profits, sondern der geschichtlichen Anhäufung einer gegenständlichen Welt, die sich als Zwangsgewalt auf die lebendigen Menschen legt.

Das ist der Sinn der Worte von Marx, wenn er in der »Deutschen Ideologie« die gesellschaftliche Arbeitsteilung kritisiert, das »sich Festsetzen der sozialen Tätigkeit, die Konsolidation unseres eigenen Produkts zu einer sachlichen Gewalt über uns, die unserer Kontrolle entwächst, unsere Erwartungen durchkreuzt, unsere Berechnungen zunichte macht«. Die bewußtlose, naturwüchsige Herrschaft der Produkte über die Produzenten wird wesentlich darauf zurückgeführt, daß die Berufsrolle, die lebenslange Tätigkeit als

Jäger, Fischer, Hirt oder Kritiker, zur Lebenserhaltung zwar notwendig erscheint, gleichzeitig aber die Entfaltung des individuellen Ausdrucksreichtums behindert. In der kommunistischen Gesellschaft dagegen, wie sie Marx im Auge hat, nimmt die Arbeit, hier nicht zufällig auf Züge des feudalen Mußebegriffs und auf vorindustrielle Tätigkeit rückverweisend, die Form eines befriedigenden Spiels an, »wo jeder nicht einen ausschließenden Kreis der Tätigkeit hat, sondern sich in jedem beliebigen Zweige ausbilden kann, die Gesellschaft die allgemeine Produktion regelt und mir eben dadurch möglich macht, heute dies morgen jenes zu tun, morgens zu jagen, nachmittags zu fischen, abends Viehzucht zu treiben, auch das Essen zu kritisieren, ohne je Jäger, Fischer oder Hirt oder Kritiker zu werden, wie ich gerade Lust habe«. Wie immer nun das Reich der Freiheit dem Reich der Notwendigkeit gegenüber definiert werden mag, es bleibt gebunden an die Produktionszusammenhänge des menschlichen Lebens, die allerdings ganz verschieden gestaltet werden können.

Die Rechtsutopie von Marx ist von dem, wie die menschliche Arbeit aussieht, nicht zu trennen. Erst dadurch, daß Arbeit zum ersten Lebensbedürfnis, also zur wichtigsten Form der Selbstrealisierung des Individuums geworden ist, in eine wesentlich von ihm selbst mitbestimmte Regulierung des gesellschaftlichen Zusammenhangs eingeht, deren konstitutiver Bestandteil wird, heben sich nicht nur die Verkehrungen der Warenproduktion auf, sondern verliert auch die Rechtsform ihren Boden, sofern er sich auf Formen der Gewalt und des Zwangs gründet. Marxistische Rechtstheorie lebt von dem Gedanken, daß das Recht als Inbegriff von Gleichheit und Ungleichheit, von Emanzipation und Gewalt ein Stadium der Vorgeschichte ausdrückt, also aufhebbar sein muß. Es bezeichnet die Herrschaft der toten über die lebendige Arbeit, der Vergangenheit über die Gegenwart.

Nur durch die assoziierten Produzenten selbst, die frei über den gesellschaftlichen Reichtum verfügen und die Herrschaft von Menschen über Menschen aufheben, können diese Verkehrungen überwunden werden.

2. Differenzierungen im Begriff der Gewalt

Die Ereignisse im einzelnen zu beschreiben, in deren Verlauf der Student Benno Ohnesorg von dem Polizeibeamten Karl-Heinz Kurras erschossen wird, ist nicht nötig; der nähere Zusammenhang, in dem der 2. Juni 1967 steht, als gegen den Opernbesuch des Schahs von Persien eine Massendemonstration in Westberlin stattfindet, ist ausführlich dokumentiert.[24] Was die Tatumstände betrifft, hat angestrengte Untersuchungsarbeit, die sich in den vergangenen drei Jahrzehnten immer wieder auf diesen speziellen Punkt richtete, kein wesentliches neues Material zutage gefördert.

Nach wie vor schwer zu erklären ist dagegen, warum gerade dieses Ereignis ein so entscheidender moralisch-rechtlicher und politischer Impuls für die Protestbewegung wird und bis tief in die herrschenden gesellschaftlichen Gruppen hinein Verwirrung auslöst. Daß in einer Massendemonstration ein Beteiligter von einem Polizeibeamten erschossen wird, reicht für die Dimension dieser moralischen Wirksamkeit nicht aus; denn Benno Ohnesorg ist nicht, wie die meisten von uns damals glaubten, das erste Todesopfer einer blutigen Konfrontation der Polizei mit Demonstranten. Bereits Anfang der fünfziger Jahre hatte, als die der FDJ nahestehende »Essener Jugend Karawane« einen Sternmarsch gegen die Remilitarisierung organisierte, ein junger Mann namens Philip Müller sein Leben lassen müssen; er war Mitglied der FDJ, die als kommunistische Jugendorganisation in Westdeutschland legal existierte. Das mag ein Grund dafür gewesen sein, daß von einer nennenswerten moralischen Empörung der damaligen westdeutschen Gesellschaft keine Rede sein konnte. Wer als Kommunist auf die Straße geht und sich auf Demonstrationen einläßt, ist mit dem Risiko konfrontiert, als Feind entsprechend behandelt zu werden.

Gerade diese übersichtlichen Freund-Feind-Verhältnisse, die im Klima des kalten Krieges und der ersten Restauration der westdeutschen Nachkriegsgesellschaft praktisch zur materiellen Gewalt des Herrschaftssystems geworden sind, zeigen zunehmend Risse und lösen sich allmählich auf. Die wachsende Masse von Studenten und Jugendlichen, auch Angehörige der alten Außerparlamentarischen Opposition, die in den Gewerkschaften oder in der SPD zum Teil hohe Funktionen bekleiden, als vom Ostblock gesteuert, als Marionettenbataillone der Kommunisten zu betrachten wird immer schwieriger; man beginnt zu ahnen, wie die Kritik am bürokratischen Sozialismus des Ostblocks das Denken dieser politischen Generation mitprägt. Die Gefahrenherde für die saturierte Gesellschaft liegen gar nicht mehr dort, wo sie bisher vermutet wurden, an den Staatsgrenzen und in der über Geheimwege laufenden Infiltration.

Sie kommen nicht von ferne. Sie befinden sich im eigenen Haus, die eigenen Kinder sind es, die auf die Straße gehen, nicht nur um zu spielen, sondern um harte und berechtigte politische Forderungen zu stellen. Gut erzogene Bürgersöhne und Bürgertöchter. Was jetzt über Jahre hinweg abläuft, ist Bestandteil der eigenen Ordnung, von ihr erzeugt und nur mit äußerster Anstrengung an den Rand der Gesellschaft zu drängen. Die Chaosangst ist in einem Land, das keine gelungene Revolution von unten vorzuweisen hat, dagegen durchschlagend erfolgreiche Konterrevolutionen, immer besonders groß gewesen. Aber die jetzige weitreichende Wahrnehmung der Demonstrationsrechte richtet sich auf Ziele, die dem demokratischen Selbstanspruch dieser Gesellschaft nicht so fremd sind. Das Schah-Regime in Persien hat keinen unbestrittenen moralischen Kredit; die amerikanische Unterstützung der Herrschaftscliquen in Südvietnam ist mit westlichen Freiheitsidealen schwer vereinbar.

Daß drei Tage nach Benno Ohnesorgs Tod Israel mit einer »Blitzkrieg«-Aktion im knappen Zeitraum von nur sechs Tagen die Golan-Höhen, das Westufer des Jordan, den Gaza-Streifen und die Sinai-Halbinsel besetzt, spitzt nicht nur für die Neue Linke die Gewaltproblematik zu, sondern auch für viele Liberale, die in der demonstrativen Härte der Polizei die gewaltlose Integration der Gesellschaft gefährdet sehen.

So produziert die Verweigerung und Verdrängung des Gewaltdiskurses eigene Formen der Gewalt. Was von den demonstrierenden Studenten und Jugendlichen verlangt wird, ist die eindeutige moralische Distanzierung von jeder Form der Gewalt. Aber darin liegt ja gerade das Problem, daß ursprünglich weitgehend gewaltlose Aktionsformen das staatliche Gewaltmonopol in einer Weise herausgefordert haben, daß übermäßige Gewaltreaktionen aus der Mitte des Rechtssystems heraus stattfinden. So reichert sich dieser Gewaltdiskurs mit ganz neuen Fragestellungen an, durch welche Rechtsordnung, Öffentlichkeit und Moral in jedes konkrete politische Handeln einbezogen sind.

Es ist unmöglich, Gewalt oder Gewaltlosigkeit als Prinzipien zu formulieren, die unabhängig von der das Ganze umgreifenden Verfassung der gesellschaftlichen Wirklichkeit gelten. Als theoretische Grundsätze lassen sich die Tautologien angeben: Gewaltlosigkeit dort, wo sie möglich ist, Gewalt dort, wo sie durch das Übermaß an Unterdrückung erzwungen wird. Auch die Theorie muß von der Erfahrung tatsächlicher Gewaltverhältnisse ausgehen, wenn sie nicht einfach zum Propagandainstrument von Gewalt degradiert werden will. Andererseits hängt die Stabilität einer kapitalistischen Gesellschaftsordnung nicht zuletzt davon ab, daß das Sensorium der Menschen für die vom Kapitalverhältnis ausgehende Vielfalt alltäglicher Gewaltformen verkümmert, denn die Ideologie aller etablierten und herrschenden Gewalt stützt sich auf das einfache, abstrakte Prinzip: Gewalt ist kein Mittel der Politik. Wer heute das Problem der Gewalt ausschließlich unter moralischen Gesichtspunkten behandelt oder Gewalt schlicht der bestehenden Rechtsordnung entgegensetzt, muß deshalb von vornherein darauf verzichten, ihre wechselnde Bedeutung im Zusammenhang der gesellschaftlichen Entwicklung zu begreifen.

Das liberale Bürgertum des neunzehnten Jahrhunderts konnte mit einem gewissen Recht annehmen, daß sich der selbstregulierende Mechanismus des kapitalistischen Warenverkehrs in einen zwangslosen Interessenausgleich der Marktkontrahenten verwandeln wird, der am Ende jede Form politischer Zwangsgewalt überflüssig macht. Das ist die Kernaussage jeder Form des Liberalismus; für Auguste Comte, den Begründer der modernen Soziologie, ist deshalb die industrielle Gesellschaft im Prinzip gewaltlos, eine friedensverbürgende Gesellschaft. Dieser Schein ist stabil. Solange der Konkurrenzmechanismus funktionierte, wurde das Bedürfnis der Privateigentümer nach ökonomischer Berechenbarkeit, der Zuverlässigkeit des Rechtssystems und der Verwaltung durch die uneingeschränkte Geltung des allgemeinen, der formalen Rationalität der Kapitalrechnung entsprechenden Gesetzesbegriffs befriedigt, wenn auch schon hier seine ideologische Funktion unverkennbar ist, Ausbeutungsverhältnisse und die tagtägliche Gewalt gegenüber der erdrückenden Mehrheit der Bevölkerung zu verschleiern und als gewaltlos zu rechtfertigen.

Die rechtserhaltende und verwaltete Gewalt ist, wie Walter Benjamin sagt, eine schaltende, mythologische Gewalt, die jede Gegengewalt zwangsläufig zum Terror stempelt. Die Legalität wird von der Außerparlamentarischen Opposition nicht in Frage gestellt; sie weigert sich aber, an einer faktisch gebrochenen und zum Teil manipulierten Legalität die demokratische Legitimität ihrer Methoden und Ziele zu messen.

Überdeutlich entwickelt sich 68 eine Sensibilität dafür, daß Rechtsbewußtsein nicht durch die Behauptung und Sanktionierung von Rechtspositionen entsteht, sondern durch die Ausbildung der Wahrnehmungfähigkeit für Widersprüche zwischen Verfassung und Verfassungswirklichkeit, zwischen Rechtsanspruch und Realität.

Nur im Sinne einer Schärfung des Unterscheidungsvermögens und im Sinne der den Erkenntnisgegenständen wie Gewalt, Öffentlichkeit, Recht innewohnenden Dialektik, die aus konkreten geschichtlichen Situationen gegenläufige Prozesse in Gang zu setzen vermag, ist die in der Protestbewegung berühmte Aussage Marcuses zu verstehen, nicht als Aufforderung, Legalität, wo sie die Realisierung demokratischer Interessen der Menschen fördert, zu brechen. Marcuse sagt: »Ich glaube, daß es für unterdrückte und überwältigte Minderheiten ein ›Naturrecht‹ auf Widerstand gibt, außergesetzliche Mittel anzuwenden, sobald die gesetzlichen sich als unzulänglich herausgestellt haben. Gesetz und Ordnung sind überall und immer Gesetz und Ordnung derjenigen, welche die etablierte Hierarchie schützen; es ist unsinnig, an die absolute Autorität dieses Gesetzes und dieser Ordnung denen gegenüber zu appellieren, die unter ihr leiden und gegen sie kämpfen – nicht für persönlichen Vorteil und aus persönlicher Rache, sondern weil sie Menschen sein wollen. Es gibt keinen anderen Richter über sie außer den eingesetzten Behörden, der Polizei und ihrem eigenen Gewissen. Wenn sie Gewalt anwenden, beginnen sie keine neue Kette von Gewalttaten, sondern zerbrechen die etablierte. Da man sie schlagen wird, kennen sie das Risiko, und wenn sie gewillt sind, es auf sich zu nehmen, hat kein Dritter und am allerwenigsten der Erzieher und Intellektuelle das Recht, ihnen Enthaltung zu predigen.«[25]

Aber auch die gutwilligste und aufmerksamste analytische Anstrengung, die verschiedenen Gewaltformen säuberlich zu trennen und der von der bestehenden Ordnung ausgehenden Vermischung mit trennscharfen Definitionen entgegenzutreten, ist in den Turbulenzen eines Aufstandes oder einer Demonstration praktisch kaum durchzuhalten. So wird in dem Maße, wie der analytische Erkenntnisanspruch auf Differenzierung geschichtlich aufgetretener Gewaltformen in positive strategische Überlegungen eingeht, das Problem der Vermischung dieser Gewaltformen immer aktueller. Jürgen Habermas gehört zu denjenigen innerhalb der Linken, die am frühesten die Gefahren dieses strategischen Gewaltspiels erkannt hatten. Die progressive Rolle, die auch Gewalt haben kann, stellt Habermas nicht in Frage: »In der Theorie, der ich nicht eben fernstehe, ist darüber ausführlich diskutiert worden. Die analytische Unterscheidung zwischen progressiver und reaktionärer Gewalt hat einen guten Sinn – eben für die Analyse.«[26]

Wo aber das Risiko, Menschen zu verletzen, in den Gewaltmechanismus mit eingeplant ist, wo die sublime Gewalt, die in Institutionen gebunden ist, durch provokative Aktionen aus ihrer Verborgenheit gelockt werden soll, um die Gegengewalt zu legitimieren, da stellt sich für Habermas die Frage, und diese ist Rudi Dutschke in Hannover anläßlich der Trauerveranstaltung für Benno Ohnesorg gestellt worden, warum eine als Sitzstreik geplante Demonstration der Gewaltlegitimation bedarf. Ein Sitzstreik ist, sagt Habermas, »eine Demonstration mit gewaltlosen Mitteln. Ich frage mich, warum er (Dutschke) das nicht so nennt und warum er eine dreiviertel Stunde darauf verwendet hat, eine voluntaristische Ideologie zu entwickeln, die man im Jahre 1848 utopischen Sozialismus genannt hat, die man aber unter heutigen Umständen – jedenfalls glaube ich, Gründe zu haben, die Terminologie vorzuschlagen – ›linken Faschismus‹ nennen muß.«[27]

Die hypothetisch gemeinte Formel vom linken Faschismus ließ freilich den Verdacht zu, daß die als gewaltfrei geplanten Demonstrationen, Sit-ins, Sitzblockaden, Verkehrsbehinderungen stets in eine Form manifester Gegengewalt umschlagen können. Als Habermas sah, wie diese Formel von der Rechten mißbraucht wird, hat er seine Formulierung zurechtgerückt und zurückgenommen.

Doch die Sache, auf die Habermas warnend verwiesen hatte, der mögliche Umschlag von demonstrativer in manifeste Gewalt, bleibt virulent.

Ostern 1968 – »Rechtsordnung, Öffentlichkeit und Gewalt«

Von Hunderttausenden ist zu sprechen, die in der gesamten Bundesrepublik Ostern 1968 an Demonstrationen, Verkehrsblockaden und Kundgebungen teilnehmen. Da die Bewegungsrichtung aller dieser Proteste jedoch einen Teil der Medienöffentlichkeit betrifft, also Institutionen, die das für die Liberalen grundlegende Recht der Meinungsfreiheit verkörpern, ist bei diesen sogenannten Osterunruhen die Linke bereits wesentlich unter sich. Aber es ist eine Neue Linke, eine breite außerparlamentarische Oppositionsbewegung, die sich in Demonstrationen und Versammlungen wesentlichen Themen dieser Zeit widmet, die von der offiziellen Gesellschaft, dem sogenannen Establishment, ausgegliedert werden.

Die Kampagne für Demokratie und Abrüstung hat, anläßlich des Ostermarsches, in zahlreichen Großstädten zu einer fünfminütigen Verkehrsruhe aufgerufen; in den meisten Großstädten gibt es gemeinsame Veranstaltungen der Kampagne für Demokratie und Abrüstung mit dem SDS, den ASten der jeweiligen Universitäten, den politischen Jugendgruppen und den Gewerkschaften. Vorherrschendes Thema dieser Tage sind die veränderten Beziehungen zwischen der bestehenden Rechtsordnung, den Polarisierungsmechanismen von affirmativer und kritischer Öffentlichkeit und der Gewalt.

Auf dem Frankfurter Römerberg hat man ein großes Zelt aufgebaut, in dem die Kampagne für Demokratie und Abrüstung ihre Veranstaltung abhält. Gewerkschafter sprechen, Vertreter der Kampagne, meines Wissens Andreas Buro und Klaus Vack, den ich hier kennenlerne und der entscheidend dazu beigetragen hat, daß alte und neue Linke produktive gemeinsame Perspektiven entwickeln. Als Vertreter des SDS spreche ich über die Beziehungen zwischen Politik und Gewalt.

Unter dem Titel »Rechtsordnung, Öffentlichkeit und Gewalt« ist die erweiterte und mehrfach umgearbeitete Rede dann im Herbst 1968 in einem Buch abgedruckt, das Heinz Grossmann und ich über die Springer-Blockaden herausbringen. Das Buch heißt »Die Auferstehung der Gewalt. Springer-Blokkade und politische Reaktion in der Bundesrepublik« und erscheint in der Europäischen Verlagsanstalt in einer für die damalige Situation kennzeichnenden Schriftenreihe, »res novae provokativ«, wobei »res novae« in Schwarz, der Symbolfarbe der Anarchisten, und »provokativ« in roten Lettern gesetzt ist. Aus dieser Rede Auszüge:

Die als Osterunruhen in die Geschichte der Bundesrepublik eingegangenen Auslieferungsblockaden von Springer-Zeitungen, die sich nach dem Attentat auf Rudi Dutschke spontan organisierten, haben das in der westdeutschen Nachkriegsgesellschaft erfolgreich verdrängte Gewaltpotential zum ersten Mal in breitenwirksamer Form repolitisiert. Das Eingeständnis von Gewalt bedeutet für jede Gesellschaft nicht weniger als das Eingeständnis eines Legitimationsmangels. Es ist daher verständlich, daß die herrschenden Klassen und Parteien in den letzten zwei Jahrzehnten bemüht sein mußten, durch Ablenkung der gesellschaftlichen Konflikte auf Privatbereiche und durch rituelle Abgrenzungen zum außenpolitischen Feind dem öffentlichen Zustand den Schein absoluter Gewaltlosigkeit zu erhalten. Diese Ideologie wirkt noch in den offiziellen Erklärungen über die Polizeieinsätze nach: Auch wenn die demonstrative Brutalität offensichtlich ist, wird den Polizisten im allgemeinen maßvolles Verhalten bescheinigt. – Es gibt ein spezifisches Klima für politischen Mord, und unter den Bedingungen einer atmosphärischen Gewaltsamkeit ist es nur eine Frage von Zeit, wann sich politische Mörder finden, die als getreue Büttel der herrschenden Minorität das allgemeine Vorurteil gegen sogenannte »Erfüllungs«- oder »Anerkennungspolitiker« wie gegen Sozialisten blutig vollstrecken. Es gibt eine Logik der Gewaltanwendung, deren Regeln so sehr vom Gesamtzustand einer Gesellschaft abhängen, daß sie nur durch dessen grundlegende Veränderung ihre Geltung verlieren können.

Weil wir uns dessen bewußt sind, daß in Zeiten kollektiver Verantwortung und kollektiver Haftung die wirklich Schuldigen durch die Maschen des individualistischen Strafrechts und der staatskonservativen Rechtspraxis schlüpfen, können wir nicht darauf verzichten, die Aktionen auf jene Institutionen zu richten, durch die sie geschützt werden. Je unabweisbarer die Schuld eines Verhaltens bei der Gesellschaft liegt, die objektiv zum politischen Mord, zur Gewalt, zur Vernichtung politischer Minderheiten anstiftet, desto entschiedener wird im allgemeinen die totale Verantwortlichkeit von Einzelgängern beschworen. Es ist die große Zeit der Einzeltäter, der privaten Kriminalität, für die es gute Gesetze gibt. – Jedermann kennt die Faszination, die Zerstörung eines in Wort und Bild vernichtungswürdig gemachten Feindes nicht nur zu wünschen, sondern die Mittel für seine Vernichtung tatsächlich zu besitzen – eine solche Faszination wirkt stets handlungsauslösend. –

Will man das von den etablierten Mächten geschaffene Klima

potentieller Gewaltanwendung verstehen, so kann sich die Analyse auf die offiziellen Erklärungen nicht beschränken – obwohl auch ihnen an Deutlichkeit nichts fehlt. Von inneren und äußeren Zensuren befreit, kommt es am besten jedoch in den Veränderungen der öffentlichen Sprache, in Bildern und Stereotypen zum Ausdruck. Wer die Darstellung der Studenten in Karikaturen der Springer-Presse, wer mit Aufmerksamkeit die Entwicklung der politischen Sprache führender Politiker verfolgt hat, der hat feststellen müssen, daß der biologistische Jargon der Nazis und die bildhafte »Entmenschlichung« des politischen Gegners nicht nur bei der NPD nachleben. Zur Kriminalisierung ist die Biologisierung politischer Oppositionsgruppen getreten; deren Mitglieder werden an äußeren Kennzeichen, an Kleidung, Gesichtszügen, Auftreten, den unübersehbaren Statusmerkmalen der Protestierenden, erkennbar.

Dadurch wird die bloße Identifikation mit der »demokratischen Mitte«, das bereitwillige Erfüllen der von den bestehenden Institutionen und von den konventionellen Regeln ausgehenden Erwartungen, zur ausreichenden Legitimation demokratischen Verhaltens. – Die Studenten und mit ihnen die gesamte Außerparlamentarische Opposition haben kein eigenes von der Gesellschaft akzeptiertes Medium öffentlicher Selbstdarstellung und Kritik; sie können sich gegen den massiven Ansturm der Diskriminierungen, der verzerrenden Darstellungen ihrer Absichten nur wehren, wenn sie sich eine eigene, unzensierte Öffentlichkeit verschaffen. Da sie ohne Selbsthilfe in der Tat weitgehend vom Resonanzboden der liberalen Presse, in der die Zensuren des Systems meist ungebrochen wirksam sind, abhängig sein würden, sind sie auf die Öffentlichkeit der Straßen, der freien Plätze, der Schulen, der Hochschulen angewiesen, wenn sie sich nicht auf die bürokratisch-stumme Anwendung von Demonstrationstechniken abdrängen lassen, sondern Diskussion und Aktion als gleichwertige Bestandteile der politischen Praxis begreifen wollen.

Das allein macht sie zu permanenten Störenfrieden; denn es ist kennzeichnend für eine zum Mechanismus der Regulierung von Konflikten erstarrte Demokratie, daß die verdinglichten Institutionen und Regeln einer Art naturrechtlicher Bestandssicherung bedürfen. In einer rigiden Gesamtordnung schließen sich rechtsstaatliche Grundsätze, Konventionen, Verfahrensregeln usw. zu einer kompakten und repressiven Ideologie zusammen, die dem einzelnen die fatale Alternative aufzwingt, entweder sich mit ihr vorbehaltlos zu identifizieren oder in den Verdacht zu geraten, die Gesellschaftsordnung abstrakt zu negieren. In gleichem Maße, wie die Demokratie zum Regelsystem degeneriert, reduziert sich die inhaltlich bestimmte Opposition auf das formale, methodische Element der Störung. Harmlose Unterbrechungen einer Vorlesung, Verletzungen vergänglichster Satzungsbestimmungen, Störungen des Straßenverkehrs und des »Messefriedens«: was immer geschieht, es wird unabhängig von inhaltlicher Zweckbestimmung zur Verletzung von Menschenrechten aufgewertet und zu einer das System treffenden Einbruchstelle des Rückfalls in Barbarei, Anarchismus und Faschismus. Schon durch ihre Formen von Öffentlichkeit werden die Studenten zu Terroristen, die zu bekämpfen legitimer Gegenterror ist. Und da der »Linksfaschismus« eben das Problem der herrschenden Klassen und Bürokratien unserer Gesellschaft und nicht der Studenten ist, brauchen die einzelnen Ereignisse gar nicht erst abgewartet zu werden. Ein beabsichtigtes »go-in« in die Vorlesung eines Ordinarius und Bundesministers, von dem man öffentlich Auskunft über seine Stellung zur Notstandsgesetzgebung verlangt, wird nach dem gleichen Schema des »faschistischen Terrors« interpretiert wie die Steinwürfe törichter Einzelgänger, die Sachbeschädigungen zur Folge haben. –

Da sich die Legitimationsbasis für alle Formen der Gewalt in Industriegesellschaften ständig verringert, sind die zentralen Gewaltverhältnisse überhaupt nur noch aufrechtzuhalten, wenn sich Monopole und Oligopole mit einem Kranz von relativ autonomen »Zulieferbetrieben« versehen, welche der stationären, faktisch oppositionslosen Gesellschaft eine (wenn auch geschichtslose) Oberflächendynamik verschaffen. Sie hat in allen gesellschaftlichen Bereichen eine privatistische Ablenkungsfunktion. Obwohl das Maß von Spontaneität und Kommunikationsfähigkeit wesentlich im voröffentlichen Bereich festgelegt wird, kann sich in einer vergesellschafteten Gesellschaft die Ideologie der Privatisierung auf Dauer nicht halten, wenn Massendemonstrationen die Straßen und freien Plätze, politische Massenveranstaltungen die Säle beherrschen; wenn die revolutionäre, das heißt durch Gewalt gegen Herrschaft und Verdummung gerichtete Komponente der bürgerlichen Öffentlichkeit politische Realität erhält.

3. Die literarische Gewaltdiskussion

Gute Journalisten müssen gute Beobachter sein – ohne sich zu sehr in die Verhältnisse verwickeln zu lassen. Das gibt ihnen offenbar die Chance, weitsichtig zu sein und manchmal auch scharfsichtiger als die beteiligten Zeitgenossen.

Unter der Rubrik »Gesellschaft« ist im »Spiegel« vom 10. Februar 1969, der im Titelbild eine massierte Polizeiformation, darunter voranstürmende Demonstranten zeigt, die Reportage eines Journalisten abgedruckt, auf die ich, wie ich weiß, damals mit heftiger Abwehr reagierte, die ich aber heute für eine zutreffendere Situationsdeutung halte als vieles, was sich danach um Erklärungen bemühte.

Es ist nicht pathetisch gemeint, was ich sage. Vieles an dieser Reportage enthält auch Gemeinheiten gegen die APO. Von mir selbst ist ein Bild genommen, das Kälte vermittelt, finster dreinblickend, mit einer Zigarre im Mund, obwohl ich damals doch ein chronischer Pfeifenraucher war. Links auf der Seite Horst Mahler mit einem Megaphon, in der Mitte ich, unten rechts Christian Semmler. Was für mich das Erstaunliche ist, liegt in der Bewertung der drei Positionen, die lebensgeschichtliche Trennlinien bezeichnen. Ich zitiere deshalb diesen Zusammenhang ausführlich:

»Jener Frankfurter Polizist, der Ostern letzten Jahres (also nach dem Attentat auf Rudi Dutschke, O.N.) nach einem Knüppeleinsatz babbelte: ›Ei, was dut mer de Arm weh – ma is des ja gar net mehr gewohnt‹, symbolisierte den Zuschnitt einer Gesellschaft, die aus Schwäche hart reagierte. Und der Mainzer SDS-Vorsitzende Klaus Ehlheim beschrieb damals den Automatismus der Gegengewalt, der aus solcher Sonderbehandlung erwachsen mußte: ›Keiner… hatte die Absicht, Steine zu werfen. Aber als die Knüppel kamen und die Pferde, als man Leute ohnmächtig sah und Angstschreie hörte … haben junge Leute in blinder Wut Brocken aus dem Rasen gerissen und nach Steinen gesucht.‹

Entrüstung, Zorn und die neu gewonnene Erkenntnis, sich in Westdeutschland in schlechter Gesellschaft zu befinden, trieb Tausende in die losen Reihen der APO. Und viele erkannten mit Marcuse: ›Daß es für unterdrückte und überwältigte Minderheiten ein ›Naturrecht‹ auf Widerstand gibt, außergesetzliche Mittel anzuwenden, sobald die gesetzlichen sich als unzulänglich herausgestellt haben.‹

Das traditionelle Gewaltmonopol des Staates war damit in Frage gestellt. Die oft Geprügelten, ständig Theoretisierenden fanden einen gedanklichen Fixpunkt in der Unterscheidung zwischen ›reaktionärer Gewalt‹ und ›progressiver Gewalt‹. Der APO-Philosoph Dr. Oskar Negt, Assistent bei Habermas, erläuterte reaktionäre Gewalt: ›Die Zerstörung eines vietnamesischen Dorfes durch die Amerikaner‹; progressive Gewalt: ›Das Niederbrennen und Plündern amerikanischer Warenhäuser durch Minderheiten, die im proletarischen Elend des neunzehnten Jahrhunderts festgehalten werden‹.

Die Straßenkampfpraxis förderte neue Unterscheidungen. Es kam zur Gewaltenteilung: ›Gewalt gegen Sachen‹, die erlaubt war, wurde abgesetzt von der ›Gewalt gegen Personen‹ – die noch mißbilligt wurde.

Doch im April letzten Jahres, nach den Osterunruhen, verwischte APO-Anwalt Horst Mahler die Grenze, als er auf die Frage, ob bei Kampfdemonstrationen Todesfälle ›einkalkuliert‹ werden müßten, entgegnete: ›Das ist genauso, wie wenn ich mich an das Steuer eines Autos setze und damit rechnen muß, daß ein Reifen platzt.‹ Ein halbes Jahr später erhob der Berliner SDS-Kämpfer Christian Semmler die von Mahler verteidigte Regelverletzung zur Regel. Die ›alte Unterscheidung‹ zwischen Gewalt gegen Sachen und Gewalt gegen Personen, so erklärte Semmler, sei ›überholt‹. Der Wendepunkt, mit dem eine neue Ebene der Militanz (Semmler) erreicht war, zeigte sich an, als im November 1968 Studenten und Rocker mit Steinen gegen die Berliner Polizei vorrückten.«

Zweifellos gibt es den Unterschied zwischen revolutionärer und reaktionärer Gewalt; ohne den wäre vieles in der Geschichte überhaupt nicht erklärbar. Aber in konkreten Situationen handelnder Menschen, die den Zustand elementarer Ausbeutung und Entrechtung am eigenen Leibe nicht erfahren, wird diese Unterscheidung sofort fragwürdig. Dort, wo Opfer einkalkuliert werden, haben sich die Verhältnisse bereits umgedreht; revolutionäre Gewalt ist zu reaktionärer Gewalt geworden, ohne daß die Handelnden davon schon Kenntnis hätten. Als technisches Mittel läßt Gwalt sich bedenkenlos für revolutionäre Zwecke einsetzen; die Beliebigkeit der Mittel erfaßt irgendwann jedoch die Zwecke.

Wie und in welchem Umfang über Gewalt reflektiert wurde, geht über diese schlichten Unterscheidungen allerdings weit hinaus; der Vietnamkrieg ist das allbeherrschende Symbol, um das die Versuche, die sozialrevolutionären Bewegungen der Dritten Welt zu unterdrücken, gruppiert sind. Für die westdeutsche Linke ist es eine geborgte Realität, weil sie nur sekundäre Berührungen mit dieser Befreiungsbewegung hat. Aber dieses Symbol ist mit einer gewaltigen Identifikationskraft ausgestattet. Wer gegen den Vietnamkrieg demonstriert, kann Übereinstimmung auch in den Zielen herstellen, die innergesellschaftliche Probleme betreffen.

Günther Anders hat im Dezember 1967 in der Zeitschrift »Das Argument« unter dem Titel »Der amerikanische Krieg in Vietnam oder Philosophisches Wörterbuch heute« ausgedrückt, was über viele Jahre gemeinsames Selbstverständnis der Neuen Linken ist. Der Kampf gegen den Krieg in Vietnam und der Kampf für »civil rights«, für die Aufhebung der Entrechtungen im eigenen Land, haben dieselbe Front. Es ist moralisch inkonsequent und deshalb erfolglos, für Rechte und Selbstbefreiung in der eigenen Gesellschaft zu kämpfen, wenn man gleichzeitig sich als Instrument des Imperialismus dazu benutzen läßt, die Lebensrechte anderer Völker zu zerstören. Günther Anders, dieser ungebrochene Kämpfer für die alltäglichen Menschenrechte, hat mit seinen verborgenen apokalyptischen Visionen immer den Blick auf das Ganze eines Problems behalten.

Die intellektuelle Atmosphäre dieser Zeit, in der die Auseinandersetzung mit der Gewalt eine zentrale Rolle spielt, läßt sich am literarischen Ausdruck besser beschreiben als in einer analysierenden Zugangsweise; gute Literatur könnte Wesentliches von dieser Zeit aufhellen, aber sie gibt es nicht; so möchte ich die Atmosphäre genauer skizzieren, indem ich mich auf Artikel in Zeitschriften beziehe, die in Kreisen der Neuen Linken gelesen wurden.

Nimmt man also Zeitschriften wie »Das Argument« oder das »Kursbuch« in den Ausgaben der zweiten Hälfte von 1967 und von 1968, so wird erkennbar, wie sehr der Zusammenhang zwischen der innergesellschaftlichen Oppositionsbewegung und den Befreiungsbewegungen der Dritten Welt das Selbstverständnis der Neuen Linken bestimmt. Die eben zitierte Ausgabe des »Argument« hat das Schwerpunktthema »Dritte Welt und Opposition im Spätkapitalismus«. Darin schreibt Herbert Marcuse über Ziele, Formen und Aussichten der Studentenopposition. Es ist der leicht veränderte Text eines Vortrages, den er im Juli 1967 im überfüllten Auditorium maximum der Freien Universität Berlin gehalten hat. Im AStA (Allgemeiner Studenten-Ausschuß) der Freien Universität ist diese Rede angekündigt unter dem Titel »Das Problem der Gewalt in der Opposition«, und Gewalt bestimmt über Jahre das öffentliche Thema einer Bewegung, deren wirkliche Geschichte ganz anders lief und die auch ganz andere Resultate hatte.

Zwei Auffassungen sind in dieser Berliner Rede Marcuses bemerkenswert. Er sagt zum einen: »Für diese Studenten hat der Krieg in Vietnam zum ersten Mal das Wesen der bestehenden Gesellschaft enthüllt: die ihr einwohnende Notwendigkeit der Expansion und Aggression und die Brutalität des Konkurrenzkampfes auf internationalem Boden.«

Aber Herbert Macuse läßt das nicht auf sich beruhen. Er predigt nicht Gewaltlosigkeit als Alternative zur bestehenden Gewalt; ihm kommt es wie immer in seinen Reden, die aktuellen Bezug haben, auf die Entwicklung von präzisem Unterscheidungsvermögen an; nur das garantiert, daß Prognosen einen Wahrheitskern erhalten, selbst wenn sie von der Wirklichkeit überholt werden sollten.

»Es gibt eine Gewalt der Befreiung, und es gibt eine Gewalt der Unterdrückung. Es gibt eine Gewalt der Verteidigung des Lebens, und es gibt eine Gewalt der Aggression. Und beide Formen der Gewalt sind geschichtliche Kräfte gewesen und werden geschichtliche Kräfte bleiben. So steht die Opposition von Anfang an im Felde der Gewalt.«

Nie ist ein bloßer Gewaltakt, zum Beispiel die Ermordung eines Unternehmers, Befreiung; es ist Mord in einem ganz normalen Sinne, auf den die gesetzlich vorgeschriebene Strafe steht. Die Opposition, welche Konfrontation mit der Staatsmacht sucht, hat nicht begriffen, was Gegengewalt ist.

»Konfrontation zu suchen, nur um der Konfrontation willen, ist nicht nur unnötig, es ist verantwortungslos. Die Konfrontationen sind da, sie brauchen nicht erst gesucht zu werden. Das Suchen nach Konfrontation würde die Gründe, warum Opposition ist, eher verwischen als klären.«

Es wäre gut, wenn man jetzt, Jahrzehnte danach, statt das alte Demonstrationsgeschehen zu rekonstruieren, die Prügeleien mit der Polizei und die Parolen zu wiederholen, mit denen man sich in der Alltagstaktik begnügte, Marcuse oder Frantz Fanon oder die anderen Theoretiker der Bewegung lesen würde, die aus der Not existentieller Entscheidungen genauer wußten, was den Unterschied zwischen revolutionärer Gewalt und der Gewalt des bestehenden Systems ausmacht.[28]

In demselben Heft des »Argument« schreibt Erich Wulff, alias Georg W. Alsheimer (Saigon), über Bernhard Fall, den Journalisten, Wissenschaftler und Kritiker des Vietnamkrieges, der im März 1967 in Vietnam unter ungeklärten Umständen ums Leben kam. Schließlich finden sich in diesem Heft neben einigen Besprechungen von Büchern, die mit der Dritten Welt zu tun haben, eine kritische Auseinandersetzung mit Frantz Fanons Lehre von der befreienden Gewalt und ein Artikel von Wolfgang Abendroth, der die Position Marcuses im Traditionszusammenhang der Arbeiterbewegung zurechtrückt.

»Das Argument« dieser Jahre hat eine große politische Bedeutung in der Vermittlung zwischen der sich verbreiternden politischen Opposition und den Theorien des kritischen Marxismus, beginnend mit der Frankfurter Schule, Sartre, Merleau-Ponty bis hin zu Wilhelm Reich. Wer sich die intellektuelle Atmosphäre dieser Zeit vergegenwärtigen will, sollte neben dem »Argument« aber auch das »Kursbuch« lesen. Das »Kursbuch« spielte eine entscheidende Rolle in der Sensibilisierung des gesellschaftlichen Zeitbewußtseins der Neuen Linken und war darin viel einflußreicher als die Zeitschrift, an deren Gründung und Namensgebung ich selbst beteiligt war: die »Neue Kritik«, das Publikationsorgan des SDS.

Enzensberger und seine Mitarbeiter, sprachbewußte Zeitkritiker, hatten ein sicheres Gespür für die geistigen und moralischen Untertöne einer Bewegung, die so deutlich ja noch gar nicht in den Blickpunkt der Öffentlichkeit getreten war, als daß man ihr Erfolg hätte voraussagen können. Um die Stimmung im Vorfeld der großen politischen Demonstrationen zu kennzeichnen, fällt mir nichts Besseres ein als das, was Hans Magnus Enzensberger in der Ankündigung der neuen Zeitschrift »Kursbuch« schreibt, deren Nr. 1 am 10. Juni 1965 erscheint:

»*Absicht.* Kursbücher schreiben keine Richtungen vor, sie geben Verbindungen an, und sie gelten solange, wie diese Verbindungen. So versteht die Zeitschrift ihre Aktualität. *Programm.* Eine Revue, von der sich, noch ehe sie vorhanden ist, angeben ließe, wie sie es meint und was darin stehen wird, wäre überflüssig; man könnte an ihrer Statt ein Verzeichnis von Ansichten publizieren. Derartige Programme können weder das Bewußtsein dessen verändern, der sie niederschreibt, noch das Bewußtsein ihrer Leser; sie dienen der Bestätigung dessen, was schon da ist. Was schon da ist, muß aber erst aufgeklärt, und das heißt revidiert werden. *Thema.* Die Gegenstände einer solchen Revision lassen keine Beschränkung zu. Sie sind nur durch die Fähigkeiten und die Kenntnisse der Mitarbeiter begrenzt, die das *Kursbuch* findet. In seinem ersten Heft wird gehandelt von Grenzüberschritten in Berlin, vom Verlust einer Kneipe, von einer Stadt in Finnland, von der Lage der Intelligenz, von den Rechten und Möglichkeiten der Schriftsteller, vom

Frankfurter Auschwitz-Prozeß. Eine Überschrift heißt: Ein Streit um Worte, eine andere: Was geschieht in Wirklichkeit. In künftigen Heften der Zeitschrift wird die Rede sein von den Thesen der Kommunistischen Partei Chinas und von der mathematischen Grundlagenforschung, ferner von Ballonfahrern, ferner davon, was der Ausdruck bedeutet: Es wird von etwas die Rede sein…«

Hans Magnus Enzensberger hat den Zeitgeist von 68, sowohl in seinen dogmatischen Tendenzen als auch in seiner völlig offenen Struktur, ganz ausgezeichnet getroffen. Die Lektüre des »Kursbuches«, von der ersten Ausgabe vom 10. Juni 1965 bis zum Jahre 1970, spiegelt die intellektuelle Wellenbewegung in ihrer ganzen Spannungsbreite (einschließlich verfrüht postmoderner Töne der Theorie-Dekonstruktion).

Ich habe über die Komposition des »Argument«-Heftes 45 vom Dezember 1967, dem neunten Jahrgang, gesprochen; »Kursbuch« 11, Januar 1968, unterscheidet sich davon in der Orientierung, nicht im Themenkolorit. Peter Weiss schreibt über den Tod Che Guevaras. Es ist ein Ereignis, das ihn berührt, nicht nur als Schriftsteller, sondern als politischen Menschen, der in seiner ästhetischen Produktion die Dimension einer Erweiterung erfährt, die er so gar nicht erwartet hatte. Es sind literarische Wendungen und Fragen, die er stellt, aber ich möchte doch den Anfang dieses Artikels mit dem Titel »Che Guevara!« wiedergeben.

»Als wir vom Tode Ches erfuhren, war unser erster Gedanke: Mußte er sterben, gerade jetzt, wo er unentbehrlicher geworden denn je? War da keine Hilfe und kein Ersatz? Er war ein kranker Mann, er litt an Asthma und Rheumatismus. Hätte man ihn nicht in Sicherheit bringen können? Gab es nirgends einen Platz für ihn, an dem er als der planende Kopf, der Führer der Revolution hätte arbeiten können? Es erhob sich die Frage: Hat er sich geopfert? Hat er das Los eines Märtyrers gewählt?!«

Schon diese Fragen erregen heute in einer Zeit, da die Enttäuschungen über die mit dem Pathos der Rechtsbehauptung ausgestatteten revolutionären Köpfe größer sind als die Hoffnungen darauf, ziemliche Verwunderung. Ein nüchterner, den sinnvollen und nutzlosen Widerstand durchaus reflektierender Schriftsteller wie Peter Weiss, der im »Marat« die gebrochene revolutionäre Welt präzise erfaßt, feiert Che Guevara. Peter Weiss hat sich geirrt; er hat Che Guevara gefeiert, obwohl er, hätte er seine eigene »Ästhetik des Widerstandes« ernst genommen, wissen mußte, daß Che Guevara in unserer Welt, der Welt entwickelter Industriegesellschaften, nicht hat siegen können. Irgendwo wußte er es vielleicht, aber er hat es aus moralischen Gründen nicht wahrhaben wollen.

Darauf, wie nahe Irrtum und Wahrheit nebeneinander liegen, wenn epochale Gesellschaftskrisen in ihren Anfängen stecken, hat Johannes Agnoli in einer der einflußreichsten Schriften dieser Zeit verwiesen. »So wichtig … es auch sein mag, daß kein Zweck irgendwelche Mittel heiligt; so sehr es auch einleuchtet, daß ›ein heiliger Zweck, der unheiliger Mittel bedarf, ein unheiliger Zweck ist‹ (Marx), ebensosehr muß man sich vor einer abstrakten Verrückung im Werturteil vom Zweck zu den Mitteln hüten. Sie kann allerhand unheilige Zweckmäßigkeit verbergen. Es entstammt einer allerdings althergebrachten Bewußtseinskonfusion, daß Repression mit ›friedlichen‹ Mitteln humaner sei als Emanzipation mit gewaltsamen Mitteln.«[29]

Das eben ist das Problem: Wenn die der komplexen Beziehung von Zwecken und Mitteln innewohnende Dialektik aus dem Begründungszusammenhang einer kritischen Gesellschaftstheorie herausgelöst wird, nimmt die Diskussion über die Zulässigkeit von Gewalt sofort einen technisch-strategischen Charakter an; sie verliert ihre konkreten Bindungen an öffentlich gemachte und geschichtlich begründete Zwecke.

4. Gewaltpotentiale in Bild- und Wortmedien

Öffentlichkeit ist, seit dieser Begriff in der modernen Geschichte des Bürgertums von sich reden machte, entscheidendes Medium nicht nur der kollektiven, sondern auch der individuellen Emanzipation. Das ist nicht strittig. Die Frage allerdings, welche Öffentlichkeit sich dafür eignet, solchem Emanzipationsprozeß förderlich zu sein, fordert ganz verschiedene Antworten heraus.

Seit den Auslieferungsblockaden der Springer-Presse ist das Nachdenken über beunruhigende Tendenzen innerhalb der sich wandelnden Öffentlichkeit, über die spezifische Verantwortungsethik der Journalisten und das tödliche Potential von Worten nicht mehr zur Ruhe gekommen. Daß sich diese mediale Welt, mit dem von 68 angestoßenen Problempunkt einer zwiespältigen Öffentlichkeitsform, immer stärker ins politische Machtzentrum geschoben hat und der Bereich politischer Entscheidungen umgekehrt immer entschiedener ins Licht der Öffentlichkeit rückte, zeigt sich nicht nur 1994 in Italien, als der Chef des größten Medienkonzerns gleichzeitig Regierungschef ist, sondern auch in vielfältigen symbolischen Andeutungen. Auf dem Bundespresseball im Jahr 1994 sitzt neben dem Präsidentenpaar der Chef des Fernsehsenders RTL, dann folgen andere Mediengrößen, Unterhaltungskünstler und Gewinner im Mediengeschäft wie der Herausgeber des neuen Skandalmagazins »Focus«. Die Einschalt- und Skandalquoten scheinen neue Rangordnungen in einer Öffentlichkeitsstruktur zu bestimmen, die vom kritisch-nachdenklichen Geist reflektierender Privatleute nur noch wenig verrät, dagegen immer deutlicher den Charakter einer Echo-Öffentlichkeit annimmt.

»An die Stelle des ›höfischen Adels‹ ist«, schreibt Gunter Hofmann am 11. November 1994 in der »Zeit«, »das liest man im Bilderbuch dieser Ballnacht, die Medienaristokratie getreten. Sie hat die stärkste Waffe in Händen, sie entscheidet über Prominenz. Und Prominenz ist heute das, was einmal Eliten waren. Jetzt sind da die Medien, massierter denn je in der Geschichte der Bundespressekonferenz, dauerpräsent und demokratieprägend. Aber ihre Geltung ist zugleich spürbar gesunken. Politiker da und Journalisten dort stehen in Geschäftsbeziehungen zueinander, aber damit hat es sich auch.«

Schon 68 unterläßt der Medienkonzern Axel Cäsar Springers keine Anstrengung, sich als das eigentliche moralische Gewissen des Staates zu verstehen und die Normen vorzugeben, denen staatliches Handeln zu folgen hat. Polizisten werden ermutigt, ihren Knüppel bedenkenlos zu gebrauchen, und die Bevölkerung wird alltäglich in ihren gewachsenen Vorurteilen gegen das Fremde und Fremdartige, das ihnen in dieser Rebellion entgegenschlägt, bestärkt. »Ihr müßt diesen Typen nur ins Gesicht sehen«, verkündet Klaus Schütz (SPD), der damalige Regierende Bürgermeister von Berlin, ganz im Sinne der »Bild«-Sprache, um dieser Lust am »Draufschlagen gegen das Ungewohnte und Fremde« ein gutes Gewissen zu verschaffen. Die moralische Empörung über diese Assimilation von Politik, Polizei und Springer-Presse geht damals freilich über den engeren Umkreis der Protestgeneration weit hinaus. Aber es findet bereits eine Umgliederung der Öffentlichkeit statt, neue Formen von Öffentlichkeit sind im Entstehen begriffen.

Um zu verdeutlichen, wie stark der Impuls ist, über die Gewalt von Worten neu nachzudenken, greife ich noch einmal auf die Ereignisse Ostern 1968 zurück. Nachdem bekannt geworden war, daß in Berlin ein junger Mensch namens Josef Erwin Bachmann Rudi Dutschke mit mehreren Pistolenschüssen schwer verletzt hat, versammeln wir uns in Frankfurt spontan im Studentenhaus Beethovenplatz 4: einige Assistenten, Professoren und viele Studenten. Die Stimmung an diesem Tag ist gedrückt; die Betroffenheit über das Attentat erzeugt eine Art Lähmung, ganz anders als nach dem tödlichen Mordanschlag auf den uns völlig unbekannten Benno Ohnesorg im Juni des Vorjahres. Nach dem 2. Juni 1967 herrschte einhellig Empörung, die weit ins »bürgerliche Lager« reichte: Professoren, Kirchenleute, Gewerkschafter und einzelne Politiker traten mit deutlich anklagenden und Polizei wie politische Führung Westberlins gleichzeitig verurteilenden Reden auf die Tribüne des Römerbergs. Im Juni 1967 erweiterte sich das linke Spektrum gewaltig. Auch ich hielt auf dem Römerberg vor über zehntausend Zuhörern eine Rede zu diesem staatlichen Mordanschlag mit der These, daß es sich dabei offensichtlich um die Demonstration von Härte durch den staatlichen Machtapparat handelt, der tödliche Verletzungen der Demonstrierenden bewußt in Kauf nimmt, also juristisch gesprochen mit einem »dolus eventualis« operiert.

Im April 1968 hat sich die Stimmungs- und Gesinnungslage der Nation bereits stark geändert. Wir haben es mit einer sich »liberal« gebenden Öffentlichkeit zu tun, die jedoch mit größter Betriebsamkeit die Rebellion der Studenten und Jugendlichen, ihre Aktionsformen, ihre inhaltlichen Forderungen nach Universitäts- und Schulreformen, ihre Protestmärsche gegen den Vietnamkrieg, überhaupt ihr unbotmäßiges Denken und Verhalten, aus dem Bezugsrahmen der für eine demokratische Gesellschaft zulässigen und erträglichen Handlungsweisen ausgliedert und mit erheblichen Propagandamitteln kriminalisiert. Unsere Stimmung nach dem Dutschke-Attentat ist auch insofern verändert, als ein Objekt für eine harte und eindeutige Anklage, wie es im Falle der Erschießung Ohnesorgs der staatliche Gewaltapparat war, hier fehlt. Jeder weiß zwar, daß das gegen die Studenten geschürte Haßklima, das in einem sonst eher unauffälligen jungen Anstreicher die Tat auslöst, wesentlich Arbeitsresultat des Springer-Medienkonzerns ist, aber wie ist im Medium der Sprache Gewalt erkennbar zu machen?

Der Marsch zur Frankfurter Union-Druckerei, wo die »Bild«-Zeitung gedruckt und ausgeliefert wird, ist Ausdruck einer Verlegenheit; Gewalt gegen ein Medium, das sich gewaltlos gibt, aber mit Worten tötet und einfache Toleranzgebote täglich verletzt, soll auf dem Wege von Auslieferungsblockaden demonstriert werden, um damit über den verrotteten Zustand bürgerlicher Öffentlichkeit aufzuklären. Mir ist die Ohnmacht und Verlegenheit, die diese mit den Osterblockaden verknüpften Aktivitäten gegen Formen der bürgerlichen Ausgrenzungsöffentlichkeit charakterisieren, sehr schnell klar. Ohne Entwicklung eigener, ja eigen-sinniger Strukturen von kritischer, den Lebenszusammenhang der Menschen einbeziehender Gegenöffentlichkeit ist an der alten Misere verkümmerter gesellschaftlicher Öffentlichkeitsformen nichts zu ändern.[30]

Überall ist deshalb Ostern 1968 und danach – in Veranstaltungen des traditionsreichen Ostermarsches, bei Universitäts-Teach-ins, auf Kundgebungen zum 1. Mai – »Öffentlichkeit und Gewalt« das zentrale Thema. Für mich selbst ist es seitdem dringlich, zunächst die spezifischen Beziehungen zwischen institutionalisierter bürgerlicher Öffentlichkeit (die sich für mich in toter Arbeit erschöpft, auf bloße Verteilung bestehender Meinungen beschränkt) und den lebendigen Arbeitsprozessen von Gegenöffentlichkeit zu untersuchen. Lebendige Gegenöffentlichkeit positiv in eigenen Prozeßkategorien zu bestimmen und nicht, wie Jürgen Habermas es in seinem schon damals klassischen Werk getan hatte, als bloße »plebejische Variante« der bürgerlichen Öffentlichkeit ist seit den Reaktionen auf das Dutschke-Attentat ein zentrales Erkenntnisinteresse für mich.

Als ich ein Jahr später, nachdem ich eingesehen hatte, daß ich alleine den mit dem List-Verlag geschlossenen Vertrag über ein »Öffentlichkeitsbuch« nicht zu realisieren vermochte, Alexander Kluge den Vorschlag machte, ein gemeinsames Buch darüber zu schreiben, stimmte er sofort zu, weil auch er seit langem an ähnlichen Fragestellungen arbeitete.

»Öffentlichkeit und Erfahrung«, unser erstes gemeinsames Buch, das 1972 erscheint, stülpt die »bürgerliche Öffentlichkeit« um, indem wir nicht nur deren umfassende Geltung in Frage stellen, sondern aufzuweisen versuchen, wie Formen und Gefäße des öffentlichen Ausdrucks von Emanzipationsinteressen aussehen. Im Symbolbegriff »proletarische Öffentlichkeit« suchen wir jene Eigenschaften der Menschen und konkreten Produktionsprozesse zu bezeichnen, die zwar in den bestehenden Herrschaftssystemen eingebunden und blockiert sind, in sich jedoch auch Befreiungs- und Selbstverwirklichungspotentiale enthalten und eines öffentlichen, gesellschaftlichen Ausdrucks bedürfen, um ihre eigentümliche politische Kraft entfalten zu können.

Zu beschreiben, wie dieser Ansatz von Öffentlichkeit und Erfahrung sich weiterentwickelt hat, ist gewiß ein zu weites Untersuchungsfeld im Rahmen dieses 68er Buches. Unleugbar scheint mir aber, daß kritische Formen der Öffentlichkeit seit Ostern 1968 einen für die politische Kultur unseres Landes kaum überschätzbaren produktiven Beitrag geleistet haben. Der Begriff der Gegenöffentlichkeit, in dem auch der moralische Protest gegen das Manipulative der etablierten Öffentlichkeiten dingfest zu machen ist, differenziert sich im Laufe der Jahre und reflektiert die veränderten Bedingungen, mit denen es öffentliche Aufklärung und individuelle Emanzipation zu tun haben. An einen solchen Ausdifferenzierungsprozeß von Gegenöffentlichkeit zu erinnern ist gegenwärtig ebenso notwendig, wie dem in den vergangenen Jahrzehnten erkennbaren Strukturwandel der vorherrschenden Öffentlichkeit zu folgen.

Nur durch einen Sprung in die Gegenwart läßt sich das Öffentlichkeitsproblem in seinen strukturellen Wandlungen begrifflich fassen. Nach 89 ist die Situation nicht nur aus historischen Gründen noch einmal grundlegend verändert. Es ist auch die Zeit spektakulärer Medienveränderungen, die der politischen Folgenabschätzung bedürfen.

5. Die Medienwelt als zweite Wirklichkeit und der alltägliche Erfahrungsverlust

Daß die Medien an der Beschleunigung oder Verzögerung politischer Prozesse aktiven Anteil haben, kann seit den Anfängen einer bürgerlichen Öffentlichkeit, die durch Presse, Flugblätter, Parlamentsdebatten die geheimnisumwitterten Bereiche des Herrschaftssystems aufbricht, kaum bezweifelt werden; die Funktion einer politisch wirksamen kritischen Öffentlichkeit selbstbewußter Bürger besteht ja darin, den auf Nicht-Öffentlichkeit gegründeten Machtanspruch des Staates in Frage zu stellen und das widerständige Urteilsvermögen der Menschen zu stärken. Wenn hier von einem Medium gesprochen werden kann, dann soll es den öffentlichen Ausdruck der Interessen und Bedürfnisse von Menschen erweitern, die unter bestehenden Verhältnissen nur wenig Kanäle, Röhren, Straßen und Wege vorfinden, ihre Meinungen und Weltauffassungen geltend zu machen.

Eine völlige Verdrehung dieser aus dem Geist der Kritik und des Widerspruchs von unten geborenen Öffentlichkeit wäre es, wenn die Herrschaftsapparate des Staates, der Parteien oder der mächtigen Verbände diese medialen Brechungen sich selbst aneigneten. Bürgerliche Öffentlichkeit, wie sie sich in einem Jahrhunderte währenden Prozeß ausbildete und wie sie bis zum heutigen Tage immer dort, wo Grundregeln des herrschaftsunabhängigen öffentlichen Diskurses verletzt werden, als Macht der Kritik hervortritt, lebt von der unaufhebbaren Spannung zwischen den politischen Machtträgern, gleich wie sie aussehen mögen, und den reflektierten Interessen und Bedürfnissen der Bevölkerung.

Wo Öffentlichkeit in ihren prägenden Strukturen zum bloßen Anhang der staatlichen Machtapparate wird, wo der »Echo-Demoskopie«, wie Elisabeth Noelle-Neumann diese Meinungsforschung zur bloßen Verdoppelung und Wiederholung bestehender Einstellungen nennt, die »Echo-Medien« entsprechen, entsteht unter dem Anschein, daß alles Geheimnisvolle politischer Entscheidungen aufgehoben und Politik für den Bürger absolut durchsichtig geworden ist, der Mythos einer zweiten Wirklichkeit, die die unmittelbaren Erfahrungen der Menschen nicht erweitert, sondern an deren Stelle tritt. Das bedrohliche Resultat dieser phantasielosen Verdoppelungen, die viele Gewaltpotentiale freisetzt, ist das, was man eine »Echo-Demokratie« nennen könnte, die völlige Zersetzung politischer Produktionsprozesse. Dies zerstört den medialen Charakter der Öffentlichkeit, der eigene Regeln der Übersetzung, der Bildung von Bewußtsein und Verhalten, der kritischen Orientierung enthält. Wiederholung ist ein Hauptmerkmal des Mythos, und das Einspinnen der Menschen in diesen Mythos gelingt am besten, wenn die Kategorie des Neuen gesellschaftlich in Vergessenheit geraten ist, wenn alles Neue so präsentiert werden kann, als wäre es nur das vorübergehend aus dem Bewußtsein geratene Alte, bodenständig Bewährte, der »gesellschaftlichen Natur« des Menschen eigentlich Angemessene.

Viele der Ängste und Befürchtungen, die in einer Treibhausatmosphäre den Umwandlungsprozeß der Medienlandschaft begleiteten und Kämpfe herausforderten, die sich gegen den imperialen Anspruch mächtiger Privatkaufleute auf Besetzung von Sendefrequenzen wandten, haben sich weitgehend als unbegründet erwiesen. Das unmittelbare Eindringen von Kapitalinteressen in die Medienlandschaft verändert zwar auch die Programme in den traditionellen Angebotsstrukturen, die in Konkurrenz um die Zuneigung des Publikums nicht leer ausgehen möchten; aber der grundlegende Wandel des Medienbereichs, der sich in den achtziger Jahren vollzieht und keineswegs schon abgeschlossen ist, spielt sich nicht auf der Ebene der Angebote ab, die sich so entscheidend nicht verändert haben; auch nicht die nachlassende Bereitschaft, Einzelinformationen über das Weltgeschehen zu vermitteln, oder die völlige Unterordnung des Programms unter privatkapitalistische Verwertungsinteressen sind es, was das spektakulär Neue ausmacht. Nicht die Programmwirklichkeit ist es also, die den Einschnitt markiert, der mit der konservativ-technologischen Wende der Medienpolitik verknüpft ist.

Worüber ich nachdenken möchte, ist vielmehr der merkwürdige und bestürzende Tatbestand, daß eine zweite Wirklichkeit im Entstehen begriffen ist, eine mit eigenen Gesetzen und Verlockungen ausgestattete Medienwirklichkeit. Deren suggestive Kraft liegt in der Möglichkeit der Zeitballung, der Herstellung von Gleichzeitigkeit für Ereignisse an ganz verschiedenen Orten der Welt, wodurch Selbstillusionen über eine Teilnahme am Weltgeschehen erzeugt werden. Nicht die einzelnen Informationen, Berichte, Erzählungen von der Wirklichkeit, also besondere Botschaften charakterisieren das, was die Wirksamkeit der modernen Medien kennzeichnet, sondern das Medium als Botschaft (»medium is the message«, wie es der scharfsichtige Prophet des elektronischen Zeitalters Herbert M. McLuhan bezeichnet hat). Für diese sekundäre Wirklichkeit, die Phantasien, Interessen und Bedürfnisse der Menschen zunehmend bindet und sie gleichsam in Romane über die Welt einbezieht, sind natürlich auch privatkapitalistische Einzelinteressen, Konzerne oder Verbände verantwortlich, die eine solche Wirklichkeit bewußt erzeugen. Aber zur Erklärung des Strukturwandels der Öffentlichkeit reicht das bei weitem nicht aus.

Die großen Produktionsöffentlichkeiten, von denen Alexander Kluge und ich bereits in unserer Analyse von 1972 sprachen, haben heute einen Umfang und eine Bedeutung angenommen, wie wir sie damals nur in Umrissen einer bedrückenden Fiktion benennen konnten. Das ist es aber nicht alleine, worum es in diesem Zusammenhang geht. Die gewachsenen ökonomischen Verflechtungen der Medienlandschaft sind meist mit Händen greifbar, so daß zu deren Aufdeckung und Erklärung weder Gesellschaftstheorie noch ein aufwendiges methodisches Untersuchungsinstrumentarium erforderlich ist. Daß ein Medienkonzernchef innerhalb weniger Monate Regierungschef eines zivilisierten Landes werden kann, ist Zeichen für Veränderungen, welche die Substanz westlicher demokratischer Gesellschaftsordnungen antasten. Die Gesellschaft ist in Gefahr, sich in einen riesigen Medienkonzern zu verwandeln, buchstäblich zur Produktionsöffentlichkeit zu werden.

Was diese von mir so bezeichnete zweite Wirklichkeit betrifft, so sind offensichtlich viel subtilere Mechanismen am Werk, die eher Systemerhaltungsinteressen ausdrücken als die Reklamewelt des Privatkapitals. Die auf diese Mechanismen gerichtete Medienforschung liegt im argen; den positivistischen Zugangsweisen, die Berge von Untersuchungspapieren in den vergangenen Jahrzehnten zu Tage gefördert haben, ist bei allen ihren Anstrengungen, die unbestreitbar auch nützliche Einzelresultate hervorgebracht haben, in ihrem Erkenntnisansatz doch nicht viel mehr eingefallen als eine Verfeinerung und Variation der berühmten »Lasswell-Formel«. Der Kommunikationsforscher Harold D. Lasswell hatte in einer unübertroffenen Prägnanz die wissenschaftlichen Arbeitsteilungen wie Begrenzungen des auf die Medien bezogenen Untersuchungsfeldes zusammengefaßt, so daß in der formalen Konsistenz die vororganisierten Abstraktionsschnitte, die arbeitsökonomisch durch die gesellschaftliche Totalität gelegt werden, nicht mehr erkennbar sind. Die Formel Lasswells lautet: »Wer sagt was, in welchem Kanal, zu wem, mit welcher Wirkung?« (»Who says what in which Channel to whom with what effect?«) Jedem Medienforscher erleichterte diese Formel den Überblick über die verschiedenen Untersuchungsgebiete, über entsprechende Methoden, die begrenzte Zahl von Variablen, wie Sender, Empfänger, Präferenzen, Einstellungen, Verhaltensmuster usw.

Im Zusammenhang einer Medienanalyse, die von dem Grundunterschied zwischen sekundärer und primärer Wirklichkeit ausgeht, treten demgegenüber zwei Probleme, die sich im elektronischen Zeitalter zu entscheidenden Störungen unserer Lebensverhältnisse auswachsen können, in den Vordergrund. Ich meine zum einen den drohenden Erfahrungs- und Erinnerungsverlust der Menschen in der alltäglichen Dimension ihres Lebens, zum anderen den Politikverlust, das heißt die Zersetzung eines auf langfristige Perspektiven, auf die Zukunft gerichteten Gestaltungswillens der Menschen, der das Gegebene bewußt überschreitet, also die utopischen Entwürfe zur Wendung gegenwärtiger Not und die Wunschträume vom besseren Leben nicht aus dem Blick verliert. Lebendiger Erfahrungsverlust der Menschen in ihrer Alltagswelt, der die selbstbestimmten und auf gegenseitige Anerkennung gerichteten politischen Ausdrucksformen verlorengehen, und Substanzverzehr des Politischen, das am Ende auf ein gefährliches Gemisch von distanzloser Intimität und reinen Machterwerbs- und Machterhaltungstechniken reduziert ist, bedingen einander in einem bestimmten sozialkulturellen Klima der Gesellschaft.

Für beide Prozesse spielen die elektronischen Medien, ohne daß ein einzelner, eine Organisation oder ein Unternehmen im Hintergrund die Fäden ziehen würde, eine entscheidende Rolle. Was den Politikverlust angeht, so ist dafür seit September 1989 im Zeitraum von sechs Jahren ein Anschauungsmaterial produziert worden wie nie zuvor in der Geschichte: Alles, auch die kleinste Begebenheit, hat sich im grellen Licht von Fernsehen und Rundfunk abgespielt.

Goethes Ausspruch in der »Campagne in Frankreich 1792«, als die reaktionären Koalitionsheere der Fürsten den kämpferischen und mutigen Revolutionsarmeen unterlagen, daß Trost darin zu finden sei, wenigstens Augenzeuge historischer Ereignisse zu sein, wenn man auch zu den Besiegten gehöre – dieses Wort »Von hier und heute geht eine neue Epoche der Weltgeschichte aus und ihr könnt sagen, ihr seid dabei gewesen«, ist im Medienzeitalter völlig überholt. Schon Goethe hat bei dieser Sache vermutlich eine Legende produziert, denn aufgezeichnet hat er diesen Ausspruch erst dreißig Jahre später, als in der Tat für jedermann erkennbar war, welche Bedeutung die Französische Revolution und die nachfolgende Napoleonische Ära hatte.

Jeder war dabei, Millionen vor ihren Fernsehschirmen, als sich der Wiedervereinigungsprozeß dem zunächst glücklichen Ende zuneigte; der »Atem der gegenwärtigen Geschichte« war spürbar in den eigenen vier Wänden, wenn auch viele Menschen nicht so glücklich sein konnten, Brocken der gefallenen Mauer Erinnerungsstücken von Kreta oder sonstigen Urlaubsreisen beizugesellen. Noch nicht einmal vorstellen kann man sich heute, wie die Französische Revolution abgelaufen wäre, hätte sie nicht die Straßenansammlungen, die Clubs, die Marktfrauen der Hallen und die Sektionsversammlungen zum jeweils ortsgebundenen Publikum gehabt, sondern die ganze damalige Welt. Wie immer es hätte sein können: die Tatsache, daß die elektronischen Medien Millionen von Menschen die Möglichkeit geben, ihre Nähesinne zu erweitern und einen Blick dorthin zu werfen, wo sie sich nicht aufhalten – das wäre selbst von Zeitgenossen der Französischen Revolution als ein ungeheurer Fortschritt der Menschheit angesehen worden.

Aber genau an diesem Punkt setzen die Probleme ein, die sich aus den Medien als einer spezifischen, eigenen Wirklichkeit ergeben. Wo deren Spannung zur unmittelbaren Erfahrungswelt der Menschen, zu ihrer Situationsgebundenheit und zu perspektivenreicher, gestalterischer Politik verlorengeht, entsteht aus der objektiven Möglichkeit zur Erweiterung der Sinne und der Anreicherung des politischen Gestaltungsraumes eine Umkehrung ins Gegenteil: Die übermächtige Medienwirklichkeit drückt unmittelbare Erfahrungen auf das Niveau des Zufälligen, Unwesentlichen; die eigenen Bedürfnisse und Interessen werden unglaubwürdig angesichts der suggestiv erfahrenen Teilnahme an der großen Geschichte. Das politische Handeln andererseits reduziert sich darauf, dem Zeitrhythmus der medialen Wirklichkeit zu folgen und keine Lücke in der Selbstreflexion des Publikums, im Ausharren und in der Besinnung, aufkommen zu lassen. Hans-Jürgen Krahl hat die Unterscheidung zwischen Reflexionszeit und Aktionszeit gemacht; die brennende Aktualität dieser 68er Forderung, Unterscheidungsvermögen zu entwickeln, steht außer Frage, auch wenn die damaligen Aktivisten die verschiedenen Zeitrhythmen häufig selbst nicht auseinanderhalten konnten.

Politik wird auf diese Weise, wenn die Strukturregeln des Mediums – Zeitballung, Raffung der Ereignisse, schnelle Entwertung der Informationen, suggestive Unmittelbarkeit usw. – komplett akzeptiert werden, zu einem Problem der Beschleunigung. *Der* hat Realitätsvorteile, der die Entscheidungen nicht nur schnell treffen, sondern sie auch als Legitimationsvorrat dem Wählerpublikum möglichst umgehend mitteilen kann. In solchen Beschleunigungen wird jedes Moment der Reflexionszeit durch den permanten Druck der Aktionszeit, die mit Publikumsreaktionen kurzgeschlossen wird, aufgezehrt. Nichts wird als öffentliche Entscheidung mitgeteilt, was einem so dressierten und in eine bestimmte Richtung von Interessen und Bedürfnissen gedrängten Publikum Unbehagen bereiten könnte, was Kritik an den Machtträgern zur Folge hätte.

Der Gestaltungsraum des Politischen ist, wenn so der öffentliche Raum seine Funktion als Medium des kritischen Innehaltens der Menschen verliert, auf die Strategien des Machterwerbs und der Machterhaltung reduziert. Die ihrer politischen Rolle enteignete Öffentlichkeit sucht sich daher Aufgaben, die keine genuin politischen sind: Findige Journalisten haben diese zwar immer auch als ihr Betätigungsfeld gesucht, aber wohl kaum diejenigen, die sich am Selbstanspruch einer politisch wirksamen Öffentlichkeit orientieren. Ich denke dabei an den Enthüllungsjournalismus, der von der Zwischenwelt von Macht, Intimität und Korruption lebt. Mit einem Wort: Die elektronischen Medien, namentlich das Fernsehen, tragen aus Gründen, die mit dem geringen Maß der öffentlichen Reflexion auf diese Medien zu tun haben, zur Zerstörung einer öffentlichen politischen Sphäre bei. Unter Berücksichtigung der realen Chancen, die in diesen Medien stecken, müßte das jedoch überhaupt nicht so sein. An der gesellschaftlichen Bewußtlosigkeit gegenüber diesen Rückbildungsprozessen hat die Medienforschung selbst ihren aktiven Anteil; sie müßte begreifen, daß im Zentrum einer kritischen Medientheorie nicht die Medien stehen.

6. Die Chance der Organerweiterung durch die Medien

Durchaus wären die elektronischen Medien in ihrer immer reichhaltiger werdenden Zahl in der Lage, die als Mängel empfundenen, gattungsgeschichtlich aber festgelegten Organe und Sinne des Menschen zu erweitern. Aus der Übung des Fernsehens könnte sich so etwas wie ein Fernsinn bilden. Nicht als Orakel, als prophetische Sehergabe oder als »zweites Gesicht«, sondern durchaus im Zusammenhang eines sinnlichen Urteilsvermögens für die Ferne, für Fernwirkungen meines eigenen Handelns und für das Handeln anderer an anderen Orten. Nie wäre jedoch die Entwicklung dieses Fernsinns möglich ohne gleichzeitige Erweiterung und Kultivierung der Nähesinne: Wo der Fernsinn, mit der vorwiegenden Betätigung als Fernsehen, an die Stelle der Nähesinne tritt, werden diese ihrer eigentümlichen Kraft und Ausdrucksmöglichkeiten beraubt. Sie werden durch das, was ihre Ergänzung und Verlängerung sein könnte, enteignet.

So zeigt sich der gegenwärtige Zustand der Medienwirklichkeit. Was deren Einfluß auf einzelne politische Einstellungen, Einstellungsveränderungen, auf Bewußtsein und Vorurteile angeht, so scheinen gründliche sozialwissenschaftliche Untersuchungen, insbesondere aus den Vereinigten Staaten, immer stärker dahin zu neigen, daß dieser Einfluß Grenzen hat. Nicht, was diese mediale Wirklichkeit im einzelnen hervorruft, ist das Problem, sondern was sie blockiert und verhindert: dadurch daß die Menschen keinen Augenblick mehr alleine gelassen werden; dadurch daß sie wohl selbst schon den inneren Druck eines schweren Realitätsverlustes empfinden, wenn sie von den Drähten, Kabeln, Kanälen (wie Menschen in Intensivstationen, die an lebenserhaltende Herz-Lungen-Maschinen angeschlossen sind) abgekoppelt sind, die ihnen diese zweite Realität aufdrängt. Daraus könnte sich langfristig ein gesellschaftlicher Zustand bilden, der Alltagskulturen und politische Wahrnehmung von explosiven Gefahrenherden einer Gesellschaft, die sich mit Illusionsinstitutionen eindeckt, derart verkümmern läßt, daß unter dem gestohlenen Mantel der Kommunikation verständigungsorientiertes Handeln im Sinne der menschlichen Substanzerhaltung einer ganzen Gesellschaft sich zersetzt, ohne daß die Menschen das überhaupt auch nur bemerkten.

Die technisch vervielfältigten Mittel der Kommunikation und der Information täuschen am wirksamsten darüber hinweg, daß Kommunikation in der primären Wirklichkeit eher die Ausnahme als die Regel ist und daß die Informationsangebote, so reichhaltig sie auch sein mögen, an der nicht vorhandenen Kompetenz, Informationen zu zusammenhängendem Wissen zu verarbeiten, und der fehlenden kritischen Urteilskraft scheitern. Die Begriffe Kommunikation und Information, diese technisch aufgeladenen Globalbegriffe unseres Zeitalters der Aufklärung, unterliegen einer eigenen geschichtlichen Dialektik. Für die erste Hälfte dieses Jahrhunderts, als Stalinismus und Faschismus Kommunikation und Information in Regie nahmen, formulierten Horkheimer und Adorno die These, daß unter bestimmten Bedingungen authentische Erfahrung nur noch gemacht werden könne, wenn sie das Risiko der Kommunikationslosigkeit eingehe. »Heutzutage ist die Kunst nicht mehr auf Kommunikation angelegt«, hatte Horkheimer erklärt.

Wenn wir in einer kritischen Gesellschaftstheorie der Medien weiter kommen wollen als zu Erkenntnissen, die in Ritualen methodischer Exaktheit empirisch wiederholt bestätigt werden können, müssen wir zu elementaren und ursprünglichen Fragestellungen zurückkehren und damit an die politischen Medienerfahrungen von 68 anknüpfen. Bücher, wie das von Neil Postman, »Wir amüsieren uns zu Tode«, können nur deshalb Bestseller werden, weil dasselbe Publikum, das diesen werbewirksamen Buchtitel kauft, sich noch über den eigenen Amüsierbetrieb schadlos halten möchte. Was sie wirklich tun, möchten sie nicht wissen, und die Neigung, sich in die Medienwirklichkeit einzuspinnen, noch an Punkten, wo diese kritisiert wird, schafft ihnen zusätzliches Vergnügen. Diese extreme Perversion zeigt, daß die Medientheorie ohne eine kritische Theorie des gesellschaftlichen Ganzen nicht auskommen kann.

Ich habe keine Lösungen für Probleme, die in Grundstrukturen der Gesellschaft eingebunden sind. Die Hoffnung darauf, daß sich die ganze Gesellschaft erst ändern sollte, um das Einzelne den eigenen Vorstellungen entsprechend umzugestalten, ist genauso verkehrt und wirkungslos wie die Erwartung, man könne ganz unten im Einzelnen und Kleinen anfangen, so daß schließlich sich ein neues Ganzes aus der Summe dieses veränderten Einzelnen zusammensetzt. Beides sind Irrtümer.

Die Dialektik von Besonderem und Allgemeinem ist, selbst wenn das Wort Dialektik gegenwärtig aus dem philosophischen Sprachschatz verschwunden zu sein scheint, eine Beziehungsform, deren Spannung nicht aufhebbar ist. Man kann allenfalls davon sprechen, daß es heute ein geschichtliches Vorrecht des Besonderen vor dem Allgemeinen gibt.

Wenn das so ist, dann müssen wir die Fragen der Sinne, der unmittelbaren Erfahrungen, der kulturellen Tätigkeit viel elementarer stellen, als wir das gewohnt sind. Denn in dem Maße, wie wir in den Näheverhältnissen unserer Lebenswelt verkümmern, wie die Sinne des Sehens, des Tastens, der Hautkontakte, aber auch die praktischen Sinne des Liebens, des Wollens usw. im Zusammenhang der Objekte, die darauf antworten, nicht weiter entwickelt werden, treten notwendigerweise Ersatzformen und Ersatzbefriedigungen auf.

Die zweite Wirklichkeit der medialen Welt erhöht die Chancen ihres Einflusses und ihrer Macht in dem Maße, wie die Grundausstattungen der primären Wirklichkeit unbearbeitet, unentwickelt bleiben, also sich dem Entwicklungsstand der Technik und der gesellschaftlichen Erkenntnis nicht gewachsen zeigen. So ist alles auf die Frage zu richten, wie die Alltagsverhältnisse der Menschen, ihr lebendiger Erfahrungshorizont von Dingen und Beziehungen so gestaltet werden können, daß die mediale Wirklichkeit den objektiven Schein ihrer Substanz und Eigenständigkeit verliert und das, was ursprünglich als Medium, als Vermittler auftrat, diese Mittlerfunktion wiedergewinnt.

Wo das gelingt, bestünde die Chance, daß Medien die Erfahrungsfähigkeit der Menschen erweitern, ihr neue Organe des Ausdrucks zuwachsen lassen. Diese Utopie der Sinneserweiterung und der Befreiung der Menschen aus den borrnierten Lokalverhältnissen zu einem höheren Maß von Weltläufigkeit ist von kritischen Zeitgenossen zu Beginn des Medienzeitalters, als der Rundfunk entstand und die Stummfilmzeit zu Ende ging, immer mitgedacht worden. So hat Brecht in seiner Radiotheorie davon geträumt, daß aus einem bloßen Distributionsapparat von Fakten und Meinungen, von dem die Oberfläche der Ereignisse lediglich wiedergegeben wird, ein autonomer Produktionsprozeß von neuen Erfahrungen entsteht. Er sagt: »Der Rundfunk wäre der denkbar großartigste Kommunikationsapparat des öffentlichen Lebens, ein ungeheures Kanalsystem, das heißt, er wäre es, wenn er es verstünde, nicht nur auszusenden, sondern auch zu empfangen, also den Zuhörer nicht nur hören, sondern auch sprechen zu machen und ihn nicht zu isolieren, sondern ihn in Beziehung zu setzen.«[31] Das technische Medium einer durch Kanäle und Kabel verzweigten Kommunikation als Erweiterung der Erfahrungen und der Erkenntnisse von der Welt: Das wäre ein konsequentes Aufbrechen jeder Form der passiven Symbiose mit der Medienwirklichkeit, das seinen Zweck gerade darin hätte, den Sinn des bloßen Habens, der archaischen Fixierung der Sinne auf das Gegebene zu durchbrechen.

Ein anderer Medientheoretiker der zwanziger Jahre, Béla Balázs (übrigens während der kurzen ungarischen Räterepublik Leiter der Literaturabteilung im Volksbildungskommissariat unter Georg Lukács), hat Radio und Film durchaus als Kommunikationsmittel der menschlichen Emanzipation betrachtet. »Eine wirklich neue Kunst wäre«, sagte Balázs 1923, »wie ein neues Sinnesorgan«, und 1930 fügte er hinzu: »Der Film ist es inzwischen geworden. Ein neues Organ des Menschen, die Welt zu erleben, das sich rapid entwickelt hat ... das ist wichtiger als der ästhetische Wert der einzelnen Werke, die kraft dieses Organs entstanden sind.«[32]

Brecht, Balázs und in neuerer Zeit auch Enzensberger (in seinem leider längst vergessenen »Baukasten zur Theorie der Medien« von 1971) sind sich dessen bewußt, daß alle diese Medien eine ambivalente, doppelwertige Struktur haben; sie sind für Propaganda und für Verengungen der Sinneserfahrungen und des menschlichen Urteilsvermögens ebenso zu verwenden wie für Emanzipationsprozesse, die freilich eines hohen Maßes an zusätzlicher Energie bedürfen, um die Phantasie, die Interessen und Bedürfnisse der Abhängigen kollektiv zu organisieren.

Die Pole dieser Doppelwertigkeit haben jedoch verschiedenes Gewicht. Elemente der Zeitraffung, der Fragmentierung von Erfahrungen, der suggestiven Unmittelbarkeit usw. kommen Herrschaftspraktiken näher als Emanzipationsbestrebungen, die sich auf Autonomie der Menschen, auf Kritik des Bestehenden, auf Formen der selbstbestimmten Verwirklichung eigener Lebensziele richten. Gerade deshalb ist alles wichtig, was solche Prozesse verstärkt und ihnen, vor allem in den vormedialen Bereichen, Struktur gibt.

Vorurteile zum Beispiel werden vermutlich viel prägender und folgenreicher in der Primärsozialisation erzeugt, also in Grundausstattungen des Selbst- und Wirklichkeitsverständnisses während der frühen Kindheit, als durch die Medien, die daran nichts Grundlegendes verändern können; deren Macht besteht vielmehr darin, Menschen durch Zerstreuung und Fragmentierung ihres Weltverständnisses und durch Zementierung von Passivität daran zu hindern, sich aus diesen Blockierungszusammenhängen zu befreien. Auch Gewalt wird offenbar nicht durch die Medien erzeugt, sondern diese geben den Gewaltpotentialen ihre Formen vor und können dadurch offenbar auch latente, verborgen gebliebene Neigungen aktualisieren.

Massierungen und technische Differenzierungen der Angebote mittelbarer Erfahrung, wie sie insbesondere die zentralisierten Medien liefern, drücken zusätzlich auf die Lebenswelt der Menschen, in der sich um so weniger Widerstandsgeist entfalten kann, wie die Verhältnisse eng, durch Not und Bildungsarmut bestimmt sind.

Die tägliche Fernsehzeit von Sechs- bis Dreizehnjährigen beträgt im Durchschnitt knapp zwei Stunden und wächst stetig weiter. Was kritische Medienanalysen freilich unentwegt wiederholen, ist die Erkenntnis, daß Sehdauer, Aggressivitätsförderung und kognitive Beeinflussung durch Fernsehen immer in Zusammenhang mit anderen Faktoren betrachtet werden müssen. Nie ist die vom Fernsehen beanspruchte Zeit allein das Wichtige; es sind zusätzlich die Sehgewohnheiten der Eltern, der Erziehungsstil, die Bereitschaft der Eltern, mit den Kindern über Sendungen zu reden, kurz: Der gesamte soziale und familiäre Kontext der Lebenswelt entscheidet. Die eigentliche Gegenwelt der Medien ist der alltägliche Lebenszusammenhang der Menschen. Wo das soziale Milieu zur Entwicklung von Unterscheidungsvermögen beiträgt, werden Passivitätshaltungen gegenüber dem Medium abgebaut. Wo Kinder durch Spielen mit Gleichaltrigen, durch Kinderläden oder Schulen, die eher am pädagogischen Prinzip der Selbstregulierung orientiert sind, größere Räume für Bewegung und Eigentätigkeit haben, wächst die kritische Distanz zur Welt der mittelbaren Erfahrungen. Das Problem ist also nicht allein dadurch zu lösen, daß Verbote ausgesprochen werden (die tägliche Kontrolle des Fernsehkonsums der Kinder durch die in ihrer Umgebung lebenden Erwachsenen ist allerdings unabdingbar und das Minimum für einen lernenden Umgang mit den Medien). Die Haushalte sind technisch konstituiert, und die Kinder wachsen in einer technisch vermittelten Welt auf, so daß die Wahrnehmung ihrer Kommunikationsmöglichkeiten nur durch Zwang und Gewalt unterbrochen und behindert werden kann.

Das Problem des Wirklichkeitsverlustes, der sich aus dem Verzehr des Erinnerungsvermögens und der Minderung lebendiger Erfahrung im Umgang mit den Verhältnissen und den Menschen der Nähe ergibt, ist nur auf der Ebene dieser primären Wirklichkeit selbst zu lösen. Die neuen Medien setzen auf den isolierten Einzelnen, der von seinen gesellschaftlichen Sinnen abgespalten ist, sie spekulieren auf den Robinson, den modernen Haus- und Höhlenbewohner. Wie die ursprüngliche Orientierung der unmittelbaren Lebenswelt auf Kommunikation zerstört wird, ist wesentlich auf die Macht und den Einfluß dieser neuen Medien zurückzuführen. Es ist eine Form von Industrialisierung der machtgeschützten Innerlichkeit; wo diese zwei Wirklichkeiten aufeinanderstoßen, ohne daß zwischen ihnen ein lebendiger kritischer Verarbeitungsprozeß stattfindet, entsteht eine auch politisch gefährliche Steuerungslosigkeit der Gesellschaft.

Alexander Kluge hat diesen zur Absurdität zugespitzten Widerspruch zwischen der Masse fremdgesteuerter mittelbarer Erfahrung, den Stücken enteigneter Erfahrung und der leerlaufenden Eigenerfahrung in einem Bild festgehalten: Es entsteht ein quasi-dadaistischer Zustand, als würde jemand mit der Straßenkarte von Groß-London den Harz durchwandern. Die Zeitmaße und Produktionsweisen der unmittelbaren Erfahrung prägen die Kontrolle und Anwendung der mittelbaren Erfahrung.

Wird mittelbare Erfahrung absolut, so gehen Kontrolle und Steuerung der Praxis für das Individuum verloren; dieser Wirklichkeitsverlust kann so weitreichend sein, daß er dann auch durch keinen denkbaren institutionellen Prozeß mehr auszugleichen ist. Denn dieser Wirklichkeitsverlust beruht nicht darauf, daß zu wenig gewußt wird, zu wenig Einzelinformationen vorhanden sind, sondern daß zuviel gewußt wird, daß dieses Zuviel jedoch weder im Blick auf eigene Bedürfnisse und Interessen gewichtet werden kann noch in den eigenen Lebensverhältnissen zu steuern ist.

Sehen und Hören sind die spezialisierten Hauptsinne der elektronischen Medienwelt. Aber sie sind nicht die einzigen Sinne des gesellschaftlichen Menschen. Die treibhausmäßige Spezialisierung der Sinne ist selbst ein Problem der Gestaltung primärer Wirklichkeit, in der nicht nur die Objekte reichhaltiger werden, sondern auch die subjektiven Formen der Aneignung dieses objektiven Reichtums.

Um zu erklären, was ich damit meine, möchte ich abschließend die Aufmerksamkeit auf jenen geschichtlichen Entwurf einer mikrologischen Reflexion der Arbeit unserer Sinne lenken, der nicht weiter entwickelt worden ist und der heute größere Aktualität hat denn je.

Marx hat in den »Frühschriften« eine Theorie der Sinne entworfen, in der diese in den Gesamtzusammenhang der menschlichen Lebensäußerungen gestellt und in ein proportionales Verhältnis zu den Verstandeskräften und den Gefühlen gebracht werden.

Marx sagt: »... die Sinne des gesellschaftlichen Menschen (sind) *andere* Sinne, wie die des ungesellschaftlichen; erst durch den gegenständlich entfalteten Reichtum des menschlichen Wesens wird der Reichtum der subjektiven *menschlichen* Sinnlichkeit, wird ein musikalisches Ohr, ein Auge für die Schönheit der Form, kurz, werden erst menschlicher Genüsse und fähige Sinne, Sinne, welche als menschliche Wesenskräfte sich bestätigen, teils erst ausgebildet, teils erst erzeugt. [sic!] Denn nicht nur die fünf Sinne, sondern auch die sogenannten geistigen Sinne, die praktischen Sinne (Wollen, Lieben usw.), mit einem Wort der menschliche Sinn, die Menschlichkeit der Sinne wird erst durch das Dasein seines Gegenstandes, durch die vermenschlichte Natur. Die Bildung der fünf Sinne ist eine Arbeit der ganzen bisherigen Weltgeschichte. Der unter dem rohen praktischen Bedürfnis befangene Sinn hat auch nur einen borniertern Sinn. Für den ausgehungerten Menschen existiert nicht die menschliche Form der Speise, sondern nur ihr abstraktes Dasein als Speise...«[33]

Die Sinne des gesellschaftlichen Menschen bedürfen also der gegenständlichen Wirklichkeit, in der sie sich durch ihre eigentümliche Tätigkeit bejaht finden, wenn sie die rohe Form des bloßen Habens, des passiven Konsumierens überwinden wollen. Erst dadurch werden sie selbst zu »Theoretikern«, wie Marx sagt, zu »menschlichen Wesenskräften«, welche die Realität nicht nur erleiden, sondern in sie mit Willen und Bewußtsein eingreifen, sie formen, um für gesellschaftliche Sinne die menschlichen Gegenstände zu schaffen.

Darin liegt nun aber das entscheidende Problem, mit dem wir es heute im Blick auf die elektronische Medienwelt zu tun haben. Der gesellschaftliche Reichtum ist schier ins Unendliche gewachsen, aber unsere Sinne haben an der Differenzierung und Vervielfältigung der Objektwelt, etwa durch die massenhafte Entwicklung von kritischem Unterscheidungsvermögen, nicht in gleichem Maße teilgenommen; in den Näheverhältnissen, die ihr eigentliches Betätigungsfeld sind, schrumpfen ihre gegenständlichen Arbeitsmöglichkeiten, und das, was als gesellschaftliche Kraft sich ausdrücken könnte und ausdrücken möchte, wird durch Privatisierung genau auf jenen Stand eines passiven Materials gedrückt, das sich für Verwertungsinteressen eignet. Chronische Massenarbeitslosigkeit und die verbreiteten Ängste derjenigen, die um ihren Arbeitsplatz, also die gegenständlichen Bedingungen der Realisierung ihrer lebendigen Arbeitskraft bangen, stützen von einer ganz anderen Seite die Abmagerungstendenz der Sinne.

Die Folgen sind mit Händen greifbar. Der Fernsehzuschauer, der auf Hören und Sehen spezialisiert ist, wird in seiner Sinnentätigkeit zu einem reinen Objekt. Er müßte, um das Gesehene und Gehörte in Bewegung und Tätigkeit umzusetzen, das heißt in Zusammenhang mit den übrigen Sinnen und seinem Verstand bringen zu können, eine Umgebung aktiven Verhaltens und der lebendigen Kommunikation haben; dort, wo er wohnt, wo er arbeitet und wo er seine Zeit verbringt. Die Erweiterung dieses Raums von Selbsttätigkeit ist die einzige Möglichkeit einer Emanzipation seiner Sinne, ihrer Befreiung aus passiver Abhängigkeit. Die Zerstörung des Mythos einer originären und substantiellen Medienwirklichkeit ist gleichzeitig Voraussetzung und Resultat einer solchen autonomen Selbstorganisation der Menschen im unmittelbaren Erfahrungszusammenhang ihrer Alltagsverhältnisse.

Wandlungen im Begriff des Sozialismus – Eine Rede von 1986

Wer charakteristische Züge der deutschen Protestbewegung begreifen will, wird den bestimmenden Einfluß, den der Sozialistische Deutsche Studentenbund (SDS) darauf ausgeübt hat, nicht vernachlässigen können; vergleichbar ist allenfalls der japanische Studentenverband Zengakuren. Inzwischen liegt von Tilman Fichter eine umfassende und gründliche Analyse[34] des SDS vor, der als relativ kleiner Studentenverband die Geschichte der westdeutschen Nachkriegsgesellschaft prägte. Mit Begründungen, die heftig umstritten waren und auch heute noch Streit auslösen, hatte diese einzigartige Organisation, die man, wenn es so etwas geben sollte, mit Recht »kritische Kaderorganisation« nennen könnte, 1969 die Selbstauflösung beschlossen.

Neugründungsversuche des SDS lagen seitdem mehrmals in der Luft, mißglückten aber allesamt, auch die von mir 1973 angeregte SDS-Wiederbelebung an der Universität Hannover. Die SDS-Frage kam allerdings nicht zur Ruhe.

Einer der ehemaligen SDS-Vorsitzenden, Helmut Schauer, hatte Mitte der achtziger Jahre die Idee, nach dem offensichtlichen Scheitern vieler Avantgardeansätze der Linken eine aufrichtige Bilanz linker Erfolge und linker Irrtümer zu ermöglichen, auf einer Tagung, die dem SDS gewidmet war und auf der die alten SDS-Genossen als Hauptredner auftreten sollten. Die Tagung in Frankfurt wurde ein ziemlich großes Medienereignis, viele der alten Kämpfer waren gekommen, »Generalsekretär-Darsteller« wie Joscha Schmierer, Christian Semmler, Daniel Cohn-Bendit, alte SDS-Genossen, Grüne wie Antje Vollmer, aber auch Jürgen Habermas, Klaus Vack und andere.

Die Klammer dieser mit völlig widersprüchlichen Erwartungen belasteten Tagung bildete Helmut Schauer selbst; dieser, neben Michael Schumann und Dieter Sterzel wohl der charakterstärkste unter den SDS-Vorsitzenden aus der Zeit nach der Trennung von der SPD, kam aus der Arbeiterschaft, war Schüler der Akademie der Arbeit in Frankfurt, Dramaturgieberater beim Theater am Turm, am Sozialwissenschaftlichen Forschungsinstitut (SOFI) in Göttingen mehrere Jahre Sozialforscher, in den sechziger Jahren Sekretär des bei der IG Metall akkreditierten »Notstands der Demokratie«, schließlich wieder in der IG Metall in der Tarifabteilung, daneben Organisator vielfältiger Treffen kritischer Linker. Dieser merkwürdige Typ eines aufrechten, durch die Widrigkeiten der Verhältnisse nicht zerbrechbaren Sozialisten hatte die Konferenz organisiert, die man, was die Resonanz betrifft, als Erfolg, was die beabsichtigte Selbstverständigung der Linken angeht, als kompletten Mißerfolg betrachten muß.

Ich hatte den Auftrag, eine programmatische Rede über die Idee des Sozialismus zu halten. In der langjährigen intensiven Beschäftigung mit diesem Thema war mir immer klarer geworden, daß, wie Nietzsche gesagt hat, wirklich historische Begriffe sich nicht definieren lassen, sondern sich nur durch ihre geschichtliche Entwicklung umgrenzen lassen. Einen geschichtlichen Überblick über diese Idee zu geben war mir unmöglich. So empfand ich es als einzig aufrichtige Form, den Sozialismus in der Entwicklung meiner eigenen Wahrnehmung darzustellen. Die sprachlich leicht überarbeitete Rede aus dem Jahre 1986 gebe ich im folgenden wieder.

Genossinnen und Genossen! Das Problem des Sozialismus heute beginnt mit der Verlegenheit in der Anredeform. Was mit dem Wort »Genossinnen und Genossen« gemeint war, bestand in der ausgewogenen Verknüpfung von Nähe und Distanz. Wenigstens in der subjektiven Phantasie und der offiziellen Vorstellungswelt der sozialistischen Tradition vermittelte diese Anredeform ein Gefühl der Zugehörigkeit zu einer Kampfgemeinschaft, die für viele selbst dann noch Verbindlichkeit hatte, wenn sie sich aus diesem Nähezusammenhang gelöst hatten oder wenn sie ausgestoßen waren und längst, wenn sie es selbst auch noch nicht wußten, auf der Liste der Vernichtungswürdigen standen. Die in diesen Worten enthaltene Nähevermutung, die doch Tödliches unter keinen Umständen nahelegte, hat nicht wenige zu Tode gebracht, die durch dieses Genossenversprechen ihren politischen Argwohn verloren hatten. Der ursprüngliche Sinngehalt dieser Worte macht deutlich, daß im inneren Kampf um die richtigen Wege und Methoden, wie das große Projekt einer neuen Gesellschaft zu realisieren sei, die sachliche Härte der Auseinandersetzungen nicht immer sofort die Intimbereiche der einzelnen antastet. Es war eine Kritik im Handgemenge, mit begrenzter Verletzungsanfälligkeit. Um die einzelnen Personen waren Schutzschichten gegen Beschädigungen ihrer moralischen Integrität gelegt, die heute vielfach zerbrochen sind; ehe die Auseinandersetzung die ganze Person erreicht, verliert sich die dritte Sache, um die es geht, im Nebel der Angst vor persönlichen Verletzungen, und das Ergebnis ist ein Mitläufertum unter Solidaritätszwang.

Nichts von dem, was es in der Vergangenheit gab, ist zu idealisieren; die Geschichte des Sozialismus und des Kommunismus ist voll von Beispielen, die zeigen, wie wenig das Genossenprinzip Gewähr dafür bietet, von den Eigenen nicht ausgegrenzt, verraten und getötet zu werden. Da wir das wissen, haben wir unsere Unschuld gegenüber dieser Geschichte verloren. Heute so zu tun, als könnte man geschichtlich geprägten Formen in ihren Hoffnungen und Tragödien einfach den Stempel des gegenwärtigen Aktuellen aufdrücken, wäre nichts anderes, als den Sozialismus in seinen reichhaltigen, aber auch zerrissenen Formen zu einem Reich von Totenbeschwörungen zu machen. Wenn ich hier mit der Sprache einsetze, dann deshalb, weil das gestörte politische Selbstbewußtsein der Linken seinen sensibelsten Ausdruck in den Verlegenheiten der Sprache und der Symbole findet.

Aber die Veränderungen in der Sache, die sich hier andeuten, sind kein sprachliches Problem; wir haben Grund genug, auf die Geschichte der vergangenen zwanzig Jahre stolz zu sein, doch es ist eine Bewegung im Stillstand. Was unser politisches Selbstverständnis betrifft, befinden wir uns eher im Stadium der Materialsammlung, der Reflexion, auch des Projektierens nach vorne als der abwägenden Bilanzen. Wir befinden uns in einer Situation der selbstverschuldeten Not, wir sind aber, wenn wir diese Not beseitigen sollen, auch dazu aufgefordert, uns keine Zeitnot aufzuerlegen. Wir stehen heute nicht unter dem Druck, Termine zu bewältigen, den Termin der Wahlen, eine schnelle Entscheidung zu treffen; immer gibt es wichtige Demonstrationen zu organisieren, und die selbstauferlegte Zeitnot läßt uns nicht dazu kommen, einfach zu überlegen, was gewesen ist, was wir machen können und was wir nicht mehr machen sollten. Die Projektphantasie hat eine andere Struktur als die der industriellen Zeit und der mechanischen Zeittakte.

Wir sind gegenwärtig noch nicht so weit, aus dem heutigen Zustand programmatische Perspektiven und Organisationsvorschläge zu entwickeln. Diese zu formulieren hieße sich dem Spott von Karl Kraus auszusetzen, der einmal gesagt hat: »Wieder haben wir ein neues Niveau erreicht. Es hat jetzt nur noch einen Nachteil, es steht keiner mehr drauf.« Ich will kein neues Niveau in Aussicht stellen. Und wenn ein Satz von Marx wahr sein sollte, dann ist es der, daß radikal sein bedeutet, eine Sache an der Wurzel zu fassen. Diese Wurzel sei zwar der Mensch, wie er nachdrücklich heraushebt, der seine Geschichte selbst mache, aber nicht unter selbstgewählten Bedingungen. Um diese Bedingungen geht es auch, wenn wir davon sprechen, was unser Wille ist, was unsere Empfindungen, unsere Erfahrungen sind. Wir sind also darauf angewiesen, über die unmittelbare Situation unserer Befindlichkeiten hinauszugehen und politische Fragen zu stellen, die weit in die Vergangenheit reichen, aber uns auch ganz hautnah berühren, weil kein wirklich wesentliches Problem einfach verschwindet.

Der SDS als politische Sozialisationsorganisation

Der SDS ist ein Symbol, ich werde nicht viel darüber sagen, weil genug darüber gesagt worden ist. Ein Symbol hat uns hier zusammengebracht, ich habe viele Leute gesehen, die aus meinem Blickfeld – über zwanzig Jahre danach – herausgefallen waren. Es gibt verschiedene Motive, warum Leute gekommen sind, um an dieser Tagung teilzunehmen. Wir wollen diese gewiß sehr verschiedenen Motive nicht aufrechnen; die Tatsache, daß viele hier sind, ist für mich entscheidend.

Aber notwendig ist doch ein Wort zum SDS: Der SDS, die Organisation sozialistischer Studenten unter absoluten Minderheitsbedingungen, ist im nachhinein zu einer überlebensgroßen Gestalt angewachsen, und ich sage das, weil er für mich sehr viel bedeutet hat. Ihn auf das Normalmaß zurückzubringen ist für mich deshalb heute ein Akt politischer Redlichkeit.

Unter keinen Umständen dürfen wir der Tragödie der Selbstauflösung des SDS, die für mich ein wunder Punkt geblieben ist, die Farce seiner Wiederbelebung hinzufügen. Er ist zu seiner Zeit eine wichtige Organisation der politischen Selbsterziehung gewesen. Aber öffentlich zu machen, was er wirklich war: eine kleine, zum Teil Mitleid erregende Gruppe politisch Unentwegter, die mit unglaublichem Ernst ihr Leben in den Dienst einer neuen Gesellschaft gestellt hatten, macht seine Bedeutung für die Gegenwart deutlicher als eine Form der Heroisierung, die das zweifelhafte Recht der Nachkommen ist.

Was dabei an politischen Charakteren geprägt wurde, bestand wesentlich aus konstitutionellen Sozialdemokraten und aus kritischen Sozialisten, die über jeden Parteirahmen hinausdachten und den eigenwilligen Wunsch hegten, daß es eines Tages zu einer Erneuerung der Arbeiterbewegung in ihrer ganzen Erfahrungsbreite der alternativen Ansätze kommen werde. Der SDS verstand sich als Teil dieser äußerst weit gefaßten Arbeiterbewegung, ein erheblicher Schuß Avantgardebewußtsein war dabei, wohl auch die Überzeugung, ein besseres Bewußtsein der Krisenlogik des Kapitals zu haben und, aus Minderheitsgefühlen stets ein bißchen zu arrogant, am Ende recht zu behalten. Auf der Grundlage eines starken Traditionsbewußtseins war die Bewegung nach vorne auf das entschiedene Einklagen sozialistischer Ziele gerichtet, die SPD und Gewerkschaften in ihrer offiziellen Politik geopfert hatten.

Im Rücken die Weltgeschichte, wovon man überzeugt war, unmittelbar vor Augen eine Arbeiterbewegung, die nichts Eiligeres zu tun hatte, als sich von ihrem Klassenmakel zu befreien, was sich in nicht geringer Überzeugungskraft äußerte, war Sozialismus wenig mehr als eine Beschwörungsformel des »Prinzips Hoffnung«. Ein hoher politischer Reflexionsstand der Theorie war befriedigender Ersatz für die bittere Erfahrung, von der Aufmerksamkeit der Öffentlichkeit praktisch abgeschnitten zu sein.

Nicht die Arbeiterbewegung, wie wir alle damals gehofft hatten, erlöste den SDS aus diesem Ghettodasein, sondern die Protestbewegung der Studenten und Jugendlichen, auf die von der alten SDS-Generation, als sich die Anzeichen subversiver Aktionen in völlig undisziplinierten Provokationszusammenhängen zeigten, kaum einer gewettet hätte. Eine politische Organisation ist ein strategisches Zentrum, dessen Geist durch konkrete Fragestellung geprägt wird. Wer ist ein Gegner, der bekämpft werden muß, für welche Ziele steht eine solche Organisation ein?

Was an Erfahrung in eine solche Organisation eingeht, ist nicht austauschbar. Was also der SDS als politische Gruppe damals gewesen ist, könnte unter heutigen Bedingungen nur als eine Sekte auftreten. Man kann sich nicht auf einen objektiven Standpunkt erheben, um von da aus die Irrtümer, die Um- und Abwege säuberlich von den tragfähigen Ansätzen zu trennen und eine Art politischer Gewinn- und Verlustrechnung der Linken aufzumachen. Was wir aber durchaus können und wofür dann auch Aufmerksamkeit und Öffentlichkeit herzustellen ist, besteht darin, daß wir die einzelnen politischen Projekte auf praxisvermittelte Theorieansätze beziehen und die Aktionsformen an deren eigenen Maßstäben messen.

Selbstproduzierter Antimarxismus der Linken

Nichts von dem, was sich im breiten Rahmen der Linken in den vergangenen fast dreißig Jahren abgespielt hat, ist ihr von außen oder nur von außen durch das Kapital, bürgerliche Herrschaftsmechanismen, undemokratische Regierungspraktiken angetan worden; es sind Krisen und Fehlentwicklungen, die auch unsere eigene Tat sind, die wir nur wirklich verarbeiten können, wenn wir dafür auch die volle Verantwortung übernehmen.

Ich will zwei Beispiele geben. Der zu einer Weltanschauung aufgedunsene Antiautoritarismus in der Hochphase der Protestbewegung hat, wie es damals hieß, die Austrocknung des antiautoritären Sumpfes herausgefordert und einen ausgedörrten Boden hergestellt, auf dem nicht nur der antiquierte und völlig verdrehte Autoritarismus der K-Gruppen gedeihen konnte, sondern es wurde in diesem verblendeten Zusammenhang auch mit einem Gesellschaftsschema gearbeitet, demzufolge bereits der nicht ganz entschiedene Gewerkschaftsfunktionär auf der anderen Seite der Barrikade lokalisiert wurde. Die proletarischen Ersatzparteien haben den »Abschied vom Proletariat« mitproduziert, der dann, als das Scheitern dieser selbsternannten Avantgarden sichtbar wurde, in die Stimmungslage der ganzen Linken überging.

Wir haben nie in der Sache ernsthaft darüber diskutiert, ob es objektiv einen »Abschied vom Proletariat« gegeben hat, wie das erregende Buch von André Gorz nahegelegt hatte. Die Überpolitisierung eines jeden Aufmerksamkeit erzeugenden Gegenstandes, das proletarische Gehabe, alles auf die Organisationsfrage zu richten und anmaßend zu entscheiden, was der Arbeiterklasse nützt und was ihr schadet – das alles und anderes hat auch die Abwehr gestärkt, sich Probleme der Organisation des Widerstandes überhaupt zu stellen, soweit sie die bloß technische Seite der Vorbereitung einer Demonstration, Proteste gegen die ideologisch verzerrte Gesinnung oder Unterschriftensammlungen überschritten.

Hier sind Affekte, ja äußerst ambivalente Gefühle mobilisiert worden gegen das, was Organisation ist, durch das, was innerhalb der Linken abgelaufen ist. Im übrigen gilt das genauso für den Antimarxismus. Der Antimarxismus innerhalb der Linken ist auch ein Produkt dieser Linken. Wer Tag und Nacht mit dem »Kapital« traktiert wird, der will das schließlich nicht mehr hören, der entwickelt einen geradezu irrationalen Sättigungswiderwillen dagegen. Das hat mit dem Wahrheitsgehalt der betreffenden Sache gar nichts zu tun. Und ich kenne Lehrveranstaltungen, in denen von morgens bis abends »Einführung in die Kritik der politischen Ökonomie« gemacht wurde. Deren Wahrheitsgehalt ist in einer Weise veralltäglicht worden, daß jede Erkenntnisneugierde verlorenging – man wollte einfach nichts mehr davon hören. Auch das ist ein eigenes Produkt der Fehlentwicklungen und eine Warnung davor, auf eine neue Marx-Orthodoxie, die solche Fehlentwicklungen beiseite schiebt, künftig nicht mehr hereinzufallen.

Aber das hat auch Probleme mit anderen Organisationen erzeugt, insbesondere mit den Gewerkschaften. Im Verhältnis der radikalen, sich revolutionär verstehenden Linken zu den Gewerkschaften wurden Wunden geschlagen in den siebziger Jahren, die bis heute nicht verheilt sind. Organisationen der traditionellen Arbeiterbewegung haben ein gutes Gedächtnis für Verletzungen. Auf dem Höhepunkt der Notstandsopposition waren politische Verkehrsformen noch intakt, die ermöglichten, daß Studenten, Wissenschaftler, Gewerkschafter sich trafen, um im Konflikt für eine gemeinsame Sache zu kämpfen, ohne Verratsvorwürfe und abwertende Ausgrenzungen, die nur schwer rückgängig zu machen sind.

George Benz, Vorstandsmitglied der IG Metall und Streiter bereits in der Antiatomkampagne und der Abrüstungsbewegung, also der alten APO, hielt eine Rede im vollbesetzten Hörsaal der Universität Frankfurt, zeitweilig Karl-Marx-Universität genannt. Angriffe, auch anfeindende Zwischenrufe und fortwährende Unterbrechungen hat er durchgestanden, er hat Aufmerksamkeit erzeugt, man hat ihn nicht ausgegrenzt, am Ende erhielt »Schorsch« Benz langanhaltenden Beifall. Adorno marschierte zum Vorstand der IG Metall, man stelle sich das einmal vor, und trug Otto Brenner in einer Sprache, die dieser vielleicht nicht verstanden hatte, deren Ernsthaftigkeit aber unüberhörbar war, die Argumente kritischer Intellektueller gegen die Notstandsgesetze vor. Das Vertrauen darauf, daß es um eine für alle wichtige Sache geht, ließ das Problem der sprachlichen Vermittlung vollständig in den Hintergrund treten.

Und das ist immer so, wenn einer, mit eindringlichen Argumenten konfrontiert, unentwegt behauptet, er verstehe gar nicht, worum es gehe – stets hat das etwas mit der Sache zu tun und nicht bloß mit der Sprache. Die kritische Intelligenz meldete sich damals jedenfalls, das ist der Zweck meiner Erörterungen, demonstrativ und geschlossen zu Wort, obwohl doch jedermann wußte, daß die einzelnen, die hier sprachen, in ihren politischen Gesinnungen und in ihren intellektuellen Produktionsweisen, hätte man deren Offenlegung eingeklagt, grundverschieden gewesen wären, ja sie hätten sich eigentlich bekämpfen müssen.

Wir dürfen, glaube ich, nicht unermüdlich von unseren Gegnern und Feinden sprechen. Wenn wir einen Feind oder einen Gegner aufs Korn nehmen, fällt uns immer eine originelle Formulierung ein; wir sollten viel häufiger von uns selbst reden: Warum wir immer wieder Feinde und Gegner brauchen, um uns aufzurichten. Wie wir mit unserer Geschichte, mit der Gesellschaft umgehen, was wir getan haben, damit bestimmte Verbindungen, die zu den Gewerkschaften und zur SPD bestanden haben, zerbrochen wurden. Es ist ein Zeichen des zerrissenen und, wie ich meine, unglücklichen Bewußtseins, daß wir, sobald wir den Feind aus den Augen verlieren, uns die Zeit nehmen, uns kreislaufartig mit uns selbst zu beschäftigen, auf unsere nackte Subjektivität zurückfallen und Politik in der Ich-Form betreiben.

Die Überpolitisierung, mit der alle Objekte besetzt wurden, ist nur die Kehrseite des resignativen Rückzugs. Das eine ist so unpolitisch wie das andere. Die Balance zwischen Spontaneität und Organisation ist, jedenfalls nach Auflösung des SDS, innerhalb der außerparlamentarischen Protestbewegung gestört gewesen. Seitdem die spontane Aktion zum Hauptkriterium des radikalen politischen Handelns wurde, ist das Vermögen der proportionalen Wahrnehmung verlorengegangen, was an Organisation unabdingbar ist, um den unmittelbaren politischen Protest situationsunabhängig zu machen, als Bestandteil aufbewahrungswürdiger Erfahrung zu befestigen, vielleicht so etwas wie eine eigene Tradition des demokratischen Widerstandes zu begründen. Wo eigene Organisationsphantasie fehlt, besteht die Neigung, sich der vorgegebenen, den zweifelhaften Vorzug der Dauer versprechenden Institutionen und Organisationen zu bedienen, in den verläßlichen Zusammenhang von Parteien und Vereinen zurückzukehren.

Heute, da dieses blutigste der Jahrhunderte allmählich seinem Ende zugeht, die Frage nach der Zukunft des Sozialismus zu stellen bedeutet vor allem, die Erfahrungsgehalte jener Zeit nachzuzeichnen, die den SDS im nachhinein als politischen Mythos erscheinen lassen, der durch die nachfolgenden Verwirrungen der Organisationsphantasie nur bestätigt werden konnte. Nicht die Organisation ist es gewesen, die einen bestimmenden politisch-moralischen Einfluß auf die Protestkultur ausgeübt hatte, sondern die vielen einzelnen, die in dieser Organisation die Prägung ihrer Denkweise erfuhren und dadurch imstande waren, sich in unerwarteten Tätigkeitsfeldern mit Energie und Neugierde zu engagieren.

Wenn denn der SDS eine Kaderorganisation gewesen sein sollte, wie das heutige Kritiker behaupten, dann nur deshalb, weil er sich nie als eine solche verstanden hatte. Diesen jetzt nahezu zwanzig Jahre umfassenden Zeitraum aufzunehmen entspringt meines Erachtens keiner sentimentalen Neigung zur Vergangenheit, sondern ist unerläßliche Voraussetzung für die Bildung eines kollektiven Gedächtnisses, ohne das keine Emanzipationsbewegung lebensfähig ist. Daß in diese Zeit auch die eigene Lebensgeschichte der meisten verwickelt ist, die sich hier versammelt haben, verschafft dieser geschichtlichen Rückbesinnung zusätzliche Möglichkeiten der individuellen Überprüfbarkeit. Wer sich heute hinstellen wollte, um eine pathetische Programmrede auf den Sozialismus des einundzwanzigsten Jahrhunderts zu halten, könnte seine theoretische Zuversicht nur aus dem ungebrochenen Selbstbewußtsein eines erschlichenen Geschäftsträgers des Weltgeistes gewinnen. Das ist kein moralischer Einwand, es ist vielmehr die Mühsal der Besten, von der Brecht in einer Keuner-Geschichte spricht, die einzigartig den skeptischen Realismus eines Sozialisten in bezug auf die ernüchterten Utopien unserer Zeit ausdrückt. »›Woran arbeiten Sie?‹ wurde Herr K. gefragt. Herr K. antwortete: ›Ich habe viel Mühe, ich bereite meinen nächsten Irrtum vor.‹«

Die Lust am politischen Experimentieren

Ich betrachte diese Zeit, von der ich spreche, als großes Laboratorium des politischen Denkens und Handelns. Gerade die Angst vor Experimenten (»Keine Experimente« war 1957 der Wahlslogan der CDU), die die Nachkriegsgeschichte bestimmt und in den sechziger Jahren zunehmend, in bloßen Varianten der Sicherheitsversprechen, von der SPD Besitz ergriffen hatte, ist im Rahmen der Außerparlamentarischen Opposition vom SDS durch unkonventionelle Aktionsmethoden durchbrochen worden. Allenthalben wurden und werden Experimente gemacht, politische Experimente, Experimente des Zusammenhangs der Lebensverhältnisse, der Neuorganisation von privaten und öffentlichen Beziehungen. Diese politische Experimentierlust ernst zu nehmen und zu überprüfen, was davon auf der Strecke geblieben ist, was wir vergessen haben oder was auch wirklich zu verabschieden ist – das ist ein wichtiger Punkt unserer Zukunftsfähigkeit.

Ich verstehe mich nach wie vor als Marxist und Sozialist. Viele Enttäuschungen liegen selbst in der geschichtlich recht kurzen Zeit, in der ich meine politischen Erfahrungen gemacht habe; keine Enttäuschung für mich ist der Stalinismus, weil er nie zu meinen sozialistischen Hoffnungen gehörte. In meiner Wahrnehmung hat niemand dem Sozialismus, der substantiellen Idee des Sozialismus, so viel geschadet wie der Stalinismus. Keine rechte Propaganda hätte etwas Ähnliches zustande gebracht. Das macht mich zornig gegen alle, die als leninistisch verkleidete Stalinisten bis in unsere Tage hinein in der Öffentlichkeit das Wort führen und die Vermessenheit haben, Menschen aus ihrem beschränkten Horizont des Sozialismus auszugrenzen, die der Grundidee der sozialistischen Emanzipation immer viel näher gestanden haben und der angemaßten Realität dieses im Osten praktizierten Sozialismus stets mißtrauisch entgegengetreten sind.

Die Enttäuschung durch die Entwicklungen in Vietnam, viele andere zerbrochene Hoffnungen – Nicaragua, Portugal, Kambodscha, China – habe auch ich erlebt, darin aber nie einen Grund gesehen, wie viele französische Mitstreiter zu sagen: »Marx hat sich geirrt.« Ich halte es für eine sinnvolle und überzeugende Form, an eigenen Handlungszusammenhängen zu erörtern, was richtig und was falsch gewesen ist, aus welchen Erfahrungen sich der eigene Politikbegriff zusammensetzt. Auch das wird für andere strittig sein, aber es ist wenigstens verläßliche Grundlage für einen solchen Streit.

Das erste lebensgeschichtliche Experiment, von dem ich hier spreche, ist ein Zusammenhang, in dem ich selbst früh und sehr aktiv gearbeitet habe. Neue Formen der Arbeiterbildung zu entwikkeln, wie Klassenbewußtsein ohne Rückgriff auf die selbstverständliche Geltung marxistischer Traditionen zu bilden sei, war für mich ein bestimmendes Erkenntnismotiv seit meiner Studienzeit. Das liegt praktisch vor dem SDS oder parallel zum SDS und ist eine außerparlamentarische Angelegenheit. Ein kleiner Kreis von Intellektuellen, von Gewerkschaftern, von politisch Engagierten (meinetwegen kann man dafür die gegensinnige Sprachkonstruktion eines »informellen Kaders« verwenden) traf sich regelmäßig, um auf der Grundlage der »Bildungsobleutekonzeption« Wege zu finden, praktisches Klassenbewußtsein zu bilden, das nach unserer Auffassung nicht mehr nach dem alten Schema der Einübung Marxscher Kategorien ablaufen konnte. Wir standen vor der Situation, daß in die Gewerkschaften zunehmend die bürgerlichen Einzelwissenschaften eindrangen. Ich erinnere mich, daß in Oberursel, als ich dort als Assistent an der DGB-Bundesschule arbeitete, über Staats- und Verfassungsrecht ein Staatsanwalt vor den Arbeitern gesprochen hat. Das hat mich empört; im übrigen war das ein ordentlicher Mann, der seine Sache gut machte, trotzdem erschien mir das anrüchig.

Wir haben überlegt, wie das, was nach den traditionellen Formen nicht mehr geht, gemacht werden kann: Bildung von »Klassenbewußtsein« als Veränderung des Lebenszusammenhangs der Arbeiter, ausgehend von den wirklichen Interessen und Bedürfnissen.

Daraus sind Produkte und Projekte des exemplarischen Lernens entstanden, Bildungsmaterialien und konzeptionelle Überlegungen, die bis heute Bedeutung für die Gewerkschaftsarbeit haben und die auch für eine bestimmte politische Richtung innerhalb der Gewerkschaften, was die Art des Lehrens und Lernens betrifft, charakteristisch sind, nämlich Erfahrungslernen, Aufarbeitung der Erfahrungen, theoriegeleitete Entwicklung des Bildungsstoffs, in den die alltäglichen Konflikterfahrungen der Arbeiter mit eingehen. Die Bildungsobleutekonzeption ist der Versuch, die Bildungsarbeit betriebsnah zu gestalten. Die Ideen, die damals entwickelt wurden, beginnen heute wieder größere Bedeutung anzunehmen als noch vor zehn Jahren.

Das ist der erste konkrete Zusammenhang, der mich davon überzeugt hat, daß man mit Marx arbeiten kann, wenn man mit ihm arbeiten will und ihn nicht als bloße Identitätskrücke mißbraucht. Man soll ja mit kritischen Kategorien arbeiten und nicht sich an ihnen aufhängen. Man soll sie nicht benutzen, als ob sie Korsettstangen für ein dauernd vom Zusammenbruch bedrohtes Ich wären.

Zweitens: Ich habe im Sozialistischen Büro gearbeitet, und ich kann nicht ohne Befriedigung heute feststellen, daß viele Leute, die (wie die Frankfurter Spontis um Joschka Fischer und Dany Cohn-Bendit) vor Spontaneität kaum laufen konnten und denen das Sozialistische Büro immer schon zu bürokratisch erschienen ist, weil es eben (nomen est omen) Büro hieß, heute eine Wendung in ihren politischen Haltungen vollziehen, die sich den normalen Kriterien der »Realpolitik« immer stärker annähern. Die Konzeption des Sozialistischen Büros, eine organisatorische Klammer herzustellen zwischen der Arbeiterbewegung, der sich der SDS zugehörig fühlte, und dem sogenannten Reproduktionsbereich, Lehrern, Sozialarbeitern, Intellektuellen, ist nicht recht gelungen. Das Arbeitsfeld »Betrieb« war in gewisser Weise immer das Schamteil des SB. Gleichwohl hat das SB für viele Genossinnen und Genossen eine zentrale Bedeutung, weil in diesem lockeren Organisationsrahmen politische Selbsterziehung möglich war, eine mehr oder weniger selbstregulierte politische Sozialisation. Die Organisationsform war dafür entscheidend; der ihr entsprechende Politikbegriff bestand darin, politisches Handeln als Arbeit zu verstehen, politische Arbeitsprozesse in Gang zu halten, von denen wir meinten, daß sie durch diese ganze Gründungsmanie der proletarischen Kostümparteien blokkiert würden.

Ein dritter Erfahrungszusammenhang ist für mein sozialistisches Selbstverständnis vom politischen Handeln prägend. Das ist die Gründung der Glocksee-Schule, der einzigen von 68er Ideen angestoßenen Alternativschule, die heute noch besteht. Dazu ist genug gesagt und geschrieben worden;[35] deshalb nur wenige Worte.

Hier in Frankfurt in der Eschersheimer Landstraße hat eine Kinderladenbewegung eingesetzt, zurückgehend auf Initiativen von Monika und Jürgen Seifert, dann Renate Stubenrauch. Auf der einen Seite waren wir der Überzeugung, daß der neue Mensch in den Sozialrevolutionen der Dritten Welt geboren wird, auf der anderen Seite haben wir uns aber nicht damit begnügt, darauf zu vertrauen, sondern haben angefangen, neue Erziehungsformen für die kommende Generation zu entwickeln. Darin enthalten war viel Pathos, aber auch sehr viel konkrete Arbeit. Der von mir mitbegründete Schulversuch Glocksee in Hannover hat die öffentlichen Auseinandersetzungen über alternative Lern- und Erziehungsformen bis heute in Gang gehalten und ganze Generationen von Pädagogen herausgefordert. Was wirkliche Veränderung von Menschen bedeutet, wie klein die Schritte sind, um entfremdete Interessen und Bedürfnisse in einen Emanzipationsprozeß einzubeziehen, dessen gelungenes Resultat ein ausgewogenes Verhältnis von emotionalem, kognitivem und sozialem Lernen wäre – das verdanke ich einer zehnjährigen Erfahrung in der wissenschaftlichen Begleitung dieser Schule.

Mitbegründung und Arbeit im »Komitee für Grundrechte und Demokratie« ist der vierte konzentrische Kreis meiner politischen »Selbsterfahrung«. Der Brechtsche Satz »Der Sozialismus ist das Einfache, das schwer zu machen ist« bezeichnet treffend das Fazit meiner politischen Erfahrungen, die ich in diesen vier Praxisfeldern mit der konkreten Umsetzung sozialistischer Politik gemacht habe.

Diese vier persönlichen Erfahrungszusammenhänge in politischen Handlungsfeldern verweisen auf die geschichtlich-konkrete Definition meines Sozialismusbegriffs. Darin erschöpft er sich jedoch nicht; wir haben genügend Anlässe, unser Nachdenken über das, was Sozialismus war und was er heute sein kann, zu vertiefen und zu erweitern.

Strategische Anreicherungen der sozialistischen Idee

Erst das vorbehaltlose Eingeständnis, daß die radikale Linke in ihrem ganzen Reichtum an Projektphantasie und an eigensinnigem Widerstand den Tatbestand nicht umgehen kann, alle ihre politische Wirksamkeit auf die zentralen Machtblöcke Gewerkschaften und SPD beziehen zu müssen, ermöglicht ihr, so paradox das auch erscheinen mag, ein autonomes politisches Selbstverständnis zu entwickeln. Denn es ist ja gerade die illusionäre Unabhängigkeit von diesen Machtblöcken, die Autonomie verhindert. Was dabei herauskommt, kann man als eine Beziehung permanenter Enteignung bezeichnen. Je nach Situation entscheidet sich das, was uns enteignet wird. In der Reformperiode waren es die Ideen oder die Protestformen, die sich nach einiger Zeit in den Großorganisationen und Institutionen verloren, oft bis zur Unkenntlichkeit verdreht. Heute ist es die Ökologie; morgen können es andere öffentliche Themen sein.

Für das Selbstverständnis der Linken, selbst wenn sie die Klassenfrage mit Gründen verabschiedet haben sollte, muß doch Klarheit darüber hergestellt sein, daß immer noch Klassenblöcke da sind, um die sie nicht herumkommen kann. Über die kostenlose Zuarbeit der Linken stabilisiert sich das System. Und der Preisnachlaß hat heute, da viel Energie auf die prekäre Balance zwischen parlamentarischer und außerparlamentarischer Opposition gewendet wird, eine ganz neue Dimension angenommen. Unter dem Zwang, Durchschnittswähler der Linken zu mobilisieren, ist eine Situation entstanden, daß die außerparlamentarische Opposition erstmalig zum parlamentarischen Mehrheitsbeschaffer sozialdemokratischer Regierungsfähigkeit aufgestiegen ist. Das ist ohne zusätzliche Entmutigung nicht rückgängig zu machen, aber der Zuwachs an Macht, den die Partei der Grünen erkämpft hat, ist eine zu bedeutsame Errungenschaft für mich – auch für mich, ich bin Nicht-Grüner –, als daß sie im taktischen Verschleiß der Parteienkonkurrenz gefährdet werden darf.

Aus dieser Fragestellung begründe ich die autonome Position einer Linken gegenüber diesen Machtblöcken. Und ich glaube, daß die wesentlichen Probleme, mit denen wir es heute zu tun haben, strukturell außerparlamentarische sind. Der Grund ist darin zu suchen, daß die Radikalität, die für Lösungen erforderlich ist, in den Großorganisationen nicht konsequent formuliert werden kann. Das ist kurz zu skizzieren.

Wollen wir heute von Sozialismus sprechen, dann müssen wir uns darüber bewußt sein, daß zum Beispiel die Friedensbewegung keine zusätzliche Angelegenheit ist, die man machen oder auch unterlassen kann. Die epochalen Veränderungen im Begriff des Krieges, das heißt die objektiven Möglichkeiten der Selbstzerstörung der Menschheit, machen eine Friedensbewegung als eine autonome, radikale Bewegung unerläßlich. Dies darf nicht unter taktischen Kalkülen der Parteien und Organisationen stehen. Hier zeigt sich eine Kontinuität, in der Programmpunkte der alten sozialistischen Bewegung neu bestimmt, radikalisiert werden müssen, aber der uralte, sozialistisch gesponnene Faden ist deshalb doch lange noch nicht gerissen. Das zwanzigste Jahrhundert dokumentiert Erfahrungen von kriegerischer Zerstörung, die viel fundamentaler sind als das, was noch Karl Liebknecht meinte und Rosa Luxemburg in ihren bewegenden Friedensappellen ansprach. Und hier zeigt sich eine Kontinuität der Linken, ja man könnte von einer neuartigen, linken Traditionsbildung sprechen: vom Kampf gegen Wiederaufrüstung, von den Ostermärschen, Kampagnen für Abrüstung und Demokratie, Notstandsopposition und Solidaritätsprotesten gegen den Vietnamkrieg, aus den fünfziger Jahren bis heute. Die Friedensbewegung ist nicht ein Produkt der siebziger Jahre. Sie hat diese viel weiter gefaßte Dauer, und sie zeigt eine hohe Stabilität. Einige haben hier gesagt, die Friedensbewegung sei am Ende. Nun, wenn man die letzten drei Jahre betrachtet, wenn man sich kurzatmig verhält, kann man durchaus auf solche Einschätzungen kommen; es sind jedoch strukturelle Probleme dieser Gesellschaft angesprochen, die nicht in Jahreszyklen verjähren (wie sich postmoderne Theoretiker die Wahrheitsfrage zurechtlegen). Wo immer wieder und mit manifester Dringlichkeit Lebensinteressen im Spiele sind, die den Sozialismus, will man seine lebendige Kraft bewahren, in seiner einzig realistischen, also utopischen Dimension erweitern, bedarf es des überschreitenden historischen Blicks, der sich jeder Gelegenheitswahrnehmung verweigert.

Die zweite Tradition, die hinzukommt zu dem, was einmal unter Sozialismus verstanden wurde, ist die Frauenbewegung. Immer hat es Repräsentanten der Frauen in den Vorständen der Arbeiterorganisationen gegeben. Die Frauenfrage ist, abgesehen von ohnehin selbstverständlichen programmatischen Deklarationen auf Partei- und Gewerkschaftstagen, im traditionellen Sozialismus eine Frage der Vorstände gewesen, der Vorstandskompetenz einer Frau, die Frauenprobleme verwaltet hat. Im übrigen stand die Frauenfrage unter dem globalen Gesichtspunkt: erst die proletarische Revolution, dann wird sich das patriarchalische Geschlechterverhältnis von alleine regeln. Da sind, im politischen Vorfeld, Männer und Frauen gleiche, gleichgeartete Kombattanten. Und erst nach der Revolution findet die wirkliche Befreiung der Frauen statt. Das ist ein Irrtum. Wenn die Befreiung der Menschen nicht schon hier angesetzt ist, in dieser Gesellschaft, wenn sie nicht hier und heute beginnt, dann findet sie auch nach der Revolution nicht statt, wir wissen das, das ist ein Wissen, keine bloße Spekulation.

Die Frauenbewegung kann nur existieren, wenn sie autonom bleibt und sich nicht in die bestehenden Organisationen integriert, mit den Erwartungen von Quoten, von Durchschnittswählern.

Und der dritte Punkt der Erweiterung ist die Subjektveränderung. Es gibt eben keinen Sozialismus, in dem die Erziehung und vor allem Selbsterziehung der Subjekte nicht auch unterhalb der Ebene des Klassenkampfes, wo man sich immer mit einem Feind herausreden kann, zentrale Bedeutung hat. Man hat gesagt, Klassenkampf ist die beste Erziehung der neuen Generation; nein, das reicht nicht aus, es kann sich sogar als folgenreicher Irrtum erweisen. Die Gewichtung der Erziehung, der Bildung des Bewußtseins, der praktischen Phantasie in der inneren Umgestaltung der Subjekte ist ein wesentlicher Bestandteil nicht nur der Ziele, sondern der Bewegung selbst. Das ist ein neuer Gesichtspunkt. Denn wir kennen noch die Zeit, in der vom Menschen als »subjektivem Faktor« gesprochen wurde, als ob man den auch weglassen könnte. Da ist der Marxismus in der Tat auf den Hund gebracht worden; wo der Mensch »Faktor« wird, gibt es für den Sozialismus keine Rettung mehr.

Menschen konstituieren die Objektwelt. Wir können deshalb nicht das, was Leben erzeugt, was die Lebensfähigkeit der neuen Generation ermöglicht, wenn ich den philosophischen Konstitutionsbegriff hier nehme, als Reproduktionsbereich bestimmen und dem, was sich am Ende als überflüssiger Schrott bemerkbar macht, den hochbesetzten Begriff der Produktion vorbehalten; in sogenannten Reproduktionsbereichen wird wirklich produziert und etwas Wirkliches. In der industriellen Produktion wird gar nichts produziert, wenn nicht vorher in Lebenszusammenhängen produziert worden ist, wenigstens ein für die Gesellschaft arbeitsfähiges Subjekt. Und das ist ein viel komplizierterer Vorgang als die industrielle Produktion, ein auch nur arbeitsfähiges Subjekt mit Grundfähigkeiten auszustatten, die ihm Orientierungen und Leistungserfolge in dieser Welt ermöglichen. Kritik, Kritikfähigkeit, überschüssiges Bewußtsein zu erzeugen, das ist ja, wie alle Eltern wissen, keine Kleinigkeit. Die Subjektfrage dieses Umfangs ist neu im Sozialismusbegriff.

Und viertens betrifft seine Erweiterung die Frage der Menschenrechte; Menschenrechte sind eine universelle Sache, selbst wenn sie im Bürgertum entstanden sind. Der Anspruch, der darauf geht, ist nicht auf die bürgerliche Klassengeschichte zu reduzieren. Man kann nicht das, was da entstanden ist, als Klassenrest oder Klassenmoral definieren. Freiheit, Gleichheit sind Rechtsforderungen, die allgemein verpflichtend sind für jede Gesellschaftsordnung; wenn der Sozialismus das verletzt, ist er kein Sozialismus. Ein Sozialismus, der Menschenrechte verletzt, widerspricht der Definition des Sozialismus, aus der ganzen Tradition und aus dem Verständnis, das ich davon habe.

Fünftens ist hinzugekommen in der Sozialismusdebatte, wenn sie denn einmal unter neuen geschichtlichen Bedingungen geführt werden sollte, der wachsende Problembereich der Ökologie. »Umwelt« ist dafür nur ein äußerst eingeschränkter Begriff. Ökologie ist, kurz gesagt, der pflegliche Umgang der Menschen mit sich selbst, mit den anderen und mit der Natur. Die Weigerung, Dinge und Menschen zu vergewaltigen, ein Gleichgewichtsdenken, das den Raubtierbändiger-Standpunkt, von dem Bloch gesprochen hat, gegenüber der Natur und den Menschen aufgibt: Das ist im substantiellen Verständnis »Ökologie«, Lehre vom Naturhaushalt.

Marx ist sich dieses Ökologieproblems im Zusammenhang der Kapitalanalyse durchaus bewußt; der Kapitalismus hat die Tendenz, sagt er, seine eigene Grundlage zu zerstören, den »Arbeiter und den Boden«. Für seine Zeit ist das eine phantastische Prognose, doch sie trifft in vielen Punkten zu. Das konnte Marx in der neuen Qualität, wie sie heute erkennbar ist, natürlich nicht wahrnehmen. Aber die Beharrlichkeit seiner Kritik zeigt epochale Entwicklungstendenzen auf, die viel späteren industriesoziologischen Untersuchungen durchaus noch fremd sind.

Wir sind gewiß nicht die Zeitgenossen von Marx und Engels, und so zu tun, als ob wir es wären, führt folgerichtig und mit tödlicher Sicherheit in die Sackgassen dogmatischer Verdrehungen. Aber Marx und Engels sind, wie der konservative Sozialphilosoph Raymond Aron feststellte, unsere Zeitgenossen geblieben, die zeitübergreifend wirken, nicht weil sie verbindliche Antworten gegeben hätten, sondern weil sie Probleme formuliert haben, die bis heute nicht gelöst sind.

Der sechste Punkt einer erweiterten Neubewertung betrifft das System gesellschaftlicher Arbeit, deren kulturgeschichtliche Dimension. Wir leben in einer Gesellschaft, deren Arbeitsgrundlage dringend des Umbaus bedarf. Arbeitszwang, der auf »Verwertung des Werts«, auf Warenproduktion gerichtet ist – so wie Marx das im übrigen in den Grundrissen festgestellt hat –, ist eine miserable Basis für den objektiven Reichtum, mit dem wir es heute zu tun haben. Und hier sind sprengende Elemente ganz anderer Art enthalten als die, die man fälschlicherweise im Widerspruch zwischen Produktivkräften und Produktionsverhältnissen vermutet hatte.

Ich möchte diese Rede nicht beenden, ohne einige Worte anzuschließen, die dem Funktionswandel von Theorie gelten. Ich meine, das ist nach wie vor ein wunder Punkt. Die Hälfte der Redner hat geklagt: Das ist alles so theoretisch, und ich versteh gar nicht, welche Sachen hier verhandelt werden. Ich fühle mich veranlaßt, auf diese Klage mit dem heute gängigen populistischen Gestus »kann nit verstahn« zu antworten, weil es häufig ja gerade diejenigen sind, die vor zehn Jahren Tag und Nacht damit beschäftigt waren, den Dingen Theoriezettel aufzukleben und mit Argusaugen darauf zu achten, daß in Theoriefragen die Schafe von den Böcken säuberlich getrennt blieben.

Der zentrale Irrtum in einer bestimmten Tradition des marxistischen Denkens – ob Marx das so verstanden hat, möchte ich bezweifeln – besteht in der Auffassung, Theorie müsse in Praxis umgesetzt werden; man könne sich eine Theorie verfertigen und hinterher sehen, ob sie sich praktisch bewährt. So hat es Lenin ja formuliert, die Praxis als Wahrheitskriterium, als Prüfstein der Theorie.

Die Theorie kann diese Funktion jedoch unter keinen Umständen erfüllen; sie wäre absolut überfordert. Und wenn sie überfordert ist, mißlingt beides, die Theorie und die Praxis. Theorie hat etwas mit Orientierung zu tun, mit der Bereitstellung von Kategorien, von intellektuellen Produktionsmitteln, mit denen empirische Verhältnisse, Erfahrungen verarbeitet, besser verarbeitet werden können als durch bloße Klassifikationen und statistische Arrangements von Tatbeständen. Sie ist nicht umsetzbar in Praxis. Und wenn wir Theorie einmal anerkennen in der Distanz zur Praxis, dann kann sie für uns ein großes Produktionsmittel sein. Aber erst in dieser Trennung, in dieser Entzerrung gewinnt sie ihre eigentliche Kraft. Und da kann es sehr wohl sein, daß es gesellschaftliche Situationen gibt, in denen Theorie für eine Bewegung lebenserhaltend ist, weil die Erfahrungen aufbewahrt werden müssen und man ja nicht alle Erfahrungen selbst machen muß.

Theorie ist ein Gefäß, eine charakteristische Form des kollektiven Gedächtnisses. In diesem Sinne hat sie eine wichtige Funktion als Zusammenhang stiftendes Medium der Orientierung. Eine Korrumpierung der Gesellschaftstheorie wäre es, würde ihr Wahrheitsgehalt in dem Maße sich erfüllen, wie sie in Praxis umsetzbar ist. Die Rückgewinnung dieser eigensinnigen Distanz der Theorie, wodurch sie als kritisches Produktionsmittel verwendbar wird, ist wichtig, nicht zuletzt auch für die Aufarbeitungsmöglichkeiten unserer Praxis. Sozialistische Theorie in dem von mir skizzierten Sinne definiert den Rahmen, in dem wir Verantwortung für die menschenwürdigere Umgestaltung der Welt übernehmen; sie ließe sich von Verantwortungsethik nicht trennen.

7. Die sozialistische Utopie vor dem geschichtlichen Weltgericht

Selten hat es in der Geschichte – unter Friedensbedingungen jener Teilwelt, die immer noch den Entwicklungston des Ganzen angibt – Situationen gegeben, die die Menschen in derart geballter und beschleunigter Zeit mit tiefgehenden Umbrüchen und neuen Herausforderungen konfrontierten, wie seit Mitte der achtziger Jahre.

Die beiden großen blutigen Kriege dieses Jahrhunderts, Faschismus und Stalinismus, gigantische Geschichtsverbrechen, Massenelend haben die Lebensverhältnisse durcheinandergebracht, keinen Stein auf dem anderen gelassen, aber diesen Phasen folgten Restaurationen, Wiederherstellungsanstrengungen des Alten, die häufig glückten und bei allen Brüchen, ja katastrophalen Zusammenbrüchen unerwartete Kontinuität der politischen Herrschaftssysteme zum Vorschein brachten.

Nicht Krieg oder andere gesellschaftliche Naturkatastrophen sind dagegen gegenwärtig am Werk, wenn die Verabschiedungslogik Trümmer auf Trümmer häuft und die Vergangenheit zu einer unbewohnbaren Ruinenlandschaft zu werden droht; vielmehr ist es der normale Lauf der Dinge, die in der inneren Struktur der Gesellschaft begründete Dynamik. Was ist nicht alles in weniger als zwei Jahrzehnten diesem geschichtlichen Trümmerhaufen überantwortet worden! Aufklärung und Fortschritt, insgesamt das Projekt der Moderne; davon, daß die Utopien der Arbeitsgesellschaft aufgebraucht und die Identitätskriterien von Subjektivität entwertet seien, ist allenthalben und nachdrücklich gesprochen worden. Den radikalsten Schnitt nehmen die vor, die das »Ende der Geschichte« selbst gekommen sehen, nicht nur eines bestimmten Zeitalters, des sozialdemokratisch-gewerkschaftlichen zum Beispiel, worüber sich Ralf Dahrendorf jüngst verbreitet hat.

Wenn wir jedoch in einem Post-Histoire, in einer Welt der Nach-Geschichte leben und unser Dasein gestalten, dann hätte sich die Kategorie des Neuen aufgelöst, das prägende Prinzip geschichtlicher Entwicklung. Mythos, Anfangsstadium der Aufklärung, hätte uns eingeholt, und alle Mühe, ihm zu entkommen, wäre vergeblich gewesen. Wir stünden am Ende dort wieder, wo wir begonnen haben. Wiederholung ist in der Tat das Bewegungsgesetz des Mythos. Da diesem Gesetz zufolge alles schon einmal dagewesen ist, wären die Kräfte der menschlichen Erkenntnis und des Handelns lediglich darauf zu richten, die Scheinwelt des Neuen zu zerbrechen und aus den Trümmern das alte Wahre, das es schon immer gegeben hat, zu retten.

Der vorläufig letzte und wohl überzeugendste Akt in dieser Götter- und Götzendämmerung der Fortschrittsgestalten, die den Bannkreis der Wiederholung und der Wiederkehr des Gleichen zu brechen unternommen hatten, zeigt den Niedergang und Verfall des Sozialismus, wie er sich öffentlich als Realität zu deklarieren pflegte. Tiefer kann eine Idee wohl kaum herabsinken als auf einen Punkt, wo selbst die, die sich fortwährend auf sie beriefen und in ihrem ganzen Leben sich auf sie verpflichtet glaubten, nunmehr noch die Erinnerungsspuren dieses Namens zu tilgen bemüht sind.

Hegel hatte von der Geschichte als dem Weltgericht gesprochen; seitdem fühlten sich große Sozialisten, die Niederlagen einzustecken und Massenopfer in den Klassenkämpfen zu beklagen hatten, immer wieder mit der Hoffnung getröstet, eines Tages werde das Urteil der Geschichte ihnen recht geben. »Nach Hitler kommen wir!« – diese von einem kommunistischen Reichtagsabgeordneten bei seiner Verhaftung formulierte selbstbewußte Einbindung von Mühe und Leid in ein metaphysisches Sinnschema der geschichtlichen Fortschrittsstufen ist zerbrochen. Fritz Sternberg, ein bedeutender Gesellschaftsanalytiker der zwanziger und dreißiger Jahre, demokratischer Sozialist seit frühester Jugend, hatte in seinem 1951 in New York erschienenen Buch »Kapitalismus und Sozialismus vor dem Weltgericht« eine Prognose gewagt. Er sagte: »Der Kapitalismus wird das Jahr 2000 kaum erleben. Aber noch weiß niemand, wer sein Erbe ist.«

Das geschichtliche Weltgericht, wenn es denn eines geben sollte, scheint heute und endgültig einen genau entgegengesetzten Urteilsspruch gefällt zu haben: Der Sozialismus und alles, was wir bisher an Emanzipationshoffnungen mit der Arbeiterbewegung, ihren Theorien und Organisationsformen verknüpft hatten, wird das Jahr 2000, von dem uns nur fünf Jahre trennen, kaum erleben.

Hier setzen aber meine Zweifel ein. Die heutigen Sieger der Geschichte, im Rücken den überwältigenden Realitätsschub von Kapital, Geld, Markt und politischer Macht, haben ihre Triumphzüge mit wilhelminischem Pomp und mit unverhohlenem Genuß an der unerwarteten Bestätigung ihrer Lebensfähigkeit veranstaltet. Was ihren Sieg ausmacht, verdankt sich jedoch nicht der Überzeugungskraft eines Weges, der ins nächste Jahrhundert führt, sondern der an ihren unlösbaren inneren Problemen zugrundegegangenen stalinistischen Perversion des Sozialismus.

Aus dieser geschichtlich verfahrenen, unter keinen Umständen nach Siegern und Verlierern aufrechenbaren Situation, in der sich die gesellschaftlichen Probleme in gewaltigen Materialmassen vor uns auftürmen, aber die Arbeit der öffentlichen Zuspitzung von Widersprüchen und der Thematisierung von verzerrten Maßverhältnissen fast vollständig verlorengegangen ist, kann nur eine anhaltende geschichtliche Besinnung herausführen – ein Stillhalten, das für einen Augenblick die Logik der Beschleunigung, der Bewegung ohne Zielinhalt bricht: Gesellschaftliche Bilanzen, Dokumentationen von Gleichzeitigkeit wie in einer wurzelartig verflochtenen Ausstellung wären angemessene Ausdrucksformen eines solchen Einstehens der Zeit.

Man sage nicht, das sei abstrakt und akademisch, in der geschichtlichen Bewegung selbst die Distanz ihrer Reflexion zu gewinnen. Die Gegenwart als ein geschichtliches Problem zu behandeln, das kollektive Gedächtnis der Menschen zu pflegen und zu erweitern, gehört zu den Lebensbedingungen der menschlichen Gattung, wie die gesunde Luft, die wir zum Atmen benötigen, oder das Wasser, das wir trinken.

In diese von mir als notwendig erachtete gesellschaftliche Bilanz, die sorgfältig Einnahmen und Ausgaben, Fortschritt und Elend aufführt, müßten heute auch Überlegungen abwägender intellektueller Redlichkeit eingehen, ob es denn zutrifft, daß die vor unseren Augen sich abspielende Selbstauflösung der vom Stalinismus geprägten, von menschlich ausgehöhlten Bürokratien mühsam am Leben erhaltenen Gesellschaftssysteme zwangsläufig alles in diesen Absturz hineinzieht, was je im Namen des Sozialismus geschah, ja mit dem Namen »Sozialismus« verknüpft ist.

Denn die sozialistische Utopie, als deren Eckpfeiler seit gut hundertfünfzig Jahren soziale Demokratie, das heißt ein möglichst ausgeglichener und auf Gerechtigkeit gegründeter innergesellschaftlicher Friedenszustand, ein unentfremdetes System gesellschaftlicher Arbeit und Menschenrechte gelten, hat doch ganz andere geschichtliche Quellen als die, welche Rußland zu Beginn des Jahrhunderts den Realitätsvorteil der ersten gelungenen sozialen Revolution verschafften. Die sozialistische Utopie hat, seit ihren Ursprüngen, die reiche Gesellschaft zu ihrer Grundlage, nicht die Notwendigkeit einer gerechten Verteilung der Armut oder den atemlosen Konkurrenzkampf der nachgeholten Industrialisierung.

Nicht das Ende der Geschichte scheint gekommen zu sein, sondern vielleicht ist es ihr Anfang, der sich in den gegenwärtigen Umwälzungsprozessen in aller Robustheit ankündigt? Das Ende der Vorgeschichte, die den Menschen nur mitschleifte als unvermeidliches Anhängsel, wäre das nicht an der Zeit? Die Phantasie ist nicht an die Macht gelangt, wie eine Parole des Pariser Mai 1968 es forderte, aber vieles von dem, was das anstößige Jahr 68 aufrührte, hat sich als keineswegs machtlos erwiesen, sondern ist in Arbeitsprozesse eines bohrenden Eigensinns eingegangen, in unermüdliche Maulwurfsarbeit, aus der sich eines Tages vielleicht auch, nach der Selbstauflösung der falschen Wirklichkeiten des Sozialismus, eine neue, tragfähige Form des Sozialismus bilden könnte, die in der menschlichen Phantasie geschichtlich ja auch immer schon entworfen wurde.

Die Rückgewinnung eines kollektiven Gedächtnisses der Linken, in der neu definiert wird, was ein wahrhaft demokratischer Sozialismus sein könnte, ist Grundbedingung für politische Zukunftsperspektiven unserer Gesellschaft. Die 68er Bewegung verleiht diesem Begriff eines authentischen Sozialismus neue charakteristische Merkmale, von denen modernes alternatives und widerständiges Handeln überhaupt nicht mehr absehen kann.

Auf die zur Zeit übliche Frage »Was bleibt?« – ob die 68er Bewegung gescheitert sei oder bis in unsere Tage hinein Wirkungen gehabt habe – gibt es nur komplizierte, in jeder Hinsicht vermittelte, aber keineswegs ausreichende Antworten. Die Hauptantwort besteht darin, daß das meiste von dem, was von den 68ern ausdrücklich politisch gewollt wurde, was sie planten und an Parolen herausgegeben haben, keine über die Zeit hinausgehenden Wirkungen gehabt hat, heute wie Makulatur behandelt werden muß. Vieles von dem, was unterirdisch gelaufen, mitgelaufen ist und in der politischen Werteskala eher eine marginale Stellung gehabt hat, was aber in der Bewegung angestoßen wurde und Organisationsphantasie auf sich zog – vieles von diesen Prozessen hat die kulturelle Szene, hat Denkweisen und Lebensstile der Menschen grundlegend verändert.

Bevor ich das, was ich mit dieser Gegenläufigkeit vom angestrengten und ausdrücklichen Wollen und den unbeabsichtigten Nebenfolgen meine, im einzelnen begründen werde, möchte ich einige prinzipielle Anmerkungen machen, um die Protestbewegungen der Studenten und Jugendlichen geschichtlich zu lokalisieren. Sie sind weniger Verursacher gesellschaftlicher Veränderungen als vielmehr deren Symptome und

Ausdrucksformen, vielleicht auch Katalysatoren, die Prozesse der Trennung und der Verbindung beschleunigen und ein breites organisatorisches Experimentierfeld entwickeln. Nimmt man die Protestbewegungen als solche Ausdrucksformen gesellschaftlicher Bruchstellen, in denen wilde Kämpfe ausgefochten werden, die in ihren formulierten Absichten heute vielfach nur als realitätslos, ja lächerlich erscheinen können, dann wird plausibel, was Hegel und Engels mit dem Begriff von der Ironie der Geschichte bezeichnen wollten. Engels sagt, mit Blick auf einen zur Gewaltaktion verkürzten Revolutionsbegriff: »Die Ironie der Geschichte stellt alles auf den Kopf. Wir, die ›Revolutionäre‹, die ›Umstürzler‹, wir gedeihen weit besser bei den gesetzlichen Mitteln als bei den ungesetzlichen und dem Umsturz.«

Ein nicht unerheblicher Teil der Wirkungen von 68 bewegt sich auf der Linie solcher ironischer Wendungen.

III. Der politische Tagtraum von direkter Demokratie

1. Auf der Suche nach neuen Formen demokratischer Beteiligung

Gewalt produziert nichts; auch die revolutionäre nicht. Was diese allenfalls zu leisten vermag, ist die Verbesserung der Bedingungen menschlicher Produktion. Alle Zwecke eines solchen Produktionszusammenhangs, wie immer die Mittel definiert sein mögen, liegen jedoch außerhalb der Gewalt. Offenbar hofften die bisherigen Sozialrevolutionen im zwanzigsten Jahrhundert, sie könnten die kräftigen Massenimpulse, die auf Zerbrechen des alten Ausbeutungs- und Herrschaftssystems gerichtet waren, problemlos in den Neuaufbau einer Gesellschaft hinüberretten. Es sind jedoch zwei ganz verschiedene »Logiken«, die hier im Spiele sind: die Logik der Zerstörung, der Auflösung des verachteten und als ungerecht empfundenen Alten und die Logik des Neuaufbaus einer Gesellschaft.[36] Für die Logik des Neuaufbaus sind vor allem Kräfte und Motive erforderlich, die nach Antworten auf die demokratische Frage suchen.

Das Thema »Demokratie« steht – neben der »Gewalt« – im Mittelpunkt von Aktionen und Ideen, um die 68 gekämpft wird. Es ist ein Suchen und Ausprobieren, welche Organisationsformen, Maßverhältnisse, Kommunikationsnetze geeignet sind, um möglichst viele Menschen in Meinungsbildungsprozesse und Aktionen so einzubeziehen, daß sie in kollektiven Zusammenhängen ihre ganz individuellen Interessen wiedererkennen. Wer daher die 68er Bewegung auf die spektakulären Gewaltkonfrontationen, auf Attentate, Polizeieinsätze, also auf die vielfältigsten Formen von sublimer und manifester Gewalt reduzieren wollte und Vergnügen dabei empfände, die Straßen- und Häuserkampfsituationen immer wieder zu beschreiben, würde am Ende nichts übrigbehalten, über das zu reden sich heute noch lohnte.

Aber die demokratische Frage dieser Gesellschaft ist so wenig ausgestanden wie die der Gewalt. Gerade heute, wo über Politik- und Parteiverdrossenheit allenthalben Klage geführt wird, lassen sich bis in jene

Kreise hinein, die 68 noch mit Klauen und Zähnen das vorgegebene Regelsystem der repräsentativen Demokratie gegen alle Versuche verteidigten, irgendwelche anderen Traditionen demokratischer Selbstbestimmung als Alternativen zum Bestehenden ins Spiel zu bringen, Tendenzen erkennen, den vom Grundgesetz in bewußter Abgrenzung zum Dritten Reich ausgeklammerten plebiszitären Elementen für eine Beteiligung der Bevölkerung an politischen Entscheidungen größere Bedeutung zuzuschreiben. Das ist zum Beispiel Äußerungen so prominenter Repräsentanten der Verfassungsordnung wie dem ehemaligen Bundespräsidenten Richard von Weizsäcker und der neuen Präsidentin des Bundesverfassungsgerichts Jutta Limbach zu entnehmen.

Es gibt Zeitgenossen, die 68 äußerst militante Streiter auf der anderen Seite der Barrikade waren, heute aber die Bürokratisierungstendenzen des mit dem Parteiensystem verflochtenen institutionellen Apparates von Berufspolitikern in einer Art und Weise kritisieren, die der soziologisch relevanten Demokratiekritik von 68 verblüffend ähnlich ist, ohne sich freilich diese Traditionslinie selbst bewußt zu machen. Zu diesen gehört Erwin K. Scheuch. Sein Buch »Die Wiedertäufer der Wohlstandsgesellschaft. Eine kritische Untersuchung der ›neuen‹ Linken und ihrer Dogmen«[37] hat 1968 unter Mithilfe von dreizehn renommierten Autoren eine nahezu vollständige Liste der Stichworte geliefert, die bis hin zu Brigitte Seebacher-Brandt und Joachim Fest den Vorurteilskanon gegen die Protestbewegung bestimmen, gipfelnd in dem Vorwurf, bei den Vertretern der »Neuen Linken« handle es sich »überwiegend um Analphabeten der Realität«. Johannes Gross, politischer Tagebuchschreiber der »Frankfurter Allgemeinen Zeitung«, einer Zeitung, hinter der bekanntlich immer ein kluger Kopf steckt, wiederholt Scheuchs Einsichten zwanzig Jahre später, ohne die Originale auch nur zu erwähnen. Unter der Überschrift »Es gibt keinen Stolz auf das Mittelmaß« ereifert er sich, alte Muster beschwörend, noch einmal 1988: Eine dünnere Revolution als die von 68 habe es wohl nie gegeben. »Es war daran kein einziger Kopf beteiligt, es ist keiner daraus hervorgegangen.«[38]

Das Plagiat ist ohnehin die vorherrschende Form des Betrugs, wenn man die Argumentationsspuren der Konservativen in ihrem Verhältnis zu 68 verfolgt. Was deren Erfolg ausmache, beruhe auf einem »elitären und wirtschaftsfeindlichen Charakter ihres Denkens«, sagt man. Kritische Gesellschaftstheorie, die Utopie direkter Demokratie und die von elitären Gesinnungsgemeinschaften ausgehende Gewalt schließen sich zu einem Gesamtbild von der Neuen Linken zusammen, das wie ein transportabler Betonblock von Jahrzehnt zu Jahrzehnt weitergeschleppt wird.

Genugtuung, ja eine gewisse Schadenfreude kann ich jedoch nicht darüber verhehlen, daß derselbe Autor, Erwin K. Scheuch, der 1968 die angebliche Bedrohung durch eine Symbiose von Parlamentsführungen mit den Spitzen der Exekutivapparate und die tendenzielle Kontrolle aller wichtigen gesellschaftspolitischen Entscheidungen durch eine Allianz zwischen Parteioligarchien, Vertretern der Großindustrie, des Finanzkapitals und der Ministerialbürokratie (wie sie ursprünglich der amerikanische Soziologe C. Wright Mills in seiner »Power Elite« und, stärker auf die Parlamentsdeformation bezogen, Johannes Agnoli vertreten hat) als Symptom eines Realitätsanalphabetismus denunzierte, 1989 die CDU demonstrativ verläßt und 1990 ein Buch verfaßt, das gleichsam verspätet alle »Vorurteile« der Neuen Linken empirisch bestätigt. »Cliquen, Klüngel und Karrieren. Über den Verfall der politischen Parteien – Eine Studie«, so heißt dieses Buch.[39]

Die Sprache ist verändert, Scheuch vermeidet jene Formulierungen, die 68 üblich waren: Er spricht nicht von Bürokratisierung, von der Ausbildung von Privilegiensystemen, von Verflechtung objektiver Interessen, der Korruption von Herrschenden. Er bedient sich einer wissenschaftlich klingenden Sprache, um freilich etwas Ähnliches auszudrükken: »Die Politik in der Bundesrepublik ist selbstreferentiell als Koalition von verbeamteten Politikern und politisierten Beamten, umgeben von Journalisten im öffentlich-rechtlichen Rundfunksystem. Selbstreferentielle Systeme haben naheliegenderweise die Tendenz, sich zunehmend zu verselbständigen – hier in der Politik gegenüber dem Gesamtsystem Gesellschaft.«[40] Diese Art von »Enthüllungsjournalismus«, wie Scheuch seine eigene wissenschaftliche Arbeit bezeichnet, zielt zwar auf das Untersuchungsergebnis, daß der »kölsche Klüngel«, die von Parteimitgliedschaft gesteuerte Vorteilnahme, ein Wesentliches der heutigen Gesellschaft ausdrückt, aber die Frage nach einer anderen Form demokratischer Legitimation, die etwa das Volk unmittelbarer in politische Entscheidungen einbinden würde, stellt sich Scheuch auch heute nicht. Der verächtliche Ton gegenüber allem, was sich für ihn mit der Frankfurter Schule verbindet, die in der Analyse solcher Systemmechanismen des Kapitalismus doch ganz andere Differenzierungen vorzuweisen hat, ist an keinem Punkt verändert.

So wird alles, was Scheuch sich gegen die bestehende Parteienkorruption vorzubringen bemüht, in seiner aufklärerischen Enthüllung gleichzeitig verdeckt. Die im Ansatz scharfe Gesellschaftsanalyse gerät Scheuch zu einer Antikorruptionskampagne, die Personen, aber nicht objektive Verhältnisse in Frage stellt. Das hat entscheidend mit seinem Demokratieverständnis zu tun. Er erkennt nicht, daß schon in der großen bürgerlichen Demokratiedebatte zwei kontroverse Strömungen enthalten sind, die, wenn sie sich gegenseitig auf Ausgrenzungen festlegen, demokratische Strukturen gefährden.[41]

Wer sich jedoch nicht ausreden lassen will, daß jene Tradition bürgerlicher Demokratie, die ihre theoretischen Wurzeln bei John Locke, Montesquieu und Thomas Jefferson findet, nicht die einzige ist, die es im bürgerlichen politischen Selbstverständnis gibt, wird bei konkreten Erfahrungen mit einer Krise der repräsentativen Demokratie, dem bürokratisierten Stellvertreterdasein der Berufspolitiker, immer wieder an jene Selbstansprüche des bürgerlichen Emanzipationsprozesses erinnert, für den die französische Aufklärung und Rousseau entscheidende Bedeutung haben. Scheuch kennt diesen Legitimationsanspruch und verwirft ihn, obwohl seine Korruptionsanalyse dem genau entsprechen würde. Auf Habermas in einer sachlich überhaupt nicht verständlichen Arroganz Bezug nehmend, sagt er: »Mit selbstgestellten Ansprüchen meinte er – wie immer bei ihm – die Ideale der französischen Aufklärung: Habermas versteht, wie ein Großteil der Intellektuellen, die Demokratie im Sinne eines Rousseauschen Vertrages. Im Gefolge dieses Habermasschen Diskurses und in Fortführung der Ideen der Studentenrevolte wurde die Demokratie der Bundesrepublik an basisdemokratischen Vorstellungen gemessen … Diese papierreiche Diskussion hat mit den realen Problemen unseres politischen Systems wenig zu tun.«[42]

Eine papierreiche Diskussion, die mit unseren Problemen des politischen Systems nichts zu tun hat? Das können heute nur noch Analphabeten der Realität behaupten. Die basisdemokratischen Fragestellungen im Zusammenhang einer Gesellschaftsordnung, in der der politische Legitimationszusammenhang schrumpft und wir in manchen Bereichen bereits von einer politischen Ein-Drittel-Gesellschaft sprechen können, sind von brennender Aktualität. Die Rückbesinnung auf den demokratischen Diskussionszusammenhang der 68er Bewegung ist daher alles andere als eine Erinnerung an immer wiederkehrende Rousseauistische Momente des bürgerlichen Demokratie-Selbstmißverständnisses. Die Idee der »volonté générale« ist, seit bürgerliche Demokratie als ein Verfahren institutionalisiert ist, das der Stimmenmehrheit Legitimität im praktischen Vollzug von Regierungstätigkeit sichert, von der »volonté de tous« überhaupt nicht abzutrennen. Ideengeschichtlich gesprochen bedeutet das: Der Allgemeinwille in seinen variantenreichen Ausdrucksformen, den man mit dem Hinweis auf Rousseau regelmäßig abzuwerten versucht, ist aus den großen bürgerlichen Demokratietheorien (Locke, Montesquieu, Tocqueville usw.) ebenso wenig zu entfernen wie aus dem Gesellschaftsverständnis der großen Demokratiepraktiker: Jefferson, Madison, Hamilton. Es mag sein, daß in bestimmten gesellschaftlichen Situationen diese Stimmenmehrheit als einzig legitimer und ausschließlicher Entscheidungsinstanz Achtung gebührt; seit wir jedoch das deutsche faschistische Terrorregime mit kräftigem Legitimationsrückhalt durch Wahlstimmen bekommen haben, ist es notwendig, beides, »volonté générale« und »volonté de tous«, in ein unseren gesellschaftlichen Bedingungen entsprechendes Maßverhältnis zu setzen.

Demokratie ist ihrem Substanzgehalt nach von der Alltagsutopie einer politischen Selbstregulierung der freien und gleichen Bürger prinzipiell nicht abzulösen. Wo sie zu bloßen abstrakten Regelungssystemen wird, deren einzige Vernunft die Verfahrensrationalität ist, steckt in ihr der Keim zur Selbstauflösung.

Die radikale Kritik des Bestehenden ist keineswegs im sozialpsychologischen Potential einer antiautoritären Rebellion begründet, die alles Schräge, alles, was Risse aufweist, pathologisch besetzt – jedenfalls nicht überwiegend und schon gar nicht ausschließlich. Was man mit unkonventionellen Methoden, die das Establishment erschreckten, aber doch dessen eigene innere Spannungen berührten, einzuklagen versuchte, war das sichtbar uneingelöste Versprechen der institutionellen Befestigungsanlage »freiheitlich-demokratische Grundordnung« auf gelebte Freiheit, lebendige Selbstbestimmung und verständigungsorientierte Vernunft. Schon die Tatsache, daß der Ende der fünfziger Jahre aus England übernommene Ausdruck »Establishment« in der radikalen Kritik des Bestehenden an die Stelle des für die Entwicklung der Weimarer Republik fatalen Begriffs »System« tritt, zeigt, wie intensiv im Traditionszusammenhang der Außerparlamentarischen Opposition (nicht aller, aber doch der entscheidenden Gruppen) die Idee der Demokratie als einer herrschaftsfreien Ordnung den existierenden Macht- und Gewaltverhältnissen demonstrativ und unerbittlich, Tag und Nacht, entgegengehalten wird.

Das Unbehagen an dieser Form der existierenden Demokratie, wie sie aus treibhausmäßiger Leistungskonkurrenz und besinnungslosem

Vertrauen in die gesellschaftliche Integrationskraft des Ordnungskonzepts soziale Marktwirtschaft sich als »formierte Gesellschaft« darstellte, reichte bis tief in die herrschenden Schichten hinein. Wären es nur die Gewaltaktionen gewesen, die spätpubertären Provokationen von in liberalem Geist erzogenen und mit Privilegien ausgestatteten Jugendlichen und Studenten, die Unruhe stifteten, so hätte man die Angelegenheit der Polizei und der Zeit überlassen können. Daß jedoch fast alle damals herausragenden Politiker, Wissenschaftler und Schriftsteller sich genötigt sahen, Erklärungen, Statements, Interviews zu Vorgängen abzugeben, die sie so unmittelbar gar nicht betrafen, ist ein Hinweis darauf, daß die Aktionen der Außerparlamentarischen Opposition wunde Punkte des offiziellen Selbstverständnisses der Gesellschaft getroffen haben; in der Entwicklung der individuellen Psyche würde man in einem solchen Fall von Schuldgefühlen sprechen, die durch bestimmte Handlungen herausgefordert werden.

In dem Buch »Das Establishment antwortet der APO«[43], das seit 1968 in mehreren Auflagen erschienen ist, fehlt keine bedeutende Politikerfigur jener Zeit; auch einige der Bewegung freundlich Gesinnte gehören dazu. Es ist eine heute kaum mehr verständliche Mischung: Heinrich Albertz, Rudolf Augstein, Rainer Barzel, Erich Benda, Ralf Dahrendorf, Günter Grass, Sebastian Haffner, Gustav Heinemann, Kurt Georg Kiesinger, Heinrich Lübke, Alexander Mitscherlich, Walter Scheel, Klaus Schütz, Axel Cäsar Springer, Gerhard Stoltenberg, Franz Josef Strauß, Helmut Thielicke. Der Umkreis von Leuten, die etwas sagen wollten und gesagt haben, obwohl sie nicht immer nach ihrer Meinung gefragt wurden, ist wesentlich größer. Erstaunlich ist jedoch weniger die allgemeine Neigung, sich zu äußern, als der Tatbestand, daß die in Büchern zusammengefaßten Meinungen derart schnell Verbreitung fanden und (vervielfältigt durch das Medienecho) auf ein starkes Orientierungsbedürfnis der Bevölkerung stießen.

Als im Februar 1968 im Zoogesellschaftshaus Frankfurts, wo sonst nur äußerst feine und gewählte Kreise zusammenkamen, eine bis zum letzten Platz gefüllte Versammlung stattfand, auf der Frank Wolf vom SDS und ich als Redner auftreten sollten, war ich zunächst befangen, weil mir völlig unerklärlich war, was diese gutgekleideten und erwartungsvoll dreinblickenden Menschen von uns wollten. Eingeladen hatte ein Kreis von Jungmanagern, der der Dresdner Bank nahestand; das wußte ich. Hier saßen aber auch höhere Offiziere der Bundeswehr in Uniform, zum Teil ganze Familien, Söhne und Töchter verschiedenen Alters.

Als Frank Wolf und ich die uns abverlangten Reden gehalten hatten, ergab die anschließende allgemeine Diskussion, daß praktisch nur Fragen an uns gestellt wurden: Wie wir uns die neue Gesellschaft, welche die APO doch erstrebe, vorstellten? Ob Rätedemokratie eine wirklich praktizierbare Alternative zur gegenwärtigen bürgerlich-repräsentativen Demokratie sei? Wie man revolutionäre von reaktionärer Gewalt zu unterscheiden habe? Wie sich ein höchstmögliches Maß von Freiheit mit Gleichheit verbinden lasse? Wie zu verstehen sei, daß internationale Solidarität auch Opfer der reichen Länder erforderlich mache?

Mich hatte die Bedachtsamkeit dieser und ähnlicher Fragen so überrascht, daß ich in einer Kneipe neben dem Zoo mit Frank Wolf bis in den frühen Morgen über dieses völlig unerwartete Ereignis redete: Wie? Sollte das Establishment wirklich lernfähig sein? Die aufgebrochene gesellschaftliche Situation erweckte den Eindruck, als sei ein geschichtlicher Neuanfang möglich. Wenigstens in einem freilich entscheidenden Punkt hätte es so kommen können, indem man sich der schiefgelaufenen Demokratisierung der Lebensverhältnisse bewußt wurde. Denn anzuerkennen, daß in der gerafften Zeit des Wiederaufbaus vieles auf der Strecke geblieben ist, wäre ja ein Schritt zur Bewältigung auch jener Vergangenheit gewesen, die nach wie vor im dunkeln gehalten wurde und eine ständig schmaler werdende Basis für gerechte Urteile vorfand.

Was immer die Interessen des »Establishment« gewesen sein mögen, sich auf Gespräche mit der Außerparlamentarischen Opposition einzulassen, die fragenden Kinder und Jugendlichen im eigenen Haus oder das Unbehagen im selbstgeschaffenen »Gehäuse der Hörigkeit« – Demokratie war, neben der Gewalt, das zweite Organisationszentrum von Ideen, um die gekämpft wurde.

Wer heute von Basisdemokratie oder Basiskultur spricht, der wird kaum noch daran denken, wo diese auf Organisierung unmittelbarer Interessen und Bedürfnisse gerichtete Forderung nach einer Politisierung des privaten Alltagslebens ursprünglich herkommt. Es ist freilich kennzeichnend für substantielle politische Forderungen, daß ihr Ursprung vergessen wird, wenn sie Wirklichkeit geworden sind – nicht verwirklicht sind, sondern sich aus der Wirklichkeit heraus stellen. Von Basis und Überbau ist in Zusammenhängen der marxistischen Tradition und der Neuen Linken ausgiebig geredet worden. Das Neue in der Neuen Linken bestand darin, daß nach einer langen Zeit, in der der Begriff Demokratie praktisch mit der Organisationsform der Stellvertretung, des Repräsentierens identifiziert worden war, Anfang der sechziger Jahre die geschichtlichen Traditionen der direkten Demokratie wiederaufgenommen wurden. Georg Lukács, Karl Korsch, Erich Gerlach, die Trotzkisten bieten Texte für eine Auseinandersetzung mit dem engen Begriff bürgerlicher Demokratie, aber durchaus in der praktischen Perspektive einer vom Rätegedanken bestimmten sozialistischen Demokratie.

2. Wiederangeeignete Rätetraditionen und die Aufgaben der Republikanischen Clubs

Überall in der Bundesrepublik entstehen in der Zeit zwischen 1967 und 1969 politische Clubs, mit »C« oder mit »K« geschrieben. Sie sind Treffpunkte derjenigen, die etwas gesellschaftlich Nützliches tun, aber sich auch in geselligen Formen austauschen wollen. In der Regel stehen sie allen Interessierten offen und gewinnen meist dann besonderes politisches Gewicht am Ort, wenn es um Vorbereitungen oder Nachdiskussionen von Aktionen geht. In den verschiedenen Namen dieser Clubs drückt sich das Erbe der Aufklärung aus, an das man durch solche Zeichensetzungen anknüpfen will. An manchen Orten werden Clubs einfach nach dem Zeitpunkt der Gründung benannt, etwa November-Club oder Oktober-Club. Andere nennen sich Sozialistische Clubs, wieder andere Club Voltaire. Natürlich ist bei dieser Clubidee, die sich ja eher auf bürgerlich-demokratische Traditionen als auf sozialistische bezieht, immer auch der geschichtlich folgenreichste Club gegenwärtig, nämlich der Jakobiner-Club, in dem über längere Zeit die Konventsentscheidungen vorbesprochen und vorentschieden wurden.

Auf viele wirkte der Gedanke faszinierend, daß solche Clubs als Kommunikationszentren Organisationsgrundlage einer demokratischen Gesellschaft sein könnten, durch die der einzelne politisch Aktive ein Höchstmaß an Durchsicht und Beteiligung an den wichtigen gesellschaftlichen Entscheidungen erhält. So bildet sich aus diesem Erfahrungszusammenhang das Bedürfnis, eine ganz andere geschichtliche Tradition mit aufzunehmen, die in beiden Varianten des staatsbezogenen Sozialismusverständnisses, in der Sozialdemokratie ebenso wie im leninistisch geprägten Kommunismus, unterdrückt wurde: die vielfältige Tradition der Räte. Es ist nicht zufällig, daß die Schriften über Räte, wieder zugänglich gemachte Broschüren über Anarcho-Syndikalismus, Texte in der Mischung von Gustav Landauer, Herman Gorter und Anton Pannekoek bis zu linkskommunistischen Forderungen nach Selbstverwaltung gerade von denjenigen aufgegriffen werden, die sich um eine Neudefinition von demokratischer Beteiligung bemühen. Räte in der ganzen Breite ihrer verschiedenen begrifflichen und geschichtlichen Ausprägungen werden zum Symbol dieses inhaltlich bestimmten Demokratiebegriffs, des Protestes und des Widerstandes.

Georg Lukács wird mit Begeisterung gelesen, nicht nur »Geschichte und Klassenbewußtsein«, das ohnehin im Studienzusammenhang des Instituts für Sozialforschung und der philosophischen Ausbildung in Frankfurt (jedenfalls für die politisch bewußt Studierenden) geheime Pflichtlektüre ist, sondern auch seine Konzeption der Räte als den »praktischen Vermittlungsorganen der Selbstbestimmung und der Verdinglichungskritik«. Schriften, Broschüren, Papiere über die Rätebewegung 1918 in Deutschland, 1917 und später in Rußland, tauchen Mitte der sechziger Jahre auf und bestimmen das Diskussionsklima, in dem die Kritik am bestehenden Repräsentativsystem der bürgerlich-demokatischen Grundordnung mit neuen Perspektiven einer gelebten, von den Interessen und Bedürfnissen der Menschen ausgehenden Demokratie verbunden wird.

1969 sind in der Europäischen Verlagsanstalt in einem kleinen Sammelband Korschs Schriften zur Sozialisierung herausgekommen, vor allem seine Aufsätze »Revolutionäre Kommune« (1929). Erich Gerlach, der diesen Band herausgegeben und eingeleitet hat, zitiert in seiner Einführung einen Brief von Bertolt Brecht, in dem dieser Karl Korsch, den er liebevoll seinen »marxistischen Lehrer« nannte, um Aufklärung über das Verhältnis von Räten zur Partei bat. »Ich würde mir viel von einer kritischen Untersuchung des Verhältnisses der Räte zu den Parteien versprechen. Die spezifischen Gründe des Unterliegens der Räte, die historischen Gründe würden mich ungeheuer interessieren. Das ist ungeheuer wichtig für uns ... ich wüßte außer Ihnen niemand, der das untersuchen kann«, schrieb Brecht am 19. November 1941 an Karl Korsch.

Korsch hat die Räte als Selbsterziehungsinstitutionen der Arbeiterklasse gesehen. Ihm zufolge sind sie das Gegenteil von dem, was ihnen immer wieder vorgeworfen wird: daß die einzelnen betrieblichen Zusammenhänge zur egoistischen Keimzelle der Konkurrenz werden und das Allgemeininteresse dabei Schaden nimmt. Indem sie nicht nur Entscheidungsorgane, sondern auch Institutionen des Lernens sind, ist das Moment der Selbstaufklärung über die eigenen Interessen verknüpft mit der Sorgfalt für das Wohlergehen des Gemeinwesens. Räte sind zu verstehen als die in der Realität arbeitende Utopie von der Selbstregulierung der Menschen, von deren Kraft am Ende sogar die autoritären Gesellschaftssysteme und die parlamentarisch-repräsentativen Ordnungen zehren.

Aber die Wiederaneignung dieser Räteidee geht über den im Textstudium vermittelten akademischen Zusammenhang, durch den diese

Traumphantasien von direkter Demokratie natürlich auch geprägt sind, in zweierlei Hinsicht weit hinaus: Zum einen ist es der Pariser Mai, in dem die Rätediskussion gegen die von de Gaulle geprägte bürgerlich-repräsentative Demokratie mit rechts-plebiszitärem Einschlag ebenso ausgespielt wird wie gegen den alterskranken Kommunismus der französischen Linken, der seine revolutionären Impulse verbraucht zu haben scheint. Zum anderen ist es die Aktualität der Räteidee, die in der Tschechoslowakei im August 1968 gegen die einmarschierenden Truppen der Warschauer-Pakt-Staaten mobilisiert wird. Spontan organisierte Widerstandszentren greifen bewußt Rätetraditionen auf, wie in Ungarn 1956, als die Rätediskussion, nicht zuletzt angestoßen durch Georg Lukács, wiederbelebt wurde und Imre Nagy und Pál Maléter, der Armeebefehlshaber des Widerstandes, die alten Ideen sozialistischer Demokratie neu ins Spiel brachten. Beide Widerstandsaktionen, Ungarn 1956 und Prag 1968, kamen zu früh und gleichzeitig schon zu spät, um eine aus dem Innern des Ostblockkommunismus kommende Reform des Sozialismus, der ein menschliches Antlitz tragen sollte, bewirken zu können.

Es geht also für die, die innerhalb der Neuen Linken Korsch und Lukács studieren, gar nicht nur um die Wiederaneignung der historischen Formen der Rätebewegung (auch auf der Forschungsebene wurde, wie Peter von Oertzens 1963 erschienene Arbeit »Betriebsräte in der Novemberrevolution 1918/19« zeigt, Grundlegendes geleistet), sondern um einen umfassenderen Begriff von Demokratie als den, der im bürgerlich-parlamentarischen Repräsentativsystem verwirklicht ist. Eine Radikalisierung des Problems der Demokratie entwickelt sich in zweierlei Hinsicht: Sie betrifft zum einen die Form der politischen Entscheidungen, ihren Legitimationsgrund, der eher plebiszitäre Züge tragen soll als die der Stellvertretung; zum anderen geht es um die sozial-kulturellen Inhalte, die Ausweitung der Demokratie auf die betriebliche Realität, auf den Produktionszusammenhang, auf die mit den alltäglichen Interessen und Bedürfnissen verknüpften Lebenszusammenhänge der Menschen – um die demokratische Dimension der Arbeitsgesellschaft.

Für das Selbstverständnis der »sozialistischen Fraktion« innerhalb der Außerparlamentarischen Opposition der sechziger Jahre hat Korsch vermutlich aus zwei Gründen eine besondere Bedeutung gehabt. Mit den Räten, in denen symbolisch Selbsttätigkeit, Spontaneität, Lernen durch Praxis organisatorisch zusammengefaßt sind, wird die Uridee der sozialistischen Demokratie, die Pariser Kommune, vergegenwärtigt.

Die syndikalistisch orientierten Anarchisten können sich darauf, insbesondere auf Korschs 1968 neu erschienene Schrift »Arbeitsrecht für Betriebsräte« (1922), genauso beziehen wie die Trotzkisten und die undogmatischen Marxisten, die theoretisch der Frankfurter Schule zuzurechnen sind.

Betriebsräte sind Organe zur demokratischen Selbsterziehung der Arbeiter und dienen der Vorbereitung auf deren Leitungsfunktionen. Ist der eine Punkt die radikalisierte Idee der Demokratie, so der zweite die Kritik der leninistischen Staats- und Parteibürokratie, der nachrevolutionären Entfremdung. Daß Korsch mit der bürgerlich-parlamentarischen Demokratie scharf ins Gericht ging, war für einen Marxisten seiner geistigen Prägung nicht besonders erstaunlich; dagegen war seine Gewichtung der gewerkschaftlichen Organisationsmacht im Emanzipationsprozeß der Arbeiterklasse (gerade auch im Unterschied zu Lukács' Abwertung der syndikalistischen Interessen) von herausragender Bedeutung für Sozialisten, die ihre Parteiorientierung verloren hatten und jetzt um so intensiver in den Gewerkschaften Fuß zu fassen versuchten.

Mit dem frühen Lukács, mit Wilhelm Reich und Maurice Merleau-Ponty ist Karl Korsch für die 68er Bewegung eine der zentralen Figuren im Prozeß der theoretischen Begründung dessen, was dann westlicher Marxismus genannt wird und für die Neuen Linken in der gleichzeitigen Abgrenzung vom autoritären Sozialismus des Ostblocks und der autoritären Leistungsgesellschaft des Westens fundamentale Bedeutung gewinnt.

Der antibürokratische Begriff von Politik wird im Zusammenhang mit dem kritischen, undogmatischen Marxismus und mit Blick auf die Wiederaneignung verdrängter Theorietraditionen in der westdeutschen Arbeiterbewegung formuliert, bevor die Protestbewegung der Studenten und Jugendlichen dieser Idee direkter Demokratie neue und weiterführende Impulse gibt. Man weigert sich, Demokratie als eine Art technisches Regelsystem von Machtbalancen zu akzeptieren, unter dessen institutionellen Bedingungen Parteien und Organisationen einen gewaltlosen Wechsel ihrer Regierungsgeschäfte bewerkstelligen können.

Demokratie wird vielmehr im sprachlichen Ursprungssinne der »Volksherrschaft«, der Eigentätigkeit und Selbstbestimmung des Volkes eingeklagt, als sozial-kulturelles Medium, durch das die Herrschaft des Menschen über den Menschen aufgehoben werden kann. Die Suche nach politischem Ausdruck für diese Idee der Demokratie, in der die

Besonderheiten der Interessen und Bedürfnisse durch Politisierung in konkreten Alltagszusammenhängen mit dem gesellschaftlich Allgemeinen versöhnt werden sollen, eröffnet der Organisationsphantasie ein weites Feld.

Wer mit Demokratie und Politik zu tun hat, kann sich nicht mehr auf objektive Rollendefinitionen zurückziehen; es geht vielmehr um die eigenen Angelegenheiten. Demokratie und Politik sind öffentliche Handlungsformen, die meine ganz individuelle, sinnliche Präsenz erfordern. Ich muß räumlich anwesend sein, wenn ich das Gefühl haben soll, daß ein Stück Wirklichkeit in den Besitz der sich selbst verwaltenden Menschen gekommen ist. Daraus erklärt sich vielleicht das Besetzungspathos der Protestbewegung, die Lust, sich die Herrschaftsinstitutionen anzueignen, sich in ihnen frei und nach eigenen Entscheidungen zu bewegen. Sit-ins, Teach-ins, Institutsbesetzungen und Blockaden drücken die räumlich-zeitliche Gegenwärtigkeit von Massen aus, die durch sinnlich-faßbare Solidarität Macht ausüben.

Vieles von dem, was diesen inhaltlichen Demokratieanspruch ausmacht, das heißt Demokratie als gesellschaftliche Form der Selbstbefreiung der Menschen, hat die Jahre überlebt und bestimmt noch heute die aktiven Widerstandsformen gegen institutionelle Regelsysteme, aus denen der befreiende Geist geschwunden ist. Die innergewerkschaftlichen Neuansätze der Bildungsarbeit, die Anfang der sechziger Jahre formuliert wurden und die auf eine betriebsnahe Bildungsarbeit und Tarifpolitik, auf die Organisationsform der Bildungsobleute zielten, sind, wie jüngste Untersuchungsergebnisse zeigen, nicht ausgestanden.[44]

Unter diesem Gesichtspunkt eines veränderten Verständnisses von Demokratie läßt sich die Protestbewegung als eine absolut gewaltlose Bewegung betrachten, die selbst dort, wo sie von Revolution spricht, in erster Linie stets Selbstbestimmung und Selbstverwirklichung meint. Zum ersten Mal in der westdeutschen Nachkriegsgeschichte verknüpfen sich in einer praktisch tätigen Dimension die sozialistischen Traditionen der Räte und der Selbstverwaltung mit den viel älteren Formen der republikanischen Selbstdefinition der Menschen und den neuen Ausdrucksweisen der Jugendlichen und Studenten, die in der Weigerung, sich am rigiden Funktionalismus des Systems zu beteiligen, sinnliche Unmittelbarkeit des Systems einklagen. Bedürfnisse und Interessen sollen hier und heute ihr Recht bekommen, nicht durch Triebaufschub – mit dem Verweis darauf, daß gegenwärtige Verzichte eines Tages belohnt werden.

Die Räteidee 1968

Das Stuttgarter Schauspielhaus führte 1969 das Stück »Toller« von Tankred Dorst auf. Schon Anfang der sechziger Jahre hatte Dorst Schriften des expressionistischen Dramatikers Toller gelesen; was ihn besonders beeindruckt hatte, war die Selbstdramatisierung des Menschen in einer konkreten politischen Situation gewesen, als Held und als Leidender auf einer expressionistischen Menschheitsbühne. Ernst Toller war einer der bedeutendsten Rätepolitiker in Deutschland: Vorsitzender der Räterepublik in München 1919, im Juni 1919 verhaftet, zu fünf Jahren Festung verurteilt. Während dieser Festungsjahre entstanden die dramatischen Werke. 1933 floh Toller aus Deutschland, 1939 beging er in New York Selbstmord.

Es ist offenbar diese Verknüpfung von literarischer Phantasie und Revolution, von schwärmerischem Heldentum und der Niederlage, die die Atmosphäre der Zeit bestimmt hat und der Figur Ernst Tollers eine dramatische Aktualität verleiht. Für das Programmheft der Stuttgarter Inszenierung schrieb ich 1968 den nachfolgenden Beitrag, den ich in unveränderter Fassung wiedergebe.

Überall in den europäischen Industrieländern wird das Modell der Rätedemokratie aufs neue diskutiert. Die romantische Bewunderung für die jugoslawische Arbeiterselbstverwaltung ist abgeklungen; man ist sicher, daß die revolutionären Sowjets der Oktoberrevolution auf hochindustrialisierte Gesellschaften nicht ohne weiteres übertragbar sind. Wenn es also offenkundig ist, daß keine gegenwärtig existierende Gesellschaftsordnung nach der ursprünglichen Idee der Räte organisiert ist, warum hat sie ihre Aktualität dann nicht schon längst verloren? Ist es eine Minderheit von Phantasten, von unverbesserlichen Utopisten, die sich von Zeit zu Zeit mit ihr beschäftigen? Sind es Leute, die die Sachgesetze der Industriegesellschaften einfach ignorieren?

Nein! Die Idee der Selbstverwaltung durch Räte gewinnt immer dann an Boden, wenn die offiziellen politischen Herrschaftssysteme den Keim des Zusammenbruchs in sich tragen, wenn verselbständigte Bürokratien oder Repräsentativorgane des bürgerlichen Staates nicht mehr imstande sind, elementare Interessen der überwiegenden Mehrheit des Volkes zu vertreten. Der eilfertige Hinweis auf das Scheitern der Münchner Räterepublik, auf die

Abschaffung der Sowjets in Rußland, auf Bürokratisierungstendenzen in der jugoslawischen Arbeiterselbstverwaltung begründet keinen stichhaltigen Einwand gegen die Idee der direkten Demokratie. Selbst die fortgeschrittene bürgerliche Demokratie brauchte Jahrhunderte, um sich durchzusetzen; es ist unwahrscheinlich, daß die Errichtung von sozialistischen Demokratien, die politische Herrschaft als solche abschaffen wollen, einen geringeren Zeitraum benötigen wird.

Die Rätebewegung hat vielfältige Ausdrucksformen. Jeder Prozeß ernsthafter Entstalinisierung des Ostblocks ist von der Dezentralisierung der wirtschaftlichen Entscheidungsbefugnisse begleitet. In den westlichen Ländern entfalten sich Rätegedanken in einem Klima, das durch die Rückbildung des Parlamentarismus, durch die Tendenz zur Verstaatlichung der Parlamente bestimmt wird. Parteien und Parlamente orientieren sich zunehmend am Ausgleich der vom bestehenden Herrschaftssystem produzierten Konsumenteninteressen; sie stützen sich auf entpolitisierte Massen.

Die Demokratisierung der Gesellschaft muß dagegen in den Bereichen beginnen, die die alltäglichen Erfahrungen der Menschen bestimmen: in den Betrieben, Büros, Schulen, Universitäten. Wenn sie hier keine Kontroll- und Selbstbestimmungsrechte haben, werden sie auch in den politischen Bereichen nur Objekte von manipulierenden Eliten sein. Aber die Selbstbestimmung am Arbeitsplatz, die praktische Erziehung zur Selbsttätigkeit ist nicht eine Forderung, die von außen an die hochindustrialisierten Gesellschaften herangetragen wird; sie entspricht der industriellen Entwicklung selbst. Mit wachsender Mechanisierung der Wirtschaft nimmt der Aktionsspielraum von relativ autonomen Einheiten zu, in denen sich neuartige Kooperationsverhältnisse entwickeln. Befehlsverhältnisse werden selbst unter wirtschaftlichen Gesichtspunkten unproduktiv; wie nie zuvor ist die Ausbildung von politischer und soziologischer Phantasie notwendig.

In die Neuformulierung der Räteidee gehen diese Entwicklungstendenzen ein; wie die französischen Ereignisse im Mai zeigen, gibt es den antiautoritären und antibürokratischen Protest auch in der Industriearbeiterschaft. Fabrik- und Universitätsbesetzungen sind kaum noch als anarchistische Abenteuer zu verharmlosen. Wo sich »Räte« in den Institutionen heute etablieren, nehmen sie den sozialistischen Gedanken der Selbstverwaltung auf – nicht nur eines einzelnen Betriebes, sondern der Gesamtgesellschaft. Das bedeutet aber: Aufhebung der Politik als einer von den gesellschaft-lichen Lebenserscheinungen arbeitsteilig getrennten Sphäre.

Wer sagt, daß Selbstverwaltung in diesem Sinne unrealisierbar sei, muß die Hoffnung auf eine demokratische Gesellschaft aufge-ben; ihm sind die Abhängigkeitsverhältnisse, die das gegenwärtige Herrschaftssystem erzeugt, zu Naturverhältnissen geworden.

3. Die Selbstzerstörung linker Öffentlichkeit

Es ist diese Veränderung in den Vorstellungen von Politik und Demokratie, wodurch der Begriff der Interessen und Bedürfnisse Erweiterungen erfährt, die die Emanzipationsbewegungen zu einem einheitlichen Prozeß werden lassen. So hat die Lektüre von Wilhelm Reichs »Sexueller Revolution« ursprünglich politische Motive, ebenso wie die der »Massenpsychologie des Faschismus«. Reichs Kritik von »zweierlei Klassenbewußtsein« bezeichnet jene Abspaltungen, durch die auf einer intellektuellen Hochebene Klassenbewußtsein definiert wird und die Bereiche des Alltagslebens davon getrennt werden. Die Alltagsinteressen der Menschen, die Verwicklungen und Beschädigungen ihrer Sexualität, das Wohnen in beengten Verhältnissen und der Bewegungsraum Straße – das alles schafft Rohstoff und günstigen Nährboden, auf dem sich bei vielen Menschen ein starkes Bedürfnis bildet, die arbeitsteiligen Abstraktionen aufzuheben.

Wilhelm Reich möchte, daß Politik nicht mehr als eine gesonderte Sphäre berufsmäßiger Tätigkeit begriffen wird und die Interessen des Wohnens und der Sexualität als reine Privatinteressen, davon säuberlich getrennt, verstanden werden. Indem man den Begriff des Politischen mit individuell nachprüfbaren Interessen und Bedürfnissen auffüllt und aus seinen staatsvermittelten Verkrustungen löst, reichert man ihn, wie Reich es versteht, mit lebendiger Substanz an, nimmt ihm aber gleichzeitig ein Element seiner Verallgemeinerungsfähigkeit.

Gegenüber den bürokratischen Abstraktionen von Demokratie und Politik nehmen beide Begriffe seit 68 freilich in einer merkwürdigen Weise den Charakter situationsbedingter Größen an, aus deren angereicherten Beständen jeder das herausholt, was er persönlich für Emanzipation hält und was ihm an individueller Selbstbefreiung für andere verbindlich erscheint. Die in diesen Begriffen von Demokratie und Politik enthaltenen Spannungen und Ambivalenzen auszutragen und in eine produktive Kritik des Bestehenden zu wenden setzt eine ausgereifte politische Kultur des Dissenses und der Streitbarkeit voraus.

Da man allenfalls von tastenden und experimentierenden Anfängen einer solchen Streitkultur sprechen kann, ist es nicht erstaunlich, daß unter der Hand und bei gleichzeitiger offizieller Politisierungspropaganda Entpolitisierungstendenzen um sich greifen, in der Weise etwa, daß demokratische Selbstbefreiung den politisch-öffentlichen Raum, ohne den sich Wilhelm Reich sexuelle Emanzipation gar nicht vorstellen konnte, verläßt und sich ins Lampenlicht des Privaten, in die Privatbeziehungen der Kommune und der Wohngemeinschaften zurückzieht, wie andererseits die Revolution ihren demokratischen Selbstanspruch verliert und am Ende zum privatisierten Geheimbundverhalten der RAF verkommt.

Nicht ein zu geringes Maß an Organisation oder gar, wie häufig angenommen wird, die Selbstauflösung des Sozialistischen Deutschen Studentenbundes tragen die Hauptverantwortung für den Zerfall der Protestbewegung; vielmehr ist es die Opferung des Demokratisierungsanspruchs, wodurch die Grenzen zwischen revolutionärer und reaktionärer Gewalt völlig verwischt werden und das Kokettieren mit der Gewalt die Kritik der Waffen ersetzt.

Daß ein solcher Begriff von Demokratie, der durch ein Höchstmaß an Durchsichtigkeit und Teilhabe der einzelnen bestimmt ist, nur funktionsfähig ist, wenn eine die Erfahrungen erweiternde, auf Verständigung gehende und Konflikte austragende Form der Öffentlichkeit existiert, war uns damals bewußt. Gerade die Aktionen gegen den Springer-Konzern, vor allem nach dem Attentat auf Rudi Dutschke, haben deutlich gemacht, daß Elemente direkter Demokratie nur unter bestimmten Bedingungen lebensfähig sind, daß Kritik und Selbstkritik entscheidendes Medium der Öffentlichkeit bleiben.

Als 1972 das von Alexander Kluge und mir gemeinsam geschriebene Buch »Öffentlichkeit und Erfahrung. Zur Organisationsanalyse bürgerlicher und proletarischer Öffentlichkeit« erschien, hatte ich für mich in wesentlichen Teilen die kritische Verarbeitung dieser erregenden Zeit des gesellschaftlichen Aufbruchs bereits abgeschlossen. Daß nur wenig von dem, was den Überschuß politischer Wachträume ausmachte, nachprüfbare Wirklichkeit geworden war, konnte mich nicht sonderlich beunruhigen, denn es war viel mehr, als ich noch 1965 in meinen kühnsten Träumen erwartet hätte.

Öffentlichkeit als eine Form des demokratischen Produktionsprozesses, wie Kluge und ich ihn verstanden, konnte nur so lange lebensfähig sein, wie die Neue Linke eigene Neigungen überwand, sich in einer Vielzahl von Fraktionen mit gegenseitig sich ausschließenden absoluten Ansprüchen einzumauern. Indem das kritische Medium von Öffentlichkeit sich zersetzte, bildete sich allmählich etwas heraus, was den Regeln der vorherrschenden Öffentlichkeit, die man zu bekämpfen vorgab, völlig entsprach: eine Art Demonstrationsöffentlichkeit. Sie erschöpfte sich darin, die eigenen Erfolge am Grad der Aufmerksamkeit zu messen, die bestimmte Aktionen in den Medien erregten. Die Mechanisierung linker Gegenöffentlichkeit begann die gesellschaftliche Erfahrungsbereitschaft zu zersetzen und aus einem Produktionsprozeß neuen Bewußtseins die bloße Verteilung vorhandener Meinungen, Charaktere und Gesinnungen zu machen. Es ist eben das Kennzeichen der siebziger Jahre, daß sich innerhalb der Linken eine Art Refeudalisierung der Öffentlichkeit vollzieht, in der immer stärker die gegeneinander hermetisch abgedichteten und eingemauerten Gruppen in wilde Konkurrenz zueinander treten und Öffentlichkeit nur noch verstehen als eine Veröffentlichung der geheim beschlossenen Auffassungen und der gegenseitig bestätigten Gesinnungen.

Indem sich eine radikale Meinungskonkurrenz von Gruppen innerhalb der Linken bildet, der es nur noch um die Sammlung von Gleichgesinnten geht, zerbricht der Anspruch einer kritischen Öffentlichkeit, in der sich für alle durchsichtig und erkennbar Prozesse der demokratischen Entscheidungsfindung bilden. Das ist aber gerade die entscheidende Kritik an den bestehenden Herrschaftsverhältnissen; große Teile der linken Öffentlichkeit nehmen dieselben hermetischen Strukturen an wie die bürgerliche Öffentlichkeit, mit den für sie typischen Mechanismen der Ausgrenzung und der Auflösung des Zusammenhangs von Produktion und Kommunikation.

Eine zur Demonstrationsöffentlichkeit abgemagerte Form der Öffentlichkeit ist medienabhängig, und der einzige wirkliche Produktionsprozeß, der in ihr stattfindet, ist Radikalität, freilich nicht als Kritik, um unterschlagene Wirklichkeit öffentlich zu machen, Einstellungen und Bewußtsein konkret zu verändern, sondern als rhetorische Kompetenz der Freund-Feind-Zuordnung und der übersichtlichen Klassifikation von vorhandenen Einstellungen und Meinungen. Die Auseinandersetzung mit diesen sichtbaren Rückbildungen der ursprünglich theoriegeleiteten Konzeptionen von Demokratie und Öffentlichkeit, an denen die Frankfurter Spontis unter Daniel Cohn-Bendit und Joschka Fischer genauso aktiv beteiligt waren wie die Organisationsfetischisten der Marxisten-Leninisten in maoistischer Verkleidung, bildet die Grundlage, damit die unter dem Schein permanenter Öffentlichkeit durch Dauermobilisierung verborgene Sprach- und Kommunikationslosigkeit mit Hilfe neuer Formen des politischen Arbeitsprozesses überwunden werden kann.

Als ich dann im Oktober 1972 auf einer Tagung des Sozialistischen Büros die programmatische Forderung formuliere: »Nicht nach Köpfen, sondern nach Interessen organisieren!«, geht es mir hauptsächlich darum, Organisationsformen des politischen Handelns zu bestimmen, die geeignet sind, die Emanzipationsgehalte der Protestbewegung mit der Idee des Sozialismus zu verbinden.

4. Das Sozialistische Büro als Organisationsforum des »überfraktionellen Bewußtseins«

Als viele 68er in den siebziger Jahren in die proletarischen Ersatzparteien oder in den Untergrund abwanderten oder sich einfach politisch abmeldeten, unternahm Rudi Dutschke größte Anstrengungen, diesem Sog in Sektenlösungen zu widerstehen.

Ich habe diesen mehrseitigen Kampf Dutschkes bewundert. Alle versuchten, ihn für sich in Anspruch zu nehmen. Dagegen wehrte er sich aus Einsicht. Aber es gab noch ganz andere Kampffronten. Eine ist das Vorurteil gegen den Aufwiegler, den Unruhestifter. Im November 1969 leben er und seine Frau Gretchen in England, er nimmt nach Klinikaufenthalt und langem Krankenlager, nach langsamer Genesung von der Kopfverletzung sein Soziologiestudium wieder auf. Im Frühjahr 1971 werden sie wegen angeblicher »subversiver Tätigkeit« aus Großbritannien ausgewiesen. Aus England, dem Land, das Marx Asyl gewährte, ausgewiesen zu werden hat Dutschke, glaube ich, besonders schmerzlich berührt.

Der alltägliche Kampf gegen die Attentatsfolgen hätte andere vielleicht völlig in Anspruch genommen; jedes Wort mußte neu erlernt werden, vor allem die Zuordnung von Worten und Dingen. Das Unbewußte bringt die Ordnung der Namen und Worte durcheinander. So erzählte er mir von zwei Merkwürdigkeiten: Lange Zeit habe er die elfte Feuerbach-These von Marx falsch zitiert. Es heißt bekanntlich bei Marx: »Die Philosophen haben die Welt verschieden interpretiert. Es kommt aber darauf an, sie zu verändern.« Ihm sei es immer wieder unterlaufen, als wäre es der wirkliche Sinngehalt des Marxschen Gedankens gewesen, zu sagen: »Es kommt aber darauf an, sich selbst zu verändern.« Die zweite Merkwürdigkeit bestand in der existentiellen Angst der Verbindung seines Namens mit seiner leiblich-gegenwärtigen Existenz, im Problem der Wiedererkennung. Jeder Mensch freut sich, wenn er mit seinem Namen begrüßt wird. Dutschke hat mir, ohne damit kokettieren zu wollen, Situationen beschrieben, die allergrößtes Erschrecken hervorrufen – »Sind Sie Rudi Dutschke?« –, im Flugzeug, auf der Straße, in geschlossenen Räumen. Diese Frage, die Frage des Attentäters Josef Bachmann, läßt ihn immer wieder zusammenzucken.

Krankheit, zwiespältige Emigration, Ängste vor Wiederholungstätern blockieren nicht den lebendigen Erfahrungsprozeß, der seine

Auseinandersetzungen mit der westdeutschen Linken bis zu seinem Tod am 24. Dezember 1979 bestimmt.

An dieser Stelle möchte ich über die politische Funktion Dutschkes in den siebziger Jahren kein Mißverständnis aufkommen lassen. Wir haben uns in dieser Zeit viel häufiger getroffen und politisch auseinandergesetzt als vor dem lebensgefährlichen Attentat vom 11. April 1968. Selbst als 1977 eine zwischen Dutschke, mir selbst und weiteren Personen in meiner Wohnung in Hannover geführte Diskussion so zerbricht, daß Harald Wieser, der für das »Kursbuch« die Diskussion auf Tonband aufgezeichnet hat, den ziemlich merkwürdigen Vorschlag macht, die jeweiligen Gesprächsteile[45] gesondert zu veröffentlichen, ist die Intensität unserer politischen Beziehung nicht gestört.

Diese produktive politische Beziehung hat etwas mit dem Sozialistischen Büro zu tun. Die politische Reflexion von Interessen, Bedürfnissen, Erfahrungen steht im Zentrum aller Aktivitäten des Sozialistischen Büros. Dutschke lebt im dänischen Aarhus, an dessen Universität er einen Lehrauftrag wahrnimmt. Seit 1971 mischt er sich aber wieder in die deutschen Verhältnisse ein, er versteht sich als deutscher Sozialist. Als ich im Sommer 1974 von Klaus Vack, dem Sekretär des Sozialistischen Büros, mitgeteilt bekomme, daß Dutschke Mitglied geworden ist, sehe ich das als eine Bekräftigung und Verstärkung jener undogmatischen sozialistischen Praxis der Linken, die um Aufhebung der Zerstrittenheit und Aktionsunfähigkeit bemüht ist.

Nach Möglichkeit beteiligt sich Dutschke aktiv an den Auseinandersetzungen im Sozialistischen Büro, auch dann noch, als er seit 1977 zunehmend in der grünen »Bewegung« Chancen wahrnimmt für eine Politik, die die »Massen ergreift«. Den ersten spektakulären Wahlerfolg der Grünen (bei der Bremer Bürgerschaftswahl am 7. Oktober 1979) hat er noch miterlebt; demonstrativ verlegt er seinen Wohnsitz nach Bremen. Das eigentliche politische Ziel seiner Kooperation mit den Grünen, die Befestigung sozialistischer Positionen und die Blickerweiterung auf eine marxistische Gesellschaftsanalyse, hat er nicht erreicht; nach seinem Tode wird deren Anteil an der Politik der Grünen immer geringer.[46]

Als sich das Sozialistische Büro organisatorisch Anfang der siebziger Jahre stabilisiert und die »Arbeitsfeldkonzeption« allmählich Gestalt annimmt, haben für den überwiegenden Teil der Neuen Linken Alltagsbedürfnisse und unmittelbare Interessen keine eigene politische Bedeutung. Ihnen kommt lediglich eine Funktion zu: Sie sind Material für das sogenannte objektive Interesse, auf dessen Stand politisches Handeln sie zu bringen hat.

Selbst Rudi Dutschke spricht immer wieder von den emanzipatorischen Interessen, wenn er, um die Subjektseite des revolutionären Prozesses zu charakterisieren, Willen und Bewußtsein ansprechen will. Ihm klarzumachen, daß politische Arbeit erst dort beginnt, wo entfremdete Interessen und Bedürfnisse, also die normalen und alltäglichen Verwicklungen in die bestehende Gesellschaftsordnung, aufgebrochen und in Emanzipationspotentiale verwandelt werden, ist mir nicht gelungen. Im Grunde ist er, wie ich vielen Gesprächen mit ihm entnehmen kann, der Auffassung, daß Agitation, Überzeugungskraft, demonstrativer Wille zur Veränderung der Gesellschaft die Hauptmedien der Entwicklung emanzipatorischer Interessen sind – was man heute als eine fragwürdige Position bezeichnen muß.

Radikale Interessen und Bedürfnisse bloß aufzusammeln und in Demonstrationsöffentlichkeiten zum Ausdruck zu bringen (Massenproteste gegen den Bau neuer Startbahnen, gegen Kernkraftwerke, gegen Raketenstationierungen usw.) wird in den siebziger Jahren innerhalb der Linken zunehmend als unzureichend empfunden, wenn es um Gesellschaftsveränderung geht. Die Umgestaltung von Bedürfnissen und Interessen ist ein eigener politischer Produktionsprozeß.

Manches von dem, was an verdrehten Beziehungen zwischen der Welt der Medien, der öffentlichen Kommunikation und der Produktion von Ideen, neuen Einstellungen und Bewußtseinsformen bestand, wurde in den Schriften von Horkheimer und Adorno zurechtgerückt oder wenigstens thematisiert.

Doch waren Erweiterungen nötig. Den konstitutiven Zusammenhang zwischen politischem Handeln, Kommunikation und Produktion zu bekräftigen ist heute aktueller denn je. Dem rasch um sich greifenden Antiintellektualismus innerhalb der Linken sollte sinnvollerweise die politische Position einer durch die Frankfurter Schule geprägten Theorie der Emanzipation entgegengesetzt werden. Die Einstellung der rebellierenden Studenten zu den »Frankfurtern« ist von Beginn an, wie die traurige Institutsbesetzung[47], die demütigende Frauendemonstration gegen Adorno[48], die Anfang des Sommersemesters 1969 stattfand, und die in Umlauf gesetzten Texterinnerungen[49] zeigen, ambivalent, nicht erst später. Um so dringender muß auch dieser Zusammenhang von Politik und Erkenntnis zurechtgerückt werden.

Die starke Gewichtung der politischen Bedeutung von Alltagsinteressen, von Erfahrungen und Bedürfnissen, auf deren Entfremdung man sich zunächst voll einlassen müsse, um das Bewußtsein und Verhalten der Menschen im Sinne von Befreiung und Selbstbefreiung zu verändern – dieses Pathos ist zur Zeit kaum noch verständlich; aber nicht etwa deswegen, weil es nachträglich unangemessen wirkt, daß wir darin eine entschieden neue politische Position erblickten, sondern weil Forderungen wie »Lernen durch Erfahrung«, »an Alltagsbedürfnissen und Interessen anknüpfen« usw. so selbstverständlich für reflektiertes politisches Handeln geworden sind, daß die ursprünglichen Frontstellungen darin nicht mehr erkennbar sind.

Die Wurzeln des Sozialistischen Büros sind verzweigt. Ende der sechziger Jahre gegründet, erlangt es innerhalb weniger Jahre eine zentrale Bedeutung im weiten Spektrum der Linken. Einer der Gründe für diese spektakuläre Entwicklung des Sozialistischen Büros besteht darin, daß Politik hier nicht mehr verstanden wird als eine Kalkulation im vordergründigen Rahmen von Machtfragen, sondern als eigentümlicher Produktions- und Kommunikationsprozeß. Das Büro ist so aufgegliedert, daß die jeweiligen Arbeitsfelder ihre eigenen Zugänge, Arbeitsmittel, Ziele und Voraussetzungen solcher Umgestaltungsprozesse entwickeln können: Die Arbeitsfeldkonzeption ist die Basis dieser Organisationsidee, die zentrale Koordination und dezentrale Praxis miteinander zu verknüpfen sucht. Solche Arbeitsfelder sind zum Beispiel Schule, Sozialarbeit, Betrieb. Der Zentrale obliegt es, vorhandene politische Arbeitsprozesse zu koordinieren und, auf spezifischen Arbeitstagungen und in der Zeitschrift »links«, mit Entwicklungsperspektiven der Gesamtgesellschaft und geschichtlichen Zusammenhängen zu verbinden.

Der zweite Grund für die rasche Entwicklung des Sozialistischen Büros besteht darin, daß im Milieu einer mehr und mehr zerfasernden Öffentlichkeit der Linken, deren relativ dicht geschlossene Gesinnungsgemeinschaften in eine wilde Abgrenzungskonkurrenz zueinander treten, indem die einen immer radikaler und revolutionärer sein wollen als die anderen, das Sozialistische Büro bewußt aus diesem Konkurrenzkampf ausschert und sich als Organisationsforum des überfraktionellen Bewußtseins versteht. Um eine diskutierende Öffentlichkeit für die entscheidenden gesellschaftlichen Probleme herzustellen, läßt das Sozialistische Büro Nichtmitglieder zu Wort kommen, auch solche, die dieser Einrichtung eher feindlich gesinnt sind, wie zum Beispiel Daniel

Cohn-Bendit, ohne daß das Sozialistische Büro deshalb unter Identitäts-
bedrohung leidet.

Ein dritter Grund für den Erfolg des Sozialistischen Büros in dieser
Zeit besteht in der produktiven Integration von drei höchst verschiedenen Ansatzpunkten politischer Arbeit, die immer stärker auseinander-
zufallen drohen. Das ist zum einen die sozialistische Komponente, die
Umgestaltung der Arbeitsgesellschaft, die Bedeutung der Gewerkschaften für Emanzipationsprozesse. Man kann nicht sagen, daß traditionelle
Sozialisten marxistischer Herkunft im Sozialistischen Büro den Ton
angeben; aber die Präsenz einer Reihe von Personen mit unzweifelhaft
integren Lebensgeschichten verleiht dem undogmatischen und lebendigen Sozialismus große Überzeugungskraft.[50]

Ein weiterer Traditionsstrang, den das Sozialistische Büro aufnimmt,
ist die ursprüngliche Außerparlamentarische Opposition, die mit dem
Kampf gegen die Wiederbewaffnung Mitte der fünfziger Jahre einsetzte; ihren Höhepunkt erreichte sie in der Opposition gegen die Notstandsgesetzgebung. Eine nicht unerhebliche Komponente schließlich,
die das Sozialistische Büro ausmacht, besteht in der Fortführung substantieller Ansätze der 68er Protestbewegung: Politisierung von Interessen und Bedürfnissen, Veränderung der Verhältnisse, indem die Menschen sich verändern, unkonventionelle Methoden, demokratische
Selbstbestimmungsrechte einzuklagen.

Als ich 1972 dem Sozialistischen Büro beitrete, ist es die inhaltliche
Anreicherung eines neuen Verständnisses von Sozialismus – ohne die
trügerischen Töne eines hohlen revolutionären Pathos, das sich innerhalb der Linken breitmachte –, worin für mich die größte Überzeugungskraft liegt. Diese praktischen Organisationserfahrungen haben
mich in meinem Politikverständnis zutiefst geprägt.

5. Demokratie und Sozialismus

Demokratie und Sozialismus sind die Eckpfeiler jeder Emanzipationsbewegung in der Geschichte des zwanzigsten Jahrhunderts, soweit sie aus der Durchsetzung von Grund- und Menschenrechten ihre Kraft beziehen. Das ist die einhellige Überzeugung der undogmatischen Marxisten und der Sozialisten, die sich im Umkreis des Sozialistischen Büros bewegen. Bestimmt man demzufolge Aufgaben einer linken Politik, so lassen sie sich um zwei organisierende Zentren gruppieren: um die Durchsetzung der Menschenrechte und um die Gestaltung der Arbeit. Wo immer der Kampf gegen Erniedrigung, gegen Verletzungen der menschlichen Würde geführt wurde, konnte er langfristig nur erfolgreich sein, wenn er sich gleichzeitig auf die Beseitigung der Ausbeutung richtete, auf die grundlegende Veränderung des Systems gesellschaftlicher Arbeit.

Die Konservativen haben immer ein sicheres Gespür dafür gehabt, wie bedeutsam es für die Stabilisierung des Herrschaftssystems ist, über das Symbolspektrum der öffentlichen Sprache zu verfügen. Die Linke hat nicht in gleicher Weise ein Bewußtsein davon entwickelt, daß die sprachliche Waffenlosigkeit ein wesentliches Element der politischen Machtlosigkeit ist. Dieter Sterzel sprach bei einer Betrachtung der inzwischen fast vergessenen verschiedenen Lesarten von Berufsverboten mit Recht von gefährlichen Wirkungen des »Wort- und Terminologieverbots« in unserer Gesellschaft.[51] Von dieser Enteignung ist der Begriff der Demokratie ebenso betroffen wie der des Sozialismus. Das ist keine Frage von »bloßen« Worten oder von austauschbaren Definitionen; es geht hier vielmehr um die in solchen Begriffen kommunikationsfähig gewordenen geschichtlichen Erfahrungsgehalte, um die Aufbewahrung erlittener Verletzungen und um das Festhalten an Ansprüchen auf ein besseres Leben.

Gewiß, viele gute Gründe lassen sich ins Feld führen, warum man auf den Gebrauch mancher Worte, die mit großen Hoffnungen besetzt waren, ihren utopischen Gehalt jedoch durch Mißbrauch der eigenen Leute oder durch reaktionären Verschleiß vollständig eingebüßt zu haben scheinen, lieber verzichten sollte. Wer die zu dinglicher Gewalt geronnene Formel von der »freiheitlich-demokratischen Grundordnung« im Kopf hat und daran denkt, wie gerade die autoritärsten westlichen Regierungen darauf bedacht gewesen sind, aus inszenierten Menschenrechtskampagnen Kapital für aggressive Feinderklärungen zu schlagen, der wird moralische Hemmungen haben, mit solchen Worten in aller Unschuld umzugehen. Die Tatsache, daß Menschenrechte, Demokratie, Freiheit, Christentum mißbraucht worden sind, ändert jedoch nichts daran, daß sie für Millionen von Menschen mit Anklage und Protest verknüpft sind und als Kampfbegriffe auf die Herstellung menschenwürdiger Daseinsbedingungen gerichtet bleiben.

Wer glaubt, das Wort Sozialismus nicht mehr in den Mund nehmen zu können, weil zuviel Unrecht in seinem Namen geschehen ist, der muß alles als Lug und Trug abwerten, wofür Millionen von Menschen länger als ein Jahrhundert ihren Kopf hingehalten haben, in der Hoffnung auf Änderung des Systems gesellschaftlicher Arbeit, auf gerechtere Verteilung der materiellen und kulturellen Lebenschancen. Es geht in allen diesen Fällen eben nicht nur um den Verlust von Worten, sondern um Auszehrungen und Verkehrungen der Sachen, für die sie stehen.

Es ist diese selbstverschuldete Ideologie der schnellen Verabschiedungen, die es unmöglich gemacht hat, aus Erfahrung zu lernen, die ein kollektives Selbstverständnis verhindert, in dem vergangene Fehler und Fehleinschätzungen anders als durch Öffentlichkeitsentzug und Verdrängung bewältigt werden. Auch die Linke hat ihre unaufgearbeitete, unbewältigte Vergangenheit.

Ohne bewußt vollzogene Rückwendung zur eigenen Geschichte bleibt deshalb die Linke, trotz allem Bienenfleiß beim Ansammeln von Erfahrungen und Alternativprojekten, in einem trägen Zustand der Erfahrungslosigkeit, ohne autonome Traditionsbildung, die eine kontinuierliche Selbstverständigungsdebatte ermöglichte. Auf die »Mühsal der Besten«, der linken Praktiker ebenso wie der Theoretiker, wird zutreffen, was Herrn Keuners Alptraum ist: die mühevolle Vorbereitung seines nächsten Irrtums.

Um diesem nutzlosen und quälenden Wiederholungszwang zu entgehen, will ich erinnern und vergegenwärtigen, was für mich persönlich Demokratie und Sozialismus in ihrem konkreten Spannungsverhältnis eines praktischen Organisationsgebildes ausmacht. Als ich 1972 die im Sozialistischen Büro geführte Auseinandersetzung über Perspektiven sozialistischer Politik auf die Parole zuspitzte: »Nicht nach Köpfen, sondern nach Interessen organisieren!«, war das in der politischen Abgrenzung nach zwei Seiten hin begründet: zum einen gegen die aus dem Boden schießenden proletarischen Ersatzparteien, die sich mit der revolutionären Tradition des Sozialismus schmückten, demokratische Rechte in den eigenen Reihen und in bezug auf die Gesamtgesellschaft dagegen allenfalls als taktische Kampfmittel gelten ließen. Zum anderen gegen die für Lebensinteressen der Menschen undurchdringlich geworene Mauer der repräsentativen Demokratie, die sich des Mediums der repressiven Toleranz einer entpolitisierten Öffentlichkeit ebenso zu bedienen verstand wie der Gewalteingriffe des Sicherheitsstaates. Der Forderung »Demokratie hier und jetzt! An Ort und Stelle!« lag das legitime Bedürfnis zugrunde, ein neues Politikverständnis zu entwickeln, Politik als einen auf Lebensinteressen bezogenen Produktionsprozeß zu begreifen und im überschaubaren Umkreis der eigenen Erfahrung überprüfbar zu machen, worin der Befreiungsgehalt politischen Handelns und demokratischer Selbstorganisation besteht und was demgegenüber Ausdruck modernisierter Herrschaftspraktiken ist.

Diese Position ist nach wie vor richtig, und Perspektiven, wie linke Politik, die ohne diesen strukturellen Basisbezug betrieben wird, verhindern könnte, in die Maschinerie der Repräsentationen und der Stellvertretungen zu geraten, sind nicht erkennbar. Gleichwohl ist es notwendig, sich der veränderten Bedingungen einer solchen Politik bewußt zu werden.

Zahllose Initiativen und Projekte haben, nachdem sich Ende der siebziger Jahre der Alptraum der Roten Armee Fraktion (RAF) und der K-Gruppen aufgelöst hat, zu einer solchen praktischen Verallgemeinerung des Interessenansatzes geführt, daß darüber der spezifische Organisationszusammenhang, in dem diese Wendung zur politischen Artikulation von Alltagsinteressen eingebunden war, völlig aus dem Bewußtsein der Linken geriet. Ich meine damit die im Sozialistischen Büro entwickelte Konzeption der Arbeitsfelder. Man mag heute darüber denken, wie man will, unmißverständlich war jedenfalls die Position, daß Emanzipationsprozesse immer den ganzen Lebenszusammenhang der Menschen betreffen, also nicht nur ihre Erfahrungen in den Wohnbereichen und den Stadtteilen, in den Schulen und auf den Straßen, sondern auch in den Betrieben und Verwaltungen. Wenn sich auch in der konkreten politischen Arbeit des Sozialistischen Büros und in der Zusammensetzung der Mitglieder schon früh der Schwerpunkt zu den sogenannten Reproduktionsbereichen verschob, so hatte doch in der Idee dieser Organisation das sozialistische Element, die Veränderung der Produktionsverhältnisse, die Umgestaltung des »Arbeitsfelds Betrieb«, eine maßgebliche und von dieser Art von Politik unabtrennbare Bedeutung.

Zu keiner Zeit habe ich daran gedacht, daß sich aus der bloßen Summe politisierter Interessen oder der Arbeitsfelder eine verbindliche

Strategie der Linken ergeben könnte. »Die Konzeption der Arbeitsfelder hat eine zentrale strategische Funktion in der politischen Aufarbeitung und in der erfahrungsbezogenen Vermittlung zwischen individuellen Interessen und objektiven Klasseninteressen... Es wäre freilich eine gefährliche Illusion, die in den Arbeitsfeldern angelegte Entfaltung der Dialektik zwischen diesen objektiv widersprüchlichen Interessenebenen, die durch die einzelnen Lebensbereiche hindurchgehen, als einen spontanen Prozeß zu begreifen, dessen Resultate dann nur noch zentral zusammengefaßt werden müssen.«[52]

Was im Sozialistischen Büro an organisatorischen Vermittlungsansätzen zwischen Demokratisierung und sozialistischen Positionen angelegt war, hat sich jedoch in der Aktionspraxis der neuen sozialen Bewegungen, die sich in den achtziger Jahren daran anschlossen, nicht durchsetzen können. Das festzustellen bedeutet für mich nicht, daß dieser Ansatz ausgetragen und geschichtlich widerlegt wäre. Vielmehr sind wir heute, nach über zwanzig Jahren, in denen weder eine ernstzunehmende Demokratiedebatte noch eine über Sozialismus geführt worden ist, mit dem elementaren Tatbestand konfrontiert, daß uns selbst zentrale Begriffe eines möglichen politischen Selbstverständnisses, das über die zersplitterten Erfahrungsfragmente hinausginge, enteignet worden sind. Die Verödung des politischen Theoriebodens der Linken macht es deshalb nicht nur erforderlich, die abgerissenen historischen Fäden wieder zu knüpfen, sondern zunächst vor allem um die Rückgewinnung eines eigenständigen Terrains der politischen Sprache zu kämpfen.

So entspricht die völlige Entdifferenzierung des linken Demokratiebegriffs offenbar der Angst, die Lebendigkeit des Prozeßdenkens zu verlieren und bürokratischer Verdinglichung anheimzufallen, wenn auch nur ein kleiner Schritt zur institutionellen Befestigung der mit Selbstregulierung in eins gesetzten »authentischen« Demokratie gemacht ist. Das produziert eine eigene Dialektik der Verkehrungen. In dem Maße, wie Demokratie als politisch-soziale Form der »Demokratisierung« rückübersetzt und darin festgehalten wird, formalisiert sie sich zur reinen, »leeren Bewegung«. Es ist dann eine Frage der Zeit, wann die institutionell differenzierten und Entlastungsbedürfnissen entgegenkommenden Formen der bürgerlichen Demokratie diesen Leerraum wiederum besetzen. Die Linke hat keinen sozial-kulturell angereicherten Begriff der Demokratie und ihm entsprechende autonome Organisationsformen entwickelt. Die unausgetragene Dialektik von Prozeß und Produktionsresultat zwingt ihr jetzt eine Diskussion auf, in die sie mit leeren Händen geht und in der sie sich genötigt sehen könnte, aus Realitätsmangel der eigenen alternativen Vorstellungen mehr oder minder offene Bekenntnisse zum bürgerlichen Rechtsstaat und zu den Institutionen der bürgerlichen Demokratie abzugeben, ohne das inhaltlich füllen zu können.

Es mag konstruiert erscheinen, wenn ich sage, daß dem zum Abgrenzungsbegriff formalisierten Demokratieverständnis die völlige Ausgrenzung des Sozialismus aus dem Symbolspektrum der linken Politik entspricht. Wer keine Vorstellung von der Gesamtorganisation der kommenden Gesellschaft hat, wie sie sein soll, keine Vorstellung vom Ziel des gegenwärtigen Kampfes, dem fehlt auch das Motiv, aus der Praxis gewonnene Erfahrungen mit demokratischem Handeln aufzubewahren und theoretisch zu einem eigenen Vorstellungszusammenhang von Demokratie zu verarbeiten.

Es geht hier jedoch nicht darum, geschichtlich konstante Beziehungen zwischen Demokratie und Sozialismus zu beschwören. Jede Generation muß sich das Verhältnis von Demokratie und Sozialismus neu erarbeiten; aber nicht nur dieses Verhältnis bedarf der geschichtlichen Spezifizierung, auch die Sachverhalte, die hier in Beziehung gesetzt werden sollen, verändern sich in ihrer jeweiligen inneren Zusammensetzung.

Eine kurze historische Erinnerung ist deshalb sinnvoll. Im Verhältnis von Demokratie und Sozialismus lassen sich, grob gesprochen, drei Entwicklungsphasen unterscheiden. Die des Ideals, ihrer kompletten und bruchlosen Identität durch Realisierung, hat Wolfgang Abendroth einmal so formuliert: »Sozialismus ist nichts anderes als die allseitige Verwirklichung dieses Gedankens der Demokratie, das aus einem System politischer Spielregeln zum inhaltlichen Prinzip der gesamten Gesellschaft, zur sozialen Demokratie, erweitert wird.«[53] Da Emanzipation der Arbeiterklasse und Realisierung des sozialkulturellen Inhalts der bürgerlichen, das heißt bloß formalen Demokratie untrennbar aneinander gekoppelte Vorgänge sind, mußte es Marx und Engels offenbar überflüssig erscheinen, eine gesonderte Theorie der Demokratie und des sozialistischen Staates zu entwickeln. Deren eigenes, lebendig arbeitendes Dasein erschien ihnen, wofür die Pariser Kommune Anschauungsmaterial lieferte, ausreichender Beweis der gleichlaufenden Definition von Demokratie und Sozialismus zu sein.

Die zweite Phase leitet Rosa Luxemburg ein. Mit der Erfahrung von Oktoberrevolution und Lenins Parteiorganisation formuliert sie ein

Spannungsverhältnis, das praktisch zwei sich widersprechenden Realitäten gleichkommt: »Keine Demokratie ohne Sozialismus, kein Sozialismus ohne Demokratie.« Sie drückt damit eine Befürchtung aus, die erst viel später traurige Realität wurde. Wer das System gesellschaftlicher Arbeit verändert, wer die Regulierungsmechanismen des Marktes, das Wertgesetz durch gesamtgesellschaftliche Planungen ersetzt und kapitalistische Lohnarbeit abzuschaffen versucht, der hat lange noch nicht erreicht, daß die Vor-Geschichte beendet ist, daß die Menschen ihre Angelegenheiten in demokratischer Selbstorganisation autonom regeln, also zu wirklichen freien Subjekten geworden sind. Sozialismus und Demokratie sind weder identisch, noch lassen sie sich voneinander abtrennen.

Es ist nun ein charakteristisches Merkmal der dritten Phase in der Entwicklung dieses Verhältnisses, daß innerhalb der Linken extreme Ausschläge zu der einen oder der anderen Seite hin erfolgen. Nachdem Anfang der siebziger Jahre die Studenten Tag und Nacht mit politischer Ökonomie traktiert wurden und nichts innerhalb des linken Spektrums auf Anerkennung und Ansehen rechnen durfte, was kein revolutionäres oder sozialistisches Kennzeichen besaß, scheint heute, da die sozialistischen Großprojekte im Westen und das mit Sozialismus und Kommunismus dekorierte Unternehmen des Ostblocks offensichtlich gescheitert sind, eher die Neigung zu bestehen, Demokratie zur alles beherrschenden Idee der um ihre Selbstbefreiung ringenden Subjekte zu machen. Sozialismus ist dagegen zur Privatangelegenheit heruntergekommen. Es ist zu vermuten, daß bei der ungeheuren Spannungslage der dem Kapitalismus eigenen Probleme dieser Begriff sehr bald wieder eine extreme und dadurch vereinseitigte Aufwertung erfahren wird (oder ein anderer Begriff, der sachlich etwas Ähnliches bezeichnet).

Die westdeutsche Linke befindet sich gegenwärtig mit ihrem politischen Selbstverständnis in einer besonders kritischen Situation. Sie hat alle Chancen, eine zukunftsfähige und überzeugende Alternative zur bestehenden Gesellschaft zu entwickeln, und sie kann diese Chance ebensogut vertun, wenn sie die endlich gewonnene innere Offenheit im Stillstand der repressiven Toleranz hält, das heißt des pragmatischen Nebeneinanders aller möglichen Positionen. Die einmalige Möglichkeit des Neubeginns liegt darin, daß zum ersten Mal seit fünfundzwanzig Jahren die fixierten Feindpositionen innerhalb der Linken ebenso wie in der globalen Konfrontation weitgehend verschwunden sind, so daß öffentliche Auseinandersetzungen mit dem Ziel der Selbstklärung nicht mehr unter dem Druck der Bekenntnisse und der moralischen Solidarisierung stehen müßten.

Die gegenwärtige gesellschaftliche Krise zwingt uns Entscheidungen auf, für die es in der modernen Geschichte keine Beispiele gibt. Da eine Krisenbewältigung auf dem Boden der bestehenden Gesellschaft, wie die jahrzehntelange Entwicklung der westlichen Gesellschaftsordnungen und vor allem die Probleme der Dritten Welt zeigen, unmöglich zu sein scheint, müssen wir unsere theoretische und praktische Phantasie darauf wenden, Perspektiven für eine neue Gesellschaft zu entwickeln. Das wäre keine utopische Konstruktion, sondern ein begründeter, auch durch wissenschaftliche Analysen abgesicherter Gesellschaftsentwurf, in dem die heutigen Erfahrungen, Hoffnungen und Lebensansprüche der Menschen zu einem Gesamtbild zusammengefügt werden, das praktische Überzeugungskraft hat.

Aus einem solchen kräftigen Impuls an Zukunftserwartungen ist die Idee des Sozialismus geboren, und die Linke ist, insoweit sie sich entschlossen hat, das gesamte sozialistische Projekt als gescheitert zu betrachten, bis heute nicht imstande gewesen, für die organisierende Kraft dieser Idee einen angemessenen Ersatz zu schaffen.[54] So wäre es an der Zeit, sich Gedanken darüber zu machen, ob die Kritik an patriarchalischen Herrschaftsformen in der Problematisierung des Geschlechterverhältnisses, ob die existenziell zugespitzte Problematik der Ökologie, der Kampf für Frieden und Menschenrechte – ob alle diese für die Linke zentralen politischen Projekte eine so grundlegende neue Dimension haben, daß sie eine wiederangeeignete und mit Leben erfüllte Konzeption des Sozialismus notwendig sprengen müssen. Ich halte das für unwahrscheinlich. Eine öffentliche Debatte über Demokratie und Sozialismus, über neugewichtete Beziehungen von Ökologie und Ökonomie wäre ein erster wichtiger Schritt zur Lösung des Selbstverständigungsdilemmas der Linken.

6. Die »demokratische Frage« als politischer Traum

In dem Maße, wie die alptraumhaft auf dem Leben der Gesellschaft lastenden militärischen Machtblöcke sich auflösen und Züge der Zivilgesellschaft mit geregelten Verfahren der Konfliktbearbeitung weltweit in Erscheinung treten, zeigen sich Tendenzen zur Zivilisierung der politischen Herrschaft, aber die »demokratische Frage« wird deshalb nur um so aktueller.[55]

Die von militärischen Tugenden und dem Feudalabsolutismus befreite Industriegesellschaft wurde in der ersten Hälfte des neunzehnten Jahrhunderts von Auguste Comte, dem Begründer der modernen Soziologie, als eine friedfertige Zivilgesellschaft begriffen. Das hat sich als eine der folgenreichsten Selbsttäuschungen der europäischen Wissenschaftsgeschichte erwiesen. So ist Skepsis angebracht gegenüber allen Friedensutopien, die sich auf den guten Willen verlassen. Herrschaftssysteme zerfallen nicht einfach, auch die schlimmsten der Geschichte nicht – und wenn sie zerfallen, lassen sie in der Regel menschliche und politische Ruinenlandschaften zurück.

Deshalb ist auch die 68 öffentlich thematisierte »demokratische Frage« in ihren eigenen, aus sich selbst produzierten tragischen und kuriosen Verwicklungen zu sehen. Ein erhebliches Maß an reflektierender kritischer Gesellschaftstheorie ist erforderlich, um die eigenen Machtphantasien auf den Boden der realen Machtverhältnisse zurückzuholen.

»Wir wollen alles!« war Schlachtruf der Frankfurter Sponti-Szene mit ihrem Zentralorgan »Pflasterstrand«. Die Gruppe »Revolutionärer Kampf«, eine Frankfurter Lokalorganisation, hat nach 68 am konsequentesten die Ideen des Rätekommunismus weiterverfolgt, versetzt freilich mit viel anarchistischem Beutegut. Über die Jahre leistete sie aktive und teilweise auch erfolgreiche Betriebsarbeit, mußte am Ende aber erfahren, daß sie eine Studentengruppe geblieben war – ein Scheitern, das wohl weniger auf den Mangel an revolutionärem Willen und praktischer Findigkeit zurückzuführen ist als auf die arrogante Geringschätzung jeder Form kritischer Gesellschaftstheorie. Theorie hat ja unter anderem die politisch höchst produktive Funktion, daß man Fehler nicht ständig wiederholen muß oder nicht erst durch blutige Erfahrungen feststellt, was Machtverhältnisse in einer Gesellschaft sind. Der Satz »Durch Schaden wird man klug« drückt nur begrenzt Weisheit aus; fortwährender Schaden führt zur Beschädigung des Eigenurteils und macht am Ende dumm. Erstaunliche Häutungen vollziehen sich; die, die vor Spontaneität kaum laufen können, machen plötzlich Sprünge, die sie ins Lager der Systemtreuen führen – Staatsorientierung, Stellvertreterpolitik, Marktwirtschaft. So mußte die in diesen Gruppierungen immer wieder beschworene Dialektik von Spontaneität und Organisation zerbrechen, und am Ende stellte sich, unter dem Deckmantel von Spontaneität, dieselbe personalisierte Organisationspraxis her wie in den altersschwachen, verknöcherten Organisationsgebilden der K-Gruppen.

Was den »Revolutionären Kampf« als politische Gruppe mit proletarischen Ansprüchen scheitern ließ, war der unaufgearbeitete Antigewerkschaftskomplex und das Ignorieren des Tatbestandes, daß der politische Zugang zu den Arbeitern in Deutschland über die Gewerkschaften läuft, nicht an ihnen vorbei oder gegen sie. Den Nachfahren dieser Gruppe ist es bis zum heutigen Tage, selbst wenn sie sich bis in hohe politische Ämter gearbeitet haben, nicht gelungen, in der Arbeiterschaft Fuß zu fassen, wenn auch bei Jüngeren durchaus Wahlsympathien bestehen.

Vielleicht ist es als Lernprozeß aus so vielen Jahren radikaler, mit höchsten Ansprüchen öffentlich demonstrierter Praxis doch ein bißchen wenig – selbst angenommen, daß es mehr und auch von anderer Qualität ist als das, was die proletarischen Parteisekten hinterlassen haben –, wenn Cohn-Bendit festhält: »Aus ihr (der Gruppe des Revolutionären Kampfes) ist ein soziales Milieu entstanden, eine ›Scene‹ mit einer Vielheit von Untergruppen, die sich in alle Richtungen hin entwickeln.« Ja, aber viele einzelne enttäuschte Lebensgeschichten entwickeln sich auch in Richtung eines vorauseilenden Gehorsams, der sich staatlich und institutionell einbinden läßt und den Blick für eine alternative Gesellschaft auf unabsehbare Zeit verzerrt.

Ich will das hier nur feststellen, mich auf keinen Fall darüber erheben. Mir ist eine Begebenheit in lebhafter Erinnerung, die ausdrückt, wie stark der Impuls der Veränderung den Blick auf die Machtverhältnisse bestimmte; wie sehr, trotz der demonstrativ zur Schau gestellten politischen und ökonomischen Analyse der Klassenverhältnisse, die politischen Wachträume die Wirklichkeit überlagerten. Als Gast bei einer Vorstandssitzung des Republikanischen Clubs in Westberlin im Herbst 1967 nahm ich mit einer gewissen Verblüffung eine von Horst Mahler angeregte und mit konkreten Vorstellungen eingeleitete Diskussion auf, in der es um die personelle Zusammensetzung eines Westberliner Rätekongresses ging, der demnächst einberufen werden müsse, da sich von Tag zu Tag die Zeichen mehrten, daß der politische Senat seinen Bankrott erklären werde. Niemand in der Runde fühlte sich zum Lachen gereizt oder machte Anstrengungen zu widersprechen; auch gestandene Gewerkschafter, die dabeiwaren, rückten nichts zurecht. Mein eigenes Schweigen suchte ich nachträglich damit zu entschuldigen, daß ich ja nur Gast gewesen sei und Westberlin aufgrund seiner prekären Lage ohnehin einen Bonus an zulässigen Verzerrungen habe. Das ist natürlich eine Ausrede gewesen, denn für ganz ausgeschlossen, daß wir siegen könnten, habe auch ich es nicht gehalten.

Der entscheidende Ausgangspunkt für die heutige Beurteilung der 68er Bewegung ist in der Tat die Wirklichkeitsanalyse, die es damals gab. Die verschiedenen Positionen, die später hervortraten, resultierten in wesentlichen Punkten aus der Einschätzung der politischen Wirklichkeit der westdeutschen Republik. Konzeptionen, Organisationsvorstellungen, die Tragweite von Absichten und Wünschen sind Resultate, Reaktionen auf diese Realitätsdeutungen eines Gesellschaftszustandes, der total brüchig wirkte und mit jedem staatlichen Gewaltakt, der die Studenten und Jugendlichen traf, an der eigenen Aushöhlung seiner Legitimationsgrundlage zu arbeiten schien. Es ist schwer, die Atmosphäre allgemein zu beschreiben, in der eine revolutionäre Umwälzung als objektiv möglich in Erscheinung trat, ja für manche mit Händen greifbar war. In der Bestürzung über das Ausmaß der Gewaltreaktionen von etablierten Institutionen, des Staates ebenso wie der liberalen Öffentlichkeit, war die geheime Hoffnung mitenthalten, daß ein politisches Herrschaftssystem einen solchen Autoritätszerfall nicht überleben könne. Ein radikales Bewußtsein davon zu entwickeln und den Mut aufzubringen, das scheinbar Unmögliche zu wollen, Politik als die Kunst des Unmöglichen zu begreifen – das erschien vielen als ein entscheidender politischer Akt.

Darin stellt sich jene von mir ganz zu Anfang erwähnte gesellschaftliche Vergleichssituation zur 68er Bewegung her, die es in dieser Weise nur im sogenannten Vormärz, also dem Vorlaufklima der europäischen Revolutionsbewegung von 1848 gegeben hat. Das Hambacher Fest, Heinrich Heine und Georg Büchner, die linkshegelianischen Philosophen des Vormärz sind, wenn Vergangenheit überhaupt herangezogen werden darf, um für die Protestbewegung einen geschichtlichen Vergleich zu schaffen, die geeigneten Beispiele; auch wenn solche Analogien immer schief wirken müssen. Das Arbeitsprogramm, das in der Protestbewegung von 68 angelegt war, bestand in vieler Hinsicht darin, geschichtlich Liegengebliebenes, Vergessenes und in Bereiche unterschlagener Wirklichkeit Abgedrängtes wieder ins Licht der Öffentlichkeit zu bringen.

Viele Menschen haben 68 die Hoffnung, daß in der Vergangenheit aufgestaute Probleme – wie das, welches sich in dem fordernden Selbstversprechen ausdrückte: »Nie wieder Krieg! Nie wieder Auschwitz!« – endgültig ausgestanden sind, wenn auch nicht für die gesamte Menschheit. Oder daß der uneingelöste Anspruch des demokratischen Sozialismus durch die mutigen Aktionen der Studenten und Jugendlichen der Lösung ein Stück näher gebracht werden könnte. »Verliebt ins Gelingen« – dieses tröstende Wort Blochs mag inhaltlich von vielen Köpfen Besitz ergriffen haben. Äußerst ambivalent waren alle diese Forderungen, sicherlich, aber doch mit einer überschüssigen Erwartungshaltung verbunden, die gefühlsmäßig eher auf ein Gelingen gerichtet war.

Ich habe diesem Großkapitel die Überschrift »Der politische Tagtraum von direkter Demokratie« gegeben. Vieles in dieser Zeit ist Traum, später werden die zerfaserten Träume auch Alpträume. Jeder Traum ist eine Wunscherfüllung, wie Freud sagt, auch der Alptraum. Als politische Wachträume bezeichne ich – im Unterschied zu Tagträumen, die das Noch-Nicht auf dem gleichen Niveau des Unerfülltseins halten möchten – den Willen und die strategische Phantasie, überschüssiges utopisches Bewußtsein Wirklichkeit werden zu lassen. In die politischen Wachträume gehen individuelle Befreiungsbedürfnisse ebenso ein wie geschichtliche Einschätzungen, wofür die Zeit reif ist.

Sogesehen ist der junge Marx einer der größten politischen Wachträumer; allerdings bestand die politische Aktion für ihn wesentlich darin, Traum und Wirklichkeit in der Arbeit des Bewußtseins zu vermitteln, »die aus den eigenen Formen der existierenden Wirklichkeit die wahre Wirklichkeit als ihr Sollen und ihren Endzweck« entwickelt. Kritische Philosophie ist Selbstverständigung der Zeit über ihre Kämpfe und Wünsche. Reform des Bewußtseins, was vielleicht der treffendste Ausdruck für die Bewegung von 68 sein könnte, besteht darin, »daß man die Welt ihr Bewußtsein inne werden läßt, daß man sie aus dem Traume über sich selbst aufweckt, daß man ihre Aktionen ihr erklärt«.[56]

Marx muß subjektiv in einer sehr ähnlichen Situation gewesen sein wie die Bewußtseinsträumer von 68. Als er 1843 (also fünf Jahre vor dem Ausbruch der kontinentaleuropäischen Revolutionen, die ihre Versprechungen in keinem der Länder, in denen sie ausgebrochen waren, zu halten vermochten) im Interesse der Zukunft das Einklagen der Vergangenheit forderte, war nach 1789 die Entwicklungsrichtung der bürgerlichen Gesellschaft zum zweiten Male geöffnet – einen Türspalt breit zur proletarischen Emanzipation.

»Es wird sich dann zeigen«, sagt Marx selbstsicher und prophetisch zugleich, »daß die Welt längst den Traum von einer Sache besitzt, von der sie nur das Bewußtsein besitzen muß, um sie wirklich zu besitzen. Es wird sich dann zeigen, daß es sich nicht um einen großen Gedankenstrich zwischen Vergangenheit und Zukunft handelt, sondern um die Vollziehung der Gedanken der Vergangenheit. Es wird sich zeigen, daß die Menschheit keine neue Arbeit beginnt, sondern mit Bewußtsein ihre alte zustande bringt.«[57]

Der bewußtgemachte Traum einer Sache ist der wirkliche Besitz dieser Sache: Diesen erzidealistischen, sehr menschlichen Wachtraum können wir uns heute nicht mehr erlauben; die politische Unschuld der Ideen ist uns im zwanzigsten Jahrhundert verlorengegangen.

Zur Notstandsopposition – Fernsehrede im Hessischen Rundfunk

Um noch einmal vor der Ende Mai 1968 stattfindenden dritten und abschlie-ßenden Lesung zu den Notstandsgesetzen die ganze Breite der Opposition mobilisieren zu können, hatte sich in Frankfurt eine Initiativgruppe gebildet, zu der unter anderem Ludwig von Friedeburg, Alexander Mitscherlich und Jür-gen Habermas gehörten. Diese Gruppe wollte einflußreiche Leute auf einer gemeinsamen Fernsehveranstaltung zusammenbringen. Dem vorausgegangen war ein Go-in von Professoren der Frankfurter Universität, die sich beim IG-Metall-Vorstand einfanden, wo Adorno in einer kurzen Rede, in wohl-durchdachten und gewiß nicht immer verständlichen, aber politisch überzeu-genden Sätzen, vor Otto Brenner und dem Vorstand an die Gewerkschaften appellierte, der Verabschiedung der Notstandsgesetze die Zustimmung zu ver-weigern.

Im Vorfeld dieser Fernsehveranstaltung, auf der etwa zwanzig Leute reden sollten, kam es auf einer Sitzung im Soziologischen Seminar der Myliusstraße zu Auseinandersetzungen zwischen den Initiatoren und Vertretern der Studen-ten. Der Konflikt bestand wohl darin, daß der Sozialistische Deutsche Studen-tenbund von dieser Veranstaltung ausgeschlossen werden sollte. Als die Studen-ten unter diesen Umständen mit Störungen drohten, erklärte man sich bereit, über einen vom SDS benannten Sprecher zu verhandeln. Diese Verhandlun-gen zogen sich ziemlich lange hin. Schließlich wurde ich als Redner vorgeschla-gen und von den Initiatoren akzeptiert.

Auf der Rednerliste stand ich an siebzehnter Stelle. Der größte Teil der Reden war äußerst prägnant und spitzte das Problem der Notstandsgesetze auf dem Hintergrund einer wenig aufgearbeiteten Vergangenheit zu. Es redeten Adorno, Rudolf Wiethölter, Rudolf Augstein, Hans Mayer. Als die Unruhe im Saal zunahm, rückte ich, wie der kluge Taktiker Ludwig von Friedeburg das vorgesehen hatte, in der Rednerliste noch vorne. Ich war zwar weiten Kreisen als Sympathisant der Gewerkschaften bekannt, hatte meine Rede jedoch mit antigewerkschaftlichen Attacken gespickt und versuchte die Aktivität der Außerparlamentarischen Opposition ins rechte Licht zu rücken; aber es half nichts mehr, ich kam zu spät. Als Bloch, der nach mir sprechen sollte, an die Reihe kam, konnte er die in den Saal strömenden Studenten schon begrüßen und sprach von einem frischen Wind, der »herfür komme«. Als Krahl und andere ihre Stimme im Saal erhoben, wurde vom Intendanten des Hessischen Rundfunks die Fernsehübertragung abgeschaltet, was zur Folge hatte, daß eine halbe Stunde später das ganze Rundfunkgelände von Tausenden von Leuten belagert wurde.

Die eher harmlose Rede, die ich damals hielt, ist zum ersten Mal 1971 ohne meine Kenntnis und ausdrückliche Billigung in einem Sammelband von Reden und Aufsätzen zur antiautoritären Bewegung mit dem Titel »Politik als Protest« erschienen, der unter der Federführung von Claudio Pozzoli herausgegeben wurde (Verlag Neue Kritik, Frankfurt am Main).

Die Notstandsopposition hat ein erfreuliches Echo unter den deutschen Intellektuellen und in breiten Schichten der Bevölkerung gefunden. Sie ist Symptom eines wachsenden politischen Interesses, das den demokratischen Erziehungsappellen der Nachkriegsgesellschaft entspricht und von dem sich vorerst kaum jemand guten Gewissens zu distanzieren vermag. Aber die Verschleierung und Entpolitisierung setzt schon ein, wenn die, die selbstsicher auf der Welle der Politisierung mitschwimmen, den Mut nicht aufbringen, die politischen Kerngruppen der Notstandsopposition zu nennen und sich mit ihren diskriminierten Exponenten öffentlich zu solidarisieren. Denn unter den vielfältigen Formen der Entpolitisierung findet sich eine, die nichts Spektakuläres an sich hat und doch höchst wirksam ist: das Verschweigen und Verdunkeln der politischen Ansprüche jener aktiven und radikalen Minderheiten, die organisatorische Träger der gegenwärtigen Protestbewegung sind.

Diese Fernsehveranstaltung sollte ursprünglich wohl ein Stück liberaler und diskutierender Öffentlichkeit sein. Hätten die Initiatoren bewußt darauf verzichtet, Öffentlichkeit zu zelebrieren, um durch einen Akt anerkennender Solidarität mit den politischen Zentren der Notstandsopposition die zweifelnden, unentschlossenen, aber politisierbaren Randgruppen zu erreichen, so könnten gegen diese Veranstaltung nur noch die Befürworter der Notstandsgesetzgebung Einwände erheben. Aber selbst die zum Ritual herabgesetzte argumentative Öffentlichkeit kam nur zustande, weil der SDS als aktivste, aber diskreditierteste Gruppe der Notstandsopposition von der Teilnahme an dieser Veranstaltung ausdrücklich ausgeschlossen und angefeindete Personen, wie Abendroth und Ridder, im Einladungsschreiben vorsichtshalber gar nicht erst genannt wurden. Wer der politischen Öffentlichkeit nur irgendeinen verständlichen Sinn zusprechen will, wird zugestehen müssen, daß deren Grundregeln hier von Anbeginn verletzt worden sind. Ich meine, die Verkümmerungsform der Öffentlichkeit hätte kaum besser dokumentiert werden können als durch die Entscheidung, abstrakt nach dem Privilegierungsgrad der Einflußchancen zu differenzieren, um die Teilnehmer unter Gesichtspunkten der Prominenz und nicht der politischen Repräsentanz auswählen zu können.

Der Intendant dieses Hauses ist für diese Regelverletzungen nicht verantwortlich zu machen. Denn der einzelne unterliegt einem ganzen System von Rechts- und Regelverletzungen, die zum Selbstverständlichen der Verfassungswirklichkeit so sehr geworden sind, daß ihre eigentliche Funktion, profilierte politische Alternativen zur bestehenden Herrschaftsordnung zu unterdrücken, gar nicht mehr wahrgenommen wird. Wer bringt noch die politische Phantasie auf, die tagtäglichen Stilisierungen in der Berichterstattung über außerparlamentarische Aktionen, die Entpolitisierung politischer Veranstaltungen, wie etwa dem Sternmarsch auf Bonn, in Funk und Fernsehen und anderes mehr auf die eingespielten Erwartungen einer Staatsbürokratie zurückzuführen, die schon immer »etwas außerhalb der Legalität« operierte und die verfassungsverräterischen Absichten, die sie seit je hegte, in der Notstandsgesetzgebung freimütig bekundete?

Wenn wir nicht Gefangene illusionärer Hoffnungen werden wollen, dürfen wir uns auf die liberale Öffentlichkeit nicht verlassen; nicht, weil die Außerparlamentarische Opposition stark genug wäre, auf liberale Verbündete zu verzichten, sondern weil die institutionalisierte Öffentlichkeit als politische und damit als Faktor der Politisierung nicht mehr existiert.

Und wir können uns auch nicht mehr auf die machtvollen Apparate der gewerkschaftlichen Massenorganisationen verlassen. Die sorgsam gepflegte Einheitsgewerkschaft mit ihren sechs Millionen Mitgliedern ist ein gefährlicher Mythos geworden; der DGB ist ein Koloß auf tönernen Füßen, den jedes nur halbwegs entschlossene autoritäre Regime wahrscheinlich widerstandslos zerschlagen könnte. Die traditionellen Parteiloyalitäten und der Zwang, konkurrierende Richtungen und Interessen in einheitlichen Programmen auszugleichen, reduzieren die politischen Initiativen auf ein Minimum, durch das die systemgefährdenden Konflikte neutralisiert werden. In undurchschauten Abhängigkeiten befangen, suchen einzelne Gewerkschaften, die nach ihrem bisherigen Verhalten und ihren sozialistischen Ansprüchen am ehesten zur politischen Polarisierung und Strukturierung der Arbeiterschaft beitragen könnten, den Mangel an entschlossenem politischen Handeln durch Ersatzreaktionen in radikalen Erklärungen, Taktiken der Verschiebung des Ernstfalls und beruhigenden Solidarisierungen mit außenstehenden Intellektuellen zu kompensieren.

Wenn aber die Notstandsopposition zur Stärkung des Widerstandswillens der Bevölkerung führen soll, so kann die folgende Alternative wohl verschleiert, langfristig jedoch kaum umgangen werden: Entweder bedroht die legalisierte Gewaltanwendung durch Notstandsgesetze elementare Rechte der Arbeiter und der breiten Masse der Bevölkerung; dann sind die Gewerkschaftsapparate verpflichtet, auch gegen die Entscheidungen korrumpierter Parlamente eine Welle politischer Streiks bis hin zum Generalstreik in Gang zu setzen, um Grundrechte selbsttätig zu realisieren – oder: Die subjektiven Rechte und die objektiven Interessen der Arbeiter und der Bevölkerung werden durch Notstandsgesetze nicht angetastet; dann sollten sich die Gewerkschaftsapparate offen zu ihnen bekennen, damit die politisch bewußte Arbeiterschaft weiß, woran sie ist.

Im verschärften Klima des gegenwärtigen Klassenkampfes von oben, der mit der Verabschiedung der Notstandsgesetze eine neue Qualität annehmen wird, verlieren Diskussionen, Erklärungen und Programme ihre politische Unschuld. Da die Zeit der distanzierten und aktionsfreien Selbstverständigung vorbei ist, müssen sie sich eine Prüfung ihrer objektiven Funktion an organisationspraktischen Kriterien gefallen lassen, die in erster Linie Auskunft über die Stärkung und Schwächung des wirklichen Widerstandpotentials geben. Wer in dieser Situation undifferenziert den Gewerkschaften aufredet, sie seien durch ihre bloße Existenz legitime und einzig wirksame Verfassungsgaranten, mag die besten Absichten verfolgen, trägt aber objektiv zur Illusionierung, Entpolitisierung und schließlich zur Resignation bei. Denn wer könnte im Ernst die Möglichkeit ausschließen, daß ein Teil der bürokratisierten Gewerkschaftsapparate in Situationen des inneren Notstands und der wirtschaftlichen Krisen zu staatstragenden Disziplinierungsinstrumenten der Arbeiterschaft umzufunktionieren ist?

Einen institutionellen Verfassungsgaranten, dem man die Sicherung der individuellen Rechte und Interessen vorbehaltlos anvertrauen könnte, gibt es heute nicht mehr. Schon wird von den Zögernden und Unentschlossenen, die sich ein gutes Gewissen schaffen wollen, das bedrohliche Produkt einer Niederlage im realen Machtkampf der Klassen zum juristischen Problem der mißbräuchlichen Anwendung stilisiert, um den Widerstand auf unbestimmte Zeit vertagen zu können. Schon wird die Legende eines Teilsiegs in die Welt gesetzt, um die juristisch milderen Formen der Notstandsgesetze, die doch vor allem der wachsenden Einsicht der CDU und der Exekutive in die staatstreue Zuverlässigkeit der SPD gegenüber jeder systemgefährdenden Linksopposition zu danken sind, in erfolgreiche Produkte von Spitzengesprächen und verbalen Protesten umzumünzen. Alle, einschließlich der Initiatoren dieser Veranstaltung der letzten Stunde, werden ein Alibi haben, wenn die schleichende Transformation der Demokratie eines Tages durch die sichtbare und spürbare Existenz autoritärer und faschistischer Regime auf ihren Begriff gebracht ist.

Fest rechnen können wir nur mit denjenigen, die hier und heute praktischen Widerstand gegen die autoritäre Entwicklung und gegen den inneren Faschisierungsprozeß der Bundesrepublik leisten. Es ist eine Minderheit, daran gibt es gar keinen Zweifel. Es sind sozialistische Studenten, die durch Streiks, Blockaden, Go-ins, Teach-ins einen entpolitisierten Zwangszusammenhang aufgebrochen und das Klima für eine Öffentlichkeit geschaffen haben, die nur als autonome und unzensierte dem Prinzip politischer Aufklärung vorbehaltlos verpflichtet sein kann. Es sind Vereinzelte und Gruppen in den zentralen Gewerkschaftsapparaten (insbesondere in der IG Metall), einzelne DGB-Landesbezirke (wie der in Hessen), Untergliederungen der Einzelgewerkschaften, rebellierende Betriebsbelegschaften, die sich nicht einschüchtern lassen, wenn stereotyp auf die parlamentarische Mehrheitsentscheidung verwiesen wird. Es sind einzelne Professoren, Schriftsteller, Verleger, Künstler, die begriffen haben, daß man die Methoden und Organisationsformen der Außerparlamentarischen Opposition und der streikenden Arbeiter nicht verdammen kann, ohne den durch sie in Gang gesetzten Politisierungsprozeß als demokratiegefährdend zu diskriminieren und in die geordnete Welt der politischen Lethargie zurückzufallen. Wenn wir uns auch dessen bewußt sind, daß der Erfolg eines Generalstreiks mehr voraussetzt als die Radikalität gewerkschaftlicher Aufrufe, so darf diese realistische Einschätzung doch die Einsicht nicht blockieren, daß die Einübung in den politischen Streik bis hin zur Konsequenz des Generalstreiks in den Betrieben, den Universitäten und Schulen die einzig angemessene Form ist, den Widerstand gegen die drohende Notstandsdiktatur zu organisieren.

IV. Macht, Politik, Protest und Moral

1. Der Versuch einer politischen Universität

Nicht der Sturm auf die Bastille oder die Beschießung des Winterpalais durch den Panzerkreuzer Aurora – Ereignisse, die einen hohen Bekanntheitsgrad haben – sind das Problem. Es ist viel komplizierter, worauf sich die Studenten einlassen wollen: Wie ist, in Konsequenz antiautoritärer Radikalität, die Burgfestung der Väter, die man andererseits doch fortwährend für sich zitiert, im Handstreich zu besetzen, so daß dieser symbolische Akt auch in der Öffentlichkeit deutlich erkennbar wird?

Wenn auf Flugblättern den »Vätern« der Kritischen Theorie ihre alten Formulierungen, insbesondere die Horkheimers, vorgesetzt werden, dann auch immer in dem Gefühl, den Wahrheitsgehalt diese Formulierungen besser zu verstehen, als deren Urheber es damals vermochten, ihn vor allem existentiell der eigenen Lebenspraxis zu integrieren. Schon in der »Dämmerung« hatte Horkheimer auf Bruch und Trennung abzielende Probleme beschrieben, wie sie 68 die Bürgersöhne und Bürgertöchter offenbaren, die ihn jetzt auf seine frühen Äußerungen festzulegen versuchen. »Die revolutionäre Karriere«, hatte Horkheimer in den späten zwanziger Jahren niedergeschrieben, »führt nicht über Bankette und Ehrentitel, über interessante Forschungen und Professorengehälter, sondern über Elend, Schande, Undankbarkeit, Zuchthaus ins Ungewisse, das nur ein fast übermenschlicher Glaube erhellt. Von bloß begabten Leuten wird sie daher selten eingeschlagen.«[58] – Und für »bloß begabt« hielten sich damals nur wenige.

Um zu verdeutlichen, was ich damit meine, sei die folgende Situation beschrieben: Im vollbesetzten Hörsaal VI der Frankfurter Universität halte ich, auf ausdrücklichen Wunsch der Studenten, die mehrere Semester lang an meinen Übungen über Kant, Fichte, über die rationalen Naturrechtstheorien von Hobbes, Locke, Rousseau teilgenommen haben, im Wintersemester 1968/69 eine Vorlesung über Lenins »Staat und Revolution«; die Veranstaltung ist nach allen Seiten hin gut vorbereitet, mit zahlreichen Referatsangeboten, Literaturlisten, kontinuierlicher Teilnahme und großer Diskussionsbereitschaft – eine nach meinem

Gefühl geglückte Verbindung von politischer Versammlung und akademisch-wissenschaftlichem Diskurs, so wie ich es die ersten sechs Wochen wahrnehmen kann. Alle, die etwas zu sagen haben, sind anwesend: Krahl; die Lederjackenfraktion immer in der zweiten Reihe direkt vor mir sitzend; Cohn-Bendit ganz hinten oben rechts, mit günstigem Überblick. Plötzlich taucht, jedoch eindeutig noch im Kontext der Leninschen Theorie der Sowjets, das Wort »Institutsbesetzung« auf. Als Beispiel für »gegenstandskonstitutive Praxis«, wie Krahl das formuliert, was so viel bedeutet wie: Selbstbestimmung über Zeit und sinnlich-unmittelbare Verfügung über Räume, in denen die Menschen arbeiten, verändern auch die Gegenstände, mit denen sie umgehen. Erst nach gut einer Stunde theoretisch äußerst spannender Diskussion fällt das Stichwort »Institut für Sozialforschung«, in einem Erläuterungszusammenhang, der Horkheimers Begriff des autoritären Staates betrifft.

»Warum sollen wir es nicht besetzen«, ruft einer der Teilnehmer in den Hörsaal, »und das, was wir hier erarbeitet haben, praktisch ausprobieren. Das liegt doch nahe.« – »Was liegt nahe?« erwidere ich etwas verdutzt. »Es ist doch auch EUER Institut.« Grölendes Gelächter schallt mir entgegen; von dem Augenblick an läuft überhaupt nichts mehr in dieser Veranstaltung, was mit einer Lenin-Vorlesung zu tun hat. Alles ist auf den neuen Interessenschwerpunkt »Institutsbesetzung« konzentriert, ja beim Reden richten sich die Blicke in dem fensterlosen Hörsaal auf das Institut, das eine Straße weiter in der Senckenberganlage liegt; das in die Besetzungsabsicht eingeschlossene Soziologische Seminar in der Myliusstraße ist in gerader Linie einige Straßen dahinter zu finden. Man sieht ihnen buchstäblich an, wie sie mit ihren Gedanken bei dieser Sache sind: Das Leuchten in ihren Augen verweist deutlich auf die Vorlust ihrer Vatermordplanungen, wobei freilich von einzelnen der Verdacht geäußert wird, die Aktion könne ohne jede Konfrontation mit der zu besetzenden Institution, also ins Leere laufen.

Obwohl ich eine Ahnung davon habe, daß hier mehr verhandelt wird, als die offen thematisierten Gegenstände es nahelegen – zum Beispiel Beteiligungsregelungen in den akademischen Gremien, Mitbestimmung über Forschungsplanung und Lehrveranstaltungen –, ist mir der Ernst der Lage nicht klar; auch der Schaden, der durch dieses Besetzungsabenteuer der linken Hochschulpolitik zugefügt wird, ist für mich unmittelbar nicht erkennbar.[59]

Ich habe die Institutsbesetzung zwar nicht befürwortet, aber auch die privaten Gespräche, in denen ich davor warnte, nicht öffentlich gemacht. Das war einer meiner größten Fehler und Fehleinschätzungen in dieser Zeit. Es ist nicht auszuschließen, daß ich doch hätte Einfluß nehmen können; denn als ich merkte, daß es nicht um Mitbestimmung ging, daß die Forderungen, die mit Drittelparität eingesetzt hatten, mit Halbparität fortgesetzt und schließlich bis zur unerfüllbaren Bedingung eines zusätzlichen autonomen Haushaltsbereichs (der in völliger Verfügung der Studenten stehen sollte) ausgedehnt wurden, war es zu spät.

Was hier und in manchen anderen Fällen abgelaufen ist, hat offensichtlich den sozialpsychologischen Grund, in einer Institution, die nur über das sehr schwache Instrument des Hausrechts verfügt, Widerstand zu provozieren, der für die eigenen Orientierungen und Verhaltenssicherheiten dringend benötigt wird – was übrigens unter dem Gesichtspunkt der provozierten Grenzverletzungen, welche die Gegenstandslosigkeit der Wünsche aufheben und wirkliche Reibungsflächen schaffen sollten, beinahe schiefgelaufen wäre. Erst später habe ich erfahren, daß der Polizeieinsatz, den die Studenten erwartet und wohl auch gewünscht hatten, keineswegs gesichert gewesen ist und daß das Institut am Besetzungstag mit einem Schlüssel geöffnet wurde, nicht wie üblich in solchen Fällen mit Gewalt, wobei der teilweise heftige, ja feindselige Streit darüber, wer den Studenten den Schlüssel zugesteckt oder die Institutstür vorsorglich geöffnet habe, zwischen zwei ehemaligen Mitarbeitern des Instituts für Sozialforschung bis Ende der siebziger Jahre geführt wurde (noch im Starnberger Institut war das, wenn der Wein floß, Gegenstand bitter-ernster Kontroversen).

Wie in vielen anderen Fällen haben auch in diesem die Studenten selbst dazu beigetragen, daß mit solchen Aktionen die Medien noch zwanzig Jahren später Stoff genug für ausschmückende Berichte auf dem Niveau des Studentenulks haben, wie über jenen Vorfall, als Schüler das Rektorat der Johann-Wolfgang-Goethe-Universität besetzten, unbekömmliche Rektoratszigarren rauchten und, mit Ordinarienbarett und Talaren bekleidet, die anrüchige Kaiserstraße herunterradelten, wohl um auszuprobieren, wie weit ihre Allmachtsphantasien wirklich reichen.

Die politische Universität, in den wenigen Tagen der Besetzung Karl-Marx-Universität genannt, hat ein ganz anderes Aussehen. Sie wird in der zweiten Maihälfte 1968 im Zuge der in der gesamten Bundesrepublik sich rührenden Opposition gegen die drohende Verabschiedung der Notstandsgesetze verwirklicht, wobei den Notstandsgesetzen innerhalb der Universität Planungen für ein Ordnungsrecht und die Ökonomisierung der Forschungs- und Lernprozesse entsprechen, und versteht sich bewußt als Erweiterung der »Kritischen Universität« Berlins. In Großveranstaltungen, kleinen Seminaren, Studienzirkeln werden praktisch alle wichtigen Probleme der Beziehungen zwischen Wissenschaft und Gesellschaft, zwischen Erkenntnis und Interesse thematisiert, also Probleme öffentlich gemacht, die bis heute nicht ausgestanden sind. Zwischen der Wissenschaft als einer gesellschaftlichen Emanzipationskraft und ihrer Herrschaftsverwertung bewegt sich das breite Spektrum der Fragestellungen während der viel zu kurzen Existenz der »Karl-Marx-Universität«, die übrigens nichts Verächtliches gegenüber Goethe an sich hatte, ganz im Gegenteil: Der Traditionsfaden aus seiner Zeit zu Marx wird bewußt geknüpft.[60]

Größere Vorträge halten Claus Offe, Albrecht Wellmer, Johannes Agnoli, Peter Brückner und Thomas Leithäuser. Von besonderer Bedeutung ist jedoch, daß zum ersten Mal in der deutschen Universitätsgeschichte auch Studenten anderer Fakultäten und Fachrichtungen als die der Sozial- und Geisteswissenschaften, wie Mediziner, Juristen, Studenten der Fachhochschulen, Naturwissenschaftler, Ingenieure und Volkswirte in einen Politisierungsprozeß hineingezogen werden, in dem sie Probleme der Gesellschaft gleichzeitig als Probleme ihres Arbeitsplatzes, ihrer Interessen und Bedürfnisse, ja ihrer Lebensweise zu begreifen beginnen.

Von dem, was die politische Universität will – gesellschaftliche Aufklärung im Medium von Wissenschaft, Praktizierung eines gesamtgesellschaftlichen Mandats der Verantwortung für alles, was den Produktionsprozessen dieser Institution entspringt, Qualifikation der Studenten, Formen des gesellschaftlichen Bewußtseins, Forschungsprodukte –, ist nichts überholt, vielmehr wirkt 1995 alles aktueller denn je, wenn auch deutlich ist, daß sich die Realität der heutigen Hochschulen von dieser Aufbruchszeit und ihren praktischen Ideen entfernt hat. Aber es ist nicht auszuschließen, daß im Verhältnis von Idee und Wirklichkeit die Ideen sich zuweilen als realitätshaltiger erweisen als die unmittelbar gegebenen Tatsachen;[61] »um so schlimmer für die Tatsachen«, hätte in solchen Fällen unabgegoltener Ideen Hegel gesagt.

Hoffnungen auf eine komplette Demokratisierung der Hochschulen und der wissenschaftlichen Arbeitsprozesse zu richten und hier, an Ort und Stelle konkreter Erfahrungen, der Idee der direkten Demokratie sichtbare Gestalt zu geben – das mußte denjenigen, die sich im Universitätsgelände und in den Gebäuden wie in der Alltagswelt bewegten, besonders dringlich und auch naheliegend erscheinen. Es war ihr eigenes Milieu, ein durch aktives Verhalten bewirkter Geländegewinn, und man kann sich heute gar nicht mehr vorstellen, in welchem Maße die kahlen und zum Teil unwirtlichen Räume mit Leben erfüllt wurden und dadurch ihre gewohnte fremde Gegenständlichkeit verloren. Es fanden hier ja nicht nur Großveranstaltungen statt, Teach-ins, die sich manchmal über den ganzen Tag hinzogen und bis tief in die Nacht gingen, was übrigens zunächst auf großes Interesse der Medien und vor allem des Fernsehens stieß, das in den Dritten Programmen in ähnlicher Breite wie heute Talkshows Studentendiskussionen mit open end dokumentierte. Auch dort, wo keine spektakulären Besetzungen von Instituten und Rektoraten, keine Sprengungen von Fakultäts- und Senatssitzungen stattfanden, war ein reger Betrieb spürbar, in dem sich Lust am Aufenthalt in diesem Kommunikationsmilieu mit der Bereitschaft verknüpfte, sich gegen die Angreifer von außen und die Störer von innen, die alte Besitzrechte geltend machten, jederzeit zu verteidigen.

Im Bezug zur Alltagswelt der Hochschule und in der durch Erlebnisse gestützten Überzeugung, daß die Universität weiche Materie ist, das heißt eine vom Herrschaftssystem weitgehend unbewachte Institution, hat gerade diese Lager- oder Campusmentalität (Dutschke sprach fortwährend vom ›antiautoritären Lager‹) für die Protestbewegung ganz eigene Probleme geschaffen, die mit der Universität als einer spezifischen Realität zu tun haben.

Im Blick auf die Reformierung der Hochschulen ging die Studentenbewegung mit guten Argumenten, gründlichen Analysen und auch relativ klaren programmatischen Vorstellungen in die Auseinandersetzungen mit den traditionellen Privilegienstrukturen – eine ganz andere Situation als zum Beispiel in der Gewaltfrage, dem Wissen von der Dritten Welt; hier war es keine geborgte Realität, mit der man in der Phantasie umging. Alles das, was in der Hochschuldenkschrift des SDS, in der umfassenden und politisch durchdachten Untersuchung »Hochschule in der Demokratie« (die Verfasser waren alle SDS-Mitglieder) und in verschiedenen Arbeiten von Jürgen Habermas politisch angelegt war, praktisch umzusetzen hätte allerdings zur Voraussetzung gehabt, daß die Studenten selbstbewußt um Bündnispartner in diesem inneruniversitären Machtkampf ringen und tunlichst darauf bedacht sein würden, Zweideutigkeiten in den Aktionen und den öffentlichen Deklarationen zu vermeiden.

Davon konnte jedoch keine Rede sein. Bei jeder Aktion wurde immer mehr und anderes verhandelt, als mit ihr offiziell beabsichtigt war. »Heimliche Strategien« waren meist im Spiel, hermetische Deutungen einer Situation, die selbst dem engsten Umkreis der Akteure unbekannt waren. Das rhetorische Element in den Aktionsformen und in den Orientierungen gewann zentrale Bedeutung; die gelungene Rede, deren Wahrheitsgehalt durch starken Beifall gestützt wird, eroberte den Gesetzesrang des Handelns, wobei die Rede nicht einfach eine Veröffentlichung von vorher getroffenen Entscheidungen und Strategien war (dazu wird sie erst in der Ära der Generalsekretärs-Schauspieler der siebziger Jahre), sondern Motive und Handlungsorientierungen bildeten sich im Prozeßverlauf der Rede selbst. Was in der Versammlung unbewußte Wunschvorstellungen waren, was aber keiner so recht auszusprechen wagte, Nacht- oder Tagträume vielleicht, wurde durch ein einziges Wort zum organisierenden Zentrum einer plötzlich umstrukturierten Aufmerksamkeit.

»Politisierung des Privaten«: das ist eine solche in die Öffentlichkeit gebrachte Formel, die von Hans-Jürgen Krahl stammt; sie verändert Blickrichtungen, weil sie den privaten Lebenszusammenhang als wichtigen Rohstoff politischer Arbeitsprozesse bezeichnet. Krahl sieht allerdings auch, wenn die Grenzen zwischen der Privatheit und der öffentlichen Sphäre des Handelns nicht mehr respektiert werden, die Gefahren einer privaten Aneignung des Politischen. »Tyrannei der Intimität« im öffentlichen Raum hat später Richard Stuett diese private Inbesitznahme öffentlicher Tugenden genannt.

Über die Verfertigung politischer Parolen beim Reden

Geredet wird viel, öffentlich und privat. Wer sich, an Hand von Bildmaterialien oder Dokumentationen, heute noch einmal die Situation vergegenwärtigt, wird über die Ausdauer und die Lust am Reden in den großen Versammlungen der Studenten und Jugendlichen überrascht sein. Bis tief in die Nächte hinein gehen Teach-ins, nicht nur, wenn Demonstrationen vorbereitet werden, sondern auch, wenn zentrale Fragen dieser Gesellschaftsordnung geklärt werden sollen.

Diese Art des Redens unterscheidet sich von einer öffentlichen Geschwätzigkeit, die für das Regime von Moderatoren kennzeichnend ist, die im lockeren Tonfall alles zur Sprache bringen und kein einziges Problem wirklich ausdiskutieren. Es bedeutet keineswegs, daß nicht auch die radikalen Schwätzer Morgenluft wittern und mit dröhnenden Phrasen das Publikum traktieren. Bis zum Anfang der siebziger Jahre sind sie jedoch nicht tonangebend. Auch in einzelnen großen Versammlungen redeten sie sich sehr schnell in die Isolierung, und jener vor Radikalität nur noch mit stolpernden Schritten ans Podium eilende Student U. K., der in der Paulskirchenverstaltung 1970 gegen den Vietnamkrieg die ganze Versammlung darüber belehren wollte, daß das alles nur liberales Geschwätz sei, wurde sehr schnell von den eigenen Leuten beruhigt und auf seinen Platz zurückgebracht. (Dieser Wortradikale ist übrigens jetzt gut arbeitender sozialdemokratischer Landrat in den neuen Bundesländern.)

Das Stimmengewirr, Rituale der Wortmeldungen, durch die immer neue Wendungen in der politischen Diskussion angekündigt oder verworfen werden, das alles ist Ausdruck einer die Menschen plötzlich erfassenden Stimmung, daß über alles geredet werden kann, ohne sich schämen zu müssen. Es ist zwar noch nicht die Zeit, in der offen über sexuelle Probleme geredet wird, weil noch der politische Bezugsrahmen genannt werden muß, der das legitimiert (etwa ein Zitat von Wilhelm Reich, eine Passage Adornos oder ein Hinweis von Herbert Marcuse), aber viele Tabus sind gebrochen, die das Schweigen als selbstverständlich unterstellen und das Reden als Verletzung von Intimitäten.

So ist es nützlich, sich in diesem Zusammenhang Gedanken über die Rhetorik zu machen. In welchen Räumen bilden sich Ideen,

Gedanken, die Hinweise auf Neues geben, Symbole und Denkrichtungen? Solche Räume können ganz verschieden sein. Manche Ideen, die geschichtliche Wirksamkeit entfalten, entstehen ursprünglich in Gelehrtenstuben. Ohne die Weltbibliothek des Londener Museums hätte der von den deutschen Universitäten vertriebene Karl Marx seine weltgeschichtliche Theorie nicht entwickeln können. Er hat gearbeitet wie Hieronymus im Gehäuse, wie in Fausts Gelehrtenstube, deren Urväter-Hausrat ihm den Kopf beengt, aber in dieser produktiven Enge auch seine Wissensneugier auf das Leben vergrößert. Andere Ideen entstehen auf dem Forum oder der Agora, den römischen und griechischen Marktplätzen, Sokrates auf der einen Seite, Cicero auf der anderen, obwohl dieser, im Unterschied zu seinen cäsaristischen Nachahmern, noch nicht das Publikum des ganzen Rom vor sich hat, sondern allein den Senat.

Ganz anders, aber doch wiederum in griechisch-römischer Tradition, sind jene großen Beiträge zur Verfassungsdiskussion des modernen demokratisch-föderativen Staates zu verstehen, die sich in den sogenannten Federalist Papers niedergeschlagen haben, in denen Alexander Hamilton, James Madison und John Jay unter dem kaum zufällig gleichlautenden Namen »publius« die theoretischen Grundlagen der amerikanischen Verfassung entwickeln. Sie müssen bereits mit einer indirekten Methode der Beeinflussung des demokratisch aufgewachten Publikums arbeiten, indem sie ihre sehr verschiedenen, aber doch auf eine Konföderation gerichteten Beiträge in getrennten Artikeln für amerikanische Zeitungen niederlegen. Das ist ein Diskussionsprozeß eigener Art, er setzt die Grundlagen einer, wie Habermas sagt, politisch wirksamen Öffentlichkeit diskutierender Privatleute voraus.

Das Wohl und Wehe des Gemeinwesens ist oberster Grundsatz einer Rhetorik, die das geschwätzige Verdrehen und Verharmlosen der Wahrheiten im öffentlichen Raum vermeidet. Die Sophisten, diese ersten kritischen Intellektuellen, hat man, seit Karneades als Gast Roms an einem Tage eine große Rede für die Gerechtigkeit gehalten hatte und am nächsten Tage dagegen (er wurde dann am dritten Tage wieder nach Griechenland geschickt, weil man nicht wußte, was ihm jetzt noch einfallen würde), immer wieder in Verbindung gebracht mit der Beliebigkeit und Sorglosigkeit im Umgang mit der Wahrheit. Sokrates nimmt sich dagegen im Dialog mit »Gorgias« des Wahrheitsproblems der Rhetorik an: Er selbst, natürlich immer in der Deutung Platons, ist der Überzeugung, daß

Wahrheit ihren Weg des Erfolgs von alleine macht, aber es ist kaum zufällig, daß Platon ihn auf den Markt gehen läßt, wo er sich seine Dialogpartner sucht. Ernst Bloch hat mit Recht die Frage gestellt: Wer ist eigentlich auf den phantastischen Gedanken gekommen, daß Wahrheit sich von alleine durchzusetzen vermag? Blochs Aufsatz »Sokrates und die Propaganda« akzentuiert dieses Problem zwischen öffentlicher Werbung für Wahrheitsgehalte und der esoterischen Wahrheitssuche. So mag es unter Umständen durchaus sein, daß bestimmte Wahrheitsgehalte seit Jahrhunderten bekannt sind, daß aber nur unter Bedingungen, in denen sich die geschichtliche Situation radikal verändert und eine Öffentlichkeit entstanden ist, die genau diese Fragestellungen ins Zentrum rückt, solche längst bekannten Wahrheiten in die Praxis umgesetzt werden.

Der öffentliche Wahrheitsraum hat immer eine andere Struktur als der der Gelehrtenstube. Wer hier überzeugende Erkenntnisse vorträgt, kann zuweilen mit Verblüffung feststellen, daß Sachverhalte, die in differenzierter Komplexität seit langem verfügbar sind, durch öffentliche Rede so zugespitzt erscheinen, daß sie plötzlich geschichtliche Wirksamkeit entfalten.

Öffentliche Rede ist kein Ausdruck reiner wissenschaftlicher Wahrheit. Sie muß aber geeignet sein, die Wahrheitssuche zu motivieren, wenn für diesen intellektuellen Vorgang Rhetorik und nicht beliebige Geschwätzigkeit oder Lüge und Täuschung kennzeichnend sind.

In Zeiten kultureller Umbrüche, in denen sich Antizipationen, unkonventionelle Entwürfe und Ideen, die sonst vielleicht nur privat geäußert wurden, ans Licht der Öffentlichkeit trauen, entsteht eine Atmosphäre freimütiger und erregter Diskussion. Diese Atmosphäre schafft einen günstigen Nährboden für ein sprachliches Laboratorium, in dem nebeneinanderliegende Worte und Begriffe plötzlich um strategische Linien der Urteilsbildung sich kristallisieren und zugespitzt werden. Das hat Hegel im Sinn, wenn er der Vernunft genau diese Arbeit der Zuspitzung als eine Haupttätigkeit zuschreibt: »Die denkende Vernunft aber spitzt, sozusagen, den abgestumpften Unterschied des Verschiedenen, die bloße Manigfaltigkeit der Vorstellung, zum wesentlichen Unterschiede, zum Gegensatze, zu. Die Manigfaltigen werden erst, auf die Spitze des Widerspruchs getrieben, regsam und lebendig gegeneinander und erhalten in ihm die Negativität, welche die inwohnende Pulsation der Selbstbewegung und Lebendigkeit ist.«[62]

Man wird nur schwer Zugang zu den Symbolen, Gesten, Sprachformeln der Bewegung von 68 finden, wenn man sich dieser Zwischenwelt von Wissen, Analyse, wissenschaftlicher Argumentation auf der einen und dem Grenzfall der politischen Propaganda, der Werbung, der Überredung auf der anderen Seite verschließt. Rhetorik ist diese Zwischenwelt von Wahrheit und Schein, von schrecklichen Vereinfachungen und wissenschaftlicher Diffenziertheit. Daß Rhetorik eine mit besonderen Regeln der Urteilsbildung und der Argumentation ausgestattete wissenschaftliche Disziplin sein kann, ist einem Zeitalter, in dem pausenlos öffentlich geredet wird, in dem die öffentliche Rede vom privaten Gerede häufig aber kaum zu unterscheiden ist, abhanden gekommen. Der größte Teil der Ideen, der Sprachformeln, der Symbolorientierungen der Bewegung von 68 ist aus öffentlicher Rede geboren; nicht selten tritt einer aufs Podium, um zu berichten, welchen Artikel oder welches Buch er gerade gelesen hat und was er daran für politisch wichtig hält. Die politische Literatur, vergessene Bücher der sozialpsychologischen Aufklärung, frisch erschienene Auseinandersetzungen mit dem Faschismus werden in großer Zahl in diese Form der Öffentlichkeit einbezogen, zitiert, zur aktuellen Definition der gesellschaftlichen Situation verwendet und manchmal auch ganz offensichtlich mißbraucht.

In diesem lebendigen öffentlichen Kommunikationszusammenhang verschwinden herkömmliche akademische Arbeitsteilungen, und die gegeneinander abgedichteten institutionellen Schutzräume, in denen in jeweilig spezifischer Kommunikation miteinander geredet und gestritten wird, lockern sich auf. Wie sehr diese Bewegung auch andere Teile der Bevölkerung erfaßt, zeigen die sogenannten Rote-Punkt-Aktionen. Sie richten sich in einzelnen Städten gegen die von den Behörden beabsichtigten Fahrpreiserhöhungen. In Hannover und Heidelberg zum Beispiel werden, zur größten Verblüffung der Behörden und der Polizei, die städtischen Verkehrsverhältnisse praktisch ganz in Regie der Studenten und Jugendlichen genommen, die Fahrzeuge mit roten Punkten versehen, wodurch die Bereitschaft signalisiert wird, an Haltestellen Wartende mitzunehmen. Das Ganze gelingt nur, weil in kurzer Zeit die verkrustete Kommunikationsstruktur einer ganzen Stadt aufbricht und die Menschen miteinander zu reden beginnen, über den roten Punkt, über die Verkehrssysteme überhaupt, über Vietnam und die Rolle der Studenten. Eine ursprünglich politische Protestaktion verwandelt sich in ein kommunikatives Fest, an dem sich schließlich sehr viele Menschen beteiligen.

Solche öffentlichen Kommunikationsfeste, deren politischer Gehalt als bedrohlich empfunden wird, dauern nicht lange an. Auch die Rote-Punkt-Aktionen sind in dieser Dimension nicht wiederholbar gewesen. Sie zeigen jedoch, daß unter bestimmten gesellschaftlichen Bedingungen der öffentliche Raum sich mit Leben füllt, wie die große Tradition der Rhetorik zu berichten weiß. Denn soziale und kulturelle Grundlage einer Rhetorik, in der nicht nur Altes wiederholt und beschworen, sondern Neues angedeutet, mit Gesten und Symbolen als zukunftsträchtig projektiert wird, ist in allen geschichtlichen Umbruchsituationen – wie Revolutionen, Zusammenbrüchen ganzer Reiche, Widerstandsbewegungen – immer die plastisch anschauliche Vergegenwärtigung des Gemeinwesens, das bedroht ist, über das sich Menschen Sorgen machen. Dieses Gemeinwesen kann jedoch nicht so verstanden werden, daß es eine vorgesellschaftliche Idee oder eine utopische Konstruktion ist, der gegenüber politisches Handeln nur darin besteht, sie möglichst rein in die Realität umzusetzen. Wo Wahrheit und Lüge, das höchste Gut und die Realität derart dualistisch konstruiert sind, verliert der Beratungsraum der menschlichen Angelegenheiten seine Existenzberechtigung. Unter solchen Voraussetzungen wird dann die reine Lehre öffentlich vorgestellt, und die möglichen Um- und Abwege beziehen sich ausschließlich auf strategische Überlegungen, wie sie in die Wirklichkeit umzusetzen ist. Manchmal mochte es so erscheinen, als handelte es sich 68 um verschiedene Formen fundamentalistischer Strömungen; wie ich bereits erwähnt habe, sprach Erwin K. Scheuch von den Wiedertäufern. Das trifft aber nur Nebenerscheinungen und kennzeichnet eher jene nicht-öffentlichen Organisationsgebilde, die in den siebziger Jahren das Erscheinungsbild der Linken bestimmen. Hier werden in der Tat Wahrheiten veröffentlicht, keine im öffentlichen Diskussionsprozeß gefunden und schon gar nicht erfunden. Deshalb ist das rhetorische Element in politischen Auseinandersetzungen zu jener Zeit bereits völlig aufgebraucht.

Man hat die Sophisten die ersten aufklärerischen Intellektuellen der europäischen Geistesgeschichte genannt; sie sind es, die mit ihrer Kritik der ontologischen oder mythologischen Begründungen des Staates, der menschlichen Tugenden und der scheinbar unveränderlichen Gesetzmäßigkeiten gesellschaftlichen Zusammenlebens die philosophisch-religiösen Legitimationen staatlicher Ordnungen in Frage stellen. Sie werden als die Wahrheitsverdreher diskrimiert: Platons Seins- und Wahrheitslehre ist auf Teilnahme (auf »metexis«) an der Idee des Wahren, Guten, Gerechten gerichtet, nicht auf die Vermittlung dieser Ideen. In der Staatskonstruktion Platons fehlt deshalb die Rhetorik als ein produktives Element politischer Wahrheitsfindung, zum Beispiel der Suche nach der besten, auf ausgleichender Gerechtigkeit beruhenden Verfassung. Der Sokratische Dialog spielt sich zwar überwiegend in der Öffentlichkeit des Marktes ab, wendet sich aber – wie insbesondere im Dialog mit dem Sophisten Gorgias dokumentiert wird, der auch ein Lehrbuch über Rhetorik geschrieben haben soll – in aller Entschiedenheit gegen rhetorische Elemente des Wahrheitsgebrauchs. Themistokles und Perikles, die in diesem Dialog angeführten großen Staatsmänner, bedienten sich deshalb der großen Rede, weil sie, vergleichbar kompetenten Schiffsbauern oder Ärzten, auf der Grundlage ihres Wissens etwas zu sagen hatten; in dem Sinne hat jede Wissenschaft ihre eigene Rhetorik, aber es gibt keine, die selbst als Wissenschaft zu betrachten wäre. Der Mißbrauch, die mißbräuchliche Verwendung der Sprache ist, wenn im Dialog »Gorgias« von Rhetorik die Rede ist, der wichtigste Anklagepunkt in dieser Auseinandersetzung mit den Sophisten.

Sokrates zu Kallikles, im Dialog »Gorgias«: »Scheinen dir etwa die Redner immer in Beziehung auf das Beste zu sprechen, dieses im Auge habend, daß die Bürger gebessert werden durch ihre Reden? Oder gehen auch diese nur darauf aus, sich den Bürgern gefällig zu machen, und behandeln, ihres eigenen Vorteils wegen den gemeinsamen vernachlässigend, das versammelte Volk wie Kinder, indem sie ihm nur Vergnügen zu machen suchen, ob es aber besser oder schlechter werden wird dadurch, sich nicht kümmern?« Kallikles dagegen: »Das ist nicht mehr so im allgemeinen zu beantworten; denn es gibt solche, die, was sie sagen, aus wahrer Vorsorge für die Bürger sagen, es gibt aber auch solche, wie du sagst.« Sokrates: »Das genügt mir. Denn wenn sich dieses auch teilt, so ist doch der eine Teil Schmeichelei und schlechte Volksbearbeitung; der andere wäre etwas Schönes, Besserung zu bewirken für die Seelen der Bürger und immer durchzusetzen, daß man nur das Beste rede, mag es angenehmer sein oder unangenehmer für die Hörer. Aber niemals gewiß hast du diese Redekunst gesehen; oder wenn du einen solchen angeben kannst unter den Rednern, warum hast du ihn mir nicht auch genannt, welcher es sei?«[63] Kallikles nennt The-

mistokles, Miltiades und Perikles, Sokrates versucht dagegen nachzuweisen, daß sie mit ihren Reden weder die Seelen der Menschen
noch das Gemeinwesen nennenswert verbessert haben. Die Rhetorik des Aristoteles gibt der Redekunst dagegen einen
eigenen Erkenntnisstatus; sie unternimmt es, Regeln und Verfahren
für Wahrscheinlichkeitsbeweise zu entwickeln; das rhetorische
Beweisverfahren gehört zwar nicht zur Analytik, sondern zur Dialektik, also der Wissenschaft von den Schlüssen, aber für die Konfliktregelungen eines Gemeinwesens ist das rhetorische Beweisverfahren unabdingbare Voraussetzung. »Es ist bestimmten Leuten
gegenüber nicht leicht, selbst wenn wir das genaueste Wissen besä-
ßen, davon durch unsere Rede zu überzeugen; denn der wissenschaftliche Diskurs ist Sache der Belehrung. Das aber ist unmöglich;
vielmehr muß man die Überzeugungsmittel und die Behauptungen
mit Hilfe von Gemeinplätzen bilden, wie wir [dies] auch in der
›Topik‹ über die Unterredung mit der Menge gezeigt haben. Wei-
terhin muß man in der Lage sein, eine gegenteilige Ansicht überzeugend darzulegen, genau so wie bei den logischen Schlußverfahren
(Syllogismus): nicht um beides zu tun – denn man muß nicht zu
dem Schlechten überreden –, sondern damit es uns nicht entgeht,
wie es sich verhält, damit wir selbst entkräften können, wenn ein
anderer die Unterredung in unrechter Weise gebraucht ... Die Rhetorik stelle also das Vermögen dar, bei jedem Gegenstand das möglicherweise Glaubenerweckende zu erkennen. Denn dies ist die
Funktion keiner anderen Theorie. Jede andere nämlich will über
den ihr zukommenden Gegenstand belehren und überzeugen: wie
die Medizin über das, was gesund bzw. krank ist, die Geometrie
über Vorgänge, die die Größe betreffen ... Die Theorie der Bered-
samkeit dagegen scheint sozusagen in der Lage zu sein, das Glaubenerweckende an jedem vorgegebenen Gegenstand zu untersuchen.
Darum behaupten wir auch von ihr, daß sie kein eigenes, auf eine
bestimmte Gattung von Gegenständen beschränktes Gebiet theoretischer Anweisungen besitzt.«[64]
    Im rhetorischen Verfahren geht es also nicht um wissenschaft-
liche Beweise, sondern um die geregelte Auseinandersetzung mit
Gegenständen, die sich als Topoi, Standardversionen, ja Vorurteile in
den Köpfen der Menschen aufhalten und die in einem solchen rhetorischen Prozeß in die Öffentlichkeit gebracht werden. Solche
Topoi sind sprachlich formulierte Erfahrungsgehalte der Menschen,
Ortsbestimmungen des Denkens, exemplarische Zuspitzung von

geschichtlichen Entscheidungssituationen – als Vorrat an Überzeugungsmitteln, die in traditionsbestimmten Gesellschaften natürlich besonders zahlreich sind. So zeichnen sich die großen Redner der Antike, Perikles, Cicero, gerade dadurch aus, daß sie das Publikum nicht belehren, im voraus präparierte Reden vorlesen oder Beschlüsse irgendwelcher Gremien mitteilen; das öffentliche Reden ist vielmehr ein eigener Produktionsprozeß, in dem in jedem Augenblick neuartige Bezüge, Hinweise, Beispiele genannt werden können, die den Redner selbst in eine Kommunikation mit dem Publikum bringen. So haben Tiberius und Gaius Gracchus vor den Plebejern, Cicero in seinen vier Reden gegen Catilina im römischen Senat geredet. Die unbewußte Beziehung zum bedrohten Gemeinwesen, die in jedem Hinweis, jeder sprachlichen Wendung zum Ausdruck kommen kann, erzeugt eine eigene Logik des rhetorischen Beweisverfahrens, in dem Tatbestände und geschichtliche Erfahrungen verwendet werden, aber das eigentliche Ziel der Rede ist die Erhöhung der Glaubwürdigkeit und Plausibilität der Argumente.[65]

In der modernen Welt ist die rhetorische Tradition verkümmert. Giovanni Battista Vico (1668–1744), den man als den ersten modernen Geschichtsphilosophen betrachten kann, hat in einer eindrucksvollen Bilanz der alten und der modernen Bildungsart festgehalten, was die jeweiligen Kosten sind: Die alte Bildungsart ist am rhetorischen Zusammenhang der geschichtlichen und sozialen Topik orientiert; die Moderne hat diese Zwischenwelt von Schein und Wahrheit, von Indirektheit und Ambivalenz, von praktischer Vernunft, die noch in der politischen Philosophie Machiavellis präsent ist, obwohl sie schon hier dem mechanischen Gesetzeswissen des Machterwerbs und des Machterhalts unterworfen wird, immer stärker aufgelöst. Vico betrauert diesen Verlust des Rhetorischen, weil für ihn dadurch eine ganz eigene Welt des öffentlichen Umgangs mit den Lebensfragen einer Gesellschaft verlorengeht.

Ich will diese Rückbezüge zur Rhetoriktradition nicht übertreiben. Sie sind praktisch vorhanden, wenn wir uns die Reden von einflußreichen Sprechern der Protestbewegung ansehen, wie Rudi Dutschke, Hans-Jürgen Krahl und Daniel Cohn-Bendit, die das meiste, was sie zu sagen hatten und was Einfluß auf die Öffentlichkeit ausübte, im Verlauf dieser Reden selbst prägten, nicht als bloße Mitteilungen vorher festgelegter Auffassungen und Ideen. Daß die in diesen Reden verwendeten Topoi meist mit einem erheblichen Einschuß von Gewaltrhetorik (wie Habermas mit Recht feststellte) über so viele Jahre wirksam sein konnten, gründet sich darauf, daß hier, allen Umschweifen und oberflächlichen Verästelungen zum Trotz, eine Art Sensus communis, ein mit Urteils- und Differenzierungsvermögen versetztes Gemeinschaftsgefühl angesprochen wird, das dem einzelnen ermöglicht, Querbezüge und Andeutungen zu verstehen.

So kommt es zu Prägungen wie »Gewalt gegen Sachen«, »keine Gewalt gegen Personen«. Die Rede ist vom »antiautoritären Lager«, von der »Politisierung des Privaten«, von Unterscheidungen zwischen Aktionszeit und Reflexionszeit, »Nicht nach Köpfen, sondern nach Interessen organisieren!«, von »überfraktionellem Bewußtsein«, »informellen Kadern«, »Umfunktionierung«, Emanzipation und Doppelstrategie. Dazu gehört selbst ein aus der Analyse gewonnener Begriff wie der der »repressiven Toleranz«, ein Begriff Herbert Marcuses, der verständlich ist, ohne daß die psychoanalytischen Hintergründe bekannt gewesen wären.

Das treffende Wort, die geglückte Redewendung, sie drücken einen besonderen, auf das Gemeinwesen bezogenen Wahrheitsgehalt aus, aber die Wiederaufnahme der Rhetorik in unsere politischen Verhältnisse setzt voraus, daß es geschichtlich aufbewahrte, von den Gemeinschaftsmitgliedern anerkannte Wahrheiten gibt, auf die sich der Redende wie auf einen gesicherten Bestand des sprachlich vermittelten Gemeinwesens beziehen kann. Die Rhetorik setzt eine politische Topik voraus, das heißt sprachlich verdichtete Erfahrungsgehalte der Gemeinschaft, die nicht von allen geteilt werden müssen, die aber doch so etwas wie ein Vorverständnis der kommunikativen politischen Vernunft ausdrücken. In revolutionären Situationen, in großen Umbrüchen, auch in der Zeit der Protestbewegung von 68 kommen solche Elemente, selbst wenn die rhetorische Bildungstradition nicht angesprochen wird, immer wieder zum Ausdruck.

Es ist hier nicht der Ort, das weiter zu verfolgen, aber für politische Urteilsbildung, die sich im öffentlichen Raum abspielt, wäre eine Rückgewinnung der rhetorischen Tradition ein wichtiger Teil der kritischen Gesellschaftsanalyse. Eine solche geschichtliche Topik würde heute in Deutschland zum Beispiel enthalten, daß alles darauf zu richten sei, die Wiederholung von Auschwitz zu verhindern. Adorno hat alle Erziehungs- und Lernprozesse an dieser Norm festgemacht; sie definiert den aufklärerischen Sinngehalt aller möglichen Topoi des rhetorischen Vernunftgebrauchs. Im konkreten Alltag reichen solche Normen gewiß nicht aus, Handeln anzuleiten und Denken zu bestimmen. Aber wo sie ganz aus dem Gemeinwesen verschwinden, ist seine Idee von Auszehrung bedroht.

Diese merkwürdige Logik der Verfertigung von Ideen und Begriffen im Reden, bei dem in die bewußte Argumentation unbewußte Entscheidungen eindringen, eine Art kluge Situationseinschätzung die unbewußte Arbeit der Zuspitzung leistet, läßt sich kaum besser beschreiben, als das Heinrich von Kleist in seinem kleinen Essay »Über die allmähliche Verfertigung der Gedanken beim Reden« getan hat. Die Kunstgriffe und geheimen Produktionsmethoden »auf der Werkstätte der Vernunft« erläutert er an einem Beispiel der Französischen Revolution von 1789. Das ist, wie die Clubdebatten der Girondisten und der Jakobiner oder die des Konvents zeigen, eine große Zeit der Rhetorik, in der selbst antike Anspielungen, die etwa beim Sturz Robespierres gemacht wurden, eine beträchtliche Rolle spielten. Die antiken Kostüme, in die sich die Revolutionäre kleideten, gehen bis in das Konsulat Napoleons.

Kleist sagt, das Wesen der Rhetorik auf den Begriff bringend: »Es liegt ein sonderbarer Quell der Begeisterung für denjenigen, der spricht, in einem menschlichen Antlitz, das ihm gegenübersteht; und ein Blick, der uns einen halbausgedrückten Gedanken schon als begriffen ankündigt, schenkt uns oft den Ausdruck für die ganz andere Hälfte desselben. Ich glaube, daß mancher große Redner in dem Augenblick, da er den Mund aufmachte, noch nicht wußte, was er sagen würde. Aber die Überzeugung, daß er die ihm nötige Gedankenfülle schon aus den Umständen und der daraus resultierenden Erregung seines Gemüts schöpfen würde, machte ihn dreist genug, den Anfang, auf gutes Glück hin, zu setzen. Mir fällt jener ›Donnerkeil‹ des Mirabeau ein, mit welchem er den Zeremonienmeister abfertigte, der nach Aufhebung der letzten monarchischen Sitzung des Königs am 23ten Juni (1789), in welcher dieser den Ständen auseinander zu gehen anbefohlen hatte, in den Sitzungssaal, in welchem die Stände noch verharrten, zurückkehrte und sie befragte, ob sie den Befehl des Königs vernommen hätten? ›Ja‹, antwortete Mirabeau, ›wir haben des Königs Befehl vernommen‹ – ich bin gewiß, daß er, bei diesem humanen Anfang, noch nicht an die Bajonette dachte, mit welchen er schloß; ›ja, mein Herr‹, wiederholte er, ›wir haben ihn vernommen‹ – man sieht, daß er noch gar nicht so recht weiß, was er will. ›Doch was berechtigt Sie‹ – fuhr er fort, und nun plötzlich geht ihm ein Quell ungeheurer Vorstellungen auf – ›uns hier Befehle anzudeuten? Wir sind die Repräsentanten der Nation.‹ – Das war es, was er brauchte! ›Die Nation gibt Befehle und empfängt keine.‹ – um sich gleich auf den Gipfel der Vermessenheit zu schwingen. ›Und damit ich mich Ihnen ganz deutlich erkläre‹ – erst jetzo findet er, was den ganzen Widerstand, zu welchem seine Seele gerüstet dasteht, ausdrückt: – ›so sagen Sie Ihrem Könige, daß wir unsere Plätze anders nicht, als auf die Gewalt der Bajonette verlassen werden.‹ – Worauf er sich, selbstzufrieden, auf einen Stuhl niedersetzte … Man liest, daß Mirabeau, sobald der Zeremonienmeister sich entfernt hatte, aufstand und vorschlug: 1) sich sogleich als Nationalversammlung, und 2) als unverletzlich, zu konstituieren.«[66]

Um den Beginn einer Revolution geht es 68 nicht. Auch die sonstigen geschichtlichen Proportionen müssen im Blick behalten werden. Was in dieser »Werkstätte der Vernunft« jedoch produziert wird, ist mit größeren Beispielen durchaus vergleichbar.

2. Das moralisch angereicherte Politikverständnis

»Wer einzig am Kriterium institutioneller Erfolgskontrollen mißt, was politisch effektives Handeln heißt, kann in jenem Grundwiderspruch der Protestbewegungen (nur im Medium eines Solidarisierungsprotestes an den sozialrevolutionären Befreiungsbewegungen der Dritten Welt teilnehmen zu können) nur ihre verzweifelte Aussichtslosigkeit erblicken. Aber gerade in seiner durch den Protest vermittelten produktiven Lösung, im demonstrativen Durchbrechen des Zwangszusammenhangs von unmittelbar überprüfbaren Leistungen, Belohnungen und Kompromissen bildet sich eine politische Moral, in der sich das Element des Protestes, der antifunktionale Affekt als inhaltlich Unbedingtes der politischen Forderungen mit der Sensibilität für Unterdrückung, Ausbeutung und Gewalt verbindet.

Sie ist eine Moral des politischen Verhaltens, des praktischen Widerstandes, der Leistungsverweigerung; sie ist Moral im eigentlichen Sinne: Denn wo, wenn nicht am gegenwärtigen Völkermord in Vietnam, kann sich die Fähigkeit zur moralischen Sensibilität überhaupt noch erweisen! – Es geht um die Integrität des politischen Willens, der die Klagen über den Verwaltungsmassenmord des Dritten Reiches nicht ertragen kann, ohne sie in Aktionen gegen jede Form des gegenwärtigen Mordens umzusetzen. So ist, was bei den Protestbewegungen wie Flucht in eine illusionäre Betätigung aussehen könnte, faktisch die einzige Möglichkeit, die ausgedörrte Landschaft spätkapitalistisch funktionalisierter Industriegesellschaften zunächst von außen her mit geschichtlichen Kräften zu beleben, um verschüttete revolutionäre Perspektiven bewußtzumachen und die diffusen Gefühle für die Realisierung gesellschaftlicher Möglichkeiten durch Abschaffung des historisch Überholten in das Bewußtsein zu verwandeln, daß die Beseitigung jeder Form der Repression auf der Tagesordnung der Geschichte steht. Wir wissen, wie wenig gerade das Bewußtsein der geschichtlichen Notwendigkeit revolutionärer Veränderungen zur Lähmung des Willens, zur Resignation und Anpassung führen muß; die aktivsten Kämpfer der Arbeiterbewegung und auch der Widerstandsbewegungen konnten das integrierende Moment ihres Verhaltens, ihre politische Moral nur in der Gewißheit begründen, daß ein mögliches individuelles Opfer sinnvoll ist.«

In diesen heute gewiß pathetisch klingenden und mit Satzungeheuern versetzten Worten hatte ich 1967 den Versuch gemacht, die neuen

Erfahrungsgehalte der Protestbewegung begrifflich zu fassen.[67] Denn schon in den Anfängen war deutlich, daß mit den herkömmlichen Definitionen der politischen Tätigkeit, wie sie ganz selbstverständlich noch, eben nur mit sozialistischen Vorzeichen, für die Strategiediskussionen des Sozialistischen Deutschen Studentenbundes galten, die Aktionsformen dieser zunächst als Ein-Punktbewegungen beginnenden Proteste gar nicht mehr zu verstehen waren. Auf dem einen Pol die konkreten Arbeitszusammenhänge in der Universität zu verändern, auf dem Gegenpol sich aktiv in öffentlicher Solidarität mit den Befreiungsbewegungen der Dritten Welt zu üben, war für den einzelnen ein gewaltiges Spannungsgefüge von äußerster Gebrechlichkeit, gleichzeitig aber auch eine ganz neuartige Quelle des politischen Handelns. Wie weit derartige Fragestellungen die Gemüter erregten, zeigt jene Tagung, auf der ich unter dem Titel »Politik und Protest« meine Gedanken vortrug.

Am 28./29. Oktober 1967 findet im Volksbildungsheim Frankfurt eine Arbeitskonferenz der Außerparlamentarischen Opposition statt, in der der Versuch gemacht wird, aus den bisherigen Bewegungsabläufen und Ereignissen des Protestes organisatorische Konsequenzen zu ziehen und Perspektiven für eine Politik zu begründen, die im Ernst eine des demokratischen Sozialismus sein könnte. Spätestens hier zeichnet sich ab, daß der SDS zwar ein bestimmender Verband innerhalb dieser neu aufgebrochenen Bewegung ist, seine Organisationsstruktur sich aber als zu eng erweisen wird. Auch ist es ein Problem, immer wieder die Forderung nach Demokratisierung und Öffentlichkeit der Entscheidungen zu erheben und gleichzeitig darauf zu beharren, daß der SDS eine »Kaderorganisation« bleibt; seinem Selbstverständnis nach ist er keine Kaderorganisation, in seiner faktischen Rolle jedoch ganz unverkennbar.

Versammelt sind hier etwa zweihundert Aktive, die mit dem Bedürfnis nach offener Orientierung nach Frankfurt kommen: Studenten, Gewerkschafter, Schüler, Assistenten und Dozenten, Organisatoren der Kampagne für Demokratie und Abrüstung und der Notstandsopposition, Journalisten und Schriftsteller. Fast alle sind versammelt, die sich wenige Jahre später politisch trennten und zum Teil befeindeten. Ulrike Meinhof, Gudrun Ensslin, Andreas Baader sind dabei und diskutieren mit Hans-Jürgen Krahl und Rudi Dutschke. Das Problem der Gewalt spielt übrigens eine geringe Rolle, eine große aber die Idee einer revolutionären Transformation der Gesellschaft, von deren Notwendigkeit, ja Machbarkeit wir durchgängig überzeugt sind. »Berliner« und »Frankfurter«, die ja bereits in den SDS-Delegiertenkonferenzen der fünfziger und sechziger Jahre erhebliche Streitpunkte auszutragen hatten, sind hier in einer Selbstverständigungsdebatte begriffen, in der Theorie und Organisation sich auf die neuen aktuellen Ereignisse orientieren. Es ist eine öffentlich geführte Debatte auf hohem Niveau.[68]

Heute würde man im wissenschaftlichen Sprachgestus das, was sich hier im Bezugssystem von Macht, Politik, Protest und Moral abspielt, als einen Paradigmenwechsel bezeichnen. Indem der Realpolitik in der Max Weberschen Definition als legitimes Betätigungsfeld des Verantwortungsethikers die selbstverständlich geglaubte Grundlage wirksamer gesellschaftlicher Veränderungen entzogen wird, reichert sich politisches Handeln an mit Elementen der Gesinnungsethik, von der Weber den Politiker gerade ausgrenzt, und des Protestes als Form des öffentlichen Handelns. Politik geht den Weg nach unten, zu den wirklichen Interessen und Lebenszusammenhängen der Menschen. Da sie den verengten professionellen Horizont verliert, dringen zunehmend Elemente des Privaten in die politischen Handlungsfelder ein, und das Politische wird in seiner Substanz stärker mit dem verwoben, was in herkömmlichen Definitionen zu den Bereichen von Nicht-Öffentlichkeit, der privaten Lebenszusammenhänge gehört.

Bereits in der praktischen Philosophie Kants wird diese in der bürgerlichen Tradition von Machiavelli über Hobbes und Locke bis zu Max Weber gehende Definition der Politik – als eine nur von den Normen des Machterwerbs und des Machterhalts geprägte Definition des Politischen – in Frage gestellt. Die Studenten und Jugendlichen von 68 greifen die Bestimmungen des Politischen in der gegenläufigen bürgerlichen Tradition wieder auf, die ein Moment des Unbedingten, des moralischen Protestes mitenthalten. Kant war sich dessen sehr wohl bewußt, daß in der Welt des Empirischen die Politik eher Regeln folgt, die Erfolg nicht am moralischen Gesetz, an Ehrlichkeit und Aufrichtigkeit bemessen. Er hätte durchaus bestätigen können, was Hannah Arendt einmal feststellte: »Niemand hat je bezweifelt, daß es um die Wahrheit in der Politik schlecht bestellt ist, niemand hat je die Wahrhaftigkeit zu den politischen Tugenden gerechnet. Lügen scheint zum Handwerk nicht nur des Demagogen, sondern auch des Politikers und sogar des Staatsmannes zu gehören.«[69]

Kants Einwand gegen Hannah Arendt würde jedoch darin bestehen, daß der Teil, der von politischem Handeln aufbewahrungswürdig und sichtbares Zeichen einer moralischen Anlage der Menschen ist, genau darin bestünde, wodurch die Formen der Wahrheit, der Ehrlichkeit, der Moral Politik mitdefinieren. »Obgleich der Satz: Ehrlichkeit ist die beste Politik, eine Theorie enthält, der die Praxis, leider! sehr häufig widerspricht: so ist doch der gleichfalls theoretische: Ehrlichkeit ist besser denn alle Politik, über allen Einwurf unendlich erhaben, ja die unumgängliche Bedingung der letzteren.«[70] Objektiv gibt es Kant zufolge keinen Widerspruch zwischen Politik und Moral; da Politik jedoch weder Naturwissenschaft, also Wissenschaft im Erkenntnissinne, noch praktische Vernunft ist, sondern eher als eine Kunst der klugen Veränderung der Welt betrachtet werden kann, ist sie alles andere als von den Normen des gesitteten Verhaltens und der Versittlichung der Verhältnisse der Menschen befreit zu betrachten.

Ich will nicht im einzelnen nachzeichnen, welche fundamentale Veränderung im Bezugssystem zwischen Machtpolitik und Moral 68 in theoretischer Reflexion und in der Aktion vollzogen wird. Es ist jedoch unbestreitbar, daß die Infragestellung der herkömmlichen Arbeitsteilungen mit dazu beigetragen hat, daß die Auflösung alter Ordnungsprinzipien von manchen Zeitgenossen als ein verantwortungsloses anarchistisches Abenteuer angesehen werden konnte. Aber die Veränderung dieses Bezugssystems hat äußerst folgenreich auf das gewandelte Verständnis von politischer Kultur eingewirkt und einen neuen Begriff von Verantwortungsethik entstehen lassen, dem sich heute selbst versierte Realpolitiker nicht mehr zu entziehen vermögen, ja es ist sogar zu vermuten, daß diese moralischen Impulse im politischen Massenhandeln wesentlich zur Veränderung der gegenwärtigen Welt beigetragen haben.

3. Verantwortungsethik heute

Zwei die Zukunft der Menschheit berührende Gegenwartserfahrungen, die das Ende der Nachkriegszeit markieren und gleichzeitig auf neuartige Herausforderungen komplexer hochindustrialisierter Gesellschaftsordnungen verweisen, haben in den achtziger und neunziger Jahren die gewohnte Begriffswelt der Beziehungen zwischen Macht, Moral und Politik erneut in Verwirrung gebracht. Von der Protestbewegung angestoßen, erfahren die veränderten Bedeutungsgehalte dieser Begriffe in immer neuen Konstellationen öffentliche Aufmerksamkeit.

Es ist zum einen die Erfahrung eines tödlichen Unfalls, der in seinen Ursachen auf ein begrenztes, durch Machtapparate abgeriegeltes Teilstück der Erde zurückzuführen sein mag, in seinen Wirkungen aber jede politische Souveränität eines Landes aufsprengt und potentiell alle Menschen erfaßt. Ich spreche von Tschernobyl, einem im Zuge treibhausmäßig nachgeholter Industrialisierung überaus störanfälligen Atomprojekt, das jedoch von den technologischen Spitzenleistungen des Westens (wie der Atomkraftunfall in Harrisburg zeigt) so weit nicht entfernt ist. Das öffentliche Unglück, das hier seinen Ausgang nahm, drückt selbst diejenigen in den Stand von Angst und Ohnmacht zurück, die Macht genug besaßen, über die Herstellung solcher Apparaturen und Maschinensysteme zu entscheiden; in der Büchse der Pandora, in der bekanntlich die Kräfte der Hoffnung ganz unten liegen, sind Unglückspotentiale der modernen Technologien in unvorhersehbaren Ausmaßen verborgen.

Die zweite Gegenwartserfahrung besteht darin, daß hochgerüstete und mit flächendeckenden Sicherheitskontrollen ausgestattete Herrschaftssysteme durch die moralische Macht der kollektiv zur Geltung gebrachten menschlichen Freiheits- und Gleichheitsbedürfnisse ohne Waffengewalt, wenn auch mit unkalkulierbaren Gewaltfolgen, zu Fall gebracht werden können. Daß es einer Bevölkerung gelingt, durch so einfache Mittel wie brennende Kerzen, kilometerlange Menschenketten und demonstrative, unentwegt wiederholte Inbesitznahme von öffentlichen Plätzen und von öffentlicher Zeit eine nutzlos und parasitär gewordene Gesellschaftsschicht abzuwracken und so die internationale Abrüstung innergesellschaftlich zu vollenden – daß eine solche Umdrehung der Verhältnisse, ganz im Ursprungssinne des Wortes »Revolution«, gelingen konnte, gehört zweifellos zu den nicht häufigen öffentlichen Glückserfahrungen der Neuzeit. Sie drücken, weil Moral die Panzerungen »machtgeschützter Innerlichkeit« verläßt und selbst zu einem Machtfaktor wird, das erwachte Selbstbewußtsein vieler Menschen aus, sich von Schicksalen und Machtapparaten nicht einfach mitschleifen und verdummen zu lassen. Wo Moral eine Machtkomponente annimmt, wird auch das Wahrnehmungs- und Urteilsvermögen gegenüber unmoralischen Machttechniken geschärft. Aber auch das Umgekehrte gilt: Mit dem Unrechtsbewußtsein geht auch das Rechtsbewußtsein verloren.

Man sage nicht, die von mir gewählten Beispiele seien ausschließlich für Gesellschaftszustände charakteristisch, deren Verfassungsgefüge keinerlei Institutionen für die freie und geregelte Machtausübung der Bevölkerung vorsieht. Es ist gerade bemerkenswert für die gegenwärtige geschichtlich aufgebrochene Situation, daß die Massenaktionen, die eigensinnigen Widerstandshaltungen einzelner, das demonstrative Einklagen von Menschenrechten sich vielfach an Vorbildern westlicher Protestbewegungen orientieren, an Teach-ins, Sit-ins als Formen des öffentlichen Nachdenkens (worauf selbst noch die Konstruktion der runden Tische verweist), an den Rebellionstechniken der Jugendlichen und Studenten von 68, an der Friedens- und Ökologiebewegung.

Die im Ostblock sichtbar gewordenen Veränderungen bringen auf den Begriff, was in den vergangenen zwanzig Jahren in tastenden Sozialexperimenten, zum Beispiel der Wohngemeinschaften, der Alternativschulen, der breiten Front des zivilen Ungehorsams, in den vielfältigen Symbolhandlungen des Widerstandes, in der Suche nach öffentlichem, selbstbestimmtem Ausdruck von Interessen und Bedürfnissen und im allmählichen Wandel der Aufmerksamkeit für den Perspektivwechsel von Macht, Moral und Politik vorbereitet wurde.

Alle drei Begriffe haben sich ihrer inneren Zusammensetzung nach verändert – dadurch aber auch in ihrer jeweiligen Beziehung zueinander. Um das zu verdeutlichen, nehme ich naheliegende, heute aber fast schon vergessene Beispiele aus der Skandalchronik der Bundesrepublik, der sogenannten alten Bundesländer.

Als sich die Barschel-Affäre dem Ende zuneigte, weil praktisch alles, was zunächst im Dunkel zu liegen schien, ans Licht der Öffentlichkeit gebracht war, zeigten sich die meisten der bekannten charakteristischen Merkmale von Machtmißbrauch: Vernichtungsabsichten gegenüber dem politischen Gegner, Falschinformation und Irreführung der Öffentlichkeit, Spurenverwischung und Erpressung. Was hier zum Vorschein kam, unterschied sich nur wenig von politischen Korruptionsskandalen wie den betrügerischen und raffgierigen Geschäftspraktiken von Gewerkschaftsfunktionären, die in Managementpositionen aufgestiegen waren, von der Lüge eines Verteidigungsministers während der »Spiegelaffäre« und der chronischen Neigung von Politikern zur Steuerhinterziehung im Interesse ihrer Parteien.

Im Volksvorurteil, das sich auf geprägte Erfahrungen stützen kann, haben solche Eigentümlichkeiten der politischen Welt eine festen Platz: Politik verdirbt den Charakter, heißt es. Und von einem erfahrenen englischen Parlamentarier aus der zweiten Hälfte des neunzehnten Jahrhunderts, von Lord Acton, stammt das Wort: »Power always corrupts.«

Sich mit dieser Banalität von Macht und Herrschaft, den kleinen Gaunereien und Lügen abzufinden scheint schwerzufallen; etwas Geheimnisvolles, ja tragische Verwicklungen möchten die Zeitgenossen den mit Macht ausgestatteten Persönlichkeiten zuschreiben, um noch in dem normalen Vergehen eine Spur von dem zu entdecken, was ihnen schicksalhaft angetan worden ist.

So brachte es Theo Sommer, als in der Barschel-Affäre nur noch wenig verborgen war, in einer renommierten Wochenzeitung über sich, der kriminellen Energie jener Art von Politikern, deren Weltbild auf Techniken des Machterwerbs und der Machterhaltung geschrumpft ist, die mystifizierte Gestalt der griechischen Schicksalsgöttin zu verleihen. Theo Sommer schreibt in aller Unschuld:

»Hier vollendete sich eine persönliche Tragödie, wie sie die Bundesrepublik in den fast vier Jahrzehnten ihres Bestehens noch nicht erlebt hat. Ein Günstling der Götter, der jung in höchste Würden hineinwächst, gerät mit einem Male unter einen düsteren Schatten. Er überlebt als einziger ein schweres Flugzeugunglück, stürzt sich, kaum genesen, in einen brutalen Wahlkampf, bei dem es um sein Überleben im Amt geht – da verschlingt ihn binnen zweier Wochen der Strudel des Pfeiffer-Skandals. Er verliert sein Amt, dann Würde. Wenig später ereilt ihn in Genf der Tod. Ob es die moira der Griechen war, die da waltete, unausweichliche Verstrickung also, oder der Fluch der eigenen bösen Tat, die sich gegen ihn kehrte – wir werden es womöglich nie erfahren. Uwe Barschel nimmt seine subjektive Wahrheit mit ins Grab...«[71]

Ist die Machtsphäre zu einer geschlossenen, nach eigenen Regeln funktionierenden Wirklichkeit verselbständigt, dann verlieren sich die ethischen Maßstäbe von Gewissen und Verantwortung, die unabdingbar an das Denken, Entscheiden und Handeln von einzelnen Menschen gebunden sind, in einer Grauzone entlastender Gründe. Daß Politiker denselben moralischen und rechtlichen Anforderungen unterliegen wie jeder andere Mensch einer zivilisierten Gesellschaft, ist unstrittig; von ihnen zu verlangen, daß sie nicht lügen, daß sie ehrlich und aufrichtig sind, erfüllt den Tatbestand eines kulturellen Minimums.

Damit hat sich die Problematik in den Beziehungen von Macht, Politik und Moral aber längst noch nicht erschöpft. Denn daß ausschließlich solche Menschen Politik betreiben dürfen, die eine durch und durch nach moralischen Prinzipien organisierte Lebensführung vorzuweisen haben (was heute in auftrumpfender Selbstgerechtigkeit »political correctness« genannt wird), würde dem Gesinnungsterror Tor und Tür öffnen. Die Alternative zum skrupellosen Machttechniker in den Geschäftsbereichen des Politischen kann nicht der moralische Fundamentalist sein; sie ergänzen sich vielmehr, und unter bestimmten gesellschaftlichen Zuständen bilden sie die Eckpfeiler einer unheiligen Allianz, welche den kritischen Geist einer vernunftorientierten und politisch wachen Öffentlichkeit erdrückt.

Moral ist kein Politikersatz; und der kompetente Umgang mit Machttechniken ist keine Politik. Für substantielles politisches Handeln, das Dauerhaftes hinterläßt, kann diese Kompetenz freilich nützlich sein. Die Abkehr von moralisierten Idealbildern des politisch Handelnden bedeutet nicht Freisetzen oder Rechtfertigen der Korruptionsneigungen von Politikern, sondern dient der Entflechtung von Macht, Politik und Moral in einer Weise, daß Grundtrennungen der bürgerlichen Emanzipationsgeschichte nicht geopfert werden, gleichzeitig aber ein neues Bezugssystem der Begriffe anerkannt wird.

Seit Kant Moralität und Legalität strikt trennte, also die Welt der Maximen des Handelns aus Pflicht, aus reiner Achtung des Sittengesetzes, von der Welt pflichtmäßiger, empirisch erkennbarer Handlungen unterschied, hat es immer wieder Versuche gegeben, Brücken über diesen ontologischen Graben zu schlagen. Die Hoffnung auf den Fortschritt in der Vermenschlichung der Verhältnisse, bis hin zur Friedensordnung einer weltbürgerlichen Gesellschaft, setzt der skeptische Bürger Kant ganz auf die Seite der äußeren Handlungen, der gesellschaftlichen Einrichtungen und der politischen Kultur, nicht auf die Reinheit der moralischen Gesinnungen.[72] Er sagt: »Nicht ein immer wachsendes Quantum der Moralität in der Gesinnung, sondern Vermehrung der Produkte ihrer Legalität in pflichtmäßigen Handlungen, durch welche Triebfeder sie auch veranlaßt sein mögen; das ist, in den guten

Taten der Menschen, die immer zahlreicher und besser ausfallen werden, also in den Phänomenen der sittlichen Beschaffenheit des Menschengeschlechts wird der Ertrag (das Resultat) der Bearbeitung desselben zum Besseren allein gesetzt werden können.«[73]

Es ist der gesellschaftliche Gesamtzustand, vor allem der Abbau von Gewalt in den Beziehungen zwischen den Menschen und die Erweiterung ihrer Autonomiefähigkeit, wodurch sich die menschliche Gattung aus der Naturverfallenheit herausarbeitet und wodurch im Blick auf die Idee des ewigen Friedens die Mißhelligkeiten zwischen Moral und Politik aufgehoben werden können. »Allmählich wird«, so hofft Kant, »der Gewalttätigkeit von seiten der Mächtigen weniger, der Folgsamkeit in Ansehung der Gesetze mehr werden. Es wird etwa mehr Wohltätigkeit, weniger Zank in Prozessen, mehr Zuverlässigkeit im Worthalten usw., teils aus Ehrliebe, teils aus wohlverstandenem eigenem Vorteil im gemeinen Wesen entspringen, und sich endlich dies auch auf die Völker im äußeren Verhältnis gegen einander bis zur weltbürgerlichen Gesellschaft erstrecken, ohne daß dabei die moralische Grundlage im Menschengeschlecht im mindesten vergrößert werden darf.«[74] (Wozu auch ein neuer Schöpfungsakt nötig wäre, was er, der Vernunftskeptiker, hinzuzufügen nicht versäumt.)

Der Glaubwürdigkeitsverlust der Politiker, der heute allenthalben beklagt wird, und der damit verknüpfte Vertrauensschwund in die Legitimationsansprüche der Institutionen entspringt der an Regeln der Privatmoral gebildeten Korruption vermutlich weniger als der Antiquiertheit des Selbstverständnisses von Politik in einem Zusammenhang, der von völlig neuartigen geschichtlichen Aufgaben bestimmt ist. Die meisten Menschen neigen wohl, selbst wenn sie sich spontan empört über die politischen Steuerdiebe und Lügner im Amt zeigen, der Auffassung Kants zu, »daß aus so krummem Holze, als woraus der Mensch gemacht ist, nichts ganz Gerades gezimmert werden könne«.

Sehr schnell sind Skandale dieser Art wieder vergessen; in der Tat hat die Moralisierung des Politischen, seine Überwucherung und Zersetzung durch öffentlich ausgebreitete Intimität und Privatverhältnisse mit dazu beigetragen, daß der Glaubwürdigkeitsverlust der professionellen Politiker wächst. Nicht ihre mangelnden öffentlichen Tugenden sind dabei das Problem, sondern ihr unzulängliches Wissen, ihr geringes Maß an Eigensinn und Phantasie, sich angesichts der neu aufgetretenen geschichtlichen Aufgaben einer ganz anderen Dimension von individuellem Gewissen und gesellschaftlicher Verantwortung bewußt zu werden.

Die kompromißlos Tugendhaften verbreiten selbst dann, wenn sie, wie Robespierre im Unterschied zu seinem der Korruption gelegentlich zugänglichen Rivalen Danton, Wasser predigen und auch Wasser trinken, also den öffentlich verkündeten Prinzipien gemäß leben, sie verbreiten selbst dann den Geruch von Gesinnungszwang und der fortwährenden Überforderung der Lebensverhältnisse. Auch sie sind Opfer der Guillotine, sobald sie nur einen Augenblick der wachsenden Schar ihrer Feinde den Rücken kehren. Sie sind verwundbar, weil sie sich moralisch für unverletzlich halten. Der Staat als eine quasireligiöse Gesinnungsgemeinschaft, die mit den privaten Reservaten und individuellen Rückzugsnischen aufräumt, löst im gestohlenen Mantel der Moral alles auf, wofür die Sittengesetze seit dem denkwürdigen Protest Antigones gegen die staatlich sanktionierte Verweigerung einer Totenehrung einmal eingestanden haben: die menschliche Würde, die keinen Preis hat.

Aber sowenig Näheverhältnisse, aus deren Erfahrungshorizont sich in Jahrtausenden unser Moralverständnis entwickelt hat, die öffentliche Sphäre des Handelns überfremden und am Ende gar an deren Stelle treten dürfen, so antiquiert und den Gegenwartserfordernissen unangemessen ist die Vorstellung, das Hauptmerkmal des Sozialcharakters eines erfolgreichen Politikers bestehe in der Distanz, in der Vermeidung von Gefühlen der Näheverwicklungen; so hatte Max Weber den Beruf des Realpolitikers charakterisiert, indem er der »Selbstberufung« des Propheten und dem »Ruf« des Wissenschaftlers den nüchtern und verantwortungsbewußt Handelnden als Idealtypus des modernen Menschen gegenüberstellte.

Drei Qualitäten fand er für ihn entscheidend: Leidenschaft, Verantwortungsgefühl, Augenmaß. Was Max Weber nicht berücksichtigte, war, daß die drei Charakterprägungen ihre eigenen geschichtlichen Bedingungen haben. Für den Anfang des zwanzigsten Jahrhunderts, in dem mit der Gegenaufklärung eine barbarische Rückbildung bürgerlichen Bewußtseins drohte, waren diese Eigenschaften durchaus Merkmale eines Politikers, der sich dem beginnenden Massenwahn entgegenstemmte. Max Weber präzisiert: »Leidenschaft im Sinne von Sachlichkeit: leidenschaftliche Hingabe an eine ›Sache‹, an Gott oder Dämon, der ihr Gebieter ist … mit der bloßen, als noch so echt empfundenen Leidenschaft ist es freilich nicht getan. Sie macht nicht zum Politiker, wenn sie nicht, als Dienst an einer ›Sache‹, auch die Verantwortlichkeit gegenüber ebendieser Sache zum entscheidenden Leitstern des Handelns macht. Und dazu bedarf es – und das ist die entscheidende psychologische Qualität des Politikers – des Augenmaßes, der Fähigkeit, die Realitäten mit innerer Sammlung und Ruhe auf sich wirken zu lassen, also: der Distanz zu den Dingen und Menschen.«[75] Die ersten beiden Charaktermerkmale zur Kennzeichnung der Figur des Realpolitikers sind im höchsten Maße umstritten. Hitler die Leidenschaft für die Sache (das Volk? Deutschland? Endlösung der Judenfrage?) abzusprechen, dürfte schwerfallen. Verantwortlichkeit gegenüber dieser Sache glaubte er jedenfalls zu haben; Augenmaß fehlte ihm freilich in jeder Hinsicht. Allenfalls Bismarck könnte der Politiker gewesen sein, von dem Max Weber seine politischen Charakterbestimmungen abgelesen hatte.

Langsames Bohren von harten Brettern mit Leidenschaft und Augenmaß zugleich: das ist Politik als die Kunst des Möglichen, Realpolitik, die weniger auf Gesinnungen als auf Verantwortung setzt. Diese Anthropologie ist am gebrochenen Menschen orientiert. »Der Verantwortungsethiker ... rechnet mit ... durchschnittlichen Defekten der Menschen.«[76] Aber die Maßstäbe, an denen Moral und Verantwortung zu messen wären, haben sich offensichtlich in den letzten Jahrzehnten grundlegend verändert. Nicht nur sind die moralischen Ansprüche an die Gestaltung der gesellschaftlichen Lebensverhältnisse gestiegen; auch die Erwartungen an den politisch Tätigen, der über Macht und Einfluß verfügt, selbst für die unbeabsichtigten Fernwirkungen seines Handelns zu haften, haben sich unter Bedingungen, da jede politische Entscheidung unmittelbar die individuellen Lebensverhältnisse zu erfassen droht, aufs äußerste verschärft.

Mit der Erweiterung des Horizonts individueller und kollektiver Haftung für das, was in einer Gesellschaft objektiv möglich ist, was realisiert wird oder durch Gleichgültigkeit und Unaufmerksamkeit ungeschehen bleibt, gewinnt Politik eine neue moralische Dimension.

Zur Erläuterung dieses Gedankens greife ich auf das eingangs erwähnte Beispiel Tschernobyl zurück. Einer Meldung der Regierungszeitung »Iswestija« zufolge beliefen sich allein schon bis Frühjahr 1988 die Kosten für dieses Atomunglück auf mehr als acht Milliarden Rubel, das waren etwa zweiundzwanzig Milliarden DM (gerechnet in dem damals gültigen Zwangswechselkurs); es sei der vermutlich teuerste Unfall der Weltgeschichte. Die menschlichen Kosten gehen viel weiter: 31 Tote unmittelbar beim Unglück, weit über hunderttausend Menschen muß-

ten umgesiedelt werden, gewaltig angestiegene Krebsraten mit langfristig voraussichtlich Hunderttausenden von Toten, Mißbildungen bei
Menschen und Tieren, strahlenverseuchte Erde und Pflanzenwelt für
unabsehbare Zeit. Das Elend hat kein Ende.

Was sind angesichts dieser und ähnlicher Katastrophen die verpflich-
tenden Normen, die eine Verantwortungsethik begründen? Wer einen
einzelnen Menschen tötet, wird des Mordes angeklagt. Wer eine
Maschinerie plant, produziert oder in Gang hält, die todbringende oder
gesundheitsschädigende Wirkungen für Hunderte von Menschen hat,
fällt durch die Maschen des traditionellen Rechts und der Nähemoral,
die sich auf Gesinnung und Schuld stützt. Seit den Nürnberger Prozessen, die der »leidenschaftlich einer Sache Dienenden«, und wäre es auch
die eines riesigen Mordunternehmens, nur schwer habhaft werden
konnten, schwelt dieses Problem einer moralisch-kollektiven und politischen Haftung individuellen Handelns. Im um sich greifenden Glaubwürdigkeitsverlust der sogenannten Realpolitik sehe ich Momente
eines wachsenden Selbstbewußtseins der Menschen, die die alten Definitionen von Wirklichkeit und Utopie, von Macht, Politik und Moral
praktisch in Frage stellen.

»Die Phantasie an die Macht« – ein durch und durch romantischer
Gedanke – lautete eine der zentralen Parolen der Studenten im Pariser
Mai 1968. In Prag machte man im gleichen Jahr diese aufbrechende
Phantasie der Befreiung mit Panzern und Gefängnissen nieder; mit
gewaltigen Opfern, aber ohne Erfolg. Sich einen eigensinnigen Schriftsteller vorzustellen, der das Gefängnis verläßt, um das höchste Staatsamt
zu übernehmen, war 1968 nichts weiter als eine Wunschvorstellung,
belächelt und ins Utopische verbannt – in Wirklichkeit doch aber, wie
sich zeigt, viel realitätshaltiger als alle Hochrüstungssysteme des »real
existierenden Sozialismus« und der westlichen Realpolitiker zusammen-
genommen.

Noch ein anderes Beispiel der jüngeren Geschichte zeigt an, daß sich
im Verhältnis von Utopie und Realität Entscheidendes geändert hat. Der
moralische Widerstand gegen den Krieg in Vietnam ist von den Realpolitikern der westlichen Welt als irrational und unrealistisch betrachtet
worden. Gemessen an der gewaltigen Macht, die hinter diesem Krieg
stand, hatte das auch den Anschein des Realitätsgerechten für sich. Tatsächlich hat sich aber gezeigt, daß der moralische Widerstand gegen den
Krieg in Vietnam politisch und geschichtlich gerechtfertigt war, während sich die Realpolitik als irrational und unmoralisch erwies. Die Real-

politiker sind gezwungen worden, diesen anachronistischen und unmoralischen Krieg zu beenden.[77]

Grundsätzlich geht es darum, einen Begriff von Politik zu entwickeln, der von Emanzipation und Moral nicht zu trennen ist. Das Unmoralische erweist sich am Ende als das Unpolitische, als Gewaltverhältnis im Dunstkreis eines Politikbegriffs, der Unbedingtes und Kompromißloses nur in der Ausgrenzung der besseren Möglichkeiten kennt. Nichts in der Ökologie- und Friedensbewegung, im Kampf um die Gleichstellung der Geschlechter und gegen rassistische Diskriminierung wäre ohne einen Schuß an moralischem Fundamentalismus in bezug auf Einzelprobleme erreicht worden. Die Maulwurfsarbeit, die 68 begann, hat unterirdisch verzweigte Gänge gegraben; Sackgassen und lichtvolle Ausgänge liegen freilich, das ist überhaupt nicht zu leugnen, manchmal sehr nahe beieinander.

Geht man vom Stand des gegenwärtigen Bewußtseins und der gesellschaftlichen Dynamik aus, so muß die Leitnorm, von der aus entschieden werden kann, was moralisch und unmoralisch ist, aus der Gesellschaft selbst heraus formuliert werden. Für diese Leitnorm ist die Kategorie der objektiven Möglichkeit entscheidend. Im Unterschied zu bloß subjektiven Wunschvorstellungen bezeichnet die »objektive Möglichkeit« gleichzeitig den Umkreis von Mitteln, die produziert werden und verfügbar sind, um emanzipatorische Ziele zu realisieren. Das bedeutet mit anderen Worten, es ist der objektive Reichtum der Gesellschaft, an dem zu messen ist, was gerecht und ungerecht, was geschichtlich wirksam und was Geschichtsverbrechen, was moralisch und unmoralisch ist. In allen diesen Verhältnissen geht es ausschließlich um Verantwortungsethik, um die Folgen des eigenen Verhaltens und Unterlassens – dem Postulat jeder Verantwortungsethik entsprechend: Handle so, als ob von deinem Handeln oder deiner Untätigkeit die Wendung des Schicksals der Welt abhinge.

In einer Gesellschaft, in der der Reichtum an Gütern, an wissenschaftlicher Erkenntnis, an Möglichkeiten des subjektiven Durchschaubarmachens von Abhängigkeiten ein solches Maß angenommen hat, daß dieser objektiv verfügbare Reichtum selbst zu einem Problem geworden ist, sind Herrschaft und Unterdrückung Geschichtsverbrechen und unmoralisch. In einer Gesellschaft, in der eine Krankheit wie Krebs heilbar wäre, wenn die Mächtigen dieser Gesellschaft auf die Heilung vergleichbare Mittel konzentrieren würden wie auf jeden beliebigen anderen Bereich, zumal den der Rüstung, ist die Tatsache, daß Menschen an Krebs sterben müssen, ein Verstoß gegen die moralischen Prinzipien dieser Gesellschaft. Jede Form der Behinderung von Autonomie und Selbstbestimmung in einer Gesellschaft, in der die objektiven Mittel für diese Selbstbestimmung vorhanden sind, verstößt gegen moralisch immanente Normen dieser Gesellschaft. Der Reichtum ist nichts Jenseitiges mehr, sondern ist erfahrbar geworden, anschaulich. So sind Zerstörungen von Körper, Seele und Lebenswelt Elemente, die wir auch unter dem Gesichtspunkt der Ethik sehen müssen und nicht einfach als Geschehnisse hinnehmen dürfen, gegen die man nichts tun kann.

Aber diese moralische Leitnorm, die als Zweck die Herstellung der gesellschaftlichen Autonomie der Menschen hat, läßt sich nicht nur auf einzelne Länder beziehen, sondern hat das zur Grundlage, was sich als Weltgeschichte selbst hergestellt hat. Zweifellos ist das nicht nur eine Frage der gerechten Verteilung, sondern vor allem auch eine Frage der spezifischen Produktion gesellschaftlicher Lebensprozesse.

Wo lassen sich Ansatzpunkte zu einer Rückkehr des Politischen in die Gesellschaft, in den konkreten Erfahrungszusammenhang der Menschen auffinden? Sie liegen dort, wo die Menschen arbeiten und leben; hier beginnt gesellschaftliche Verantwortung als eine erfahrbare Rückbindung eigenen Verhaltens, im Betrieb ebenso wie in der Schule. Politik, die ihre Substanz und das ihr eigentümliche Bewegungsgesetz zurückgewinnt, ist keine Angelegenheit einer von Beruf und Arbeitsplatz abgetrennten, gesonderten Sphäre, in der Berufspolitiker ihr Wesen und Unwesen treiben. Ich verstehe Politik vielmehr als Produktionsprozeß, als eine Produktion eigener Art, ein Stück Sinnverwirklichung des Menschen als einem gesellschaftlichen Wesen, das, zumal in einer so durchgehend vergesellschafteten Gesellschaft wie der unseren, unweigerlich krank wird, wenn es seiner alltäglichen politischen Ausdrucksmöglichkeiten langfristig beraubt wird. Politische Moral ist daher kein Luxus mehr, auf den man notfalls auch verzichten könnte, sondern wesentlicher Bestandteil unserer Lebens- und Überlebenspraxis.

Überlegungen zum Begriff des Politischen

»Politik« scheint im Alltagssprachgebrauch etwas ganz Selbstverständliches und Eindeutiges zu sein: Politik ist das, was die Politiker machen. Wenn aber jemand in öffentlichen Auseinandersetzungen, plötzlich ungehalten, dazu auffordert, das Problem, um das es gerade geht, endlich politisch zu behandeln, obwohl von Parteien, Wahlen, Regierungsentscheidungen und Abgeordnetenpflichten fortwährend die Rede ist, dann wird offenkundig, wie unverbindlich und dehnbar die Kriterien sind, an denen der besondere politische Gehalt einer Sache gemessen wird.

In der Tat zerbricht spätestens Mitte der sechziger Jahre das festgefügte Universum institutionell definierter, wesentlich auf staatsvermittelte Großorganisationen bezogener Handlungen, das die von allen anderen Bereichen abgesetzte Sphäre des Politischen ausmacht. In ihr werden von bestimmten Personen die Interessen der anderen stellvertretend wahrgenommen, repräsentativ, aufgrund eines für eine festgelegte Zeit unwiderruflich erteilten Mandats, das keine direkte Verantwortlichkeit gegenüber den Vertretenen enthält. Wird heute dagegen der Begriff des Politischen in einem Sinne gebraucht, der taktisches Kompromißverhalten und technisch-administrative Regelungen überschreitet, so ist er qualitativ aufgeladen; er nimmt ein Element des Moralischen, der Kompromißlosigkeit auf. Das Wort »politisch« verknüpft sich mit einem Emanzipationsanspruch, der auf die Durchsetzung von Lebensinteressen der Menschen gerichtet ist.

Es ist daher keineswegs mehr ausgemacht, wer sich wirklich politisch verhält – Demonstranten, die öffentlich gegen die Zerstörung eines Wohngebiets protestieren oder den Castor-Transport blockieren, oder der Stadtrat, der die Sanierung eines Gebietes beschlossen hat. Die Krise, die sich im Begriff des Politischen andeutet, ist eine Krise der Politik selbst; die Substanz des Politischen trennt sich von der Staatsfixierung ab und nimmt jene Arbeit im Gemeinwesen wieder auf, die im Ursprungssinn des Wortes Politik, seit die großen griechischen Stadtstaaten diesen Begriff aufbrachten, stets enthalten war. Heute auf den Ursprung dieses Begriffs zu verweisen bedeutet gleichzeitig, sprachliche Orientierungssymbole, mit denen wir, ob wir wollen oder nicht, alltäglich umgehen, der konservativen Plünderung und Auszehrung zu entziehen.

Wie kein anderes Volk der Zivilisationsgeschichte hatten die Griechen eine instinktive Sicherheit im Umgang mit der Sprache, in der Wahl beziehungsreicher Worte, die nie bloß auf formale Eindeutigkeit gingen. Polis war die Stadt als Staat; aber Demokratie und Heimat, was dem Bürger als Selbstideal vorschwebte und wo er sich zugehörig fühlte, schwingen im Bedeutungsgehalt dieses Wortes mit. Politeia bezeichnete das Bürgerrecht; aber auch individueller Lebenswandel und Gesamtverhalten des Bürgers im Staat sind damit angesprochen. In welchen Varianten der Wortstamm des Tätigwerdens, das »politéuo«, immer auch auftreten mag, den Staat verwalten, sich als Bürger benehmen – er verweist regelmäßig in zwei Richtungen: auf öffentliches Handeln und auf einen als Norm gedachten Zustand des Gemeinwesens, welcher der Inbegriff des höchsten Gutes ist.

Den absoluten Gegensatz zu dieser Art von Gemeinwesen bildet der »idiotes«; bei den Griechen bezeichnet »idiotes« jedoch keineswegs hauptsächlich einen Verrückten oder einen seiner Sinne beraubten Menschen, sondern den schlichten Privatmann, den von Gemeinwesentätigkeit Isolierten, von dem man in der attischen Polis allerdings nicht anders denken konnte, als daß er ein Stümper und Nichtswisser sei. Ein gesellschaftliches Wesen wie den Menschen konnten sich die Griechen offensichtlich nur als ein politisch tätiges Wesen vorstellen, als »zoon politikón«, wie Aristoteles den diesseitigen Menschen definierte. Die Teilnahme an den Polis-Versammlungen wurde deshalb als vollwertige Arbeit angesehen; sie wurde mit einem Honorar entlohnt.

Gewiß, diese anspruchsvolle Trennung von Privatem und Öffentlichem gründete sich auf die Sozialstruktur einer Gesellschaft, von der die erdrückende Mehrheit der Menschen, die Sklaven, ausgeschlossen war und die jeden, der der griechischen Hochsprache nicht mächtig war, als Barbar definierte und als Feind behandelte.

Aber es geht mir ohnehin nicht um die Idealisierung von Vergangenem, sondern um die Geschichte eines Begriffs, der in seinem Bedeutungswandel reale Verhältnisse ausdrückt. Gaben die Griechen dem Begriff des Politischen noch die Würde des Gemeinwesens, das den bloßen Privatmann mit Verachtung straft, so kehrt sich in der Realität der bürgerlichen Gesellschaft dieses Verhältnis geradezu um: Im Citoyen schafft sich der Bourgeois, der private Besitzbürger, den Himmel einer Selbstillusion, eine Art politisches Ich-

Ideal, dem er im Ernstfall nichts opfert, das ihn aber doch an den Mangel seiner privaten Existenzweise erinnert.

Immerhin hat das revolutionäre Bürgertum einen Feind, den es nicht erst produzieren muß, um sich als politisch zu begreifen; dieser Feind ist einfach da, in der anschaulichen Gegenwärtigkeit der feudal-absolutistischen Gewalt und Herrschaft und später der anarchistisch-proletarischen Massen. Wo jedoch der autonome politische Bürger, wie illusionär auch immer, nicht mehr Ziel und Inhalt des politischen Handelns ist, sondern der Staat und seine diensteifrigen Angestellten, unterliegt der Begriff des Politischen selbst einer chronischen Auszehrung.

Mit dem Scharfblick des Konservativen, der das Gras wachsen hört, wenn irgendwo etwas im Zerfall begriffen und substanzlos geworden ist, hat Carl Schmitt das tote Restschema in unübertrefflicher Einfachheit formuliert. »Die spezifisch politische Unterscheidung, auf welche sich die politischen Handlungen und Motive zurückführen lassen, ist die Unterscheidung von Freund und Feind.« Der politische Feind muß nicht moralisch böse, ästhetisch häßlich sein; was ihn auszeichnet, ist vielmehr, »daß er in einem besonders intensiven Sinne existentiell etwas anderes und Fremdes ist«. Und welche Konsequenz ergibt sich daraus für den Befähigungsnachweis eines Politikers? »Politisches Denken und politischer Instinkt«, fährt Carl Schmitt fort, »bewähren sich ... theoretisch und praktisch an der Fähigkeit, Freund und Feind zu unterscheiden. Die Höhepunkte der großen Politik sind zugleich die Augenblicke, in denen der Feind in konkreter Deutlichkeit als Feind erblickt wird.«

Es wäre sicherlich kein nutzloses Unternehmen, einmal zu untersuchen, wie groß jener Teil des Arbeitstages eines Politikers in unserem Lande ist, der ausschließlich der Abgrenzungsarbeit, dem phantasiereichen Aufspüren konkret sichtbarer Feinde gewidmet ist. Ich bin sicher, dieser Anteil ist erstaunlich groß. Verband Carl Schmitt in seiner wesentlich auf Bürgerkrieg und Revolution gemünzten Definition noch Elemente des Heroischen, Kämpferischen, wohl auch Kriegerisch-Abenteuerlichen, so besteht das Politische, nimmt man es als das, was Politiker wirklich tun, heute vorwiegend in einer unentwirrbaren Mischung von Freund-Feind-Erklärungen, Verwaltungsarbeit und technischem Krisenmanagement.

Es ist kaum zufällig, daß unsere Politiker in ihrer erdrückenden Zahl verhinderte Verwaltungsbeamte mit der für sie charakteristischen Sicherheitsmentalität sind, was sich nicht nur darin ausdrückt, daß Beamte die Parlamente der Bundesrepublik bevölkern; noch deutlicher zeigt es sich in der Tendenz, daß sie ihre ohnehin mageren Entscheidungen, die häufig nicht mehr dokumentieren als ein Regieren im Bereich von Großwetterlagen, zusätzlich durch Gerichte absichern lassen.

Das ist kein Plädoyer für den starken, machtbewußten Politiker, der den Legitimationshorizont von Verwaltungsregeln und Gerichtsentscheidungen sprengt, sondern für das Gegenteil: für die Rückkehr des Politischen in den konkreten Erfahrungszusammenhang von Interessen und Bedürfnissen der Menschen, in den Lebenszusammenhang ihres Alltags.

Die innerstaatlichen Feinderklärungen, von denen sich die verwaltungsmäßige Ritualisierung der »freiheitlich-demokratischen Grundordnung« ernährt, sind das wirkliche »Ferment der Dekomposition« (wie es der Mystiker Friedrich Christoph Oetinger bezeichnet hat), der inneren Auflösung demokratischer Verhältnisse.

4. Der Spießer und der Revolutionär – Häutungen politischer Charaktere

Der Spießer, rot angelaufen, sagt, wir wollen alles. Wenn er das nicht erreicht, sagt er, wir wollen die Taube auf dem Dach; wenn ihm die zu weit erscheint, sagt er, besser ist der Spatz in der Hand. Am Ende begnügt er sich mit dem, was ihm in den Schoß gelegt wird, und erklärt das als das Wesen der Realpolitik.[78]

Vom Spießer und Kleinbürger wußte sich der gestandene Sozialist, der die geschichtliche Weite der Probleme im Blick hatte und anzugeben verstand, was an der Erscheinungswelt Ausdruck des Wesens oder Vorübergehendes ist, mit Fug und Recht abzugrenzen; er schrieb sich selbst ein höheres Bewußtsein in den Verwicklungen des Alltags zu. Geschmacklosigkeit und Enge des Spießers, der moralische Zuschnitt des Kleinbürgers, der sich verängstigt zwischen den großen Klassenkampffronten bewegt, das waren für jeden mit objektiven Gesetzen operierenden Sozialisten Distanzierungskriterien, die ihm fortwährend die Mühsal und Schwere seiner geschichtlichen Missionsaufgabe bestätigten.

Es ist eine uralte Erkenntnis, daß der Mensch nicht Tag und Nacht Revolutionär sein kann. Also muß er sich auf die Logik des Alltags einlassen. Das führt zu Anfechtungen, denen er nur dann gewachsen ist, wenn er diesen Alltag als Gegenstand der Veränderung und der Selbstveränderung genauso ernst nimmt wie alles, was sich auf die Gesamtgesellschaft bezieht.

Wenn der eine Teil unbearbeitet bleibt und der andere sich fortwährend nach Parolen strecken muß – »Immer für den Fortschritt, immer ein neues Niveau; nur das objektive Interesse der Organisation, der ich mich zugehörig fühle, ist von politischer Bedeutung« –, führt das zu einer Zerrissenheit des Subjekts, bei dem sich gefährliche Blockaden gegen lebendige Erfahrungen bilden.

Am Ende muß der Alltag eingemauert werden, um den Einblick anderer Menschen in die Lebensweise des Revolutionärs zu verhindern. Je karger die Lebensverhältnisse eines Landes sind, für das der Revolutionär sich aufopfert, desto gespannter muß diese doppelte Moral sein. Ihr Wandlitz, ihre gegen die eigene Bevölkerung errichtete Burgfestung von Privilegien und Jagdrevieren, haben alle, die der Revolutionierung des Alltags, der Bearbeitung des Spießers und Kleinbürgers in uns selbst keine Aufmerksamkeit zuwenden.

So können dessen Eigenschaften wuchern, und es ist dabei nicht wesentlich, ob diese Spießereigenschaften als Neigungen eines in Managementhöhen aufgestiegenen Gewerkschaftsfunktionärs zum großen Leben auf Golfplätzen und in Jagdrevieren auftreten, im heimlich angelegten und verborgenen französischen Weinkeller eines SED-Ministerpräsidenten oder in der völligen Gewißheit der eigenen Analysen und Prognosen ruchbar werden, die durch Erfahrungen in nichts zu erschüttern sind. »Die Banalität ist die Konterrevolution«, hatte Isaak Babel, der Dichter der Oktoberrevolution, gesagt; auch dieser Weitsichtige mußte den Gebrauch seines lebendigen Kopfes im Zuge des Stalinistischen Terrors mit dem Leben bezahlen. Der Spießer in der Verkleidung des Revolutionärs ist der, der mit den Schwächen der Menschen, dem krummen Holze, am unerbittlichsten und gnadenlosesten umgeht.

Diese Persönlichkeitsspaltung der kommunistischen Funktionäre, gleich in welchem Land sie sich aufhalten, wird ausgelöst durch Selbstbetrug und Unredlichkeit in den eigenen Lebensbezügen, was entscheidend zum totalen Verlust an Glaubwürdigkeit beiträgt, den Sozialisten in den letzten Jahren bei den Bevölkerungsmassen erfahren haben. Noch nicht einmal die Privilegien sind es, die in Frage gestellt werden; vielmehr ist es das Unredliche und Unaufrichtige, das Heimliche, mit dem sie umgeben werden. Genau diese Situation trifft Heinrich Heine in seinem Gedicht »Deutschland. Ein Wintermärchen« (1844), einem gnadenlosen Angriff auf den deutschen Spießer, auch dort noch, wo er wütend wird und sich zum Helden mausert. »Im traurigen Monat November« war es, als Heine die deutsche Grenze erreichte und ein kleines Harfenmädchen das »alte Entsagungslied« sang: »Ich kenne die Weise, ich kenne den Text, Ich kenn auch die Herren Verfasser; Ich weiß, sie tranken heimlich Wein Und predigten öffentlich Wasser.«

Schon 1905, als dieser Charaktertyp noch nicht die ganze Welt unsicher gemacht hatte, schrieb Ernst Bloch als Zwanzigjähriger: »Auch der Spießer, gereizt, läuft rot an. Wehe dann ... Der aufrechte Gang wird am letzten gelernt. Kopf oben, frei umherblickend, nur dazu ist er da.«

Wenn der Sozialismus, die sozialistische Utopie als Leitmotiv des Kampfes für eine gerechtere Einrichtung der Gesellschaft, seine Glaubwürdigkeit wiederherstellen will, die gegenwärtig verloren ist, dann hat Sorge und Aufmerksamkeit für die wirklichen Lebensverhältnisse und die Charakterbildung des Sozialisten eine ebenso große Bedeutung wie die Einschätzung von Klassenverhältnissen und geschichtlichen Konstellationen. Der Blick in den häuslichen Alltag, der Umgang mit den

Frauen und Männern der Nähe, mit Kindern und Nachbarn mögen unter Umständen entscheidender sein als die Einrichtung der Vernunftwerkstatt. Gerade in komplexer werdenden Gesellschaftsordnungen, die vom einzelnen ein hohes Maß an Erkenntnis und Verantwortung fordern, ist die Abtrennung der Alltagssituation von der öffentlichen Tätigkeit zentrales Element des Erfahrungsverlustes, der jede Emanzipation und Selbstbefreiung der Menschen zerstört.

Die politisch-moralische Wende, die der Konservativismus seit Ende der siebziger Jahre über die Vereinigten Staaten und die Länder Westeuropas brachte, hat dem Spießer als dem geistigen Hausmeister, der sich an nationalen Parolen aufrichtet und seinen Lebenszuschnitt entpolitisiert, ein gewaltiges Terrain eröffnet. Die Wende ist sehr weit gegangen, sie hat die Geschichte des Verbrechens in Deutschland endgültig bereinigen wollen. Im Grunde haben sich die zu politischem Einfluß aufgestiegenen Spießer im Westen und Osten sehr gut verstanden, wenn es darum ging, sich in der Feindschaft gegenüber Intellektuellen, in der Kritik des modernen Lebensstils und in der Verachtung des Volkes zu üben und zu übertreffen. Spießer beider Seiten haben für ihr Selbstwertgefühl den äußeren Feind benötigt; und je blasser die äußere Feindvorstellung wurde, desto mehr stieg die Notwendigkeit fortwährender innerstaatlicher Feinderklärungen. Seinen eigenen Feind erklärt der Spießer zum Feind der Gesellschaft.

Der Spießer sieht also rot, häufig auch, wenn er nicht gereizt wird. Das konservative Klima, das sich in den westlichen Ländern seit den späten siebziger Jahren auszubreiten begann und die Zeit des politischen Aufbruchs nach Abschluß der Restaurationszeit Anfang der sechziger Jahre beendete, ermutigte viele Leute zu Äußerungen, die vorher unter gleichsam öffentlicher Zensur standen.

Einer der perfektesten Propagandisten von Feinderklärungen war zweifellos Heiner Geißler, ehemals CDU-Generalsekretär und pikanterweise Familienminister. Charakterhäutungen sind ihm eigentümlich; heute ist kaum noch vorstellbar, was er unter dem Beifall von über fünfhundert rheinischen CDU-Delegierten im September 1983 ausgerufen hat: »Die Sozialdemokraten müssen sich darüber klar sein, was sie hier anrichten. Eine Partei, die den Westen fast ausschließlich kritisiert und gleichzeitig nahtlos Argumente der Sowjetunion, der mächtigsten Diktatur, die wir in der Weltgeschichte überhaupt je gehabt haben, übernimmt und in die innenpolitische Diskussion einführt, eine solche Partei wird – ob sie will oder nicht – in der geistigen Auseinandersetzung in der Bundesrepublik zu einer fünften Kolonne der anderen Seite.« Die Verräter und Handlanger der fremden Macht arbeiten in der eigenen Gesellschaft; um sich als patriotisch profilieren zu können, bedarf der Spießer der Distanzierung vom Fremden, die ihre harmlos erscheinende Neutralität freilich sehr schnell verlieren kann, wenn sie plötzlich in eine Feinderklärung umschlägt.

Da Sozialisten und Sozialdemokraten seit je »Vaterlandsverräter« sind, aber unmöglich als die einzigen betrachtet werden können, die gegen die nationalen Interessen aufmarschieren, bedarf es zusätzlicher Ausgrenzungsmechanismen, um das gesamte Oppositionsgefüge in Mißkredit zu bringen. In der Sitzung des Bundestages vom 15. Juni 1983 hatte Geißler daher eine Begründungslinie entwickelt, die vom Pazifismus der dreißiger Jahre zur Massenvernichtung in Auschwitz ging. »Der Pazifismus der dreißiger Jahre, der sich in seiner gesinnungsethischen Begründung nur wenig von dem unterscheidet, was wir in der Begründung des heutigen Pazifismus zur Kenntnis zu nehmen haben, dieser Pazifismus der dreißiger Jahre hat Auschwitz erst ermöglicht.« Die Opfer werden in Täter umgemünzt. Vieles von dem, was die politisch-moralische Wende des Konservativismus freigesetzt hat, wäre zu nennen, um diesen Zerfall der politischen Moral zu kennzeichnen. Die öffentliche Reaktion blieb auch aus, als der Hitler-Biograph Joachim Fest, einer der Herausgeber der »Frankfurter Allgemeinen Zeitung«, am 25. März 1989 in einem Artikel zum achtzigsten Geburtstag des Historikers und Schriftstellers Golo Mann schrieb: »Adorno und Horkheimer, deren ideologisch verbrämtes, von Eitelkeit viel mehr als von Verantwortung für das Ganze geprägtes Rollendenken ihm (Golo Mann, O.N.) tief zuwider war, hat er kurzerhand ›Lumpen‹ genannt, er wisse, was er sage.«

Auch das gehört zum Spießer im gestohlenen Mantel des Aufklärers und des Weltmanns; er legt Deutungen nahe, ohne sich mit den Folgen identifizieren zu müssen und dafür die Verantwortung zu übernehmen. Der mit großer Sensibilität sich in Hitlers Leben einfühlende Joachim Fest bedient sich der Autorität Golo Manns, um seinen eigenen Vorurteilen gegenüber der Linken und der Kritischen Theorie Geltung zu verschaffen. Daß der Jude Horkheimer ein Lump ist, genauso wie der Halbjude Adorno – das wären freilich Formulierungen, von denen der gebildete und aller pöbelhaften Züge unverdächtige Bürger Joachim Fest sich sofort distanzieren würde, käme jemand auf den Gedanken, ihn mit derartigen Folgerungen seines Golo-Mann-Zitats zu konfrontieren.

Wenn die Proleten, die Schlägerbanden mit Naziparolen aus dem »Lumpen-Wort« so etwas ordinär Handgreifliches machen wie das Niederbrennen von Synagogen oder die tödliche Verfolgungsjagd auf Fremde (Juden, Schwarze, Behinderte usw.), dann kann das natürlich überhaupt nicht mit jenem »melancholischen Realismus« in Verbindung gebracht werden, den Fest in ziemlich gespreizter Sprache Golo Mann zuschreibt. Das Ende der Weimarer Republik zeigt, mit welcher Stupidität sich Geschichte zu wiederholen scheint – jedenfalls bei jenen, die aus ihr nichts lernen wollen. Die Drachensaat des Rechtsextremismus geht auf; der Konservativismus der Mitte enthüllt die ihm eigentümliche Dynamik. Solche Entwicklungen sind nie bloß Randphänomene. Faschismus und autoritäre Umbrüche sind Angelegenheiten des gesellschaftlichen Zentrums. Die Verrohung der politischen Sitten, die bedenkenlose Öffnung des Symbolspektrums der Sprachformeln für innerstaatliche Feinderklärungen, die niederträchtige Geste von »Aufklärern«, es dürfe keine Tabus mehr geben (Der 8. Mai 1945 Niederlage oder Befreiung? Das deutsche KZ als legitime Reaktion auf den Gulag?), schließlich auch die Gedankenlosigkeit, mit der Theoriearbeit, komplexes Denken, Kritikfähigkeit diskriminiert werden – alles das sind kleine Steinchen in einem Mosaik, das sich sehr schnell zusammensetzen kann und dann selbst den selbstgefälligen und großbürgerlichen Spießer im Zuschnitt eines Joachim Fest vielleicht zu erschrecken vermag.

Aber die Welt der Spießer und Kleinbürger ist beileibe nicht auf die Territorien westlicher Gesellschaftsordnungen beschränkt. Der Rechtsextremismus ist auch nicht die einzige Brut engstirniger und machtbesessener Charaktere, die sich hinter der Fassade von Bescheidenheit und Aufopferungswillen für das Gemeinwohl mit Machtsymbolen und feudalen Dekorationen eindecken. Die politische Taktlosigkeit des westlichen Spießers, wie sie die Rede Philipp Jenningers als Bundestagspräsident im November 1988 dokumentiert, Kohls Umgang mit der polnischen Westgrenze oder zahlreiche andere seiner Äußerungen unterscheiden sich in nichts von Honeckers Redeweise, daß man den in Massen aus seinem Reich der Freiheit Flüchtenden keine Träne nachzuweinen habe. Der östliche Machtpomp war auffälliger, weil er verborgen war. Margot Honeckers Schreibtisch, dem man sich nur durch einen hochherrschaftlichen Raum nähern konnte, der die düstere Atmosphäre eines deutschen Eichenwaldes mit Clubsesseln und Hoheitssymbolen ausstrahlte, unterscheidet sich in nichts von dem bekanntgewordenen Dienstzimmer zum Beispiel Uwe Barschels. Die Machträume drücken Distanz aus und sind in einer Atmosphäre gehalten, die alles in ein magisches Dunkel hüllt. .

Staub und Muff, Wärme nach innen zu den Privatverhältnissen hin, Kälte und Gleichgültigkeit nach außen, das sind Merkmale, die dem deutschen Charaktersyndrom eigentümlich sind. Erich Mielke, der oberste Staatsschützer der DDR, der für die Gesamtbevölkerung praktisch ein flächendeckendes und lückenloses Überwachungssystem entwickelte (der BKA-Utopie übrigens gar nicht so unähnlich, wie sie der damalige BKA-Präsident Horst Herold auf dem Höhepunkt des RAF-Terrors formulierte),[79] zeigt geradezu rührende Züge in den Privatverhältnissen, wie sein Sohn erläutert.

In der »Stern«-Reportage über Mielke berichtet er: »Ein deutsches Zuhause. Ordnung muß sein. Und Leistung: ›Ich bin total in Richtung Leistungsprinzip erzogen worden. Immer wieder hat mir mein Vater gesagt: Nur, wenn du was leistest, hast du ein Recht auf einen besonderen Platz in der Gesellschaft. Und noch eines: Bilde dich! Ich bin in einem kapitalistischen System aufgewachsen. Ich habe mich auch gebildet. Und es hat mir nicht geschadet.‹ . . . Ein dem Schönen aufgeschlossenes deutsches Zuhause: ›Er liebt Blumen, vor allem Pfingstrosen, und er liest leidenschaftlich gern Sinnsprüche. Die hat er gesammelt. Lebensweisheiten, nach denen er sich richtet.‹ Ein gebildetes deutsches Zuhause. Mit sparsamen Gesten der Zuneigung: ›Küssen war, schon aus hygienischen Gründen, möcht' ich einmal sagen, nicht so beliebt in der Familie.‹ Zu Weihnachten wurde die Cassette mit Liedern von Freddy Quinn aufgelegt, Weihnachten auf St. Pauli oder Weihnachten auf See und so. Entspannend war für den Oberstaatsschützer neben der geliebten barschen Orgelmusik auch die Platte mit dem Glockengeläut verschiedener Kirchen, Silvester hörte er nachmittags Beethovens Neunte. ›Das war für Vater das Schönste. Neben einer Hubertusmesse, die hatte er als Mitschnitt aus Notre-Dame von 1953. Er mochte große Stimmen wie die von Ivan Rebroff, große Chöre, weil er selbst sehr gut singen konnte. Er hat ein großes Volumen. In Wolletz wurde bei der Jagd deshalb auch nicht ›Horrido‹ gesagt, sondern Vater ließ ›Horrido‹ singen. Er hat extra eine Bläsertruppe gegründet, damit die Strecke richtig verblasen werden konnte.‹«

Ein durch und durch deutscher Charakter, wie er im Buche steht – freilich einer der »Linken«: Bereits als Schüler aktiv bei den Kommunisten, Reporter beim Parteiorgan »Rote Fahne«, dann im Spanischen Bürgerkrieg auf der Seite der Republikaner, während des Zweiten Weltkriegs auf seiten der Russen hinter den deutschen Linien operierend; 1945 marschiert er mit den Sowjets in Berlin ein. Ein Antifaschist mit einer Kampftradition, die sich sehen lassen kann und von der er offenbar nicht viel Aufhebens macht. Diese Charakterprägung zwischen Spießer und Revolutionär, Täter im Widerstand gegen Gewalt und Verbrechen und besessener Organisator eines Gewalt- und Überwachungssystems – dieser Zwiespalt bedarf der Erörterung, um den Deformationen sozialistischer Charaktere auf die Spur zu kommen. Sehen wir uns also zuerst den Spießer an.

Vom Spießer mit seiner Kleinbürgermentalität scheint jeder eine klare Vorstellung zu haben, auch der Spießer selbst. Es handelt sich um einen Menschen, dem der Geruch anhaftet, in vielerlei Hinsicht zu kurz gekommen zu sein, der aber alles daransetzt, das zu verbergen; ein explosives Bündel von Widersprüchen. Wenn man seine Erkennungsmerkmale an dem festmachen wollte, was ihm bis heute alles angehängt wurde, müßte man wohl vor allem solche Widersprüche nennen: im geistigen Horizont beschränkt, aber maßlos in der Rachsucht; unpolitisch in der Lebenseinstellung, aber gleichzeitig machthungrig; diensteifrig und unterwürfig bis zur Selbstaufgabe, aber jederzeit auf dem Sprung, hart durchzugreifen und sich als Denunziant zu betätigen, wenn er seine Stunde kommen sieht. Nun ist Vorsicht geboten, dem Spießer eine geheimnisvolle, ja verschwörerische Kraft zuzusprechen. Im wesentlichen ist er Gelegenheitsarbeiter; er hat ein sicheres Gespür, Chancen zu ergreifen, die ihm eine Gesellschaft bietet. Er ist der geborene Opportunist.

Das klingt so, als könnte man den leibhaftigen Spießer sehen und als festgefügten, unveränderlichen Sozialcharakter namhaft machen. Davon kann allerdings keine Rede sein. Sollte man deshalb nicht ganz auf diese Gestalt der Abwertung verzichten und den wertfreieren und soziologisch exakteren Begriff des Kleinbürgers benutzen? Schließlich ist Spießer jeder, der ich nicht bin.

Die Sache ist vertrackt. Über Spießerideologie im allgemeinen läßt sich weitläufig spekulieren; hat man seine Aufmerksamkeit einmal darauf gerichtet, wimmelt es von Leuten, an denen man Spießereigenschaften entdecken kann – auch in einem selbst. Aber den »Ewigen Spießer«, dem Ödön von Horvath ein literarisches Denkmal gesetzt hat, gibt es tatsächlich. Er ist die städtische Gegenfigur zum Citoyen, zum Menschen mit aufrechtem Gang, zum politischen Bürger und Weltbürger im Denken. Er ist eine Symbolgestalt der Abwertung, solange es das Bürgertum gibt.

Ursprünglich scheint die soziologische Zuordnung des Spießers jedoch eindeutig gewesen zu sein: Spieß-Bürger war der einfache Lanzenträger, also jemand, der sich nichts anderes als eine Wurf- und Stoßwaffe leisten konnte. Als die Städte dann mächtiger wurden, erfuhr das Wort eine Ausweitung, die der bürgerlich-unbürgerlichen Zwischenwelt der Universität entsprang. Zum engstirnigen, kleinlichen Menschen stilisiert, der in allen gesellschaftlichen Rängen zu finden ist, taucht der Spießbürger zum erstenmal im studentischen Milieu des siebzehnten Jahrhunderts auf; er wird als Spottname für alles verwendet, was wohlanständige Behäbigkeit, Kleinkariertheit im Brotberuf und ängstliche Phantasielosigkeit ausdrückt. Kaum zufällig, daß zur gleichen Zeit sein Zwillingsbruder, der Philister, auftritt, mit biblischem Stammbaum, aber mit denselben Kainszeichen der Minderwertigkeit.

Er ist immer gegenwärtig, dieser Spießer, aber nicht in jeder geschichtlichen Epoche haben seine Eigenschaften die gleichen Chancen, sich Ausdruck zu verschaffen und öffentliche Beachtung zu finden. Es hängt vom gesamtgesellschaftlichen Betriebsklima ab, ob die Spießereigenschaften in einer Bevölkerung sich zu einer politischen Größe zusammenfügen oder in ihrer Zerstreuung unwirksam bleiben. Ich habe den Eindruck, wir leben wieder in einer Zeit, da der Spießer günstige Lebensbedingungen vorfindet. Er hat Vertrauen zum Zeitgeist gefaßt.

Das hat gesellschaftliche Gründe. Die hoheitlich ausgeteilten Prämien auf das Mitläufertum ermuntern auch ihn, seine unterschätzten Dienste weiter oben anzubieten. So bildet sich, in einer weiß Gott zynisch zu nennenden, aber doch nicht ganz wirklichkeitsfremden Analogie zu Gottvater, Sohn und heiligem Geist, eine neue Dreieinigkeit: Kapital, Kabinett und Spießer. Der unheilige Geist ist prägend für die kulturelle Atmosphäre eines Herrschaftssystems, das nur leben kann, wenn es über ein hohes Maß an politischer Apathie verfügt.

Der moderne Spießer ist kein Biedermann, der selbstgenügsam Kakteen züchtet. Auch hat sich sein Blick auf die Welt verändert. Unübertroffen hat Goethe den alten Spießer im »Faust« charakterisiert: »Nichts Bessers weiß ich mir an Sonn- und Feiertagen, Als ein Gespräch von Krieg und Kriegsgeschrei, Wenn hinten weit, in der Türkei, Die Völker auf einanderschlagen. Man steht am Fenster, trinkt sein Gläschen aus Und sieht den Fluß hinab die bunten Schiffe gleiten; Dann kehrt man abends froh nach Haus, Und segnet Fried' und Friedenszeiten.«

Geblieben ist seine Verachtung für den kleinen politischen Tages-kampf. Wenn er das öffentliche Leben betrachtet, öffnet ihm das Fenster jedoch nicht nur den Blick auf die unruhig gemachten Straßen und Plätze, die ihm verhaßt sind; seine Fenster lassen ihn unmittelbar an der Weltgeschichte teilnehmen, an den großen Ereignissen, an denen sich, ohne daß er sich vom Fernsehsessel erheben müßte, sein Selbstbewußt-sein aufrichtet. Im zwanzigsten Jahrhundert ist der Spießer immer stärker in die Rolle des Mittäters geraten; die Nazis wußten, was sie an ihm hatten, und die Politiker der »geistig-moralischen Wende« wissen, was sie ihm schuldig sind.

Der heutige Spießer verfügt über breitere Möglichkeiten, sich zu verkleiden und unkenntlich zu machen. Da man ihn keiner Klasse oder Schicht eindeutig zuordnen kann, ist es ihm möglich, sich wie Rumpel-stilzchen zu verhalten. Er ist aber immer dabei, sich zu verraten. Er ist Hauptfigur in einem Regime der geistigen Hausmeister. Die materielle Grundlage spielt keine Rolle mehr; in den Chefetagen der Großbanken, in den Ministerien ist er genauso zu finden wie in den untergeordneten Büros von Verwaltungen oder in Universitätseinrichtungen. Der Spie-ßer leidet unter der Enge seines Lebenszuschnitts, hat jedoch gleichzeitig tiefsitzende Ängste, sie durch aktives Handeln zu verändern. Je ver-riegelter ihm die eigene Lebensperspektive erscheint, desto stärkere Bedürfnisse hat er nach den Traumgestalten erregender Ereignisse.

Marx hat, die provinzielle Enge des Landes im Auge, die Bauernpar-zelle als das »enthüllte Geheimnis des Patriotismus« bezeichnet; er wußte noch nicht, wie viele Familienparzellen mit Fernsehfenstern es in der Stadt geben kann. Der moderne Spießer genießt die Staatsschau-spiele der Großen, den Pomp der patriotischen Symbole, die Kraftworte von Führerdarstellern, den Flottenaufmarsch befreundeter Groß-mächte ebenso wie das veröffentlichte Privatleben der Leistungshelden.

Zwischen Bitburg, als Reagan 1985 die geschichtliche Versöhnungs-debatte einleitete, und Boris Becker besteht ein enger Zusammenhang. Die im Alltag erfahrene Minderwertigkeit wird ausgeglichen, indem der Spießer politischen Abenteurern und Leistungshelden das Mandat erteilt, für ihn die Schlachten zu schlagen, die sein Herz höher schlagen lassen. So erklärt sich das innere Hochgefühl, als Großbritannien den Falklandkrieg vom Zaune brach. Wo Politik als Schicksal verstanden wird, ist der Spießer immer anwesend.

Mit dem Spießer und seinen Eigenschaften werden wir leben müs-sen. Ihm ist nicht beizukommen durch Überzeugung und Aufklärung;

der Kampf um eine vernünftigere Einrichtung der Gesellschaft ist der einzige Weg, die Spießereigenschaften in die Privatsphäre zurückzudrängen, der sie entspringen, und ihrer politischen Massenwirksamkeit entgegenzutreten.

Aber wie verhält sich nun der sozialistische Revolutionär, diese Antispießer-Figur, im kapitalistischen Alltag?

Schon die Frage klingt merkwürdig fremd. Ein »sozialistischer Revolutionär« – ist das vielleicht das Restexemplar einer ausgestorbenen politischen Gattung? So wenig öffentliche Anerkennung und Geltung wie heute haben die Kampfbegriffe Sozialismus und Revolution selbst für die, die der darin ausgedrückten Sache nahestehen, noch nie in der Geschichte des zwanzigsten Jahrhunderts gehabt. Das ist um so erstaunlicher, als die dramatische Szenerie der Linken vor gut anderthalb Jahrzehnten mit roten Parolen, sozialistischen Leitbildern und proletarischem Habitus noch komplett besetzt war.

Aber hastige Verabschiedungen müssen Verdacht erregen; in der Regel folgt dem Opfer der Namen und Begriffe das der Sache. Nehmen wir deshalb diese einzigartige Gestalt eines politischen Sozialcharakters so, wie sie sich selbst verstanden hat und wie sie aussehen könnte, würde sie über die gesellschaftlichen Bedingungen ihrer Charakterveränderung reflektieren.

Der sozialistische Revolutionär hat, ganz im Unterschied zu seinem großen bürgerlichen Vorgänger, zu allen Zeiten mit dem Alltag auf Kriegsfuß gestanden. Dieser hatte sein Privateigentum als gesicherte Existenzbasis, die ihm häusliches Einrichten ermöglichte, was seinen revolutionären Zielen überhaupt nicht widersprach; er konnte sich in der Gegenwart niederlassen und für die Zukunft kämpfen. Auf diesen Realitätsvorteil muß der sozialistische Revolutionär verzichten.

Was ihm heute als Borniertheit angekreidet wird, war einst doch seine Stärke, die ihm weltgeschichtliches Ansehen in den Klassenkämpfen des zwanzigsten Jahrhunderts verschafft hat: sich vom Alltag nicht verwirren zu lassen und den Kopf immer oben zu behalten. Unter dem Zwang, die Mannigfaltigkeit der Interessen und Bedürfnisse ständig auf das eine, große Ziel hin zu strukturieren, entwickelte sich aus den Unsicherheiten realer Existenz eine politische Charakterpanzerung. Seine schier unerschöpfliche Bewegungsenergie, die sich in eiserner Disziplin und in Opfern eigener Bedürfnisse ausdrückte, gewann der Revolutionär in der Hochphase sozialer Umwälzungen aus der Verleugnung des Alltags.

Man sehe sich Selbstzeugnisse sozialistischer Revolutionäre einmal an! Wo sind die privaten Tragödien zu finden? Liebe, Krankheit, Tod in den Näheverhältnissen, wo Kinder aufwachsen, Familien gegründet werden und zerbrechen, erscheinen als wesenlose, der Erwähnung kaum werte Schemen in der grellen Beleuchtung großer historischer Begebenheiten. Rosa Luxemburgs Briefe aus dem Gefängnis und die Liebesbekenntnisse, die sie mit ihrem Lebensgefährten Leo Jogiches austauscht, sind durchaus spektakuläre Ausnahmen in der sozialistischen Tradition der Alltagsverleugnung. Daß Marx sich als Familienvater – vor allem, wenn es um die Verheiratung seiner Töchter ging – keineswegs immer seinen revolutionären Prinzipien entsprechend verhalten hat, hat nichts mit seiner revolutionären Identität zu tun und schon gar nichts mit der Stichhaltigkeit seiner Analysen.

Das Werk geht nicht in der Person auf; aber seine moralische Geltung ist davon nicht ganz unabhängig. Marx als Vater hat mit allen Vätern aller Generationen und Klassen so viel gemeinsam, daß man auf den Gedanken kommen könnte, die Trennschärfe der Klassenmoral verdanke sich dem Gewaltakt, daß die verschwimmenden Grenzen des Alltags aus dem Leben des Revolutionärs ausgegliedert werden. Man kann eben nicht Tag und Nacht revolutionär sein; die Erwartung, sich irgendwo fallen lassen zu können, ohne unter der Zensur des Selbstanspruchs zu stehen, war dem bürgerlichen Revolutionär selbstverständlich. Die Befreiung seines Alltags war ja schließlich ein wesentliches Ziel seiner revolutionären Anstrengungen; aber der Sozialist ist aus objektiven Gründen nicht in dieser glücklichen Lage. Die Gesellschaft, in der er sich häuslich niederlassen könnte und in der er den Alltagsinteressen entsprechend lebt, ohne das schale Gefühl eines Verräters an eigenen Prinzipien zu haben – diese Gesellschaft muß erst hergestellt werden. Irgendwie müßte er doch Tag und Nacht revolutionär sein, um seine Existenz von der bürgerlichen Existenzweise oder der des normalen Spießers unterscheiden zu können. Er will diesen Unterschied, aber er weiß nicht, wie er zu praktizieren ist.

Zwei Möglichkeiten hat der sozialistische Revolutionär, mit dem Alltag zurechtzukommen: Entwertung oder Anerkennung. Beide Entscheidungen sind folgenreich und betreffen unmittelbar seine politische Identität.

Die Entwertung des Alltäglichen zur Banalität, zu einem achtungslosen Gegenstand, erzeugt Ruhe für den Augenblick, macht aber den Alltag prinzipiell zu feindseligem Sperrgut: Er begleitet den Revolutionär wie ein Schatten, den man nicht loswerden kann, der aber auch keinen sinnvollen Gebrauchswert hat. In der Anerkennung dagegen liegt die Gefahr, den roten Faden zu verlieren und als einer, der ständig auf dem Sprung nach politisierbaren Alltagsinteressen ist, selbst aktiv daran zu arbeiten, die eigene politische Identität auszuhöhlen.

Für den alten Revolutionär, ich meine denjenigen, der eine bestimmende Rolle in den sozialen Umwälzungen des zwanzigsten Jahrhunderts spielte, war die Gegenwart Produktionsstoff für die Zukunft, Interessen und Bedürfnisse der Menschen Rohmaterial für einen hohen, ja den höchsten Gestaltungszweck: die neue Gesellschaft. Für den neuen Revolutionär, wenn es ihn denn in lebendiger Gestalt geben sollte, haben das eigene Leben und die Gegenwart unaustauschbare Bedeutung und etwas von jener Würde an sich, von der Kant sagt, sie habe keinen Preis. Die revolutionäre Umgestaltung, die das Übel an der Wurzel zu packen verspricht, kann nicht bloßes Kampfziel sein. Sie ist vielmehr der wirkliche Prozeß, das, was Marx eine unter unseren Augen ablaufende Bewegung nennt, in der die sinnlich-praktische Veränderung der Gegenstandswelt ebenso wichtig ist wie die Selbstveränderung der Menschen – in der unaufhebbaren Spannung zu allem, was noch nicht ist und worin viele Menschen doch den Zielinhalt ihrer Wünsche sehen, also Utopie: die konkrete Verneinung des Hier und Jetzt und die wissende Hoffnung um das bessere Andere. Will man die Aktiven von 68 in das Spektrum von »Entwertung und Aufhebung« einordnen und einem spezifischen Charaktertyp zuschreiben, dann ist es jemand, der den Alltag in sein politisches Handeln und Denken voll integrieren möchte. In diesem Punkt unterscheiden sich die 68er auch von den alten APO-Aktivisten.

So allgemein gesprochen, besteht vielleicht Einhelligkeit in der Funktionsbeschreibung des revolutionären Sozialisten heute, der seine Schutzschichten gegen die Widrigkeiten der Alltagsexistenz abgebaut hat. Zunächst gewinnt er zweifellos sein politisches Profil durch die Abgrenzung von seinem mächtigen geschichtlichen Vorläufer, der ihm Bruder im Geiste bleibt. Mit der Forderung, die Alltagsinteressen nicht nur als politisierungswürdig, sondern auch als umgestaltungsfähig zu betrachten, ist er in jedem Schritt seiner Praxis konfrontiert.

Diese mit der Rehabilitierung des Alltags verbundene Änderung des Politikverständnisses hat gute Gründe. Denn der sozialistische Revolutionär lebt ja nicht nur mit der Gefahr, vom kapitalistischen Alltag eingeholt und manchmal überholt zu werden, sondern auch vom sozialisti-

schen. Die Erfahrung der Entfremdung ist eine Angelegenheit der alltäglichen Lebenswelt, und wer die damit verbundenen Gefühle des
Unbehagens und der Unbehaustheit durch Programme und zugkräf-
tige Ideen wegzuargumentieren versucht, wird daran zerbrechen. Für
die These, daß das Ansehen von Revolutionären um so stärker nachwirkt, die Integrität ihrer politischen Moral um so dauerhafter ist, als sie
die Alltagsprobleme in der Verwirklichung des sozialistischen Aufbaus
oder die bitteren, wohl auch selbst verschuldeten Enttäuschungen über
große Niederlagen nicht mehr erfahren haben, sprechen so verschiedene politische Charaktere wie die Rosa Luxemburgs, Lenins und Che
Guevaras – selbst wenn im Augenblick die Neigung besteht, deren
Gedächtnis und Monumente zu zerstören.

Die Götterdämmerung revolutionärer Helden freilich scheint weltweit stattzufinden. »Modernisierung« nennen die Chinesen ihre gegenwärtige Umwälzung. Das sowjetische Umbauprogramm von Perestroika
und Glasnost, das viel zu spät kommt (Prag 1968 wäre für ein Gelingen
der letzte Termin gewesen), bringt den sozialistischen Revolutionär, der
sich hier noch einmischen wollte, in den Verdacht eines Reaktionärs,
dem die fachliche Kompetenz fehlt und der lediglich alte Herrschaftsverhältnisse erhalten will. Die guten Absichten Gorbatschows, vor
allem in der Lösung der Nationalitätenfrage durch einen demokratischen Unionsvertrag, sind insgesamt an der Wirklichkeit, die einen
ganz anderen Weg ging, gescheitert; der Putsch gegen ihn setzte den
Schlußpunkt.

Aber daß nicht nur der Berufsrevolutionär aus der Gedankenwelt
des Sozialismus verschwindet, sondern auch der »authentische Sozialist«
aus der Welt des Kapitalismus, könnte den Eindruck erwecken, als seien
damit auch die Probleme allesamt gelöst, für die sie in den Emanzipationsbewegungen des zwanzigsten Jahrhunderts einstanden und die sie
nach heutigem Urteil, wie immer auch gebrochen, repräsentierten. Das
ist jedoch trügerisch. Den Revolutionär von heute erkennt man nicht
mehr an seinen Charaktermerkmalen und seinem öffentlichen Habitus;
er tritt nicht als ein anderer Mensch vor seine Haustür und sagt: »Ecce
homo!« (Siehe, welch ein Mensch!), sondern er arbeitet anders – und das
nicht nur auf der Bühne, sondern auch und manchmal sogar überwiegend in der Kulisse.

Daß sich Revolutionäre in Spießer verwandeln können, zeigt die
Erfahrung. Was sie von diesen unterscheidet, ist nichts anderes als ihr
wirkliches Verhalten in politischen Arbeitsprozessen, die dem Alltag des

Spießers das Mechanische, Naturgegebene nehmen. Der Revolutionär begreift die unausgesprochenen Emanzipationsbedürfnisse und die utopischen Vorstellungen von Befreiung und Glück als Ausdruck von Widersprüchen der Gesamtgesellschaft.

Das Besondere in der erfahrbaren Banalität des Alltags und das Konkret-Allgemeine in der geschichtlichen Dimension einer kritischen Gesellschaftstheorie in eine auch andere Menschen überzeugende Verbindung zu bringen wäre die große Leistung des neuen Revolutionärs. Erst diese Verbindung wäre übrigens die entscheidende Widerlegung des Satzes von Isaak Babel, die Banalität sei die Konterrevolution. Es gab rationale Antworten auf die Götterdämmerung der Berufsrevolutionäre; als deren Erfolgslosigkeit erkennbar wurde, formulierte man ein anderes, aber ihren Selbstanspruch bewahrendes Programm: »Revolutionäre im Beruf«. Auch das ist zu eng gefaßt. Immer deutlicher zeichnen sich Situationen ab, in denen die Politisierung gerade außerberuflicher Interessen ein wichtiges Veränderungspotential darstellt. Wenn die Gewerkschaften zum Beispiel eine Politik der Arbeitszeitverkürzung betreiben, wenn das Rentenalter vorgezogen wird, wenn junge Menschen sehr lange oder gar lebenslang auf Berufstätigkeit warten müssen, dann werden jene vom Arbeitsprozeß unabhängigen gesellschaftlichen Bereiche immer größer, in denen die Menschen sich alltäglich aufhalten. Ein sozialistischer Revolutionär sollte das nicht bemerken?

Er muß freilich die alte Vorstellung aufgeben, daß industrielle Produktion wichtiger und wesentlicher ist als die sogenannte Reproduktion; was so abgewertet wurde, ist nichts weniger als die Produktion des Lebens, das Alltägliche der Lebenswelt. Gerade diese Interessen bleiben nie herrenlos; wer deren Verwertungschancen nicht für die Konservativen erweitern will, muß sie im Emanzipationsinteresse der Menschen aufgreifen und politisch bewußt organisieren.

Sollte es nun den sozialistischen Revolutionär in dem von mir skizzierten Sinne in der wirklichen Welt nicht geben, so müßte man ihn erfinden oder ihm aktive Geburtshilfe leisten; denn die Aufgaben, die er zu bewältigen hat, wachsen ständig.

Politisches Konvertitentum aus der Wut revolutionärer Enttäuschung

Solschenizyn schreibt im zweiten Band seines Gulag-Epos: »Als unsere Landsleute über die BBC vernahmen, es hätten die Konzentrationslager in unserem Lande nach Ermittlungen von Mihajlow schon im Jahre 1921 existiert, da waren viele von uns (und im Westen desgleichen) sehr überrascht: wirklich so früh, wirklich schon 1921? Natürlich noch früher! Natürlich hatte Mihajlow geirrt. 1921 lief sie bereits auf Hochtouren, die Konzentration – und ging sogar schon ihrem Ende zu. Viel richtiger wär's zu sagen, daß die Geburtsstunde des Archipels von den Schüssen der Aurora angekündigt wurde.«

Auch das stimmt nicht! rufen die zum Äußersten entschlossenen französischen Philosophen aus, denen solche Datierungen wie verharmlosende Halbwahrheiten erscheinen. Alles fängt noch viel früher an! Bei Marx, Hegel, Fichte, Platon, im Grunde bei allen diesen Herrendenkern, die Systeme entwerfen, in denen das Individuum entweder keinen Platz hat oder nur einen, den sie ausdrücklich für es vorsehen. In den großen philosophischen Texten wird der menschliche Verstand wesentlich dazu benutzt, um Unterdrückungssysteme im Vorgriff zu entwerfen. Wissen ist Macht, wie seit Francis Bacon immer wieder behauptet wurde; die innere Verflechtung von Macht–Wissen–Denken, systematische Entwürfe und philosophische Begründungen, die außeralltägliche Legitimationsquellen heranziehen, alles das wird von den Neuen Philosophen zu einem erdrückenden Paket unentwirrbarer Ideenverflechtungen zusammengeschnürt, die über geschichtliche Konstellationen hinweg Strukturen von Herrschaft ausdrücken.

Herrschaft und Macht in den feingliedrigen Mechanismen ihrer Selbstverschleierung durch intellektuelle Produktion, die sich in den »Markknochen aller Bürokratien«, in interpretierbaren Texten, niederschlägt, sind die Generalthemen dieser aufs äußerste radikalisierten Gesellschaftskritik; ihr aktuelles Bewegungsmotiv ist die kompromißlose Absage an alle Perspektiven einer sozialistischen Zukunft in Westeuropa. Indem sie sich quer zu den wirklichen Klassenfronten legen, wollen sie – fixiert auf die Maiträume von 1968 und zutiefst davon berührt, daß nichts, was dem folgte und an dem sie sich zum Teil selbst engagiert beteiligten, den utopischen Auf-

bruch der Realität näher gebracht hatte – entschieden für alle die
Partei ergreifen, die ihrer Träume beraubt sind, weil sie aus der normalen Gesellschaft ausgegrenzt, zu Randgruppen deklassiert werden, verfolgt, verelendet, verjagt sind, vom Kapitalismus ebenso wie
von Ordnungen, die sich mit dem Namen Sozialismus tarnen.

André Glucksmann, Hauptrepräsentant dieser Neuen Philosophen und gewiß auch ihr erfolgreichster Autor, schreibt in seinem
ersten Buch, das den Bruch mit Marx, der Arbeiterbewegung, der
sozialistischen Theoriebildung insgesamt einleitet: »Eine sehr zwiespältige Reaktion sei es gewesen, als am 14. Juli des Jahres 1973 die
Arbeiter von Lip der Bevölkerung ihre Tore öffneten, wofür sei das
ein Zeichen gewesen? Zumindest für unsere eigene Schwierigkeit,
das Neue in dem Aufbegehren des Volkes zu verstehen. Zeichen
unserer Verstörtheit, wenn alle die sich erheben, die der Marxismus
als Lumpen bezeichnet (das Lumpenproletariat, gewöhnliche Straf-
gefangene), als Reaktionäre oder geistig Zurückgebliebene (die
Christen der Lip-Gemeinde oder die Bauern), als Deklassierte
(vagabundierende Intellektuelle, Hippies), als labiles zweifelhaftes
Gesindel (die ›marginalen‹ Jungarbeiter), als Ausländer (die einge-
wanderten Bandarbeiter), als Entartete (die ›Homos‹). Alle reif fürs
KZ: auch hier kann die russische Protestbewegung uns zu unserem
Selbstverständnis verhelfen.«[80]

Ein neues Subjekt geschichtlicher Veränderungen und sozialen
Protestes ist im Entstehen begriffen; es ist die Internationale der
Dissidenten, eine über die ganze Welt verstreute Masse von Menschen, die ausgegliedert, ausgebeutet und geächtet sind. Die Proletarier der entwickelten Länder sind dagegen längst zu den Herrschenden übergelaufen und veranstalten selbst das blutige Schauspiel der
Diskriminierung von Andersdenkenden und Abweichlern. So stellt
sich eine neue Frontlinie her, die nur wenige politische Vermittlungen offenläßt; die Welt besteht aus einem riesigen Gefängnis, für
dessen Befestigung seit Urzeiten die überwiegende Energie des
Denkens und des Handelns aufgewendet worden ist. Es gibt nur
Herrschende und die, die gegen Herrschaft rebellieren. Der Archipel Gulag und Auschwitz sind die sichtbarsten Zeichen dieser Welt
der Gefängnisse.

Primärer Anlaß zu der Stalinismuskritik, die sich zu einer pessi-
mistischen Geschichtsphilosophie auswächst, ist mit Solschenizyns
»Archipel Gulag« ein literarisches Grunderlebnis, was in Frankreich
durchaus große Vorbilder hat. Es ist nicht die Tatsache der sowjeti-

schen Konzentrationslager, die heftige Erregung auslöst – alles Wesentliche ist längst bekannt. Vielmehr ist es eine Art Parallellektüre, die die Neuen Philosophen betroffen gemacht hat: Ihr Meisterdenker Foucault hat in einer Reihe grundlegender Untersuchungen den Trennungsprozeß der Arbeitskraft von ihren Produktionsmitteln, den Marx als »ursprüngliche Akkumulation« bezeichnet und mit Blut und Feuer in die Annalen der Geschichte eingeschrieben sah, von der Binnenarchitektur des Individuums aus beschrieben. Macht und Herrschaft arbeiten nicht nach globalen Mustern; sie beruhen auf der Planung des Details, der ritualisierten Zeiteinteilung und der genauen Raumzuordnungen der elementaren Körperbewegungen.

Erstaunlich ist, in welcher Prägnanz die »Mikrophysik der Macht«, auf deren Analyse Foucault beharrt, am Schicksal der von Solschenizyn beschriebenen Lebensläufe der Durchschnittsgefangenen wiedererkennbar ist – die subtilen Unterdrückungsmechanismen, aber auch die nicht weniger subtilen Überlebens- und Widerstandsformen, was Foucault auch sofort als Fortsetzung seines Programms erkannte und öffentlich bestätigte.[81] Im Gefängnis, diesem exterritorialisierten Gebiet einer Gesellschaft, spiegelt sich für Foucault genauso wie für die Neuen Philosophen das Ganze; es ist Symbol, ja Mythos – und gleichzeitig realer Ausdruck einer Herrschaftsordnung.

Ihr Zentrum ist nach der Architektur des Benthamschen Panoptikums aufgebaut, das dieser Liberale der ersten Stunde für alle Gebäude vorschlug, in denen Menschen unter Aufsicht stehen: für Gefängnisse, Fabriken, Armenhäuser, Irrenhäuser, Krankenhäuser und Schulen. Die Räume sind nach dem Prinzip »Sehen – Gesehenwerden« angeordnet; in den Begrenzungsräumen ist die Macht sichtbar, aber von den Bewachten uneinsehbar; im Zentralraum sieht man alles, ohne je gesehen zu werden.[82]

»Wir sind auf dem Wege zu begreifen, daß die größte Erfindung des zwanzigsten Jahrhunderts das Konzentrationslager sein könnte, dieser verallgemeinerte Mörder für Staatszwecke«, sagt einer der profiliertesten in der Gruppe französischer Philosophen.

Solange die Neuen Philosophen Foucault und Solschenizyn folgen, trägt ihre bedeutende literarische Phantasie in produktiver Weise zur Verarbeitung des vorgegebenen geschichtlichen Materials bei; wo sie politische Konsequenzen daraus ziehen, verlieren sie den Boden unter den Füßen. Warum dieser an sich richtige

Ansatzpunkt jedoch den konkreten Boden geschichtlicher Verhältnisse verläßt und eine schier ins Unendliche gehende Universalisierung erfährt, läßt sich nur erklären, wenn man den politischen Symbolismus, der sie fasziniert, als Kompensation des Geschichtsverlusts begreift und das zerrissene Bewußtsein dieser Intellektuellen ins Auge faßt.

In weniger als zehn Jahren haben viele von ihnen in bezug auf ihren politischen Lebenszusammenhang mehrere einschneidende Enttäuschungen erlebt: Sie waren Begeisterte der Mairevolte und gaben der KPF die Schuld, den letzten Schritt zur Revolution nicht getan zu haben. Einzelne suchten dann im Leninismus maoistischer Prägung weiterzumachen und waren spätestens bitter enttäuscht, als sich in China der Machtwechsel vollzog. Als dann zwar keineswegs authentische Informationen, wohl aber zuverlässige Gerüchte aus Kambodscha drangen, in denen von Deportationen und Massenerschießungen die Rede war, nahm für manchen der Neuen Philosophen die Grundgleichung ihrer Kritik, »Sozialismus = Gulag = Marx«, die Gestalt einer fixen Idee an.

Das hat eine gewisse Plausibilität für sich. Ist der Marxismus von seinem eigentlichen kritischen Sinngehalt, der Emanzipation des einzelnen, wenn auch durch und durch gesellschaftlich geprägten Menschen, abgelöst und zu einer durchgeführten Wissenschaft von den Beherrschungstechniken der Natur und der Menschen gemacht, so ist mit diesem Kontroll- und Legitimationsinstrumentarium Orwells Prognose tatsächlich besser zu realisieren als mit jeder anderen Theorie. Solcher Art versteinerter Marx-Orthodoxie hingen die meisten dieser Philosophen in ihrer revolutionären Hochzeit an; in diesen Lernprozessen ist verlorengegangen oder gar nicht vorgekommen, was Marx unter materialistischer Geschichtsauffassung verstanden wissen wollte. Nicht einmal Spuren dieser Erkenntnishaltung sind noch erkennbar.

Jetzt zutiefst davon überzeugt, daß nicht Produktion das Prinzip der Geschichte ist, sondern Ideen und Ideenproduzenten Geschichte machen, haben sich die Neuen Philosophen auf den Weg gemacht, die ganze Kulturgeschichte nach Theoriegefängnissen durchzumustern, die Meisterdenker mit ihren Büchern errichten – auf einen Weg, wie ihn vor ihnen bereits Karl Popper mit einem allerdings ganz anderen methodischen Handgepäck beschritten hat, dem der Sozialtechnologie der Einzelprobleme und der Falsifikationsmethode. Denn diese Theoriegefängnisse sind Teil der Knechtschaft, mehr noch als die Ketten, weil Herrschaftsstrategien stets der lesenden oder wenigstens verstehenden Subjekte bedürfen. »Ich bin das natürliche Kind eines teuflischen Paares, des Faschismus und des Stalinismus«, so beginnt der 1948 geborene Bernard-Henry Lévy sein Buch mit dem für die Neuen Philosophen charakteristischen Titel »Die Barbarei mit menschlichem Gesicht«. Hitler ist nicht in Berlin gestorben, er hat den Krieg gewonnen; Stalin ist weder in Moskau noch auf dem zwanzigsten Parteikongreß gestorben, er lebt unter uns.

Sicherlich, es wäre verfehlt, eine in der Tradition sinnhaft verdichteter Mythenbilder stehende politische Protestpoesie, wie sie sich in diesem Buch und in anderen in durchaus eindrucksvoller Sprache findet, nach den Regeln der analytischen Vernunft und der historischen Spezifikation zu beurteilen. Aber gerade die literarische Aussagekraft lebt, wie nicht nur Baudelaire, sondern vom ganz anderen Ende her auch Lévi-Strauss zeigt, von authentischer Erfahrung und weniger von der Verdoppelung von Erfahrungen, die andere gemacht haben. Schon mein Jahrgang, der von 1934, ist darauf angewiesen, das Leiden anderer zu verarbeiten und zu kommentieren, wenn von der epochalen Barbarei die Rede ist; das eben macht es erforderlich – will man nicht mit abgezogenen Metaphern arbeiten und von der absurden Vorstellung ausgehen, KPF und KPI hätten in den siebziger Jahren in Westeuropa die Errichtung stalinistischer Arbeitslager geplant –, mit der Erfahrung der Moskauer Prozesse und auch der Konzentrationslager anders, im Grunde philosophischer umzugehen, gegenüber den Primärberichten die Anstrengung des Begriffs auf sich zu nehmen.

Dialektik als begriffliches Medium der Vergangenheitsaufarbeitung

Der Schock, den viele in der deutschen Kultur großgewordene Intellektuelle durch den hochzivilisierten Rückfall in die Barbarei des Faschismus erlebten, hat auch bei Linksintellektuellen ganz verschiedene Aufarbeitungen bewirkt: Einige haben den Sozialismus für immer aufgegeben und wurden, aus Angst vor allen Experimenten, zu treuesten Anhängern der bürgerlichen Demokratie. Andere schlossen sich um so fester den kommunistischen Parteien an.

Philosophen wie Horkheimer und Adorno dagegen weigerten sich, die Konzentrationslager als geschichtlichen Betriebsunfall zu betrachten, um dann wieder zur Tagesordnung des gesellschaftlichen und wissenschaftlichen Betriebs zurückzukehren. Sie nahmen die Anstrengung auf sich, die der Vernunft selbst innewohnende Dialektik auf ganzer Linie zu rekonstruieren, die innere Verflechtung von Mythologie und Aufklärung, Herrschaft und Emanzipation bis in die Strukturen der gattungsgeschichtlichen Ausstattung des Menschen hinein aufzudecken. Dialektik wird hier geradezu als die Erkenntnisform der lebendigen Erfahrung begriffen und entfaltet, die dem ganzen Ausmaß der Katastrophe angemessen ist.

Ähnlich, aber in einer ganz anderen Dimension geht Merleau-Ponty vor. Es ist der Schock der Moskauer Prozesse, der bei vielen Linksintellektuellen Westeuropas eine Identitätskrise hervorruft. Wie die Neuen Philosophen geht Merleau-Ponty von einer literarischen Vorlage aus, nämlich Arthur Koestlers »Sonnenfinsternis«. Die Hauptfigur des Romans, der ehemalige Volkskommissar Rubachov, eine Kombination aus Charakterzügen Radeks, Trotzkis und Bucharins, experimentiert im Gefängnis mit seinem Verstand; als er absolut nichts finden kann, was ihm an konterrevolutionären Handlungen vorgeworfen werden kann, geht er daran, seine Gedanken zu Handlungen zu verlängern, was ihm dann die Anklagepunkte verstehbar macht; er unterschreibt, wissend, daß er seinen Kopf nicht retten kann, sein Geständnis.

Hier setzt Merleau-Ponty ein; er arbeitet die der doppelten Psychologie der Revolutionäre immanente Widersprüchlichkeit heraus, das Schwanken zwischen der Bewunderung für die Realitätsmächtigkeit des Stalinschen Aufbaus und dem Gefühl, daß die oppositionellen Gedanken richtig, aber realitätslos sind. Was Gewalt verewigt, ist nach Merleau-Ponty der Tatbestand, daß revolutionäre Gewalt in der Maskerade des bürgerlichen Strafrechts auftreten muß.

In beiden Fällen ist Dialektik das Medium, in dem das Kontingente, Barbarei und Terror, zur Sprache gebracht wird. Umgekehrt die Neuen Philosophen: Dollé formuliert die Theorieunfähigkeit des Bösen sehr entschieden. »Das Denken kann die Dummheit wie auch die Perversion nicht denken. Dummheit und Perversion können nicht dargestellt werden. Beide gibt es allenfalls in der imaginären Vorstellung, sie sind jedoch niemals Objekt der Erkenntnis (das heißt der Wissenschaft).« Der Positivismus, der immer etwas von Berührungsangst gegenüber den Dingen an sich hat, kehrt im abstrakten anti-positivistischen Affekt, der wissenschaftliche Erkenntnis insgesamt ergreift, ungebrochen wieder.

Die Neuen Philosophen durchschlagen den Knoten dialektischer Vermittlungen. Weil sie, im Gegensatz zu Solschenizyn, der (wo er nicht politische Erklärungen abgibt, sondern dem Sachzwang des Schriftstellers folgt) wider Willen durchaus dialektische Erfahrungszusammenhänge beschreibt, keine wirkliche Handlungssituation im Auge haben, weder ihre eigene noch die anderer, können sie sich weigern, zwischen Herrschaft und Dissidenten irgendwelche Vermittlungsschritte aufkommen zu lassen. Sie konstruieren die Welt dualistisch, man kann fast sagen: manichäisch – nach dem Grunddualismus von Licht und Dunkel, Gutem und Bösem, Dissidenten und Konzentrationslagern. Das macht sie zu Opfern der Dialektik. Denn die formale Logik, die das Tertium datur (ein Drittes gibt es) nicht kennt, beruht doch auf jenen dualistischen Trennungen – von Ästhetik und Wissenschaft, von Politik und Bedürfnis –, und es ist diese Logik, welche im Zentrum der Herrschaft steht, gegen die sich die französischen Intellektuellen so engagiert auflehnen.

Wie sie sich auch drehen und wenden, die Cartesianische Tradition des analytischen Denkens, deren innere Dialektik sie nicht erkennen, schlägt überall durch.[83] Und wenn Dollé meint, wir lebten in einer sokratischen Periode, wo die Menschen wieder Mut gefaßt hätten, alle ihr Leben berührenden Fragen zu stellen, und wenn andere unter den Neuen Philosophen die deutschen Traditionen heranziehen, um die Machtträume der Herrendenker (denen gegenüber sie sich im übrigen durchaus ambivalent verhalten) zu entlarven, so muß doch festgehalten werden, daß diese historischen Anleihen ganz und gar schiefliegen.

Sokrates stellte, mit der Methode einer sehr harten Hermeneutik, Fragen; aber die Antworten fielen nicht beliebig aus, sondern fügten sich in die auch von ihm unbestrittene Ontologie seiner Lebenswelt. Da die Neuen Philosophen im Elend einer Theorie nur die Seite des Elends, der Macht und Herrschaft sehen und nicht auch das Sprengende, Revolutionäre in ihr, müssen sie sich auf die Seite der entschiedensten Gegner des Sokrates schlagen; sie spielen die Rolle der Sophisten, die heute dies und morgen jenes beweisen.

Die Sophisten, diese ersten modernen Intellektuellen, hatten eine wichtige Funktion in der Auflösung naturwüchsiger, substantieller Herrschafts- und Knechtschaftsverhältnisse. Heute dagegen, wo es um Neuorientierungen in einem eher diffusen Klima der »Umwertung aller Werte« geht, spielen sie, im Mantel einer neuen

Subjektivität, die ohnmächtigen Rollen von systemimmanenten Kritikern, die nichts zu verlieren haben, aber auch nichts gewinnen werden. Doch selbst Sokrates darf nicht ungeschoren davonkommen; er gehört, mit seiner demonstrativen Pose des Nichtwissens, schließlich zu den hinterhältigsten Meisterdenkern, worauf Foucault, im übrigen seinen Schülern versichernd, daß sie ihn richtig verstanden haben, mit Nachdruck in einer Rezension von Glucksmann verweist. Foucault sagt: »Sokrates, der nichts wußte und den Schluß daraus zog, daß das einzige, was er wisse, eben sei, daß er nichts wisse, wird uminterpretiert: Ich weiß, daß ich nichts weiß, doch das heißt, daß die anderen mehr wissen. Das Bewußtsein des Nichtwissens wird zu einem Bewußtsein hierarchischer Überlegenheit. Wisset, sagen die Maîtres penseurs, wisset, ihr Unwissenden, daß der Weise an eurer Stelle denkt – der Universitätsabsolvent, der Diplomat, der Techniker, der Staatsmann, der Bürokrat, die Partei, der Funktionär, der Verantwortungsträger, die Elite. Das ist der Stammbaum, der zur Nichtverantwortung führt, zum Akzeptieren der endlosen Massaker. Glucksmann ist es gelungen, dieses pomphafte Dekor zu demontieren, mit dem sich seit 1789 die große historische Szene umgab, auf der Politik gespielt wurde; und nachdem er dieses Bild zerstört hat, führt er den Deserteur, den Unwissenden, den Indifferenten, den Vagabunden ein. ›Les maîtres penseurs‹ ist, wie jedes der großen Bücher der Philosophie (Wagner, Nietzsche), eine Geschichte des Theaters, wo auf derselben Bühne sich auf befremdliche Weise zwei Stücke vermischen: ›Dantons Tod‹ und ›Woyzeck‹.«[84]

Daß auch die Dialektik korrumpiert, zu einem Herrschaftsmittel denaturiert werden kann, zeigt die Geschichte des Marxismus zur Genüge. Es führt aber kein Weg daran vorbei, daß diese Korrumpierung nur konkret überwunden werden kann, und das heißt: durch lebendige materialistische Dialektik hindurch.

Stalin und seine Folterknechte sollen die genuinen Erben von Marx sein, sie sollen, wie die Neuen Philosophen behaupten, Marx besser gelesen und verstanden haben als alle anderen? Welch absurde, für öffentliches Aufsehen sorgende, aber sachlich durch nichts gestützte Behauptung! Wenn, nach einem Wort von René Char, Erkenntnis die Inquisition ist, dann mag es konsequent erscheinen, den Streit um Authentizität und Wahrheitsgehalt, um Verrat von Ideen und Abweichungen vollständig aus dem intellektuellen Themenkatalog moderner Wahrheitsdebatten zu streichen.

Auch das ist nicht ganz falsch, aber nur ein Moment der Wahrheit. Die Neuen Philosophen umgeben sich freilich mit einer Aura selbstkritischer subjektiver Ehrlichkeit, in der sich ironischerweise alles, was sie an Richtigem sagen, sofort ins Gegenteil verkehrt.

Kein Funke der Hoffnung soll im marxistischen Sozialismus bleiben, kein Unterschlupf, wie ihn etwa die Christen fanden, wenn sie in die Gemeinschaft der Katakomben flüchteten oder sich weigerten, die Blutgerichtsbarkeit der Inquisition und den Massenwahn der Hexenverbrennung mit dem Leben Jesu zu verbinden, wenn sie Trost in der Gewißheit des Urchristentums fanden, die demokratische Gemeinde Korinths suchten. Oder ist Thomas Münzer etwa auch ein Herrendenker? Es gibt so etwas wie das Naturrecht einer Theorie, das die Nachfahren wenigstens moralisch verpflichtet, ihren Wahrheitsgehalt nicht wissentlich zu verfälschen.

Die Ästhetisierung der Opfer

Die Neuen Philosophen sind freilich keine Repräsentanten; sie sind Symptome einer gesellschaftlichen Stimmung, von der viele Intellektuelle bis heute beeinflußt sind. In der jüngeren Generation gibt es Tendenzen einer Theoriefeindschaft, der Herstellung übersichtlicher Freund-Feind-Verhältnisse, die einer dualistischen Denkweise entgegenkommen. Guattari soll, als er in Bologna die Rolle der Intellektuellen zu definieren suchte, von den Zuhörern entgegengerufen worden sein: »Intellektuelle, das sind alle, die uns langweilen.« Und der unerwartet berühmt gewordene »Mescalero«, der »klammheimliche Freude« über die Ermordung Hanns Martin Schleyers äußerte, drückt den Protest gegen Theorie und Intellektuelle auf seine Weise aus: »Ausgewogenheit, stringente Argumentation, Dialektik und Widerspruch – das ist mir alles piepegal.« Das trifft diese Stimmung sehr genau; es ist nicht immer die Schuld der Gelangweilten, sondern häufig auch Produkt der Theorie, mit der die Menschen in ihren Lebenszusammenhängen nichts anfangen können. Denn die »Kapital«- und Warenlogiker, denen jede Sache als begriffen gilt, für die sich ein Marxscher Begriff auffinden läßt, haben aus falsch verstandener Texttreue einen ausgedörrten Boden hinterlassen und wundern sich, daß ihn jetzt andere beackern.

Hierin liegt aber auch ein politisches Problem, vor dem die Linksintellektuellen stehen. Trifft diese Theoriemüdigkeit mit der

Veränderung von Sozialisationsbedingungen zusammen, so kann durchaus ein irrationales Potential entstehen, in dem die Übergänge von rechts und links fließend sind. Wenn neuere Ergebnisse der Sozialisationsforschung zutreffen, ist zu erwarten, daß eine Generation heranwächst, in der die ödipalen Konflikte immer geringere Bedeutung haben, dagegen präambivalente Einstellungen und Denkweisen sich durchhalten, das heißt, dualistisch gedacht und empfunden wird: Ein Mensch ist entweder gut oder böse, er ist eindeutig festgelegt; aut Caesar aut nihil (entweder Caesar oder nichts), Macht oder Ohnmacht. Das schneidet alle durch Personen und Sachen hindurchgehende Vermittlungen ab, damit aber auch prozeßhaftes Denken. Wie Sorel, der mit dem Mythos des Generalstreiks den großen Schlag gegen das Gestrüpp politischer Vermittlungen führen wollte, weil er die innere Widersprüchlichkeit der Verhältnisse nicht ertragen konnte, sind sie in Gefahr, nur noch die Alternative von direkter Gewalt und Resignation offenzuhalten.

Eine wichtige Aufgabe der kritischen Intellektuellen sehe ich darin, diese Entwicklungen, die nicht nur alte Normen produktiv auflösen, sondern auch bedrohlich sind, in ihrer ganzen Komplexität zu begreifen und nicht in einer bewußtlosen Glorifizierung zu verdoppeln. Denn Theorie mag für die Herrschenden heute auf Versatzstücke und Legitimationen reduzierbar sein, im wirklichen Emanzipationskampf der sich befreienden Völker spielt sie eine zentrale Rolle. Das gilt insbesondere für einen von den Legitimationsfassaden befreiten Marxismus, der nach wie vor zu den relevantesten Theoriezusammenhängen in bezug auf Interessen und Bedürfnisse der Ausgebeuteten und Unterdrückten gehört.

Der immer wieder geprobte Aufstand gegen Marx und die große Philosophie, in deren Tradition er sich bewegt, ist angesichts eines Jahrhunderts, das zu den blutigsten der Geschichte zu rechnen ist, durchaus verständlich. Wo sich Krisenauswege verengen, ist, wie man weiß, die Neigung sehr stark, die Boten des Unglücks zu erschlagen, statt die Ursachen des Unglücks zu beseitigen. Ob allerdings die strikt festgehaltene Perspektive der Opfer, der schon Getöteten oder der auf Abruf Vernichtbaren, eine ausreichende Grundlage dafür bietet, das ganze grauenhafte Geschehen zu begreifen oder gar – darüber weit hinausgehend – künftige Opferschlachten zu verhindern, erscheint mir durchaus fragwürdig. Für den Menschen, der gefoltert, gequält, erniedrigt und am Ende getötet wird, muß es, soweit sich sein Bewußtsein überhaupt lebendig halten kann, gleichgültig sein, ob er von einem Gestapomann gequält, erniedrigt, gefoltert, getötet wird oder von einem der GPU, einem des sowjetischen Geheimdienstes oder einer beliebigen staatlichen Terrororganisation sonst in der Welt. Aus diesem Blickwinkel sind Dionysios von Syracus, Nero, die spanische Inquisition, Hitler und Stalin allenfalls in den jeweils technisch verfügbaren Methoden der Menschenverachtung und der Menschenvernichtung verschieden, aber es gibt zwischen diesen Herrschaftssystemen keine irgendwie gearteten prinzipiellen Unterschiede. Das ist doch ein viel zu kurzer Geschichtsbegriff!

Wenn ich gegen diese moralische Geschichtsauffassung Einspruch anmelde, dann nicht, weil die Opfer Unrecht hätten, sondern weil diejenigen, die das Beziehungsverhältnis zwischen Täter und Opfer nachträglich untersuchen und begreifen wollen, den Standpunkt der Opfer mit ihren eigenen Standpunkten verwechseln. Daß Menschen getötet, gefoltert, erniedrigt werden, ist moralisch unter allen gesellschaftlichen Bedingungen verwerflich; nimmt man jedoch den Standpunkt einer demokratischen Gesellschaft als Grundlage für die geschichtliche Beurteilung, wie das geschehen ist und wie es immer wieder geschieht, dann ist die Entwicklung von Unterscheidungsvermögen die einzige Bedingung dafür, daß Menschen nicht mehr in die Situation ohnmächtiger Opfer geraten.

Das wäre kein bloß moralischer Standpunkt mehr. Der Blick auf die unterschiedlichen Täter, auf ihre Motive, auf Methoden und Ziele kann in der Geschichtsbetrachtung nicht unwesentlicher sein als in einem normalen Gerichtsverfahren, in dem ja auch nicht nur nach den Folgen einer Tat, ob jemand tot oder nur verletzt ist, Strafmaße bestimmt werden; das Unterscheidungsvermögen gegenüber dem Täter ist in einem rechtsstaatlichen Verfahren ebenso wichtig wie das Unterscheidungsvermögen gegenüber den Opfern. Todesurteile für unbotmäßiges Verhalten sind unter allen gesellschaftlichen Bedingungen niederträchtig und menschenverachtend; nicht weniger sind dies die Verstümmelung des Körpers, das Abhacken der Hand, der Füße für Diebstahl, verbrecherisches Verhalten, selbst wenn es in der Maske staatlicher Gesetze aufträte. Aber eine Geschichtsbetrachtung, die gesellschaftliche Systeme, ja die Tradition der Entwicklung philosophischer Ideen ausschließlich oder auch nur überwiegend unter Gesichtspunkten möglicher Opfer untersucht, ohne die Vermittlungsebenen zwischen Denksystemen, politischen Handlungen und sehr verschiedenen moralischen Haltungen in Betracht zu ziehen, berührt die Grenze der Selbstentmündigung eines kritischen, also auf autonome Urteilsfähigkeit gehenden Denkens.

Solches Denken kokettiert mit dem Opferstatus, in manchen Fällen kann man sogar davon reden, daß sich, vielleicht ohne Absicht dieser Autoren, eine Ästhetisierung des Opfers einstellt. Ich erinnere in diesem Zusammenhang an den Gegensinn der Urworte, wie Freud es formuliert hat. Wenn eine solche Lust an der Beschreibung von Opfern in der Geschichte herrscht, daß selbst für gutwillige Täter, für Politiker des bestehenden Systems, für Engagierte in den vielen Organisationen der existierenden Welt nichts zu tun übrigbleibt, um diesem Elend Einhalt zu gebieten, dann könnte man bei einem solchen dualistischen Denken auf den Gedanken kommen, daß die auch nur begrenzte Beseitigung des Elends ein entscheidender Einwand gegen die ganze Philosophie wäre. Da solche abstrakte Beschwörung des Elends dieser Welt, das nur durch einen entschiedenen Gewaltstreich zu beseitigen wäre, zunächst als eine radikalisierte linke Position erscheint, dann aber plötzlich rechte und faschistische Tendenzen erkennen läßt – diese sehr merkwürdige Dialektik, die niemand wollte, die vielleicht aber in der Sache selbst angelegt ist, erscheint mir heute keineswegs mehr als bloße Fiktion. Denn die Ästhetisierung der Opfer ist soweit von der Ästhetisierung der Täter nicht entfernt.

Die Konvertitenmoral der Neuen Philosophen

Was in den siebziger Jahren unter der Bezeichnung »Neue Philosophen« zu einem spektakulären Markenartikel geworden war, um den sich die Verlage rissen und der in fast allen philosophisch-literarischen Zeitschriften der Welt heftige Debatten auslöste, bezieht Wirksamkeit und Kraft nicht aus einer neuen Denkweise oder, wie Wissenschaftshistoriker zu sagen pflegen, aus einem Paradigmenwechsel des philosophischen Denkens; alle herangezogenen historischen Tatbestände, sowjetische Konzentrationslager, der Mißbrauch der Psychiatrie für politische Zwecke, die Verwendung Marxschen Denkens für Legitimationsbedürfnisse des Herrschaftssystems usw., sind längst bekannt und haben meist auch ihre großen literarisch-philosophischen Darstellungen gefunden. Auch in ihrer geistesgeschichtlich beschränkten Verfahrensweise sind die Neuen Philosophen nicht originell.

Im methodischen Blick auf die okzidentale Denkgeschichte von den Vorsokratikern bis zu Marx und dem Marxismus in der ersten Hälfte des zwanzigsten Jahrhunderts – strikt orientiert an der Wirksamkeit von Ideen und Denkweisen und im bewußten Brechen mit Kontinuitätsvorstellungen geschichtlicher Abläufe – kann das Werk von Karl R. Popper, »Die offene Gesellschaft und ihre Feinde«[85], als Originaluntersuchung verstanden werden, die mit Begründungen aus der gesamten europäischen Denkgeschichte den Ansatz zu einer Widerlegung des Marxismus liefern möchte. Denn auch bei Popper steht der Marxismus im Zentrum der Kritik, und zwar aus dem praktischen Blickwinkel einer von Kantischer Moral bestimmten »Sozialtechnologie der Einzelprobleme«, die jede Form des Totalitätsdenkens in Verwirrung bringt.

Der Briefwechsel zwischen Satre und Merleau-Ponty über die sowjetischen Konzentrationslager liegt vor; George Orwells »Farm der Tiere«, Manès Sperbers »Wie eine Träne im Ozean« – das alles sind aufs äußerste verdichtete, philosophisch reflektierte und literarisch eindrucksvoll gestaltete Auseinandersetzungen mit dem Stalinistischen Terrorsystem.

Was der Gruppe der Neuen Philosophen, deren intellektuelle Ausprägungen keineswegs einheitlich sind, die jedoch eine gleichlaufende politische Linie verfolgen, Weltruhm verschafft hat, ist vielmehr durch die historische Situation bedingt, in der sie sich öffentlich zu Wort melden. Nachdem in Europa, insbesondere in Westdeutschland und Italien, aus dem linken Reservoir Terrorgruppierungen hervorgingen, konnte nichts den Erklärungsbedürfnissen der bestehenden Gesellschaft dienlicher sein, als den zerfaserten und nie richtig nachweisbaren Anschuldigungen, die kritische Gesellschaftsanalyse in ihren vielfältigen Ausprägungen sei eigentliche Ursache dieses Terrorismus, eine systematische ideengeschichtliche Begründungslinie zu geben, die sehr weit ausholt.

Fast alle dieser aus etwa zehn Personen bestehenden Gruppe sind enttäuschte »Maikinder«, Engagierte einer großen Bewegung, die 1968 beinahe zum Sturz des de Gaulleschen Systems geführt hätte. Sie kommen also aus den Reihen der radikalen Linken, und die meisten von ihnen geben sich, als das Mai-Experiment scheiterte, politisch nicht zufrieden, sondern fangen an, in maoistischen Gruppierungen zu arbeiten, und betätigen sich öffentlich als große

Verehrer von Fidel Castro und Che Guevara. Auf mehrere Götter hatten sie gesetzt, bevor sie ihre Enttäuschungswut auf eine radikale Abrechnung mit der eigenen Vergangenheit konzentrierten.[86] Der übergroßen Identifikation mit den revolutionären Figuren und dem Umfang der Enttäuschungen entsprechen die Wut und der gebildete Erfindungsreichtum, mit denen diese Abrechnungen ins Werk gesetzt werden. Ihre Bücher kommen sehr schnell auf die Bestsellerlisten, und die Massenmedien in Frankreich, der Bundesrepublik Deutschland und Italien organisieren einen großen Feldzug, um mit diesem Pfund, das ihnen so unverhofft zugefallen ist, zu wuchern. Daß die Neuen Philosophen als linke Kronzeugen gegen die Linke vorgeführt werden, geht bis in die neunziger Jahre weiter. Im Klima einer immer stärker werdenden Intellektuellenhetze, in der selbst Philosophen wie Adorno und Habermas zu geistigen Urhebern des RAF-Terrors gestempelt werden, und unter den Bedingungen einer vom konservativ-autoritären Lager mit großem Propagandaaufwand betriebenen Gleichstellung von Marxismus und Terrorismus kann die politische Linie, die die Neuen Philosophen formulieren, von allen, die schon immer den Verdacht hegten, daß die eigentliche Misere des zwanzigsten Jahrhunderts, die des Faschismus ebenso wie des Stalinismus, im Grunde auf Marx zurückzuführen sei, nur mit höchster Genugtuung aufgenommen werden.

Jeder von ihnen, ob es sich nun um Glucksmann, Lévy, Benoist, Lardreau, Dollé, Jambet oder andere handelt, trägt eigenes bei zum Thema: Sozialismus ist nicht die Alternative zur Barbarei, sondern nur deren äußerst verschleierte und menschlich dekorierte Variante. Der Titel des Buches von Bernard-Henry Lévy: »La Barbarie à visage humain« (Barbarei mit menschlichem Gesicht) ist dafür kennzeichnend. Dem antisozialistischen Affekt entspricht der antitheoretische, soweit in sich begründete philosophische Systeme mit Wahrheitsansprüchen auftreten und für sich die Forderung erheben, aus ihrer jeweiligen geschichtlichen Zeit verstanden zu werden. Das zweite Hauptwerk dieser Neuen Philosophen, »Les Maîtres Penseurs« (Meisterdenker oder auch Herrendenker) von André Glucksmann, löst die geschichtlichen Wahrheitsgehalte einer Theorie in Partikel auf, die dann zeitunabhängig völlig neu kombiniert werden können. Ein Satz von Fichte zum »geschlossenen« Handelsstaat, eine These Platons, Sätze von Marx oder Lenin, Rousseau oder Stalin werden so in einer auf Dekonstruktion der Texte beruhenden Neuverfilmung einander näher gerückt und nach dem Schema kombiniert, wer im Gefängnis sitzt oder wer sich noch draußen aufhält.

Theorie rechtfertigt nicht bloß Herrschaft, sie ist Herrschaft. Die philosophischen Texte sind, je begründeter und geschlossener sie auftreten, so mit Macht verwoben, daß sie ihre suggestive Herrschaftsfunktion nur verlieren, wenn sie fragmentiert, zerbrochen werden. »Diese Leidenschaft für den Text ist weniger für den Revolutionär im besonderen als für den Machthaber im allgemeinen charakteristisch. Eine Regierung hält sich nicht allein mit Waffengewalt an der Macht, sondern durch die Wirkungen des Textes auf andere. Als Stalin fragte, über wie viele Divisionen der Papst verfüge, täuschte er Naivität vor, mit dem Blut der anderen hatte er das Vorrecht bezahlt, als der unbestrittene Interpret der ›Geschichte‹ der KP aufzutreten, als der alleinige Vikar des Geistes des Leninismus ... Die Texte dienen nicht nur bloß der Machtausübung, sie sind diese Ausübung selbst, sie bringen die Unterwerfung zustande; mehr noch als Ketten der Sklaverei haben sie Anteil an dieser Sklaverei. Ordenshüter in den Köpfen aller derer, die wir ertragen müssen, sind die großen Texte der europäischen Macht nicht den Herrschaftsstrategien zu Diensten, sie sind diese Strategien selbst.«[87]

Die publizistische Wirkung dieser selbsternannten Neuen Philosophen ist in der Tat überwältigend: Im September 1977 widmet »Time« ihnen, unter dem nicht besonders originellen, weil immer wieder auftretenden Titel »Marx is dead«, einen umfangreichen, wiederum von vielen anderen Zeitschriften zitierten Beitrag. Selbst die renommierte literarische Zeitschrift »alternative«, den Neuerungen im Denken eher skeptisch gegenüberstehend, bringt ein ganzes Heft auf den Markt, in dem ich selbst auch mit einem Interview vertreten bin: »Die Intellektuellen und die Macht. Die Austreibung des Marxismus aus den Köpfen. Die sogenannten Neuen Philosophen in Frankreich«.[88] Hier kommen auch einzelne dieser Gruppe selbst zu Wort wie Lévy und Dollé. In Deutschland sind ihre Schriften selbst dann, wenn sie noch nicht übersetzt wurden, durch äußerste Betriebsamkeit der Medien, durch ausführliche Besprechungen unter anderem im »Spiegel«, in der »Zeit«, der »Welt«, der »Frankfurter Allgemeinen«, weitgehend bekannt. Selbst der »Bayernkurier«, intellektuellen Themen sonst eher abgeneigt, kann seine Überraschung und freudige Erwartung, endlich authentische Zeugen gegen alles Linke gefunden zu haben, nicht verhehlen: »Kein Angriff von rechts zerstört die Idole des Sozialismus. Die neue Elite des Marxismus machte überraschend Kehrtwendung und steht plötzlich im gegnerischen Lager ... Ihr Denkmalsturz von Marx wird sich bald auch als politischer Sprengsatz erweisen.«

So betätigen sich diese von antisozialistischen Ressentiments besessenen Neuen Philosophen als öffentliche Denker, die zunächst keine Repräsentanten irgendwelcher klar definierten politischen Kräfte sind; vielmehr sind sie zeitgeschichtliche Symptome einer geistig-moralischen Wende, die Anfang der achtziger Jahre immer stärker auf eine politische Neuorientierung nach rechts drängt. Ihr Denken lebt von der Trauer einer Abbruchs- und Abschiedsstimmung, die ausdrückt, daß die organisierten kollektiven Hoffnungen auf Veränderungen zerbrochen sind und nur noch der moralische Appell an den politischen Instinkt des Volkes und die dionysische Feier des ästhetischen Subjekts bleibt, das alle Brücken zur bestehenden Gesellschaft abgebrochen hat.

Das sozialkulturelle Klima, das sich hier unter den Pariser Intellektuellen verbreitet, ist dem Existentialismus der Nachkriegsperiode vergleichbar, aber die Inhalte sind ganz andere. Damals lebte die Résistance nach, die Exponiertheit des Individuums auf Leben und Tod, mit einer nach vorne gerichteten und auch gewollten Entwurfsfreiheit. Den Neuen Philosophen sitzt dagegen die Konvertitenmoral in den Knochen ihres Denkens. Das Vertrauen darauf, daß die neue Denkweise die ist, die sich der Arbeit des Begriffs verdankt und nicht beliebigem Bekenntniswandel, stellt sich nur her, wenn Veränderungen im Denken den Prozeß öffentlicher Reflexion erkennbar machen. In der Konvertitenmoral ist dagegen der Eiferer an ganz verschiedenen Gegenständen tätig. »Gespenst, Mythos, Traum: Wer die Realität mit der bürgerlichen Gesellschaft identifiziert, kann die Bewegung (des Mai 1968, O.N.) nicht begreifen. Was zeigt dagegen das ›Kommunistische Manifest‹, wenn nicht, in der Legende von dem Gespenst, die Gegenwart einer ›Welt, die zu gewinnen ist‹? Die Kämpfe vom Mai sind der öffentliche Ausdruck einer Rebellion der gesamten modernen Produktivkräfte gegen die bürgerlichen Produktionsverhältnisse. Niemals seit einem Jahrhundert war eine Bewegung dem so ähnlich, was Marx sich 1848 vorgestellt hatte. Sein Geburtstag wurde gefeiert, als diese ›Explosion‹ stattfand und das offizielle Denken sein Entsetzen im Spiegel betrachten konnte, während die ganze Gesellschaft herumtorkelte, trunken, die Möglichkeit einer Revolution zu entdecken, die nur in dieser wunderbaren Originalität erscheint, sofern sie die Klassischste von allen ist.«[89]

Die völlig unkritische Euphorisierung des revolutionären Geschehens, die übrigens von den Studentenführern in Deutschland, wie Hans-Jürgen Krahl und Rudi Dutschke, nicht geteilt wurde, gibt Hinweise auf eine Denkstruktur, die das absolute Gegenteil mit derselben Emphase vertritt. Dieses eifernde Bekennertum ist bei Glucksmann selbst dort noch spürbar, wo er mit gewaltigem rhetorischem Aufwand, aber durchaus durch Materialien fundiert gegen die europäische Gleichgültigkeit angesichts der afrikanischen Tragödien Einspruch erhebt. Die tiefe Enttäuschung über die einst inbrünstig geliebte Sache, die nie rational bewertender Distanz unterworfen war, verfolgt Glucksmann bis in die äthiopische Hungerkatastrophe hinein und läßt ihn auch an Punkten nicht ruhen, an denen offenkundig ist, daß hier Herrschaftssysteme den Namen von Marx mißbrauchen, ohne mit dem Sinngehalt seines Denkens auch nur das geringste zu tun zu haben. So schreibt Glucksmann 1986: »Man sagt, der Marxismus sei in Paris dahingeschieden. Jedenfalls ›bis er wieder einmal Mode ist‹. Für die Autoren dieses Buches, die ihren bescheidenen Beitrag zu den Trauerfeierlichkeiten entrichtet haben, ist die Debatte beendet. Schluß mit dem Marxismus als Philosophie. Jetzt geht es um etwas ganz anderes. Das betrifft nicht Ideen, sondern Fakten; nicht Universitätsseminare, sondern Kasernen der Dritten Welt. Dort gedeiht der Marxismus. Nicht als Weltansicht. Es ist kaum anzunehmen, daß Führung und Bevölkerung Äthiopiens an der materialistischen Version der Hegelschen Dialektik einen besonderen Gefallen finden. Der Marxismus wird wie eine Gebrauchsanweisung übernommen, die notwendig ist, um eine bereits bewährte Maschinerie in Gang zu setzen.«[90] Auf den Gedanken, der vielleicht schon in der Anwendung Marxschen Denkens auf die Sowjetunion hätte aufdämmern müssen, daß die Herrschaftstechniken der äthiopischen »Marxisten« ganz anderen Ursprungs sind als das, was im Marxschen Werk vorliegt, ist im Eifer des gedanklichen Bekennergefechts keiner dieser Rechercheure gekommen.

War einst ein Sachverhalt erklärt, wenn die blinde Orthoxie einen Marxschen Satz oder auch nur eine Andeutung, daß ein Begriff existieren könnte, gefunden hatte, so richtet sich die Spurensuche jetzt darauf, jeder Form systematischer Unterdrückung und Ausbeutung einen dialektischen Begriff aufzuprägen. Heinz Abosch, seiner Denkweise nach ein aufmerksamer liberaler Zeitgenosse, schreibt in der »Zeit« vom 19. August 1977: »Die Revolution entläßt ihre enttäuschten Kinder, die Väter werden radikal verdammt, die ganze Wucht des Zorns trifft den Buhmann Marx, das Erbübel, die Ursache größter Schmach. ›Ich bin das natürliche Kind des teuflischen Paares: Faschismus und Stalinismus‹, verkündet B. H. Lévy. Der Pessimismus der jungen Philosophen ist die Kehrseite ihres einstigen Optimismus, ihrer himmelstürmenden revolutionären Begeisterung. Hätten sie dem großen Steuermann Mao nicht so blind vertraut, dann würden sie vielleicht heute Solschenizyn nicht für den ›Dante unserer Zeit‹ halten.«

Das trifft diese Konvertitenmoral exakt; in der Geschichte ist es freilich nicht das erste Mal, daß übereifrige Revolutionäre zu Konterrevolutionären im Handeln und im Denken werden. Da solche Entwicklungen sich politisch ständig wiederholen, kann die Struktur, in der sich solche Prozesse vollziehen, insbesondere für die Linke nicht gleichgültig sein.

V. Wie ist der drohende Wiederholungszwang der Geschichte zu durchbrechen?

1. Der Faschismusvorwurf und die Notstandsopposition

Woher das kommt, weiß ich nicht. Aber die Neigung, in Geschichtsanalogien zu denken oder sich in Kostüme des Vergangenen zu werfen, abgrenzend oder identifizierend sich auf den Sturm der Bastille zu beziehen oder mit Bonn und Weimar zu jonglieren, scheint ein Urbedürfnis der Menschen zu sein, seit sie sich selbst als geschichtlich Tätige begreifen. Sie möchten vergangene Ereignisse als Lehrbeispiele für die Gegenwart verfügbar haben. Sie sinnen darauf, Stufen zu bestimmen, auf denen der Kampf zum Beispiel gegen die braune Flut noch hätte Sinn haben können, und wann alles schon zu spät war. Ständige Rückwendungen auf geschichtliche Ereignisse, die Entscheidungen in einer anderen Richtung notwendig gemacht hätten, obwohl sie nicht getroffen wurden, aber doch in nachträglicher Einschätzung objektiv möglich gewesen wären – das gehört zum reichhaltigen symbolischen Arsenal des Aufbruchs von 68. Keine Periode ist der Bewegung der Studenten und Jugendlichen so präsent, so sinnlich faßbar und gegenwärtig gewesen wie die Zeit des Faschismus und das, was ihr vorausging.

Raubdrucke, die Vergangenes dem Vergessen entreißen, spielen im intellektuellen Selbstverständnis der Jahre um 68 eine entscheidende Rolle, was heute merkwürdig klingen mag, weil eine wirkliche Untergrundliteratur durch keinerlei Umstände erzwungen zu sein schien. Kritische Literatur, besonders aus Traditionen der Marxschen Theorie und der Psychoanalyse, war jedoch immer noch verdrängt und aus dem öffentlichen Bewußtsein ausgegrenzt. Plötzlich tritt diese wissenschaftliche Literatur – als hätten sich staatliche Zensurrichtlinien gelockert – in vielfältigen Raubdrucken wieder auf und wird begierig aufgegriffen, findet häufig auch verkürzt Eingang in Diskussionen, mit denen unmittelbare Aktionen, Institutsbesetzungen, Demonstrationen vor amerikanischen Konsulaten vorbereitet werden.

Um die Urheberrechte zu umgehen, schießen Verlage aus dem Boden, deren Standorte geheimgehalten wurden, zum Beispiel »De

Munter Amsterdam«. In einem stärker aktualitätsbezogenen Berliner Verlag erscheinen die für das Selbstverständnis der Linken relativ wichtigen Voltaire-Flugschriften, herausgegeben von Bernward Vesper, dem Sohn einer Nazigröße, dessen Familienerbteil offenbar auch einer der Gründe dafür ist, warum er mit dem Leben nicht zurechtkommt und schließlich Selbstmord begeht.

Wenn ich mich recht erinnere, stand hinter dem apokryphen Verlag »De Munter Amsterdam« Lothar Wolfstetter, ein findiger Verlagskopf, der später den ML-Gruppen angehörte, Betriebsarbeit leistete, schließlich sich von ihnen trennte und dann einen kleinen Verlag mit der Geschäftsbezeichnung »Materialis« gründete, der vom Geist der Utopie geprägt war. Plotin studierte er später, lernte Latein, um die »Utopia« des Thomas Morus im Original lesen und neu übersetzen zu können, wobei ihm einige wichtige Korrekturen in diesem über Jahrhunderte hinweg anstößigen und Verfälschungen herausfordernden Text gelangen. Völlig im Schatten der Akteure und der großen Sprecher von 68 hatte Wolfstetter mit seiner »Schwarzen Reihe« ein Verlagsprogramm entwickelt, das den Ereignissen und Theoriebedürfnissen voraus war, jedenfalls nicht einfach darauf reagierte, wie die meisten etablierten Verlage, die aus ökonomischen Gründen nachzogen. Ein linkes Verlegergenie, das nie reich wurde, aber seinen Träumen von kritischer Grundlagenliteratur treu geblieben ist.

Die im folgenden von mir aufgezählten Texte, die in der »Schwarzen Reihe« erschienen sind und zerbrochene Theorietraditionen aufnahmen – und zwar für einen Leserkreis, der wesentlich größer war als die geschlossene Gesellschaft, die sich diese und ähnliche Texte gegenseitig empfahl –, waren fast alle nur noch in Bibliotheken erhältlich. Nr. 1 der »Schwarzen Reihe«: Wilhelm Reich, »Die Funktion des Orgasmus«, 1967. Nr. 2: Georg Lukàcs, »Geschichte und Klassenbewußtsein«, 1967. Nr. 3: Max Horkheimer, »Die Juden und Europa. Autoritärer Staat, Vernunft und Selbsterhaltung«, 1.–2. Tsd. 1967, 2.–3. Tsd. 1968. Nr. 4: Wilhelm Reich, »Was ist Klassenbewußtsein?«, 1968. Nr. 5: Max Horkheimer und Theodor W. Adorno, »Dialektik der Aufklärung«, 1968. Nr. 6: Theodor W. Adorno u. a., »Der autoritäre Charakter«, Bd. 1, 1968 usw. Schließlich Nr. 10: Jürgen Habermas, »Arbeit, Erkenntnis, Fortschritt. Aufsätze 1954–1970«, 1970.

In relativ kurzer Zeit erlebten einzelne der genannten Bücher mehrere Auflagen mit Tausenden von Exemplaren. In der Vorrede zu Horkheimers Schrift schrieb der Neuherausgeber: »Die frühen theoretischen

Aufsätze Max Horkheimers sind Partei im Emanzipationskampf für die unterdrückten Massen gegen die Unterdrücker. In diesen Analysen ist die Kritik der Unterdrückung immer zugleich Kritik am Kapitalismus: ›Wer vom Kapitalismus nicht reden will, sollte auch vom Faschismus schweigen.‹«

Dieser Satz Horkheimers hat für die rebellierenden Studenten und Jugendlichen und die Formeln, die sie im politischen Tageskampf benutzten, eine schlechthin zentrale Bedeutung gehabt. Kapitalismus ist potentieller Faschismus, und man muß die Zeichen der Zeit erfassen können, um zu wissen, wann der gewaltfreie Widerstand in die Gewalt des Widerstandes überzugehen hat.

Daß ein mit soviel kritischer Literatur sich umgebendes Verlegertalent wie Lothar Wolfstetter sich nach Auflösung der Protestbewegung den sogenannten ML-Gruppen anschloß, maoistisch ausgerichteten Marxisten-Leninisten, ist mir nicht so recht erklärlich. Denn Orthodoxien und dogmatische Denkverbote sind ja die herausragenden Gegenstände der Kritik in den erwähnten Schriften. Was Wolfstetter als Herausgeber im aktuellen Vorwort zur Raubdrucksammlung der Aufsätze Horkheimers schrieb, deutet darauf hin, daß für den einzelnen offenbar wichtige Entscheidungen davon abhingen, ob der gegenwärtige Kapitalismus auf dem Weg zum Faschismus sei oder nicht. Daraus geht hervor, daß die spätere Entwicklung der Protestbewegung, ihr Zerfall in hermetisch organisierte und sich bekämpfende Fraktionen, bereits 68 angelegt war. Im Vorwort, in dem Wolfstetter das Kunststück vollbringt, Horkheimers Konzeption vom »Autoritären Staat« als Legitimation für die Kritik am Antiautoritären der Protestbewegung zu benutzen und daraus die Notwendigkeit für eine künftige Orientierung am Grundwiderspruch von Lohnarbeit und Kapital abzuleiten, heißt es: »Diejenigen, die die heutigen (im borniert politischen Sinne) formal-demokratischen Verhältnisse durch Reformen für demokratisierbar halten – die linken Sozialdemokraten und die DKP-Revisionisten –, verkennen den internen Zusammenhang von Kapitalismus, Liberalismus und Faschismus. Es ist aber zweifelhaft, daß sie sich in einer sozialdemokratischen liberalen Regierungsphase belehren lassen werden. Die These des SDS (1966 in seinem Kampf gegen die Notstandsgesetze), daß mit der Verabschiedung eine postfaschistische Periode nun endgültig in eine präfaschistische umgeschlagen sei, ist jedoch nicht widerlegt.«

Die Spuren jener Entwicklungen innerhalb der Linken, die Anfang der siebziger Jahre tiefe Risse zwischen verschiedenen Gruppen erkennbar werden lassen, weisen weit zurück in die Vergangenheit der Außerparlamentarischen Opposition. Daß der Kapitalismus potentieller Faschismus sei, ist ein Erbe, das die Protestbewegung vom alten SDS übernommen hat und nicht erst aus Büchern kennenlernt.

Im Operieren mit dem globalen Faschismusvorwurf steckt ein Zentralproblem der Linken in dieser Zeit. Die Leichtfertigkeit, mit der unangenehme Entwicklungen, staatliche Eingriffe, Rechtsentscheidungen das Entwertungsetikett »faschistisch« aufgedrückt bekamen, widersprach dem wissenschaftlichen Selbstanspruch, historisch geprägte Gesellschaftsformen nicht miteinander zu verwechseln. Die Neigung, in der öffentlichen Agitation mit der Faschismusformel zu hantieren, um sich Beifall zu verschaffen, ist mir selbst, wie ich gestehen muß, nicht fremd gewesen. Dabei lagen doch auch damals schon kompetente soziologische Analysen vor wie die von Arkadij Gurland (bereits 1931 verfaßt), daß die spezifische Form des Faschismus in der ersten Hälfte dieses Jahrhunderts sich nicht auf ein »Zuviel« an Kapitalismus gründe, sondern auf ein »Zuwenig« an Kapitalismus, an Industrialisierung, an industriellem Proletariat. Es wäre jedoch völlig verfehlt, diesen agitatorischen Gebrauchswert der Faschismusformel mit dem Skeptizismus zu verwechseln, der sich auf das prekäre Verhältnis von Kapitalismus und Demokratie richtet.

Als 1961 der Unvereinbarkeitsbeschluß zwischen SPD- und SDS-Mitgliedschaft wirksam wurde, standen Studenten nicht aus Opportunismus, sondern aus einem neu gewonnenen Selbstbewußtsein zum SDS. Niemand im SDS wollte die Vereinbarkeit von Demokratie und Kapitalismus akzeptieren. Wer Sozialist war, mußte auf der Hut sein, denn sozialistische Demokratie, das heißt demokratische Selbstbestimmung, die Herrschaft von Menschen über Menschen aufhebt, war mit der hierarchischen Organisation des Industriebetriebes, dem unaufhebbaren Modell auch der modernsten und aufgeklärtesten der kapitalistischen Gesellschaftsordnungen, nicht vereinbar.

Niemand von uns, der die politische Reflexionsschule des SDS durchlaufen hatte, dachte damals daran, daß in einem Liberalismus, der von den Marktgesetzen abgelöst ist, ein unabdingbares Moment der Menschenrechtsdeklaration enthalten sein könnte. Liberalismus war Ausdruck einer Scheindemokratie, die verführerische Dekoration einer demokratischen Ordnung auf Abruf. Indem die liberalen Freiheitsrechte als taktische Rechte der bürgerlichen Herrschaftsordnung gedeutet wurden, die diese benutzt, um eine im Grunde autoritäre und gewaltmäßige Eigentumsordnung zu legitimieren und zu schützen, wurden diese Freiheitsrechte auch von der Linken weitgehend nur als taktisch aufgefaßt. Man verteidigte das Demonstrationsrecht gegen die bestehende Ordnung, im Grunde hatte man aber den Gedanken, daß es keine Freiheit für die Feinde der eigenen Idee von Demokratie gibt; nicht repressive Toleranz war das Problem der Linken, sondern repressive Intoleranz, wie Adorno angemerkt hatte.[91]

Atmosphärisch erinnert dies an die Höhe des Terreur, als Saint-Just, der gelehrigste Schüler Robespierres, die Formel prägte: »Keine Freiheit für die Feinde der Freiheit« – ein Satz übrigens, der knapp zehn Jahre nach 68 im Zuge der kollektiven Paranoia den pathologischen Verfolgungswahn kennzeichnet, mit dem die freiheitlich-demokratische Grundordnung (FDGO) als Waffe gegen die Radikalen eingesetzt wurde.

Wer wissen will, wie bereits 1967 auf einem hohen gesellschaftstheoretischen Reflexionsniveau Entscheidungen über die spätere Entwicklung der Protestbewegung getroffen wurden, der muß die Voltaire-Flugschrift Nr. 12 lesen: »Bedingungen und Organisation des Widerstandes. Der Kongreß in Hannover«.

Nicht Dutschke oder andere, die Sprecher der neuen Entwicklung geworden waren, haben diesen Kongreß zum Anlaß genommen, um die prekäre Situation zu bezeichnen, in der sich die Bewegung befand; es war der Eingriff von Jürgen Habermas, mit dem das bloße Nebeneinander von unausgesprochenen Meinungen, die nach dem Tod Benno Ohnesorgs ohnehin nicht auf Widerstreit gestimmt waren, zum Widerspruch zugespitzt wurde. Die ständige Rede vom potentiellen Faschismus, der in der Tendenz der Gegenwart zu liegen schien, hatte auch, was ich damals so deutlich nicht sah, die Funktion einer Legitimationsvorbereitung. Die öffentlichen Lesungen des Bundestages zu den Notstandsgesetzen, die zur Verabschiedung anstanden und in denen sich Gefahren für die Demokratie auch für Bürger, die der Protestbewegung durchaus kritisch gegenüberstanden, auf ganz legale Weise abzeichneten, kamen einer Atmosphäre entgegen, in der sich offenbar im psychologischen Untergrund grundlegende individuelle Entscheidungen über neue Formen des Widerstandes vorbereiteten.

Als die Protestbewegung 1967, nicht zuletzt durch den moralischen Protestschub nach dem Tod Benno Ohnesorgs, erheblich an Stärke und Umfang gewann, war die Notstandsopposition, an der zunächst weniger die Studenten als vielmehr alle gesellschaftlichen Gruppierungen der politischen und moralischen Linksopposition beteiligt waren, bereits im vollem Gang. Das klassische Grundbuch der Notstandsopposition, Jürgen Seiferts »Gefahr im Verzuge«, versehen mit einer Einleitung des hessischen Generalstaatsanwaltes Fritz Bauer, war im Frühjahr 1965 in der Europäischen Verlagsanstalt erschienen und hatte in kurzer Zeit mehrere Auflagen erfahren, sogar eine Sonderausgabe für die IG Metall. Hier analysierte Jürgen Seifert in nachdrücklicher und für die Notstandsopposition folgenreicher Form die inneren Gefährdungen des demokratischen Institutionensystems. Das Motto in der Vorbemerkung, das er zu diesem Buch wählte und das für ihn, den streitbaren und kämpferischen Juristen, charakteristisch geblieben ist, wird auf Heraklit zurückgeführt: »Kämpfen muß das Volk um seine Verfassung wie um eine Stadtmauer.« Von diesem Kampfklima, in dem sich gemeinsame Interessen zwischen verschiedenen gesellschaftlichen Gruppen herstellten, wurden auch die Studenten mitgerissen, und sie kämpften um den Erhalt der Demokratie, als ginge es um die Revolution.

Als Jürgen Seifert dann Anfang 1968 sein zweites Notstandsbuch, die detaillierte Untersuchung des Notstandsausschusses, veröffentlichte, war die Notstandsopposition als politische Bewegung schon gescheitert, hatte aber, ohne daß uns dies damals bewußt war, verfassungspolitisch etwas durchgesetzt, was die Republik veränderte.

Wenn nun nachträglich im Blick auf diese Zeit Gefährdungen der Demokratie, die im Kampf um Veränderung und Verhinderung der Notstandsgesetze zum Ausdruck kamen, bagatellisiert werden, als wären nur Wahnprojektionen am Werk gewesen, die den Studenten und Jugendlichen anzulasten sind, so ist das eine völlige Verdrehung der Wirklichkeit. Gestandene Gewerkschafter wie Otto Brenner empfanden durchaus die drohende Nähe eines neuen Totalitarismus; Liberale aus einem ganz anderen Lager, sogar CDU-Leute, Konservative verschiedener Herkunft: Sie alle waren vom Unglück dieser Notstandsgesetze betroffen, nicht zuletzt deshalb, weil sie sich nicht von dem Gedanken befreien konnten, daß es im wesentlichen nicht um Vorbereitung für die Notsituation gegen den äußeren Feind ging, sondern um innerstaatliche Feinderklärung und um legale Möglichkeiten, den inneren Feind zu zerstören. Diejenigen, die gegen diese Gesetze opponierten, hatten Existenzängste. In den Köpfen gab es Vexierbilder des Faschismus, und Analogien zum Ende der Weimarer Zeit spielten unzweifelhaft eine Rolle.

Daß es zur Anwendung der Notstandsgesetze in dem von der damaligen Notstandsopposition befürchteten Ausmaß in den vergangenen

Jahrzehnten nicht gekommen ist, beruht zum einen auf dem öffentlich kaum sichtbaren Zusammenwirken von außerparlamentarischer und innerparlamentarischer Notstandsopposition. Jürgen Seifert und Hans Matthöfer haben dabei weit mehr als Scharnierfunktionen erfüllt. Sie haben, beide ihre strategische Kompetenz in den jeweiligen Zusammenhängen voll einsetzend, ihre Gedanken und ihre Gefühle so auf das Problem »Notstand« konzentriert, daß viele Menschen nicht zuletzt durch ihre Leidenschaft für diese Sache überzeugt wurden. Folgenreiche Aufklärung ist Resultat der Leidenschaft für vernünftige Lösungen, die sich selten problemlos der gegebenen Realität einfügen.

Zum anderen hat die Auseinandersetzung mit der Notstandsverfassung das geschaffen, was später »Verfassungspatriotismus« genannt wurde. So ist durch den stabilen Widerstand der Protestbewegung, durch das Anwachsen der Friedensbewegung, den energischen Protest gegen die ökologische Zerstörung der Welt, überhaupt aus der Verbreiterung und Intensivierung der Außerparlamentarischen Opposition heraus an deren zunehmend grüner werdendem Stamm schließlich sogar ein kleiner, zunächst von Lebensunfähigkeit ständig bedrohter, mittlerweile aber kräftig gediehener parlamentarischer Zweig herangewachsen.

Gleichwohl: Das Hantieren mit Analogien ist immer ein sehr zweifelhaftes Unternehmen. Die Versuchung, in Analogien zu denken, ist dann besonders groß, wenn eine wirkliche Aufarbeitung der Vergangenheit nicht stattgefunden hat, wenn also Vergangenheit in der Gegenwart bewußtlos nachwirkt und die zukünftige Entwicklung offen nach allen Seiten hin ist. »Geschichte wiederholt sich nicht«, hat Bloch gesagt, »wo aber etwas Geschichte nicht wurde, wiederholt sie sich durchaus.« Es war die unaufgearbeitete Vergangenheit, die auf allen Ebenen diese Faschismusanalogien wieder belebte; sie werden dadurch nicht besser, aber vielleicht verständlicher.

In der Notstandsopposition haben Analogien, die aus dem Ende der Weimarer Republik ihre Überzeugungskraft gewannen, in fast allen Köpfen eine Rolle gespielt. Die Ansicht, daß der Kapitalismus potentieller Faschismus sei, war wohl nicht in gleicher Weise verbreitet. Aber gerade diejenigen, welche die Entstehung des Faschismus erlebt hatten, die wußten, worauf die Brüningschen Notverordnungen hinauswollten, waren auf das höchste beunruhigt, und für sie hatte in diesem gefahrvollen Augenblick die Formel »Bonn ist nicht Weimar« keine beruhigende Kraft mehr.

Vom Notstand als der Stunde der Exekutive war keineswegs leichtfertig die Rede. Die jungen Leute, die den Faschismus zwar nicht am eigenen Leib erfahren hatten, sich aber ein theoretisches Wissen darüber verschafft hatten, das weit über dem ihrer Väter und Mütter lag, und die sich vor allem moralisch gegen eine Wiederkehr der Fehler ihrer Väter und Mütter wehrten, nahmen begierig das Erfahrungsarsenal gestandener Gewerkschafter auf, von Leuten aus der Arbeiterbewegung, aus dem liberalen und christlichen Widerstandslager. Den Erzählungen der alten Kämpfer, die alle ihre Probleme mit der Verspätung hatten, konnten die jungen Kämpfer entnehmen, daß es besser sei, rechtzeitig loszuschlagen, den Anfängen zu wehren.

In dieser Atmosphäre stellte sich eine merkwürdige Koalition zwischen den Alten und den Jungen her. Philip Pless, der damalige DGB-Vorsitzende, den ich noch aus der Zeit kannte, als ich Assistent der DGB-Bundesschule in Oberursel war, trat irgendwann 1968 an mich heran mit der Bitte, einen Kontakt mit Hans-Jürgen Krahl herzustellen. Ich war zunächst über diese merkwürdige Bitte überrascht, merkte dann aber im Verlauf des Telefongesprächs, daß es Philip Pless mit diesem Kontaktwunsch sehr ernst war. Er sagte mir, was er gegenwärtig an Widerstandsaktionen wahrnehme, vermittele ihm den Eindruck, daß zum ersten Mal in der deutschen Geschichte Akademiker, Angehörige der Universität, Ziele der Arbeiterbewegung akzeptierten und nicht, wie er selbst es in aller Bitterkeit noch habe erleben müssen, auf der Seite der Reaktion stünden. Er hätte die Radioübertragung der dröhnenden Gefolgschaftsrituale noch sehr genau im Ohr, als auf dem Wartburgfest die Korporationen, Burschenschaften, Corps, Sängerbünde usw. geschlossen und freiwillig in den nationalsozialistischen Studentenbund eingegangen seien. Er, Philip Pless, habe lange darüber nachgedacht, ob man Studenten, die am Ende ja doch Herrschaftspositionen einnähmen, vertrauen dürfe.

Das von mir vermittelte und in meinem Beisein geführte Gespräch zwischen Philip Pless und Hans-Jürgen Krahl war auf eine halbe Stunde geplant, dauerte aber fast einen ganzen Tag. Ich könnte nachträglich viel darüber sagen, weil ich mir Aufzeichnungen gemacht habe. Die wichtigste Erfahrung war wohl die, daß ein traditioneller Gewerkschafter – mit strikter Loyalität zur SPD, aufgeschlossen, aber nicht linksradikalen Positionen zugeneigt – in seiner ganzen Weltauffassung durch die Protestbewegung irritiert war. Krahl sprach offen von seiner kaputten Biographie, sogar ein wenig, wenn auch äußerst versteckt, von seinen persönlichen Problemen, über Homoerotik der Griechen und die Entwicklung der Logik, zitierte seitenweise aus seinem Lieblingsmärchen, Wilhelm Hauffs »Das kalte Herz«, versetzte das alles mit ziemlich wilden Kommentaren über den Fetischcharakter der Ware und die »ursprüngliche Akkumulation«.

Nach der anfänglich großen Distanz zum Gesprächspartner, in der etwas von Besserwisserei, ja Angeberei anklang, konnte Hans-Jürgen Krahl auch in dieser Situation den Gesprächspartner für sich einnehmen und zeigte sich imstande, einem Arbeiterfunktionär zu verdeutlichen, wie notwendig der Widerstand gegen das politische System ist, um mit der eigenen Misere auch die der Gesellschaft zu beseitigen, den tödlichen Kreislauf der eigenen Lebensgeschichte zu durchbrechen. Er hat, glaube ich, bei Philip Pless einen tiefen Eindruck hinterlassen, ohne das Gefühl des Unangemessenen, der bloß akademisch intellektuellen Brillanz zu erzeugen. Wir gingen zu dritt am späten Abend essen, und ich muß gestehen, daß der Tag zu meinen eindrucksvollsten Erlebnissen jener Jahre gehört.

Um den Kreislauf der Geschichte zu durchbrechen, benötigt man ein starkes geschichtliches Bewußtsein; wer auf dessen Entwicklung seine Energien richtet, wird mannigfaltige Quellen finden, Bücher, unterschlagene Dokumente, vergessene Symbolvorräte und schließlich die lebendige Erinnerungsfähigkeit politisch wacher Menschen. Ohne redliche Aufarbeitung der Vergangenheit setzt sich die Wiederholungsmaschinerie geschichtlicher Irrwege durch, auch dann, wenn ganz Neues, wenn revolutionäre Sprünge proklamiert werden.

2. Bleierne Zeit, bleierne Solidarität – Der »Baader-Meinhof-Komplex«[92]

Die politischen Entwicklungslinien, die von der anstößigen Zeit um 1968 ausgehen, pendeln sich nicht auf einem mittleren Niveau ein, sondern treten in einer zum Zerreißen angespannten Polarität auf.

Auf der einen Seite wird am Prinzip der Politik als einem langwierigen, mit Brüchen und Verwerfungen rechnenden Produktionsprozeß festgehalten: Für diesen ist Radikalität nicht ein höheres Niveau der Abstraktion, auf dem, wie Karl Kraus einmal gesagt hat, am Ende keiner mehr sitzt, sondern bezeichnet Verwurzelung, auch Vernetzung von sich ändernden Interessen und Bedürfnissen der Menschen. Wenn es in diesem Politikbegriff so etwas wie eine anthropologische Annahme gibt, dann besteht sie darin, daß die revolutionäre Veränderung nur gelingen kann, wenn dieser Prozeß die alltäglichen Ausdrucksformen der Menschen erfaßt. Es sind eben Revolutionäre im Beruf, die hier als mögliche Handelnde angesprochen werden, nicht Berufsrevolutionäre, die ihr Avantgardewissen dem rückständigen Bewußtsein der Menschen trichterartig einflößen und sie mit exemplarischen Aktionen aus ihrer Alltagswelt aufrütteln wollen.

In diesem politischen Selbstverständnis spielt die Freund-Feind-Konstruktion, die dem politischen Kampf Richtung und Dichte verleiht, fast keine Rolle; es geht vielmehr um den Versuch, so etwas wie ein »überfraktionelles Bewußtsein« im Sinne einer sehr weit gefaßten, verständigungsorientierten Kommunikation in Organisationsformen zustande zu bringen. Dieser Politikbegriff ist am deutlichsten repräsentiert durch das Sozialistische Büro mit seiner Arbeitsfeldkonzeption und den verschiedenartigen Protestelementen, die aus der Tradition der Außerparlamentarischen Opposition stammen.

Niemand, der sich diesem Politikverständnis verpflichtet fühlt, ist der Meinung, man könnte durch irgendwelche radikalen Aktionen oder durch besondere Militanz Entwicklungsprozesse beschleunigen, abkürzen oder Stufen einfach überspringen. Man spricht von kleinen Schritten, von der Notwendigkeit, »kleine Brötchen zu backen«, von der Langwierigkeit, in der sich Prozesse der Veränderung und Selbstveränderung von Menschen vollziehen.

Auf der anderen Seite stehen jene, denen das alles viel zu umständlich und zu langsam abläuft; in bezug auf die Arbeiterbewegung sind es die Generalstreiksmythologen in der Nachfolge Sorels. Sie drängen auf Beschleunigung, sie wollen abkürzen und mit einem Höchstmaß von Spontaneität die Verhältnisse aufbrechen, um den Menschen deutlich zu machen, daß die behutsamen und skeptischen Einschätzungen von Intellektuellen die Wirklichkeit verfehlen und die emanzipatorischen Bedürfnisse der Menschen nicht zur Geltung bringen. Dieser Schuß revolutionärer Ungeduld, der sich aus verschiedenartigen anarchistischen Traditionen speist, ist fast allen Positionen eigentümlich, die sich im linksradikalen Spektrum ansiedeln, selbst denjenigen, die das Volk mit exemplarischem Terror oder mit höchst bürokratisierten proletarischen Kleinorganisationen (mit Generalsekretärs-Darstellern an der Spitze) aufrütteln und auf den revolutionären Weg bringen wollen.

Das Grundmotiv aller Spielarten des Anarchismus, auch des absolut friedlichen, hat im Jahre 1896 der französische Anarchist Jean Grave formuliert, der – in einer Polemik gegen die Gewerkschaftsbewegung und die Parteien der Zweiten Internationalen – die Zeitdauer des individuellen Lebens gegen die reformerische Geduld sich langsam verändernder Verhältnisse ausspielt. Er schreibt: »Wenn wir noch einige Jahrhunderte zu leben hätten, dann könnten wir noch einige Jahre den Experimenten friedlicher Reform widmen. Da aber die Jahre unseres Lebens gezählt sind und die Erfahrung der Vergangenheit lehrt, daß die Menschheit mit derartigen Experimenten Jahrtausende verliert, wollen wir, statt zu reformieren, niederreißen, um ganz nach neuen Plänen wiederaufzubauen.«[93]

Völlig verfehlt wäre eine Deutung, daß der Anarchismus durchgängig der Gewalt das Wort redete; im Gegenteil: Peter Kropotkin, Urheber der Parole »Wohlstand für alle«, die auch der Marktwirtschaftler Ludwig Erhard im Mund führte, vertritt ebenso einen prinzipiellen Pazifismus wie Gustav Landauer. Auch die Anarcho-Syndikalisten, die revolutionäre Potentiale hauptsächlich in der Kampfstärke der Gewerkschaftsbewegung sehen, sind überwiegend auf der Seite derjenigen, die für Gesellschaftsveränderungen kein besseres Mittel sehen als den Streik. Wenn der Generalstreik, wie bei George Sorel, zur einzigen und wirksamsten Agentur geschichtlicher Veränderung fetischisiert wird, ist freilich das Gewaltmoment bereits gesetzt. Denn diese Form der Gewaltlosigkeit trägt Gewalt in sich, und was ursprünglich seine Kraft aus antibürokratischer Kritik bezieht, schlägt in das Gegenteil um, in die autoritäre, bürokratische Praxis von Politbüros und Zentralkomitees, die in Stellvertretung für die Massen handeln und am Ende ihre Identität nur noch dadurch bewahren können, daß sie sich gegen lebendige Erfahrungsprozesse mit der Außenwelt abdichten und sich als sektiererische Gesinnungsgemeinschaften einmauern.

In diesem Punkt unterscheiden sich die verschiedenen Organisationssplitter der Marxisten-Leninisten, die den Maoismus der chinesischen Kulturrevolution feiern, nur wenig von jener Organisation, die bewußt auf bewaffneten Kampf setzt und sich selbst als »Rote-Armee-Fraktion« bezeichnet. Über die sogenannten K-Gruppen, über die maoistische KPD, über den KBW (Kommunistischer Bund Westdeutschland) und die verschiedenen M/L-Sekten ausführlich zu reden erscheint mir heute völlig anachronistisch und von keinerlei politischer Dringlichkeit. Sie haben sich mehr oder weniger unspektakulär aufgelöst, ein Teil ihrer Mitglieder hat bei irgendwelchen anderen politischen Organisationen, häufig bei den Grünen, Unterschlupf gefunden, nicht wenige sind psychisch ruiniert und haben sich aus dem politischen Aktionsfeld vollständig verabschiedet.

Wodurch diese in der Mitte der siebziger Jahre (im deutlichen Unterschied zu der Zeit zwischen 1965 und 1972) zur Hochform aufgelaufenen organisatorischen Luftgebilde noch bis in unsere Gegenwart hinein wirksam sind, liegt auf einer ganz anderen Ebene. Nichts von deren Art Politik zwingt zur Auseinandersetzung, um gegenwärtige Erfahrungen besser verstehen zu können. Es ist ja eben die Erfahrungslosigkeit, die diese Organisationsgebilde bestimmte. Dennoch ist es notwendig, sich mit der kulturellen Atmosphäre dieser Zeit zu beschäftigen, die auf das Bewußtsein und das Verhalten der einzelnen erheblichen Einfluß hatte, denn diese Vergangenheit ist bei vielen Linken ein unaufgearbeiteter Komplex. Je höher einzelne in der Hierarchie damals standen und heute stehen, um so vehementer wollen sie von alledem nichts mehr wissen und auch nicht daran erinnert werden. Über 68 sind freilich jedem, der auch nur entfernt sich in diesem Horizont bewegte, öffentliche Äußerungen (häufig abwertender Art) zu entlocken, nicht jedoch über den Eigenanteil an den menschlichen und politischen Verirrungen Mitte der siebziger Jahre.

Es kann jedoch kein Zweifel daran bestehen, daß der Glaubwürdigkeitsverlust politischer Phantasie und gesellschaftskritischer Analyse, daß die antiintellektuellen Ressentiments der Intellektuellen, Abneigungen gegen Marxismus und schließlich selbst gegen sozialistische Utopien genau in jener Zeit und durch die Linke selbst mitproduziert worden sind – in einer Zeit, die unter sehr verschiedenen Aspekten mit Recht bleierne Zeit genannt werden kann.

Die Verödung des politischen und geistigen Lebens der Linken hat, wie der in den achtziger Jahren sich abzeichnende Verlust der kulturellen Hegemonie der Linken zeigt, bis zum heutigen Tage seine Wirkungen, und dafür ist niemand anderes verantwortlich zu machen als die linken Akteure selbst. Diese selbstverschuldete Verödung zu begreifen ist unabdingbare Voraussetzung dafür, daß die kritischen Intellektuellen ihre politische Sprache und ihren Mut zum öffentlichen Gebrauch ihrer Vernunft zurückgewinnen.

Der fingierten Aktualität revolutionärer Gewalt – die weder durch eine korrekte Einschätzung bestehender Machtverhältnisse gedeckt war noch durch den Willen nennenswerter Bevölkerungkreise, eine andere Gesellschaft auch nur zu wünschen – entsprach in den siebziger Jahren der um sich greifende Verfolgungswahn, die kollektive Paranoia der bestehenden Ordnung und ihrer staatlichen Institutionen, daß es den systembedrohenden »Marsch durch die Institutionen« und einen revolutionären Umsturz wirklich geben könnte. Nimmt man die klassischen revolutionstheoretischen Begriffsbestimmungen, so könnte man das politisch-kulturelle Klima dieser Jahre als das einer präventiven Konterrevolution bezeichnen: Nicht wissend, was eine wirkliche Revolution ist, wird die pervertierte Phantasie davon zum Legitimationsgrund, Übervergeltung für die in diesem Ausmaß überhaupt noch nicht begangenen Verbrechen zu üben.

Was dort ablief, ist schwer zu rekonstruieren, ohne sich der gnadenlosen Logik in den gegenseitigen Feindprojektionen bewußt zu sein, die immer abstraktere Konfrontationspunkte annahm. Am Ende dieser kollektiven Pathologie steht der Eindruck: Es existiert Waffengleichheit; beide Seiten haben dieselbe Chance, am Ende zu siegen. Welche Selbsttäuschung des bestehenden Systems!

Heinrich Böll hat diese Wahnsinnskonstruktion, die das demokratische Gefüge durchaus hätte brüchig machen können, am überzeugendsten und eindringlichsten denunziert und ist als das moralische Gewissen der Nation zu Unrecht gescholten worden. Wenn ich das in dieser Zeit durchaus verständliche Wort der »präventiven Konterrevolution« verwende, so im Sinne der kritischen Gesellschaftsanalyse, für die die Neigungen des deutschen Staates zur Übervergeltung gegenüber unbotmäßigem Verhalten oder gar revolutionären Bewegungen ein praktisch kaum bestreitbarer sozialwissenschaftlicher Tatbestand sind.

Ich habe im ersten Kapitel auf Gustav Heinemann verwiesen; ihm waren Verzerrungen in der Sozialpsychologie der staatsvermittelten deutschen Ordnungsvorstellungen bewußt. Er hat gesehen, wie ungleichgewichtig in Deutschland seit den Bauernkriegen das Verhältnis zwischen Revolution und Konterrevolution ist. Weil es in Deutschland im geschichtlichen Traditionszusammenhang nie die Erfahrungen einer gelungenen Revolution gegeben hat, sind stets bereits Unruheherde, zivile Unbotmäßigkeit, Sitzblockaden, Lichterketten, revolutionäre Gedanken so verfolgt worden, als wären es realitätsgerechte Umsturzversuche.

Extremistenbeschlüsse, Radikalenerlasse, Überprüfungen von Tausenden von Beamtenanwärtern, um am Ende zu sehen, daß vielleicht fünf oder zehn die »freiheitlich-demokratische Grundordnung« in ihrem Wesensgehalt nicht akzeptierten, das schuf in den siebziger Jahren ein Klima der Bespitzelung und der Verdächtigungen, das vielen Menschen die Würde nahm und ihr Vertrauen zu diesem Staat brach. Ein Element der Übervergeltung für Rebellion steckt seit den Bauernkriegen in dieser Reaktion auf Menschen, die zunächst überhaupt nicht mit Gewalt zur Durchsetzung ihrer Ziele kalkulierten.

Ich erinnere mich, daß ich Mitte der siebziger Jahre auf einen Essay von Thomas Mann stieß, den ich seit langem gesucht hatte, weil mich das Schicksal von Tilman Riemenschneider interessierte, der sich als Ratsherr von Würzburg auf die Seite der Bauern geschlagen hatte. Ich war aufs äußerste berührt von der politischen Sensibilität Thomas Manns – mit dessen »Betrachtungen eines Unpolitischen« ich übrigens nur schwer zurechtgekommen war –, als ich seine Rede »Deutschland und die Deutschen« zum ersten Mal las. Keinen Text kann ich mir vorstellen, der besser zur heutigen, wiedervereinigten Situation Deutschlands passen würde. Thomas Mann hielt diesen Vortrag am 29. Mai 1945 in Washington, im Erstdruck erschien die Rede in »Die Neue Rundschau«, Oktober 1945.

Thomas Mann beginnt mit der Feststellung, er habe das Gefühl, »daß das Leben aus dem Stoff ist, aus dem die Träume gemacht sind«[94]. Er beschreibt hier die extremen Ausschläge der deutschen Geschichte, das Rätsel im Charakter und Schicksal dieses Volkes so, daß es nichts Mythisches zurückbehält, sondern auf geschichtliche Brüche und Traditionen zurückgeht. Der Essay paßt zu einer gesellschaftlichen Situation, in der nicht nur gewaltbereite Revolutionäre gnadenlos verfolgt werden, sondern jede unbotmäßige Verhaltensweise. Es steckt darin ein Moment des völlig irrationalen, unserer Kultur unverständlichen Sadismus, der kollektiven Lust an Strafe und Vernichtung (wie es sich in den letzten Tagen vor Kriegsende 1945 zeigt, als noch Tausende hingerichtet, zu Tode gequält, in Eisenwaggons eingesperrt wurden, obwohl auch die Mörder wußten, daß ihre Macht in wenigen Tagen ein Ende hatte).

Es ist das Schicksal jenes hochgeschätzten Tilman Riemenschneider, von dem Thomas Mann schreibt: »Für den traurigen Ausgang dieses ersten Versuchs einer deutschen Revolution, den Sieg der Fürsten nebst allen seinen Konsequenzen, trägt Luther, der deutsche Volksmann, ein gut Teil Verantwortung. Damals lebte in Deutschland ein Mann, dem meine ganze Sympathie gehört, Tilman Riemenschneider, ein frommer Kunstmeister, ein Bildhauer und Holzschnitzer, hochberühmt für die Treue und ausdrucksvolle Gediegenheit seiner Werke, dieser figurenreichen Altarbilder und keuschen Plastiken, die, vielbegehrt, über ganz Deutschland hin die Andachtsstätten schmückten. Ein hohes menschliches und bürgerliches Ansehen hatte der Meister sich in seinem engeren Lebenskreise, der Stadt Würzburg, auch erworben und gehörte ihrem Rate an. Nie hatte er gedacht, sich in die hohe Politik, die Welthändel zu mischen – es lag das seiner natürlichen Bescheidenheit, seiner Liebe zum freien und friedfertigen Schaffen ursprünglich ganz fern. Er hatte nichts vom Demagogen. Aber sein Herz, das für die Armen und Unterdrückten schlug, zwang ihn, für die Sache der Bauern, die er für die gerechte und gottgefällige erkannte, Partei zu nehmen gegen die Herren, die Bischöfe und Fürsten, deren humanistisches Wohlwollen er sich leicht hatte bewahren konnen; es zwang ihn, ergriffen von den großen und grundsätzlichen Gegensätzen der Zeit, herauszutreten aus seiner Sphäre rein geistiger und ästhetischer Kunstbürgerlichkeit und zum Kämpfer zu werden für Freiheit und Recht. Seine eigene Freiheit, die würdige Ruhe seiner Existenz gab er daran für diese Sache, die ihm über Kunst und Seelenfrieden ging. Sein Einfluß war es hauptsächlich, der die Stadt Würzburg bestimmte, der ›Burg‹, dem Fürstbischof die Heeresfolge gegen die Bauern zu verweigern und überhaupt eine revolutionäre Haltung gegen ihn einzunehmen. Er hatte furchtbar dafür zu büßen. Denn nach der Niederwerfung des Bauernaufstandes nahmen die siegreichen historischen Mächte, gegen die er sich gestellt, grausamste Rache an ihm; Gefängnis und Folter taten sie ihm an, und als gebrochener Mann, unfähig hinfort, aus Holz und Stein das Schöne zu erwecken, ging er daraus hervor.«[95]

Was tatsächlich geschehen ist, beschreibt Thomas Mann aus Takt-
gefühl nicht. Tilman Riemenschneiders Hände wurden auf der Folter
gebrochen, so daß er das nicht mehr ausüben konnte, was ihm sein Ansehen verschafft hatte, seine berufliche Kompetenz wurde ihm enteignet.[96] Es wäre im Maßstab verzerrt, wollte man die Übervergeltung
der Fürsten und Bischöfe, also der Sieger in der Zeit der Bauernunru-
hen, mit dem vergleichen, was in den siebziger Jahren des zwanzigsten
Jahrhunderts passiert ist. Aber so entfernt von den Ereignissen einer Geschichte, in der immer wieder Anlässe gesucht wurden, auch gewalt-
tätig die etablierte Ordnung gegen alternative Vorstellungen von Gesellschaft zur Geltung zu bringen, ist das wiederum nicht.

Mir geht es hier nicht in erster Linie darum, wie die herrschende
Ordnung auf Rebellion reagiert und wie sich eine gnadenlose Logik der
Übervergeltung einstellt, wie selbst relativ rationale Einzelfallprüfun-
gen im Zusammenhang mit den Berufsverboten ungerechte Entscheidungen zur Folge haben. Mich interessiert, wodurch es passieren
konnte, daß eine kritische Linke, die mit Recht auf ihre Gesellschaftsanalyse, auf sozialistische Utopien und eine Stategie des Kampfes Stolz
sein konnte, in der gerade keine Abkoppelung der Ziele von den Mitteln
erfolgt, sich einer solchen Logik zu fügen bereit war, ja sie fortwährend
weiter in Gang hielt.

Alles Schreckliche muß am Anfang stehen, hat Machiavelli gesagt. Das
ist hilfreich für viele Lebenssituationen. Was mich in den siebziger Jahren zutiefst berührt und bedrückt hat, ist die Erfahrung, daß das sogenannte Sympathisantenproblem nicht ausschließlich eine Erfindung der
Gegner ist, sondern ein von der Linken selbst erzeugtes Problem.[97] Ich
kann auch heute noch nicht sagen, wie es dazu kam, daß sich der sensi-
ble Solidaritätsbegriff, den es 68 noch gab, in Formen mechanischer Solidarisierung auflöste, wenn es um die Repression des Staates ging. So
entstand das, was Jürgen Seifert, selbst im »Widerstand« gegen diese
Pauschalisierung und beinahe deren Opfer, sehr treffend »bleierne Solidarität« genannt hat.

In diesem Kapitel spreche ich sehr häufig vom gesellschaftlichen
Klima, das bestimmte Kategorien und Auffassungsweisen sofort in
einen Kontext rückt, durch den die Frage von wahr oder falsch schon
irrelevant geworden ist. Es war für mich immer irritierend, daß Menschen, mit denen ich befreundet war und deren Verstandesrationalität
ich sehr hoch einschätzte, nicht bereit gewesen sind, sich öffentlich und

unzweideutig von der Baader-Meinhof-Gruppe zu distanzieren. Da war immer irgendwie der staatliche Repressionsapparat dazwischen, der diese mögliche Eindeutigkeit verunreinigte. Unverhohlen will ich feststellen, daß der Mangel an unzweideutigen politischen Distanzierungen von den Aktionen der Baader-Meinhof-Gruppe bis heute für mich bei vielen, die sich damals erklärend und differenzierend zurückgehalten haben, ein Problem geblieben ist. Bei den meisten meiner politischen Freunde, die aus alten Zeiten der Außerparlamentarischen Opposition mit mir zu tun hatten, war ich mir absolut sicher, daß sie mit den Aktionen der Baader-Meinhof-Gruppe nichts verbanden, was mit revolutionärer Bewegung zu tun hatte. Aber bei manchen, die sich im Schnellverfahren einen Revolutionsbegriff angeeignet hatten, der mit der Atmosphäre der Stadtguerilla zu tun hatte, die also, ob jung oder alt, sich spät politisiert und radikalisiert hatten, war ich mir nicht sicher, ob sie nicht bis Ende der siebziger Jahre glaubten, die exemplarischen Gewaltaktionen der RAF wären doch eine Möglichkeit revolutionärer Veränderung.

Aus meiner ganzen politischen Sozialisation ergab sich gleichsam instinktiv die Gewißheit, daß der Gewaltradikalismus der Baader-Meinhof-Gruppe zum Scheitern verurteilt war und nur dazu führen konnte, daß Verletzungen und Leid vieler Menschen sich vergrößern, ohne daß der gesellschaftliche Gesamtzustand an Freiheit und befriedigender Selbstbefreiung gewinnt. Ich habe darüber nicht lange nachgedacht, als ich anläßlich einer Solidaritätsveranstaltung für Angela Davis auf dem Frankfurter Opernplatz öffentlich sprach. Der selbstmörderische Einsatz von Andreas Baader, in unmittelbarer Nähe zu dieser Veranstaltung, erschien mir so unangemessen, daß ich entschlossen war, alle möglichen Nachahmer eindringlich aufzufordern, ja zu bitten, solche Entscheidungen noch einmal zu überdenken. Daß ein Mensch, der sich, wie Andreas Baader, für arme Jugendliche eingesetzt hatte, sein Leben riskiert für eine Sache, die nicht zu gewinnen ist, und tödliche Opfer in Kauf nimmt, erschien mir damals als etwas zutiefst Verwerfliches.

Obwohl meine Rede auf dem Opernplatz 1972 in Ausschnitten und vollständig immer wieder veröffentlicht wurde, möchte ich die entscheidenden Passagen, die mir im Zusammenhang dieses Buches wichtig sind, noch einmal im Wortlaut bringen. Angela Davis war des Terrorismus angeklagt, wurde aber, was wir alle nicht erwartet hatten, einen Tag nach meiner Rede freigesprochen. Ich nahm den Prozeß zum Anlaß, die RAF aufzufordern, die in jeder Hinsicht verantwortungslosen und menschenverachtenden Gewaltaktionen einzustellen.

In meiner Rede gehe ich zunächst auf die Gewaltaktionen der herrschenden Systeme gegen Sozialisten, Kommunisten, Bürgerrechtsbewegungen ein – im Zentrum steht natürlich Vietnam: »Wer von Gewalt spricht und sie mit Entrüstung verurteilt, ohne gleichzeitig und in erster Linie von Vietnam zu sprechen, ist ein Heuchler. Bevor es die Desperados der Baader-Meinhof-Gruppe gab, gab es die mörderischen Aktionen der angeblich fortgeschrittensten Demokratie der Welt gegen ein Volk, das sich nach jahrzehntelanger Unterdrückung und Ausbeutung endgültig von seinen korrupten Cliquen, den Diems und Thieus, befreien wollte.«

Aber dieser auf die Gewalt der bestehenden Herrschaftssysteme fixierte Blick hat die fatale Wirkung, die eigenen Aggressionen zunehmend als legitime Gewalttat zu begreifen. So konnte es in der Tat verstanden werden, solange öffentliche Massendemonstrationen die Aufmerksamkeit für unterschlagene und verdrängte Probleme zu vergrößern suchten. Sozialistische Vorstellungen in der Tradition, zu der ich die Bewegung von 68 rechne, enthielten nie die Idee, durch exemplarischen Terror, in illegalisierten Gruppen ausgeheckt, oder durch militärische Aktionen Nennenswertes an den bestehenden Herrschaftsverhältnissen zu ändern.

In der Rede von 1972 geht es mir deshalb um eine unmißverständliche politische Distanzierung. Es ist auch meine Absicht, jüngere Leute, die durch die Risikobereitschaft dieser Kämpfer fasziniert sein könnten, von dem gefährlichen Weg abzubringen und ihnen zu verdeutlichen, daß aus dem Gemisch von Illegalitätsromantik, falscher Einschätzung der gesellschaftlichen Situation als »offenem Faschismus« und illegitimer Übertragung von Stadtguerillapraktiken auf Verhältnisse, die nur aus einer Verzweiflungssituation heraus mit Lateinamerika verwechselt werden können, absolut nichts Revolutionäres werden kann. Diese politische Distanzierung ist überfällig, weil nur dadurch, daß die Gruppe um Andreas Baader und Ulrike Meinhof ihre Illusion ständig erweiterter Sympathisantenkreise durchschaut und erfährt, daß sie auch innerhalb der Linken isoliert ist, weitere Terroranschläge vielleicht verhindert werden können.

»Die vorbehaltlose Einschätzung des bestehenden Gewaltpotentials und der Aktionsstategien der herrschenden Gewalt gegenüber der sozialistischen und kommunistischen Linken darf uns aber nicht den Blick dafür verstellen, unmißverständlich in aller Öffentlichkeit zu erklären: Es gab und gibt mit den unpolitischen Aktionen, für die die Gruppe um

Andreas Baader und Ulrike Meinhof die Verantwortung übernommen hat, nicht die geringste Gemeinsamkeit, die die politische Linke der Bundesrepublik zur Solidarität veranlassen könnte. Das gilt im Grunde für alle Fraktionen der Linken, die sich mehr und mehr auf eine langfristige, beharrliche, sehr viel Kleinarbeit erfordernde Politik eingestellt haben. Wer Politik zu einer individuellen Mutprobe macht, ohne noch die sozialen Ziele und die einzelnen Veränderungsschritte angeben zu können, wird allmählich Opfer der eigenen Illusionen. Er verkennt die Angst, die er verbreitet, als politischen Erfolg. Wer glaubt, mit exemplarisch gemeinten Aktionen, mit spektakulären Gefangenenbefreiungen, Bankeinbrüchen, mit Bombenlegen unter den hiesigen Verhältnissen eine revolutionäre Situation herstellen oder auch nur die Aktionsbasis erweitern zu können, errichtet eine undurchdringliche Mauer zwischen sich und der gesellschaftlichen Erfahrung. Die Verletzung oder der Tod eines Springer-Journalisten tastet nicht den Springer-Konzern an; die Verletzung oder der Tod eines Polizisten mag den Polizeiapparat einen Augenblick lang irritieren, aber langfristig wird es den Apparat stärken. Und eines kommt hinzu: Sowenig der Polizeiknüppel das Zentrum der reaktionären Gewalt ist, sowenig hat das geschickte Bombenlegen irgend etwas mit revolutionärer Gewalt zu tun. Die Fanale, die die Gruppe um Andreas Baader und Ulrike Meinhof mit ihren Bomben setzen will, sind in Wirklichkeit Irrlichter.«[98]

Wie nicht anders zu erwarten, ist die Reaktion auf diese Distanzierungsrede zwiespältig; alle, die ihr Politikverständnis aus Aktions- und Denkzusammenhängen der Außerparlamentarischen Opposition gewonnen haben, geben dem einhellig ihre Zustimmung, ebenso jene, die sich in einem weiteren Umkreis am Sozialistischen Büro orientieren. Führende Köpfe der proletarischen Ersatzparteien, denen die ganze Bewegung von 68 viel zu undiszipliniert und anarchistisch verlaufen ist, üben dagegen genauso Zurückhaltung wie die Sponti-Gruppe, zum Beispiel der Revolutionäre Kampf in Frankfurt und seine verschiedenen Ableger. Es ist zwar nicht ganz ihre Politik, die durch die Gruppe von Baader und Meinhof repräsentiert wird; deshalb identifizieren sie sich nicht mit deren Strategien. Aber sie sind sich offenbar nicht sicher, ob diese RAF am Ende nicht doch mit ihrem militärischen Weg recht haben könnte.[99]

In den folgenden Jahren bildet sich ein Sympathisantenkreis innerhalb der Linken, der auf dieser Zwiespältigkeit beruht, einer merkwürdigen Gefühlslage bei vielen Sympathisanten, die keineswegs eine bloße

Erfindung des »Systems« oder der reaktionären Gewalt sind. Die Zwie-spältigkeit besteht darin, daß nur wenige bereit wären, mit vollem Lebensrisiko sich auf diese Strategien einzulassen oder auch nur einen Stein oder gar eine Waffe in die Hand zu nehmen. Es ist eben keine Iden-tifikation, sondern Sympathie in der Weise, daß andere ausagieren, was sie selbst sich nur in ihren Träumen zutrauen. So sind politische Gesprä-che mit ihnen äußerst schwierig; weder verteidigen sie den exemplari-schen Terror, noch sind sie bereit, sich unzweideutig davon zu distanzie-ren. Sozialpsychologisch scheinen jene, die sich auf die Tötung von Repräsentanten der herrschenden Klasse eingelassen haben, ein breites Bedürfnis zu befriedigen, daß das System, sonst eher strotzend vor selbstgefälliger Unanfechtbarkeit, wenigstens in Gestalt seines Herr-schaftspersonals verwundbar ist. Die eigene Ohnmacht führt zu beson-ders exzessiven Machtphantasien, wie ja die keineswegs nur ironisch gemeinte Formel bezeichnet: »Wir wollen alles.« In einem solchen Klima von Unaufrichtigkeit gedeihen Verdrängungen und Verdrehun-gen mannigfacher Art.

Daniel Cohn-Bendit und Joschka Fischer, blitzgescheite und rheto-risch äußert gewandte Revolutionäre dieser Zeit, halten jahrelang die Fiktion aufrecht, es handle sich bei den Kämpfern der RAF um Genos-sinnen und Genossen, die Anspruch haben nicht nur – wie jeder nor-male Verbrecher in einer demokratisch verfaßten Gesellschaftsordnung – auf menschlichen Umgang, sondern auf politische Solidarität und Unterstützung; jedenfalls überall dort, wo sie Schläge gegen das beste-hende System führen. Beide versäumen keine Gelegenheit, mit abschät-zigem Unterton von jenen »linken Professoren« und demokratischen Repräsentanten der Linken zu sprechen, die, weil ihnen die wirklichen Probleme der RAF-Kämpfer verschlossen seien, auch kein Recht zur poli-tischen Distanzierung von ihnen haben. Sie selbst haben wahrscheinlich nie erkennbar Steine geworfen, es aber doch bewundert, wenn andere den Mut aufbrachten, von ihrer Waffe Gebrauch zu machen und (bedau-erlicherweise, selbstverständlich) manchmal auch trafen.

Erst 1976, also vier Jahre nach meiner Rede, sind auch Daniel Cohn-Bendit und Joschka Fischer soweit, daß sie sich eine vorsichtige Distan-zierung von der RAF zutrauen. Nach Kontroversen im Sozialistischen Büro hält Joschka Fischer auf meinen ausdrücklichen Wunsch hin auf dem vom Büro veranstalteten Pfingstkongreß eine Rede, die offenbar die Meinung der übrigen Spontis Frankfurts zum Ausdruck bringt. Er sagt: »Am 8. Mai wurde Ulrike im Knast von der Reaktion in den Tod getrieben, ja im wahrsten Sinne des Wortes vernichtet ... Dreitausend Linke hatten das Gefühl gehabt, daß es jetzt reicht mit dem staatlichen Terror gegen die politischen Gefangenen, daß man jetzt, um den Preis des Verlustes der eigenen Menschlichkeit, seiner Sensibilität für Gewalt und Unterdrückung, seiner linken Identität, auf die Straße gehen muß, handeln muß. Und sie haben gehandelt.« Aber Fischer gibt zu bedenken, daß die Grenze der militanten Aktionsformen immer deutlicher wird: »Je isolierter wir politisch wurden, desto militärischer wurde unser Widerstand, desto leichter wurden wir isolierbar, desto einfacher war es für die Bullen, uns von ›Politrockern‹ zu ›Terroristen‹ umzustempeln ...« Auch ist von der Gefahr bei der Übertragung von Guerillataktiken auf unsere Verhältnisse die Rede. Sogar der zunehmende Erfahrungsverlust wird angesprochen: »Sie handeln wie Techniker, wie Soldaten, wie Stoßtrupps in Feindesland, abgeschnitten von den konkreten Bedürfnissen, den persönlichen und politischen Erfahrungen und Problemen jener Menschen, unter denen sie leben.« Welche Erkenntnisse 1976!

Daß diese Strategie der Stadtguerilla nur Selbstvernichtung und Verzweiflung bewirken kann, ist 1976 auch Joschka Fischer klar. Wäre es so gewesen, daß er seine Nicht-Distanzierung benutzen wollte, um in vertraulichen Gesprächen mit den RAF-Leuten diese von weiteren Morden abzubringen, könnte ich das gut verstehen, was er mit seinem »einerseits-andererseits«, das in seiner Rede immer wiederkehrt, sagen wollte. Er möchte allerdings alles in der Schwebe halten. »Wir können uns aber auch nicht einfach von den Genossen der Stadtguerilla distanzieren, weil wir uns dann von uns selbst distanzieren mußten, weil wir unter demselben Widerspruch leiden, zwischen Hoffnungslosigkeit und blindem Aktionismus hin- und herschwenken.« So hält sich konsequenterweise Joschka Fischer auch mit dem letzten »andererseits«, das sich dann doch zu dem Punkt durchringt, die Genossinnen und Genossen der RAF zum Niederlegen der Waffen aufzufordern, alles offen. »Andererseits verstehen wir nur zu gut, wenn Genossinnen und Genossen sagen, daß sie einfach nicht mehr können. Uns treibt nicht mehr der Hunger nach Essen, uns treibt der Hunger nach Freiheit, Liebe, Zärtlichkeit, nach anderer Arbeits- und Verkehrsform. Und dieser Hunger ist auf Dauer durch noch so kluge Reden und Analysen nicht aufschiebbar, gar wenn man noch unter den deutschen Verhältnissen der Gegenwart zu leben hat. Die können sie weder als Agenten noch als Verrückte abtun, als ›Desperados, die nichts, aber auch gar nichts mit der Linken zu tun haben‹, wie das ein linker Professor einmal formuliert hat. Aber wir können ihnen in ihrer Politik auch nicht folgen, da sie für uns alle Entwaffnung und Selbstvernichtung bedeutet. Gerade weil unsere Solidarität den Genossen im Untergrund gehört, weil wir uns mit ihnen so eng verbunden fühlen, fordern wir sie von hier aus auf, Schluß zu machen mit diesem Todestrip, runter zu kommen von ihrer ›bewaffneten Selbstisolation‹, die Bomben wegzulegen und die Steine, mit einem Widerstand, der ein anderes Leben meint, wiederaufzunehmen.«[100]

Nichts hat sich in der RAF-Strategie daraufhin verändert. Als politische Distanzierung kann man diese Rede nicht verstehen. Zu einem Zeitpunkt, als selbst politische Analphabeten zu begreifen beginnen, daß eine solche Strategie keine Chance auf Gesellschaftsveränderung bietet, ist zwar ein Abrücken von RAF-Positionen erkennbar, aber mit einem solchen Überhang an Solidaritätsangeboten für die RAF-Aktivisten, daß von einem unzweideutigen Entzug eines sympathisierenden Umfeldes innerhalb der Linken nicht geredet werden kann. In meiner politischen Naivität dachte ich angesichts dieser ungebrochenen Solidarität, daß die beiden jedenfalls hätten Einfluß ausüben können.

Das ist, ich muß es unumwunden feststellen, für mich bis zum heutigen Tage ein wunder Punkt geblieben. Selbst jetzt bin ich nicht sicher, ob alles so hat kommen müssen; denn im Juni 1976 standen ja eine Reihe von mörderischen Aktionen noch bevor, Ponto, Schleyer und andere. Aber auch die Selbstmordaktionen der RAF-Aktivisten nahmen kein Ende. Hätten Joschka Fischer und Daniel Cohn-Bendit, wie sie öffentlich in ihren Solidaritätsbekundungen vorgaben, nicht doch auf die RAF-Aktivisten Einfluß ausüben können, ihre mörderische und am Ende selbstmörderische Politik einzustellen? Sie waren ja keine politischen Kinder mehr. Haben sie es versucht? Ich weiß es nicht.

Selbst Rudi Dutschke, mit dem ich in freundschaftlichem und politisch ansonsten eher unproblematischem Kontakt stand und der immer wieder auch die Nähe des Sozialistischen Büros suchte, zeigte in dieser Zeit eine Seite, die ich nicht richtig verstand und die für viele andere mißverständlich klang. Ich frage mich, wie der mit erhobener Faust ausgestoßene Ruf Dutschkes am Grab des 1974 nach zwei Monaten Hungerstreik gestorbenen Holger Meins, »Holger, der Kampf geht weiter!«, von jenen verstanden werden konnte, die irgendwo in einem Häuserblock der Bundesrepublik mit Angst vor Entdeckung in den Knochen Waffen und Sprengstoff zusammentrugen, um mit einer Aktion die Fortsetzung des Kampfes zu dokumentieren oder auch Geld herbeizuschaffen?

Ich habe Dutschke darauf angesprochen, was er mit dem Ruf gemeint hatte; die persönlichen Erläuterungen waren so verwickelt, daß ich meinen Protest gegen die fahrlässige Formulierung entkräftet fand.

Viel später habe ich dann seinen Leserbrief an den »Spiegel« zu Gesicht bekommen, den ich hier ohne weitere Kommentierung wiedergebe:

»›Holger, der Kampf geht weiter‹ – das heißt für mich, daß der Kampf der Ausgebeuteten und Beleidigten um ihre soziale Befreiung die alleinige Grundlage unseres politischen Handelns als revolutionäre Sozialisten und Kommunisten ausmacht. Unsere Methoden und die Lösung der aktuellen politischen Aufgaben sind somit von dem sozialistischen Ziel des Sieges der Arbeiterklasse nicht zu trennen. Der politische Kampf gegen die Isolationshaft hat einen klaren Sinn, darum unsere Solidarität. Die Ermordung eines antifaschistischen und sozialdemokratischen Kammer-Präsidenten (von Drenckmann, O. N.) ist aber als Mord in der reaktionären deutschen Tradition zu begreifen. Der Klassenkampf ist ein politischer Lernprozeß. Der Terror aber behindert jeglichen Lernprozeß der Unterdrückten und Beleidigten.«[101]

Auch ist mir in Erinnerung, wie Rudi Dutschke in seiner Rede auf der Beerdigung Ernst Blochs 1977 in Tübingen einen Ton anschlug, den ich so bisher an ihm überhaupt nicht gehört hatte und der dem Geist Blochs völlig fremd war: Er sprach davon, daß eine »Charaktermaske des Finanzkapitals« getötet worden sei, und meinte damit die Ermordung Jürgen Pontos – ein unmenschlicher Sprachgebrauch und eine Wortwahl zudem, die den Marxschen Aufklärungsgedanken von der Charaktermaske gerade ins Gegenteil verkehrte; denn Marx wollte damit sagen (und Dutschke war ein belesener Marx-Kenner), daß die Tötung eines individuellen Kapitalisten am Kapitalverhältnis nichts zu ändern vermag, also absolut sinnloser, durch keinerlei höhere Interessen zu rechtfertigender Mord ist. Auch ein sonst in menschlichen Angelegenheiten eher behutsam denkender und feinfühliger Mensch wie Rudi Dutschke gerät hier in ein Spannungsfeld, das sich aus dem der RAF entgegenkommenden Schwebezustand von Sympathien nur hätte lösen können durch unmißverständliche politische Klarstellungen in aller Öffentlichkeit – der Linken, auf deren Sympathien die RAF setzte.

Iring Fetscher empfand genau wie ich, daß auch »nichtterroristische« Linke wenigstens verbal einem ähnlichen Irrtum verfallen sind wie die Terroristen; auf einen entsprechenden Artikel reagierte Dutschke in einem Leserbrief in der »Frankfurter Rundschau« vom 28. September

1977, in dem er erläutert, warum er davon gesprochen hat, daß hier (im Falle Jürgen Pontos) eine »kapitalistische Charaktermaske« getötet worden sei. »Tatsächlich aber habe ich in Tübingen gesagt: ›Wenn in der Bundesrepublik ein hoher Bankspekulant, eine gesellschaftliche Charaktermaske des Kapitals, von Desperados ermordet wird, so gibt es ein mit ungeheuren Kosten und hochtechnologisiertem Polizeischutz versehenes ›Staatsbegräbnis‹.«

Der Schmerz über Blochs Tod mag solche Verzerrung des Blicks erklären; die weiteren Erläuterungen des Marxisten und Humanisten Dutschke sind allerdings verwirrend. Wollte er ein Staatsbegräbnis für Bloch? »Wenn dagegen«, fährt Dutschke fort, »ein persönlich und gesellschaftlich unaustauschbarer, subversiv schreibender Philosoph verstirbt, ignoriert dies die DDR und geht die BRD so schnell wie nur möglich darüber hinweg.«[102]

Gewiß ist es eine Zeit, in der sich ein Klima kollektiver Paranoia gebildet hat, das im allgemeinen keinen verschont; Persönlichkeitsstrukturen verändern sich, ohne daß es spektakuläre Anlässe gäbe. Als Ulrike Meinhof drei Monate vor der Gefangenenbefreiung in Berlin, bei der im Juni 1970 ein Wachmann getötet wird und sie selbst in die Illegalität geht, in meiner Wohnung in der Frankfurter Nordweststadt erscheint, um mit mir über eine Sammlung ihrer journalistischen Arbeiten zu sprechen, die ich einleiten sollte, ist absolut nichts von dem, was später passiert, was sie sagt, wofür sie sich entscheidet, in diesem langen Gespräch erkennbar, auch nur zu spüren.

Wie eine Gespensterbegegnung erscheint mir dieses Gespräch nachträglich. Da ich für den Zweck jenes Buches den überwiegenden Teil ihrer glänzenden und journalistisch zugespitzten Arbeiten aus der Zeitschrift »Konkret« gelesen hatte, war mir daraus nur verständlich, was der Faschismus für sie bedeutet und was sie einzusetzen bereit wäre, um einen neuen Faschismus zu verhindern, um also geschichtliche Wiederholungen zu vermeiden. Aber auch an diesen Arbeiten ist nicht wahrnehmbar, daß für sie die Bundesrepublik Ende der sechziger Jahre im Zustand eines offenen Faschismus ist.

Wie eine Art zweites Bewußtsein, das Hegel das Zerrissene, Unglückliche nennt, kommt mir nachträglich vor, was sich in dieser Persönlichkeitsstruktur abgespalten hat. Auch später habe ich bei manchen Intellektuellen, die sich der Linken zugehörig fühlten, mit Verblüffung und manchmal auch mit Erschrecken feststellen können, daß im Blick auf die Aktionen der RAF Unvereinbares miteinander verknüpft wird. Auf einer Bahnreise innerhalb Deutschlands, es wird Ende 1972 oder Anfang 1973 gewesen sein, war ein Treffen zwischen Erich Fried und mir arrangiert, das auf gegenseitigen Wunsch zustande kam. Wir waren beide auf dem Weg zu Vortragsveranstaltungen, aber an verschiedenen Orten. Das gut vier Stunden dauernde Gespräch verlief in sehr angenehmer Atmosphäre, wir sprachen über Gott und die Welt, wie man sagt, auch über die RAF und die Chancen der Linken. Als wir uns freundschaftlich verabschiedeten im beiderseitigen Gefühl, auch politisch in der Einschätzung der Linken Einvernehmen gefunden zu haben, gab mir Erich Fried einen Zettel in die Hand. Ich fragte verdutzt: Was ist das? Du wirst sehen, es betrifft dich ganz persönlich, erklärte er. Ich las und war verwirrt, weil nichts in dieser Tendenz Inhalt des doch langen Gesprächs gewesen war. Die Verszeilen sind, soweit ich sehe, in seinen Werken nicht zu finden, aber sie stammen von Erich Fried. Ich empfand sie zunächst als äußerst verletzend, aber beim näheren Nachdenken entsprachen sie seinem Versuch, die RAF-Genossen nicht aus seinem Einfluß zu entlassen. So dachten viele.

Der Zettel enthielt folgendes, meine Anti-RAF-Rede auf dem Opernplatz ironisierendes Gedicht:

Die verirrten Genossen

Zwar soll Lenin gesagt haben:
»Nur wer nichts tut macht keine Fehler«
Doch das ist lange her
Und die Rechten darf man nicht reizen
Drum kein Erbarmen mehr
Mit den verirrten Genossen
und mit jenen Genossen
die sich der verirrten Genossen erbarmten.

Doch verdienen auch sie guten Rat:
Die noch frei herumgehen dürfen
beginnen jetzt die hinter Gittern
laut zu belehren
man müsse geduldig sein
und man dürfe Irrlichter niemals
mit Fanalen verwechseln
Das stimmt ja auch ganz gewiß.

Und gewiß hält auch jeder fest
an der eigenen richtigen Linie
und wundert sich höchstens
wenn die Reihe an ihn kommt
Doch wer weiß dann wer Schuld daran ist:
Die verirrten Genossen
die ihn schädigen wollten
mit ihrem sinnlosen Kampf.

Ich will die Verszeilen nicht deuten, auch hat der Dichter einen höheren Spielraum, Verhältnisse zuzuspitzen und durch Vereinseitigung Licht auf Dinge zu werfen, die sonst im Verborgenen blieben. In dem Schwebezustand von Solidarität, Ironie und Einbezogensein in einen Zusammenhang, der legitime Widerstandsformen bis zu dem Punkt hin treibt, an dem sich die RAF-Strategie befindet, ist dieses Gedicht jedoch typisch für die Gesinnungslage eines großen Teils jener Sympathisanten, die erst aufwachen, als mit der Schleyer-Ermordung, dem Entführungsabenteuer der Lufthansa-Maschine und im anschließenden Selbstmord von RAF-Repräsentanten jedenfalls die Generation der RAF-Gründer ihr politisches Scheitern durch Selbstvernichtung bekundet.

Wenig aus dieser bleiernen Zeit ist aufgearbeitet, und was viele der sogenannten Linken sich selbst angetan haben, hat Beschädigungen bis zum heutigen Tag hinterlassen, im Blick auf politische Kultur, hinsichtlich der Theoriebildung und überhaupt in der Idee eines undogmatischen Sozialismus und der sozialen Utopien, die in dieser Zeit überwiegend begraben werden und seitdem auf Auferstehung hoffen.

Wider die deutsche Verstaatlichung der Klassenkonflikte – eine Rede 1977

Anlaß für die folgenden Erörterungen einer Zangenbewegung zwischen Staat und RAF-Terrorismus, welche die Grundfesten des demokratischen Gefüges unserer Gesellschaft zu erschüttern drohte, war ein Treffen mit Bundestagsabgeordneten und Journalisten in der Nähe Hannovers. Freimut Duve und Wolfram Schütte baten mich im Anschluß an diese Tagung, die irgendwann im Spätsommer 1977 stattfand, meine hauptsächlich frei gehaltene Rede für die »Frankfurter Rundschau« neu zu schreiben, wo sie am 26. November 1977 erschien. Die im folgenden abgedruckte Fassung, gegenüber dem »Rundschau«-Original nur geringfügig verändert, entstammt dem Buch »Warum ich ein Marxist bin«, herausgegeben von Fritz J. Raddatz, München 1978.

Das Beunruhigende an den deutschen Zuständen, wie sie in der Gesellschaftsordnung der Bundesrepublik Gestalt angenommen haben, besteht weniger in der Schwierigkeit, nicht genau zu wissen, worin die soziologischen und sozialpsychologischen Ursachen terroristischer Aktionen liegen. Viel bedrohlicher scheint mir zu sein, daß der Terrorismus und alles, was sich mit ihm in Zusammenhang bringen läßt, etwas Alptraumhaftes in dieser Gesellschaft angenommen haben, das zwanghafte Berührungsängste gegenüber Personen und Dingen und vielfältige Ausgrenzungen erzeugt. Die meisten Debatten über den Terrorismus, die in der Regel von der Verdrängung der wirklichen gesellschaftlichen Widersprüche und Probleme gezeichnet sind, demonstrieren, je pathetischer sie Menschlichkeit und Demokratie beschwören, desto offener einen hohen Grad von Irrealität; man wird den Eindruck nicht los, es gehe hier unentwegt um die Lösung von Scheinproblemen. Sie tragen, selbst wenn es um handfeste Techniken und brutale Tatbestände geht, Züge einer gespenstischen Wirklichkeit, die aus der nüchternen Distanz von ausländischen Betrachtern häufig ganz unerklärlich erscheinen.

Jede ernsthafte Analyse des Terrorismus und seiner Legitimationsfunktionen, die sich die in der vorherrschenden Öffentlichkeit moralisch besetzte Sprache und die ritualisierten Antworten nicht vorgeben läßt, muß dagegen von einer einfachen Tatsachenfeststellung ausgehen: In Italien gibt es wesentlich mehr Terrorismus und öffentlich ausgetragene Gewalt als in Deutschland – aber niemand denkt daran, sofort nach dem Henker zu rufen, einschneidende Veränderungen des Rechtssystems vorzuschlagen oder gar dem Staat erweiterte Vollmachten zu erteilen. Der amtierende Präsident der Vereinigten Staaten, sein Bruder als Präsidentschaftskandidat und Martin Luther King, der Führer der schwarzen Befreiungsbewegung, alle drei wurden innerhalb eines nicht allzu großen Zeitraums ermordet – aber eine Rückkehr der Verfolgungsära McCarthy fand in diesem Lande nicht statt, obwohl die Trauer die ganze Nation erfaßt und erschüttert hatte. England wird seit Jahren mit Attentaten und Anschlägen überzogen – aber kaum jemand glaubt im Ernst daran, daß hierin das Hauptproblem der englischen Gesellschaft liege.

Terrorismus als Strategie, durch Schrecken Spannungen zu erhöhen, auf soziale Elendssituationen demonstrativ aufmerksam zu machen, die in der Öffentlichkeit beharrlich verschwiegen werden, Rache an einzelnen führenden Personen zu nehmen oder die Freilassung von Gefangenen zu erpressen, finden wir also auch in anderen Ländern vor, nach Motiven und Zielen sicherlich sehr stark voneinander unterschieden. Was diese Länder jedoch, soweit sie demokratisch verfaßte Grundordnungen und parlamentarische Regierungssysteme haben, gemeinsam auszeichnet, ist die Art und Weise, wie sie mit dem Terror und anderen Gewaltaktionen umgehen; sie sind offenkundig imstande, den Terrorismus als ein Sonderproblem zu isolieren und dadurch ein Maß von praktischer Vernunft zu bewahren, das es keiner gesellschaftlichen Gruppe oder Partei erlaubt, aus der angsterzeugenden Aktivität einzelner und aus der kollektiven Trauer über Opfer Legitimationsprofite zu gewinnen.

Warum läßt sich der Terrorismus dagegen in der Bundesrepublik nicht isolieren? Warum wird in diesem Land der Terrorismus zum Hauptproblem der Gesellschaft deklariert, zum bestimmenden Gefahrenherd für die Demokratie und den Staat? Ich spitze diese Fragen, die sich zunächst an der Phänomenologie hervorstehender Erscheinungen orientieren, auf eine politische Grundfrage zu: Worin liegen die Ursachen für eine durchgängige Verstaatlichung der Gesellschaft, im Zuge derer Terror, revolutionäre Gewalt, marxistische Theoriebildung, Bürgerinitiativen und sozialistische Organisationsansätze, jugendliche Subkulturen und radikaldemokratisches Engagement zur Verteidigung von Grundrechten zu einem häufig undurchdringlichen kompakten Zusammenhang zusammengeschlossen werden, der als Ganzes Objekt innerstaatlicher Feinderklärungen ist? Um den Versuch einer Antwort auf diese Fragen geht es in meinen Überlegungen; sie sind offen, verweisen vorwiegend auf Tendenzen und haben vor allem den Zweck, eine Diskussion herauszufordern. In der Bundesrepublik gibt es eine substantielle Grundlage der Demokratie, vielleicht die erste auf deutschem Boden; aber sie ist aufs äußerste gefährdet und bedroht. Alle Kräfte zusammenzufassen, um ein erneutes Abrutschen dieser Gesellschaftsordnung in autoritäre und totalitäre Herrschaft zu verhindern, ist die politisch dringlichste Aufgabe aller Demokraten, für die die Realisierung von Grundrechten Lebenselement ist.

Da die vorgetragenen Argumente durch die Maschen der staatlich definierten und vom konservativ-autoritären Lager einseitig programmierten Terrorismuserklärungen fallen, wird es keinen überraschen, wenn sie in der Stoßrichtung einseitig sind. Indem sie einen vor kurzem eingeleiteten, vor allem von Jürgen Habermas, Peter Glotz und Hartmut von Hentig vorstrukturierten Aufklärungsprozeß aufgreifen, wollen sie dazu beitragen, den Umkreis der aus öffentlichen Verdrängungen und Feindschablonen herausgebrochenen Fragestellungen zu erweitern und die begonnene politische Analyse weiterzuführen.

Freilich hat sich die gesamte Szenerie der öffentlichen Auseinandersetzungen um die Ursachen des Terrorismus merklich geändert. Die Zeit, in der Heinrich Böll nahezu der einzige war, der zu den Medien der bürgerlichen Öffentlichkeit Zugang hatte, um an den unverzichtbaren humanitären Gehalt der Grundrechte zu erinnern, scheint vorerst vorbei zu sein. Wenn der Bundespräsident sich veranlaßt sieht, darauf aufmerksam machen zu müssen, daß »diejenigen, die auf der menschlichen Würde auch des Terroristen bestehen, die Demokratie zu Ende gedacht haben«, und wenn der CDU-Oberbürgermeister von Stuttgart, allem Erpressungsdruck zum Trotz, sich weigert, getrennte Friedhöfe für Böse und Gute einzurichten, so könnte das ein Hinweis darauf sein, daß die Grenze der Verkehrungen von Grundrechten erreicht ist und bei den staatlichen Machtträgern, die mit Gesetzesverschärfungen so schnell bei der Hand sind, selbst ein Umdenken begonnen hat.

Es wäre aber eine Illusion, wollte man solchen Einzeläußerungen eine große Wirksamkeit zusprechen. Was sich in der Öffentlichkeit und im Parteienkampf abspielt, ist in der Tat eine verschärfte

Polarisierung der Auffassungen, in die zweifellos wahlkampfpoliti-sche Kalkulationen hineinspielen: Die tonangebenden Fraktionen des konservativ-autoritären Lagers sind mehr denn je entschlossen, ihre größte Niederlage, die im vergangenen Jahrzehnt verlorenge-gangene kulturelle Hegemonie, den Verlust der Vorherrschaft über die politisch aktiven Teile jener Institutionen, in denen intellek-tuelle Produktion, »Dauerreflexion« und die Vermittlung ihrer Pro-dukte stattfindet, mit einem großen Sieg wettzumachen. Daß das bisher nicht gelungen ist, hat bei ihnen traumatisierte Ängste hinter-lassen. Enteignung der Studenten von ihren politischen Selbstver-tretungsorganen, rigorose Eingriffe in Berufungsverfahren, ange-drohte und durchgeführte Disziplinarverfahren gegen Lehrer und Hochschullehrer, schließlich: die Exilierung der mittlerweile auch institutionalisierten Wissenschaftsansätze von Marx und Freud (immer ein sicheres Zeichen dafür, wer und wie viele sonst noch ins Exil müssen), das sind Schritte zur Restauration der Schulen und Hochschulen, die im übrigen zum ersten Male in der deutschen Ge-schichte keine gesicherte Rekrutierungsbasis mehr für ein dienst-williges Herrschaftspersonal sind. Jeder kann sich vorstellen, welche Panik der Gedanke bei der politischen Rechten erzeugen muß, daß die ohnehin fortschreitende Proletarisierung der Studenten erwei-tert wird durch ein mit Sicherheit wachsendes Potential arbeitsloser Intellektueller, die mit kritischen Fähigkeiten zum Begreifen ihrer gesellschaftlichen Situation ausgestattet sind.

Schelsky, einer der scharfsinnigsten der Rechtsintellektuellen, hat diese Gefahr genau erkannt und ihr begrifflichen Ausdruck ver-schafft. Während er entschieden verwirft, die Gesellschaftsordnung der Bundesrepublik als Klassengesellschaft zu begreifen, konstru-iert er doch das Gespenst einer neuen Klasse, die sich, an der Spitze des Machtgefüges der Gesellschaft stehend, aus Sinnproduzenten und Sinnvermittlern zusammensetzt. (Für wie sinnlos muß im übri-gen Schelsky das Leben in dieser Gesellschaft halten, wenn sich eine ganze Klasse der Sinnproduzenten herausbilden und zur Herrschaft gelangen kann?) Ihnen gilt der Kampf; denn sie sind, was immer sie auch tun, kraft Definition Sympathisanten der Systemveränderung. Schelsky trifft einen Nervenpunkt der deutschen Zustände.

Die CDU will kulturelle Hegemonie wiederherstellen

Die Wiederherstellung der kulturellen Hegemonie ist, will man nicht direkt zu totalitären Methoden greifen, eine der politischen Existenzfragen des konservativ-autoritären Lagers. Denn in dem Maße, wie die Wirtschaftskrise in alle Poren der Gesellschaft eindringt und sich hier mit einem Zersetzungsprozeß traditioneller Normen und Verhaltensregeln verbindet, erhöht sich der Bedarf an Herrschaftslegitimationen, deren alter Vorrat weitgehend aufgezehrt ist. Dieser Mangel könnte eines Tages greifbare Folgen haben. Was die Protestbewegungen von 68 vergeblich versucht haben, Arbeiterschaft und Intellektuelle zusammenzuschließen, kann unter den veränderten Bedingungen, die nicht nur durch Existenzängste und dadurch gewachsene Orientierungsbedürfnisse von Arbeitern und Angestellten, sondern auch durch immer dringender gestellte Sinnfragen bei Jugendlichen im Blick auf Arbeit und alternative Lebensformen bestimmt sind, doch noch zustande kommen. Um diese Möglichkeit ein für allemal auszuschließen, gibt es keine günstigere Chance, als eine klare Verbindungslinie der Verursachung und der Sympathie zwischen dem Terrorismus und den intellektuellen Arbeitsfeldern herzustellen, seien es nun die von Anwälten, Schriftstellern oder von Pfarrern, Sozialarbeitern, Künstlern und Hochschullehrern, um auf dem zur Zeit naheliegenden Wege einer geistigen und gesinnungsmäßigen Kontaktschuld den Prozeß der »Austrocknung von gefährlichen Sumpfherden« zu beschleunigen. So weit können jene Liberalen und Sozialdemokraten, die erfahren haben, daß der staatliche Machtapparat, ganz unabhängig von ihren guten und bösen Absichten und nicht selten gegen die Urheber verschärfender Gesetze, eine eigene Logik entfaltet, unter keinen Umständen gehen. Spätestens seit den in Umlauf gebrachten schwarzen Gewaltlisten, die ja auf Denunziation von Personen und nicht auf die Kritik von Sachverhalten gehen, wissen sie, daß sie in die gleiche Lage kommen können wie eine Reihe von Mit-Autoren der Extremistenbeschlüsse, die über das Ausmaß der Gesinnungsüberprüfungen und der allgemeinen Berufsverbotspraxis erschrocken waren und schließlich erklären mußten: »Das haben wir nicht gewollt.« Stößt nun der überdrehte Mechanismus der Verschwörungstheorie, der Projektion der eigenen Verfolgungsabsichten auf die, welche am besten die Misere auf Begriffe bringen können, bei Teilen der bürgerlichen Öffentlichkeit auf wachsende

Kritik, so beharrt diese doch darauf, daß der Terrorismus aus einer genau bestimmbaren, also isolierbaren Einzelursache erklärbar sei. Die Forderung nach eindeutiger Kausalität rückt die Fragen allerdings viel näher an den objektiven Krisenzusammenhang der kapitalistischen Gesellschaftsordnung heran. Dabei scheint es gegenwärtig fast sicher zu sein, daß sich die Untersuchungsfelder auf Arbeitslosigkeit, insbesondere Jugendarbeitslosigkeit, und auf jugendliche Subkulturen lokalisieren lassen.

Auf den ersten Blick ist es auch plausibel, zunächst an die Marginalisierten, an die aus dem »normalen« Produktions- und Lebensprozeß der Gesellschaft Ausgebürgerten, zu denken, weil gerade sie genügend Grund haben, Aggressionen gegen die bestehende Gesellschaft zu entwickeln. Statisch montierte Polizeiberichte über wachsende Kriminalität geben dieser Vorentscheidung immer neue Nahrung. Gleichwohl sind die wirklichen Verhältnisse viel komplizierter.

Folgen der Arbeitslosigkeit

Wir sind nicht auf reine Spekulationen angewiesen, wenn wir über die materiellen und sozialpsychologischen Folgen der Arbeitslosigkeit Auskunft haben wollen. In jüngster Zeit hat vor allem Ali Wacker (in seinem Buch »Arbeitslosigkeit«, Frankfurt am Main, Köln 1975, und in einer Reihe von Aufsätzen) eine gründliche, die bekannte Marienthal-Studie aus den zwanziger Jahren fortsetzende und teilweise auch korrigierende empirisch-theoretische Forschungsarbeit betrieben. Einigermaßen gesicherte Erkenntnis scheint zu sein, daß alle aus dem Produktionsprozeß Herausgeschleuderten oder in ihn noch nicht Integrierten, ja die erst subjektiv von der durch geplante Rationalisierungsinvestitionen bewirkten Arbeitsplatzvernichtung Betroffenen ein gemeinsames Schicksal teilen: Ihre soziale Identität ist bedroht und beginnt zu zerbröckeln, sie sind verunsichert in ihrer Lebensperspektive, schließlich herrschen Gefühle der Isolierung und Ohnmachtsempfindungen selbst bei denjenigen vor, die erhöhte Anstrengungen machen, einen gefährdeten Arbeitsplatz zu erhalten oder einen zu bekommen.

Aber nicht die unmittelbare Erfahrung der Existenzängste, sondern deren Verarbeitung ist das Entscheidende. Die Skala ist sehr breit. Sie reicht von der Umlenkung aggressiver Impulse auf sich selbst (Selbstmord, Krankheiten) über illusionäre Fluchtreaktionen und verbitterte Versuche, den Anschluß an die sozialen Sicherungssysteme nicht zu verpassen, bis zu Aggressionen nach außen und der politisch motivierten Orientierung an Organisationen und an kollektiven Lebensformen, in denen die gesellschaftliche Arbeitskraft vor dem Ruin bewahrt und in sinnvollerer Tätigkeit realisiert werden kann.

Motivationskrise der Jugend

Greift man diese Entwicklungstendenzen auf, so zeigen sich zwei bemerkenswerte Erscheinungen: In einem kurzen Zeitraum – er reicht von der Auflösung der Protestbewegungen über die Verwandlung der verheißungsvoll begonnenen Reformperiode in ein zum Verwaltungsobjekt heruntergewirtschaftetes Trümmerfeld bis zur Transformation der Wirtschaftskrise in eine gesellschaftliche Dauerkrise – ist die Selbstmordrate der jungen Menschen zwischen fünfzehn und fünfundzwanzig Jahren um vierzig Prozent, die Rate der Selbstmordversuche um das Fünf- bis Zehnfache gestiegen; die Bundesrepublik liegt damit, gemeinsam mit fünf anderen Ländern, im Weltmaßstab an der Spitze.

Das ist nicht weiter erstaunlich. In einem Land, in dem Arbeit und Beruf der schmale Grat gesellschaftlich anerkannter, für die Identitätsbildung zentraler Tätigkeit ist, so daß Arbeitslosigkeit als Schande gilt, die vor den Nachbarn, ja vielfach der eigenen Familie, besser verborgen bleibt, erzeugt die Verletzung des Selbstwertgefühls durch Verlust der Berufsarbeit häufig allgemeine Hoffnungslosigkeit. Gewaltreaktionen nach außen, die, wie der amerikanische Soziologe Wolfgang feststellt, Versuche sind, die Verfügbarkeit über die eigene Lebenssituation wiederzugewinnen, ein Akt der Verzweiflung, wenn andere Konfliktlösungen unmöglich scheinen, treten demgegenüber sicherlich nicht häufiger auf als bei wildgewordenen Kleinbürgern im Straßenverkehr oder bei Kindesmißhandlungen in den Familien.

Andererseits haben sich dadurch, daß die Jugendlichen in einem gesamtgesellschaftlichen Milieu gestiegener Lebensansprüche aufwachsen und Vertröstungen auf künftige Belohnungen kaum mehr hinnehmen, sondern auf unmittelbare Verwirklichung ihrer Bedürfnisse drängen, auch die Orientierungschancen erweitert; die

Situation ist offener, für politische Umstrukturierungen zugänglicher. Weil die alten Zwangscharaktere, die sich auf eine stabile bürgerliche Leistungsethik stützten, gebrochen sind, findet eine Entkoppelung von Arbeitsmoral und der als entfremdet, sinnleer empfundenen Lohnarbeit statt. Die statistisch erwiesene und von den Unternehmerverbänden als Faulheit diskriminierte Arbeitsunlust, die manchmal in Arbeitsverweigerung übergeht, ist Symptom einer allgemeinen Motivationskrise, was aber keineswegs bedeutet, daß keine Lern- und Arbeitsmotivation vorhanden ist. Gegenüber früheren Generationen sind die wahrscheinlich sogar gestiegen; der Rückzug, den viele Jugendliche aus den bestehenden Institutionen antreten, ist nicht einfach auf die bekannte privatistische Resignation zurückzuführen. Ihre Flucht hat starke kollektive Bedürfnisse zur Grundlage, deren Realisierung in übersichtlichen und Geborgenheit versprechenden Zusammenhängen für sie ja auch die einzige Möglichkeit bietet, ihre Anerkennungsprobleme zu bewältigen. Aber diese kollektiven Bedürfnisse sind nicht um entfremdete Arbeit organisiert; Arbeit wird vielmehr als Moment von Selbstverwirklichung, als Teil der Veränderung des Lebenszusammenhangs, also politischer begriffen.

So ist Jugendarbeitslosigkeit zu einer Verlegenheitsparole, zu einem Sammelbegriff von Selbsttäuschungen und illusionären Erwartungen geworden. Weder läßt sich Arbeitslosigkeit heute noch als reines Arbeitsmarktproblem behandeln (und selbst in dieser Begrenzung sind doch kaum Lösungen in Sicht), noch hat die Wunschvorstellung des CDU-Generalsekretärs Aussicht auf Erfolg, die Klassenwidersprüche ganz in Generationskonflikte aufgelöst zu finden. Es besteht ein großes Interesse, Krisen und Konflikte an Randgruppen festzumachen. Indes hat die Frage nach dem Sinn der Arbeit, in einer Verknüpfung von defensiver Verteidigung der Arbeitsplätze und des Lebensstandards und Weigerungen, jede beliebige Arbeit zu akzeptieren, längst die Kernbereiche kapitalistischer Produktion und die Stammbelegschaften erfaßt. Die Fremdbestimmung der Arbeit wird nicht mehr, wie noch in der Nachkriegsperiode, als Schicksal hingenommen. »Orientierung und Ansprüche der Arbeitskräfte haben sich verändert: neben der Sicherung des Arbeitsplatzes und Verdienstes tritt die Qualität der Arbeitsbedingungen. Auch die ›schwachen‹ Arbeitskräftegruppen (Frauen, Gastarbeiter) nehmen die zunehmenden Arbeitsbelastungen nicht mehr fraglos und ohne Widerstand hin ... Für die

Gewerkschaften wird damit zunehmend problematisch, sich nur allein auf Beschäftigungs- und Verdienstsicherung zu beschränken.« (Friedrich Weltz)

In Italien ist die »kollektive Ungeduld« mit der entfremdeten Arbeit, die im letzten Jahrzehnt durch den Rationalisierungsdruck geradezu Erschöpfungszustände der Arbeiter bewirkte, viel weiter fortgeschritten. Es gibt die »Fabbrica diffusa«, Manufakturen, in denen nach anderen Zeitmaßen gearbeitet wird als im Industriebetrieb; der Umfang der Schwarzarbeit ist erheblich gestiegen; größer werdende Teile der Jungarbeiter und Studenten verdienen sich damit ihren Lebensunterhalt und versuchen, sich andere gesellschaftliche Betätigungsbereiche aufzubauen.

Das sind gleichzeitig Zerfallssymptome der alten Arbeitsmoral und Hinweise auf eine neue, die überhaupt nicht mehr auf Randgruppen beschränkt ist. Die individualistische Leistungsethik, von der der Kapitalismus bisher lebte, ist durchlöchert, der bloße Verteilungskampf in den Kampf um die Produktionsvoraussetzungen und die sinnvolle Veränderung der Lebensweise übergegangen.

Diese Strukturveränderungen im Arbeitsverhalten und in der Leistungsethik, denen gegenüber die alten Integrationsmechanismen versagen, verbinden sich nun mit einer Form der Sozialisation der neuen Generation, die sich der Tendenz nach radikal von dem unterscheidet, wovon wir bisher auszugehen pflegten. Zwar ist der Begriff der »vaterlosen Gesellschaft« seit langem in der Öffentlichkeit, was er aber im einzelnen bedeutet und welche politischen Folgen die mit ihm bezeichneten Mechanismen haben, wird erst heute erkennbar.

Peter Glotz hat das vorläufige Endresultat, die Zweiteilung der Gesellschaft, die bis in die einzelnen Familien hineinreicht, zutreffend gekennzeichnet: »Heute haben wir zwei ganz verschiedene Kommunikationssysteme. Die Unterschiede sind so groß, daß ich von zwei Kulturen spreche. Es ist so, als ob sich Chinesen und Japaner verständigen sollten.«

Ernst Bloch hatte schon 1923 gesehen, welche Faszination Hitler auf die Jugend ausübte; nicht daß sie die Gewalt faszinierte, aber ihr Phantasieüberschuß bekam hier eine Richtung, die über ihre Misere hinauswies. »Der Mensch lebt nicht vom Brot allein, zumal wenn er keines hat.« Daß Jugendliche mit ihren Triebphantasien, mit ihren weitgespannten Ich-Idealen, im Ernst dazu gebraucht werden könnten, ihren Lebenssinn in der Verteidigung der Marktwirtschaft, als deren Opfer und Objekte sie sich fühlen und die immer stärker mit Verfassung und Staat identifiziert wird, zu sehen, ist eine pure Illusion.

Heute suchen sie noch nach Auswegen, die es ihnen ermöglichen, ihre Arbeitskraft nicht verrotten zu lassen und wenigstens einen Teil ihrer Erwartungen zu befriedigen. Manche ziehen aufs Land, ein erheblicher Teil arbeitet in Bürgerinitiativen, in Stadtteilbasisgruppen – nicht mehr als politische Freizeitgestaltung, sondern als Form der Lebenserhaltung.

Wo diese kollektiven Verarbeitungsformen nicht unterstützt, nicht anerkannt oder gar zerschlagen werden, zeigen sich starke Neigungen zur Personalisierung: die Erwartungen an Retter-Figuren, die starken Personen, mit denen man sich blind solidarisiert. Es ist keineswegs sicher, wohin dieses Potential geht – nach rechts oder nach links.

Das sind keine spezifischen Jugendprobleme mehr, wie Geißler, der CDU-Generalsekretär, es gerne haben möchte; er meint, es lebe nicht mehr eine Klasse auf Kosten der anderen, sondern die gegenwärtige Generation verzehre die Lebensmöglichkeiten der kommenden; bei den Jugendlichen treten die gesamtgesellschaftlichen Probleme nur radikaler, offener und unvermittelter auf. Die in der Bevölkerung wachsende Gleichgültigkeit gegenüber den etablierten Parteien und Großorganisationen, Widerstände gegen die kapitalistische Form der Arbeit – das findet hier einen Kristallisationskern.

Die Selbstausbürgerung großer Teile der Jugendlichen ist freilich nicht nur Zeichen dafür, in welchem Maße die gettoisierte und verwaltete Kultur in ihrer lebendigen Integrationskraft aufgezehrt ist; sie ist vielmehr gleichzeitig durch negative Abgrenzungen und Versuche bestimmt, das Verhältnis von Leben und Arbeit umzugestalten, ja umzukehren. Soweit hier überhaupt noch der übliche Sprachgebrauch von Gegenkultur, Subkultur, zweiter Kultur zutreffend ist, kann der neue Sozialisationstyp so charakterisiert werden: Organisierte er sich in der traditionellen Sozialisation, die wesentlich durch die Abarbeitungskonflikte mit der Vaterfigur vermittelt war, wesentlich um Leistungsmoral und Arbeit, so ist es jetzt eher umgekehrt; erst müssen die Beziehungsprobleme (Freundschaft, Sexualität, Anerkennung, Sicherheit und Geborgenheit in der Gruppe) gelöst sein, dann kann ein Teil der Triebenergie auf Arbeit gelenkt werden, wobei allerdings ein Moment des instrumentellen Verhaltens zur Arbeit verbleibt.

In einer grundlegenden Schrift »Pubertät und Narzißmus. Sind Jugendliche entpolitisiert?« (Frankfurt am Main, Köln 1975) hat Thomas Ziehe diese Tendenzen im einzelnen untersucht. Da die ursprüngliche Symbiosebeziehung zur Mutter, der präambivalente Zustand, in dem es gute und böse Objekte gibt, aber nicht konturierte Personen, die zugleich gut und böse sind, später nicht durch innerpsychische Realitätsanpassung weiterverarbeitet wird, sondern sich strukturell weitgehend so erhält, bleibt auch die angestrebte narzißtische Erlebnisqualität (diffuse Nähe, Auflösung der Selbstgrenzen) bestimmend. Geborgenheit versprechende Objektbeziehungen werden bedeutsamer, aber auch deren durch neue Ängste hervorgerufene Verletzlichkeit wächst sprunghaft an. Da die Verdrängungsschwelle brüchiger wird, erhöht sich auch die Konfliktanfälligkeit. Ein narzißtisch anspruchsvolles, extrem am Beziehungsproblem orientiertes Ich-Ideal und die aus der frühen Kindheit fixierte Allmachtsphantasie drängen sie zu symbiotischen Gemeinschaften, von denen sie vorbehaltlose emotionale Solidarität, Anerkennung und Bestätigung der Selbstwertgefühle erwarten. Da diese Selbstgefühle jedoch labil sind, durch den geringsten Anlaß bedroht und verletzt werden können, entwickeln sehr viele Jugendliche eine ausgeprägte Sensibilität für Macht und Ohnmacht, für Unterdrückung, Elend und Leiderfahrungen; sie spüren fast instinktiv, wo Enteignungen stattfinden und beabsichtigt sind – Enteignungen der Menschen von der Sprache, den Gedanken und Gefühlen, aber auch vom Lebens- und Bewegungsraum, von Wohnungen und der menschenwürdigen Umwelt, wodurch sie sich unmittelbar selbst bedroht fühlen. Sowenig die Beseitigung der Arbeitslosigkeit jedoch den alten Zustand wiederherstellen wird, so wenig ist zu erwarten, daß diese Jugendlichen, auch wenn man die in Elternhäusern von Arbeitern und Mittelschichten Aufgewachsenen unterscheidet, sich in die »normale« Gesellschaft bruchlos und ohne gebrochenes Rückgrat integrieren werden. Werden jedoch bereits in diesen Krisenbereichen die entscheidenden Desintegrationserscheinungen der Gesellschaft festgemacht, so wird übersehen, daß hier, selbst wenn Ausbürgerungen dieser Art immer mit Legitimationsverlust einer als klassenlos definierten Gesellschaft verbunden sind, immerhin noch Organisationspotentiale, gerichtete Interessen und Bedürfnisse zu finden sind. Gegenüber den wirklichen Erosionen, den inneren Zersetzungstendenzen der spätkapitalistischen Gesellschaft, in der wir leben, bilden sie dagegen nur die Spitze des Eisberges.

Erosionsprozesse

Erosion heißt im Wortsinn: Zerstörungsarbeit des fließenden Wassers, auch des Windes und des Eises, und Erosionsbasis ist der tiefste Punkt eines Flusses bei seiner Mündung in einen See oder ins Meer, wo also kein Stein auf dem anderen bleibt. Um diesen Vorgang geht es. Über ihn, der sich unterhalb einer relativ stabilen Fassade der Wirtschaft und der politischen Institutionen abspielt, wissen neben den Statistikern am besten die Sozialarbeiter zu berichten, die an dieser Front einen meist aussichtslosen Kampf führen. Die Zahlen sprechen für sich: 800 000 Obdachlose, 300 000 Stadt- und Landstreicher; über vier Millionen leiden an körperlicher und geistiger Behinderung; jeder fünfte Deutsche ist oder war psychisch krank; 1,2 bis 1,8 Millionen Suchtkranke; sechs Millionen Vorbestrafte usw. (Nach amtlichen Statistiken zusammengestellt in: »Frankfurter Hefte«, Sonderheft »Bundesrepublik«, April 1976). Natürlich überschneiden sich die Zahlen, und sie liegen nicht alle auf der gleichen Ebene; sie korrigieren aber die Vorstellung, es gäbe ein durch und durch normales und gesundes Zentrum der Gesellschaft und daneben bedauerlicherweise Randgruppenprobleme, die durch Sozialtherapien zu lösen wären.

So verbindet sich unter diesen Bedingungen mit dem fortschreitenden Legitimationsmangel der kapitalistischen Gesellschaft, den auszufüllen erhebliche Teile der Intellektuellen noch nicht bereit sind, ein erhöhter Integrations- und Konsensusbedarf, der schnell befriedigt werden muß. Der labile gesellschaftliche Gleichgewichtszustand, die krampfhaft bewahrte Balance, bei der nur das an die Oberfläche kommen darf, was gleichzeitig neutralisiert werden kann (eine Art gesamtgesellschaftlicher Pluralismuserlaß), macht erforderlich, daß Unruhepotentiale nie in Ruhe gelassen werden dürfen, um die ihnen entsprechenden Organisationsformen auszubilden.

In dem Maße nun, wie in einer Gesellschaft tatsächlich vorhandene Klassenkonflikte ständig auf privatisierte Konflikte abgedrängt, gewissermaßen individualisiert und zerfasert werden, so daß radikale Bedürfnisse, Aggressionen, objektiv vorhandene Gewaltpotentiale in entfalteten politischen Formen des Klassenkampfes (und das mag paradox erscheinen) nie eine gesellschaftlich organisierende, das Bestehende aber auch sprengende Funktion annehmen können – in dem Maße wird nach anderen, möglichst stabilen

Instanzen der sozialen Integration gesucht. In Deutschland übernimmt diese Funktion erfahrungsgemäß der Staatsapparat; er gerät dabei zwangsläufig, wenn ihm aufgebürdet wird, was sonst die autonom ausgetragenen, bis in radikale Positionen hineinreichenden Kämpfe politischer Organisationen leisten, in eine offene Spirale der Verschärfung und Verfeinerung der Integrationsmittel (Polizei, Gesetze, Verfassungsschutz, Gesinnungsdruck, Denkverbote) hinein und schert sich wenig um die subjektiven Absichten, die einzelne Parteien oder Personen mit der Erweiterung legalisierter Gewaltmittel verbinden.

Zwar ist es ganz und gar nicht gleichgültig, ob das Regierungsprogramm einer Partei dieser Tendenz zur Verstaatlichung der Gesellschaft Vorschub leistet oder Lücken offenläßt, daß sich einzelne Gruppen diesem Sog entziehen können. Aber die wirkliche Alternative zum gegenwärtigen Zustand bestünde in der Entstaatlichung der Gesellschaft in einem ganz spezifischen Sinne: im Zerbrechen jener fatalen Mechanismen, bei denen immer wieder innerstaatliche Feinderklärungen mit situationsbedingt verschiebbaren Grenzbestimmungen als wesentliche Mittel sozialer Integration verwendet werden.

Das ist kein Plädoyer für die Rückkehr zu liberal-individualistischer Konkurrenz, sondern das Gegenteil: ein Plädoyer für die Freisetzung der gesellschaftlichen Organisationskräfte, die in radikalen Bedürfnissen der Menschen, in ihrem Wunsch nach neuen Lebensformen, begründet sind.

Dem stehen die wirksamsten Traditionen der deutschen Geschichte entgegen, die in dieser zweiten Phase der Restauration der Bundesrepublik wiederum lebendig geworden sind. Die Tatsache, daß sich auf deutschem Boden die bürgerliche Klasse nicht in einem selbstbewußten, revolutionären Akt gegen den feudalabsolutistischen Staat emanzipiert hat, sondern mit ihm, indem sie sich ihm nämlich assimilierte, hat zwei schwerwiegende Folgen gehabt, die wir bis heute zu spüren bekommen; auch die Arbeiterbewegung und ihre Organisationen sind staatsbezogener als in anderen westlichen Ländern; und der Mangel eigener, in nationalen Traditionen niedergeschlagener und konkreter Erfahrungen einer gelungenen Revolution erzeugt eine panische Revolutionsangst, in der alle Formen des abweichenden Verhaltens und Denkens zu einer unentwirrbaren Assoziationskette verschmelzen; individueller Terror, revolutionäre Gewalt im Klassenkampf, ziviler Ungehorsam, Kritik des Bestehenden, radikale Meinungen, Basisgruppenarbeit usw. Das ist einer der wesentlichsten Gründe, warum es so schwierig ist, den Terrorismus in der Bundesrepublik als Sonderproblem zu behandeln und zu isolieren. Bedenkt man zudem, daß es in Deutschland nur gebrochene Revolutionen und siegreiche Konterrevolutionen gegeben hat, so wird verständlich, daß sich gerade in Krisensituationen die Gewichte in dem hierzulande ohnehin prekären Verhältnis von Rechtsstaat und Demokratie – wobei der Rechtsstaat auf der Linie der preußisch-autoritären Traditionen liegt, die demokratischen Elemente in Deutschland dagegen vor allem der Arbeiterbewegung entspringen – langsam, aber sicher verschieben. Kurt Biedenkopf, der ehemalige CDU-Generalsekretär, kann daher, ohne den Vorwurf verfassungsfeindlicher Gesinnung hinnehmen zu müssen, offen davon sprechen, daß der »Staat den Bürgern zu viele Freiheiten gewährt habe«. Und einzelne Landesregierungen, die spüren, daß unter verschärften Bedingungen selbst die Berufung auf die Verfassung ein viel zu weiches, interpretationsfähiges Instrument ist, als daß man darauf bauen könnte, gehen entschlossen daran, ihre Regierungspolitik und ihr Verständnis von Staatsschutz und Staatsräson in die Verfassung zu schieben und die Beamten mehr auf Staatstreue als auf verfassungskonformes Verhalten einzuschwören.

Das alles, vor allem die gigantische Erweiterung der staatlichen Gewaltmittel und die Umkehrung des Verhältnisses von Verfassung und Staat, trägt, wenn man daran erinnert, daß die Gegner der Notstandsgesetze noch in der Ausklammerung des »inneren Notstandes« einen Teilerfolg feierten, heutzutage bereits den Stempel des Normalen, über das sich nur noch wenige wirklich aufregen. Die Indifizierung der Politik, kombiniert mit den »Grauzonen des Rechts«, die allenthalben auftreten, ist das zur Zeit probateste Mittel, dieser Konstitutionsschwäche des Systems abzuhelfen.

Die Zangenbewegung

Kein Staat der Welt kann darauf verzichten, Mord und Terror zu bekämpfen. Gleichwohl trägt in Deutschland die Fixierung »Staat–Terroristen« zur Lösung einiger zusätzlicher, für die deutsche Situation spezifischer Aufgaben bei: eine materielle Integration von Bevölkerungsschichten und Gruppen aufrechtzuerhalten, die entweder in eine kaum noch erfaßbare Erosion abrutschen oder die, wenigstens zur Zeit, eine starke Loyalitätsmüdigkeit gegenüber den staatsbezogenen Parteien zeigen, weil sie ihre Lebensinteressen in ihnen kaum noch repräsentiert finden.

Diese Aufgabe wäre, indem man die desolidarisierten Bevölkerungsgruppen der Sozialtherapie überläßt, durch die Herstellung einer Akklamationsfassade leistungsbewußter Mitläufer zu lösen, gäbe es nicht ein zweites Problem: daß sich aus den allgemeinen Unruhepotentialen alternative Bewegungen, sozialistische Organisationen, gewerkschaftliche Aktionen zur Veränderung des Produktionsprozesses, schließlich: neue Lebensformen herausbilden könnten, welche die im Kapitalismus kaum beantwortbare Frage: Was hat mein Leben für einen individuellen und gesellschaftlichen Sinn? praktisch beantworten (oder doch zu beantworten suchen). Das ist der Punkt, an dem der brüchig gewordene und deshalb um so repressiver wirkende Konsensus, für den der Terrorismus neue Legitimationsgründe liefert, auf die gesamte außerparlamentarische und zum Teil auch parlamentarische Linke durchschlägt.

Um meine Anfangsüberlegungen wieder aufnehmen zu können, beschränke ich mich auf Probleme, die durch diese»Zangenbewegungen« von Staat und Terroristen bei der jüngeren Generation, die sich in ihrem Sinne durchaus politisch motiviert begreift, erzeugt werden. Hartmut von Hentig verweist auf das Problem aller psychologischen Erklärungen des Terrorismus, die gegenwärtig wie Pilze aus dem Boden schießen. Terrorismus entsteht in einem gesamtgesellschaftlichen Klima rational und im Wege politischer Vermittlungsschritte scheinbar unlösbarer Konflikte, in dem sich dann zufällige Biographien verdichten. Ursachenketten im Einzelfall lassen sich nur nachträglich konstruieren. Die Berufung auf eine glatte Linie, kaputte Familie, Lektüre der Schriften von Adornos und Marcuses, dann Teilnahme an Demonstrationen, schließlich Terrorist, ist nichts weiter als Geschichte vom Standpunkt polizeitheoretischer Vorurteile. Menschen dagegen, erklärt Hentig, die so reden wie Terroristen, die Gewalt als Befreiung aus den Verstrickungen des falschen Systems preisen –»die hab' ich oft gesprochen und ›verstehe‹ ein wenig, warum sie so sind«.

Da der Staat – und die staatstragenden Parteien – zur Lösung ihrer Lebensprobleme nicht beiträgt, besteht bei großen Teilen der Jugendlichen eine abgrundtiefe Gleichgültigkeit ihm gegenüber. Wenn sie ihn aber wahrnehmen, tritt er als eine Gewalt auf, die ihre

Lebens- und Organisationsbedürfnisse einengt, bricht, zerstört. Wie immer die Staatsgewalt definiert werden und wie sie sich selbst verstehen mag: diese Jugendlichen erfahren sie als Polizeistaat, und dadurch werden Früherfahrungen von Gewalt, die sie aus ihren Familien kennen und in die sie unter keinen Umständen zurückkehren wollten, lediglich aktualisiert.

Nehmen sie ein durch Spekulation dem Abbruch überlassenes Haus für sich oder für andere in Besitz; gründen sie Büchereien und Kleinverlage, um sich in eigener Sprache Formen von Öffentlichkeit zu schaffen; organisieren sie sich in freien Jugendzentren, oder tun sie sich in Wohngemeinschaften zusammen; demonstrieren sie für ihre Rechte oder die anderer, schließen sie sich, um ihren Ängsten gegenüber elementaren Enteignungsprozessen politischen Ausdruck zu verschaffen, Bürgerinitiativen gegen den gemeingefährlichen Bau von Kernkraftwerken an – überall und zu jeder Zeit werden sie Objekte staatsanwaltlicher Ermittlungen und polizeilicher Großeinsätze. »Ich brauche die Razzia«, hat kürzlich ein sozialliberaler Innenminister gesagt. Wofür? – Dadurch und nur dadurch entsteht ein wirkliches »Sympathisanten«-Problem, das allerdings auf einer ganz anderen Ebene liegt als das, wo Unionspolitiker die Ursache des Terrorismus sehen.

In der Zangenbewegung zwischen Staat und Terroristen liegt ein breites Territorium, das als unsichere Zone definiert wird und, seit Jahren mit Großeinsätzen überzogen, fortwährend kontrolliert und beobachtet wird. Wer sich in diesem Territorium aufhält, braucht keinen besonderen Anlaß für Verdacht zu geben; er steht unter Verdacht verfassungsfeindlicher Gesinnung und krimineller Handlungen. Wo immer etwas passiert, dieses Territorium wird zunächst durchkämmt, die einzelnen entwürdigenden und demütigenden Kontrollen ausgesetzt, nicht selten ohne Haussuchungsbefehle (in »Grauzonen des Rechts« operierend, wie Jürgen Seifert sagen würde), ohne Befugnisse, in die Intimsphäre einzudringen – in Vorgehensweisen, die in Tausenden von Fällen bittere Ohnmacht, aber auch Wut erzeugen und die vielleicht, berücksichtigt man die große Verletzlichkeit ihres Selbstwertgefühls, ihr intensives Gefühl für Würde und aufrechten Gang, bei einer erheblichen Zahl von Jugendlichen viel schmerzlichere Narben hinterlassen als offene Gewaltakte, die sie, selbst durchaus in militanter Pose und keineswegs immer friedfertig, bei Demonstrationen erfahren. Innenminister Hirsch hat stolz erklärt, Auflagen für Demonstrationen, »bis zur

Bestimmung von Art und Größe mitzuführender Stöcke«, seien vom zuständigen Oberverwaltungsgericht als rechtmäßig bestätigt worden. Es wird kein Jahrzehnt vergehen, wo man über diese wilhelminische Präzision und Erstarrung deutscher Behörden und Gerichte in schallendes Gelächter ausbrechen wird wie über jene, heute allerdings wieder aktuelle Maxime des preußischen Polizeidirektors Knarrpanti, die E. T. A. Hoffmann im »Meister Floh« beschrieb, unter dem unmittelbaren Eindruck der durch die Karlsbader Beschlüsse eingeleiteten Verfolgungsjagden; die Veröffentlichung des Buches wurde im übrigen verboten. »Auf die Erinnerung (des Gerichts), daß doch eine Tat begangen sein müsse, wenn es einen Täter geben solle, meinte Knarrpanti, daß, sei erst der Verbrecher ausgemittelt, sich das begangene Verbrechen von selbst finde.«

Unter dem permanenten Zwang, sich innerhalb des vorgegebenen Dualismus von Staat–Terrorismus auf eine Seite schlagen zu müssen, neigen viele Jugendliche dazu, geheime und offene Sympathien für die Terroristen zu äußern – nicht weil sie für Gewalt sind, sondern weil sie durch die das Gefühl ihrer Ohnmacht überwunden sehen, die Allgegenwart und Allmacht des Staates verletzlich ist; dies ist eine, wenn auch begrenzte und, wie ich meine, falsche Verarbeitungsform ihrer realen Situation, weil sie aus starren Frontstellungen und Sackgassen nicht hinausführt. Allerdings kann ohne große Vorleistungen der Öffentlichkeit ein Ausweg nicht zustande kommen. Denn die neue Stufe, die, wie insbesondere Peter Brückner präzise herausgearbeitet hat, mit der Mescalero-Affäre und Kalkar eingeleitet wurde, nämlich eine Vorfeldkriminalisierung, die nicht mehr auf Handeln beschränkt ist, sondern auf Gesinnungen, Gefühle, Bekenntnisse übergreift, muß eine Art geistiges Widerstandsrecht aller Demokraten herausfordern. Moralisierung ist ein neues Mittel der Herstellung des brüchig gewordenen Konsensus.

Die Linke hat keinen Grund, sich fortwährend vom Terrorismus zu distanzieren. Wie nirgendwo sonst in einem westlichen Land muß sie hier tagtäglich um ihre Legalität kämpfen. Für sie ist es selbstverständlich, daß Sozialismus und sozialistische Politik in der Substanz mit Mord, Unterdrückung, individuellem Terror unvereinbar sind; und die grundgesetzlich verbürgten Freiheitsrechte, menschliche Würde, Versammlungs-, Presse- und Meinungsfreiheit, das Recht auf körperliche und geistige Unversehrtheit – das alles braucht sie für ihre politische und menschliche Existenzweise mehr als das Brot. Grund zur Selbstkritik gibt es dagegen genug. Da Potentiale wie die, die ich beschrieben habe, nie auf ewige Zeiten links bleiben, sondern durchaus nach rechts ausschlagen können, muß eine Überprüfung der Theoriebildung stattfinden, muß eine andere Politik der Bündnisse formuliert und eine linke Öffentlichkeit geschaffen werden, in der nicht mehr der moralische Mechanismus von Solidarisierung und Distanzierung vorherrscht, wo also der repressive Konsensus gebrochen werden kann.

Jürgen Habermas hat einen kleinen, aber wichtigen Schritt zur Entstaatlichung der Gesellschaft bezeichnet. »Ich äußere den folgenden Gedanken nur mit Zögern, denn das Gefühl sträubt sich gegen das Unzumutbare. Gleichwohl sprechen alle Zeichen dafür: Wenn es nicht gelingt, den Terrorismus zu entdramatisieren, wenn es nicht gelingt, mit dem Terror zu leben, als sei es ein gewöhnliches Verbrechen, dann wird die Bekämpfung des Terrorismus selbst an der Bühne zimmern, auf der dieser sich erst entfalten und erhalten kann.« Es ist höchste Zeit, daß sich endlich die vom Terrorismus distanzieren, die mit ihm fortwährend Legitimationsinteressen verbinden.

3. Kindheit und Lernen

Einer der zentralen Generationsbrüche von 68 ist verknüpft mit einem politischen Konflikt, gewinnt politische Ausdrucksformen. Das Neue am Generationenvertrag, so wie er heute zu formulieren wäre, besteht darin, daß dieser Vertrag zwangsläufig eine politische Dimension annehmen muß, aus der Sorge, wie das politische Gemeinwesen auszusehen hat, in dem die Menschen künftig zu leben haben. Gesellschaftliche Überlegungen dieser Art verlassen die Schutzräume des Privaten und treten 68 ins grelle Licht der Öffentlichkeit. Die 68er Bewegung stellte unter psychologischen Gesichtspunkten Fragen an die Eltern: »Was macht ihr aus der Welt? Was soll aus uns werden? Wie habt ihr euch verhalten? Wofür setzt ihr euer Leben ein?«

Wenn Eltern auf diese entscheidenden Fragen geantwortet haben, selbst mit Folgen, die für sie nachteilig sind, ist Vertrauen und Verständnis auch für tragische, schuldhafte Situationen ihres Lebens nie ganz verlorengegangen. »Wer jetzt fünfzig ist, der hat in den sechziger Jahren seine Eltern zur Rede gestellt und gefragt: Was habt ihr euch dabei gedacht, als ihr die Nazis habt machen lassen? Und die Eltern haben im Regelfall gesagt: Wir sind Mitläufer gewesen.«[103] Nicht das Schuldbekenntnis, Sprachlosigkeit zwischen den Generationen ist der Nährboden von Gewalt.

Die Fremdheit zwischen den Generationen ist allerdings nicht völlig aufzulösen. Auch wenn überzeugende Autorität so praktiziert wird, daß die Kinder wissen, was man selbst denkt und tut, was für einen wichtig und unwichtig ist, was man verabscheut und was man liebt, bleiben Momente der Fremdheit, die selbst die Psychoanalyse mit durchdringendster Erkenntnisabsicht nie ganz beseitigen kann. Was Gaetano Benedetti vom Therapeuten sagt, gilt deshalb auch für jeden Erwachsenen, der sich, vorsichtig die Rolle des Lehrers spielend, gegenüber Kindern und Jugendlichen verständnisbereit verhalten möchte: »Psychotherapie bleibt Grenzerfahrung, ein Können an der Grenze des Nicht-Könnens, ein Mitsein an der Grenze des Fremdbleibens, ein Verstehen an der Grenze des Unverständlichen, ein sympathetisches Mitgehen an der Grenze der undurchdringlichen Geschiedenheit.«[104]

Diese Grenzbestimmungen im Bereich der Generationserfahrungen gewinnen sogar Ähnlichkeit mit einem entscheidenden philosophischen Denkmotiv. Adorno hat, in dem gewiß prekären Textzusammenhang der Hegelschen Dialektik, Philosophie als jenes Denken definiert, das versucht, für das, was im Grunde nicht sagbar sei, Worte zu finden. Das griechische Wort »Skoteinós«, das Adorno hierfür verwendet, bezeichnet etwas, was in Dunkel gehüllt ist, die Nacht, meint aber auch »blind und schwerverständlich«: Die Herausforderung philosophischer Anstrengung, der unauflösbare Blick des Denkens, liegt in diesem Fremden und Dunklen. Der Kranke bleibt einsam, wie das Kind, aber pädagogische Arbeit besteht eben darin, sich um die Aufhebung dieser Fremdheit, dieser Einsamkeit zu bemühen und im Grunde doch zu wissen, daß es nie ganz gelingen kann.

Anerkennung der Fremdheit ist deshalb ein wesentlicher Bestandteil pädagogischer Arbeit, wenn sie nicht mit identifizierenden Schablonen operiert und alles im Rahmen des eigenen Verständnishorizonts zu beurteilen versucht. Anerkennung des unauflösbaren Moments der Fremdheit (so wie auch Dieter Richter in einer grundlegenden Untersuchung vergangener Kindheiten redlicherweise vom fremden Kind spricht) ist ebenso konstitutiv wie die Arbeit an ihrer Aufhebung. Pädagogik in einem die Menschen elementar berührenden Sinne ist Grenzwanderung.

Als der Erste Weltkrieg zu Ende gegangen war, regte sich in den Ruinen der bürgerlichen Kultur und in der mit gewachsenen Hoffnungen verknüpften Arbeiterbewegung ein fieberhaftes Interesse an Kindheit und Erziehung; die pädagogische Phantasie richtete sich darauf, die neue Generation für die Gefahrenabwehr gegenüber gesellschaftlichen Deformationen besser auszustatten. Nichts dergleichen ist nach dem Zweiten Weltkrieg spürbar; das herkömmliche Schulsystem, die alten Erziehungs- und Lernformen werden komplett restauriert. Erst zwanzig Jahre später werden »Kindheit und Lernen« zu Themen des öffentlichen Interesses, dann aber in einer Radikalität, der gegenüber die Vorstellungen der Weimarer Zeit relativ traditionell erscheinen. Denn am Anfang der kulturrevolutionären Anstöße von 68 stehen nicht pädagogische Interessen, sondern politische, ausgelöst durch Brüche in den Sozialisationsbiographien.

Die aus der Rekonstruktionsperiode der westdeutschen Nachkriegsgesellschaft (ähnliche Erscheinungen gibt es freilich in fast allen anderen bürgerlich-kapitalistischen Ländern) hervorgegangene Generation – weder von Kriegsschäden betroffen noch unter empfindlichem Mangel leidend, also relativ liberal erzogen, mit erweitertem Horizont und von stumpfer Ängstlichkeit befreit – beginnt kollektiv darüber nachzudenken, ob die Erhöhung des Lebensstandards die einzige menschliche Alternative zum Faschismus gewesen sei.

Die von unmittelbarer Not freigestellten Bedürfnisse und Interessen dieser Generation rebellieren gegen die von den Eltern aufgebaute Ordnung, in der die unaufgearbeiteten Anteile von Krieg, Verbrechen und leistungsbewußtem Mitläufertum fortzuleben scheinen. Aber in dieser Rebellion steckt von Anbeginn ein Moment, das auf Grundrisse einer politischen Sozialutopie, auf die Neuordnung der Gesellschaft geht, welche die demokratischen Versprechen zur Selbstbestimmung und Selbstregulierung des Gemeinwesens ernst nimmt und öffentlich einklagt.

Die Wiederaufnahme wissenschaftlicher Traditionen

In einem wissenschaftlichen Zeitalter, in dem der bloße Wille wenig auszurichten vermag, ist die Freisetzung der Bedürfnisse und Interessen, ist die Befreiung der Individuen aus Zwangszusammenhängen nicht möglich ohne eine wissenschaftliche Grundlegung der Bedingungen, die sie zu dem gemacht haben, was sie sind – schon gar nicht für angehende Wissenschaftler, als die sich die protestierenden Studenten verstanden haben. So ist der Bruch mit der bestehenden Wissenschaftstradition, der gegebenen Lehre und Forschung gleichzeitig verknüpft mit der Wiederaneignung unterdrückter und vergessener Traditionsbestände kritischen Denkens.

Dazu gehört in erster Linie die politisch gewendete Psychoanalyse; weniger freilich deren therapeutische Seite, als die der Gesellschafts- und Kulturkritik. Von Wilhelm Reich werden zwei Schriften ausgegraben und in Raubdrucken verbreitet: »Die sexuelle Revolution« und »Zweierlei Klassenbewußtsein«, dann auch seine »Massenpsychologie des Faschismus«. Das Interesse an der Befreiung der Sexualität verknüpft sich mit der von Reich analysierten Unterdrückung und der Verschiebung der sexuellen Triebenergien im Alltagsleben; ihm zufolge sind das Voraussetzungen für den Verlust der kritischen Ich-Funktionen und für die autoritäre Selbstauslieferung der Individuen an Befehls- und Gehorsamshierarchien. »Die Massenpsychologie des Faschismus« aus dem Jahre 1933 trägt den für Linke aller Schattierungen provokativen Untertitel »Zur Sexualökonomie der politischen Reaktion und zur proletarischen Sexualpolitik«.

Reich sagt: »Der deutsche Faschismus versucht es derzeit mit aller Macht, sich in den psychischen Strukturen zu verankern, und legt daher das größte Gewicht auf die Erfassung der Jugend und der Kinder. Er hat keine anderen Mittel zur Verfügung als Weckung und Pflege der Hörigkeit zur Autorität, deren psychologische Grundvoraussetzung die asketische, Sexualität verneinende Erziehung ist. Die natürlichen sexuellen Bestrebungen zum anderen Geschlecht, die von Kindheit an zur Befriedigung drängen, werden im wesentlichen durch verstellte, abgelenkte homosexuelle und sadistische Gefühle, teils auch durch asketische Neigungen ersetzt. Das gilt etwa für den sogenannten Kameradschaftsgeist in den Arbeitsdienstlagern wie für die Einpflanzung des sogenannten Geistes von Zucht und Gehorsam.« Reich knüpft an diese Analyse deshalb politische Forderungen, die freilich zu seiner Zeit in sämtlichen Arbeiterorganisationen auf taube Ohren stießen. »Eine konsequente Sexualpolitik muß die große sexuelle Entbehrung in den Arbeitsdienstlagern ins grellste Licht rücken und wird dabei auf den lebhaftesten Widerhall bei den jungen Menschen rechnen können ... Es ist unschwer einzusehen, daß einem durchschnittlichen Jungen die Bewußtheit seiner sexuellen Entbehrung viel leichter nahezubringen ist als die, daß sein Arbeitsdienst letzten Endes den Kapitalisten zugute kommt. Und die Praxis der Jugendarbeit ergibt entgegen den Behauptungen solcher Jugendführer, die es nie praktisch versuchten, daß der durchschnittliche Jugendliche, insbesondere der weibliche, seine Klassensituation viel rascher, affektiver, bereitwilliger erfaßt, wenn man sie ihm auf dem Wege der Bewußtmachung seiner sexuellen Unterdrückung begreiflich macht. Es kommt nur darauf an, die Sexualfrage politisch zu fassen und zur allgemeinen sozialen Situation hinzuführen.«[105]

68 gewinnt dies zentrale Bedeutung; denn solche politisch gewendeten psychoanalytischen Charakteranalysen kamen dem Bedürfnis der rebellierenden Studenten und Jugendlichen sehr entgegen. In seiner Untersuchung zum Ursprung des Faschismus fand Reich mit diesem Plädoyer für die Vorrangigkeit der Alltagserfahrung und vor allem der Sexualität vor aller Kapitalanalyse und den programmatischen Selbstanklagen der proletarischen Organisationsformen, die er jedoch aus dem Verschuldungszusammenhang für diese Katastrophe nicht entließ, weder bei den Kommunisten noch bei den Sozialdemokraten Anklang. Das machte ihn für die Protestbewegung zusätzlich zu einem verläßlichen Kronzeugen eines Handelns, das auf Politisierung des Privaten zielte.

Gegen einen objektivistisch verdrehten Ansatz der Marxschen Gesellschaftsanalyse stellt Reich, indem er die linearen Kausalbeziehungen zwischen ökonomischer Basis und Überbau einer prinzipiellen Kritik unterwirft, die lebendige Dialektik von Subjekt und Objekt wieder her; es ist für ihn ein Konstitutionsverhältnis, keines von Ursache und Wirkung. »Die charakterliche Struktur ist erstarrter soziologischer Prozeß einer bestimmten Epoche. Die Ideologien einer Gesellschaft können zu einer materiellen Gewalt nur unter der Bedingung werden, daß sie die Charakterstrukturen der Menschen tatsächlich verändern. Die charakterliche Strukturforschung hat somit nicht nur klinisches Interesse.«[106]

In der Verknüpfung von Psychoanalyse und Marxscher dialektischer Gesellschaftstheorie, die sich ihrer Erkenntnisursprünge vergewissert hat, liegt für Wilhelm Reich ein Hauptinteresse in seiner wissenschaftlichen Arbeit zur Zeit der Weimarer Republik und des beginnenden Faschismus. Innertheoretisch gibt es gewiß erhebliche Differenzen zu den Untersuchungsansätzen des Frankfurter Instituts für Sozialforschung, zu Herbert Marcuse, ja zum Ursprungsansatz von Freud, der diese politische Inanspruchnahme seiner Grundkategorien nie akzeptiert hätte. Von der Protestbewegung 68 werden diese Differenzen jedoch kaum wahrgenommen, weil sie allesamt Erklärungsperspektiven für den überraschenden Tatbestand eröffnen, daß nicht das Proletariat in seinen Organisationsformen als Avantgarde der politischen Bewegung auftritt, sondern überwiegend Söhne und Töchter aus den bürgerlichen Mittelschichten.

In diesen Deutungshorizont, der neue Veränderungsperspektiven erschließt, wird auch Horkheimers Sammlung von Reflexionen unter dem Titel »Dämmerung« einbezogen: Ein gutsituierter Bürgersohn sucht sich durch moralische Distanzierung und durch Nachdenken aus der wohlgeordneten Gesellschaft des Bürgertums zu lösen und den Eigensinn des Intellektuellen für sich in Anspruch zu nehmen, dessen Klassenbewußtsein den wirklichen Bedürfnissen und Interessen des Proletariats näher steht als die eigenen bürgerlichen Organisationsformen, die auf dem Interesse des Privateigentums beruhen.

Die Ansätze fallen verschieden aus, sind jedoch vom selben Geist der Gesellschaftskritik geprägt. Ist zum Beispiel die Untersuchung autoritärer Charakterstrukturen durch Adorno wesentlich auf Anfälligkeiten für Autoritarismus, Faschismus, auf ethnozentristische Ausgrenzungen alles Fremden gerichtet, so wendet Marcuses Buch »Eros und Kultur« den Blick nach vorne, auf die »Vision einer Kultur ohne Unterdrückung und Verdrängung, ... die auf eine neue Beziehung zwischen Trieben und Vernunft (tendiert). Die kulturelle Moral wird durch die Harmonisierung von Triebfreiheit und Ordnung aufgehoben und ersetzt. Befreit von der Tyrannei repressiver Vernunft richten sich die Triebe auf freie und dauerhafte existentielle Beziehungen – sie schaffen ein neues Realitätsprinzip. In Schillers Gedanke eines ›ästhetischen Staates‹ ist die Vision einer unterdrückungsfreien Kultur auf der Ebene einer reifen Zivilisation konkretisiert.«[107]

Die politische Rezeption der Psychoanalyse ist auf die Bestimmung von allgemeinen Konstitutionsmerkmalen der Subjektivität gerichtet, was ja auch darin erkennbar ist, daß Adorno und seine Mitarbeiter die Skalen (Autoritarismus, Faschismus ebenso wie die zentrale Ethnozentrismus-Skala) gerade auch in den Arbeiterschichten anwendbar fanden; die Vorstellung von einem zur Substanz geronnenen Subjekt der proletarischen Klasse, das entscheidender Träger revolutionärer Veränderung sein könnte, zersetzt sich 68 nicht nur praktisch, sondern auch durch wissenschaftliche Argumentation. Alle Versuche, die Vorurteilsbereitschaft der Arbeiter, wie es die Linke insgesamt gerne gesehen hätte, von der der Mittel- und Oberschichten in klarer Distanz abzusetzen, sind seitdem zum Scheitern verurteilt. Es ist übrigens genau dieses Wissenschaftsinstrumentarium der nicht-revidierten Theorie Freuds, das zum geschichtlichen Lernen herausfordert und das sich zur Benennung der Trauerunfähigkeit der Nachkriegsdeutschen und zur sozialpsychologischen Aufdeckung von fortexistierenden Vorurteilen besonders eignet.

Neben dem Rückgriff auf die Psychoanalyse kommt es Mitte der sechziger Jahre zu einer Wiederaneignung der durch Faschismus und Nachkriegs-Antikommunismus völlig verdorrten Tradition der dialektischen Gesellschaftstheorie von Marx. Horkheimer und Adorno hatten, in Verallgemeinerungsabsicht, aber zweifellos auch in einer aus »Sklavensprache« erhofften Überlebenspraxis, in den dreißiger Jahren die Marxsche Theorie in »Kritische Theorie« umbenannt. In ihren Auseinandersetzungen mit der modernen Welt verstanden sie Kulturkritik wohl als den umfassenderen Begriff gegenüber der Kritik der politischen Ökonomie. Die Tradition der politischen Ökonomie trat dabei, von den wenigen Ausnahmen wie Paul M. Sweezy, Maurice Dobb und Ronald Meek (den einzigen mir bekannten Ökonomen, die im Institut für Sozialforschung zur Kenntnis genommen wurden) abgesehen, eher am Rande auf. Im Zeitraum von 1967 bis 1974 wird nun praktisch die gesamte ökonomische Literatur des Marxismus, soweit für sie eine gewisse Nähe zu der von der leninistischen Orthodoxie unterdrückten Strömung des »westlichen Marxismus« charakteristisch ist, in verschiedenen Verlagsprojekten herausgebracht. 1968 erscheint Rudolf Hilferdings, »Das Finanzkapital«, im gleichen Jahr Roman Rosdolsky, »Zur Entstehungsgeschichte des Marxschen ›Kapital‹«, eine klassische Rekonstruktion des Marxschen Hauptwerks auf der Grundlage seines »Rohentwurfs« aus den Jahren 1857/58.

Diese Literatur wird begierig aufgegriffen, sie regt wiederum Ausarbeitungen der Marxschen Theorie zu einzelnen, bisher vernachlässigten Aspekten an, wie der Beziehung zwischen Staat und Ökonomie, der Rolle der Natur in geschichtlich-gesellschaftlichen Zusammenhängen, der Kapitalabhängigkeit der Technologieentwicklung, der Interessengebundenheit von Forschung und Lehre. Am folgenreichsten für praktische Orientierungen sind jedoch die hier einsetzenden Differenzierungen im sogenannten Reproduktionsbereich, in bezug auf Kindererziehung, Sozialarbeit, Bildungsarbeit mit Lehrlingen, Aufgaben und soziale Situation der Lehrer.

Von allen diesen Schriften ist zu sagen, daß sie in keinem Punkt einem ökonomistischen Selbstmißverständnis des Marxismus erliegen; sie nehmen den Marxschen Gedanken der materialistischen Kritik und Selbstkritik insoweit ernst, als sie sich weder zu den Verhältnissen der Sowjetunion noch zu denjenigen des veränderten Kapitalismus affirmativ oder legitimatorisch verhalten. Der Rekonstruktion der unterschlagenen Subjektseite im Sozialismus, die nicht mehr in der verdinglichten Gestalt des »subjektiven Faktors« verstanden wird, sondern als konstituierendes Moment lebendiger Realitätserfahrung, entspricht die von Verdinglichungen der toten Arbeit befreite Kritik der ökonomischen Gesetzmäßigkeiten des Kapitalismus.

Da die von den Studenten und Jugendlichen vorangetriebene und erhoffte Revolution immer wieder auf Barrieren stößt und nicht so recht die Erwartungen erfüllt, richtet sich ein starkes Erkenntnisinteresse auf die Erklärung der Bedingungen, die den guten revolutionären Willen und das vorausgreifende Bewußtsein blockieren.

An den Wurzeln menschlichen Daseins ansetzen

In den tastenden Versuchen der Protestbewegung, das Unbehagen an der alternativlos gewordenen politischen Landschaft, an der Großen

Koalition und der drohenden Verabschiedung der Notstandsgesetze begreifbar zu machen und Handlungsperspektiven im Hinblick auf mehr demokratische Beteiligung zu entwickeln, kristallisieren sich verschiedene Frontstellungen heraus. Eine davon zielt darauf, das gesellschaftliche Erbe der deutschen Katastrophengeschichte, hauptsächlich von Krieg und Faschismus, in den verästelten Verdrängungen der Nachkriegsgesellschaft aufzudecken und so zu einer Aufarbeitung der Vergangenheit zu kommen. Die ökonomische und sozialpsychologische Kontinuität im Verhältnis von Drittem Reich und Bundesrepublik ist Thema, nicht der Bruch.

Allerdings findet sich dieses Interesse an einer unzensierten Vergangenheitsaufarbeitung nicht darin befriedigt, die Wunden aufzureißen; bestimmende Zielrichtung ist vielmehr, durch Aufdeckung und Öffentlichmachen des Verdrängten die Bedingungen für lebendige Lernprozesse zu schaffen, die sich der Zukunft zuwenden, um in einer objektiv reichen Gesellschaft auch für die Subjekte reichhaltige Chancen der autonomen Persönlichkeitsentwicklung zu schaffen. Das erwachte und aus traditionellen Verpflichtungen sich lösende, also auch innerlich sich befreiende Subjekt möchte den Reichtum nicht nur anschauen, sondern seinen Bedürfnissen und Interessen gemäß genießen.

Diese Verknotung von Vergangenheit, von Aufarbeitung der biographischen Brechungen und revolutionärem Impuls zur Umgestaltung von Verhältnissen läßt sich in konkreten Zusammenhängen erörtern: Auf dem Hintergrund der Erkenntnisse zur Autoritarismus-Forschung des Frankfurter Instituts für Sozialforschung (insbesondere der von Adorno maßgeblich geprägten Studie über den »Autoritären Charakter« und der umfassenden Untersuchung »Autorität und Familie«), werden den Familien, den Vätern und Müttern anklagende Fragen vorgetragen: Welchen Anteil, durch Handeln oder Unterlassen, habt ihr an der Entstehung des Nationalsozialismus und dem Funktionieren einer Gesellschaftsordnung, die Millionen von Menschen in die Massenvernichtungslager schickte und in den Krieg?

Daß die neue Generation gegen die alte aufbegehrt, wenn sie sich selbst einen autonomen Gestaltungsraum sichern will, ist in der bekannten Struktur der Generationskonflikte angelegt. Neu an diesem Protest ist also nicht, daß die Nachkommenden anders leben wollen, sondern daß sich die Kritik an der Erwachsenengeneration auf den gesamten Konstitutionszusammenhang der Gesellschaft richtet, die sie aufgebaut hat und die namenlose Geschichtsverbrechen und die Unterdrückung menschlicher Bedürfnisse ermöglichte. Unter dem Gesichtspunkt der politischen Sozialcharaktere erscheint so die Väter- und Müttergeneration als eine des leistungsbewußten Mitläufertums; die Ambivalenz von Autoritätsgebundenheit und autoritärer Unterdrückungslust zu zeitgemäßen Anpassungen umformend, wird der Vätergeneration (denn Väter überwiegend sind es, die das öffentliche Unglück aktiv verursacht haben) vorgehalten, daß sich die alte unpolitische Leistungsmoral in der Bundesrepublik fortgeerbt hat und die so produzierte autoritäre Leistungs- und Konsumgesellschaft sich von der des Faschismus nicht prinzipiell unterscheide.

Wo diese Dimension des antiautoritären Protestes, der sich selbst als einen radikalen geschichtlichen Schnitt versteht, auf einen moralischen Antifaschismus begrenzt wird, reicht diese personalisierte Abwertung der Väter- und Müttergeneration bis in die Anfänge des Selbstverständnisses der RAF. Der politische Generationenkonflikt wird von den gesellschaftlichen Veränderungen abgekoppelt und in eine Innendimension übersetzt, die am Ende nur zwei Auswege zuläßt: Gewalt oder den Selbstmord.

Im verzweifelten Antifaschismus treffen sich freilich ganz verschiedene Motive. Gudrun Ensslin und Andreas Baader wenden sich zunächst Fürsorgezöglingen zu, also den Ausgestoßenen, den am Rande der Wohlstandsgesellschaft Vegetierenden. Die moralische Korruption der Repräsentanten der bestehenden Ordnung, die alle den Faschismus in sich nicht überwunden haben, ist für Ulrike Meinhof der entscheidende Ausgangspunkt. Wie es in ihrem idealisierten Eigenanspruch erscheint, machen die Selbstverschleierung der Subjekte und die Undurchsichtigkeit der objektiven Verhältnisse es nötig, die Verhältnisse nicht durch irgendwelche Melodien, die ihnen vorgespielt werden, zum Tanzen zu bringen, sondern durch exemplarische Gewaltaktionen. Da die Herrschenden nicht mehr in einer vom Volk klar und unzweideutig trennbaren Schicht wahrzunehmen und zu bekämpfen sind, sondern deren Normen sich zu herrschenden Normen in der gesamten Bevölkerung transformiert haben, bedarf es der Aufrüttelung, ja der durch tragische Ereignisse hervorgerufenen Erschütterung aller Menschen, damit sich diese der von ihnen selbst nicht durchschauten Unterdrückung bewußt werden. Aber dieser tragische Irrtum der Akteure führt nicht auf den Weg der Aufklärung, was Khatarsis, Läuterung bedeuten könnte, sondern in die tödliche Enge eines politischen Hochsicherheitstraktes, dessen Insassen allenfalls Mitleid erregen.

Diese Entwicklungslinie des erwachenden Selbstbewußtseins einer von Not und Faschismus freien Nachkriegsgeneration bleibt jedoch dem Begriffsspektrum der traditionellen Politik verhaftet; sie ist lediglich die abstrakte Kehrseite des liberalen Kompromisses, der sich als einzig zulässige Ausdrucksform der Realpolitik versteht. Anfängliche Versuche, die kompakt ökonomisierte Zeit des »Kapitals« in langsamen Emanzipationsschritten aufzubrechen, indem im Problemzusammenhang von »Kindheit und Lernen« weitergearbeitet wird, verlieren sich sehr schnell im gewalttätigen Aktionsgestrüpp.

Die wirksamere Neubesinnung, die sich auf Wahrnehmungs- und Denkerweiterung des Subjekts richtet, setzt viel tiefer und, im Kontext der Individualgeschichte, viel früher an. In dieser kritischen Position, die gleichzeitig den traditionellen Politikbegriff auflöst, werden die Erwachsenen als im Grunde nicht mehr besserungsfähig angesehen und für die Neuordnung der Welt abgeschrieben; das revolutionäre Tribunal verurteilt sie, fortan in der geschichtlichen Unterwelt ihr Unwesen zu treiben; es wird keine Hoffnung mehr auf sie gesetzt. So ist die Rückwendung zur Kindheit in der Erwartung begründet, daß aus dem geschichtlichen Subjekt, als das die Arbeiterklasse nicht mehr verstanden werden kann, eine Vielzahl neuer, handlungsfähigerer Subjekte werden könnte. Das Marxsche Diktum, daß radikal sein heiße, die Sache an der Wurzel zu fassen, und für den Menschen eben der Mensch diese Wurzel sei, wird in dem Sinne ernst genommen, daß ohne die vernünftige Entwicklung des Menschen von der Geburt an jede Form politischer Radikalität zu kurz faßt. Die Rückwendung zur Kindheit ist also stets radikalisierte Gegenwartskritik.

Auch diese Rückwendung hat, wie vieles andere, was 68 angestoßen wird, zunächst nichts Spektakuläres an sich, in dem Sinne etwa, daß man sich eine Revolutionierung der Erziehung und des Lernens vorgenommen hätte. Die neu einsetzenden Erziehungs- und Lerndiskurse sind Resultate konkreter Erfahrungen und zeugen vom Mut, Neues auszuprobieren und zuzulassen – wie im einzelnen sich das vollzieht, ist analytisch schwer zu fassen. Ich zitiere deshalb Monika Seifert, die wohl mit einigem Recht »Mutter« der antiautoritären Kinderläden genannt werden kann, buchstäblich und im Doppelsinn dieses Wortes. Bei ihr verknüpfen sich praktische Interessen und theoretische Neugierde miteinander, und sie bezeichnet sehr genau die Zufallskonstellationen, in denen solche Kinderläden und spätere Alternativschulprojekte entstehen, aber auch, wie sich diese Projekte als notwendig erweisen, wie die pädagogische Phantasie auf Veränderung drängt.

Monika Seifert sagt anläßlich eines Gesprächs über 68: »Als ich mit meiner Tochter in England war, da stand sie immer am Zaun einer Grundschule und sagte: ›Auch ich Schule gehen wollen.‹ Und als wir dann zurückkamen, habe ich gesagt, ich muß unbedingt etwas machen – also sie in einen normalen Kindergarten zu schicken, das wäre nicht in Frage gekommen. Zumal ich ja über autoritäre Charakterstruktur gearbeitet hatte. Das war im Institut mein Job, meine Diplomarbeit und mein privates Interesse. Ich war die Entdeckerin von Wilhelm Reich gewesen. Über ihn wurde auch im Institut nicht geredet, er war auch bei Adorno tabu. Es gab in Frankfurt noch zwei, drei Schriften von Reich mit dem Stempel ›Von der SS beschlagnahmt‹. Ich hatte im SDS einen Arbeitskreis gemacht, die Studie ›Autorität und Familie‹ von Erich Fromm gelesen, und da kam es überhaupt nicht in Frage, mein Kind in einen normalen Kindergarten zu schicken.«[108]

Lernen und soziale Differenzierung

Im Zuge der Rezeption von gesellschaftskritischen Schriften, die überwiegend nicht bekannt waren und erst in Raubdrucken verfügbar wurden, bedurfte es jedoch, wenn die geschichtlichen Folgerungen nicht den Charakter unverbindlicher Postulate behalten sollten, einer Konkretisierung der Lernprozesse unter Aspekten der sozialen Differenzierung. Individuelles Lernen, wie die Aufarbeitung von prägenden Mechanismen der Kindheit durch analytische Selbstvergewisserung der inneren Abhängigkeiten, verband sich mit der Entwicklung einer durch Sprache vermittelten Sozialisation des Menschen, in seinen primären Stadien ebenso wie auf späteren Entwicklungsstufen.

Unter dem Stichwort »Lernen und soziale Struktur« entstand eine Diskussion über klassenbedingte Sprachbarrieren, die deutlich machte, daß Handlungen, Sätze, Erlebnisausdrücke sich in einem Übersetzungsprozeß zwischen dem sozialen System und der Persönlichkeitsstruktur bilden. Die Soziologie der Sozialisation versucht, »die Ausbildung der Persönlichkeitsstruktur der handelnden Subjekte selbst noch aus sozial bedingtem Prozeß zu erklären: Dies sind die Sozialisationsvorgänge. Sie sorgen dafür, daß ein Substrat, der Organismus des Neugeborenen, soweit mit sozialen Strukturen ›durchdrungen‹ wird, daß er die fundamentalen Erfordernisse des Rollenspiels erfüllen und unter geltenden Normen handeln kann. Sekundär nennen wir den Vorgang der Sozialisation, wenn ein prinzipiell schon handlungsfähiges Subjekt neue Rollen hinzulernt. Primär heißt der Sozialisationsvorgang, in dem das Neugeborene die Handlungsfähigkeit eines Subjekts als solche erwirbt. Hier ist der Prozeß der Vergesellschaftung zugleich ein Vorgang der Individuierung.«[109]

Am aufschlußreichsten und bekanntesten war in der Zeit um 68 zweifellos der Vorschlag von Basil Bernstein, Professor für Erziehungssoziologie an der Universität London, den Spracherwerb und Sprachgebrauch nach Klassen und Schichten zu differenzieren. Im Zusammenhang dieser schichtspezifischen Sozialisationsforschung hatte er eine Grundunterscheidung in den grammatischen Regeln sprachlicher Kommunikation getroffen, wodurch er den sogenannten »restricted code« der öffentlichen Sprache von Arbeitern (public language) dem formal entfalteteren »code« des Sprachgebrauchs der Mittelschichten, den er als »elaborated« bezeichnete, gegenüberstellte. Da beide Sprachsysteme nicht durch ein Über- oder Unterordnungsverhältnis in Beziehung zu setzen sind, sondern ihre eigene, unverwechselbare Struktur haben, wendet sich Bernstein entschieden gegen den »Unfug der kompensatorischen Erziehung«.[110]

Ich gehe auf diese ursprüngliche Sozialisationsforschung in Deutschland zurück, nicht um der bloßen geschichtlichen Erinnerung willen, sondern weil vieles, was in dieser Phase der Wiederentdeckung von Kindheit an wissenschaftlichen Erklärungsansätzen und praktischen Perspektiven formuliert wurde, in Vergessenheit geraten ist und dringend der Wiederaneignung bedarf. Denn Bernstein zerstört mit seinen Untersuchungen die Illusion, es gäbe für alle Kinder gleichlautende Sozialisationsschemata; mit der Aneignung des Sprachsystems werden gleichzeitig Grundausstattungen der sozialen Beziehungen verinnerlicht, politisch-soziale Milieus zum inneren Gemeinwesen befestigt, also Eigenschaftsmerkmale der Sozialstruktur, in der das Kind aufwächst und lebendige Erfahrungen macht.

»Indem das Kind seine Sprache (speech) oder, in den hier verwandten Termini, spezifische Codes erlernt, die seine verbalen Äußerungen regulieren, erlernt es die Forderungen der Sozialstruktur. Die Erfahrung des Kindes wird transformiert durch die Lernvorgänge, die durch seine eigenen, offensichtlich spontanen Sprechakte bewirkt werden. Die Sozialstruktur wird im wesentlichen durch die Konsequenzen des Sprachprozesses (linguistic process) zur Grundlage kindlicher Erfahrungen. Unter diesem Aspekt wird jedesmal, wenn es spricht oder zuhört, im Kind die Sozialstruktur, der es angehört, verstärkt und seine soziale Identität in zunehmendem Maße bestimmt. Die Sozialstruktur wurde durch die Art und Weise, in der sie die Sprechakte des Kindes formt, zur psychischen Realität des heranwachsenden Kindes. Man nimmt an, daß dem allgemeinen Sprachmuster des Kindes eine begrenzte Reihe von entscheidenden Auswahlkriterien (set of choices) zugrunde liegt: Bevorzugung einiger Alternativen vor anderen, die sich im Laufe der Zeit entwickeln und stabilisieren, und die wahrscheinlich eine wichtige Rolle bei der Festlegung intellektueller, sozialer und affektiver Orientierung spielt. Derselbe Prozeß kann auch auf eine etwas formalere Weise beschrieben werden. Individuen erlernen ihre Rollen durch den Kommunikationsprozeß.«[111] Was heute selbstverständlich erscheint, war in einer Zeit beharrlicher Gleichheitsillusionen ein spektakulärer Einbruch in gesicherte Domänen.

Die ursprünglichen Fassungen der Sozialisationstheorie, auch der weitergeführten sprachanalytischen Untersuchungen von Alfred Lorenzer, haben politische Impulse; sie richten sich gegen das Vergessen, gegen die egalitären Selbsttäuschungen der Konsumgesellschaft und gegen die Unterschlagung einer Wirklichkeit von Macht- und Ohnmachtsverhältnissen, die für die kapitalistischen Produktions- und Eigentumsordnungen charakteristisch sind. Es liegt auf der Hand, daß auch die sprachanalytischen Forschungen nur dann zu relevanten Erkenntnissen führen, wenn im Zentrum die Frage steht: Wie werden Kinder mit gesellschaftlichen Anforderungen und Normen ausgestattet, und wie lassen sich daraus Lernprozesse begründen, welche die Mündigkeit und autonome Urteilsfähigkeit vergrößern? Ohne Reflexion auf Kindheit, also den Beginn der Sozialisation, sind Überlegungen zum Spracherwerb und zum Sprachgebrauch nicht sinnvoll zu gestalten.

Es mag abstrakt erscheinen, aus der Rezeptionsgeschichte der marxistischen Ökonomie[112] nennenswerte Einflüsse auf die Behandlung des Themas »Kindheit und Lernen« abzuleiten. Gleichwohl hat diese Rezeption eine zentrale Bedeutung für die Einbeziehung der lebensgeschichtlichen Aufarbeitungsprozesse und der Sozialisation des Kindes in die objektiven gesellschaftlichen Existenzbedingungen. Der Blick fällt auf die Unterprivilegierten, auf die vom Herrschaftssystem Ausgegliederten, denen der gerechte Ausgangspunkt für ihre individuelle Entwicklung fehlt. Die breite Literatur über den Reproduktionssektor, über

Arbeiterkinder und Fürsorgezöglinge, überhaupt zur sozialen Schichtung von Kindheit und Jugend, gewinnt zweifellos aus dieser ökonomiekritischen Wiederaneignung der Marxschen Kapitalanalyse, jetzt aber nicht reduziert auf die Stellung der Arbeiter im Produktionsprozeß, sondern bezogen auch auf diejenigen, die aus diesem kapitalistischen Produktionsprozeß entweder ausgegliedert sind (wie die Alten, die Obdachlosen, die Arbeitslosen) oder noch im Vorhof des Kapitals stehen (wie die Kinder und Jugendlichen).

1969 erscheint im Frankfurter März-Verlag Otto Rühles Schrift »Zur Psychologie des proletarischen Kindes«. Rühle war eine markante Persönlichkeit des demokratischen Sozialismus, bedeutender Schulpolitiker des linken SPD-Flügels, Mitglied des Reichstages; er stimmte 1915 zusammen mit Karl Liebknecht gegen die Bewilligung der Kriegskredite und wurde dann Mitglied der Spartakus-Gruppe; 1920 erfolgte der Ausschluß aus der KPD unter dem Vorwurf des Anarchismus. Rühle entwickelte eine Sozialisationstheorie, die sich auf Alfred Adler und Marx gleichzeitig stützt. In diesem Zusammenhang ist weniger wichtig, was Rühle selbst sagt; denn die Adlersche Theorie setzt ganz auf die Überwindung des klassenbedingten Minderwertigkeitskomplexes durch Ausbildung des Gemeinschaftsgefühls.

Interessanter in meinem Argumentationszusammenhang ist, wie politisch engagierte Pädagogen, die dieses Buch noch einmal 1974 herausgeben, für ihre eigenen Vorstellungen eines Neubeginns Kräfte aus der Wiederbelebung unterdrückter Traditionen beziehen. Nicht nur in dieser Hinsicht läßt sich die Protestbewegung der Studenten und Jugendlichen als eine auf das Anknüpfen an Traditionsbestände bedachte Bewegung betrachten – Traditionen freilich, die seit der Niederschlagung des großen Bauernkrieges von 1525 in Deutschland subversiv, im Untergrund geblieben sind.

Die Autoren der Neuauflage von Otto Rühle schreiben: »Das Alltagsbewußtsein der Arbeiterkinder reproduziert die repressiven Erfahrungen ihrer Eltern in der Produktion, verstärkt durch die Ergebnisse ihrer eigenen Auseinandersetzung mit den Klassenschranken in der westdeutschen Gesellschaft. Schon die Arbeiterkinder erweisen sich als geprägt von der Erfahrung der gesellschaftlichen Ohnmacht, wie sie sich im dichotomischen Bewußtsein niederschlägt. Sie zeigen aber zugleich Anzeichen der doppelten Bestimmung ihres Bewußtseins. Sie zeigen nicht nur Momente der Ohnmacht und Flucht, sondern auch des Trotzes und der Bereitschaft, unter kollektiven Bedingungen gegen die

Unterdrückung Widerstand zu leisten. Die Arbeit in den proletarischen Kindergruppen zeigte, daß das Arbeiterkind in der Gegenwart schon so weit emotionale und kognitive Distanz zur herrschenden Klasse in ihren verschiedenen Erscheinungsformen gewonnen hat, daß es, in Gruppen organisiert, zum systemkritischen Handeln fähig ist.«[113] In den proletarischen Kindergruppen bewies die Erklärung des Alltagsbewußtseins von Arbeiterkindern durch Otto Rühle ihre Aktualität. Als bestes Mittel zur Verhinderung einer regressiven Reaktion des Arbeiterkindes auf seine Klassenlage erschien die organisierte Selbsttätigkeit der Kindergruppen, die zu Kollektiven wurden, wenn der politische Erzieher, wie Rühle es nahegelegt hatte, jede autoritäre Distanz zu den Kindern abgebaut hatte. Die antiautoritäre Erziehungsbewegung hat diese Erkenntnis wiederentdeckt, ohne ihre Bedeutung für die Bewußtseinsveränderung des doppelt unterdrückten Arbeiterkindes in seinen gesellschaftlichen Voraussetzungen richtig gesehen zu haben.

Das Arbeiterkind steht faktisch und symbolisch für alle Kinder, die der Ausbeutung, der Unterdrückung und der Ausgrenzung aus der guten und wohlgeordneten Gesellschaft unterliegen, selbst dort, wo sie in dieser privilegierten Ordnung leben, aber durch Lieblosigkeit an die gesellschaftlichen Ränder gedrängt sind. Kein Erziehungsvorschlag ist seitdem gemacht worden, ohne gleichzeitig die Bedingungen zu benennen, unter denen für Kinder unterprivilegierter Sozialschichten möglichst günstige Voraussetzungen des Lernens und der Bildungschancen zu schaffen sind. Es ist das politische Problem der Herstellung möglichst ausgeglichener Chancen zur menschlichen Entwicklung, unabhängig von der fortexistierenden sozialen und ökonomischen Ausstattung der Kinder.

So verbindet sich mit den Zweifeln, daß die proletarische Klasse als Ganze und in ihren empirischen Organisationsformen als Subjekt der revolutionären Veränderung betrachtet werden könne, die individuelle Weigerung, die eigenen Kinder dem Klassensystem der Schule, der Ausbildung und der sonstigen vorgegebenen Institutionen des Lernens zu überlassen. Die am wenigsten in das bestehende Herrschaftssystem mit subjektiven Identifikationen oder objektiven Privilegien integriert sind, vor allem also Kinder und Jugendliche, werden in ihrer Bedeutung für Prozesse der Gesellschaftsveränderung am höchsten eingeschätzt. In manchen Analysen, wie der des amerikanischen Soziologenehepaares Rawntree, übernimmt die Jugend sogar die Funktion des alten Klassensubjekts.

Die Bewegung, die dann einsetzt und die man als eine des alternativen Lernens bezeichnen kann (mit zahlreichen Kinderläden, Alternativschulprojekten und neuen Organisationsformen der Sozialarbeit), hat gleichzeitig einen Rückbezug zur Lockeschen Idee des »unbeschriebenen Blattes«, dem noch alle Möglichkeiten der Prägung offenstehen – und der sozialen Unterprivilegierung, wenn man nichts unternimmt. Nur die Notleidenden haben demzufolge ein Motiv der Rebellion, aber Not hat ein weites Spektrum von Dringlichkeit. Ernst Bloch hat dieses Spektrum abgetastet. In »Erbschaft dieser Zeit«, einer der radikalsten Abrechnungen mit dem Faschismus, schreibt er: »Der Mensch lebt nicht vom Brot allein – zumal, wenn er keines hat.« Not produziert vielfältige Bedürfnisse.

Bis zum heutigen Tag stehen deshalb Alternativprojekte des Lernens und der Erziehung unter dem Legitimationsdruck, vor allem die Startbedingungen von unbegüterten und durch die Raster der Arbeits- und Konsumgesellschaft gefallenen Kinder zu verbessern. Wo das in Alternativprojekten mißlingt, wird es stets als Legitimationsmangel empfunden.

Was schließlich die Bildungsreformbestrebungen der sozialliberalen Koalition aufgreifen und was in Bildungsgutachten wissenschaftlich begründet und politisch als Forderung ausgesprochen wird, betrifft das Problem der Gleichordnung von verschiedenen Dimensionen des Lernens. Balancearbeit zu leisten im Ausgleich von kognitivem, emotionalem und sozialem Lernen ist seitdem ein unabgegoltener Anspruch des Lernens, der sich der gesellschaftlichen Selbstaufklärung der Bedingungen von Kindheit und Jugend gewachsen sieht.

Hier verknüpfen sich jetzt die Motive der individuellen Auseinandersetzung mit dem faschistischen Erbe in der Erwachsenengeneration, die sich, wie behauptet wird, den neuen demokratischen Verhältnissen lediglich äußerlich angepaßt hat, mit der aktiven, kollektiv-politischen Arbeit an der Veränderung der Lern- und Erziehungsinstitutionen – mit dem Ziel, daß Auschwitz nicht wiederkehre. Kaum zufällig ist es, daß Adornos Vortrag »Erziehung nach Auschwitz«, in dem die Worte stehen: »Jede Debatte über Erziehungsideale ist nichtig und gleichgültig diesem einen gegenüber, daß Auschwitz nicht sich wiederhole«, sich größter Anerkennung erfreut. Die meisten pädagogischen Aufsätze Adornos, mit den Themenschwerpunkten »Aufarbeitung der Vergangenheit«, die Rolle des Lehrerberufs, Fernsehen und Bildung, Erziehung zur Mündigkeit, sind in den Jahren 1959 bis 1968 entstanden und in großer Zahl verbreitet. »Erziehung wäre sinnvoll überhaupt nur als eine zu kritischer Selbstreflexion. Da aber die Charaktere insgesamt, auch die, welche im späteren Leben die Untaten verübten, nach den Kenntnissen der Tiefenpsychologie schon in der frühen Kindheit sich bilden, so hat Erziehung, welche die Wiederholung verhindern will, auf die frühe Kindheit sich zu konzentrieren.«[114]

Auch bei Adorno findet sich also der Hinweis, daß eine Gesellschaft, die vom Alptraum Auschwitz befreit ist, nur bei der Kindheit ansetzen könne. Aber die Selbstaufklärung der Erwachsenen erscheint ihm ebenso wichtig. »Spreche ich von der Erziehung nach Auschwitz, so meine ich zwei Bereiche: Einmal Erziehung in der Kindheit, zumal der frühen; dann allgemeine Aufklärung, die ein geistiges, kulturelles und gesellschaftliches Klima schafft, das eine Wiederholung nicht zuläßt, ein Klima also, in dem die Motive, die zu dem Grauen geführt haben, einigermaßen bewußt werden.«[115]

Maulwurfsarbeit

Immer wieder ist danach gefragt worden, ob es sich 68, wenn schon nicht um eine politische Revolution, so doch um eine Kulturrevolution handele, die mit viel überschüssigem Bewußtsein und mutiger Entschlossenheit daran arbeitete, die bürokratisch versteinerten Verhältnisse aufzubrechen und vielleicht sogar zum Tanzen zu bringen. Von einer Kulturrevolution, die zunächst sehr vielfältige Ausdrucksformen neuen Denkens und unkonventioneller Aktionen herstellt, um am Ende betonierte Wirklichkeiten zum Einsturz zu bringen, ist auch in der Zeit der Umwandlungsprozesse von 1989 die Rede gewesen; denn auch hier sind es nicht eine Armee, bewaffnete Mächte gewesen, die alte politische Herrschaftsordnungen zu Fall brachten, sondern eher friedfertige, in den Lebenszusammenhängen der Menschen fest verwurzelte Bedürfnisse und Denkweisen.

In der Dialektik dieser Zusammenbrüche und Umwälzungen steckt viel von dem, was Hegel und Marx als Maulwurfsarbeit bezeichneten; es sind Ideen, deren Zeit gekommen ist, Denkweisen, solidarisches Zusammenhalten verbunden mit dem entschiedenen Willen, so nicht weiterzumachen, wie es die herrschenden Schichten haben wollen. In dieser sich um kulturelle Haltungen, um Freiheitsbedürfnisse und nationale Ausdrucksweisen organisierenden revolutionären Bewegung sammeln sich Kräfte, die aus allen Schichten und Klassen kommen, und sie besetzen Orte, mit ihren Lichterketten, mit ihren Reden und ihrem Singen, die ehedem nur für öffentliche Demonstrationszwecke des Herrschaftssystems vorgesehen waren. Im allgemeinen wird in den sprunghaft umschlagenden Resultaten die Langsamkeit und die Verwurzelung jener geschichtlichen Prozesse vergessen, die sich ungleichzeitig und unauffällig abspielen.

Ganz verschiedene Bilder, Metaphern und Gedanken sind dafür verwendet worden, den plötzlichen Umschlag, der sich im Zerbrechen des harten Gegenstandsmaterials der gesellschaftlichen Herrschaftsstrukturen dokumentiert, auf menschliches Verhalten zurückzuführen, ohne ein bestimmtes Subjekt benennen zu können. Eine szenische Konstellation, die auf solche merkwürdigen Sprünge hinführt, bezeichnet Brecht in seinem Gedicht »Legende von der Entstehung des Buches Taoteking auf dem Weg des Laotse in die Emigration«.[116] Am vierten Tag an der Grenze ankommend, treffen Laotse und der ihn begleitende Knabe auf einen Zöllner, der ihnen den Weg versperrt und die Frage stellt:

»Kostbarkeiten zu verzollen?« – »Keine.«
Und der Knabe, der den Ochsen führte, sprach:
»Er hat gelehrt.«
Und so war auch das erklärt.

Doch der Mann in einer heitren Regung
Fragte noch: »Hat er was rausgekriegt?«
Sprach der Knabe: »Daß das weiche Wasser in Bewegung
Mit der Zeit den mächtigen Stein besiegt.
Du verstehst, das Harte unterliegt.«

Daß er nicht das letzte Tageslicht verlöre
Trieb der Knabe nun den Ochsen an
Und die drei verschwanden schon um eine schwarze Föhre,
Da kam plötzlich Fahrt in unsern Mann
Und er schrie: »He, du! Halt an!

Was ist das mit diesem Wasser, Alter?«
Hielt der Alte: »Intressiert es dich?«
Sprach der Mann: »Ich bin nur Zollverwalter
Doch wer wen besiegt, das intressiert auch mich.
Wenn du's weißt, dann sprich!

Schreib mir's auf! Diktier es diesem Kinde!
So was nimmt man doch nicht mit sich fort.
…«

Nicht das harte, gegenständliche Sein des bürokratischen Knochen- gerüsts eines Herrschaftssystems, nicht Polizei und Militär, Krieg und Bürgerkrieg sind es nach Brecht, welche am Ende den Sieg da- vontragen; es ist das Wasser, ein weiches, flüssiges, lebensspenden- des Element. Es sind Ideen, Gedankenverbindungen, Utopien, Ent- würfe, durch die das ontologisch fest erscheinende Verhältnis von substantieller Basis und abgeleitetem Überbau umgedreht wird; das Harte unterliegt, der mächtige Stein wird besiegt, das weiche Was- ser in Bewegung sucht sich eigene Kanäle, Röhren, Gänge, Risse im

Bestehenden, wodurch Erosionen des Herrschaftssystems bewirkt werden. Für Brecht ist das aber kein bloß objektiver Vorgang, der sich ohne Beteiligung der Menschen vollzieht; was sich da abspielt, läßt sich lehren und lernen, vielleicht sogar in einer Art Weisheitslehre niederschreiben.

Wenn Marx davon spricht, »die versteinerten Verhältnisse dadurch zum Tanzen (zu) zwingen, daß man ihnen ihre eigene Melodie vorsingt«,[117] dann bezeichnet das ähnliche Umkehrungen in der Beziehung zwischen der wachsenden Macht des Weichen, des Fließenden, ja des Ästhetischen und dem stumpfen Machtgepränge von Herrschaftssystemen, die Abstraktionen, die gegenständliche Gewalt geworden sind, blind vertrauen und gerade dadurch ihren eigenen Sturz befördern. Von solchen weichen Elementen, von der Idee des fließenden Wassers und den melodischen Klängen, die Menschen und Verhältnisse zum Tanzen bringen, leben die Revolutionsbegriffe von Marx und Brecht.

Ihr Lehrmeister darin ist Hegel. Was für ihn revolutionäre Umwälzung sein könnte, hat viel mehr mit List als mit der »Breitseite der Gewalt« zu tun. »Die Vernunft ist ebenso listig als mächtig. Die List besteht überhaupt in der vermittelnden Tätigkeit, welche, indem sie die Objekte ihrer eigenen Natur gemäß aufeinander einwirken und sich aneinander abarbeiten läßt, ohne sich unmittelbar in diesen Prozeß einzumischen, gleichwohl nur ihren Zweck zur Ausführung bringt.«[118]

So ist, im dialektischen Horizont des Denkens, nichts absurder, als revolutionäre Umwandlungsprozesse der Gesellschaft auf exemplarische Aktionen des Terrors zurückzuführen. Dagegen sind Aktionen und Bewegungen, welche das Selbst- und Wirklichkeitsverständnis der Menschen, Ideen und Denkweisen zum Gegenstand aktiven, verändernden Eingriffs haben, in der Geschichte immer wieder von zentraler Bedeutung für geschichtliche Veränderungen gewesen. Die französische Aufklärung, philosophisch-literarische Denker wie Diderot, Voltaire, Helvetius, D'Alembert, Rousseau, die Wege aus der Unmündigkeit weisen und den Menschen Wissen über die Grundlagen ihrer Abhängigkeit vermitteln, sind prägende Vorboten nicht nur der Französischen Revolution von 1789, sondern auch der amerikanischen Befreiungsbewegung und insgesamt eines Emanzipationsversprechens der europäischen Kultur, das bis tief ins neunzehnte Jahrhundert in der Literatur, in der Philosophie, in der Musik nachwirkte. Und heute keineswegs ausgestanden ist. Diese

Wühltätigkeit, in nichts mit Geheimdienstaktivitäten oder sektiererischen Umtrieben zu verwechseln, sorgt für immer neue geschichtliche Überraschungen.

Worauf beruht die Faszination des Maulwurfs bei den Dialektikern? Offensichtlich gehört zu dieser Faszination das beharrliche, langsame Graben von Gängen und die Verwirrung. Dort, wo sie in Erscheinung treten, sind sie nicht mehr, und wo sie wirklich sind, treten sie nicht in Erscheinung. Niemand weiß genau, wo sie sich in der Zwischenzeit aufhalten und in welche Richtung sie sich bewegen.

Ihr Tun hat Günter Eich in der Präambel eines kleinen Prosabandes mit dem Titel »Maulwürfe«[119] beschrieben: »Was ich schreibe, sind Maulwürfe, weiße Krallen nach außen gekehrt, rosa Zehenballen, von vielen Feinden gern als Delikatesse genossen, das dicke Fell geschätzt. Meine Maulwürfe sind schneller, als man denkt. Wenn man meint, sie seien da, wo sie Mulm aufwerfen, rennen sie schon in ihren Gängen einem Gedanken nach, an eingesteckten Grashalmen könnte man ihre Geschwindigkeit elektronisch filmen. Anderen rasen sie einige Meter voraus. Wir sind schon da, könnten sie rufen, aber der Hase täte ihnen leid. Meine Maulwürfe sind schädlich, man soll sich keine Illusionen machen. Über ihren Gängen sterben die Gräser ab, sie machen es freilich nur deutlicher. Fallen werden gestellt, sie rennen blindlings hinein. Manche schleudern Ratten hoch, tragt uns als Mantelfutter, denken sie alle.«

Wie merkwürdig, daß Günter Eich, einer der sensibelsten Lyriker unserer Zeit, diese Maulwurfsprosa gerade um das Jahr 68 verfaßt. Gegen wilde Beschleunigungen gerichtet, ist die Arbeit gleichsam an der Basis, im Erdreich und unterhalb des grellen Lichts der Öffentlichkeit, das Bestimmende dieser Prosastücke. Und ein zweites Tier wird in Anspruch genommen, um Veränderungen unterhalb der offiziellen Gesellschaft benennbar zu machen. Günter Grass schreibt wenig später »Aus dem Tagebuch einer Schnecke«. Schnecken und Maulwürfe tragen Siege davon, die nicht so leicht in öffentlichen Feiern unterzubringen sind. Variationen der Geschichte vom Wettlauf zwischen Hase und Igel liegen in der Luft; es ist die langsame Bewegung, das Schleichende und Bohrende, worin sich Elemente der List geltend machen gegenüber der Daueranspannung des Rennens und des Fortschritts. Hegel, Marx und Engels variieren das Maulwurfsthema in immer neuen Wendungen. Allen

Programmen und Deklarationen entgegen bezeichnet Maulwurfsarbeit Wege, die ein viel weiter gefaßtes geschichtliches Geflecht
möglicher Ereignisse bezeichnen, als sich die Menschen in ihren
Absichten und ihrem Willen auszudenken vermögen.
Der erste, der die Kraft dieses schwarzen Wühlers ins Licht der
Öffentlichkeit hebt, ist Shakespeare. Im »Hamlet« verknüpft der
intellektuelle Skeptiker das Wühlen des Maulwurfs mit der Aussage,
daß es mehr Dinge zwischen Himmel und Erde gäbe, als sich der
menschliche Verstand träumen läßt. Hamlet fordert von Marcellus
und Horatio, über ihre Beobachtungen zu schweigen, und seines
Vaters Geist, der ihn soeben über den Tod seines Vaters aufgeklärt
hat, stützt diese Forderung. »Geist (unter der Erde): Schwört auf
sein Schwert. Hamlet: Brav, alter Maulwurf! Wühlst so hurtig fort?
O trefflicher Minierer! – Nochmals weiter, Freunde! Horatio: Beim
Sonnenlicht, dies ist erstaunlich fremd. Hamlet: So heiß als einen
Fremden es willkommen. Es gibt mehr Dinge zwischen Himmel
und Erde, Horatio, als es deine Philosophie sich träumen läßt.«[120]
Seitdem ist der Maulwurf (Mole) zu einer geschichtsphilosophi-
schen Metapher geworden, in der das verändernde, revolutionäre
Ansammeln der Kräfte unter der Erde dem platten aufklärerischen
Begriff von geschichtlichem Handeln, auch großer geschichtlicher
Persönlichkeiten, entgegengesetzt wird. Für Hegel ist im Begriff
des objektiven Geistes viel von diesen verflochtenen Tätigkeiten
des Maulwurfs enthalten: »Der Geist schreitet immer vorwärts zu,
will nur der Geist fortschreiten. Oft scheint er sich zu vergessen, verloren zu haben; aber Inneres sich entgegengesetzt ist er innerliches
Fortschreiten – wie Hamlet vom Geist seines Vaters sagt, ›brav gearbeitet, wackerer Maulwurf‹ – bis er, in sich erstarkt, jetzt die Erdrinde, die ihn von einer Sonne, seinem Begriffe schied, aufstößt, daß
sie zusammenfällt. In solcher Zeit hat er die Sieben-Meilen-Stiefel
angelegt. Wo sie, ein seelenloses, morschgewordenes Gebäude,
zusammenfällt.«[121]
Der treffliche Minierer, dieser brave, hurtig wühlende alte Maulwurf, besonders fleißig in Zeiten, die aus den Fugen geraten sind,
wird zum Symbol einer Weisheit, welche die besserwisserische
Schulweisheit sprengt. Die aus den Fugen geratene Zeit gibt ihm
günstige Arbeitschancen. Für Marx und Engels knüpft sich an die
Vorstellung von Revolution diese Arbeit im Untergrund; es ist
jedoch alles andere als eine Geheimbündelei, die hier am Werk ist.
Es ist vielmehr mühevolle, in ihren einzelnen Zwecksitzungen

nicht richtig verstehbare und schon gar nicht planbare Arbeit, die schließlich das Revolutionsgeschehen bestimmt. Im »18ten Brumaire des Louis Bonaparte« aber sagt Marx: »Die Revolution ist gründlich. Sie vollbringt ihr Geschäft mit Methode. Bis zum 2. Dezember 1851 hatte sie die eine Hälfte ihrer Vorbereitung absolviert. Sie absolviert jetzt die andere ... Und wenn sie diese zweite Hälfte ihrer Vorarbeit vollbracht hat, wird Europa von seinem Sitze aufspringen und jubeln: Brav gewühlt, alter Maulwurf.«[122] Für die Revolution ist also der Weg genauso wichtig wie das Resultat. Wo die Erdrinde, wie Hegel sagt, aufgebrochen wird, ist die Hauptarbeit bereits erledigt. Jetzt erst kann sich »die Sonne des Begriffs« mit der verzweigten Arbeitstätigkeit, also der ganzen Vorgeschichte des revolutionären Umbruchs, verknüpfen.

In einer Rede auf der Jahresfeier des »People's Paper« am 14. April 1856 in London verknüpft Marx, der ja ein hervorragender Kenner und Liebhaber der Shakespeareschen Werke war, zwei Textstellen miteinander, durch die der alte Wühler den Glanz einer Lichtgestalt bekommt. Marx sagt: »Sie (die Arbeiter) sind so gut die Erfindung der neuen Zeit wie die Maschinerie selbst. In den Anzeichen, die die Bourgeoisie, den Adel und die ärmsten Rückschrittspropheten in Verwirrung bringen, erkennen wir unseren wackeren Freund Robin Goodfellow, den alten Maulwurf, der so hurtig wühlen kann, den trefflichen Minierer – die Revolution.« Robin Goodfellow ist ein sagenhaftes Wesen, das nach englischem Volksglauben die Rolle eines Schutzpatrons und Helfers der Menschen spielt; es ist eine der Hauptgestalten aus Shakespeares Lustspiel »Ein Sommernachtstraum«, »Puck or Robin Goodfellow«.

In allen diesen Zusammenhängen ist von Hegel, Marx und Engels die externe, lautstarke, mit verwirrenden Aktionen und Ereignissen besetzte Tücke der Geschichte unterschieden von ihrer Geheimgeschichte, die man allenfalls in der Bewegung der Grashalme, in kleinen Erdverwerfungen, Andeutungen wahrnehmen kann. So auch die eigentliche Geschichte des philosophischen Denkens: »Die philosophische Geschichtsschreibung hat es nicht sowohl damit zu tun, die Persönlichkeit, sei es auch die geistige des Philosophen, gleichsam als den Fokus und die Gestalt seines Systems zu fassen, noch weniger in psychologischen Kleinkram und Klugsein sich zu ergehen; sondern sie hat in jedem System die Bestimmung selbst, die durchgehenden wirklichen Kristallisationen von den Beweisen, den Rechtfertigungen in Gesprächen, der

Darstellung der Philosophen, soweit diese sich selbst kennen, zu trennen; den stumm fortwirkenden Maulwurf des wirklichen philosophischen Wissens von den Gesprächen, exoterischen, sich mannigfach gebärdenden phänomenologischen Bewußtsein des Subjekts, das das Gefäß und die Energie jener Entwicklungen ist.«[123] Überall ist in dieser dialektischen Betrachtung der Beziehungen zwischen öffentlich lautstarker Entwicklungsgeschichte und der Geheimgeschichte revolutionärer Prozesse davon die Rede, daß die Entzifferung der letzteren kritisches Unterscheidungsvermögen von Wesen und Erscheinung fordert.

4. Wann ist die Zeit reif für eine gesellschaftliche Umwälzung?

Was die Griechen unter »Kairós« verstanden, der geglückten Verbindung der aus dem Subjekt kommenden Kräfte mit den objektiven Verhältnissen, so daß genau das erwartete Ereignis oder die beabsichtigte Wirkung eintritt, hat die Menschen immer wieder beschäftigt und zu phantasievollen Kombinationen herausgefordert, die unter jeweils veränderten Bedingungen denselben Sachverhalt treffen. Ursprünglich bezeichnet Kairós das rechte Maß, das Passende, Angemessene, den rechten Ort oder Platz, die günstige Stelle, aber auch den rechten passenden Zeitpunkt, der durchaus kritische Augenblicke, eine Krise, eine gefährliche Lage einschließt.

Für den erfolgreichen politischen Machtmenschen formuliert Machiavelli dieses richtige Maß so: Zu dem Wissen um die objektiven Verhältnisse (Necissitá) und der Kraftäußerung der Tugend (Virtú) muß etwas hinzukommen, was in beiden angelegt ist, aber weder durch gedankliche Anstrengung noch durch eindringliches Wollen hergestellt werden kann, nämlich Glück (Fortuna). Es ist die säkularisierte Form der Gnade. Hegel spricht in diesem Zusammenhang von der »Knotenlinie von Maßverhältnissen«, welche die wesenhafte Mitte eines Widerspruchs trifft, der auf Lösung drängt. Daß es in der Natur, der belebten ebenso wie in anorganischen Bereichen, Konstellationen von Kräften gibt, durch die sich sprunghaft die Aggregatzustände ändern, ist der Denkgeschichte seit frühester Zeit bekannt.

Die Reflexion auf den Kairós im Bezugsrahmen gesellschaftlicher Veränderungen ist ein Produkt der modernen Geschichte. Selbst in der Zeit der großen bürgerlichen Revolutionen spielen Überlegungen, ob die Zeit reif sei für eine gesellschaftliche Umwälzung, gemessen an der Erwartung und Hoffnung, daß sich der revolutionäre Prozeß wie eine Art Naturereignis vollziehen wird, eine relativ nebensächliche Rolle. Kant spricht deshalb von der Französischen Revolution 1789 als einer »Evolution des Naturrechts«. Für Hegel verschwinden die handelnden revolutionären Subjekte völlig hinter der sich bahnbrechenden Kraft des objektiven Geistes, für den, wenn er in die Wirklichkeit tritt, die Zeit immer schon reif gewesen ist.

Selbst die Jakobiner, Robespierre und Saint-Just, die mit einem gewaltigen Übermaß an subjektiver Energie geschichtliche Prozesse zu steuern versuchen, begreifen sich lediglich als konsequente Anwender des Naturrechts.

Prekär wird die Frage nach der gesellschaftlichen Reife für Umwälzungen erst in dem Augenblick, in dem eine Klasse auf die geschichtliche Handlungsbühne tritt, die nichts weiter einzubringen hat als ihre Organisationsmacht und den entschlossenen Willen, die bestehenden Herrschaftsverhältnisse zu brechen und eine wie immer geartete neue Gesellschaft aufzubauen. Wann und wo für eine solche revolutionäre Umgestaltung die günstigsten Voraussetzungen gegeben sind – das herauszufinden und in strategische Überlegungen handelnder Subjekte zu übersetzen bestimmt einen wesentlichen Teil der theoretisch angeleiteten Strategiedebatten der gesamten Linken im zwanzigsten Jahrhundert. Das Zeitmaß bleibt unbestimmt und ist häufig so gestreckt, daß weder Anfang noch Ende absehbar ist.

Marx selbst hält alles offen. Wenn die Produktionsverhältnisse aus Entwicklungsformen zu Fesseln der Produktivkräfte werden, dann, sagt er, beginne eine Epoche sozialer Revolutionen. Wie lange diese dauert, ob ein Jahrhundert oder zwanzig Jahre, ist nicht bestimmt, zumal die revolutionäre Reife des handelnden Subjekts einer solchen Umwälzung überhaupt nicht einkalkuliert ist. Eine große Schwankungsbreite in der Einschätzung geschichtlicher Situationen zeigt sich im zwanzigsten Jahrhundert, wenn die Frage auftaucht, unter welchen Bedingungen der fatal eingeschätzte Ablauf der Geschichte hätte unterbrochen werden können, wo es sinnvoll und erfolgversprechend gewesen wäre, in das objektiv ablaufende Räderwerk einzugreifen oder abzuwarten. Ist zum Beispiel der Umbruch 1933 etwa schon 1914 gesetzt, als die deutsche Sozialdemokratie, gegen alle bis dahin abgegebenen internationalen Selbstverpflichtungen verstoßend, die Kriegskredite für eine auf Krieg versessene Monarchie bewilligte? War 1918 die Situation reif für eine revolutionäre sozialistische Umgestaltung der Gesellschaft?

Nachträglich immer zu meinen, daß es genau so hat kommen müssen, wie es gekommen ist, spricht der Geschichte eine Gesetzmäßigkeit, ja Schicksalhaftigkeit zu, die von den jeweiligen Siegern festgelegt und überliefert wird. Wer unterliegt, kann allenfalls eine moralische Legitimation seines Widerstandes geltend machen, nicht dagegen eine gesellschaftlich-geschichtliche Perspektive, die in der objektiven Möglichkeit einer Neugestaltung der Lebensverhältnisse begründet ist. Zwar ist der Satz von Marx durchaus zutreffend, daß sich die Geschichte nur Aufgaben stellt, die sie lösen kann; aber wer ist der Interpret dieser lösbaren

Aufgaben, wer formuliert den günstigen Augenblick des Eingriffs, der Erfolg haben könnte?

Das scheinen spekulative, ja abwegige Fragen zu sein; sie sind aber von derart praktischem Gewicht, daß sie die Phantasie der kritischen Intellektuellen immer wieder beschäftigt haben. Einerseits sind die Zeitstrukturen gesellschaftlicher Veränderungen, die erforderlichen Zeitmaße, um ein Problem auszutragen, ein Verhältnis oder eine Sache, die bearbeitet werden, in einem konkreten, reichhaltigeren Zusammenhang aufzuheben, Gegenstand der Erkenntnisneugierde. Andererseits lassen sich selbst nachträglich die Verflechtungen und die Maulwurfsgänge, die am Ende den gesellschaftlichen Boden so unterminiert und aufgerauht haben, daß ein ganzes Herrschaftssystem plötzlich zusammenbricht, nie vollständig aufklären.

Seit Gorbatschows Wort von den zu spät Kommenden, die das Leben strafe, in aller Munde ist, geraten die zu früh Gekommenen, die nicht weniger leidvolle Erfahrungen zu machen haben, leicht in Vergessenheit. Was eine revolutionäre Situation ausmacht, hat Lenin wohl am treffendsten beschrieben, so als hätte er die Anfangsgebrochenheit der Oktoberrevolution und die Folgewirkungen der in sich labilen sozialistischen Staatsgründung, die neben und außerhalb der fortexistierenden kapitalistischen Gesellschaftsordnungen Lebensrechte beansprucht, vorausgeahnt. Siebzig Jahre später hätte er die Praxis als Wahrheitskriterium jedenfalls in diesem Punkt bestätigt gefunden. »Das Grundgesetz der Revolution, das durch alle Revolutionen und insbesondere durch alle drei russischen Revolutionen des zwanzigsten Jahrhunderts bestätigt worden ist, besteht in Folgendem: Zur Revolution genügt es nicht, daß sich die ausgebeuteten und geknechteten Massen der Unmöglichkeit, in der alten Weise weiter zu leben, bewußt werden und eine Änderung fordern; zur Revolution ist es notwendig, daß die Ausbeuter nicht mehr in der alten Weise leben und regieren können. Erst dann, wenn die ›unteren Schichten‹ die alte Ordnung nicht mehr wollen und die ›Oberschichten‹ nicht mehr in der alten Weise leben können, erst dann kann die Revolution siegen. Diese Wahrheit läßt sich mit anderen Worten so ausdrücken: Die Revolution ist unmöglich ohne eine gesamtnationale (Ausgebeutete wie Ausbeuter erfassende) Krise.«[124]

Daß die Herrschenden in der alten Weise nicht mehr leben und regieren können – das ist, betrachtet man im nachhinein den Ostberliner Arbeiteraufstand von 1953, der Teile der ganzen damaligen DDR erfaßte, betrachtet man die Streiks von Pilsen, Workuta und Posen, die

Erhebungen in Warschau und Budapest 1956, die entscheidende Voraussetzung dafür, daß ein Massenaufstand erfolgreich ist. 1953 und 1956 waren also die Verhältnisse nicht reif? Das ist zu vermuten. Denn nicht am Widerstandswillen oder der mangelnden Beteiligung und der fehlenden Opferbereitschaft der Bevölkerung hat es gelegen, daß die Aufstände von 1953 und die viel weiter gehenden von 1956 in Ungarn und Polen keinen Erfolg hatten, am Ende blutig niedergeschlagen werden konnten.

Die Zweiteilung der Welt durch den kalten Krieg und ein labiles Gleichgewicht der Kräfte, das jederzeit gestört werden konnte, sind dafür ebenso verantwortlich wie der noch nicht ganz aufgezehrte Legitimationsvorrat, über den die sowjetischen Besatzungstruppen als Sieger über den Faschismus verfügten. Eine ganz andere geschichtliche Situation ist entstanden, als die tschechoslowakischen Kommunisten 1968 entscheidende Schritte zur demokratischen Reformierung der Gesellschaft unternehmen, nachdem bereits in den Jahren davor in den Kreisen der erwachenden Intelligenz, allen voran der Schriftsteller, die antibürokratische Kritik vorbereitet worden ist. Prag 1968 bezeichnet eine Grenzsituation.

5. Ungarn 1956

Studenten, Jugendliche, unbotmäßige Schriftsteller, die Öffentlichkeit für ihr Verständnis von sozialistischer Demokratie fordern, stehen schon in Polen und Ungarn 1956 in der vordersten Frontlinie der Rebellierenden; sehr schnell bilden sich in den Betrieben und in der Armee Sympathisantengruppen. Am Montag, den 22. Oktober 1956 schicken der Petöfi-Kreis und der ungarische Schriftstellerverband ein Glückwunschtelegramm nach Polen – aus Anlaß des Sieges über Moskau. Das war gewiß eine Übertreibung und eine Fehleinschätzung der wirklichen Machtverhältnisse. Am gleichen Nachmittag versammeln sich Tausende von Studenten vor der Budapester Hochschule für Architektur und der Wirtschaftlichen Fakultät der Universität. Auf den die ganze Nacht andauernden Studentenversammlungen, die auch von jungen Arbeitern besucht werden, stellt man zweiundzwanzig Forderungen auf. Unter anderem treten sie für freie und geheime Wahlen ein, für die Anerkennung des Streikrechts und für den Rückzug der sowjetischen Truppen. Alles, was sie fordern, zielt auf die Realisierung sozialistischer Demokratie, aus dem Bedürfnis nach demokratischer Selbstverwaltung, nach Wiederbelebung der Räte. Erinnerungen an die nach dem Ersten Weltkrieg entwickelte Rätedemokratie unter Béla Kun, in dessen Regierung Georg Lukács Volkskommissar für Erziehung war, klingen in diesen Forderungen an. Im Unterschied zum Aufstand des 17. Juni 1953, in dem die antisowjetischen, gegen Fremdherrschaft gerichteten Ressentiments und der Antikommunismus vorherrschend sind, ist im Posener Aufstand und vor allem in Budapest der undogmatische, an Marx orientierte Sozialismus die Basis, von der aus Kritik am Nachstalinismus der Chruschtschow-Periode geübt wird.

Damit beginnt eine Phase des Einklagens all dessen, was die Marxsche Schrift über die Pariser Kommune versprochen hat, was von Stalinisten, Leninisten und Trotzkisten unentwegt als die Alternative zur bürgerlich-repräsentativen Demokratie ins Feld geführt wurde. Ungarn und Polen 1956, auch die Nachwehen dieser Bewegung, die sich an der Universität Leipzig in den Vorlesungen von Ernst Bloch und Hans Mayer zeigen, setzen einen Prozeß immanenter Kritik am existierenden kommunistischen System in Gang, mit dem neue Hoffnungen auf eine revolutionäre Umwälzung in der jüngeren Generation deutlich werden, aber auch in der Generation derer, die im Kampf gegen autoritäre Systeme und Faschismus viel Opfermut bewiesen hat.

Für mich persönlich, der ich meinen politischen Weg in der Sozialdemokratie und im Sozialistischen Deutschen Studentenbund (SDS) gerade begonnen hatte, war der ungarische Aufbruch des Sozialismus eine Bekräftigung des Wahrheitsgehalts meiner Marx-Lektüre, des »Kapitals« ebenso wie der Frühschriften, die 1953 herausgekommen waren. Mir sind Radioberichte in Erinnerung geblieben, daß fünfzehntausend Budapester Frauen in einer schweigenden, drei Stunden dauernden Demonstration mit Blumen zum Grabmal des Unbekannten Soldaten marschierten. »Wir sind die Frauen der Arbeiter, die getötet worden sind«, sagten sie den sowjetischen Soldaten, die das Denkmal umstellt hatten. »Wir werden niemals Sklaven sein«, sangen sie mit den Worten von Petöfis Ode auf das Jahr 1848. Diese in den Medien verbreitete Meldung erregte mich zutiefst. Gerade damit beschäftigt, mir die Leninsche Rätekonzeption anzueignen, stieß ich auf eine Schrift aus dem Jahr 1905 mit dem Titel »Zwei Taktiken der Sozialdemokratie in der demokratischen Revolution«; hier formuliert Lenin einen Gedanken, den er selbst bereits verrät und den seine Nachfolger bis zu Breschnew mit Füßen treten: »Wer zum Sozialismus auf irgendeinem anderen Wege als auf dem der politischen Demokratie hinzugelangen wünscht, muß unvermeidlich bei absurden und reaktionären Schlußfolgerungen sowohl in ökonomischer als auch in politischer Beziehung kommen.« Die ganze Geschichte der Sowjetunion nach Lenins Tod zeigt den Wahrheitsgehalt dieser Worte.

Als ich, etwa zwei Jahre nach dem Ungarnaufstand, Jürgen Habermas im Frankfurter Grüneburg-Park traf, sagte er: »Sie sind hingerichtet worden.« – »Wer ist hingerichtet worden?« fragte ich verdutzt. Er antwortete: »Malatér und Nagy, der militärische und der politische Führer des Aufstandes, gegen alle Versicherungen und Absprachen.« In dem kurzen anschließenden Gespräch wurde mir klar, wie intensiv Habermas, den ich für einen politisch neutralen Intellektuellen gehalten hatte, solche Ereignisse wahrnahm. Statt einer sozialistischen Gesinnung, die meiner eigenen verwandt war, hatte ich ihm eher zugerechnet, was Adorno mit der »Denkerei des Ostblocks« pauschal und in abwertender Absicht verworfen hatte. Der Sozialist in Habermas, vielleicht versteckt oder durch skeptischen Realismus überfremdet, ist mir in jener Grüneburg-Begegnung zum ersten Mal aufgegangen. Seitdem ist mir Habermas politisch immer näher gerückt. Und er ist es, gegenüber den verächtlichmachenden Leuten, heute stärker als viele andere, die sich mit ihrer revolutionären und sozialistischen Gesinnung vor ihm einst brüsteten. Merkwürdig, wie solche spontanen Erstbegegnungen, die ein ganz bestimmtes Problem zur Sprache bringen, eine prägende Bedeutung für das Bild von einem Menschen haben können, die auch durch Turbulenzen irgendwelcher Art nicht mehr ganz zu verwischen ist. Prag 1968 wurde in vieler Hinsicht völlig anders wahrgenommen als Ungarn. 1956 kam die Zustimmung für die Widerstandsbewegungen im Osten wesentlich aus den westlichen Machtzentren des kalten Krieges. Auch die kritische Linke war mit diesen revolutionären Aktivitäten einverstanden, aber im Bild der Öffentlichkeit konnte sie kaum Gehör finden angesichts des gewaltigen Drucks der Rechten aller Fraktionen, die das, was in Polen und Ungarn passierte, schon damals als Ende des Sozialismus definierten.

Die demokratische Linke des Westens hat, angesichts der Ereignisse in Polen und Ungarn, mehr Wunden zurückbehalten als die Rechten, die in realpolitischer Einschätzung der Macht, die dann die Sieger demonstrierten, sehr schnell zum Alltagsgeschäft der politischen Beziehungen zurückgekehrt waren. Für die Linke ist es eine Wunde geblieben.

So ist auch der Prager Frühling und die im August 1968 beginnende Unterdrückung der demokratischen Entwicklung in der Tschechoslowakei für die Linke stärker ein Problem als für die vereinigte Rechte.

6. Der Prager Frühling

Der Westen hat keinen direkten Einfluß auf die beginnende Rebellion der tschechoslowakischen Intellektuellen gegen die Parteibürokratien genommen. Aber die Orientierung von dortigen Schriftstellern und Philosophen an westlichen Entwicklungen ist unbestreitbar, sie ist Jahrzehnte alt und im Grunde auch nie wirklich unterbrochen worden. Pavel Kohout, einer der geistiger Väter des Prager Frühlings, schrieb in einer Nachbetrachtung zum IV. Kongreß des tschechoslowakischen Schriftstellerverbandes:

»Wir – das ist die Generation der Vierzigjährigen … Es ist die Generation, die Lesen und Schreiben unter dem Bild von Masaryk, die Algebra und Hexameter unter dem Porträt von Hitler lernte, um dann selbst in ihren Hörsälen die Büsten von Gottwald und Stalin aufzustellen. Es ist die Generation, die ihre Eltern und älteren Brüder auf den Schafotts des Dritten Reiches verloren, jahrelang vergeblich auf die alliierte Invasion Europas gewartet und die folglich alle ihre Hoffnungen nach Osten gerichtet hatte, von wo die Rote Armee sich ihren Weg nach Europa bahnte.

Es ist die Generation, die ihre ersten Verse zum Ruhme der sowjetischen Panzer schrieb, die am 9. Mai 1945 das kämpfende Prag befreiten.

Es ist die Generation, die nach dem Schulunterricht in den Fabriken und Gruben Nachtschicht fuhr, um der ausgeraubten Republik wieder auf die Beine zu helfen.

Es ist die Generation, die zu Tausenden um das Parteibuch der Kommunistischen Partei ersuchte, denn gerade sie hat am entschiedensten den Kampf gegen die Okkupanten geführt; es ist die Generation, die in freien und geheimen Wahlen im Mai 1946 der Linken zum ersten Sieg verhalf.

Es ist die Generation, die sich in ihrer entscheidenden Mehrheit im Februar 1948 gegen die Bourgeoisie gestellt hatte, weil sie davon überzeugt war, daß nur ein konsequent verwirklichter wissenschaftlicher Sozialismus jedem Bürger das höchste Maß an sozialen und geistigen Freiheiten sichern und eine Wiederholung der zyklischen Krisen, die die kapitalistische Republik erschüttert hatten, unmöglich machen wird… Es ist aber auch die Generation, der ein paar Jahre später plötzlich die Erkenntnis kam, daß die Bewegung, der sie ihre besten Gedanken und Kräfte gewidmet hatte, noch ein anderes Gesicht hat, wie es die unbegreiflichen politischen Prozesse, die Zensur und der ganze Machtapparat gezeigt hatten, der jeden produktiven Gedanken voluntaristisch im Keim erstickte.

Und es ist schließlich die Generation, die trotzdem nicht resignierte, sondern zu der wissenschaftlichen Grundlage der Marxistischen Philosophie zurückkehrte und zusammen mit den besten Kräften der älteren und der nachfolgenden Generation beschloß, alles zu tun, um dem Sozialismus das einstige menschliche Gesicht wieder zu geben.«[125]

Kohouts Worte drücken plastisch aus, was der Anteil der kritischen Intellektuellen an dieser Aufbruchsbewegung der tschechoslowakischen Sozialisten gegen die nachstalinistischen Bürokratien ist. Dem Prager Frühling, der im Januar 1968 zur Wahl Alexander Dubčeks zum Generalsekretär der Kommunistischen Partei führt, geht ein Erwachen der Intellektuellen voraus, die sich nichts mehr gefallen lassen und die auf jeden Bevormundungsversuch immer entschiedener mit Protesten reagieren. Alle, die sich später zu Wort melden und politische Funktion annehmen, Schriftsteller, Politiker, kritische Philosophen, sind auf diesem Kongreß im Juni 1967 versammelt: Milan Kundera, Pavel Kohout, Eduard Goldstücker, Karel Kosík, Václav Havel, Ludvík Vaculík – und andere ohne herausragenden Namen. Vielfältig ist der Protest, den sie formulieren. Es sind genuine Sozialisten, die hier auftreten, keineswegs Antikommunisten, und selbst der Brief Solschenizyns, ein offener Brief an die sowjetischen Schriftstellerkongreß von 1967, der hier verlesen wird, ist immer noch eine Suche nach der sozialistischen Wahrheit, mit allen betrüblichen Erfahrungen im Hintergrund, die der Stalinismus hinterlassen hat. Solschenizyn appelliert an die große Tradition der russischen Schriftsteller, aber auch an die Mörder von Babel, Pilnjak, Mandelstam. Abschaffung jeder Zensur ist der Sinngehalt dieses Briefes.

Havel, der 1989 praktisch aus dem Gefängnis als Staatspräsident der Tschechoslowakei ins Machtzentrum wechselt, macht 1967 sein Unbehagen in der Kultur dieses Nachstalinismus nicht an politischen Parolen fest, sondern an den zerbröckelnden Fassaden der Häuser. Er weist darauf hin, daß er bereits vor zwei Jahren, also 1965, in demselben Raum daran erinnert hätte, daß die Simse und Fassaden der Prager Häuser bröckelten. Seit damals sei einiges geändert worden. Die Simse und Balkons fallen nicht mehr auf uns herab, sagt er. Und die Gerüste, die schon seit zwanzig Jahren in Prag hätten vorhanden sein müssen und es nicht waren, füllen neuerdings erfreulicherweise die Straßen Prags, in denen die ersten frisch gestrichenen Fassaden auftauchen. Es könnte also scheinen, als sei heute schon wieder alles in Ordnung.»Und doch ist es das nicht. In gewisser Hinsicht ist die Situation heute sogar schwieriger, als sie es vor kurzem war: Während es damals nur eine Alternative gab – den langsamen Verfall –, nichts blieb, als sich damit abzufinden, steht Prag heute – da die Dinge gewissermaßen in Bewegung geraten sind, aber die Bewegung zugleich von unzähligen Seiten gebremst wird – auf einem eigenartigen Scheideweg, wo es sich entscheiden muß: Entweder werden die hübschen, in Pastellfarben leuchtenden Fassaden sein, was sie auf die natürlichste Art und Weise sein sollten, nämlich die selbstverständliche Visitenkarte einer funktionierenden, gesund atmenden und zivilisiert lebenden Stadt, oder aber sie werden nur eine gefällige Maske, hinter der sich eine Stadt mit überfüllten Wohnungen, verunreinigter Luft, deprimierend verdreckten Siedlungen und nicht funktionierendem Verkehr verbirgt. Ich glaube, diese Situation unserer Hauptstadt ist in gewissem Sinne ein Symbol, das wir in diesem Augenblick auch auf uns selbst beziehen können…«[126]

Die sozialistische Dynamik eines kleinen, aber entwickelten und talentierten Landes stieß, wie Kohout feststellte, tagtäglich mit dem Kopf gegen die Decke des zentralistischen Modells, das Stalins Tod überlebt hatte. Sozialisten rebellieren, die unmöglich wahrhaben wollen, daß das, was sie in ihrer Umwelt wahrnehmen, das Endprodukt der Geschichte sein kann. Die Ermutigung der tschechoslowakischen Intellektuellen kommt sicherlich auch aus der Überzeugung, daß sich ganz ähnliche antibürokratische Proteste im Westen rühren, in nicht vergleichbaren Inhalten, aber doch mit einer ziemlich eindeutigen Tendenz des Einklagens demokratischer Beteiligung. Formen der Arbeiterselbstverwaltung, der Rätedemokratie werden wiederbelebt, die Menschen interessieren sich wieder für das politische Leben und überhaupt für das Schicksal des Gemeinwesens. Ihnen ist der Zusammenhang zwischen Politik und Interessen, politischem Verhalten und Bedürfnissen wieder zu einer lebendigen Angelegenheit geworden. Einzelne erinnern sogar an Lenins Vorstellungen von Sowjets. So stellt sich zum ersten Mal in der Nachkriegsgeschichte eine Parallelbewegung her, in der Sympathien sich weniger aus den für den kalten Krieg typischen Solidaritätsbekundungen des Antikommunismus speisen, sondern Linien einer Ost-West-Solidarität entstehen, die sich mit Vorstellungen eines undogmatischen Marxismus, der sozialistischen Demokratie und der allgemeinen Emanzipation der Menschen verknüpfen.

Im Frühjahr 1968 reist Rudi Dutschke nach Prag. In der Mai-Nummer von »Konkret« soll ein Bericht Dutschkes über seine Prager Eindrücke erscheinen. Als Titel ist geplant: »Von der Liberalisierung zur Demokratisierung«. Auf einer Diskussionsveranstaltung der Philosophischen Fakultät der Karls-Universität wird Dutschke mit jenen Pragmatikern des neuen Kurses in der ČSSR konfrontiert, die fasziniert auf die wirtschaftlichen Errungenschaften des kapitalistischen Westens starren. Für einen undogmatischen Sozialisten, der Dutschke war und bis zu seinem Lebensende geblieben ist, klingen die Töne, die Anfang 1968 in Prag angeschlagen werden, fremdartig, weil sie genau das zu legitimieren versuchen, was er im Westen als kritikwürdig betrachtet. Der geplante Bericht über seine Prager Erfahrungen kommt nicht zustande; am 11. April 1968 wird Dutschke auf offener Straße in Berlin von dem dreiundzwanzigjährigen Arbeiter Josef Erwin Bachmann niedergeschossen und lebensgefährlich verletzt.

Das letzte vor diesem Attentat gemachte Gespräch, das Nadine Lange zu Beginn von Dutschkes Pragreise mit ihm führte und das am 5. Mai 1968 in »Konkret« veröffentlicht wurde, zeigt deutlich die Tendenz seiner Argumentation, die er auch in späteren Äußerungen bekräftigte. Dutschke spricht als ein vom Rätegedanken, der Selbstbestimmung und Selbstverwaltung der Menschen in allen gesellschaftlichen Bereichen zutiefst geprägter Sozialist. Prozesse einer Liberalisierung des gesellschaftlichen Lebens im Sinne des westlichen Demokratiemodells, die Dutschke nicht nur für wünschenswert, sondern für unabdingbare Voraussetzung menschlicher Emanzipation hält, unterscheidet er deshalb von der viel weiter gehenden Idee einer sozialistischen Demokratie, die Formen der Selbstverwaltung und der aktiven Mitbestimmung in den gesellschaftlichen Produktionsprozessen verankert. Dutschke ist jedoch weit davon entfernt, seine prägenden Erfahrungen aus der ersten Zeit der »subversiven Aktion« (einer eher anarchistisch orientierten Gruppierung) zu seinem Gesamtbild von Gesellschaft zu verallgemeinern. Es ist nicht diskriminierend gemeint, wenn ich ihn einen »geheimen Leninisten« nenne – freilich mit einer solchen Gewichtung des Rätegedankens, die Lenin selbst als bedrohlich empfunden hätte.

Angesichts der Prager Entwicklung, bei der wiederum, wie schon in Polen und Ungarn 1956, die innerparteilichen Machtveränderungen von demonstrativer Beteiligung der Bevölkerung begleitet sind, formuliert Dutschke zwei Voraussetzungen für seinen Begriff von sozialistischer Demokratie: Zum einen stellt sie sich nicht von alleine her, es ist kein spontanes Resultat rebellierender Selbstbestimmungsbedürfnisse; sie bedarf einer Partei, die Allgemeininteressen definiert. Zum anderen ist der Begriff der Demokratie fragwürdig, wenn er die Menschen nur als Wahlbürger und nicht auch als Produzenten umfaßt. So schließen sich deshalb Demokratie und Kapitalismus ebenso aus wie autoritärer Sozialismus und Demokratie.

Dutschke sagt:»Die Demokratie von unten ist nur zu denken als Produzenten-Demokratie, als Demokratie der verschiedenen Fraktionen des Volkes, in den verschiedenen Bereichen der Gesellschaft. Es geht um die Schaffung bewußter demokratischer Selbsttätigkeit von unten, die permanent die zeitweiligen Führungsorgane kontrolliert und wenn notwendig abschaffen kann. In der sozialistisch-revolutionären Tradition ist dieses Modell direkter Demokratie als Rätedemokratie verstanden worden. Sie ist nicht formal und nicht durch organisatorische Mechanismen zu sichern. Sie kann sich allein in der ständigen Auseinandersetzung mit autoritär-dogmatischen Tendenzen herausbilden und ist abhängig von der Bewußtwerdung und Bewußtheit der Massen. Die zeitweiligen Vertreter aus den Betrieben, Schulen, Fabriken und Verwaltungen müßten durch imperative Mandate der ständigen Kontrolle von unten unterworfen sein. Lenins bestes Buch, ›Staat und Revolution‹, stellt leider die Problematik des Verhältnisses von Partei und direkten Vertretern (Räten) nicht in den Mittelpunkt seiner theoretischen Diskussion. Eine Theorie der sozialistischen Demokratie hätte aber gerade das Verhältnis von Partei und Klasse, von Partei und Räten neu zu durchdenken und als einzige Alternative zur dogmatisch-terroristischen Praxis zu diskutieren.«[127]

Daß der autoritäre Sozialismus nachstalinistischer Prägung geschichtlich überleben könne, hat Dutschke immer in Zweifel gezogen; der Prager Aufbruch war für ihn so wichtig, weil hier Tendenzen erkennbar wurden, daß im Zuge der inneren Reformierung einer durch Fraktionsverbote nicht mehr blockierten kommunistischen Partei Prozesse freigesetzt werden, welche in der demokratischen Selbstorganisation der Massen ihre Basis finden, aber nicht strukturlos verlaufen. Nur substantielle Demokratisierungen der Gesellschaftsordnungen, im Westen ebenso wie im Osten, sind Ansatzpunkte, um den bürokratischen Wiederholungszwang und die Traditionslinie wachsender Tragödien und Katastophen in den menschlichen Lebensverhältnissen zu unterbrechen. Prag ist für Dutschke die einzigartige Chance, den humanitären Selbstanspruch des Sozialismus durch gewaltloses Aufbrechen der autoritären Ostblocksysteme einzulösen. Der Einmarsch der Truppen des Warschauer Paktes am 21. August 1968 hat, wie wir heute wissen, diese Chance vertan und die damit verknüpften Hoffnungen zunichte gemacht. Brutale Gewalt sorgt dafür, daß die geschichtlichen Mechanismen des Wiederholungszwangs intakt bleiben. Der Protest und die Reaktion der undogmatischen Linken des Westens gegen diesen Gewaltakt, der das tschechoslowakische Volk trifft, ist einhellig. Aber es sind überwiegend sozialistische Positionen, die in der Kritik des Prager Frühlings selbst und in der Verurteilung seines blutigen Endes vertreten werden. Es sind authentische sozialistische Maßstäbe, an denen westliche Linksintellektuelle um so nachdrücklicher festhalten, als tschechoslowakische Schriftsteller, Studenten, Intellektuelle verschiedener Herkunft tragende Kräfte des Reformprozesses und des späteren Widerstandes gegen die Okkupationsarmeen sind.

Hans-Jürgen Krahl, einer der Wortführer der 68er Bewegung, drückt diesen widersprüchlichen Prozeß (zweifellos in etwas umständlichen Worten) folgendermaßen aus:»Die Möglichkeit der Emanzipation, die der nachstalinistischen Reform in der ČSSR innewohnte, wäre dem technokratischen Wirtschaftsreformismus der herrschenden Funktionäre sicher zuwidergelaufen. Die von diesen taktisch eingeleitete politische Emanzipation hätten die Massen nicht mit Dubček und Sik, sondern an einem bestimmten Punkt der Aktion der tschechischen Arbeiterklasse nur gegen die Reformer im Kampf um die politische Macht im Staate zu Ende führen können. Die sowjetische Konterrevolution hat einer wie immer auch widersprüchlichen Möglichkeit, den revolutionären Befreiungskampf auf dem Boden des sozialistischen Lagers Europas selbst fortzusetzen, ein vorläufiges, gewaltsames Ende gesetzt.«[128]

Die zwiespältigen Interessen der Selbstbefreiung der Massen unter nachstalinistischen Bedingungen, die Krahl hier zur Sprache bringt, rücken zwangsläufig westliche Modelle der Demokratie, eine kritisch fungierende politische Öffentlichkeit, parlamentarische Mehrheitsentscheidungen, Aufhebung der Zensur für die Medien, für Presse und Buchdruck, in den Vordergrund. So liegt es nahe, daß im Unterschied zu Dutschke und Krahl, die mit dem Prager Aufbruch die Chancen sozialistischer Demokratisierung verknüpfen, andere Linksintellektuelle, die stärker einem dualistischen Weltbild verhaftet sind und im Geheimen wohl glauben, daß auch der autoritärste Sozialismus immer noch menschlicher sei als der fortgeschrittenste Kapitalismus,[129] den strategischen Selbstrechtfertigungen der Besatzungsarmeen ein Korn Wahrheitsgehalt abgewinnen können.

Linksintellektuelle wie Erich Fried und Peter Weiss verurteilen nicht minder scharf die Intervention, haben aber von der DDR und der Sowjetunion ein viel positiveres Bild als die durch die Frankfurter Schule und die Marxsche Gesellschaftstheorie beeinflußten Intellektuellen der 68er Bewegung. In einem Gespräch, das Peter Weiss mit Erich Fried im August 1968 in der Zeitschrift »Konkret« führt, heißt es:
»Weiss: Deshalb müssen wir uns auch in der Zukunft zum Beispiel gegen alle Tendenzen wenden, die DDR zu diffamieren, wie es ja schon geschieht, indem man den Einmarsch der DDR-Truppen in der ČSSR mit dem Einmarsch der faschistischen Truppen gleichsetzt!

Fried: Ja, ein Kampf gegen die DDR von Wortführern des Westens, auch wenn ihnen augenblicklich linke Argumente in den Kram passen, ist immer ein reaktionärer Kampf. Das heißt natürlich nicht, daß westliche kommunistische Parteien und linke Gruppen wie der SDS die DDR und die Sowjetunion nicht kritisieren dürfen! Nur soll diese Kritik immer so sein, daß sich nie ein Imperialist ihr anschließen könnte. Denn unser Konflikt ist unversöhnlich, unsere Konflikte mit Genossen in der Sowjetunion oder DDR sind aber bei aller polemischen Schärfe doch nicht-antagonistischer Art.

Weiss: Es besteht die Chance, daß der gegenwärtige Konflikt zu einer Stärkung und Begriffserklärung des internationalen Sozialismus führen kann. Dazu müssen alle Sozialisten natürlich möglichst aufmerksam und wachsam sein. Es ist höchst wichtig, ganz eindeutig weiter eine positive Einstellung zur DDR zu behalten und dafür zu sorgen, daß die Diskussion mit den Freunden in der DDR nicht abbricht, daß diese Diskussionen über die Formen des Sozialismus offen geführt wird und daß wir nicht der Psychose anheimfallen, die DDR gegen die Tendenzen einer lebendigen demokratischen Weiterentwicklung innerhalb des Sozialismus auszuspielen. Aber das Positive an der gegenwärtigen Lage ist, daß so vieles sich belebt hat...«[130]

Über zwanzig Jahre dauerte es, bis Dubček, der als politisch Aussätziger und Schikanierter sein Leben als Industriearbeiter und Holzfäller zu verbringen hatte, rehabilitiert wird und ein hohes Staatsamt einnimmt. Aber in diesem Zeitraum ist die Idee eines Sozialismus mit menschlichem Antlitz, die im Prager Frühling zur Realität drängt, von jenen zu Schanden gemacht worden, denen gegenüber zu wenige im Westen die

Solidarität und machtpolitische Kooperation aufgekündigt hatten. Das gilt für die wechselnden Regierungsfraktionen genauso wie für Teile der Linken; am wenigsten gilt es jedoch für die Bewegung von 68 und ihre entscheidenden politischen Repräsentanten.

Als sich in Polen gut ein Jahrzehnt später die Solidarnośćbewegung rührt, hat der demokratische Sozialismus, der sich auf dem verödeten Boden des stalinistischen Machtgeländes zu organisieren versucht, seine historische Chance bereits weitgehend verspielt.

Der Wiederholungszwang der Geschichte ist nicht unterbrochen oder aufgehoben; es fängt alles wieder von vorne an, so als hätte es die Oktoberrevolution und die gewaltigen, mit unendlichen Opfern verknüpften Anstrengungen zur Herstellung einer neuen sozialistischen Gesellschaft nie gegeben.

Das Ende des Stalinismus

Wir saßen im August 1968 Tag und Nacht vor den Radios, um uns über die neuesten Ereignisse zu informieren. Einige Aktive aus dem SDS hatten in meiner Wohnung in der Nordweststadt Frankfurts ein kleines Redaktionsbüro eingerichtet, das Flugblätter mit aktuellen Kommentaren formulierte. Sie werden schnell gedruckt und in der Stadt verteilt. Der »Prager Frühling« war für mich und viele meiner politischen Freundinnen und Freunde das, was Kant, in nachträglichem Blick auf die Französische Revolution, ein »Geschichtszeichen« genannt hat, ein Hinweis auf die »moralische Anlage des Menschen zum Besseren«. Daß dieses hoffnungsvolle Experiment zerschlagen werden könnte, erschien uns unwahrscheinlich. Am Tag nach dem Einmarsch der Truppen des Warschauer Paktes in Prag rief mich der Herausgeber und Chefredakteur der Zeitschrift »Konkret«, Klaus-Rainer Röhl, an und erbat für die eigentlich schon ausgedruckte Ausgabe einen aktuellen Artikel. Ich schrieb ihn sehr schnell; er drückt unsere Wut und Enttäuschung über diesen stalinistischen Gewaltakt unmittelbar aus. Aus diesem Artikel »Das Ende des Stalinismus«, »Konkret«, August 1968, im folgenden Auszüge:

Die Okkupationstruppen verteidigen in der Tschechoslowakei nicht die sozialistischen Grundlagen, sondern etwas ganz anderes: nämlich die Grundlagen einer unvermeidlich gewordenen, aber im Auswechseln belasteter Personen aufgehenden Entstalinisierung, die jedes Risiko einer die Massen erfassenden Politisierung vermeidet. Die nervöse und gewalttätige Reaktion auf das Experiment einer erstmalig durch diskutierende Öffentlichkeit vermittelten Entstalinisierung entspringt der sicheren Einschätzung aller Parteibürokraten, daß ein politisiertes Klima der Gesellschaft heute ein günstiger Boden für die Entstehung linker Alternativpositionen ist, denn nichts haben die herrschenden Bürokraten der kommunistischen Länder mehr zu fürchten als antibürokratische und kulturrevolutionäre Massenbewegungen, welche die längst überfällige Demokratisierung der Basis einleiten und die aus dem Bewußtsein gedrängte Perspektive eines »Absterben des Staates« aktualisieren könnten. Es ist klar, daß die Erhöhung der zivilen Stabilität und Attraktivität einer einzelnen sozialistischen Gesellschaftsordnung am Rande des militärischen Paktsystems unvermeidlich einen breitenwirksamen Einfluß auf die benachbarten Staaten hat, wenn die Massenmedien von unmittelbarer staatlicher Kontrolle befreit sind. Die

Besatzungstruppen sind machtlos gegenüber einer Öffentlichkeit, ohne deren Zerschlagung sie kaum das Land verlassen werden. …Was die Einzelbegründungen der Okkupation dem revolutionären Anspruch der intervenierenden Staaten zufolge in letzter Instanz zusammenfaßt, die uneigennützige Hilfe für ein in Bedrängnis geratenes Volk, der Internationalismus proletarischer Solidarität, bezeichnet die für die Urheber folgenreichste und alle Beteiligten empfindlichste Stelle dieser widersprüchlichen und zum Teil irrationalen Aktion. Die weltweite Reaktion auf die von der Sowjetunion organisierte Aggression bringt den geschichtlichen Stellenwert dieses Abenteuers weniger zum Ausdruck als die schlichte Betroffenheit einer Bevölkerung, die in ihrer überwältigenden Mehrheit die kommunistische Parteiführung ihres Landes stützte und die bisher von primitiven antirussischen Ressentiments frei war. Der Moskauer Korrespondent, der von einer grandiosen Schlacht um die Seelen und das Bewußtsein der Menschen sprach, meinte nicht nur die Einstellung der tschechoslowakischen Bevölkerung, sondern auch die irritierte Reaktion der eigenen Soldaten. Die vergebliche Suche nach einem Dutzend namhafter Kollaborateure, die wenigstens nachträglich bereit gewesen wären, die gewaltlose und solidarische Absicht der Intervention zu bestätigen, tötet durch Lächerlichkeit. Es ist unwahrscheinlich, daß sich der europäische Stalinismus von einem derartigen Schlag noch einmal erholt.

Aber gerade weil die Intervention ursprünglich offenbar nicht in der Perspektive einer rein militärischen Unterdrückung gedacht war, sind Erklärungen, die sich auf die unbestreitbaren Tatbestände der Aggression und der Besetzung des proletarischen Internationalismus beschränken, höchst unbefriedigend. Die kompromittierende Fehleinschätzung der tschechoslowakischen Situation ist zweifellos das unglücklichste Produkt neurotischer Bürokraten, die Opfer ihrer eigenen gewohnheitsmäßigen Manipulation von Informationen geworden sind. Der eklatante Widerspruch zwischen dem glatt funktionierenden militärischen Aufmarsch und der politischen Konzeptionslosigkeit der Intervention weist darauf hin, daß die um ihre Selbsterhaltung kämpfenden, unter dem wachsenden Legitimationsdruck der Intellektuellen und der Massen stehenden Bürokratien der Interventionsstaaten offenbar immer mehr zum mechanischen Einsatz technologischer Apparaturen neigen.

Der Bezugsrahmen ihres Denkens ist freilich vom Gesamtkomplex der »unaufgearbeiteten Vergangenheit« der Sowjetunion nicht zu trennen. Die Entstalinisierung des Bewußtseins der Massen wird kaum anders als von den Randzonen her ins Machtzentrum eindringen können. Eine zur nationalen Ideologie verfestigte Gestalt des Internationalismus, die sich auf einen staatlich institutionalisierten, verdinglichten und geschichtslos gewordenen Marxismus gründet, hindert nämlich die Kommunisten sowjetischer Provenienz daran, die wirtschaftlichen, politischen und strategischen »Lebensinteressen« des Sowjetstaates von denen der sozialistisch-revolutionären Weltbewegung zu unterscheiden oder gar im Zusammenhang des geschichtlich aktuellen Prozesses der Sozialrevolution zu relativieren. Und das ist weniger Ausdruck jenes strapazierten altrussischen Hegemonieanspruchs als vielmehr der nach der Oktoberrevolution eingetretenen Zwangslage, die Konzeption des »Sozialismus in einem Lande« unter industriell unentwickelten Bedingungen zu realisieren.

Die Rettung und Stabilisierung des ersten kommunistischen Staates der Erde konnte in der Stalinistischen Industrialisierungsphase leicht mit dem Schicksal der Weltrevolution identifiziert werden. So bildete sich das bis heute nachwirkende falsche Bewußtsein, daß eine durch die unmittelbaren Interessen der Sowjetunion nicht mediatisierte und vom institutionalisierten Marxismus russischer Prägung nicht ausdrücklich sanktionierte Politik aller übrigen kommunistischen Staaten und Parteien den objektiven Tatbestand des Verrats und der Konterrevolution erfülle. Proletarischer Internationalismus war dadurch als einseitige und selbstlose Unterstützung des »sozialistischen Vaterlandes« definiert – eine Einseitigkeit, die heute noch in den von der Sowjetunion aufgezwungenen Arbeitsteilungen und Verrechnungsmodellen des COMECON und der Kommandostruktur des Warschauer Paktes zum Ausdruck kommt, gegen die die kleineren Länder des Ostblocks zunehmend rebellieren.

Die Kommunistische Partei der Sowjetunion und ihre Satelliten haben bisher nicht die geringste Bereitschaft erkennen lassen, den technokratischen Verblendungszusammenhang dieser im eigentlichen Sinne stalinistischen Ideologie zu durchbrechen. Ein solcher Prozeß könnte sich freilich nicht auf Machtveränderungen innerhalb der bestehenden Apparate beschränken, sondern müßte diese selbst durch die massenhafte Ausbildung von historisch revolutionärem Bewußtsein sprengen. Der gegenwärtige proletarische Internationalismus leitet dagegen aus der bloßen Tatsache der gelungenen

Oktoberrevolution einen Herrschaftsanspruch ab, der die sowjetischen Kommunisten nicht nur von den Massen ihres eigenen Landes trennt, sondern sie auch im internationalen Kommunismus immer tiefer in die Isolierung treibt: Die Geschichte zwingt ihnen die Konzeption eines Nationalkommunismus sowjetischer Prägung auf, der sie vielleicht zu einer neuen Form proletarischer Solidarität führen könnte.

Wie wenig die Stalinisten und ihre bornierten Nachfolgegruppen heute noch in Kategorien von revolutionärer Masseninitiative, von diskutierender Öffentlichkeit und proletarischer Solidarität zu denken und zu handeln fähig sind, zeigt drastisch die desolate Situation der französischen KP nach den Maiunruhen und während der gesamten Streikbewegung. Andererseits haben organisierte Selbsttätigkeit und spontan praktizierte Widerstandsformen der tschechoslowakischen Bevölkerung nachdrücklichst die geschichtliche Aktualität und Reichweite der antiautoritären Protestbewegung bestätigt. Wie immer auch das Fiasko der Interventionstruppen verschleiert werden mag, ob durch politische Kompromisse oder durch militärische Konfrontationen: das tschechoslowakische Abenteuer der vereinigten Stalinisten der Ostblockstaaten demonstriert in aller Deutlichkeit, wie gefährlich es ist, wenn von der Leninschen Formel »Sozialismus ist Elektrifizierung plus Sowjetmacht« nur noch die Begriffswelt der Elektrifizierungen übrigbleibt.

VI. Theorie und Utopie – Zur politischen Verantwortung von Intellektuellen

1. Personen und Karrieren – Grenzen der Personalisierung

Nichts an einer Idee ist überzeugender als die Lebensgeschichte eines Menschen, in der sie sichtbare Gestalt angenommen hat. Je komplizierter und unübersichtlicher die Verhältnisse sind, mit denen der erkenntniswillige Betrachter konfrontiert ist, desto entschiedener werden Ideen mit Personen verknüpft. Statt sich auf den mühevollen Weg zu machen, die Um- und Abwege von Ideen und politischen Anstößen einer Umbruchszeit ausfindig zu machen – was freilich ein erhebliches Maß an begrifflicher Arbeit und gesellschaftskritischer Phantasie erfordern würde –, ist unglaublich viel journalistische Untersuchungsarbeit darauf verwendet worden, sich an die Fersen der Berufskarrieren von einstigen Rebellen zu heften, Gewinner und Verlierer von 68 selbst in den abgelegensten Winkeln unserer Gesellschaft aufzustöbern und ihnen öffentlichen Ausdruck zu verschaffen.

Diese Neigung zur Personalisierung sachlicher Verhältnisse, offenbar ein Urbedürfnis der Menschen nach Verlebendigung von Ideen und Sachen, hat in unserem Zusammenhang eine zwiespältige Wirkung: Auf der einen Seite würde man vermutlich über das Symboljahr 68 kaum noch in der Öffentlichkeit, allenfalls in hermetischen Historikerzirkeln reden, wenn es hier nicht um Personen und Karrieren ginge, also um dauerhaft interessante Variationen eines Themas, das in einem Buchtitel von Tobias Mündemann treffend festgehalten ist: »Die 68er ... und was aus ihnen geworden ist«.[131] Charakterwandlungen von Menschen zu verfolgen, wie sich ihre heutigen Ideen zu dem verhalten, was Handeln und Denken vor fünf, zehn, zwanzig Jahren ausmachte, Einschätzungen der Gesellschaftsordnung und der Welt im allgemeinen – darauf kann sich nie ermüdendes journalistisches Interesse richten, das, wie wir heute wissen, für den Öffentlichkeitsstatus eines Sachverhalts wesentlich größere Bedeutung hat als die Ergebnisse wissenschaftlicher Untersuchungstätigkeit.

Auf der anderen Seite hat die unglückselige Parole vom »Marsch durch die Institutionen« – die von wirklichen Revolutionären wohl nie hat befolgt werden können, weil revolutionäre Tätigkeit immer darin bestanden hat, daß die Akteure nicht ständig ihren Platz wechseln, von einer Institution zur anderen marschieren – in ironischer Verkehrung des ursprünglichen »Langen Marsches« in China gerade die Journalisten ergriffen, die auf ihrer unbeirrbaren Suche nach 68er Spuren buchstäblich durch die Institutionen marschieren. Sie sind überall anzutreffen, in den Universitäten, in den Chefetagen von Banken und Wirtschaftsunternehmen, in den Schulen und in den Kliniken. Da diese Rechercheure mit dem Ansehen auftreten, authentisches Material über eine Bewegung produzieren zu wollen, das ohne die bereitwillige und kritische Selbsteinschätzung der Angesprochenen nicht zustande käme, zeigt sich jeder auskunftsbereit und erhöht die Glaubwürdigkeit seiner Kritik dadurch, daß er die ursprüngliche Identifikation mit 68 besonders hervorhebt.

Die Struktur solcher mittlerweile einen eigenen Literaturbestand ausmachenden Gesprächskultur über 68 will ich hier nicht weiter verfolgen; in jedem Jubiläumsjahr erfährt diese Interviewliteratur eine erhebliche Erweiterung. Im Unterschied zu früheren Umbruchsphasen, der Revolution von 1848, dem Ersten und Zweiten Weltkrieg, auch des mißglückten Veränderungsansatzes von 1918, die ihre literarischen und kulturkritischen Verarbeitungen in einer sehr differenzierten Dimension von Theorieansätzen und ästhetischen Produktionen erfuhren, sind im Bezugsrahmen von 68 die Gesprächsliteratur, die medienvermittelte Dokumentation – in der ursprünglichen Fixierung dieser Bewegung ebenso wie in den anschließenden Deutungen – so vorherrschend, daß ein die wirklichen Ereignisse und Entwicklungen überwucherndes und vielfach verzerrendes Material entstanden ist.

Mit der Distanz zu 68 und dem unvermeidlichen Altern der damals Beteiligten wächst die Gefahr, daß eine gesellschaftliche Bewegung nach Maximen derjenigen beurteilt wird, die als ehemalige Aktive oder als bloße Mitläufer, inzwischen weise, realistisch, nüchtern geworden, im wesentlichen von sich selbst und ihren gegenwärtigen Befindlichkeiten berichten. Wenn aber etwas gegen das gesellschaftstheoretische Niveau der Diskussionen in der Zeit von 68 verstößt, dann das Vergessen des Unterschiedes zwischen einer objektiven Analyse von Verhältnissen und den Selbstdeutungen der Personen, die sich in diesen Verhältnissen bewegen.

Wie verdreht und blaß in den Köpfen mancher grauhaarig gewordener 68er die damaligen Verhältnisse heute erscheinen, zeigt der Bericht über eine Tagung zum Thema 68 in Berlin. Manche Eiferer aus dieser Zeit, die ich nicht nur persönlich kannte, sondern die sich (zu allem Überfluß) auch in meinen Veranstaltungen aufhielten, scheinen den Konvertitenstatus öffentlich voll zu genießen und haben endlich jenen Punkt absoluter Entwertung von 68 gefunden, den auch die entschiedensten westdeutschen Reaktionäre nicht zu formulieren gewagt hatten. Die Tragödie von 68, der Mythos eines rebellierenden Aufbruchs der Jugendlichen und Studenten in aller Welt, endet jedenfalls für diese Konvertiten in einer durch Lächerlichkeit tötenden Farce: Die westdeutsche Protestbewegung sei Produkt der Stasi, wie übrigens auch Teile der Friedensbewegung.[132]

Folgt man also den Karrierespuren und dem sich verändernden Selbstverständnis der alternden 68er, so bildet sich allmählich eine durch die Medien befestigte zweite Wirklichkeit, in deren Gestrüpp die fortwirkenden Ursprungsimpulse der Protestbewegungen, die Menschen in ihren sozialen und politischen Existenzweisen, in ihren Träumen von Selbstbestimmung und moralischer Haftung für das Gemeinwesen neu zu begreifen, kaum noch aufzufinden sind.

Wer auf Bildmaterialien jener Zeit identifizierbar ist, verliert nie wieder das Markenzeichen »68« und bleibt Interviewpartner bei jedem neuen Jubiläum – völlig unabhängig davon, ob er nur die Rolle des Mitläufers spielte oder etwas zu sagen hatte. Aber auch in den Köpfen jener, die wirklich Nennenswertes zu sagen hatten und als Eiferer zu bezeichnen sind, hat sich manches, aus dem nachträglichen Blickwinkel enttäuschter Berufserwartungen, bis zur Unkenntlichkeit verdreht. Ein ausgesprochenes Agitationstalent, ununterbrochen trommelnd, auch heute noch wild entschlossen, in handgreiflicher Nähe von Mikrofon und Kameras den Menschen Schuldgefühle zu machen, wenn sie sich einen Augenblick fallen lassen, erklärt zwanzig Jahre danach, »unser Fehler war, zu glauben, daß Menschen danach trachten, permanent gesellschaftspolitisch tätig zu sein ... Aber das halten die Leute identitätsmäßig nur eine Zeitlang aus; darauf folgt dann der Rückzug in die eigene Sphäre, und das ist legitim.«[133]

Wäre diese Einsicht zehn Jahre früher gekommen, hätte man sie mit Erstaunen aufgenommen, und viele Resignationsopfer, welche die Sponti-Fanatiker mit produzierten, hätten vermieden werden können. Bei solchen nicht selten zu spät kommenden Erkenntnissen ist immer auch zu berücksichtigen, daß deren Träger nicht im jugendlichen Überschwang handeln und sprechen, sondern ihre jeweiligen Positionen durchaus für andere verbindlich fixieren und manchmal sogar die spontane Beliebigkeit der Ziele solcher Mobilisierungen dogmatisieren. Andere wiederum, aus der politischen Tradition des SDS kommend, aber mit Worten und Taten in vorderster Linie des Machtkampfes stehend, erklären zwanzig Jahre nach 68, mit entmutigtem Blick auf alles Politische, sinngemäß folgendes: »Wir waren größenwahnsinnig und unheimlich naiv; wir glaubten an eine unmittelbare Machtperspektive und auch daran, daß diese Einheit von Linksanachisten bis hin zu Gruner + Jahr in der Kampagne gegen Springer halten könnte – das war einfach lächerlich.«[134]

In diesen und zahlreichen anderen Äußerungen, die in den Selbstdeutungen der Protestbewegung angeboten werden, zeigt sich, wie eng die Erkenntnisgrenzen gezogen sind, wenn politische Bewegungen, die weit verzweigte Ursachen und Wirkungen haben, aus der Sozialpsychologie der Beteiligten, ihren situationsbedingten Denkweisen und ihren Berufskarrieren erklärt werden sollen.

Als Jürgen Habermas am 2. Juni 1968 auf dem vom Verband Deutscher Studentenschaften einberufenen Schüler- und Studentenkongreß in der Frankfurter Mensa seine Thesen zur Protestbewegung vorträgt, schlägt ihm einhellig Kritik der Linken entgegen. Anstöße zur Politisierung der Öffentlichkeit, phantasiereiche Erfindung neuer Demonstrationstechniken, der Angriff auf verstaubte Verhältnisse in den Schulen und Universitäten – das alles wird in seiner politischen Bedeutung sehr hoch von ihm eingeschätzt. Der entscheidende Punkt linker Kritik ist jedoch, daß Habermas das Potential dieser Bewegung sozialpsychologisch zu erklären versucht, um daraus auch die politischen und strategischen Verzerrungen der scheinrevolutionären Machtphantasien zu begründen. Nicht woher die Protestierenden kommen, nämlich aus relativ gesicherten ökonomischen Verhältnissen und aus liberalen Erziehungsmilieus, sei entscheidend für die Analyse der Bewegung, sondern ihr politischer Gehalt, der Widerstand gegen die Notstandsgesetzgebung, Proteste gegen den Vietnamkrieg, Umgestaltung der Universität, Neubewertung des Verhältnisses zwischen Wissenschaft und Politik usw. Bezeichnend ist, daß Jürgen Habermas selbst, in seinen bewertenden Rückblicken zu 68 und in Erläuterungen dessen, was kulturelle Wirkungen zeigte, diesen sozialpsychologischen Erklärungsansatz stark relativierte, während ironischerweise in der Interview- und Memoirenliteratur der Aktiven aus jener Zeit die sozialpsychologischen Erklärungsmuster immer stärker ins Gewicht fallen und bestätigt werden.[135]

Ist es auf der linken Seite der Blick auf die Karrieren und die gescheiterten Existenzen, auf Gesinnungswandel und Kehrtwendungen im Denken, wodurch das Klima der Auseinandersetzungen mit 68 bestimmt wird, so ist ein Erkenntnisinteresse, das die objektiven Folgen der Protestbewegung aufzudecken versucht, eher in Kreisen der Rechtskonservativen zu finden, die Tendenzen zur inneren Zersetzung der Institutionen und der herkömmlichen Wertmaßstäbe auf 68 zurückführen.[136] Verharmlosung und Überschätzung der Anstöße von 68 gehören in denselben Verzerrungszusammenhang.

Die verdrehten Revolutionskarrieren als Einwände gegen die Umgestaltungsansprüche zu nehmen, welche die Protestbewegung in vielen Bereichen des gesellschaftlichen Lebens formuliert, setzt bereits mit dem ersten großen Jubiläum ein. Im »Zeitmagazin« vom 13. April 1973 werden einige Wortführer vorgeführt. Der Titel gibt für zwanzig Jahre die Richtung an: »Wo sind sie geblieben? Vor fünf Jahren erreichte die deutsche Studentenrebellion mit Anti-Springer-Demonstrationen ihren Höhepunkt: Die Wortführer von damals – was sagen sie heute?« Befragt werden Wolfgang Lefèvre, Günter Amendt, Jens Litten, Bernd Rabehl, Reinhard Wetter. Obwohl später die Personen nach ihrem jeweiligen Gewicht in der Befragungszeit wechseln, hält sich doch bis zum heutigen Tage ein konstantes Schema durch. Was in den ursprünglichen Dokumentationen der Protestbewegung als kollektiver Aufbruch festgehalten ist, der im engen Horizont eines herkömmlichen Generationenkonflikts überhaupt nicht begreifbar wäre,[137] wird in den nachfolgenden Jahren politisch entwertet und auf private Karrieremuster gebracht. Die ursprünglichen Aktiven scheinen sich immer stärker selbst dort, wo sie, wie zum Beispiel in der neu gegründeten Partei der Grünen, unerwartet schnelle politische Karrieren machen (die ihnen in den etablierten Altparteien zweifellos verschlossen gewesen wären), im Lampenlicht des Privaten einzurichten und wohl zu fühlen.

Die Privatisierung des Politischen setzt zwar schon 68 ein, ist hier jedoch deutlich als eine gefährliche Tendenz gegen den Anspruch der Politisierung des Privaten bezeichnet. Was der »Zeit«-Chronist in der erwähnten Porträtierung einzelner Personen der Protestbewegung als Eindruck beschreibt, zielt auf Ästhetisierung der Ereignisse im Stile von Happenings und Performances. »Sie alle gleichen ein wenig jenem Wiener Revolutionär von 1848, der beim Truppeneinmarsch der Reaktion nicht – wie verabredet – zur Flinte griff, sondern die Fenster seiner Wohnung öffnete, sich ans Klavier setzte, um die ›Marseillaise‹ zu spielen.«

Es gehört zu den Grundeinsichten der Kritischen Gesellschaftstheorie, daß objektive Strukturen, ökonomische Klassenverhältnisse und politische Machtgefüge, ja relevante gesellschaftlich-geschichtliche Entwicklungsprozesse nicht ausschließlich aus den Selbstinterpretationen der beteiligten Subjekte zu begreifen sind. Aus diesem Zwiespalt zwischen objektiven Prozessen und den auf sie bezogenen subjektiven Reflexionen, selbst solchen in den Grenzfällen eines mit Willen und Bewußtsein verbundenen eingreifenden Verhaltens, hat die Soziologie seit ihrer Begründung wesentliche Motive der Erkenntnis bezogen. Aber es wäre umgekehrt ebenso schief, wollte man die handelnden und deutenden Subjekte aus diesen Vorgängen ganz heraushalten. Die lebendigen Menschen sind nicht lediglich im Begriff des »subjektiven Faktors« repräsentiert, wie es der Vulgärmarxismus verstanden hat. Am Ende mögen vielleicht viele Utopien und subjektiven Absichten an den objektiven Begebenheiten zerbrechen, dadurch wird aber die Subjekt-Objekt-Dialektik nicht außer Kraft gesetzt. Der Entpolitisierung der Protestbewegung durch die Zerfaserung in einzelne Lebensgeschichten, die nur noch Besonderes ausdrücken, entspricht die Mythologisierung von 68, die mit der Suggestion verknüpft ist, es ginge hier um eine Art ursprungsphilosophisches Protestmotiv, das eine widerspruchslose Einheit herstellt. Es wäre jedoch ein gefährlicher Mythos, den 68ern Homogenität zu unterstellen, sie zu einer politischen, sozialpsychologischen und soziologischen Einheit zusammenzufassen. Das gilt weder für die Personen, die als Sprecher auftreten oder in der Rolle von Mentoren und philosophischen Kritikern im Handgemenge tätig werden, noch für die Herkunftsbedingungen des weltweiten Protestes.

Keine einzelne Ursache läßt sich ausmachen, um die Entstehung der Protestbewegung zu erklären; sozialpsychologische Erklärungsmuster reichen jedenfalls nicht aus. Momente eines klassischen Generationenkonfliktes, die sicherlich auch im Spiel gewesen sind, nehmen sehr schnell politische Formen an und spezifizieren sich in gegenständlicher Tätigkeit. Die Reform der Universitäten und Schulen steht objektiv auf der Tagesordnung; andere öffentlich dramatisierte Themen, wie die anstehende Verabschiedung der Notstandsgesetze, Strafrechtsreformen und Ostpolitik, werden aufgegriffen und bilden Aktionsfelder, in denen theoretisch und politisch produktiv gearbeitet wird.

Politische Sozialisation und Wirklichkeitsanalysen einzelner Gruppen innerhalb des großen Zusammenhangs, der dann als APO, als Außerparlamentarische Opposition, in die Geschichte der Bundesrepublik eingegangen ist, unterscheiden sich grundlegend voneinander und lassen sich schon in der spektakulären Aktionszeit nicht auf einen Nenner bringen. Was Außerparlamentarische Opposition ist, kommt aus einer ganz anderen Zeit, ist mit der Protestbewegung überhaupt nicht identisch, assimiliert sich mit ihr für eine gewisse Zeit, hat aber durchgängig die Themen und den politischen Widerstandsstil aus der Restaurationsperiode der westdeutschen Nachkriegsgesellschaft beibehalten. Es sind Elemente der Friedensbewegung, Kampf dem Atomtod, Kampagnen für Demokratie, Abrüstung, gegen die Wiederbewaffnung; an den demonstrativen Märschen durch das Land beteiligen sich Pazifisten, Naturfreunde und Jungsozialisten, Widerstandsveteranen und Gewerkschafter; außerparlamentarisch ist man nicht aus Prinzip, sondern weil die parlamentarischen Kanäle des Repräsentativsystems verstopft sind.

Diejenigen, die aus dem Sozialistischen Deutschen Studentenbund kommen, haben eine ganz andere politische Sozialisation; gewohnt, in Machtverhältnissen und Fraktionsauseinandersetzungen zu denken und nichts von schnellen Lösungen zu erwarten, blieb diese SDS-Gruppe immer, auch nach Ausschluß aus der SPD 1961, in einem engen Erfahrungsaustausch mit Sozialdemokratie und Gewerkschaft. Politik behielt für sie ein Element des Kompromisses und war mit einer Philosophie der kleinen Schritte verknüpft.

Verdrehungen und Verzerrungen, die innerhalb der Linken selbst produziert wurden und sich häufig genug durch Verdrehungen und Verzerrungen der zweiten Wirklichkeit der Medien verstärkten, haben zur Erfindung des 68ers als Eigennamen eines politischen Sozialcharakters geführt. So etwas legt die Vermutung nahe, man könnte einen 68er auf der Straße erkennen oder doch wenigstens in der Kneipe, wenn er zu reden anfängt. Seht, das ist ein typischer 68er!

Ich weiß nicht, was aus den vielen geworden ist, die 68 ihre politischen Erfahrungen gemacht haben oder zum Denken angeregt wurden. Ich habe keinen Überblick über ihre Lebensgeschichten und beruflichen Karrieren. Ich weiß aber, daß es viele Tragödien in diesen Lebensgeschichten gegeben hat, die keinerlei Anlaß für Idealisierung von Personen und Konzeptionen dieser Zeit bieten. Vielen ist es so gegangen wie ihren großen Vorfahren von 1848, die im Vormärz hohe Ideale von Freiheit und Einheit entwickelt hatten und die nach dem Scheitern der Revolution in ein Restaurationsmilieu gestoßen wurden, in dem sie verkümmerten.[138] Einer von jenen, die weder etwas aufgeben noch etwas dazulernen wollten, war Jules Michelet, den man als typischen Achtundvierziger bezeichnete. Er schrieb eines der eindrucksvollsten Werke über die große Französische Revolution. Schon 1849 hatte er empfohlen, die Freiheit, die vom Marktplatz vertrieben sei, in den Bürgervereinshäusern zu kultivieren. Was auch geschehen sei, hatte er den enttäuschten Achtundvierzigern zugerufen, das Vereinsleben ist unerstickbar in unserem Volke, und bedenken Sie, wie gute Weine wir trinken werden. Verbittert starb er, zweiundneunzigjährig, in Berlin als einer der letzten der Achtundvierziger Generation.

Niemand kann bestreiten, daß für eine erhebliche Zahl von verbitterten und enttäuschten 68ern Kneipe und Vereinsleben bevorzugte Orte der sentimentalen Erinnerung sind, wo man gelassen auf die große Zeit anstoßen und über die Motivationslosigkeit und das politische Desinteresse der gegenwärtigen Generation herziehen kann. Aber diese privatisierten 68er haben noch Glück gehabt; sie leben, und manche fühlen sich in ihrem resignativen Selbstbewußtsein so sicher und wohl, daß sie gut das Alter von Michelet erreichen können. Andere sind zerbrochen, haben Selbstmord begangen, wie Kayo Heymann, Bernward Vesper, Nicos Poulantzas, oder sind, wie Hans-Jürgen Krahl, tödliche Risiken eingegangen, die das Unglück geradezu herausfordern mußten. Wieder andere, durch die autoritären Mühlen der K-Gruppen gedreht, haben Schäden in ihrem Denken und in ihrer psychischen Ausstattung zurückbehalten, die jedenfalls ihren politischen Lebensbezug zunichte machten.

Gleichwohl läßt sich nicht ganz darauf verzichten, Personen zu nennen, wenn Ideen von 68 zur Debatte stehen. Ich wage diese Personalisierung, weil in den verschiedenen politischen Charakteren zum Ausdruck kommt, wie mannigfaltig die Protestbewegung ist, ohne daß man auf gemeinsame Merkmale in der Beschreibung verzichten müßte. Was den Aktionszusammenhang der Protestbewegung betrifft, so sind es unzweifelhaft drei Personen, die legitimerweise als Sprecher genannt werden können: Rudi Dutschke, Hans-Jürgen Krahl und Daniel Cohn-Bendit. Die soziologisch-philosophischen Einflüsse der Theoriebildung sind in ihren Quellen nicht so eindeutig bestimmbar; für die deutsche Situation spielt jedoch das Denken und Verhalten von Herbert Marcuse, Theodor W. Adorno, Jürgen Habermas, Ernst Bloch und Max Horkheimer mit ganz verschiedenen politisch-philosophischen Akzenten und auch verschiedener praktischer Kritik die entscheidende Rolle.

Dem komplexen Wurzelgeflecht dieser Theorieeinflüsse nachzugehen wäre eine Überforderung meiner Untersuchung; in den einzelnen Sachzusammenhängen sind die ideengeschichtlichen Wirkungen dieser Autoren jedoch unverkennbar. Die Persönlichkeitstypen jener drei Sprecher der deutschen Protestbewegung kurz zu skizzieren erscheint mir dagegen angemessen. Man könnte sie als eine Troika verstehen, wenn man den buchstäblichen Ursprungssinn ins Symbolische übersetzt: Besonders in Rußland war es eine übliche Bespannungsweise von drei Pferden nebeneinander, bei der das Stangenpferd im Trab, die Seitenpferde im Galopp laufen; auch das Fahrzeug selbst wird so bezeichnet.

Die Gangart der drei, von denen ich spreche, ist in der Tat verschieden; sie ziehen aber, um im Bild zu bleiben, doch einen Wagen. Von den dreien, die mit Recht als erfolgreiche Agitatoren und Sprecher der Protestbewegung genannt werden, also einen gewissen Rechtsanspruch auf Personalisierung haben, ist Hans-Jürgen Krahl, dieser zerbrechliche kleine Mann, den jüngst eine Illustrierte in gar nicht so unpassender Ironie als den »Robespierre von Bockenheim« bezeichnete, der bei weitem reflektierteste. Er wußte, wie kein anderer der 68er, Veränderungen der Machtverhältnisse und der gesellschaftlichen Strukturen in geschichtlichen und philosophischen Zusammenhängen zu deuten; er verfügte über die Kritische Theorie als Medium der Wirklichkeitsanalyse und hatte die klarste Vorstellung von den prekären Wechselwirkungen zwischen dem Privaten und der Politik, der Politisierung des Privaten, aber auch der Aneignung des Politischen fürs Private.

Obwohl wir uns in seinen letzten Lebensjahren nahestanden, war unser Verhältnis am Anfang, als er in meinen Seminaren auftauchte und rechthaberisch immer die (wenn auch manchmal nur um Kleinigkeiten) bessere Deutung einer Textstelle anzubieten hatte, äußerst gespannt. Indem wir uns politisch annäherten, glich sich auch das persönliche Verhältnis aus. Die Art und Weise, wie Krahl komplizierte philosophische Sachverhalte in plausible strategische Handlungen zu übersetzen vermochte, übte auf mich eine ebenso große Faszination aus wie seine Fähigkeit, anderen Menschen etwas zu erklären, meiner dreijährigen Tochter das »Kalte Herz« von Wilhelm Hauff und zu später Nacht in der Kneipe, nach einigen Lagen des »doppelten Doppelkorn«, einem Frankfurter Busfahrer den Fetischcharakter der Ware.[139] In der Nacht vom 13. auf den 14. Februar 1970 starb Krahl bei einem Autounfall.[140]

Über Rudi Dutschkes Biographie zu spekulieren erübrigt sich; sie liegt in reichhaltigen Dokumentationen, in Bildern und Tagebuchaufzeichnungen vor – und das, was vorliegt, wird auch nicht das letzte über diesen Wirksamsten und Einflußreichsten der Troika sein.[141] Die private Seite unserer Beziehung war durch gegenseitige Achtung bestimmt; ich kann nicht sagen, daß sie politisch konfliktlos gewesen wäre. Unsere Begegnungen auf den Tagungen des Sozialistischen Büros waren Kreuzungspunkte, die strategisch durchaus in verschiedene Richtungen wiesen: Worüber wir stritten, auch wenn er Besuche in Hannover machte, war die Rolle der Partei für Emanzipationsprozesse. Meine Skepsis gegenüber jeder Parteiförmigkeit des politischen Handelns stieß bei ihm regelmäßig auf einen geradezu instinktiven Widerwillen. Als ich ihm, um die Sache zuzuspitzen, bei einem unseren Treffen vorhielt, er sei im Grunde ein verkappter Leninist, trat nicht ein, was ich eigentlich befürchtet hatte: entschiedener Widerspruch. Vielmehr erklärte er, daß er, indem er den Leninismus einer radikalen Kritik unterzogen hatte, dessen stalinistische Deformationen treffen wollte, nicht jedoch die Ursprungsgestalt der Partei.[142]

Ich hatte den Eindruck, daß er sie insgeheim bewunderte, nur moralischer und offener machen wollte, jedenfalls zugänglicher für den aufrechten Gang und die politische Emanzipation der Subjekte, deren private Seite eher in der protestantischen Moral aufgehoben war. Noch 1976 träumte er von einer solchen Partei: »Und noch eins (sagt er): Die ganze Sache von uns muß schnell vorangetrieben werden, den Möglichkeiten gemäß. Eine sozialistisch-kommunistische Partei neuen Inhalts, neuer Form, steht zur Debatte, wird im Rahmen der objektiven Möglichkeiten ein Problem sozialistischer Politik und Praxis.«

Er hatte den Traum von einer großen, durch antiautoritären und gleichzeitig solidarischen Geist bestimmten sozialistischen Partei bis zum Ende seines Lebens. Sein letzter Besuch hatte den Sinn, mich für die »Grünen«, deren Parteigründung er mit zwiespältigen Gefühlen betrieb, zu gewinnen, mit dem immer wiederkehrenden Argument, man müsse die sozialistische Basis dieser für ihn mit Hoffnungen verknüpften Partei befestigen und erweitern. Meine Einwände haben ihn nicht überzeugen können; so erfüllte sich mit den »Grünen« ein politischer Lebenswunsch von ihm, aber es war nicht ganz die Partei, von der er geträumt hatte.

Rudi Dutschke gehört für mich zu der gewiß nicht besonders großen Zahl von politischen Intellektuellen, die den aufrechten Gang nicht nur im Munde führen, sondern praktizieren; selbst dort, wo wir verschiedener Meinung waren und auch blieben, habe ich bei ihm nie Zweifel am Respekt vor dem Andersdenkenden gehabt. Die verläßliche Integrität seiner Person, die Offenheit im Austragen der Konflikte waren für ihn, wie ich ihn erfahren habe, ebenso charakteristisch wie die verständigungsorientierte Vernunft, die nach Auswegen sucht. In keinem Organisationszusammenhang habe ich entdecken können, daß Dutschke insgeheim an Fraktionen arbeitete, obwohl das Fraktionsverbot im leninistischen Parteitypus doch für ihn der entscheidende Mangel gewesen ist, weil dadurch jede innerparteiliche Öffentlichkeit zerstört wurde.

Der dritte im Gespann, Daniel Cohn-Bendit, ist weder Jakobiner noch Parteimann; mit dem Nimbus des französischen Revolutionsführers ausgestattet, der den Pariser Mai 1968 mitgeprägt hat, spielt er die Rolle des »politischen Harlekins« (so hatte ihn Jürgen Habermas porträtiert) mit dem Einschlag eines Kapuzinerpredigers, der offenbar der Überzeugung ist, daß nur eine in Schuldgefühlen versinkende Gemeinde moralisch zu mobilisieren ist.

Ist Krahl als Genußmensch im spekulativen Denken zu verstehen, ein Markt- und Kneipengänger, der Gespräche sucht, so ist Cohn-Bendit ein eher hedonistischer Typ, der Gewinnendes ausstrahlt und am überzeugendsten dann ist, wenn er mit Zorn und Eifer einen Feind fixieren kann. Obwohl ich ihn seit gut fünfundzwanzig Jahren kenne, habe ich ihn doch nie kennengelernt. Wenn kein Mikrofon oder keine Kamera in der Nähe war, haben wir uns nicht gesehen; wen sie da war, kam kein Gespräch zwischen uns zustande. Man kann das eine auf gegenseitigem Einverständnis beruhende Nicht-Beziehung nennen.

Bei keinem anderen Wortführer der Protestbewegung habe ich so wie bei ihm den Eindruck, daß der Kampf um die eigene Identität, um die Rolle des Berufsrevolutionärs, der nicht nur für, sondern auch von der Politik lebt, ein zentrales Problem ist. Die aufdringlich-radikale Pose, die Daniel Cohn-Bendit wie ein Markenzeichen demonstriert, ist in dem Maße in einen produktiven politischen Arbeitsprozeß eingegangen, wie er mit Amt und Funktion im bestehenden System ausgestattet wurde. So verlor sich allmählich auch seine fixe Idee, die unser persönliches Verhältnis störte: daß die Seinslage eines Buchhändlers günstigere Voraussetzungen für die Existenzform und das Denken eines Revolutionärs enthalte als die eines deutschen Professors.[143]

»Besser ging es nicht und schneller auch nicht« – Wie 68 ein Stück bundesrepublikanischer Wirklichkeit wurde

Im Gespräch mit Claus Leggewie, »Frankfurter Rundschau«, 23. April 1988

Claus Leggewie: Die Protestbewegung der Studenten und Intellektuellen in den sechziger Jahren war immer darauf aus, mit einer rekonstruierten Arbeiterbewegung zu verschmelzen, von der sie fasziniert und frustriert zugleich war. Nicht einmal im legendären Pariser Mai ist es zu einem wirklichen Bündnis gekommen, und was danach in der »proletarischen Wende« kam, war zum allergrößten Teil Revolutionsmaskerade. Wie siehst du, als einer der wichtigsten Theoretiker der »Neuen Linken«, das Verhältnis von Studentenprotest und Arbeiterschaft?

Oskar Negt: Ich komme selbst aus einer Bauern-Arbeiter-Familie. Mein Vater war, als ich geboren wurde, Bauer auf einem bis zur Flucht 1945 mit Hypotheken belasteten Grundstück von sechzig Morgen und seit seiner Tätigkeit im Soldatenrat 1918 SPD-Mitglied. Als ich 1956 in den SDS eingetreten bin, war es dort noch selbstverständlich, gewerkschaftliche Bildungsarbeit zu machen. 1965 bildeten die linken Studenten eine verschwindend kleine, gar nicht so radikale Minderheit, die jedoch unproblematische Kontakte zu den Gewerkschaften hatte und sich im übrigen völlig zur Tradition der Arbeiterklassenbewegung rechnete. Im Vorstandsbüro der IG Metall in Frankfurt zum Beispiel sind wir ein- und ausgegangen. Auch die IG Chemie, die IG Bau-Steine-Erden und andere Einzelgewerkschaften hatten ihre Intellektuellen, ihre Berater, die sie aus dem SDS holten und als politische Gesprächspartner akzeptierten.

Mit der Studentenbewegung, seit Mitte der sechziger Jahre, ging es nicht mehr um einzelne Kader; eine politische Bewegung war entstanden, die ihre Kraft aus ganz anderen Quellen und Motiven bezog. Über die wiederangeeignete Marxsche Theorie wurde das Bild von einem revolutionären Proletariat gezeichnet, von dem man nur die Schalen der bürokratischen Entfremdung absprengen mußte, um seine Energie freizusetzen. Mit dieser Idee im Kopf suchte man Koalitionen mit den traditionsbewußten Teilen der Arbeiterbewegung ...

... und das ist natürlich völlig mißlungen.

Aus verschiedenen Gründen. Sofort herrschte ein gegenseitiges Mißtrauen. Die Studenten hätten mit den Gewerkschaften gerne gemeinsame politische Aktionen gemacht, waren aber nicht bereit, ihre antibürokratischen und antiinstitutionellen Affekte zu opfern, die ihnen ihre moralische Unversehrtheit sicherten. Sie wollten im Grunde an die »Basis« heran, weil sie glaubten, »ganz unten« träfen sie »gesunde« Proletarier, die noch nicht von den bürokratischen Gehirnen gepackt waren. Auf der anderen Seite ist der antiintellektuelle Affekt in den Gewerkschaften immer groß gewesen, und das zu Recht, sie hatten ja nur Erfahrungen mit Akademikern, die zum Beispiel am Ende der Weimarer Republik mit nationalistischen Parolen von sich reden gemacht hatten und nahezu geschlossen in den Reihen von SA und SS mitmarschierten, Akademiker in den Schreckgestalten von Richtern, Staatsanwälten, Technikern, Wirtschaftsführern usw. – Das war also eine Klassenfrage. Nicht nur individuelle Vorurteile, sondern ganze Traditionsblöcke prallten damals aufeinander, die nicht mit einem Mal überwunden werden konnten.

Punktuell funktionierte eine politische Kooperation übrigens durchaus: In der Opposition gegen die Notstandsgesetze gab es ein enges Bündnis mit Teilen der Studentenschaft und den Intellektuellen. Theodor W. Adorno marschierte damals an der Spitze einer Professorendelegation zum IG-Metall-Vorsitzenden Otto Brenner, und der Frankfurter SDS-Theoretiker Hans-Jürgen Krahl hat mit DGB-Prominenten (in Erinnerung ist mir vor allem Philip Pless) auf gemeinsamen Veranstaltungen gesprochen. Für kritische Gewerkschafter, nun aber nicht so sehr an der Basis als vielmehr im Funktionskörper, stellten sie ein demokratisches Potential in der Gesellschaft dar, wie noch nie zuvor unter deutschen Studenten; sie sahen, daß hier erstmals republikanische Freiheiten von Studenten eingeklagt wurden, und das hat viele innerhalb der Gewerkschaften positiv eingenommen für die Studentenbewegung.

Was an gegenseitigem Kredit in Ansätzen vorhanden war, ist dann jedoch innerhalb kürzester Frist verspielt worden, als mit dem Aufbau proletarischer Ersatzparteien, die wie Pilze aus dem Boden schießenden selbsternannten Sektenorganisationen mit dem erschlichenen Markenzeichen »Marxisten-Leninisten«, die gerade »anpolitisierten« Studenten sich zu Lehrern der Arbeiter emporschwangen.

Für dich war dieser Ausgang nicht von vornherein in einem bestimmten Traditionalismus der sozialistischen Studenten angelegt?

Die sozialistischen Studenten in der frühen Phase, etwa 1965 bis 1968, waren noch geprägt durch die Auseinandersetzungen mit der

SPD; sie hatten einen skeptischen, aber vorurteilsfreien Begriff von der Arbeiterbewegung. Erst die Studentengeneration, die Halt in den K-Gruppen (Marxisten-Leninisten) suchte, führte zum großen Teil einen Kampf mit geborgter Realität; sie nahmen Symbole und Aktionsformen aus der Dritten Welt buchstäblich. Ein anderer Teil der enttäuschten Antiautoritären, häufig waren es gerade die Dogmatiker unter ihnen, richteten ihr gebrochenes Selbst im übersichtlichen Disziplinarverband der DKP auf – auch hier oft wieder in vorderster Front der Orthodoxie.

Mit Traditionalismus meinte ich, daß die Hoffnung auf das revolutionäre Subjekt Arbeiterklasse oder überhaupt ein Subjekt der Geschichte trog – ob also die antiautoritäre Protestbewegung nicht sehr viel mehr Vorschein nachindustrieller Konflikte statt Höhepunkt des industriellen Klassenkampfes war?

Mit allen »Post«-Begriffen hat es seine Schwierigkeiten, gleich, wie sich sich verkleiden, ob »nachindustriell« oder »postmodern« oder »postsozialistisch«. In großen gesellschaftlichen Konflikten sind ohnehin nie die Widerspruchsformen allein ausschlaggebend, die man der Theorie nach in einer Gesellschaftsformation als bestimmend ansieht. Daß etwas im Pariser Mai 1968 mehr ausgetragen worden ist als der Konflikt zwischen Lohnarbeit und Kapital, scheint mir ebenso evident, wie daß sich insgesamt die Struktur der kapitalistischen Gesellschaftsordnung aufgrund der ungeheuren Entwicklung der Produktivkräfte und der mit Händen greifbaren Legitimationsverluste von Herrschaft verändert hat.

Aber nach wie vor ist dies für mich eine kapitalistische Gesellschaftsordnung, und die Auseinandersetzungen zwischen Kapital und Arbeit haben nach wie vor eine tragende Bedeutung. Deshalb trifft auch die Kapitalanalyse von Marx im großen und ganzen nach wie vor zu. Im übrigen leben wir auch noch in einer Industriegesellschaft. Das spüren am besten diejenigen, die sich von ihr mit dem Gefühl einer unabwendbaren Trauer abgekoppelt sehen, Arbeitslose vor allem; sie schleppen doch das ganze Normenpaket der Arbeitsgesellschaft weiter mit sich herum, ob sie nun wollen oder nicht. Es kann nicht entfernt davon die Rede sein, daß die Arbeitsgesellschaft in den Köpfen, den Wertorientierungen und dem Verhalten der Menschen der Vergangenheit angehört; eher bekommt Arbeit, gerade bei den von ihr getrennten Nicht-Arbeitern, zusätzliches Gewicht; die Arbeit ist heute angstbesetzt. So prägt sie selbst noch das Freizeitverhalten, mit derselben Disziplin, demselben

Eifer und derselben Besessenheit wie unter den Bedingungen ungeliebter Erwerbsarbeit.

Das ist es ja gerade! Mit »postindustriell« könnte deshalb gemeint sein, daß die Formel »Befreiung von der Arbeit« heutzutage mehr utopische Kraft besitzt als der alte Wunsch nach »Befreiung der Arbeit«.

Die alte, gestandene, von vielen schon als ausgestanden betrachtete Formel »Aufhebung der selbstentfremdeten Arbeit« ist die realistischere. Sie steht den Selbstansprüchen und Bedürfnissen der Menschen näher. Es gibt eine gehörige Portion an Bedürfnissen nach gegenständlicher Tätigkeit, worin sich Subjekte und Objekte gleichzeitig bilden durch einen lebendigen Stoffwechselprozeß, in dem beide Seiten dieses Widerspruchsverhältnisses etwas gewinnen. In der sozialistischen Formel »Befreiung von der Arbeit« war Gegenstand der Kritik immer die knechtende Lohnarbeit. Käme es wirklich zur Befreiung von der Arbeit, so setzte das einen Kulturzustand voraus, in dem Muße – Tätigkeiten, wie sie vielleicht in der Antike einmal praktiziert wurden: philosophische Spekulation, Theater und politische Diskurse – zum Alltag gehört, also selbstverständlich ist. Vielleicht ist das eine utopische Möglichkeit im besten Sinne, aber die Tendenzen, die auf diesen Zustand verweisen, sehe ich gegenwärtig nicht.

Noch einmal zurück in die sechziger Jahre. Damals warst du Mitglied der »Sozialwissenschaftlichen Vereinigung«, einer Art Scharnier zwischen Gewerkschaften und Linksintellektuellen. In diesem Diskussionszusammenhang ist ein Buch von dir entstanden, das man getrost als »Klassiker von 68« bezeichnen kann: »Soziologische Phantasie und exemplarisches Lernen«, seither in vielen Auflagen gedruckt und gelesen.

Es gab Anfang der sechziger Jahre innerhalb einzelner Gewerkschaften, besonders der IG Metall, das Bedürfnis, die gewerkschaftliche Bildungsarbeit umzuorganisieren. Ich hatte 1961 nach zweijähriger Arbeit an der DGB-Bundesschule in Oberursel zum ersten Mal ausprobiert, wie man Marx anders als in einer bloß systematisch-analytischen Weise vermitteln kann – anders als auf der Linie strikter Ableitungslogik von der Warenanalyse bis zum bitteren Ende des tendenziellen Falls der Profitrate.

Meine Grunderfahrung mit Arbeitern war, daß ihre Lernprozesse viel stärker an der Selbstdeutung, ihren Interessen und dem ansetzen müssen, was sie an Konflikterfahrung mitbringen. Es hatte seine geschichtlichen Gründe, warum ein Neuanfang in der Arbeiterbildung unbedingt nötig war. Die Tradition der alten Arbeiterbildung, getragen von marxistischen Kadern, war abgerissen; immer stärker strömten akademisch in die bürgerlichen Einzelwissenschaften eingeübte Referenten in die Arbeiterbildung oder solche, die aus dem öffentlichen Bereich herangezogen wurden. Was durch akademische Arbeitsteilungen zerstückelt war, konnte sich in den Köpfen der Arbeiter gar nicht mehr zusammenfügen, und handlungsrelevante Informationen waren daraus überhaupt nicht zu gewinnen. Damit die Arbeiter sich und die Gesellschaft besser verstehen konnten, in theoretischen Deutungszusammenhängen, habe ich auf das gute alte Prinzip des exemplarischen Lernens zurückgegriffen, das die Selbstbeteiligung der Arbeiter in den Lernprozessen vergrößert, ja sie zu Lernsubjekten macht.

Der Betriebsbezug, der den Organisationskonzepten des exemplarischen Lernens zugrunde liegt, hat heute einen verführerischen Reiz – siehe etwa die industriellen Beziehungen in Japan mit Unternehmenskultur und Qualitätszirkeln. Ist das ein modernes Gewerkschaftskonzept?

Anfang der sechziger Jahre sollten die Arbeiter gerade die betriebssyndikalistische Form der Interessenvertretung überwinden, die in mächtigen, von den Gewerkschaften sich trennenden Betriebsräten Gestalt annahm; es war deshalb notwendig, stärker zu zentralisieren. Wer damals »betriebsnahe Tarif- und Bildungsarbeit« forderte, rannte bei den übermächtig gewordenen Betriebsräten, die eng mit den Interessen des Managements verflochten waren, offene Türen ein. So merkwürdig das klingen mag: Zentralisierung und Stärkung der demokratischen Gewerkschaftsbasis im Betrieb waren zwei verschiedene Seiten derselben Strategie. Denn wir setzten auf eine Erweiterung der Machtbefugnisse der gewerkschaftlichen Vertrauensleute, gegen die Betriebsräte, die mit Haustarifen die gewerkschaftliche Tarifpolitik völlig zu untergraben drohten, und wir forderten die Einsetzung von Bildungsobleuten.

Heute ist das von ganz neuer Aktualität; das Unternehmerlager fördert mächtig die Kooperation zwischen Management und Betriebsräten. Darauf haben vor allem Horst Kern und Michael Schumann hingewiesen, die von »neuen Produktionskonzepten« sprechen. Diese leben ja gerade davon, daß sich ein Betriebssyndikalismus nach den ausschließlichen Regeln der Produktion ausbildet. Arbeitszeitverkürzungen (also Reduktion der betrieblichen Anwesenheitszeit der Arbeiter), allgemeine Arbeitsplatzunsicherheit, Dezentralisierung der Produktion und andere Faktoren, die kennzeichnend sind für die heutige Krisensituation, lassen rein betriebsbezogene Bildungsarbeit nicht mehr ausreichend erscheinen. Ein zweites Prinzip muß ergänzend hinzutreten: daß nämlich die Menschen in ihren Wohnbereichen und in ihren sonstigen Lebenszusammenhängen genauso angesprochen werden wie im Betrieb.

Es ist, denke ich, deutlich geworden, daß du dich in theoretischer wie politisch-praktischer Hinsicht durchaus als »68er Traditionalist« verstehst, also an wichtigen Grundprinzipien der Neuen Linken festhältst. Demnächst wird (im Campus Verlag) eine Sammlung von Texten aus den betreffenden Jahren 1967 bis 1973 von dir erscheinen – sind die mittlerweile nicht reichlich angestaubt?[144]

Ich schäme mich fast, es so deutlich zu sagen: Ich halte sie für aktuell. Ich meine nicht die darin enthaltenen Prognosen, sondern die bestimmte Form der Theorie, die mir Horkheimer und Adorno vermittelt haben und der ich mich verpflichtet fühle: Denken als kritisches Vermögen, das darauf bedacht ist, die komplexen Vermittlungen aufzuzeigen, die ein Problem in sich birgt, und damit auch die Blockierungen der Durchsetzung einer Konzeption. Ein Beispiel: Als ich 1967 vorschlug, »informelle Kader« zu bilden, haben die Leute furchtbar gelacht: informelle Kader! Das kann es doch gar nicht geben. Gemeint war ein Element zentralisierter Disziplin bei gleichzeitiger Offenheit, was nach 1972 zum Teil im »Sozialistischen Büro« verwirklicht wurde und mir heute als Ensemble dezentralisierter Entscheidungsgremien äußerst aktuell erscheint. Denn wir haben die Krise des Zentralismus nicht weniger als die Krise des Spontaneismus, also der Hoffnung, daß sich etwas von alleine zusammensetzt. Man muß sich also überlegen, wie man die Vorteile von Großorganisationen mit denen einer spontanen Protestkommunikation verbindet.

Manche Reden und Texte aus jener Zeit der Auswege haben ganz eindeutig Zeitkolorit, und die veröffentliche ich als authentische Dokumente – einfach schon deswegen, weil im »Jubiläumsjahr« so viel sekundärer Unsinn über die Aufbruchsperiode um 1968 Verbreitung finden wird. Die Rekonstruktion wird ganz aus der heutigen Perspektive vorgenommen.

Was wäre so ein sekundärer Unsinn?

Falsch ist vor allem die Auffassung, daß 1968 eine revolutionäre Potenz im machtpolitischen Sinne dagewesen sei, die, hätte man sie nur besser organisiert, ganz andere Wirkungen hervorgebracht hätte, zum Beispiel die Neukonstitution einer sozialistischen Linken mit kultureller Hegemonie. Das ist eine euphorische Deutung der Protestbewegung, unaufrichtig und falsch, an der gemessen dann alles Spätere schlechter erscheinen muß.

Davon kann jedoch nicht die geringste Rede sein: Trotz aller Irrtümer und folgenreichen Fehler der RAF und der K-Gruppen ist die Linke, als Bewegung, heute breiter und greift folgenreicher in die gesellschaftliche Entwicklung ein als jemals in den sechziger Jahren, und sie ist auch in manchen Punkten aktiver. Sie hat nicht mehr die organisierende Idee, die ja seinerzeit eine große Spannbreite hatte: auf den Weltmaßstab gerichtet, auf die Befreiungsbewegungen in der Dritten Welt. Da mußten sich zwangsläufig Enttäuschungen ergeben in den vergangenen zwanzig Jahren – von Vietnam bis Nicaragua. Diese Fremdidentifikationen waren allzu häufig bloß Kompensationen des eigenen Mangels; da sie den Alltag dort nicht erreichten, konnten sie die Enttäuschungen nicht überleben. Als in Vietnam zum Beispiel nach dem Abzug der Amerikaner die Aufbauprobleme begannen, hatten sich die »Internationalisten« bereits enttäuscht zurückgezogen, obwohl doch jetzt die Solidarität noch viel dringlicher gewesen wäre als in der heroischen Phase des Befreiungskampfes.

Als einen anderen falschen Zug möchte ich den »politologischen« Analyseversuch von 68 nennen: Die Studentenbewegung soll demnach aus der Veränderung der Parteienlandschaft, der Großen Koalition, der neuen Ostpolitik usw. begriffen werden. Es heißt, damals habe sie ihren (modernisierenden) Stellenwert gehabt, aber unter den ganz anderen Konstellationen von heute sei sie passé. Das ist schon deshalb völlig verkürzt, weil verkannt wird, daß hier eine Bewegung auftritt und rebelliert, die eine nachgeholte Bewältigung des Faschismus vornimmt, die also zum ersten Mal das Problem der prekären politischen Vätergeneration sieht. Das waren tiefere Lebenseinschnitte und Brüche, die keine politologische Oberflächenanalyse erklären kann. Da wurde etwas eingeklagt, was überfällig war und sich dann in der antiautoritären Revolte freisetzte und einen freieren Blick auch über politische Formen erlaubte.

Das Selbstetikett »antiautoritäre Bewegung« scheint vielen zu vage und negativ – worin man auch den Grund für die langfristige Unergiebigkeit der Protestbewegung sehen könnte.

Zunächst einmal war sie darauf gerichtet, die verkrusteten, die toten Verhältnisse abzuwehren und abzulehnen, sie als etwas zu begreifen, das abgelöst und aufgesprengt werden müsse – in verschiedener Form. Das geht bis zur Idee der RAF, exemplarische Aktionen bringen etwas zum Tanzen und in Bewegung. Oder Daniel Cohn-Bendit sprach seinerzeit von der »Alterskrankheit des Kommunismus«.

Aber hinter dieser Antihaltung verbirgt sich etwas Positives und sehr Konstruktives, vor allem das Zurücklenken der Politik in den Alltagszusammenhang. Die Kinderläden, sicherlich, die sind zunächst antiautoritär gewesen in dem Sinne, daß sie sich abgrenzten von den Kindergärten der Kirchen und den öffentlichen Kinderhorten; aber sie haben ein eigenes pädagogisches Prinzip zu verwirklichen versucht, mit dem der Autonomiespielraum der Kinder, ihre körperliche und geistige Beweglichkeit vergrößert wurde, nach dem Prinzip der Selbstregulierung, wie ich das zum Beispiel für die Glocksee-Schule formuliert habe. Das ist etwas Positives: Es soll Schranken beseitigen und die gewachsene Aufmerksamkeit auf die Sozialisation des Menschen, die Ausbildung seiner gesellschaftlichen Kräfte richten. Das ist meiner Meinung nach von dieser ganzen Zeit am wirksamsten geblieben und pflanzt sich, ohne organisierendes Zentrum, in die heutige Gesellschaft fort. 1968 ist eine Kulturrevolution gewesen, mit deutschen Eigenheiten zweifellos; eine Revolution, die am wirksamsten nicht in den Teilen war, wo sie programmatisch sich als Revolution verstand, sondern dort, wo Aufmerksamkeitsverschiebungen in Richtung auf Umänderung des Alltagslebens, der Erziehung, des Denkens und der Bedürfnisse stattfanden – wo Fragen öffentlich wurden, wie das eigene Leben zu gestalten sei.

Ich habe jetzt, praktisch in der zweiten Generation, einen viereinhalbjährigen Sohn und habe mich mit größten Vorbehalten an den Kinderladen herangewegt. Ich habe mir gesagt: Kinderladen, ja, den müssen wir machen, aber ich möchte mich daran eigentlich nicht mehr aktiv beteiligen, wenn ich daran zurückdenke, wie viele konzeptionelle Diskussionen über Kinderläden und Schulen ich seit Jahren mitgemacht habe. Ich wollte mich da also völlig raushalten und stelle jetzt mit größter Überraschung fest, daß das strittige Konzeptionelle, das uns so an die Nerven gegangen ist, überhaupt kein Problem mehr ist: Die machen das heute, worüber wir diskutiert und was wir mühevoll durchzusetzen versucht haben! Die sind antiautoritär – nicht alle Kinderläden natürlich, aber es ist eben nicht die völlige Ausnahme geblieben. Hier hat sich etwas in den Alltag hineinbegeben und ist Realitätsbestandteil geworden, was ganz zweifellos aus der 68er Bewegung stammt.

Ist das nicht das trotzige Pfeifen im Wald, um die Angst zu vertreiben –
angesichts einer liberal-konservativen »strukturellen Mehrheit« im Lande?
Man muß den Charakter der gegenwärtigen Krise bestimmen.
Wenn es, wie ich glaube, eine Erosionskrise ist, in der viele alte
Gewohnheiten sich auflösen und viele selbstverständliche Verhaltensweisen brüchig werden, also ein Zustand ausgesetzter Regeln
besteht, wo neue Regeln der individuellen Orientierung und des
gesellschaftlichen Konsenses noch nicht da sind, dann entstehen in
der Bevölkerung auf vielen Ebenen Angstreaktionen: wie soll das
weitergehen, wie kann die eigene Existenz gesichert werden, wie
läuft das mit der Rüstung weiter – also eine Kumulation von Ängsten. Und eine solche Kumulation führt immer dazu, daß kritische
Potentiale zwar vorhanden sind, sich aber nicht in organisiertes
Handeln umsetzen. Votiert wird für diejenigen, die die größte
Sicherheit versprechen, die keine Experimente machen, sondern
diesen ganzen Laden irgendwie zusammenhalten – oder wenigstens
in den Verdacht kommen, ihn zusammenhalten zu können. Der
neue Konservativismus, vor allem in den USA und in Großbritannien, lebt eigentlich von der Balancearbeit: Nirgendwo darf sich
etwas zuspitzen, es muß ausgeglichen werden, sobald Brandherde
entstehen – Klassenpolitik mit den Mitteln des juste milieu, in dem
die Mitte austariert wird. Das bringt jetzt auch andere Charakterei-
genschaften zutage, Spießermentalität nämlich: daß auch mal »hart
durchgegriffen« wird und daß unser Kanzler eigentlich fortwährend dabei ist, irgendwem »die Wahrheit zu sagen«. Da ist etwas
von Selbstverleugnung und Selbstbetrug dabei – demnächst wird
selbst die CDU für den Ausstieg aus der Kernenergie sein. Hier bildet sich mit anderen Worten keine politische Identität, alternativ zu
oder gegen 68, sondern eine Machtbalance, die Schwierigkeiten
schafft für eine wirkliche Gegenposition.

Ich bin also weit davon entfernt zu meinen, daß die politischen
Potentiale heute schlechter sind als vor zehn oder gar zwanzig Jahren: Die Situation der Linken ist in vielen Bereichen sogar besser.
Aber die Diffusion, das Auseinanderdriften der Kräfte, der Läh-
mungszustand der Linken auf allen Ebenen, von den Gewerkschaften über die SPD bis zu den Grünen, ist nicht durch eine Entscheidung zu überwinden oder indem man zum Beispiel Wahlkampf für
Rot-Grün in Schleswig-Holstein macht, sondern eigentlich nur
dadurch, daß man ganz minimalistisch sich verhält an Ort und
Stelle, wo man sich aufhält, wo man tätig ist, Aufklärungsarbeit lei-

stet und sich nicht dumm machen läßt von den Verhältnissen. Besser geht es nicht und schneller auch nicht, aber ich habe die Hoffnung, daß sich daraus etwas zusammensetzen wird, wenn erst massenhaft sichtbar wird, daß dieser herrschende Konservativismus die Krise und die Widersprüche der Gesellschaft tatsächlich nicht bewältigen kann und wird.

2. Die Zukunftsverantwortung der Intellektuellen

Gilt es, den Rahmen intellektuellen Selbstverständnisses und somit Möglichkeiten des Eingreifens zu überprüfen, so macht es die gegenwärtige Ära kollektiver Amnesie vorab notwendig, den Blick auf das Zusammenwirken der historischen Prozesse und auf die Augenblicke des intellektuellen Durchdringens der Realitätswände zu lenken, wobei sich vier Phasen abzeichnen.

Zunächst: Ein immenser Vorrat an intellektueller Energie, der sich in den zwanziger Jahren dieses Jahrhunderts ausbildete, liegt zur Aneignung bereit. In dieser Periode findet eine Auseinandersetzung statt mit der Auflösung der bürgerlichen Privilegienkultur, aber auch mit der Hoffnung auf eine grundlegende Veränderung der Gesellschaft, die alle großen Theorien des zwanzigsten Jahrhunderts vorprägt: von Lukács über Horkheimer und Adorno bis zu Merleau-Ponty und Sartre. Diese komplexen Versuche zielen nicht allein darauf ab, den historischen Prozeß zu begreifen, zu erklären, was die Gesellschaft im Innern zusammenhält und was sie auflöst, es sind nicht nur die philosophischen Entwürfe eines Begriffes von Welt in ihrem So-Sein, sondern sie analysieren und überprüfen zugleich die gesellschaftlichen Entwicklungsmöglichkeiten. Dieses Selbstverständnis der Intellektuellen reicht tief bis in die Fasern und Zellen der bürgerlichen Kultur hinein – es sieht sich mit verschiedenen Herausforderungen konfrontiert.

Die erste Herausforderung ist der Sozialismus, der wider allen Prognosen nicht in einem fortgeschrittenen Lande siegt; zudem entstehen Formen des Irrationalismus. In Deutschland und Italien erobert der Faschismus die politische Macht, in der Sowjetunion etabliert sich – was den Sozialismus betrifft – eine deformierte Gesellschaft. In diesem spezifischen Kontext konzentriert sich das Selbstverständnis der Intellektuellen auf die Potentiale einer besseren Welt, auf Emanzipation, und impliziert per se eine kulturkritische Komponente.

Die zweite Phase ist in den fünfziger Jahren zu lokalisieren – beispielhaft liegt sie vor in der Auseinandersetzung zwischen Merleau-Ponty und Sartre. Als die Existenz von Konzentrationslagern in der Sowjetunion bekannt wurde, war es notwendige Folge, daß sich diese Intellektuellen allmählich von der Vorstellung der kommunistischen Partei als Agentur geschichtlicher Veränderung lösen; sie beginnen, den objektiven Kräften der Gesellschaft zu mißtrauen, und integrieren verstärkt subjektive Handlungspotentiale in ihren Reflexionsprozeß über Gesellschaft. Zugleich wächst die Distanz zum Bestehenden. Daher erhalten die Entwurfsformen einer neuen Gesellschaft eine subjektivere und existentiellere Ausprägung. Dieses Selbstverständnis des eingreifenden Intellektuellen reicht hinein bis in die Auseinandersetzung mit dem Algerienkrieg in Frankreich, bestimmt die Aufarbeitungsformen des Faschismus und Stalinismus.

Die dritte Phase beginnt 68 in der Studenten- und Jugendrebellion. Erstmals wird eine ungeheure Spannung – zwischen der Identifikation mit Sozialrevolutionen, den Befreiungsbewegungen der Dritten Welt und der konkreten Veränderung vor Ort – formuliert und ausgetragen. Kritische Universität, die antiautoritären Kinderläden, also Veränderung der Erziehung und des Lernens in Verbindung mit einer Politisierung des Alltags, bilden ein Standbein dieser Bewegung und damit auch des intellektuellen Selbstverständnisses. Auf der anderen Seite findet sich eine symbolische Identifikation mit den Befreiungsbewegungen in der Dritten Welt: Die Erkenntnis, daß je einzelne Veränderungen in einen weltgeschichtlichen Kontext eingebettet sind, nicht isoliert, nicht zerfasert existieren, gewinnt an Boden. Hiervon ist auch der Begriff des Sozialismus betroffen: Zum ersten Mal in der Geschichte wird er verknüpft mit der Selbstveränderung der Subjekte. Das tradierte intellektuelle Selbstverständnis – gleichsam die Arbeit am Spießer in uns, der glaubt, er könnte sich als Parteisoldat verstehen und sein Privatleben vollständig ausklammern, die typische Lebensform des traditionellen Arbeiterfunktionärs also – bricht wie ein Kartenhaus in sich zusammen und eröffnet ganz neue Dimensionen.

Die vierte Phase schließlich, in der wir uns gegenwärtig befinden, resultiert aus dem Scheitern dieser Politik aus geborgter Realität. Die Identifikation mit dem chinesischen Modell, mit den Befreiungskämpfen in Nicaragua, Kambodscha, Vietnam und Portugal führt zu einem ungeheuren Prozeß an Enttäuschungen. Eine Ernüchterung darüber, daß der Sozialismus und die Revolution sich so einfach nicht durchsetzen, zumindest nicht, was die Reorganisation der Gesellschaft anbetrifft, macht sich breit. Solange die theoretischen Energien sich gegen einen äußeren Feind richteten, entfalteten diese emanzipatorischen Formen des Sozialismus kreative Kräfte. Sobald er jedoch verschwunden war, reifte die Einsicht einer neuerlichen Mobilisierung der Kräfte der Veränderung aus dem Innern.

Die 68er Intellektuellen nehmen den ersten großen Enttäuschungsprozeß wahr, sind gleichsam wieder auf sich selbst zurückgeworfen und organisieren sich in einer »momentanisierten« Form der Protestbewegung, in den sogenannten Ein-Punkt-Bewegungen. Das gesellschaftliche Ganze zerfasert in einzelne Elemente, von denen die sozialen Bewegungen durchaus wissen, daß zwischen ihnen Interdependenzen existieren. Indes, es mangelt ihnen an theoretischer Kraft, sie zusammenzufügen.

Es ist also neu anzusetzen. Ist die Utopie ins Rampenlicht öffentlicher Kritik gezogen, dann liegt meist auch der Schlagstock griffbereit, mit dem auf den Intellektuellen, diesen chronischen Konstrukteur anderer als der gegebenen Welten, mit der Lust langfristig angestauter Aggression eingeschlagen wird. Das ist nichts Erstaunliches, seit es diesen Menschentypus als Träger unangenehmer Botschaften gibt, und er entsteht mit der Küsten- und Stadtkultur, genauer gesagt: in Griechenland. Um seine Würde zu kämpfen bedeutet jedoch weit mehr, als sich für die Interessen eines beliebigen Berufsstandes zu schlagen.

Von der sprachlosen Intelligenz ist angesichts herausragender geschichtlicher Umbrüche immer wieder in letzter Zeit die Rede gewesen, und am intensivsten und beredsamsten haben jene diese Klage erhoben, die sich selbst zu den sprechenden und schreibenden Intellektuellen zählen. So könnte die gegenwärtige Intellektuellendebatte, in der nach dem Schema von Links-Rechts-Häutungen verhandelt, identifiziert und ausgegrenzt wird, als ein gewöhnlicher Hausstreit miteinander konkurrierender Kopfarbeiter und als übliches Intellektuellengezänk abgetan werden. Das wäre jedoch keine Lösung, sondern die Verdrängung eines Problems. Denn um die Aufklärung eines merkwürdigen Widerspruchs geht es in diesem Zusammenhang: Wie bei einem Dammbruch ergießt sich das öffentliche Reden und Schreiben, aber das genauere Lesen und Hören vermittelt den beklemmenden Eindruck der Sprachlosigkeit, eine freimütige Mitteilungslust ohne eigene Sprache, ohne den Eigensinn der Sprache.

Das ist, im Falle der Intellektuellen einer Gesellschaft, nie eine Frage der bloßen Bildung und des guten Willens, sondern des gesellschaftlichen Selbstverständnisses und des Verantwortungsbewußtseins, öffentlichen Gebrauch von der Vernunft und dem eigenen Wissen zu machen, also Urteilskraft, Unterscheidungs- und Wahrnehmungsvermögen in lebendige Praxis umzusetzen. Wie das Tun und Denken der Intellektuellen aufgenommen wird und gesellschaftliche Abwertung oder Anerkennung findet, wie sie selbst Sinn und Zweck ihrer Arbeit sehen, das ist, wie wir aus der deutschen Geschichte schmerzlich erfahren mußten, nie die bloße Privatangelegenheit einer beruflich aufeinander bezogenen Interessengruppe gewesen, sondern ist Index und Symptom für den Zustand der politischen Kultur eines Landes. So muß ich einen Augenblick zurücktreten und zum Objekt der Betrachtung machen, was mich doch selbst betrifft.

Drei Ereignisse des gegenwärtigen kulturellen und politischen Umbruchs in den Gesellschaftsordnungen, die den Weg industrieller Modernisierung beschreiten, haben maßgeblich dazu beigetragen, daß die Intellektuellen, die aus den Grenzmarkierungen, der Koexistenz des Unvereinbaren und den sicheren Verankerungen ihres legitimen Protestes ihre Sprache und ihr politisches Selbstverständnis gewonnen hatten, in eine buchstäblich existentiell zu nennende Orientierungskrise geraten sind.

Seit 1980, als die polnische Gewerkschaft Solidarność ihre Kraft des Widerstandes gegen das bürokratisch versteinerte System zu entfalten begann und im gleichen Zuge eine Macht der Vergangenheit, als welche die katholische Kirche erschienen war, mit wachsendem Einfluß in die Gegenwartsverhältnisse eingriff, wurde in den Ostblockstaaten eine innere Dynamik freigesetzt, an deren Ende nicht nur die Selbstauflösung eines Sozialismus stand, der nie einer gewesen war; auch die falsche Realität dieses Sozialismus ist nach und nach zusammengebrochen. Aus Ereignisreihen, welche die Selbsterosion von Gesellschaftsordnungen ohne äußere Feindeinwirkungen bezeichnen, setzt sich zusammen, was man die erste Herausforderung der Intellektuellen in unserem Lande nennen könnte. Sie betrifft deren Haltung zum Sozialismus, zur Idee einer Gesellschaftsordnung, die in den bestehenden Verhältnissen des übriggebliebenen Kapitalismus nicht aufgeht.

Daneben steht die treibhausmäßig beschleunigte, mit äußersten Zeitverkürzungen ins Werk gesetzte Wiedervereinigung Deutschlands – mit den Folgen eines Prozesses gesellschaftlicher Wucherungen: eine schnell arrangierte Wiedervereinigung nach den einfachsten Kriterien von Anschluß, ohne Zeitmaße für eigenständige Aufarbeitungen liegengebliebener Probleme der beiden Gesellschaftsfragmente. Einheit, Nation, Patriotismus sind in diesem Zusammenhang die Stichworte, unter denen von den Intellektuellen eindeutiges Urteil und zweifelsfreie Parteinahme verlangt werden.

Schließlich hat der Golfkrieg – dieses merkwürdige Gewaltprodukt einer an sich gewaltlosen Beendigung der Nachkriegszeit, das in dieser

Form ohne die Entzerrung der Konfrontationslogik der Großmächte gar nicht denkbar gewesen wäre – die Intellektuellen, deren politische Bewußtseinsbildung von den erkennbaren Gefahren moderner Massenvernichtungswaffen und ihrer Anwendung auf automatisierten Schlachtfeldern geprägt ist, mit dem schon veraltet geglaubten Gedanken eines gerechten oder doch gerechtfertigten Krieges vertraut gemacht. Auch Aktivisten der Friedensbewegung bekannten plötzlich, daß sie »Bellizisten« seien, also Kriegsbefürworter. Was an Bewußtseinstrübungen und Kehrtwendungen unter den Intellektuellen (auch sogenannten Vordenkern in den Parteien) der mörderische Krieg und die ethnischen Säuberungen im ehemaligen Jugoslawien ausgelöst haben, liegt genau auf der Linie der Golfkriegsreaktionen – mit dem entscheidenden Unterschied allerdings, daß jetzt auch militärische Großmachtansprüche des vereinigten Deutschland ins Spiel gebracht werden.

Sozialismus, Nation, Krieg: Das sind jene Realitätsblöcke, die in der Tat das ganze zwanzigste Jahrhundert über als entscheidende Herausforderungen für die spezifische Existenzweise der Intellektuellen betrachtet werden müssen (für die kritischen Intellektuellen, die sich der politischen Linken zurechnen, übrigens genauso wie für die Rechtsintellektuellen). Die öffentlichen Themen, die sich an diese Realitätsblöcke knüpfen, unterscheiden sich nicht grundlegend in der intellektuellen Geschichte dieses Jahrhunderts; sie sind relativ konstant, eben wie die Geschichte immer dort sich wiederholt, wo sie nicht wirklich aufgearbeitet wurde.

Neu dagegen ist heute der Anspruch an die Intellektuellen, der Wirklichkeit gewachsen zu sein – ein Anspruch, der vielfach wohl auch zum Selbstanspruch geworden ist. Das Verratszeichen an der Stirn des Intellektuellen gehört zum Traditionsbestand seiner gesellschaftlichen Abwertung. Seit Julien Bendas Untersuchung aus dem Jahre 1927, »La Trahison des Clercs« (Der Verrat der Intellektuellen), gilt der prinzipienlose Opportunismus, die Neigung, sich der jeweils stärksten Realitätsmacht anzupassen, als Einwand gegen den Typus eines Intellektuellen, der seinen Eigensinn verloren hat. Heute hat sich das umgekehrt. Nicht Verrat, sondern Versagen erscheint heute als Wundmal des Intellektuellen; daß er von den gewaltigen Ereignismassen, vom Überhang der geschichtlichen Objektivität, genauso überrascht und zum bloßen Anhängsel gemacht wird wie alle übrigen Menschen, fordert den schärfsten Widerspruch gegen die gesellschaftliche Nützlichkeit seiner Existenzweise heraus. In diesen von außen kommenden Forderungen, alle

Utopien und den theoretischen Eigensinn fahren zu lassen und mit eiskaltem Realismus Parteilichkeit für die Realität zu üben, wie sie sich nun einmal hergestellt hat, besteht jedoch nicht die Orientierungskrise der Intellektuellen, sondern sie drückt sich in dem Tatbestand aus, daß diese Forderungen vielfach zu Selbstanforderungen geworden sind.

Wird aber ihre Realitätstüchtigkeit eingeklagt und finden die Intellektuellen selbst zu keinem Selbstverständnis, das auf der Rechtmäßigkeit ihrer Utopiefähigkeit und ihres kritischen, das heißt durch Theorie angeleiteten Eingriffs in die bestehenden Verhältnisse beharrt, so treten sie sogleich in Konkurrenz zu den harten Realpolitikern, die sie womöglich an Einsichtsfähigkeit in das Unabwendbare übertrumpfen möchten. Sich abgekoppelt zu finden von geschichtlichen Prozessen, wie den Selbstverrottungsvorgängen in den Ländern des sogenannten »real existierenden Sozialismus« und wie der deutschen Wiedervereinigung, mußte bei vielen deutschen Intellektuellen den Sinn schärfen für Chancen, sich mit der Realität zu versöhnen.

Der Golfkrieg schien unter diesen Bedingungen günstiger Ausgangspunkt für das zu sein, was man den spontanen Ausgleich für die zwei Verlusterfahrungen der Linken nennen könnte: Nachdem in den siebziger Jahren fast alle Utopien, die sich mit dem Befreiungskampf in den Ländern der Dritten Welt untrennbar verschränkt hatten, zusammengebrochen waren, trat in den achtziger Jahren ein immer bedrohlicher werdender Realitätszerfall jener Gesellschaftsordnungen ein, an denen zu reiben die kritische Linke sich in Jahrzehnten gewöhnt hatte. Aus geborgter Realität bezogen die kritischen Intellektuellen ihre positive Identifikation: Vietnam, China, Kambodscha, Nicaragua. Als Abgrenzungsrealität, mit deutlichen Hinweisen darauf, was unter einer emanzipierten Gesellschaft nicht zu verstehen sei, dienten die Gesellschaften des »real existierenden Sozialismus«, die mit der Zementierung des Ost-West-Konflikts gleichzeitig den Bewegungsraum der kritischen Intellektuellen sicherten.

Diese Orientierungen gibt es nicht mehr; deshalb ist das Selbstverständnis der Linksintellektuellen in eine Krise geraten, die deren Existenz betrifft. Hat diese Krise die von mir bezeichneten gesellschaftlichen Ursprünge, dann ist der rhetorische Aufwand in einem erneuten Abgrenzungskampf unzureichend und wirkungslos.

Ein solcher Grabenkrieg, der die schematischen Zurechnungen der Vergangenheit aufwärmt, führt aus der Krise des Selbstverständnisses jener Intellektuellen, die in der Tradition kritischer Arbeit stehen, sich also an der Selbstaufklärung der Aufklärung orientieren, keinen Schritt weit heraus. Die verführerischen Strategien des Vergessens und der Verabschiedungen, die das Bewegungsmotiv des postmodernen Geistes ausmachen, verfehlen zudem den Selbstanspruch von Menschen, die ihr privilegiertes Wissen nicht als ästhetischen Luxus zu verschleudern bereit sind. So ist es also notwendig, die Sprachlosigkeit nicht auf rhetorischen Fluchtwegen zu verlassen, sondern die darin enthaltene Betroffenheit, das Schweigen und Erstaunen zum Anlaß für die Selbstreflexion zu nehmen, für das Nachdenken über eine neue Verantwortung des kritischen Intellektuellen zu nutzen.

Ich greife auf das zurück, was Sartre, selbst so etwas wie die Personifikation des Intellektuellen, unter einem solchen politischen Sozialcharakter versteht. »Was ich einen Intellektuellen nenne, rekrutiert sich aus der gesellschaftlich-beruflichen Gesamtheit derer, die man die Theoretiker des praktischen Wissens nennen kann ... Der Theoretiker des praktischen Wissens kann ebensogut Ingenieur, Arzt, Forscher oder Soziologe sein.«[145]

Das ist der entscheidende Punkt für das neue Selbstverständnis der kritischen Intellektuellen; sie repräsentieren nicht die »freischwebende Intelligenz«, auch sind sie nicht, wie Georg Lukács meinte, »von transzendentaler Heimatlosigkeit« geplagt. Die Verantwortung, die sie für das Wohl und Wehe des Gemeinwesens tragen, bedarf keiner speziellen Ethik; für die Folgen dessen zu haften, was ich wirklich tue, wird für Menschen, die über privilegiertes Wissen verfügen, immer wichtiger werden. Diese Spannung zwischen der unabweisbaren Verantwortung für das unmittelbar Erfahrene, in den Konfliktbereichen des eigenen Lebenszusammenhangs und der Universalität, der Sorge um das Gemeinwesen, ja des Weltzusammenhangs – diese Spannung wird den Intellektuellen, der sich auf das Wissen um die Welt einläßt und dem nicht gleichgültig bleibt, was dem Menschen seiner Nachbarschaft zustößt, nicht mehr loslassen. Ein neues Selbstverständnis der kritischen Intellektuellen bestünde darin, die Alltagsutopien der Menschen aufzugreifen, auf die bessere Möglichkeit hin zu deuten und aus dem Bestehenden die das Bestehende überschreitende Entwurfsphantasie zu entwickeln und zu erweitern. Nur so wäre zu hoffen, daß die Intellektuellen den lähmenden Zustand ihrer Sprachlosigkeit überwinden und ihren Eigensinn zurückgewinnen, der für sie existentielle Bedeutung hat.

Die öffentliche Sprache in Richtung auf unaufschiebbare Gesellschaftsreformen zu lenken, die ein Umdenken anregen und auch Menschen mitzureißen imstande sind, die sonst abseits stehen blieben – den Raum für eine öffentliche Reformsprache zurückzugewinnen und sie aus den verödeten betriebswirtschaftlichen Verengungen herauszulösen –, das scheint mir der besonderen Mühe und der konzentrierten Aufmerksamkeit wert zu sein. Politisch bewußte Intellektuelle, die ihre gesellschaftliche Verantwortung auf sich nehmen, spielen dabei eine zentrale Rolle.

Richtige Fragen zu stellen und aufzudecken, was es an unterschlagenen Wirklichkeiten gibt, wirkt gegenwärtig offenbar viel überzeugender und glaubwürdiger als die betriebsamen Versuche, mit sicheren Antworten große Versprechungen zu verkünden, die hinter vorgehaltener Hand von den Betreffenden selbst schon als uneinlösbar betrachtet werden. Es ist deshalb nicht die Appellationsebene, Politiker etwa mit Forderungen und Programmen auszustatten, ja ihnen vielleicht einige visionäre Orientierungen für den politischen Berufsalltag mit auf den Weg zu geben, wodurch die Haupttätigkeit der Intellektuellen zu bestimmen wäre. Diese Selbsttäuschung von Intellektuellen führt nur auf Irrwege.

Ein solches einseitiges Auftragsverhältnis zwischen Intellektuellen, die sich doch in ihrem Selbstverständnis als kulturelle Sinnproduzenten und als Sinnvermittler verstehen, und den Politikern, die es nun einmal mit Fragen des Machterwerbs, der Machtverteilung zu tun haben, kann nicht glücken. Darin drückt sich auch das Unproduktive der wechselseitigen Kritik aus. Wenn vom Versagen der Politik die Rede ist, schwingt immer enttäuschte Hoffnung mit, der politische Handlungsspielraum hätte weit genug sein können, den Brand in den verschiedenen Krisenherden dieser Gesellschaft einzudämmen oder gar zu löschen. Das von außen durch überhöhte Erwartungen zusätzlich gestützte Selbstbild der Politiker ist deshalb (im Unterschied zu manchen anderen Berufen) besonders kränkungsanfällig, weil die wirklichen Erfolge und die leisen Schritte demgegenüber weder wahrgenommen noch anerkannt werden.

Was ich hier zur Berufsrolle des Politikers geäußert habe, bezeichnet dennoch nur einen Teilaspekt des Problems von Maßverhältnissen des Politischen, die mir gegenwärtig aufs äußerste gestört erscheinen. Das Verhältnis zwischen politischen Intellektuellen und intellektuellen Politikern in diesem Lande ist gebrochen – zerrütteter denn je in der deutschen Nachkriegsgeschichte. Gleichwohl kann kein Zweifel daran bestehen, daß gerade in der gegenwärtigen Situation, in einer von kulturellen Umschichtungen und Erosionen bestimmten Krise, in der altgewohnte Regeln nicht mehr gelten und neue Maßstäbe allenfalls als Suchbewegungen auftreten, die politischen Intellektuellen (Künstler, Wissenschaftler, Naturforscher und Ingenieure, Journalisten und Regisseure) im Prozeß der politischen Orientierungssuche erweiterte Aufgaben haben und auch ein gehöriges Maß an zusätzlicher Verantwortung tragen.

Es scheint mir daher von äußerster Dringlichkeit, daß jene kritischen Intellektuellen, die in vielen Einzelanalysen die den demokratischen und sozialen Rechtsstaat bedrohenden Tendenzen untersucht haben, sich auch politisch deutlicher und profilierter zu Wort melden. Ganz gewiß kann das nicht einstimmig sein, aber auch Vielstimmigkeit kann unzweideutige Alternativen nahelegen. Was rechts und was links ist, wird in konkreten Denk- und Handlungszusammenhängen unschwer zu bestimmen sein. Ihre Verantwortung für das Wohl und Wehe des Gemeinwesens besteht im öffentlichen Gebrauch ihrer Vernunft, die fade und ohnmächtig bleibt, solange sie sich von der Organisationsphantasie politischer Auswege freihält. Ohne Entwurf von Alternativen verliert selbst das kritische Denken Kraft und Einfluß. Und schließlich: Wer den Mut zum politischen Tagtraum verliert, der hat auch die Energie zum Kämpfen verloren.

Das ist ein entscheidender Aktivposten in der Erbschaft von 68; bewußt aufzugreifen und weiterzuentwickeln, was verdreht wurde oder liegenblieb, ist notwendig und weist Auswege aus der Selbstverständigungskrise der Intellektuellen, deren Aufgaben und Verantwortung beträchtlich angewachsen sind.

3. Rechts – links: Über Sinn und Unsinn einer politischen Ortsbestimmung

Was eigentlich links sei, ist seit jener denkwürdigen parlamentarischen Sitzordnung, durch die in der Restaurationszeit schon durch die Raumkoordinaten unterschieden wurde zwischen denjenigen, die einer revolutionären Gesinnung verdächtig waren, und denjenigen, die sich den Parteien der Ordnung zurechneten, eine immer wiederkehrende Frage. Sie ist nicht nur so alt, wie es die Linke in ihrem Selbstverständnis gibt, sie bezeichnet vielmehr ein wesentliches Element des politischen Kampfes, in dem die Blickrichtungen und Orientierungen eine die täglichen Rangeleien um Ortsbestimmungen überschreitende Sicherheit des Verhaltens ermöglichen.

Ob es die »ewige Linke« oder eine entsprechende »ewige Rechte« wirklich gibt, ist gegenüber dem konstanten Bedürfnis sehr vieler Menschen relativ belanglos, sich in übersichtlichen Verhältnissen auch politisch zu orientieren und nicht in jedem Augenblick sogleich auf die äußersten Grenzbestimmungen, auf den inneren Bürgerkrieg mit unzweideutigen Freund-Feind-Verhältnissen gestoßen zu werden. Auch ist keineswegs eindeutig festzustellen, wo derartige Debatten über links und rechts aufbrechen und zu zentralen Problemstellungen der Intellektuellen werden. Vermutlich gilt bei diesen mit geschichtlichen Erfahrungsgehalten gesättigten politischen Begriffen, was Nietzsche über geschichtliche Wortprägungen und Begriffe insgesamt gesagt hat: daß sie sich nämlich nicht definieren lassen. Wenn das aber zutreffen sollte, dann ist die Wesensfrage »Was ist links?« selbst in der populär gewordenen, in den deutschen Sprachgebrauch aufgenommenen englischen Abwertungsformel »What's left?« an diesem Punkt völlig verfehlt.

»Was ist heute links?« hatte Horst Krüger, einer der bedeutendsten kritischen Publizisten unter den an einem lernenden Deutschland orientierten Schriftstellern der Nachkriegsperiode, 1963 in einem Sammelband gefragt, an dem Autoren sehr verschiedener Herkunft und politischer Überzeugung mitarbeiteten: Ralf Dahrendorf und Heinrich Böll, Gerhard Zwerenz und Günter Zehm, Hans Werner Richter und Wolfgang Abendroth.[146] Dem ganzen Unternehmen stellte Horst Krüger einen Satz des französischen Schriftstellers Alain vom Dezember 1930 voraus, der in Kurzfassung das Dilemma der Wesensfrage nach links und rechts bereits zum Ausdruck bringt: »Wenn man mich fragt, ob die

Unterscheidung von Rechts- und Links-Parteien, von rechten und linken Männern noch einen Sinn habe, so ist immer mein erster Gedanke: Der Mann, der so fragt, ist bestimmt kein Mann von links.«

Schon in diesem Buch (und gewiß gibt es noch ältere dieser Art) wird deutlich, daß rechts und links nicht als Substanzbegriffe gebraucht werden können, ohne sogleich in einen ideologisch verdrehten Zusammenhang eingeordnet zu werden; wo sie dagegen als geschichtlich konstituierte Orientierungsbegriffe verwendet werden, sind sie aus den veränderten Gesamtkonstellationen einer Gesellschaft überhaupt nicht herauszulösen. Sie nehmen hier den guten und verständlichen Sinn von Relationsbegriffen an. Dadurch unterliegt das, was rechts und links ist, nicht nur einer inneren Veränderung der jeweiligen Merkmale einzelner Pole, sondern ist überhaupt nicht zu begreifen als starre, sich gegenseitig ausschließende Komplexe von Gesinnungen, Haltungen, Denkweisen.

Es ist gerade die diesen Begriffen innewohnende Dialektik, die sie als lebendige auszeichnet; was heute als links bezeichnet werden könnte, muß es nicht immer gewesen sein. Wer in der Weimarer Zeit konservativer Haltungen verdächtigt war, dem hätte man das Prädikat links verweigert. Fortschritt wurde in jener Zeit eindeutig mit der revolutionären Kraft der Produktivkräfte verknüpft, die Herrschaftsverhältnisse zu sprengen imstande sind. Wer heute einem ungebrochenen Fortschrittsbegriff huldigt, wird dagegen nur mit größter Vorsicht als Linker bezeichnet werden können. Diese Dialektik zwischen rechts und links ist keine der äußerlichen Beziehungen, sondern der Zusammensetzung der jeweiligen Merkmale, die als typisch für den Begriff angesehen werden und damit auch alles bezeichnen, was sie ausschließen. Je radikaler eine linke oder rechte Position ist, desto entschiedener wird mit Ausgrenzungen gearbeitet; wo aber die Summe der Ausgrenzungen ein gewisses Maßverhältnis überschreitet, schlagen die mit diesen Begriffen bezeichneten Sachverhalte in ihr Gegenteil um.

»Linke Leute von rechts!« hat Kurt Hiller im Jahr 1932 in der »Weltbühne« jene überwiegend jungen Menschen genannt, die aus Weltkriegserfahrungen und den großen Problemen, nach 1918 eine bürgerliche Demokratie in Deutschland zu etablieren, Sympathien für die Oktoberrevolution und überhaupt für die Kooperation mit der Sowjetunion durch Gründung einer national-bolschewistischen Richtung innerhalb der Linken entwickelten. Aber auch sonst kamen, wie Otto Ernst Schüddekopf in seiner Untersuchung dieser Zeit nachweist, aus dem bürgerlich-konservativen Lager sehr viele, die sich der Kampffront der Linken zuordneten und die ihre linke Denk- und Existenzweise auch bewahrten. Die geschichtliche Situation scheint sich so grundlegend verändert zu haben, daß man heute eher von der Tendenz sprechen kann: »Rechte Leute von links«. Die Nachfahren von Carl Schmitt und Armin Mohler drängen mit Macht nach vorne, weil sie sich der Realität wieder mächtig fühlen, und sie werden erheblichen Zuwachs aus der linken Szenerie bekommen. Die Gefahren, die in diesem Tabubruch, daß selbst der extremen Rechten uneingeschränkte Rechte der politischen Selbstdarstellung zuzusprechen sind, und in der Gleichrangigkeit von rechts und links liegen, sind für mich Aufforderungen, über das, was den dialektischen Begriffsgehalt von links ausmacht, nachzudenken.

Die ursprüngliche Wortgeschichte von »links« enthält für eine selbstbewußte Linke nur Kränkendes, jedenfalls kaum Ermutigendes. Daß seit dem Mittelhochdeutschen bezeugte Adjektiv »link« hat in seinem Sprachstamm überwiegend abwertende Bedeutungen; »link« ist nicht nur Gegenwort zu »recht«, es wird auch im Sinne von »unbeholfen, ungeschickt« gebraucht, im Schwedischen zum Beispiel »linkar«: hinken, humpeln, »slinkar«: schwanken, schlottern; ein Sprachzusammenhang besteht auch zum französischen Wort »gauche«, was eigentlich schwanken heißt. Im fünfzehnten Jahrhundert bildet sich der Begriff »linkisch«, der dieselbe Unbeholfenheit, Unfähigkeit zum rechten Gang bezeichnet. Im Anschluß an das französische »gauche« bezeichnet das Substantiv »Linke« seit dem neunzehnten Jahrhundert auch die links vom Präsidenten sitzenden Parteien der Volksvertretung, da in der französischen Restaurationszeit die Gegner der Regierung ihre Plätze links vom Präsidenten einnahmen. Der politische Nebensinn von links ist also kein Produkt des revolutionären Selbstbewußtseins einer aufbegehrenden Klasse, sondern der in Opposition Gedrängten, die ihren linken Ort in den Parlamenten zunächst kaum selbst gewählt haben werden. Sie stehen außerhalb der Rechts-Ordnung, sind schwankend, schlotternd, hinkend, humpelnd und natürlich unbeholfen und ungeschickt. (Welch ein Gegensatz zu den Jakobinern, die sich selbst als Bergpartei bezeichneten und im Konvent, wie ich vermute, sicherlich auf der rechten Seite gesessen haben.)

In dieser Wortgeschichte ist etwas Wesentliches der Relationsbegriffe rechts und links ausgedrückt; nichts, was sich links aufhält, kann sich zur Ruhe begeben und zur Tagesordnung übergehen. Das Hinken, Humpeln, Um- und Abwege, die Entscheidungen notwendig machen – das alles ist nur durch ein aktives und bewußtes Verhältnis einer Welt gegenüber zu verändern, deren rechte Ordnung eben darin besteht, daß sie eine große Masse von Menschen aus ihrem Rechts-Sein ausgliedert. So zeigt sich auch hier, wie in den ältesten Sprachen sehr häufig (Freud hat vom Gegensinn der Urworte gesprochen, also zum Beispiel von der Identität von heiß und kalt, von fest und flüssig, von gut und böse), ein gegenläufiger Sinngehalt des Wortes links, wenn man auf die lateinische Übersetzung von links mit »laevus« und »sinister« zurückgeht. Beide Worte werden nicht nur mit ungünstig, unheilvoll, unheilbringend, verkehrt, ungeschickt, unglücklich, böse verbunden, sondern auch mit dem Gegenteil: mit glücklich und günstig. Beide Worte haben praktisch die gleichen drei Bedeutungen – erstens: linkisch, töricht, verkehrt, ungeschickt; zweitens: unglücklich, unheilvoll, ungünstig, böse; drittens: glücklich, günstig. So teilt auch das Wort »laeva«, die linke Hand, alle drei Möglichkeiten des Ausdrucks.[147] Kann man links so mit Mangel, Ausschluß, aktivem Eingreifen in die Welt, um in der Überwindung von Unglück und Leiden Glück zu ermöglichen, verbinden, so ist die Wortgeschichte von rechts eher bezogen auf die Lokalisierung der Menschen in der guten, geraden, wohlgeordneten Welt des Bestehenden.

Wortgeschichtlich scheint sich auch die Bibel gegen die Linke verschworen zu haben. Altes und Neues Testament sind voll von Vorstellungen, Redewendungen, Bildern, in denen links für das Negative, Böse steht, rechts aber für das Richtige und Gute: »Herr, Deine rechte Hand tut große Wunder; Herr, Deine rechte Hand hat die Feinde erschlagen« (2. Mose 15,5). Im ersten Vers des 98. Psalms heißt es: »Er siegt mit seiner Rechten und mit seinem heiligen Arm.« Unentwegt ist die Rede davon, daß Jesus zur Rechten oder rechten Hand Gottes oder der Kraft sitzt oder steht. Als die Jünger hungern, sagt Jesus: »Werft das Netz zur rechten des Schiffes, so werdet ihr finden« (Johannes 21,6). Auch jene berühmt gewordenen Schafe und Böcke, in die man, wenn Übersichtlichkeit erforderlich ist, Menschen einzuteilen geneigt ist, sind mit den Symbolen rechts und links verknüpft: »Und wird die Schafe zu seiner rechten stellen und die Böcke zu seiner linken« (Matthäus 25,32). Um das Maß dieses Ungleichgewichtes voll zu machen, jetzt nur noch ein Hinweis auf die durchgängige Abwertung von links, die Seite der Sünde, des Vergehens, der Schuld. »Du sollst Dich auf Deine linke Seite legen und die Missetat des Hauses Israel auf dieselbe legen; soviel Tage Du darauf liegst, solange sollst Du auch ihre Missetat tragen.« (Hesekiel 4,4).

So entschieden nun, seit »links« zum Begriff der modernen Geschichte politischer Kämpfe geworden ist, Gruppen und einzelne, die ihr Selbstverständnis aus linker Identität gewannen, geschichtliche Wandlungen in dieses Erkennungsmerkmal einzubeziehen versuchten, so deutlich war doch der permanente Versuch und die unermüdliche Anstrengung, etwas unverwechselbar Charakteristisches in dieser Ortsbestimmung auszumachen. Horst Krüger zum Beispiel schreibt 1963: »Nach wie vor ist der Linke das unruhige, negierende Element, das dem bestehenden Unrecht mit seiner Kritik und Moral zu Leibe rückt. Eine solche kritische Unruhe ist nicht jedermanns Sache. Sie setzt eine ausgeprägte Individualität, eine Fähigkeit, gegen den Strom der Zeit denken zu können, voraus, sie benötigt aber auch Mut und jene Bürgertugend, die wir Zivilcourage nennen. Das alles deutet schon darauf hin, daß die linke Position, wenigstens bei uns in Deutschland, eigentlich eine Position der Minderheit ist. Internationale Solidarität, Verantwortungsbewußtsein für das Wohl aller, Kritik an den bestehenden Verhältnissen, Bereitschaft, die bestehenden Machtverhältnisse zu analysieren und zu bessern, das alles sind Ideen, für die man ursprünglich nicht auf das Verständnis der breiten Massen hoffen kann. Es widerspräche dem selbstkritischen Geist der Linken, diese Tatsache zu übersehen … Gerade in dieser Wechselwirkung von Intelligenz und Masse liegt die Stärke der Linken. Soziale Ideen proklamieren, entwickeln und in die Massen tragen war immer die Hauptaufgabe der linken Publizistik, wie überhaupt das geschriebene Wort, das von links kam, immer ein sozialengagiertes Wort war. Ossietzky, Tucholsky, Heinrich Mann sind Beispiele, wie die Elite das literarische Wort ›sozialengagiert‹ gebrauchte.«[148]

Krüger benennt hier ein wesentliches Merkmal, das für den Begriffsinhalt der Linken politisch entscheidende Bedeutung hat. Die Linke ist nicht mit der Arbeiterbewegung identisch, die Marxsche Tradition der Gesellschaftsanalyse wird zwar anerkannt und umgesetzt, aber nicht als die einzig mögliche Position gesellschaftskritischer Reflexionen betrachtet. Links umfaßt ein viel weiter gehendes soziales und politisches Milieu von Kritik und Widerstandsformen als die traditionellen Parteien der Linken und deren institutionelle Verankerungen. Im Begriff der Linken schwingt deshalb etwas mit, was über mögliche Institutionalisierungen und über Befestigungen in staatsautoritären Apparaten weit hinausgeht und wesentlich an das Unruheelement der kritischen Intellektuellen geknüpft ist.

Die verächtliche Form, in der Lenin sich mit dem sogenannten Linksradikalismus auseinandersetzt, bezeichnet diese bereits Anfang des Jahrhunderts einsetzende innere Differenzierung zwischen Partei,

Arbeiterbewegung und einer Linken, die sich ihre autonome Urteilsfähigkeit und ihren politischen Bewegungsspielraum durch Zwangssolidarisierung nicht rauben läßt. Rosa Luxemburg hat diese Tradition parteiunabhängiger Intellektueller im Blick, wenn sie das Recht der Andersdenkenden unterstreicht, also vor allem jener, die gegen eigene Führungen und menschenverachtende bürokratische Apparate mit derselben Entschiedenheit auftreten wie gegen die herrschenden Verhältnisse, ohne sich deshalb aus dem politischen Bezugsrahmen der Linken herausdrängen zu lassen. Es ist kaum zufällig, daß später sehr viele parteiunabhängige Linke an Rosa Luxemburg anknüpfen, wie zum Beispiel Lelio Basso, Theo Pinkus.

Ich will dieses Problem einer positiven Bestimmung linker Analysen, Haltungen und Charaktere nicht weiterführen. In der Geschichte der sozialen und politischen Kämpfe dieses Jahrhunderts gibt es genügend Beispiele von Lebensgeschichten, in denen überzeugend dokumentiert ist, wie trotz gewaltiger geschichtlicher Umwandlungsprozesse, wo kein Stein auf dem anderen zu bleiben scheint, linke Identität durchaus verknüpft sein kann mit der Offenheit von Neugierde und mit lebendiger Erfahrungserweiterung.

Ich nehme Peter Schneiders Vorschlag auf, den politischen Ortsbestimmungen von rechts und links den fatalen Beigeschmack von Ausgrenzungs- und Polizeibegriffen zu nehmen und die Sachverhalte, um die es geht, ins Zentrum zu rücken. »Im internationalen Sprachgebrauch verfährt man mit dem Begriff ›rechts‹ ziemlich streng. In England und den USA assoziiert das Wortbild ›rechts‹ Rassismus, Antisemitismus, Nationalismus. Der Versuch der hiesigen Grenzschützer, Autoren wie Enzensberger, Hartung oder Strauß als ›rechte‹ Vordenker einzuordnen, würde dort nur ein Kopfschütteln hervorrufen. Hat einer der Genannten mit irgendeiner Silbe dem Nationalismus das Wort geredet, gegen Ausländer und die Asylantenflucht gehetzt, die Naziverbrechen geleugnet oder relativiert, die Wiederherstellung des Deutschen Reiches in den Grenzen von 1937 verlangt? Ich bitte um Zitate.«[149]

Die Legitimität der politischen Unterscheidungen von rechts und links stellt Peter Schneider jedoch nicht in Frage: Ihm geht es um eine sachliche Anreicherung des Links-Begriffs.

»In meinen Augen spricht nichts dafür, daß der Gegensatz zwischen rechts und links obsolet geworden wäre. Soweit er durch die Ausgrenzung beziehungsweise Monopolisierung noch Themen bestimmt, hat er seinen Sinn verloren. Soweit er grundsätzliche Haltungen zur Geschichte markiert, wird er fortbestehen. Historisch hat sich die Linke durch ihr Engagement für die Unterdrückten und Entrechteten legitimiert. An der Notwendigkeit und Wünschbarkeit der linken Option hat sich nichts geändert ... Auf dem selbst ausgestellten Bonus, man sei sowohl klüger als auch ein besserer Mensch, weil man links ist, wird die Linke wohl verzichten müssen.«[150]

So kann links künftig nicht mehr ein inhaltsleerer Zuordnungsbegriff von Gesinnungen sein, sondern er muß ausdrücken, was notwendig ist, um aus den gegenwärtigen Krisen menschliche Auswege zu finden und einer vernünftigen Ordnung der Dinge Geburtshilfe zu leisten. Ich will darüber auch nicht im allgemeinen sprechen, sondern für den eigenen »Berufsstand«, die sich als politisch verstehenden Intellektuellen, Aufgaben und Verantwortungen formulieren, die sich bei jedem unbefangenen Blick in die Wirklichkeit aufdrängen und für die, unter anderen Bedingungen allerdings, um das Jahr 68 Studenten, Arbeiter, Jugendliche, unbotmäßige Bürger mit einer gewissen Selbstverständlichkeit ein gesamtgesellschaftliches, politisches Mandat in Anspruch nehmen.

Die Sorge um das Gemeinwesen, Entwürfe und Planungen für eine Ökonomie des »ganzen Hauses«, die der betriebswirtschaftlichen Rationalität die alles beherrschende Macht nimmt – in diese Richtung könnten Fragen gehen, die als genuin links zu verstehen wären. Sie erschöpfen nicht das linke Spektrum von Aufgaben, von Entwurfsphantasien und das Bestehende überschreitenden Theorien. Aber sie berühren existentielle Seiten der menschlichen Daseinsweise, obwohl sie manchmal aussehen, als bestünden sie aus rein utopischen Konstruktionen. Es gibt freilich gesellschaftliche Zustände, die so wenig an gesellschaftlicher Dynamik des Ganzen zulassen, ja den Begriff des Ganzen gar mit Tabus belegen, daß mit einigem Recht davon zu sprechen ist: Nur noch die Utopien sind realistisch.

Neu zu überdenken wären in diesem Zusammenhang, der die »Vernunft« des Gemeinwesens ins Zentrum öffentlicher Aufmerksamkeit rückt, die heute veränderten Beziehungen zwischen Markt und Planung. Deren Dialektik zu entfalten hätte heute eine äußerste Dringlichkeit.[151] Nachdem ein Planungssystem zerbrochen ist, das offensichtlich keinerlei Rationalität hinsichtlich einer besseren und gerechteren Versorgung der Menschen für sich beanspruchen konnte, scheint gesamtgesellschaftliche Planung geschichtlich widerlegt zu sein. Das wäre jedoch ein Kurzschluß. Auch in den fortgeschrittenen kapitalistischen Ländern wird fortwährend geplant; die großen Konzerne, der Staat, gesellschaftliche Einrichtungen können ohne Planungen, die sich nicht auf die Marktrationalität verlassen, überhaupt nicht auskommen. Die Zerstörung einer irrationalen Planungsideologie kann dazu dienen, das Verhältnis zwischen den Rationalitätsformen, auch in ihren jeweiligen Begrenzungen, zwischen Markt und gesamtgesellschaftlicher Planung neu zu bestimmen.

Hier wäre die jeweilige Struktur der Rationalität genauer zu untersuchen; offensichtlich ist es so, daß solange es Warentausch in der Geschichte gibt, die Rationalität dieses Warentauschs in der Versorgung der Menschen mit Gütern, die sie brauchen, unabdingbar ist. Es gibt gesellschaftliche Bereiche, in denen Angebot und Nachfrage die einzig vernünftige Rationalität der Verkehrsform sind. Der gewaltige Objektüberhang der Produktivkräfte und der Technologien, die sich von der menschlichen Gattungsausstattung abgekoppelt haben, macht es jedoch immer stärker zu einer existentiellen Frage der Menschheit, sich mit der Idee rationaler Planung in vielen lebenswichtigen gesellschaftlichen Verhältnissen zu beschäftigen. Die Selbstauflösung des Planungssystems des Ostblocks zeigt nur, daß dort, wo gesamtgesellschaftliche Planungen nicht die Rationalitätsgrenzen des Marktgeschehens zu gesamtgesellschaftlicher Vernunft hin erweitern, sondern den Markt ersetzen wollen, eine solche in die Mikrobereiche der Gesellschaft eindringende Planungsbesessenheit in völlige Irrationalität umschlägt, also gerade das zerstört wird, was der Sinn von Planung ist: Aufhebung der Irrationalität des Ganzen.

Nichts ist zur Zeit so mit Tabus gepflastert wie Begriff und Vorstellung von einem Ganzen der Gesellschaft. Fügt man dem noch das Wort Totalität hinzu, selbst in der der Anschauung stärker zugewandten Idee einer konkreten Totalität, dann öffnen sich gleichsam Schleusen der Entwürfe, sich aufs Totalitäre einzulassen.

Die geradezu mythische Angst vor der Reflexion auf ein mögliches vernünftiges Ganzes ist Ausdruck der Legitimationsschwäche des bestehenden Herrschaftssystems; sie leistet jedoch dem öffentlichen Unglück Vorschub. Ohne kritische Entwürfe eines alternativen Ganzen, ureigene Angelegenheit politischer Intellektueller, deren bestimmende Produktionsform in erfahrungsgesättigter Theorie besteht, läßt sich entfremdete Wirklichkeit weder benennen noch aufheben.

Handlungskonstellationen – Revulution und Theorie

Marx und Engels ging es um Möglichkeiten der Bewahrung des Vergangenen, das seine substantielle Geltung gerade dadurch behält, daß es der Kraft des modernen Geistes etwas hinzusetzt. Der Begriff des Fortschritts hat daher ein Doppeltes an sich. Er ist zum einen verknüpft mit der aufbewahrenden Erinnerung an das, was Urwünsche der Menschen ausdrückt; zum Beispiel ihr Assoziationsbedürfnis oder ihre Lust, im geselligen Verkehr sich zu streiten und sich zu verständigen, sogar zu versöhnen. Politische Kultur ist im Grunde nichts anderes als ein permanenter öffentlicher Streit über das richtige Leben. »Versöhnung ist mitten im Streit«, sagt Hölderlin, »und alles Getrennte findet sich wieder.« Zum anderen geht es aber auch darum, bestimmte Formen der Abhängigkeit, der kollektiven Nötigung, von Zwang und Gewalt, die in diesen archaischen Formen des Zusammenlebens immer mit enthalten sind, abzulegen, vergangen sein zu lassen.

Aufhebung ist, wie ihr dialektischer Lehrmeister Hegel ihnen verdeutlicht hatte, gleichzeitig etwas Verneinendes, dem geschichtlichen Totenreich zu Überlassendes, und etwas positiv Aufbewahrendes, was in reichhaltigeren und erweiterten Formen weiterlebt. Dieses Doppelte in der Aufhebung gehört nun freilich in der ganzen Geschichte des zwanzigsten Jahrhunderts zu dem, was am schwierigsten in die Praxis umzusetzen ist. Das läßt sich am besten an einem Beispiel aus den Marxschen Frühschriften erläutern. Wenn sich Marx in der »Deutschen Ideologie« entschieden dagegen ausspricht, den Kommunismus als fertigen Zustand zu betrachten, dann öffnet er für diesen Begriff die Zeitmaße. Sozialismus oder Kommunismus sind, das wendet Bernstein ja später gegen die Marx-Orthodoxie Kautskys, die in die Leninsche eingeht, nichts anderes als Bewegungsbestimmungen konkreter praktischer Kritik des Bestehenden. Marx sagt: »Der Kommunismus ist für uns nicht ein Zustand, der hergestellt werden soll, ein Ideal, wonach die Wirklichkeit sich zu richten habe. Wir nennen Kommunismus die wirkliche Bewegung, welche den jetzigen Zustand aufhebt. Die Bedingungen dieser Bewegung ergeben sich aus der jetzt bestehenden Voraussetzung.«[152] Wenn Kommunismus die wirkliche Bewegung ist und nicht lediglich das strategische Machtmittel, um ein fixiertes Ideal zu erreichen, dann stellt sich die Frage der konkreten Verneinung bestehender Verhältnisse im Sinne der Aufhebung ganz anders, als das vom Leninismus verstanden worden ist. Das Ziel hat keinen ontologischen Vorrang vor dem Weg. Im Beschreiten des Weges bildet sich das heraus, was verneinenswürdig ist und was aufbewahrt werden soll.

Keine der bürgerlichen Errungenschaften, weder die freie Presse noch die Bürgerrechte, noch auch das Privateigentum, kann nach Marx per Dekret abgeschafft werden, auch nicht durch ein Revolutionstribunal, das sich als eine geschichtliche Instanz der Veränderung verstünde. Was auf diese Weise abgeschafft wird, kehrt in verdrehter Form wieder. So hat er die Religionskritik verstanden. Gewaltige Mittel sind im zwanzigsten Jahrhundert dafür verwandt worden, mit atheistischer Propaganda Religion und Kirchen in ihrer Macht einzuschränken oder gar zu vernichten. Am Ende dieses Jahrhunderts sind in jenen Ländern, die gemessen an ihrer Reichtumsproduktion verhältnismäßig viel für diese Propaganda ausgegeben haben, die Kirchen brechend voll, und die Religion erfreut sich eines wachsenden Einflusses.

Aufhebung der Religion hatte Marx ganz anders verstanden. Sie ist nicht einfaches Herrschaftsmittel in der freien Verfügung der Mächtigen, sondern gleichzeitig immer ein Ausdrucksmittel des Volkes in seiner praktischen Kritik des Bestehenden, zwar allgemeiner Trost- und Rechtfertigungsgrund, insofern Ausdruck des religiösen Elends, gleichzeitig aber auch seiner wirklichen Misere, die es ohne Trost und Hoffnung gar nicht ertragen könnte. Unter diesen Voraussetzungen hat Religion eine ganz andere Realitätshaltigkeit als die, welche die Atheisten der französischen Aufklärung mit ihrer Priestertrugs-Theorie dieser religiösen »Welt-Verdrehung« zusprachen. »Die Religion ist der Seufzer der bedrängten Kreatur, das Gemüt einer herzlosen Welt, wie sie der Geist geistloser Zustände ist. Sie ist das Opium des Volkes.«[153] Nicht Opium für das Volk, wie man es in dieser atheistischen Propaganda gerne umdrehte. So ist die »Aufhebung der Religion als des illusorischen Glücks des Volkes die Forderung seines wirklichen Glücks«.[154] Dieses wirkliche Glück in Betracht zu ziehen bedeutet für Marx allerdings, sich dessen vollständig bewußt zu sein, daß in dem Augenblick, wo dieses wirkliche Glück von den Menschen nicht subjektiv als befreiendes Glück empfunden wird, die Formen des illusorischen Glücks ihre Kraft behalten. Die religiöse Maulwurfsarbeit geht weiter, wenn den Menschen ein Glück suggeriert wird, das sie in sich selbst nicht empfinden. Möglicherweise tritt anstelle des illusorischen Glücks der Religion das Quietiv, das Beruhigungsmittel des Alkohols, der Drogen, des Medienkonsums und vieler anderer Dinge, die eine ähnliche Funktion erfüllen. Deshalb geht Marx noch einen Schritt weiter in der Verschärfung dieses Problems der Aufhebung. »Die Forderung, die Illusionen über seinen Zustand aufzugeben, ist die Forderung, einen Zustand aufzugeben, der der Illusionen bedarf. Die Kritik der Religion ist also im Keim die Kritik des Jammertals, dessen Heiligenschein die Religion ist.« Es ist zwar gesellschaftlich produziert, was sich da in solchen illusorischen Glücksformen ausdrückt, wo aber Gesellschaft in einer von den Individuen so erfahrenen Misere von Not, von Unglück und Vereinsamung bleibt, nützen alle institutionellen oder organisatorischen Umwälzungen nichts. Das zugrundeliegende Bedürfnis wird nicht befriedigt, also sucht es Ersatz, der sogar darin bestehen kann, daß man sich der Gesellschaft verweigert. Dieses unglückliche und zerrissene Bewußtsein, das sich seine Formen von phantastischer Verwirklichung des menschlichen Wesens verschafft, läßt sich durch falsche Formen der Aufhebung nicht betrügen, sondern trägt in sich eine starke Wahrnehmungsfähigkeit für den faden Ersatz.

Deshalb ist für Marx Aufhebung, und das gilt für praktisch alle geschichtlichen Errungenschaften der bürgerlich-kapitalistischen Gesellschaft, die in befriedigenderen Formen in den Sozialismus eingehen sollen, der schwierigste Punkt in der politischen Strategie der revolutionären Umgestaltung. Denn um die bloße Überwindung der Illusionen geht es nicht, wenn die gesellschaftlichen Grundtatbestände der Selbstzerrissenheit und der Entfremdung fortexistieren. Er sagt: »Die Kritik hat die imaginären Blumen an der Kette zerpflückt, nicht damit der Mensch die phantasielose, trostlose Kette trage, sondern damit er die Kette abwerfe und die lebendige Blume breche. Die Kritik der Religion enttäuscht den Menschen, damit er denke, handle, seine Wirklichkeit gestalte wie ein enttäuschter, zu Verstand gekommener Mensch, damit er sich um sich selbst und damit um seine wirkliche Sonne bewege. Die Religion ist nur die illusorische Sonne, die sich um den Menschen bewegt, solange er sich nicht um sich selbst bewegt. Es ist also Aufgabe der Geschichte, nachdem das Jenseits der Wahrheit verschwunden ist, die Wahrheit des Diesseits zu etablieren.«[155]

Diese in der Religionskritik am prägnantesten bezeichneten Probleme der Aufhebung gelten für fast alle emanzipatorischen Kategorien der bürgerlichen Gesellschaft, ja der Geschichte; man wird dieselben Probleme bei der Frage des Privateigentums wie der kritischen Öffentlichkeit, des Rechts und der sozialen Bedürfnisse antreffen. Immer geht es darum, daß nichts geschichtlich ausgestanden ist, was nicht in erweiterten und reichhaltigeren Formen aufbewahrt und von den Menschen als Ausdruck ihres Bedürfnisses empfunden wird. Erst der in seinem Privaten geschützte und anerkannte Mensch wird das befreiende Bedürfnis nach Kollektivität und Gemeinschaft entwickeln. Versteht man aber Aufhebung so, dann enthält sie qualitative Zeitmaße, die das Kriterium ökonomisierter Zeitraffung durchbrechen und auf eigensinnige Zeitbeziehungen der einzelnen Verhältnisse im Austragen der Probleme gerichtet sind.

So hat schon Walter Benjamin den Revolutionsbegriff im Sinne dieses Interesses der Aufhebung umgewendet. Benjamin sagt sinngemäß: Marx erklärt irgendwo, Revolutionen seien die Lokomotiven der Geschichte. Vielleicht ist dem ganz anders. Vielleicht sind Revolutionen die Notbremse des in einem Zuge daherrasenden Menschengeschlechts. Notbremse, Anhalten der Zeit, Reflexion und Besinnung auf das, was liegengeblieben ist bei diesem Fortschritt als einer ökonomisierten Beschleunigung – das sind für Benjamin die entscheidenden Kategorien einer menschlichen Gegenbewegung. »Die Katastrophe als das Kontinuum der Geschichte.«[156] Das hat bedrängende Aktualität. Wir sind dort angelangt, am Ende dieses wohl blutigsten Jahrhunderts der Geschichte, wo im Benjaminschen Sinne die Notbremse zu definieren ist: als das Anhalten der Zeit, »Eingedenken« als bewußtes Aufgreifen der unerledigten Probleme des Vergangenen, die bedrohlich wuchern, wenn wir sie im Zustand beliebig verwertbarer Rohstoffe liegenlassen. Die technologische Komponente dieser beschleunigten Entwertung der Reflexionszeit hat Benjamin in ihrer ganzen Dimension noch nicht erfahren können, aber vorausgenommen. »Mit dem rapiden Tempo der Technik, der ein ebenso rapider Verfall der Tradition entspricht, tritt der Anteil des kollektiven Unbewußten, das archaische Gesicht einer Epoche viel schneller als früher ans Licht …«[157] Es ist eine merkwürdige Gegenwartserfahrung, daß das offensichtliche Scheitern eines Sozialismus, der nie einer gewesen ist, sogar nach Marxschen und Engelsschen Vorstellungen nie hat einer werden können, als geschichtlicher Einwand gegen alle sozialistischen Projekte und alle theoretischen Ansätze gewertet wird, die den Blick über das bestehende System hinausrichten; ich habe bereits erwähnt, wie sehr Marx sich heute in seiner Skepsis gegenüber alternativen Gesellschaftsformen bestätigt sehen könnte, wenn der Kapitalismus aus sich heraus noch Expansionskraft und Lebensfähigkeit zeigt. Seine Analyse deshalb für überholt zu halten scheint mir eine abenteuerliche Konsequenz zu sein. Mit diesem Diskriminierungstatbestand jedoch umzugehen macht erforderlich, die Verdrehungen des Marxschen Denkens zur Legitimationsideologie des sowjetischen Herrschaftssystems mit äußerster Trennschärfe zu betonen und die geschichtsmaterialistische Untersuchungsarbeit dorthin zurückzuführen, wo sie ihren eigentlichen Wahrheitsgehalt hat: nämlich in der unbedingten Kritik des Bestehenden.

Indem wir die Überpolitisierung seiner Kategorien und Begriffe überwinden, setzen wir einen Freiraum, in dem alles, was mit Sozialismus und Marxschem Denken zu tun hat, für eine gewisse Zeit in Ruhe gelassen wird. Das würde bedeuten, die Überanspannungen in den Verteidigungshaltungen genauso zu unterlassen wie die Rituale von Verabschiedungen, die mittlerweile zum guten Ton der Intellektuellen gehören. Denn die Wiederherstellungsversuche von Rechtgläubigkeit, die das Hegelsche »Um so schlimmer für die Tatsachen!« zum Schlachtruf erhebt und wesentlich im Errichten von Fahnenstangen besteht, sind nicht weniger unproduktiv als jene aufwendigen Kampagnen, welche anmaßende Propheten veranstalten, die das Ende der Utopien und der Geschichte verkünden.

Gleichwohl stellt sich, angestoßen durch das Jahr 1968 in seinen verschiedenen Prägungen (Pariser Mai, Tet-Offensive, allgemeine Protestbewegung, Prager Frühling), die Frage nach der Reife einer Gesellschaft für eine Umgestaltung, die den unabgegoltenen Ideen des authentischen Sozialismus entspräche. Wann ist eine Gesellschaft reif für eine sozialistische Umgestaltung, in ihren ökonomischen und sozialen Strukturverhältnissen ebenso wie in den Bedürfnissen ihrer Subjekte? Der objektiven und umständlichen Deutung von resistenten sozialen Machtstrukturen steht der ungeduldige Wille gegenüber, hier und heute die neue Gesellschaft einzuklagen und den revolutionären Prozeß wenigstens zu beginnen. Am Begriff der Reife entzünden sich politische Kontroversen innerhalb der Linken, die sich über ein ganzes Jahrhundert hinziehen und heute keineswegs ausgestanden sind.

Marx hatte Reife mit der objektiven Möglichkeit der Aufhebung verknüpft: Eine Epoche stellt sich nur Aufgaben, die sie lösen kann; dann ist sie für Veränderungen reif. Er wendet sich aus diesem Grund gegen die Vorstellung, man könne den Staat abschaffen oder auch einfach niederreißen. Punktuelle Ereignisse wie die Beschießung des Winterpalais durch den Panzerkreuzer Aurora oder die Erstürmung der Bastille drücken entschiedenen Veränderungswillen aus, sind aber wenig mehr als Symbolerfolge. Im Gegenteil, die bloß niedergerissenen Verhältnisse kehren in anderen Formen wieder. Auch ist das Argument, daß die neue Gesellschaft noch erlebbar sein müsse, menschlich ebenso verständlich wie im Maßstab geschichtlicher Zeitausdehnung gefährlich. Daß der Begriff der Reife benutzt werden kann, um Legitimationen für ein bestimmtes Handeln zu schaffen, um zum Beispiel das mechanische Abwarten, das immer auch dem Bestehenden zugute kommt, aufzubrechen, ist unter bestimmten gesellschaftlichen Bedingungen ein starker Impuls der Veränderung.

Verläßt dieser Veränderungsimpuls im Horizont von Vorstellungen, welche die Verhältnisse als reif für Veränderungen betrachten, jedoch die Differenziertheit der kulturellen Zeitmaße und begibt sie sich auf das Glatteis einer bloß strategisch verengten Politik der Agitation oder der Überzeugung durch Aktion, dann besteht die Neigung zu putschistischen Verkürzungen der politischen Aktion und zum Terrorismus. Was in der Bewegung von 68 noch diese kulturelle Dimension der differenzierten Zeitstrukturen an sich hatte, ist in den proletarischen Ersatzparteien der siebziger Jahre dann vollständig verlorengegangen.

In seiner Schrift vom Frühjahr 1940, »Der autoritäre Staat«, hatte Horkheimer, wohl angesichts der Tatenlosigkeit im Kampf gegen den Faschismus, diese Idee der Reifung als ein Argument für Abwarten und Nichtstun verstanden. In der Protestbewegung wurde dieser Aufsatz, der den »integralen Etatismus« beider Varianten (Faschismus und Stalinismus) zum Gegenstand hatte, begierig aufgegriffen und im Sinne rebellischer Motive gedeutet. Horkheimer hatte gesagt: »In der Gegenwart verklärt die Rede von der mangelnden Reife das Einverständnis mit dem Schlechten. Für den Revolutionär ist die Welt schon immer reif gewesen. Was im Rückblick als Vorstufe, als unreife Verhältnisse erscheint, galt ihm einmal als letzte Chance der Veränderung. Er ist mit den Verzweifelten, die ein Urteil zum Richtplatz schickt, nicht mit denen, die Zeit haben. Die

Berufung auf ein Schema von gesellschaftlichen Stufen, das die Ohnmacht einer vergangenen Epoche post festum demonstriert, war im betroffenen Augenblick verkehrt in der Theorie und niederträchtig in der Politik. Die Zeit, zu der sie gedacht wird, gehört zum Sinn der Theorie.«[158] Die Kritische Theorie ist nach Horkheimer darauf gerichtet, das Wissen von der Geschichte nicht in Legitimationen zu verwandeln, um der Gegenwart alle Auswege zu nehmen und den Blick für die objektive gesellschaftliche Möglichkeit der Veränderung zu verdunkeln. Er sagt, die Kritische Theorie konfrontiert Geschichte mit der Möglichkeit, die stets konkret in ihr sichtbar wird. Die »Reife ist das Thema probandum und probatum«.

Aber das, was Horkheimer unter Reife versteht, ist aus der vergangenen Geschichte und dem individuellen Lebenszuschnitt bezogen. Gegenwart als geschichtliches Problem zu behandeln ist dagegen eine wesentlich kompliziertere Angelegenheit. So stellt sich heute die Frage, ob in der bestehenden Gesellschaft und ihrer vorherrschenden Gesamtökonomie eine neue, bessere, humanere angelegt ist, unter Bedingungen, die in bestimmter Hinsicht eindeutig verneint und in anderer Hinsicht eindeutig bejaht werden müssen. Wir haben es mit einer Gesellschaft zu tun, die objektiv den Hunger der Menschen in der Welt abschaffen kann. Das ist keine Fiktion, eher eine realistische Utopie. Der gewaltige Reichtum, den die bürgerlich-kapitalistischen Gesellschaftsordnungen produziert haben, ist selbst zum Problem geworden, weil es keine Kriterien zur gerechten Verteilung dieses Reichtums gibt. Diese Kriterien ergeben sich offenbar nicht zwangsläufig aus den bestehenden Produktions- und Herrschaftsstrukturen.

Objektiv möglich ist auch die Abschaffung oder die weitgehende Minderung von Krankheiten, von Verelendung, von Drogensucht und vielem anderem, was auch in unseren Breitengraden zunehmend in den Verelendungsgebieten Platz greift. Daß alle diese Dinge objektiv überwindbar sind, einschließlich des Hungers in der Welt, unterliegt nicht dem geringsten Zweifel. Da es nicht geschieht, ist es eine Aufforderung an die Kritische Wissenschaft, verstärkt die subjektiven und objektiven Barrieren für die Veränderung dieser Gesellschaft erkennbar zu machen.

Diese objektive Möglichkeit in den Verhältnissen zu entdecken, den Siegern und ihren festgefügten Tatbeständen zu mißtrauen und an allem zu rütteln, was Gründe für seine Existenzberechtigung verweigert, war und ist ein Wesensmerkmal für das Selbstverständnis von Intellektuellen, die sich durch die Macht der Verhältnisse nicht dumm machen lassen. Die kritische politische Philosophie in ihrem weiten Spektrum sehr verschiedener Theorieansätze, deren Ausprägungen aber im praktischen Blick auf die Veränderungswürdigkeit des Bestehenden doch einhellig wirken – von Walter Benjamin und Hannah Arendt über Horkheimer, Marcuse, Adorno, Bloch bis zu Jürgen Habermas –, diese politische Philosophie verknüpft Objektivität im Erkennen mit der Parteilichkeit für die besseren Möglichkeiten. Darin ist der kategorische Imperativ enthalten: Handle so, als hinge von Deiner Aufmerksamkeit und Deinem Eingriff Übel oder Glück der ganzen Welt ab.

Was Benjamin unter Revolution versteht, hat etwas von dieser Maßlosigkeit an sich und rückt das, was man als revolutionäre Situation bezeichnen könnte, in ein gewaltiges Sprungverhältnis von alltagspraktischer Plausibilität und messianischer Erlösungshoffnung. In der Gegenwart, im »Augenblick«, schießen Vergangenheit und Zukunft zusammen; die klassenlose Gesellschaft verliert dadurch ihre Endzielbestimmung, die auf diesen Zweck gerichteten Handlungen ihren moralisch jederzeit auch anfechtbaren Mittelcharakter. »In Wirklichkeit«, sagt Benjamin, »gibt es nicht einen Augenblick, der seine revolutionäre Chance nicht mit sich führte – sie will nur als eine spezifische definiert sein, nämlich als Chance einer ganz neuen Lösung im Angesicht einer ganz neuen Aufgabe. Dem revolutionären Denker bestätigt sich die eigentümliche revolutionäre Chance jedes geschichtlichen Augenblicks aus der politischen heraus. Aber sie bestätigt sich ihm nicht minder durch die Schlüsselgewalt dieses Augenblicks über ein ganz bestimmtes, bis dahin verschlossenes Gemach der Vergangenheit. Der Eintritt in dieses Gemach der Vergangenheit fällt mit der politischen Aktion strikt zusammen; und er ist es, durch den sie sich, wie vernichtend immer, als eine messianische zu erkennen gibt. (Die klassenlose Gesellschaft ist nicht das Endziel des Fortschritts in der Geschichte, sondern dessen so oft mißglückte, endlich bewerkstelligte Unterbrechung).«[159]

4. Die Ökonomie des ganzen Hauses und die des Einzelbetriebes

Im Internationalismus der Bewegung von 68 sind konkrete Projekte zur Veränderung der bestehenden Gesellschaft mit verankert, zum Beispiel die Umgestaltung von Schulen und Universitäten. Aber die Idee einer Weltgesellschaft ist doch wesentlich bezogen auf die internationale Solidarität mit den Befreiungsbewegungen der Dritten Welt. Dieser Solidaritätsprotest, mit seinen auch heute noch spürbaren Nachwirkungen, füllt nicht mehr den ganzen Inhalt einer prosaisch gewordenen Weltzwangsgesellschaft. Aus geborgter Realität ist linke Politik nicht mehr möglich. Sie muß hier und heute ansetzen – und auch neue Formen entwickeln.

Wie die Welt im Jahre 2045, also in fünfzig Jahren, aussehen wird, kann niemand voraussehen: Gerade wir sind Zeitzeugen von gesellschaftlichen Veränderungen größten Ausmaßes, die selbst Mitte der achtziger Jahre noch keiner vorausgesehen hat. So ist Vorsicht im Verlängern von Gegenwartslinien geboten. Gleichwohl ist es für einen Soziologen, der sich um die Beschreibung von Strukturbeziehungen bemüht, nicht beliebig, auf welche Tendenzen er besonderes Gewicht legt. Ich gehe davon aus, daß wir uns in einer epochalen Kulturkrise befinden, deren Ausgang keineswegs zwangsläufig vorgezeichnet ist, sondern auch von unserem Verhalten und unseren Entscheidungen abhängt. Sich dieses kulturellen Krisenzusammenhangs bewußt zu sein bedeutet für mich, daß wir in den Zentren der reichen, industriell fortgeschrittenen Länder ein ganz neues Verhältnis zu dem entwickeln müssen, was drückende Realität geworden ist: eine Weltgesellschaft nämlich, die uns in keinem Punkt unserer eigenen Lebensverhältnisse mehr gleichgültig sein kann.

Ich meine das ganz buchstäblich: Daß die Börsenkurse in Tokio oder in New York unmittelbar auf das ökonomische Geschehen bei uns, aber auch auf die Länder der Dritten Welt und deren Überlebenschancen schlagen, ist ein weithin bekannter Aspekt dieses neuen Beziehungsproblems. Aber auch in vieler anderer Hinsicht müssen die Länder des europäisch-nordamerikanischen Kosmos ein eigenes Lebensinteresse daran haben, die Zwei-Drittel-Welt in ihren Existenzbedingungen lebensfähig zu gestalten. Die Conditio humana, deren Begriff bisher immer nur an Kategorien der fortgeschrittensten Teile der Menschheit orientiert war, kann nicht mehr auf Teilungen und Unterscheidungen von wichtigen Völkern und unwichtigen Völkern, von entwicklungsfähigen und verödeten Regionen beruhen. Die Bewegung von 68 hat bewußt gemacht, daß das Schicksal der Völker auch in entlegensten Regionen uns nicht gleichgültig sein darf, selbst wenn wir keine wirtschaftlichen Interessen damit verbinden.

Kant hat davon gesprochen, daß die Kugelform der Erde den Menschen es unmöglich macht, einfach wegzulaufen, sie würden irgendwo und irgendwann unvermeidlich aufeinandertreffen. So wird die Wirtlichkeit der Erde, die Solidarität der zwangsläufig auf Umgang miteinander eingestellten Menschen bei ihm mit dem hohen Rang eines transzendentalen Prinzips versehen. Wir müssen dem Fremden, der in friedlicher Absicht auf uns zukommt, gastfreundlich begegnen. Das bedeutet jedoch auch, daß wir den aus innerer und äußerer Not zu uns Kommenden nicht nur in Zeiten von Hungersnot und Krieg, sondern auch unter normalen Bedingungen jene Ausstattungen angedeihen lassen, die ihnen dort, wo sie leben und aufgewachsen sind, würdige Bedingungen ihres Lebens sichern.

Der Sieg des Kapitalismus über die stalinistisch verbogenen und korrumpierten Formen des Sozialismus könnte Hoffnungen auf die Zukunft eröffnen, wenn man sicher wäre, daß dieses privatkapitalistische Wirtschaftssystem jetzt, nachdem die globale Systemkonkurrenz verschwunden ist, entschieden und selbstbewußt alle Probleme löst, welche die westlichen Länder bisher nicht in Angriff genommen und schon gar nicht gelöst haben. Die Verelendung ganzer Kontinente der sogenannten Dritten Welt ist kein Produkt des Ost-West-Konflikts. Sollte die Zukunft hoffnungsfroher stimmen, müßten wir entschieden darangehen, unser eigenes System umzugestalten und dadurch die Bedingungen für die Eigenentwicklung aller übrigen Länder zu verbessern, das heißt einen aktiven Beitrag für eine solidarische Weltgesellschaft leisten.

Jede Epoche hat ihre vorherrschende Definition vom Menschen, ein zum erstrebenswerten Ideal erhobenes Selbstbild von Eigenschaften, an denen die Zeitgenossen sich untereinander als Gleichgesinnte erkennen. Für den Menschen der griechischen Stadtstaaten zum Beispiel ist zwar die höchste wünschbare Lebensform die des Philosophen (der Bios theoretikós), doch in der diesseitigen Welt, die es mit den unvermeidlichen Gebrechlichkeiten und dem Unzulänglichen der menschlichen

Daseinsweise zu tun hat, ist die Aristotelische Bestimmung vom »Zoon politikon« gültig, vom Menschen als einem in seinem Substanzgehalt durch politisches Handeln geprägten Lebewesen. Nur in der Gesellschaft, im politischen Gemeinwesen, dessen Glück und Unglück Bezugspunkt für die individuellen Tugenden ist, kann sich der Mensch in seinen Wesenseigenschaften bejaht oder verneint finden; außerhalb dieses Zusammenhangs vermögen nur Tiere zu leben oder die Götter. Ein ganz anderer Prototyp des Menschen tritt, voll unbändiger Kraft und mit starkem Willen der Besitzergreifung, gut anderthalb Jahrtausende später auf die geschichtliche Bühne. Es ist der auf Sprengung des engen Poliszusammenhangs bedachte Mensch, der den Sprung ins Universum wagt, allseitig gebildet und vielfältig tätig sein möchte, experimentierfreudig und gleichzeitig produktiv in ganz verschiedenen Tätigkeitsfeldern, der Malerei, der Kriegstechnik, der Naturwissenschaften, der Lebensgewandtheit – diesen Renaissancemenschen, wie man ihn seitdem zu bezeichnen pflegt, charakterisiert wohl Leonardos Werk am nachdrücklichsten.

Im achtzehnten und neunzehnten Jahrhundert erhält das Persönlichkeitsideal wiederum andere Akzente; der Universalismus der Eigenschaftsprägungen ist im wesentlichen aufbewahrt, aber eindeutig nach Innen gesetzt, in das freie und autonome Subjekt, das im Vorgriff auf eine bis dahin nie empfundene Welt subjektiver Befreiung den Mut aufbringt, die ganze Schöpfung aus sich selbst heraus noch einmal zu produzieren. Der Produktionsidealismus Kants, Fichtes und Hegels hat diesen ursprungsphilosophischen Subjektbegriff zur Grundlage; das gleiche gilt für die Bildungsreform Humboldts, die die philosophische Fakultät ins Zentrum der Bildungseinrichtungen und die Philosophie in den Mittelpunkt der Persönlichkeitsbildung rückt. Persönlichkeitsautonomie ist für diese Zeit Zentralthema, die »Achtung der Menschheit in meiner Person«, wie Kant es formuliert hat.

Bei allen diesen Gesellschaftsordnungen, von denen ich einige Persönlichkeitstypologien benannt habe, handelt es sich um Produktionszusammenhänge, die in der Tradition der ökonomischen Begriffsgeschichte den Mangelwirtschaften zuzuschreiben sind. Hunger, Krankheiten, im modernen Sprachgebrauch »basic needs«, elementare Lebensausstattungen wären selbst dann nicht verfügbar für alle Menschen der entsprechenden Gesellschaftsformation, wenn alle vorhandenen Reichtümer gerecht verteilt würden. Das ist, nimmt man die Kriterien der materiellen Not, der Abhängigkeit von der alltäglichen Sorge, der Naturgewalt und den Krankheiten, ein geschichtlicher Tatbestand, der bis in die zweite Hälfte des zwanzigsten Jahrhunderts hinein eine durch Willen und Bewußtsein nicht antastbare Verhaltensinvariante ist.

Es gehört nun zu den Merkwürdigkeiten der industriellen Zivilisation, daß in dem Augenblick, da die gesellschaftliche Reichtumsproduktion geschichtlich bisher kaum vorstellbare Ausmaße angenommen hat, die Menschen also eine gewaltige Verfügungsmasse über die Objektwelt gewonnen haben, ihr Selbstverständnis immer stärker äußeren, gesellschaftlich produzierten Gesetzmäßigkeiten folgt.

So sind wir, je deutlicher Wirtschaftswachstum und Effizienzkriterien der Produktion und des Managements vom öffentlichen Bewußtsein Besitz ergreifen, mit einem Selbstbild des Menschen konfrontiert, in dem sich alles aufzulösen beginnt, was an eigensinnige Befestigungen in seinem Lebenszusammenhang erinnert: kollektive Ruhezeiten (Sonn- und Feiertage), heimatliche Verankerungen am Ort, der Stadt, der Region, gewachsene Bedingungen durch Beziehungsarbeit in Familien, Haushalten, Nachbarschaften.

Geht man die in den vergangenen fünfzehn Jahren gemachten Vorschläge zur Lösung der Krise der Arbeitsgesellschaft und zur Beseitigung chronischer Massenarbeitslosigkeit unter Gesichtspunkten der gegenwärtigen Selbstdefinitionsversuche des Menschen durch, stößt man auf wiederkehrende, längst zum Argumentationsritual geronnene Bestimmungen: Ziel in dieser Frontstellung der Suchbewegungen ist selbst für jene, die privat eher eine konservativ geprägte Auffassung vom Menschen und seinen familiären Verwurzelungen vertreten, der universell bewegliche Mensch, völlig ins Funktionale abgerutscht, von innerlichen Bindungen jeglicher Art so weit gelöst, daß er jederzeit die erkannten Marktchancen wahrzunehmen bereit ist.

Ist der Blick für eine Krisenlösung ausschließlich auf die Willensentscheidungen, die Anspruchshaltungen und Qualifikationsmerkmale der lebendigen Arbeitskraft von Arbeitnehmern gerichtet, also jener abhängig tätigen Lohn- und Gehaltsempfänger, die vom unsicheren Verkauf ihrer Arbeitskraft leben, dann ist der Horizont von Organisationsphantasie, von Symbolbegriffen und Fragestellungen von vornherein auf jenes politische Aktionsfeld begrenzt, das die Misere mit eindeutigen Schuldzuweisungen verknüpft: Es ist die mangelnde Fähigkeit, ja vielleicht sogar der innere, rebellische Widerwille gegen Erwartungen, sich bereitwillig und bedingungslos als arbeitende Trabanten um die Sonne des Kapitals und der Marktgesetze zu bewegen.

In der zunehmenden Differenzierung der Zeitstrukturen (unter dem seit Anfang der achtziger Jahre konstanten Stichwort »Flexibilität«) liegt die magische Lösungsformel dieser auf die Krise der Arbeitsgesellschaft gerichteten, vorwiegend betriebswirtschaftlichen Blickrichtung. Gegenstand der Klage sind der Modernitätsrückstand der Arbeitskraft, einschließlich ihrer sozialstaatlichen Sicherheitsumklammerung, und vielfältige, durch Gewöhnung an einen relativ hohen Lebensstandard zusätzlich verstärkte Barrieren der Anpassungsfähigkeit und der Anpassungsbereitschaft.

In diesem Argumentationszusammenhang geht es um einen spezifischen Diskurs, an dem Politiker ebenso wie Wissenschaftler beteiligt sind. Die erkenntnisleitenden Interessen, die dabei im Spiel sind, ergeben sich aus einer machtpolitischen Vorentscheidung, die den Einzelvorschlägen, so arbeitnehmerfreundlich sie auch erscheinen mögen, ihre sachliche Neutralität nimmt. Denn alle Rationalitätskriterien, die diesen machtpolitischen Blick »von oben« lenken, sind der Kapital- und Marktlogik entnommen; deren organisierendes Bewegungszentrum ist die betriebswirtschaftliche Kalkulation.

Bleiben demzufolge die Machtstrukturen der dominanten Ökonomie unangetastet, verbunden mit dem trügerischen Schein, eine die Gesamtgesellschaft erfassende Ökonomie würde lediglich aus der Summe der »schlanker« gewordenen Einzelbetriebe bestehen, dann zerbrechen selbst die vernünftigsten Lösungsvorschläge an einer gesellschaftlichen Wirklichkeit, deren eigentümliche, die Lebenswelt der Menschen bestimmende Bewegungsgesetze ja die Widersprüche der Arbeitsgesellschaft und vor allem chronische Massenarbeitslosigkeit in entscheidenden Punkten mitverursacht haben und in ihrer jeder gesellschaftlichen Kontrolle entzogenen Wirksamkeit die Misere tagtäglich zementieren.

Ein gewiß gutwilliger, jedenfalls alles andere als zynisch denkender Politiker wie Norbert Blüm bekundet Unverständnis gegenüber einer Welt, die absolut vernünftige Vorschläge, die Vorteile für beide Seiten bringen – Kostenersparnisse für das Kapital, größere Zeitdisposition der Arbeitnehmer, im Sinne der Einschränkung und der schließlichen Aufhebung der Massenarbeitslosigkeit –, praktisch nicht umzusetzen imstande ist. »Wir sind fähig«, klagt Blüm in einem Artikel der »Frankfurter Rundschau«, »Menschen zum Mond zu transportieren, aber wir sind unfähig, eine intelligente Arbeitszeitreform, die die Wünsche der Arbeitnehmer mit den wirtschaftlichen Notwendigkeiten kombiniert, zu finden. Das ist keine Paragraphensache, das ist eine Sache des Mutes, der Kreativität der Beteiligen.«[160] Blüm merkt gar nicht, wie einseitig die Anforderungen sind, die er hinsichtlich der Flexibilität an die Kontrahenten richtet, die sich in ihren Interessen versöhnen sollen. An die Unternehmer appelliert er, das verstärkt zu tun, was sie ohnehin, bei Strafe ihres wirtschaftlichen Ruins, tun müssen: »Die Strukturprobleme müssen in erster Linie von den Unternehmen selbst bewältigt werden: durch ihre technologische Wettbewerbsfähigkeit, Innovationen mit neuen Produkten und Produktionsverfahren, durch die Erschließung neuer Märkte, durch Kostenreduktion und Effizienzsteigerungen.«[161]

Flexibilität aus dem Blickwinkel der Unternehmer bedeutet also nichts anderes, als im Selbstbild des erfolgreichen, dynamischen Unternehmers, wie ihn Joseph Schumpeter verstanden hatte, bereits enthalten war. Betriebswirtschaftliches Haushalten, »lean production«, »lean management«, Kostenreduktion durch massenhafte Freisetzung lebendiger Arbeitskraft, schnelle Beweglichkeit im Wechsel der Industriestandorte, auch zum Ausland hin, ohne sich durch lokale oder regionale Bindungen verpflichtet zu fühlen – das alles sind doch konstituierende Elemente jener Krise unserer Arbeitsgesellschaft, zu deren Bekämpfung Flexibilität aufgeboten wird.

Ist hier das Selbstvertrauen der Unternehmerwelt bekräftigt, so wird um so massiver die Lebenswelt der Arbeitnehmer mit Forderungen konfrontiert, die mit entscheidenden Eingriffen in Gewohnheiten, Selbstwerteinschätzungen, Lebensstandard und mit kulturellen Umorientierungen verbunden sind. Die großen Vorteile der Flexibilität, die in der Fragmentierung der Vollzeitbeschäftigungsverhältnisse, in Teilzeit-Gleitzeit-Arbeit oder in Spardepots von Sabbatzeiten liegen sollen, haben – wenn sie sich am Ende nicht ausschließlich zu Lasten der lebendigen Arbeitskraft auswirken, ohne einen einzigen zusätzlichen und zukunftssichernden Arbeitsplatz zu schaffen – zur unabdingbaren Voraussetzung eine grundlegende kulturelle und soziale Umorientierung der gesamten industriellen Zivilisation, des Verhältnisses von Arbeit und Muße, der Beziehungen des Privatinteresses zur Öffentlichkeit, der individuellen Bedürfnisse zum Gemeinwohl.

Die erste Ökonomie – eine Ökonomie nach der Logik toter Arbeit

Als erste Ökonomie möchte ich jenen praktisch-theoretischen Zusammenhang bezeichnen, in dem die Realitätsmacht der über die Produktion und die Arbeitsplätze Verfügenden den suggestiven Schein von naturgesetzlichen Abläufen vermittelt, deren Mechanismus von keinem Menschen zu beeinflussen ist. Die Hauptakteure dieser Ökonomie sind der Überzeugung, selbst lediglich Vollstrecker objektiver »Gesetze« zu sein, ohne Entscheidungsspielraum. Die Kapital- und Marktlogik, Zentrum dieser Ökonomie, ist allen menschlichen Eingriffen entzogen; sie ist härtere Materie als Beton, der irgendwann doch der Erosion zum Opfer fällt.

Die Veränderungspotentiale liegen dieser Ideologie zufolge ausschließlich bei der lebendigen Arbeitskraft, der Lebenswelt der abhängig Tätigen, also der Masse der Arbeitnehmer. Sie sind auf allen Ebenen entscheidende Manövriermasse im Interesse der Funktionserhaltung eines Systems der gesellschaftlichen Produktion von Gütern und Dienstleistungen, dessen Legitimationsgrundlage durchgängig von Fragen der sozialen Gerechtigkeit und der Gemeinwohlorientierung abgespalten ist.

Repräsentiert Blüm eine Position innerhalb der konservativ-liberalen Frontstellung, in der das moralische Problem »Massenarbeitslosigkeit« Anerkennung findet, aber keinerlei Folgen für die »nach oben« gerichteten Veränderungsanforderungen an die über die Arbeitsplätze Verfügenden hat, so drücken die strikten Theoretiker der mächtigen Kapitalfraktionen in der konsequenten Nachfolge von Milton Friedman und dessen These von der »natürlichen Rate der Arbeitslosigkeit« mit großer Offenheit ihre Einstellung zum Arbeitslosenproblem aus, das für sie alles andere als ein bedrohlicher Index menschlicher und ökonomischer Verschwendung ist.

Meinhard Miegel, einer der konsequentesten Exponenten dieser ersten Ökonomie, ist über Massenarbeitslosigkeit nicht besonders beunruhigt. In einer Großanzeige der Deutschen Bank, veröffentlicht unter anderem in allen überregionalen Zeitungen, erörtert Miegel, warum unsere heutige Arbeitsgesellschaft in ihren innovativen Potentialen von einem unaufhebbaren Sockel an Arbeitslosigkeit geradezu zehrt. »Der ungleiche Zugang«, sagt er, »zum Wissens- und Erkenntnisbau einer Gesellschaft (worunter Miegel den ›Ideenhaushalt einer Gesellschaft‹ versteht, O.N.) sowie die Ungleichverteilung von individueller Phantasie und Kreativität dürften die wichtigsten Ursachen für die fast ständige unfreiwillige Arbeitslosigkeit eines Teils der Erwerbswilligen sein … Bezogen auf den Arbeitsmarkt heißt das, daß ein gewisses Maß an Arbeitslosigkeit für die Betroffenen zwar hart, für die Bevölkerung insgesamt jedoch eher förderlich ist. Steigt die Arbeitslosigkeit aber über eine kritische Obergrenze, ist sie nur noch Indikator für ein lähmendes Auseinanderdriften von Erwartung und Leistungsfähigkeit. Ob in den hochindustrialisierten Ländern diese Obergrenze bereits überschritten ist, ist ungewiß. Die Arbeitlosenstatistiken sprechen dafür, die soziale Ruhe und Gelassenheit der Bevölkerung einschließlich der Arbeitslosen eher dagegen … Eine Bevölkerung sollte das Ziel der Vollbeschäftigung aktiv verfolgen und sich ihm nach Kräften annähern. Sie sollte aber nicht versuchen, es ganz zu erreichen. Denn der Preis hierfür wäre zu hoch: Stagnation …«[162]

Auf den Zynismus einer solchen Gesellschaftsbetrachtung will ich nicht eingehen; auch bleibt die Frage offen, wer die Erträglichkeit der Obergrenze von Massenarbeitslosigkeit festlegt und wer zu definieren befugt ist, worin gesellschaftliche Stagnation besteht. Zentral für meinen Argumentationszusammenhang ist, welche Kategorien, erkenntnisleitenden Interessen und Blickrichtungen in einer solchen Ökonomie bereits im Grundansatz ausgegrenzt oder bis zur Bedeutungslosigkeit marginalisiert werden. Im Kern ist diese Ökonomie eine der toten Arbeit, der Maschinensysteme, der Regelungskreise der Kapital- und Marktlogik, aus deren strikt betriebswirtschaftlichen Zusammenhängen alles ausgeklammert wird, was für die individuelle Lebenswelt und die gedeihliche Gesamtstruktur einer Gesellschaft von Bedeutung ist: das Wohl und Wehe des Gemeinwesens, politische Kultur, ohne die ein innergesellschaftlicher Friedenszustand nicht existieren kann, Moral und Verantwortung, ausgleichende Gerechtigkeit, die seit Aristoteles als wesentliches Moment des gesellschaftlichen Zusammenhalts gilt. Alle diese und andere die Würde der Menschen betreffenden Kategorien fallen durch die Raster einer Ökonomie, die den betriebswirtschaftlich rational regulierten Einzelbetrieb zur Sozialutopie der gesellschaftlichen Gesamtordnung erhebt – in jüngster Zeit ein einziges Mal versucht, aber nach kurzer Zeit gescheitert: das Berlusconi-Syndrom.

Die entscheidende Barriere für die Übertragung der betriebswirtschaftlichen Mentalität auf die Gesamtgesellschaft besteht darin, daß im schlanker gewordenen Einzelbetrieb die sozialen Kosten auf andere, in der Regel auf das Gemeinwesen abgewälzt werden können, was in der

Gesamtgesellschaft ausgeschlossen ist. Die rationalisierten Einzelbetriebe plündern das Gemeinwesen; ihre eingesparten Kosten übernehmen, weil der demokratische und soziale Rechtsstaat Verfassungsprinzip ist, andere; es ist ein ausgeklügeltes, auf organisierter Verantwortungslosigkeit beruhendes System der Kostenverschiebungen, bei dem die öffentliche Armut in gleichem Maße wächst, wie sich der privatkapitalistisch angesammelte Reichtum wie ein Alp auf die Lebensverhältnisse der Menschen legt.

Diese fatale Ökonomie, von der ich spreche, hat sich von allen Gemeinwohlvorstellungen verabschiedet, welche die große bürgerliche Tradition des ökonomischen Denkens von Adam Smith, David Ricardo über John Stuart Mill bis John Mainard Keynes, Walter Eucken und Ludwig Ehrhard auszeichnet, der als Ordo-Liberaler durchaus Vorstellungen hatte von einer Marktwirtschaft, die ihre eigenen »countervailing powers« institutionalisieren muß.

Im Übergang zu Fragestellungen der zweiten Ökonomie, wodurch keine Rangordnung in der Wertehierarchie, sondern des gegenwärtigen Machtgefüges bezeichnet ist, möchte ich diese Traditionslinien kurz ins Gedächtnis rufen.

Seit in den Anfängen der bürgerlichen Epoche die Nationalökonomie entstanden ist und Überlegungen eine Rolle spielen, wie sich der Wohlstand eines Volkes vergrößern lasse, ist auch ein starkes Erkenntnismotiv gesetzt, den Bewegungsrhythmen in den wechselnden Beziehungen zwischen privater Reichtumsbildung und dem öffentlichen Wohl nachzuspüren. Gemeinwohl, Volkswohlstand, Nationalreichtum (»Wealth of Nations«, die große programmatische Schrift von Adam Smith am Anfang der wissenschaftlichen Gesellschaftsanalyse), wie sonst auch immer die Sprache der Ökonomie sich verändern mag, drükken stets mehr und anderes aus als die bloße Summe der Einzelinteressen und der Privatreichtümer. In dieser Geschichte der »Wandlungen in den Auffassungen vom Volkswohlstand«, die Fritz Neumark, der zu Recht als Doyen der modernen Finanzwissenschaft bezeichnete Ökonom, in einem kleinen Büchlein[163] zu beschreiben versucht, ist ein Element der »Ökonomie des ganzen Hauses«, wie Aristoteles und insgesamt die vorbürgerliche Ökonomie das verstanden hatte, mit aufbewahrt.

Einer Position wie der, die Mandeville in seiner Bienen-Fabel[164] vertrat – »private vices, public benefits«, in freier Übersetzung die Realisierung und Durchsetzung der Eigeninteressen, und seien sie auch

Untugenden, führen in der Summe der Konkurrenz dieser Interessen zur Vergrößerung des öffentlichen Wohls –, stehen in der gesamten Geschichte der Ökonomie skeptische Überlegungen gegenüber, die Rousseau wohl am deutlichsten formuliert hat: »Comment est-il possible de s'enrichir sans contribuer à appauvrir l'autrui?« (Wie ist es möglich, sich zu bereichern, ohne dazu beizutragen, den anderen ärmer zu machen?) Diese wenig bekannte Schrift von Rousseau trägt den Titel »Discours sur les richesses« und ist möglicherweise 1750 entstanden.

Rousseaus Frage bezog sich durchaus gleichzeitig auf das Gesamtwohl eines Volkes und auf den einzelnen. Nur selten in der Geschichte des nationalökonomischen Denkens wurde das Wirtschaftswachstum und der Reichtum jener Klassen, welche über Produktion und Produktionsmittel verfügen, mit dem Gemeinwohl und dem Volkswohlstand gleichgesetzt. Daß eine solche Gleichsetzung heute so bruchlos geschehen kann, wie es sich in den Äußerungen führender Wirtschaftspolitiker und der Sachverständigengremien zeigt, beruht darauf, daß die gesellschaftspolitische Auszehrung zum Standard europäischer Wirtschaftsbetrachtung geworden ist. Dringend bedarf es einer Gesamtbetrachtung über gesellschaftlichen Nutzen und gesellschaftliche Kosten, die man als eine »Ökonomie für das ganze Haus« bezeichnen kann.

Was Jürgen Seifert in der Kritik des Gutachtens des Sachverständigenrates zur Begutachtung der gesamtwirtschaftlichen Entwicklung aus Anlaß seines fünfundzwanzigjährigen Jubiläums über die Ausgrenzungs- und Unterschlagungsmentalität dieser Gutachter gesagt hat, ist heute aktueller denn je: »Die Bundesrepublik kann sich die Dominanz eines begrenzt-ökonomischen Ansatzes nicht mehr leisten. Sie braucht eine Ökonomie auch für das soziale Ganze und auch für den Haushalt der Natur. Es geht um eine Ökonomie, die nicht das Ökonomische verabsolutiert, sondern im ursprünglichen Sinn des Wortes ›oikos‹ (Haus) für das ›ganze Haus‹ sorgt, also für die Arbeitslosen ebenso wie für die Umwelt, für die Alten ebenso wie für die Jugend, für die Gesundheit ebenso wie für die Verteilung von Arbeit zwischen den Geschlechtern … Es geht um eine Ökonomie, die das soziale Ganze im Blick hat.«[165] Und Seifert stellt einen Katalog der von diesem Gremium – und ja keineswegs nur von ihm – unterschlagenen Wirklichkeit auf, wenn er im einzelnen fragt: Warum fehlt die Bilanz der sozialen Asymmetrie? Warum fehlt die Ökologie? Warum fehlt die Analyse der Veränderungen in der Arbeitswelt? Warum fehlt der epochale Wandel im Geschlechterverhältnis? Warum fehlt die soziale Wirklichkeit der Jugendlichen und der Alten? Warum fehlt die reale Situation der Kranken und der Aus-der-Bahn-Geworfenen? Warum fehlt das Problem der sozialen Verödung?

Viele andere Posten dieser unterschlagenen Wirklichkeit wären diesem Katalog eines fragmentierten Denkens und einer begrenzten Interessenwahrnehmung der Verhältnisse hinzuzufügen. Heide Simonis, Ministerpräsidentin des Landes Schleswig-Holstein, stellt in diesem Zusammenhang die berechtigte Frage:»Man bemüht sich um Technikfolgenabschätzung. Aber warum unternimmt niemand eine Beschäftigungsfolgenabschätzung?«[166]

Immer war mit der Idee des Volkswohlstandes mehr gemeint als die Summe konsumierbarer Güter oder die technischen Anlagen. Es ist bemerkenswert, daß die große politische Ökonomie des Bürgertums von Adam Smith bis David Ricardo ein Gefühl dafür entwickelt hatte, daß auf einem Reichtum, dessen Quelle die Verarmung des anderen ist (einer Nation, einer Klasse oder auch der ganzen übrigen Welt), gleichsam kein Segen liege; dieser protestantische Geist des Kapitalismus hält sich durch. Vor Adam Smith, der die Harmonie der verschiedenen Nationalwirtschaften als erster theoretisch begründete und als Ziel praktischer Politik die Ökonomie des Haushalts entwarf, war der merkantilistische Erwerbsgeist ohne jeden Skrupel, den Reichtum des eigenen Landes bewußt auf Kosten des Nachbarlandes, ja zu dessen Schaden, zu erweitern, um seinen politischen Handlungsspielraum einzuschränken.

Arbeitsgesellschaftliche Utopien einer zweiten Ökonomie

Die erste Ökonomie, wie ich sie zu charakterisieren versuchte, ist Ausdruck einer Macht- und Herrschaftsposition. Der linksradikaler Neigungen kaum zu verdächtigen Ralf Dahrendorf hat das in einem Grundsatzreferat auf dem Bamberger Soziologentag 1982 unmißverständlich ausgesprochen. Die Verfügung über lebendige Arbeitskraft ist auch ein Herrschaftsinstrument. Wenn Arbeit ausgeht,»verlieren die Herren der Arbeitsgesellschaft das Fundament ihrer Macht«. Dahrendorf hat freilich vergessen, dem hinzuzufügen, daß auch die Verfügung über Arbeitslosigkeit ein wichtiges Herrschaftsmittel sein kann, jedenfalls in vielfacher Hinsicht nutzbar gemacht werden kann, um erworbene und erkämpfte Sozialrechte der Arbeitnehmer, das Lebensniveau und die kulturellen Schutzschichten, die Menschen um sich gebildet haben, durch Aufrechterhaltung eines existentiellen Angstklimas auf jene Punkte zu reduzieren, die von den Arbeitnehmern wenig mehr übrig lassen als den Dauerzustand von Betriebsfertigkeit und Einsatzbereitschaft.

Die zweite Ökonomie greift den abgerissenen Faden des klassischen ökonomischen Denkens wieder auf und rückt den Lebenszusammenhang der Menschen, ihre konkrete Lebenswelt, ins Zentrum der Betrachtungen, um aus dieser Blickrichtung heraus zu urteilen und zu entscheiden, welche Auswege aus der Krise der Arbeitsgesellschaft langfristig sinnvoll sind und wo lediglich technische Manipulationen an Symptomen erfolgen, die Probleme von einem Ressort auf das andere, von einem Aktionsfeld auf das andere verschieben. Da es sich jedoch um eine kulturelle Krise handelt, ist der Blick auf das gesellschaftliche Ganze unabdingbare Voraussetzung für eine Änderung des öffentlichen Bewußtseins.

Welche Berechtigung es auch haben mag, die arbeitsgesellschaftlichen Utopien als ausgeschöpft zu betrachten und das endgültige Ende der Arbeitsgesellschaft zu verkünden: die wirklichen Lebensverhältnisse der Menschen, ihre Hoffnungen und Ängste sprechen eine ganz andere Sprache. Es lassen sich kaum Hinweise darauf finden, daß Erwerbsarbeit, also jene vorherrschende Form bezahlter Arbeitsleistung, über deren gesellschaftliche Anerkennung sich individuelle Identität und Selbstwertgefühle bilden, im vergangenen Jahrzehnt entscheidende Abwertungen erfahren hat. Anläßlich der Niedersachsenwahl am 13. März 1994 ergab eine Umfrage, daß die Themen Arbeit–Arbeitslosigkeit den bei weitem höchsten Rang in der Skala der als lebenswichtig eingeschätzten politischen Handlungsfelder einnehmen.

Von der großen Masse der Menschen wird Arbeitslosigkeit nach wie vor als ein Gewaltakt empfunden, als ein Anschlag auf die körperliche und seelisch-geistige Integrität, auf die Unversehrtheit der davon Betroffenen. Sie gilt als Raub und Enteignung der Fähigkeiten und Eigenschaften, die innerhalb der Familie, der Schule, der Lehre in der Regel in einem mühsamen und aufwendigen Bildungsprozeß erworben wurden und die jetzt, von ihren gesellschaftlichen Betätigungsmöglichkeiten abgeschnitten, in Gefahr sind, zu verrotten und dadurch schwere Persönlichkeitszerstörungen hervorzurufen.

Das ist der Grundskandal unserer Gesellschaft. Sie droht an ihrem Reichtum und ihren Überschußprodukten zu ersticken und ist gleichwohl außerstande, Millionen von Menschen das zivilisatorische Minimum für eine menschliche Existenzweise zu sichern: nämlich einen Arbeitsplatz, einen konkreten Ort, an dem sie ihre gesellschaftlich gebildeten Arbeitsvermögen anwenden können, um von bezahlter Leistung zu leben. Ich rücke bewußt dieses moralische und kulturelle Problem der Arbeitslosigkeit in den Vordergrund, die Frage der immer noch wesentlich durch Arbeit vermittelten menschlichen Würde. Denn ist dieser Orientierungspunkt verloren, sind der pragmatischen Phantasie bloß technischer Lösungen keine Grenzen mehr gesetzt. Will man sich nicht darauf einlassen, mit der kompletten Umsetzung von Flexibilisierung und Fragmentierung des Arbeitslebens am Ende einen allseitig verfügbaren und jederzeit manipulierbaren Menschen zu erzeugen, dann müssen eine Reihe von Bedingungen erfüllt sein.

Die in bezug auf die Gesamtgesellschaft ausgeübten Macht- und Herrschaftsverhältnisse, die von der Produktion ausgehen, bedürfen einer grundlegenden Reform. Strukturprobleme dieser herkömmlichen, von Betriebswirtschaft und Kapitallogik geprägten Erwerbsgesellschaft werden nur lösbar sein, wenn der Verfassungsgrundsatz in Artikel 14, Absatz 2: »Eigentum verpflichtet. Sein Gebrauch soll zugleich dem Wohle der Allgemeinheit dienen« wieder Eingang in das unternehmerische Denken findet und sich in den Köpfen der ökonomisch Mächtigen als eine Art Verantwortungsethik zur kulturellen Selbstverständlichkeit befestigt. Solange Wirtschaftsstandort und Lebensstandort verwechselt werden, ist der Erpressungsmacht mit Konkurrenzhinweisen Tür und Tor geöffnet. Die Vorherrschaft einer solchen regulativen Denkweise beschadigt und zerrüttet am Ende das Gemeinwesen.

Aber es wäre eine Verkennung des Ernstes der Situation, wollte man Krisenlösungen in erster Linie einem neuen Kodex ethischer Verpflichtungen aufbürden. Ohne Umverteilung des gesellschaftlichen Reichtums und der Reichtumsproduktion, ohne Infragestellung des Produktionsmythos und des Warenfetischismus kann eine Umverteilung von Arbeitsplätzen nicht gelingen. In diesem eingemauerten Kontext des Bestehenden könnte das Resultat nichts anderes sein, als es sich im betrügerischen Wettlauf zwischen Hase und Igel zeigt: Ein Arbeitsplatz wird neu geschaffen, drei werden vernichtet. Die mikroelektronische Vernichtungsmaschinerie lebendiger Arbeitskraft ist immer schon am Ziel angekommen.

Lothar Späth und Herbert A. Henzler (ein McKinsey-Unternehmensberater) erwähnen bedrückende Prognosen:[167] Würde man den höchsten Stand der heute verfügbaren Technik überall dort realisieren, wo dies möglich ist, fielen von den noch bestehenden dreiunddreißig Millionen Arbeitsplätzen neun Millionen weg. Die Arbeitslosigkeit würde auf weit über dreißig Prozent ansteigen. Selbst wenn diese Zahlen übertrieben sein sollten, so ist die damit bezeichnete Tendenz doch nicht zu bezweifeln.

Nicht nur die Krisenfolgen sind neuartig, auch die Struktur der Krise hat sich verändert; die Arbeitslosigkeit als gesellschaftliches Massenphänomen ist von den herkömmlichen Wellenbewegungen von Konjunktur und Rezession abgekoppelt. Es ist aus diesem Grunde immer unwahrscheinlicher, daß das Problem der chronischen Arbeitslosigkeit im begrenzten Horizont betriebswirtschaftlicher Kostenüberlegungen zu lösen ist.

Eine ganz andere Ökonomie wäre erforderlich, um die allmählich ins Unermeßliche wachsenden menschlichen, sozialen und politischen Kosten von Massenarbeitslosigkeit einzudämmen und am Ende überflüssig zu machen. Es ist ein Problem, das Wohl und Wehe der Gesamtgesellschaft betrifft; deshalb greifen hierarchisch-ökonomische Regelungen zu kurz. Wenn eine Ökonomie im Spiel ist, dann kann es nur eine des »ganzen Hauses« sein. Die darin zur Sprache gebrachte öffentliche Vernunft hätte die gesamtgesellschaftlichen Kosten zum Ausgangspunkt, Gesellschaftsreform zum Ziel.

Die Arbeitsgesellschaft in der von den Produktions- und Verwertungsregeln des Kapitals geprägten Form aufrechtzuerhalten und fortzuschreiben wird immer kostspieliger, am Ende unbezahlbar. Dies wird verschleiert, indem jedes Ressort, jeder gesellschaftliche Bereich die eigenen Kosten auf andere abzuwälzen versucht und die Selbsterhaltung durch Kredite und Anleihen finanziert. Woher soll denn bei leeren Haushaltskassen und unserem Überschuldungssystem das Geld für Reformen genommen werden? Dem ist die geschichtliche Erfahrung entgegenzuhalten: Nichts ist teurer, als überholte Verhältnisse am Leben zu halten, nichts ist kostspieliger als die Nicht-Reform.

Aber die Alternative zum System bürgerlicher Erwerbsarbeit, das sich in einem schmerzlichen Prozeß von fünfhundert Jahren, mit eigentümlichen Berufsethiken und vielfachen Bedürfnissen nach gegenständlicher Tätigkeit, herausgebildet hat, ist nicht der illusionäre Idealismus der Aufhebung der Arbeit, sondern der Kampf um die Vervielfältigung und Erweiterung gesellschaftlich anerkannter Formen der Arbeit, die der Eigenproduktion und der Selbstverwirklichung dienen.

In dieser Perspektive kann ein Umbau der Arbeitsgesellschaft nur gelingen, wenn er gleichzeitig beiträgt zur ökonomischen Krisenlösung und zur Erfüllung der Emanzipationswünsche der Menschen. André Gorz, der bedeutendste Vordenker einer am Gemeinwesen und dem ökologischen Gleichgewicht orientierten Alternative zur herkömmlichen Erwerbsgesellschaft, trifft den entscheidenden Punkt, wenn er fordert, an die Stelle kapitalfixierter Arbeit müßten ganz andere Arbeitsformen treten, »beziehungsreiche Tätigkeiten, Pflege der Umwelt, der Künste, der Qualität des Zusammenlebens und so weiter, also Tätigkeiten, die keinen Mehrwert schöpfen, nicht instrumentell rationalisierbar sind und jenseits der Lohnarbeitsgesellschaft liegen«.[168] Das wäre aber kein Jenseits der Arbeitsgesellschaft, sondern eine Erweiterung, Vertiefung, Vervielfältigung der kulturell anerkannten Arbeitsformen, die durch den geschichtlich spezifischen und einmaligen Konflikt von Lohnarbeit und Kapital vereinseitigt und verengt wurden.

Dieser Spezialfall neigt sich dem Ende zu. In diesem Sinne gibt es ein Ende der Arbeitsgesellschaft; aber alle Tätigkeiten, die Gorz aufzählt, sind Arbeitsformen, die es immer gegeben hat und ohne die auch heute jede Gesellschaft zerfallen würde. Um ihnen einen höheren gesellschaftlichen Rang geben zu können, bedarf es eines gemeinwesenorientierten Umdenkens, das der sozial-kulturellen Logik folgt.

Nur wenn die von drückender Erwerbsarbeit freigesetzte Lebenszeit einen eigenen, autonomen Gestaltungsraum findet, also wesentlich Emanzipations- und Orientierungszeit ist, werden die Menschen das bestimmte Gefühl haben können, nicht bloßer Verwertungsrohstoff auf anderen Feldern zu sein. Das setzte voraus, daß Kreativität, Eigeninitiative, Unbotmäßigkeit und Mußefähigkeit von Kindesbeinen an maßgebende Werte der Erziehung, des Bildens und des Lernens sind. Davon sind wir weit entfernt. Aber viele Schritte führen in die Richtung einer solchen Gesellschaftsreform, die nach meiner Einschätzung einzig und allein aus der gegenwärtigen Kulturkrise Auswege zeigen könnte.

Für welche der beiden »Ökonomien« man sich entscheidet, hängt wesentlich davon ab, wie das Bild vom Menschen aussieht, das man sich in seinen Träumen gezeichnet hat, von Vorstellungen, die aus Erfahrungen mit Mitmenschen gewonnen sind, denen man im Alltag Anerkennung und Achtung entgegenbringt. Für welche der beiden Ökonomien man sich entscheidet, das könnte auch ein Zeichen für rechts oder links sein. Wer den allseitig funktionsfähigen Menschen will, leistungsbewußt, anpassungsfähig, wendig und ohne Bindungen, die ihn am Aufstieg hindern könnten, wird in den Kategorien und Untersuchungsfeldern der ersten Ökonomie genau jenen Realitätszusammenhang finden, der seinen Erwartungen an eine wünschbare und erstrebenswerte Gesellschaft entspricht. Daß dies keine Idealgesellschaft ist, wird ihn kaum stören, er wird sogar den Typus eines Sozialcharakters in Kauf nehmen, der politisch alle Merkmale eines leistungsbewußten Mitläufers hat – vorausgesetzt, er ist jederzeit einsatzbereit und störungsfrei funktionsfähig.

Der Mensch der zweiten Ökonomie hat einen ganz anderen Zuschnitt; er ist eigensinnig, auf autonome Urteilsfähigkeit und eigentümliche Lebensstile bedacht, die rebellische Elemente enthalten. Für ihn ist Protest nichts Unanständiges, Utopien und Träume nichts Realitätsloses. So können Menschen dieses Typs große Opfer bringen und sich entschieden kampfbereit zeigen, aus keinen anderen Gründen als dem Gefühl, daß politische Maßverhältnisse gestört sind oder soziale Gerechtigkeit verletzt ist – massiver Widerstand, um die bedrohte Würde zu sichern.

Es ist für mich keine Frage, daß eine hochentwickelte Industriegesellschaft auf Dauer ohne Demokratie funktionsunfähig ist. Nicht-entfremdete Formen gegenständlicher Tätigkeit, gesellschaftlich anerkannte und bezahlte Erwerbsarbeit in lebenswichtigen Beziehungsbereichen, die heute noch in Schwarzmarktregionen liegen, sind Wesensbestandteil einer innergesellschaftlichen Friedensordnung, in den industriell entwickelten Ländern ebenso wie in jenen Gesellschaftsordnungen, die ihre menschlichen Produktionsprozesse einer durchgängigen Arbeitsgesellschaft noch vor sich haben.

Aber der Kampf dieser beiden Ökonomien erschöpft sich nicht in individuellen Willensentscheidungen; es ist ein politischer Kampf. Die zweite Ökonomie zur ersten zu machen wäre Motiv und Ziel einer neuen Gesellschaftsreform. Sie ist überfällig, nicht zuletzt aus Kostengründen. Da es aber um Macht- und Herrschaftsverhältnisse geht, um die sich die erste Ökonomie organisiert, ist die Veränderung kein leichtes Spiel, auch keine bloße Frage des guten Willens und der überzeugenden Argumente. Es ist eine politische Kampfsituation epochalen Ausmaßes, in der Koalitionspartner in allen gesellschaftlichen Schichten zu suchen und zu finden sind – bei aufgeklärten und verantwortungsbewußten Managern ebenso wie unter Lehrern und Arbeitern; das strategische Bewußtsein für eine solche Kampfsituation ist im Wachsen begriffen.

Epilog – Worüber nachdenken? Was tun?

Am Ende eines Buches, das unverkennbar Züge der eigenen politischen Erfahrungen trägt, wird sich der Leserin und dem Leser die Frage aufdrängen: Worin besteht der Gebrauchswert der mühevollen und beziehungsreichen Rekonstruktion einer Bewegung, die vom anstößigen Jahr 68 ausging und deren fortwährende Maulwurfsarbeit vielfältige Hügel hinterlassen, aber keine Berge versetzt hat?

Mir fällt es schwer, eine überzeugende Botschaft zu formulieren, die meine Untersuchung nicht nur rechtfertigt, sondern auch Perspektiven und Willensrichtungen in die Zukunft weist. Wenn ich bewußt die Aufarbeitung meiner eigenen politischen Erfahrungen als roten Faden gewählt habe, dann aus der Überlegung heraus, daß die Objektivität der Erkenntnis, ihr spezifischer Wahrheitsanspruch, vom erkennenden Subjekt selbst dann nicht abtrennbar ist, wenn sich mit diesem politische Parteilichkeit aufs engste verknüpft. Themen, Denkweisen, Szenen, Handlungskonstellationen, die ich beschrieben und analysiert habe, drücken nicht nur meinen Lebenszusammenhang, sondern den vieler anderer Menschen aus. Das gilt, wenn ich das ausgebreitete Material und den Rohstoff der Untersuchung betrachte, vor allem für das Selbstverständnis und die Rolle, welche die politischen Intellektuellen in dieser Zeit spielen.

Im Verlauf der Untersuchung ist mir immer klarer geworden, welche bestimmende Bedeutung die Intellektuellen in gesellschaftlichen Verhältnissen angenommen haben, für die der Krisentyp kultureller Erosionen und von brüchigen Herrschaftslegitimationen charakteristisch ist. Versucht man, vom Symboldatum 68 ausgehend, eine Linie bis 1995 in dieser Beziehung zu konstruieren, so drängen sich zwei Merkmale in den Vordergrund: Die antiautoritäre Bewegung trägt dazu bei, verknöcherte, bürokratisierte Systeme in ihrer Fragwürdigkeit öffentlich zu machen und sie unter Rechtfertigungszwang zu setzen. Dieser Protest folgt der Logik der Auflösung ausgehöhlter und leblos gewordener Schichten von Institutionen und im Verhalten der Menschen. Der antiautoritäre Protest hat seine politische Spitze aber nur unter der Bedingung, daß eine autoritäre Leistungsgesellschaft als festgefügtes, Verhältnisse und Menschen einbeziehendes Gebilde existiert.

Wo die Verhältnisse zum Tanzen gekommen sind, vielleicht sogar einen Veitstanz von Verwirrungen und Umkehrungen aufführen, jedenfalls an allen Ecken und Enden porös geworden sind, verliert zwar der antiautoritäre Protest nicht seinen Wahrheitsgehalt (zum Beispiel die eindringliche Nachfrage nach Legitimationen des Gegebenen), aber seine politische Spitze ist abgebrochen. Auf dieser Ebene ist 68 als historische Stufe zwar völlig legitim, aber nicht fortsetzbar.

Was ich nachzuweisen versucht habe, berührt vor allem den zweiten Grundzug der Entwicklung, die mit 68 verknüpft ist. Konnte man sich in der antiautoritären Phase darauf beschränken, die Utopie einer freien und gerechten Gesellschaft aus der einfachen Kritik des Bestehenden zu gewinnen, indem man gleichzeitig diese Utopien mit der geborgten Realität aus den Befreiungsbewegungen der Dritten Welt zu verschmelzen trachtete, so wird in dem Maße, wie diese Befreiungsbewegungen selbst die kriegerische Phase des Kampfes hinter sich lassen und mit Aufbauproblemen einer neuen Gesellschaft konfrontiert sind, der Utopievorrat immer deutlicher aufgezehrt. Nötig wäre jetzt ein ganz anderer Begriff von Solidarität mit den siegreichen Befreiungsbewegungen gewesen; manche Linksintellektuelle haben sich in der Tat in die mühselige Alltagsarbeit dieses Neuaufbaus einbezogen. Alle Versuche der Beschleunigung zerbrachen. Die um sich greifende revolutionäre Ungeduld war mit unüberwindbaren Schwierigkeiten konfrontiert, die vorhandenen Energien, die im Umgestaltungswillen steckten, in eine autonome Position der politischen Intellektuellen zu integrieren und das, was die neue Gesellschaft ausmachen sollte, zum Gegenstand der intellektuellen Produktionsvorhaben zu machen.

Nicht, daß es ganz an solchen Ansätzen autonomer linker Politik gefehlt hätte, kennzeichnet die Situation; auf ganz verschiedenen Ebenen rühren sich Geist und Bedürfnisse, neue Formen der demokratischen Beteiligung und der inneren kommunikativen Zusammenhänge zu entwickeln, an denen politische Intellektuelle aktiven Anteil haben. Das Spektrum ist weit gefaßt; die ersten Proteste gegen Atomkraftwerke gehen, wie in Whyl, mit Gründungen von Volkshochschulen und der Entwicklung lebendiger Gegenöffentlichkeit einher. In den Häuserkampfsituationen wird das Problem anderen Wohnens thematisiert. Friedensbewegung und Sozialistisches Büro rücken andere Aspekte möglicher autonomer Politik der Linken in den Vordergrund. Aber es sind Splitter und Momente, die auf Neues hindeuten. Der politische Zusammenhang ist zerfallen, und die Intellektuellen als Sinnproduzenten und Sinnvermittler, wie sie Helmut Schelsky gleichzeitig abschätzig und in ihrer Bedeutung maßlos überhöhend bezeichnet hat, sind schon seit längerem nicht mehr imstande gewesen, die fragmentierten Alternativen auch nur in der Theorie zusammenhängend zu deuten.

Die Begriffsbildung von links, ja von sozialistisch im Sinne einer freien und gerechten Gesellschaft stellte eine gewisse Gegenständlichkeit und damit auch Plausibilität her, jedoch auch die Spannung einer doppelten Frontstellung: Im Antikapitalismus lag der eine Gegenstandsbezug, im Antistalinismus der andre. So hatte der Verlust der Identifikationen mit den Sozialrevolutionen der Dritten Welt die Arbeit mit geborgten Realitäten zwar erschwert, aber der Kommunismus, die bürokratischen Systeme des Ostblocks waren nach wie vor harte Materie, von der sich alle Sozialismusvorstellungen des Westens abgrenzen konnten. Es war ein System vorhanden, von dem man sagen konnte: Das ist kein Sozialismus, wie wir ihn uns vorstellen. Die eigene Position konnte durch Abgrenzungen definiert werden.

Es entspricht also nicht der Wahrheit, wenn zum Beispiel Bürgerrechtler der ehemaligen DDR, die wesentlich dazu beigetragen haben, das System bürokratischer Herrschaft im gestohlenen Mantel von Sozialismus zu Fall zu bringen, westlichen Linken den Vorwurf machen, sie hätten sich mit diesem System identifiziert oder ihm Sympathien entgegengebracht. Davon kann keine Rede sein. Trotzdem ist der Zusammenbruch dieser bürokratischen Ostblocksysteme Ende der achtziger Jahre ein Problem für die Linke des Westens. Sie hat eine Art Gegenstandsverlust erlitten. Da sich die Abgrenzungsrealität aufgelöst hat, steht sie spätestens seit dem Jahr 89 vor dem Problem, ohne geborgte Realitäten denken und handeln zu müssen. Sich der Mühe zu unterziehen, autonom alternative Positionen zum siegreichen, vielleicht auch nur übriggebliebenen Weltsystem des Kapitalismus zu entwickeln, setzt ganz neuartige politische Arbeitsformen voraus und wird deshalb auf vielfältige Abwehrmechanismen stoßen. Der Verlust der gewohnten Koordinatensysteme, in denen man bisher geschützt und mit Gewißheiten ausgestattet denken und handeln konnte, erzeugt auch bei vielen Intellektuellen existentielle Ängste. Da sie häufig das Selbstvertrauen verloren haben, begeben sie sich auf die Suche nach neuen Realitätsbindungen. Aber diese Suchbewegungen erzeugen gleichzeitig neue Identitätsprobleme und vielfach ein Zerrissensein und ein unglückliches Bewußtsein, wie Hegel jenen Zustand bezeichnet, in dem die Menschen nicht »bei sich«, sondern »außer sich« sind.

Unter welchen Bedingungen sind jedoch Intellektuelle, die ihre eigene Produktionsweise, ihr eigentümliches Vermögen bewahren und kultivieren, gleichzeitig aber politisch eingreifen, mit sich identisch, »bei sich«? Definitionen der Intellektuellen hat es immer wieder gegeben. Seit es die literarischen Intellektuellen in der Moderne gibt, die sich in die staatlichen und gesellschaftlichen Verhältnisse einmischen (manche datieren die Entstehung dieses Intellektuellentyps mit der Dreyfus-Affäre zu Beginn unseres Jahrhunderts), tragen die Intellektuellen charakteristische Züge einer Doppelrolle; diese liegt im Spannungsfeld von Autonomie und Eingriff. Wird diese Dialektik geopfert, so daß ein mechanisches Verhältnis zwischen beiden entsteht, dann verlieren politische Intellektuelle ihre Substanz. Wodurch sie in Wahrheit überzeugen, ist nichts weiter als die Verbindung von Kompetenz und Orientierungswissen.

Sartre hat in einem Interview vom Januar 1968 dem »Theoretiker des praktischen Wissens«, wie er den Intellektuellen treffend benennt, zwei charakteristische Spannungszustände zugeschrieben, die seine eigentümliche Produktionsweise ausmachen: zum einen den zwischen Disziplin und Kritik; zum anderen den zwischen Wahrheit und Radikalität. Diese vier Sachverhalte bestimmen die Koordinaten seiner eigensinnigen Produktionsweise.

Es ist an der Zeit, daß die Intellektuellen aus ihrer beruflichen Kompetenz das Selbstvertrauen gewinnen, um in praktischen Interventionen des Alltags von ihren universalistischen Denkgewohnheiten öffentlichen Gebrauch zu machen. Pierre Bourdieu setzt die Verteidigung der Autonomie an den Anfang des Kampfes der Intellektuellen, die ihre eigene Sprache zurückgewinnen wollen. Er sagt:»Die Intellektuellen müssen sich also als erstes Ziel setzen, kollektiv an der Verteidigung ihrer eigenen Interessen und der zur Wahrung ihrer Autonomie nötigen Mittel zu arbeiten. Aus einer Art Schuldgefühl heraus ... haben sie der Verteidigung der großen allgemeinen Angelegenheiten Priorität eingeräumt und die Verteidigung ihrer eigenen Interessen als Korporatismus abgelehnt; dabei haben sie außer acht gelassen, daß die Verteidigung des Universellen über die Verteidigung der Verteidiger des Universellen läuft.«[169]

Politische Intellektuelle müssen ihre Autonomie dadurch zurückgewinnen, daß sie sich gegen die Enteignungstendenzen ihrer Produktionsmittel zur Wehr setzen. Das sind Begriffe, Symbole, Denkweisen,

Theorien, Utopien. Da diese Wiederaneignung ohne Kommunikationsprozeß nicht möglich ist, geht es heute darum, kleine Formen des verdichteten Austauschs von Informationen, Erklärungen, Deutungen herzustellen. Gerade der universalistische Anspruch der Intellektuellen, der in der Struktur ihrer Produktionsweise steckt, macht solche ganz auf Intensität gerichteten Zusammenhänge erforderlich. Das Ziel wäre: produktives Rückgängig-Machen von Arbeitsteilungen. Denn die fragmentierte Welt schlägt sich noch einmal auf die fragmentierten Wissensbereiche durch; Fragmentierung und Nichtöffentlichkeit sind verbreitete Mechanismen von Herrschaft. Herstellung von Zusammenhang ist daher die spezifische Aufgabe von politischen Intellektuellen, die ohne einen Begriff des gesellschaftlichen Ganzen, wie die Gesellschaft aussehen soll, unmöglich erkennen können, wie sie ist.

Geschichtliche Krisensituationen, in denen alles neu überdacht werden muß und in denen Lösungen schneller Art unmöglich sind, erfordern Verständigungsprozesse in den kleinen Formen; diese allein sind wirksam, um neue Strukturen sichtbar zu machen. Ein Höchstmaß an Selbstregulierung verbindet sich auf diese Weise mit der Notwendigkeit von Strukturierungen, die allerdings auf jeden Herrschaftsanspruch zu verzichten haben.

Politisch hat sich gezeigt, daß solche Verständigungsformen in Umbruchsituationen oder in großen Krisen immer wieder zurückgehen auf sehr alte Erfahrungen basisdemokratischer Selbstorganisation. So gewinnen Runde Tische, symbolisch weit ausholend, aber auch in der Praxis des Alltags, zentrale politische Funktion. »Runde Tische sind ein hölzernes Mittel gegen die Vereinzelung«, hat Friedrich Schleiermacher einmal gesagt. An Runden Tischen gibt es keinen Vorstand, der oben sitzt, keine Angeklagten und Ankläger in einer hierarchischen Raumordnung. Solche gleichrangigen Konfliktgespräche eignen sich deshalb besonders für Zeiten unaufschiebbarer Bilanz, für Gewinn- und Verlustrechnungen auch in großen gesellschaftlichen Maßstäben.

Bilanzierungen mit Eingriffen, die in der Folge loser Traktate öffentlich wurden, liegen der Idee der Fabian Society Ende des vergangenen Jahrhunderts zugrunde, als Schriftsteller wie G. B. Shaw, H. G. Wells, Wissenschaftler, Mediziner, Naturforscher, vor allem Sidney und Beatrice Webb, die alle sehr spezielle Vorstellungen vom Sozialismus hatten, eine kleine Studiengesellschaft gründeten, sich regelmäßig trafen, um einen Kommunikationsprozeß über diese Ideen herzustellen. Sie waren alle gegen den Dogmatismus in jeglicher Form, wohl am entschiedensten eingestellt gegen den Marxismus. Sidney Webb gründete 1895 die berühmte London School of Economics. Fabianer nannten sie sich in Erinnerung an den römischen Konsul Quintus Fabius Maximus, der für ein halbes Jahr zum Diktator ernannt wurde und gegen die Streitmacht Hannibals die Strategie kleiner Siege durch Vermeidung der vom Gegner gewünschten Hauptschlacht setzte. Kampfbereitschaft seiner Armee an Ort und Stelle, das Heer Hannibals, das sich im Feindesland bewegte, fortwährend kontrollierend, bedrängend, beobachtend – eine Strategie, die ihm den Namen Cunctator (Zögerer, Zauderer) einbrachte. Sein forscher Nachfolger, der auf die Entscheidungsschlacht, also einen schnellen Sieg brannte, führte Roms Legionen in die schmählichste Niederlage der ganzen Geschichte der Republik – in die Schlacht bei Cannae.

Unsere heutige gesellschaftliche Situation ist gewiß verschieden von der, unter der die Fabianer ihre wissenschaftliche Verständigung über die gesellschaftliche Entwicklung erprobten, um politisch zu intervenieren. Es ist auch unmöglich, solche Projekte einfach zu wiederholen.[170] Aber es ist doch die Frage zu stellen, ob die Intellektuellen nicht ein neues politisches Selbstverständnis gewinnen müssen, wenn sie ihre Verantwortung in dieser Welt nicht verspielen wollen. Sie sind privilegiert, also darf man von ihnen auch präzise Fragen und begründete Antworten erwarten.

Gesellschaftliche Krisensituationen sind immer auch damit verknüpft, daß die Menschen sich Gedanken über Verhaltensregeln machen. Es ist auffällig, daß in Krisensituationen, in denen niemand weiß, wie die Auswege aussehen, aber jeder das Gefühl hat, daß es Auswege gibt, die Intellektuellen eine Ausdrucksform entwickeln, die als »Maximen und Reflexionen« in die Geschichte des Denkens eingegangen ist. In der Regel sind es grundsätzliche Erörterungen über Verhaltensregeln, die bei den Intellektuellen selbst ansetzen und durch die Arbeit der Zuspitzung alle anderen herausfordern. Es ist sehr merkwürdig, daß solche Verhaltenslehren (die Inflation der Beratungsliteratur ist die ironische Unterseite dieses Vorgangs) in gesellschaftlichen Umbruchsituationen besonders beliebt sind, wo die Menschen in alltägliche Entscheidungssituationen versetzt sind, aber ohne Nachdenken nur in die Irre gehen können.

In der Zeit des Dreißigjährigen Krieges, zwischen 1618 und 1648, als überhaupt keine übersichtlichen Fronten mehr erkennbar sind, wenden sich die Subjekte auf sich zurück und erwarten nichts mehr von anderen, sondern formulieren Verhaltensnormen für sich selbst. Nur das urteilsfähige Subjekt verspricht noch Halt und Orientierung. So entstehen Verhaltensbücher, zum Beispiel »Handorakel und Kunst der Weltklugheit« von Baltasar Gracián (1601–1658), die »Reflexionen oder Sentenzen und moralische Maximen« von François La Rochefould (1613–1680) und die »Pensées« (Gedanken) von Blaise Pascal (1623–1662). Es sind Überlegungen zur Lebensführung der Menschen, getragen vom Geist der Skepsis, aber auch vom humanen Pathos, wie die Menschen sein sollten. Die Verantwortung liegt beim einzelnen; niemand kann sich ihrer entledigen, indem er sich auf die Schlechtigkeit der menschlichen Gattung oder die Übel der Welt zurückzieht.

Wollte ich nun, im Rückgriff auf die Maximen und Reflexionen solcher Krisenliteratur, eine Art politische Verhaltenslehre formulieren, die aus meiner Untersuchung der 68er Bewegung und der prekären Stellung der Intellektuellen in den wechselnden Machtkonstellationen zu begründen wäre, dann würden mir zehn Empfehlungen einfallen:

1. Versuche nie, mit der Breitseite der Gewalt Probleme zu lösen; schon Hegel wußte, daß sie den Gegner nicht schwächt, sondern ihm zusätzliche Gegenständlichkeit seiner Kraft verschafft. Wirkliche revolutionäre Gewalt besteht unter hiesigen Verhältnissen aus gewaltfreiem Widerstand; es ist Maulwurfsarbeit.

2. Stehst Du vor der Aufgabe, kontroverse Positionen zu vermitteln, bediene Dich der List des Zeitgewinns, nicht zum Zwecke der Täuschung (man wird sie bemerken), sondern zur Herstellung konkreter Abarbeitungsmöglichkeiten zwischen den betreffenden Positionen. Vertage mit Arbeitsaufträgen, die sachlich begründet sind und für die sich, weil fast alle an der friedlichen Beilegung des Konflikts Interesse haben, immer Menschen finden lassen. Verzichte auf die Befriedigung, Mehrheitsentscheidungen auf der Grundlage von Zufallskoalitionen herbeizuführen. Sie haben immer zur Folge, daß die Konflikte unbearbeitet bleiben und das offene Feuer zum Dauerzustand eines Schwelbrandes geworden ist. Wer Zeit sparen will, wird mit Zeitverlust bestraft.

3. Erwecke nie den Anschein einer prinzipiellen Kompromißlosigkeit. Die ehrenwerte Haltung »Hier stehe ich, ich kann nicht anders« ist keine Arbeitseigenschaft des politischen Menschen, sondern Ausdruck des starken Identitätszwanges in Kirchen und Sekten. Zeige Dich vielmehr offen, biete Kompromisse jedoch nur dort an, wo sie

die eigenen politischen Ziele nicht gefährden. Vermeide jede Radikalität, die Du selbst nicht durchhalten kannst, sonst ruinierst Du nachhaltig Deine Glaubwürdigkeit und Dein politisches Ansehen.

4. Wo immer die Möglichkeit besteht, daß Deine eigenen Gedanken von anderen besser formuliert und öffentlich überzeugender vertreten werden können, gebe ihnen den Vortritt. Du wirst sehen, daß es der Sache immer dienlich ist, meist kommt es auch Deiner geistigen und politischen Erfahrung zugute. Bei unübersichtlichen Revierkämpfen, die augenblicklich nicht zu gewinnen sind, halte Deine eigentlichen Kräfte in der Kulisse und dränge Dich nicht in den Vordergrund.

5. Stelle Eitelkeiten, besonders bei Intellektuellen, in Rechnung, und überprüfe genau, ob die darin enthaltene Besetzungsenergie in gegenständliche Tätigkeit umgewandelt werden kann. Mache Arbeitsangebote, und vermeide es tunlichst, solchen Eitelkeiten mit Erfahrungen der eigenen Lebensgeschichte zu begegnen, die den zweifelhaften Vorzug der Überlegenheit haben.

6. Mißtraue Menschen, die in ihrem Denken oder Verhalten erst aufwachen und lebendig werden, wenn sie einen Feind gefunden haben. Es ist zu befürchten, daß sie ihre Selbstsicherheit aus abgeleiteter Identität beziehen und deshalb kleinste Differenzen selbst in der eigenen Gruppe als Anlaß für Ausgrenzungen benutzen.

7. Verhalte Dich skeptisch gegenüber auftrumpfenden Vertretern von Sachzusammenhängen, aus denen alle Spuren der lebendigen Tätigkeit von Menschen getilgt sind. Dieses Sachlichkeitspathos fördert die Neigung, Entwicklungen als unabwendbar hinzunehmen. Wo allerdings der Versuch gemacht wird, Politik in der ersten Person Einzahl zu betreiben, also alles aus Lebensgeschichten zu begründen, ist Skepsis ebenso angemessen. Beide Vereinseitigungen verfehlen den Begriff des Radikalen, der darin besteht, das Übel an der Wurzel, das heißt an den von den Menschen selbst erzeugten, ihnen aber entglittenen Verhältnissen zu packen.

8. Wirst Du als Intellektueller im Tonfall der Abwertung angesprochen, so nimm das als eine Aufforderung, selbstbewußt Deine eigene Produktionsweise zu erläutern. Herrschaft lebt von Nichtöffentlichkeit und von Fragmentierung der Verhältnisse. Wer Herrschaft überwinden will, muß also darauf bedacht sein, von seiner Vernunft öffentlichen Gebrauch zu machen und durch Herstellung von Zusammenhang, der nur durch Theorie gestiftet werden kann, Unglück von einzelnen und vom Gemeinwesen abzuwenden. Der

Legitimationsgrund von politischen Intellektuellen liegt also in der Notwendigkeit ihrer unverwechselbar eigensinnigen Produktionsweise, über die zu verfügen sonst niemand stolz sein darf.

9. Achte darauf, daß selbst unter günstigsten objektiven Bedingungen die Art und Weise, wie sich die Menschen zueinander verhalten, ob sie im zwischenmenschlichen Krieg leben oder sich pfleglich und solidarisch aufeinander beziehen, wesentlich von deren Charakterstrukturen abhängt. Das Subjekt ist kein bloßer Faktor, den man auch auswechseln könnte, sondern absolut bestimmend für das, was eine freie und gerechte Gesellschaft ausmacht.

10. Sollte die Situation entstehen, daß Du überhaupt keine politischen Handlungsmöglichkeiten und nur schmale Auswege siehst, dann nimm Dir die Zeit zum assoziativen Nachdenken und zur Bilanz. Damit Du Dich nicht ganz von den Sicherheiten der Welt im Stich gelassen und um alles betrogen fühlst, was Dich sonst wärmte, nimm einen Text Brechts zur Hand. Ich empfehle Dir die Keuner-Geschichten, vor allem die Sentenz mit dem Titel »Überzeugende Fragen«; sie eröffnet ein weites Feld produktiver Gedanken- und Erinnerungsarbeit: »›Ich habe bemerkt‹, sagte Herr K., ›daß wir viele abschrecken von unserer Lehre dadurch, daß wir auf alles eine Antwort wissen. Könnten wir nicht im Interesse der Propaganda eine Liste der Fragen aufstellen, die uns ganz ungelöst erscheinen?‹« Das wäre, unter heutigen Voraussetzungen, eine sinnvolle Aufgabe für kritische Kopfarbeiter.

Anmerkungen

1 Friedrich Nietzsche, »Vom Nutzen und Nachteil der Historie für das Leben«, Stuttgart 1957, S. 21.

2 Ebd., S. 88 f.

3 Jürgen Habermas, »Eine Art Schadensabwicklung«, Frankfurt am Main 1987, S. 11.

4 Ebd., S. 13.

5 Georg Büchner, »Werke und Briefe«, München 1967, S. 206.

6 Diese und allgemeinere politische Forderungen werden vor und in den Monaten nach der Märzrevolution auf zahlreichen Versammlungen unter starker Beteiligung der Studenten erhoben, insbesondere auf dem bekannten Treffen in Eisenach, Pfingsten 1848. Siehe dazu: Karl Griewank, »Deutsche Studenten und Universitäten in der Revolution von 1848«, Weimar 1949.

7 Gustav W. Heinemann, »Präsidiale Reden«, Einleitung von Theodor Eschenburg, Frankfurt am Main 1975, S. 239.

8 Ebd., S. 131.

9 Ebd.

10 Und daß ich ihn (und andere mit vergleichbaren Haltungen) gleichwohl als politischen Diskussionspartner nicht ausgrenze, zeigt die Wiederaufnahme des Gesprächs mit ihm über 68 in Kapitel VI dieses Buches.

11 Claus Leggewie, »Die Stunde verpaßt«, in: »Der Spiegel«, 26.9.1994, S. 31.

12 Walter Boehlich, »Gedächtnistrübungen«, in: »die tageszeitung«, 7.9.1995.

13 Friedrich Nietzsche, »Werke in 3 Bänden«, herausgegeben von Karl Schlechta, Darmstadt 1966, Bd. 2, S. 802.

14 Immanuel Kant, »Werke in 6 Bänden«, herausgegeben von Wilhelm Weitschedel, Bd. 6, Darmstadt 1964, S. 361.

15 »Spiegel«-Gespräch mit Ernst Nolte, 3.10.1994, S. 103.

16 Ebd., S. 91.

17 Ebd., S. 83.

18 Jürgen Habermas, »Eine Art Schadensabwicklung«, a.a.O., S. 118.

19 Michael Stürmer, »Suche nach der verlorenen Erinnerung«, in: »Das Parlament«, 17./24.5.1986, S. 1.

20 Hermann Lübbe, »Der Streit um Worte. Sprache und Politik«, in: »Holzfeuer im hölzernen Ofen. Aufsätze zur politischen Sprachkritik«, herausgegeben von Hansjürgen Heringer, Tübingen 1982, S. 66.

21 Ebd., S. 63.

22 Oskar Negt, »Lebendige Arbeit, enteignete Zeit. Politische und kulturelle Dimensionen des Kampfes um die Arbeitszeit«, Frankfurt am Main und New York 1984, S. 8 f.

23 Ich beschränke die Auseinandersetzungen mit der Gewaltfrage auf die deutsche Gesellschaft; wie betroffen, ja entsetzt das amerikanische Volk auf die Ermordung Robert Kennedys und Martin Luther Kings, beides im Jahr 1968, reagierte, entzieht sich jeder soziologischen Analyse.

24 Knut Nevermann, »Der 2. Juni 1967. Studenten zwischen Notstand und Demokratie. Dokumente zu den Ereignissen anläßlich des Schah-Besuchs«, Köln 1967.

25 Herbert Marcuse, »Kritik der reinen Toleranz«, Frankfurt am Main 1966, S. 127.

26 Jürgen Habermas, »Protestbewegung und Hochschulreform«, Frankfurt am Main 1969, S. 148.

27 Ebd.

28 Das von Detlev Claussen eingeleitete und herausgegebene Buch »Spuren der Befreiung – Herbert Marcuse. Ein Materialienbuch zur Einführung in sein politisches Denken«, Neuwied und Darmstadt 1981, wäre eine ausgezeichnete Einführung in diese Zeit.

29 Johannes Agnoli, Peter Brückner, »Die Transformation der Demokratie«, Berlin 1967, S. 29.

30 Anhand von Texten aus dem Umkreis der Frankfurter Schule habe ich diesen Aspekt in dem Buch entwickelt: »Kritische Kommunikationsforschung. Aufsätze aus der Zeitschrift für Sozialforschung«, mit einer Einleitung von Oskar Negt, München 1973.

31 Bertolt Brecht, »Radiotheorie«, in: »Gesammelte Werke«, Bd. 18, Frankfurt am Main 1967, S. 129.

32 Béla Balázs, »Der Geist des Films«, Einleitung vom Hartmut Bitomsky, Frankfurt am Main 1972.

33 Karl Marx, »Die Frühschriften«, herausgegeben von Siegfried Landshut, Stuttgart 1953, S. 242.

34 Tilman Fichter, »SDS und SPD. Parteilichkeit jenseits der Partei«, Köln 1988.

35 Siehe dazu: »Glocksee-Schule. Berichte – Analysen – Materialien«, Redaktion Ernst Manzke, Berlin 1981.

36 Diese Dialektik von revolutionärer Gewalt und Arbeit entfaltet, in einer durch Marx und Hegel vermittelten Reflexion der Dekolonisierung, scharfsinnig Detlev Claussen: »List der Gewalt. Soziale Revolutionen und ihre Theorien«, Frankfurt am Main und New York 1982. »Die Arbeit der sozialrevolutionären Gewalt schafft eine zerbrechliche Realität, die jeden Augenblick in Gefahr steht, das Selbstbewußtsein der Befreiung in die Naturgesetzlichkeit der Arbeit zurückfallen zu lassen.« (S. 238)

37 Dieses Buch, 1968 im Markus-Verlag Köln erschienen, enthält geschwärzte Gesichter auf dem Umschlag. Die darauf abgebildeten Personen, vermutlich einige Sprecher der Protestbewegung, hatten eine einstweilige Verfügung erwirkt, die dem Verlag die Veröffentlichung dieser Bilder untersagte. In einer dem ausgelieferten Buch eingelegten Erklärung des Verlags heißt es: »Wer während der Osterunruhen 1968 an einer öffentlichen Studentendiskussion teilnimmt, hat nach unserer Meinung die private Sphäre verlassen und sich in das Blickfeld der Öffentlichkeit begeben.«

38 »Frankfurter Allgemeine Zeitung«, Magazin, 11.11.1988.

39 Geschrieben von Erwin K. und Ute Scheuch, im April 1992 im Rowohlt Verlag erschienen, im Juni bereits eine Auflage von 45 000.

40 Ebd., S. 121.

41 Zu den größten Dokumenten dieses Demokratiediskurses, an die heute anzuknüpfen wäre, gehören zweifellos die sogenannten Federalist Papers, jene von Alexander Hamilton, James Madison und John Jay unter dem gemeinsamen Pseudonym »Publius« verfaßten Artikel über die ursprüngliche amerikanische Verfassung. Jetzt zusammengefaßt in einer Ausgabe der Wissenschaftlichen Buchgesellschaft, Darmstadt 1993.

42 Erwin K. und Ute Scheuch, »Cliquen, Klüngel, Karrieren«, a.a.O., S. 17.

43 Eine Dokumentation, herausgegeben von Hans-Joachim Winkler in Zusammenarbeit mit Helmut Bielstein.

44 Siehe dazu zwei Abhandlungen: Oskar Negt, Christine Morgenroth, Heiko Geiling, Edzard Niemeyer, »Emanzipationsinteressen und Organisationsphantasie. Eine ungenützte Wirklichkeit der Gewerkschaften? Zur Erweiterung sozialkultureller Handlungsfelder am Beispiel der DGB-Ortskartelle«, Köln 1989; Christine Morgenroth, Edzard Niemeyer, Reiner Hollmann, »Realistische Utopien: Beteiligungsgewerkschaft als Zukunftsperspektive«, Köln 1994.

45 Mein Teil dieses Gesprächs erschien im »Kursbuch« Heft 48, 1977, unter dem Titel »Interesse gegen Partei«; ob Dutschkes Gesprächsteil irgendwo erschienen ist, weiß ich nicht.

46 Ausführliche biographische Informationen mit viel dokumentarischem Material enthält der Band: Rudi Dutschke, »Mein langer Marsch. Reden, Schriften und Tagebücher aus zwanzig Jahren«, herausgegeben von Gretchen Dutschke-Klotz, Helmut Gollwitzer und Jürgen Miermeister, Reinbek bei Hamburg 1980.

47 Vgl. S. 177 f. dieses Buches.

48 Die Situation läßt sich so beschreiben: Sechs Frauen marschieren im Hörsaal VI der Frankfurter Universität, der ein Gefälle wie die alten Biologie- oder Anatomiesäle hat, auf Adornos Katheder zu, entblößen ihre Brüste und bedrängen ihn. Demonstriert werden sollte damit wohl der angebliche Sexismus von Adornos Theorie, aber auch seine Haltung zu Frauen, von denen manche dachten, er respektiere sie nur als Exemplare des »schönen« Geschlechts.

49 Wenn Texte wie der folgende in Info-Papieren veröffentlicht wurden, war zweierlei beabsichtigt: die »Frankfurter« an ihr eigenes besseres Bewußtsein zu erinnern und sie gleichzeitig zu praktischer Solidarität mit den Studenten zu veranlassen. Es liegt auf der Hand, daß solche Ansprüche enttäuschungsanfällig sind. »Die Menschen wollen durch ihre Arbeit«, heißt es in einem Text von Horkheimer, »allgemeines Glück und allgemeinen Reichtum schaffen, sie produzieren zum großen Teil Unglück und Armut, sie wollen die Entfaltung aller Individuen und aller Völker, und unzählige Individuen sowie ganze Völker verfallen dem Elend und dem Untergang, sie wollen Frieden und Gerechtigkeit, und die Welt steht unter dem Zeichen des Krieges und der Barbarei. Dieser Widerspruch ist kein unausweichliches Verhängnis, das man auf sich zu nehmen hätte wie ein Naturereignis, die Verhältnisse werden vielmehr von Menschen hervorgebracht und erneuert, und Menschen können sie verbessern und schließlich beseitigen.« (»Idee, Aktivität und Programm des Institutes für Sozialforschung«, 1938, in: »Gesammelte Schriften«, Bd. 12, 1985, S. 142 f.)

50 In meinem Buch »Unbotmäßige Zeitgenossen. Annäherungen und Erinnerungen«, Frankfurt am Main 1994, habe ich eine Reihe dieser Sozialisten porträtiert, unter anderem Theo Pinkus, Fritz Lamm, Peter von Oertzen und Wolfgang Abendroth, die alle zu einer Generation gehören, welche das Ende der Weimarer Republik und den Faschismus bewußt miterlebt hatte. Zu diesem Umkreis zählen aber auch Klaus Vack, Erich Wulff, Adolf Brock und Jürgen Seifert.

51 Dieter Sterzel, »Drei Lesarten des Wortes ›Berufsverbot‹: Kommunistische Lesart, Regierungslesart, Verfassungslesart«, in: »Demokratie und Recht«, 1981, S. 57 ff.

52 Oskar Negt, »Zur Dialektik von Erfahrung, Emanzipation und Organisation«, in: »links«, Juli 1975.

53 Wolfgang Abendroth, Herbert Sultan, »Bürokratischer Verwaltungsstaat und soziale Demokratie«, Hannover und Frankfurt am Main 1955, S. 200.

54 Die Position, die Thomas Meyer in bezug auf Wort und Begriff des Sozialismus vertritt, zum Beispiel in seinem bemerkenswerten Buch »Was bleibt vom Sozialismus?« Reinbek bei Hamburg 1991, hat nichts mit jenen postmodernen Verabschiedungslogiken zu tun, die von Sachverhalten befreit zu sein glauben, wenn sie sich belasteter oder beschä-

digter Begriffe entledigen. Was Thomas Meyer (in einem Brief an mich) zurechtzurükken versucht, trifft nicht ganz meine in diesem Buch vertretene Auffassung, ist aber diskussionswürdig. Er schreibt: »Daß die Ideen, also der Begriff des Sozialismus bleiben müssen, es aber angesichts dessen, was Wolfgang Thierse etwas ungenau, aber in der Sache zutreffend die negativen ›Begriffserfahrungen‹ mit dem ›Sozialismus‹ genannt hat und angesichts dessen, daß wir den Überschuß, der dem Wort anhaftet, in unseren Projekten nicht mehr darstellen können, das Wort ›Sozialismus‹ aus Gründen sowohl der kommunikativen Ethik, wie auch aus kommunikationspragmatischen Gründen auf sich beruhen lassen sollten. Nach meinem Vorschlag … gibt das Symbolwort ›soziale Demokratie‹, das in den Traditionen der Sozialdemokratie seit dem neunzehnten Jahrhundert immer auch äquivalent für ›Sozialismus‹ verwendet wurde, die Gesamtperspektive auf das Ganze frei und transportiert die wesentlichen Ideen der sozialen Gerechtigkeit und der gesellschaftlichen Demokratie, ohne den endlosen Abgrenzungsbedarf, den das Symbolwort ›Sozialismus‹ heute ja eher verstärkt hat.«

55 Vgl. dazu die interessante Studie »Die demokratische Frage«, ein Essay von Ulrich Rödel, Günter Frankenberg, Helmut Dubiel, Frankfurt am Main 1989.

56 Karl Marx, Brief an Arnold Ruge, Kreuznach im September 1843, in: Karl Marx, »Die Frühschriften«, a.a.O., S. 169 f.

57 Ebd.

58 Max Horkheimer, »›Notizen 1950 bis 1969‹ und ›Dämmerung. Notizen in Deutschland‹«, Frankfurt am Main 1974, S. 258. Das Buch »Dämmerung« enthält intensive Reflexionen der Spätphase der Weimarer Republik aus der Sicht eines Sozialphilosophen, der sich auf die proletarische Seite zu schlagen versucht, ohne die Trennung vom bürgerlichen Lebenszusammenhang zu riskieren.

59 Der Diskussionszusammenhang ist festgehalten in dem Buch »Studentenbewegung 67–69. Protokolle und Materialien«, herausgegeben und eingeleitet von Frank Wolf und Eberhard Windaus, Frankfurt am Main 1977. Siehe auch: Jürgen Habermas, »Protestbewegung und Hochschulreform«, Frankfurt am Main 1969.

60 Ausführlich dokumentiert in dem Buch »Universität und Widerstand. Versuch einer politischen Universität in Frankfurt«, herausgegeben von Detlev Claussen und Regina Dermitzel, Frankfurt am Main 1968.

61 Über die reformerischen Universitätsprojekte dieser Zeit informieren am besten: Detlev Claussen, Regine Dermitzel, »Universität und Widerstand«. a.a.O.; Jürgen Habermas, »Protestbewegung und Hochschulreform«, a.a.O.

62 Georg Wilhelm Hegel, »Wissenschaft der Logik«, in: »Sämtliche Werke. Jubiläumsausgabe in 20 Bänden«, Bd. IV, Stuttgart 1958, S. 549.

63 Plato, »Sämtliche Werke«, Reinbek bei Hamburg 1957, S. 259.

64 Aristoteles, »Rhetorik«, München 1980, S. 10 ff.

65 Vgl. Marcus Tullius Cicero, »De Oratore. Über den Redner«, Stuttgart 1976.

66 Heinrich von Kleist, »Über die allmähliche Verfertigung der Gedanken beim Reden«, in: »Sämtliche Werke und Briefe«, herausgegeben von Helmut Sembdner, München 1977, Bd. 2, S. 320 f.

67 Oskar Negt, »Politik als Protest. Reden und Aufsätze zur antiautoritären Bewegung«, Frankfurt am Main 1971, S. 30 ff.

68 Karl Heinz Bohrer beschreibt am 3.11.1967 in der »Frankfurter Allgemeinen Zeitung« diese Konferenz so: »Wenn man Theoretikern wie dem Frankfurter Soziologen Negt zuhört, der auf jener Zusammenkunft eines der Grundsatzreferate gehalten hatte, dann löst sich der konkrete Fall in Abstraktionen auf, wie zur Modellsituation für eine These der marxistischen Soziologie … Zugegeben, daß eine solche Versammlung …

immer auch etwas von einer Synode hat, die darüber nachdenkt, wie heute die reine Lehre auszulegen sei ... Anders als Negt mit seinem mild reflektierten Theorem, dessen aktuelle Effizienz dahingestellt bleibt, entwickelt der Berliner Studentenführer (Rudi Dutschke, O.N.) nunmehr eine sich unverhüllt militant gebende Propagandasprache, in der selbst wissenschaftliche Termini nur noch die Funktion des politischen Aufruhrs haben.« – Beide Charakterisierungen verfehlen den Zweck und das Resultat dieser Konferenz.

69 Hannah Arendt, »Wahrheit und Lüge in der Politik. Zwei Essays«, München und Zürich 1987, S. 44.

70 Immanuel Kant, »Zum ewigen Frieden. Ein philosophischer Entwurf«, in: »Werkausgabe«, Bd. XI, Frankfurt am Main 1968, S. 229.

71 »Die Zeit«, 11.12.1987.

72 Vgl. dazu den äußerst informativen Beitrag von Ernst-Otto Czempiel, »Europa Wegweiser zum Frieden. Über Immanuel Kant und die Aktualität seiner strategischen Konzepte«, in: »Frankfurter Rundschau«, 15.4.1995.

73 Immanuel Kant, »Der Streit der Fakultäten«, in: »Schriften zur Anthropologie, Geschichtsphilosophie, Politik und Pädagogik«, Werke in sechs Bänden, Darmstadt 1964, S. 365.

74 Ebd.

75 Max Weber, »Politik als Beruf«, in: »Gesammelte Schriften«, Tübingen 1958, S. 533 f.

76 Ebd., S. 540.

77 Nur noch einer geschichtlichen Fußnote würdig ist es, wenn im April 1995 über die Weltnachrichtenagenturen die Nachricht geht, daß einer der schärfsten Vietnam-Krieger, MacNamara, in einem Buch das Bekenntnis ablegt, dieser Krieg sei moralisch und politisch ein Fehler gewesen. Fast dreißig Jahre hat der Realpolitiker für diese Einsicht benötigt! – Die Politiker sollten sich daran ein Beispiel nehmen und die unvermeidlichen Lernprozesse aus der gewaltsamen Durchsetzung der Castor-Transporte nicht auf so lange Zeit vertagen.

78 Die Spießer-Figur ist für mich ein Sozialcharakter mit typischen Merkmalen. Es ist ein Mensch, der selbst dann, wenn er alles verändern will, von Selbstveränderung nichts hält. Er blickt deshalb verächtlich auf alles Psychologische; insbesondere die Psychoanalyse hält er für bedrohlich. Gelangt er zu Macht und Einfluß, kann er sich gnadenlos und radikal gebärden. In dem Maße, wie er nach außen fortwährend eisige Realitätstüchtigkeit demonstriert, pflegt er Muff und Wärme in den Privatverhältnissen.

79 Dieter Schenk, ehemaliger hochrangiger Mitarbeiter des BKA, der freiwillig und unter Protest aus dieser Behörde ausschied, arbeitet an einem Buch über Herold, zu dem er mich befragt hat. Schenk beschreibt diesen Verfolgungswahn auch in einem Roman: »BKA. Die Reise nach Beirut. Ein politischer Tatsachenroman«, Reinbek bei Hamburg 1995.

80 André Glucksmann, »Köchin und Menschenfresser. Über die Beziehung zwischen Staat, Marxismus und Konzentrationslager«, Berlin 1976, S. 8.

81 Im Gulag-Epos selbst, vor allem aber in der kleinen Erzählung »Ein Tag im Leben des Iwan Denissowitsch« (Berlin 1963), der akribischen Beschreibung des Tagesablaufs eines ehemaligen Kolchosbauern in einem sibirischen Konzentrationslager 1951. Diese Erzählung begründete den literarischen Ruhm des Mathematiklehrers Solschenizyn.

82 In seinem Buch »Überwachen und Strafen. Die Geburt des Gefängnisses« (Frankfurt am Main 1977) beschreibt Foucault das Grundschema des Denkens der Neuen Philosophen, das erwähnte Panoptikum, folgendermaßen: »Zu diesem Zweck hat Bentham das Prinzip aufgestellt, daß die Macht sichtbar, aber uneinsehbar sein muß; sichtbar,

indem der Häftling ständig die hohe Silhouette des Turms vor Augen hat, von dem aus er bespäht wird; uneinsehbar, sofern der Häftling niemals wissen darf, ob er gerade überwacht wird; aber er muß sicher sein, daß er jederzeit überwacht werden kann … Das Panoptikum ist eine Maschine zur Scheidung des Paares Sehen/Gesehenwerden: im Außenring wird man vollständig gesehen, ohne jemals zu sehen; im Zentralraum sieht man alles, ohne je gesehen zu werden. Diese Anlage ist deswegen so bedeutend, weil sie die Macht automatisiert und entindividualisiert.« (S. 258 f.)

83 Das Descartes-Buch von Glucksmann ist das bei weitem überzeugendste. Hier wird ein konkreter Denker in einer konkreten Zeit untersucht, so daß der etwas anmaßende Titel »Descartes c'est la France« zwar ideengeschichtliche Gegenwartsbezüge nahelegt, diese aber nicht strapaziert werden. André Glucksmann, »Die Cartesianische Revolution. Von der Herkunft Frankreichs aus dem Geist der Philosophie«, Reinbek bei Hamburg 1989.

84 In: »Die Zeit«, 19.8.1977.

85 Die zwei Teile »Der Zauber Platons« und »Falsche Propheten« erschienen 1944. Die deutsche Ausgabe wurde 1957 in Bern veröffentlicht.

86 Auch in diesem Punkt haben sie Vorgänger. Arthur Koestler hatte 1950 einen Essay geschrieben, der den bezeichnenden Titel trägt: »The God that failed«.

87 Andrè Glucksmann, »Die Meisterdenker«, Reinbeck bei Hamburg 1978, S. 48 f.

88 »alternative«, Oktober 1977.

89 André Glucksmann, »Strategie und Revolution – Frankreich 1968«, in: A. Glucksmann, A. Gorz, E. Mandel, J.-M. Vincent, »Revolution Frankreich 1968. Ergebnisse und Perspektiven«, Frankfurt am Main 1969, S. 79 f.

90 André Glucksmann, Thierry Wolton, »Politik des Schweigens, Hintergründe der Hungerkatastrophe in Äthiopien«, Stuttgart 1987, S. 195.

91 Die Irrtümer im Verhältnis von Verfassung, Staat und Liberalismus, wie sie der Linken anzulasten sind, hat Joachim Perels in einer grundlegenden Analyse zurechtgerückt: »Demokratie und soziale Emanzipation. Beiträge zur Verfassungstheorie der bürgerlichen Gesellschaft und des Sozialismus«, Hamburg 1988.

92 Der bei weitem informationsreichste Untersuchungsbericht über diesen Problemzusammenhang ist das Buch von Stefan Aust: »Der Baader-Meinhof-Komplex«, Hamburg 1985.

93 Zitiert nach: Wolfgang Harich, »Zur Kritik der revolutionären Ungeduld«, Stuttgart 1971, S. 1.

94 Thomas Mann, »Essays«, Bd. 2, »Politik«, herausgegeben von Hermann Kurzke, Frankfurt am Main 1977, S. 281 f.

95 Ebd., S. 287 f.

96 Vgl. das eindrucksvolle Buch von Michael Meisner, »Die zerbrochenen Hände. Tilman Riemenschneider und seine Zeit«, Würzburg 1978.

97 Daß der Begriff des Sympathisanten als politischer Kampfbegriff von rechten Medien und von Staatsorganen mißbraucht wurde, ist freilich ebenso offenkundig. Jürgen Seifert hat in einem öffentlichen Brief an den damaligen Bundespräsidenten Scheel (als Erklärung der Humanistischen Union von Dr. Charlotte Maack unterzeichnet) dagegen mit Nachdruck Einspruch erhoben. Er schreibt: »Der Sympathisantenbegriff ist unscharf und beliebig erweiterbar. Selbst die Kritiker des Sympathisantenbegriffs und der Sympathisant des Sympathisanten kann als ›Sympathisanten‹ gestempelt werden. Mit dieser Kategorie wurde das Tor aufgestoßen zu ungerechtfertigten Verdächtigungen. Der Sympathisantenbegriff ist geeignet, die Struktur der Bundesrepublik Deutschland als eines demokratischen Verfassungsstaates, der auf der strikten Einhal-

tung rechtsstaatlicher Prinzipien beruht, auszuhöhlen und umzuwandeln in einen anderen Staat, in dem Denken und bloßer Kontakt – unabhängig von der Absicht – zu existenzbedrohenden Sanktionen führen kann.« Freimut Duve, Heinrich Böll, Klaus Staeck (Hg.), »Briefe zur Verteidigung der Republik«, Reinbek bei Hamburg 1977, S. 173 ff.

98 Die Rede ist vollständig abgedruckt in: Oskar Negt, »Keine Demokratie ohne Sozialismus. Über den Zusammenhang von Politik, Geschichte und Moral«, Frankfurt am Main 1977.

99 Eine dritte Form der Reaktion auf meine Anti-RAF-Rede stammt von der »Frankfurter Allgemeinen Zeitung« und leitet jene Intellektuellenhetze ein, die sich dann gegen Jürgen Habermas, die Frankfurter Schule und die kritischen Intellektuellen überhaupt richtet. Die Notiz vom 6.6.1972 trägt den Titel »Lehre der Gewalt«: »Gefährlicher als die Sprengstoffanschläge der Baader-Meinhof-Gruppe sind die politischen Philosophen, die sich von solchen Gewalttaten distanzieren, ohne sich von der Gewalt zu distanzieren. Vor dem Angela-Davis-Kongreß hat Oskar Negt die Baader-Meinhof-Gruppe nicht dafür kritisiert, daß sie zur Gewalt griff, sondern daß sie dies in einer falschen Situation tat. Und mit Jürgen Seifert war er der Meinung, daß man zuvor den Rechtsstaat bis ›zur Neige‹ ausschöpfen müsse. Hinter Äußerungen wie diesen steht klar erkennbar der Vorbehalt, zur Gewalt aufzurufen oder Gewalt rechtfertigen zu können, wenn die Situation im Lande anders ist. Doch Gewalt und Gewaltlosigkeit dürfen in einer rechtsstaatlichen Demokratie nicht zu Fragen der Zweckmäßigkeit degradiert werden. Kein Staat erlaubt Bürgerkrieg, und wenn Demokratien Staaten sind, in denen Gruppen ihre Konflikte in streitbaren Formen austragen dürfen, dann nur unter der Voraussetzung und in der selbstverständlichen Gewißheit, daß keine Gruppe das Recht zur Gewaltanwendung hat oder begehrt. Eine Rede wie die von Oskar Negt ist unvereinbar mit der Treuepflicht eines Hochschullehrers gegenüber der Verfassung.« Ich glaube, selbst dann, wenn ich mich nachträglich von der Französischen Revolution von 1789 distanziert hätte, wäre meiner prinzipiellen Position einer gewaltlosen Politik kein Glauben geschenkt worden.

100 Die Rede ist abgedruckt in der Zeitschrift »links«, Juni/August 1976, S. 11.

101 Leserbrief Dutschkes an den «Spiegel«, 1974, Nr. 48, abgedruckt in: »Mein langer Marsch«, a.a.O., S. 103.

102 Ebd., S. 105 f.

103 Götz Eisenberg, Reiner Gronemeyer, »Der neue Generationenkonflikt oder Der Zerfall der zivilen Gesellschaft. Jugend und Gewalt«, Reinbek bei Hamburg 1993, S. 206.

104 Gaetano Benedetti, »Der psychisch Leidende und seine Welt«, Frankfurt am Main 1984, S. 7.

105 Wilhelm Reich, »Die Massenpsychologie des Faschismus«, Junius-Drucke, o. J., S. 259 f.

106 Wilhelm Reich, »Charakteranalyse. Technik und Grundlagen für studierende und praktizierende Analytiker«, Bremen 1971, S. 16 (Reprint aus dem Jahre 1933).

107 Herbert Marcuse, »Eros und Kultur«, Stuttgart 1957, S. 191.

108 Der Titel dieses Gesprächs verweist auf ein wesentliches Element von 68 im Erziehungs- und Lerndiskurs: »Diese Wiederholungen durchbrechen, individuell und politisch, dazu muß eine Veränderung in der Situation von Kindern kommen.« In: Karl-Heinz Heinemann, Thomas Jaitner, »Ein langer Marsch. 68 und die Folgen«, Köln 1993, S. 75 f. Gründungen von antiautoritären Kinderläden und Alternativschulen folgen nicht einer abstrakten politischen Programmatik; es ist die Sorge um die eigenen Kinder, die starke Impulse zur praktischen Veränderung setzt – und Kräfte freimacht, um sich in diesen Lern- und Erziehungszusammenhängen, häufig die lebensge-

schichtliche Energiebalance verletzend, so lange aufzuhalten. Als ich 1970 nach Hannover berufen wurde, war für mich die Entscheidung innerlich schon getroffen, für meine Töchter Monika (1966 geboren) und Katharina (1969) ein Schulprojekt auf die Beine zu stellen, das den von Renate Stubenrauch, der ersten antiautoritären Lehrerin, die in Frankfurt/Rödelheim eine Experimentalklasse unterrichtete, und den von Monika Seifert im Eschersheimer Kinderladen formulierten Prinzipien entspricht. Der Vorschlag stieß in Hannover auf eine überwältigend positive Reaktion; im August 1972 wurde mein Gründungsvorschlag von der niedersächsischen Landesregierung und der Stadt akzeptiert. Über zehn Jahre habe ich wenigstens die Hälfte meiner Arbeitskraft in dieses Alternativprojekt »Glocksee-Schule« eingebracht, eine in jeder Hinsicht nützliche Arbeit für einen menschlichen Generationenvertrag.

109 Jürgen Habermas, »Arbeit, Erkenntnis, Fortschritt. Aufsätze 1954 bis 1970«, Verlag De Munter, Amsterdam 1970, S. 378.

110 Daß es eine unumgehbare dialektische Verschränkung beider »sozialen Strategien des Symbolgebrauchs« (Ulrich Oevermann) gibt, habe ich im Zusammenhang der Arbeiterbildung nachzuweisen versucht. Vgl. Oskar Negt, »Soziologische Phantasie und exemplarisches Lernen. Zur Theorie der Arbeiterbildung«, Frankfurt am Main 1968, S. 45 ff.

111 Basil Bernstein u.a., »Lernen und soziale Struktur. Aufsätze 1965 bis 1970«, Verlag de Munter, Amsterdam 1970, S. 15 f. Vgl. dazu auch: Basil Bernstein, »Beiträge zu einer Theorie des pädagogischen Prozesses«, Frankfurt am Main 1977.

112 Sie ist übrigens in den Jahren von 1968 bis 1975 wesenlich getragen worden von der Europäischen Verlagsanstalt unter der Leitung von Lothar Pinkall und von der durch Günter Busch betreuten Edition Suhrkamp. Sehr schnell haben sich freilich auch andere Verlage darauf eingestellt und marxistische Literatur veröffentlicht.

113 Lutz von Werder, »Arbeiterkind und Klassenbewußtsein. Otto Rühle als sozialistischer Sozialisationsforscher«, in: Otto Rühle, »Zur Psychologie des proletarischen Kindes«, Frankfurt am Main 1974, S. 41.

114 Theodor W. Adorno, »Erziehung zur Mündigkeit«, Frankfurt am Main 1975, S. 90.

115 Ebd., S. 91.

116 Bertolt Brecht, »Hundert Gedichte 1918 bis 1950«, Berlin 1954, S. 112 f.

111 »Zur Kritik der Hegelschen Rechtsphilosophie«, in: Karl Marx, »Die Frühschriften«, a.a.O., S. 211.

118 Georg Wilhelm Hegel, »Encyklopädie. Erster Teil: Die Logik«, Berlin 1840, S. 382.

119 Frankfurt am Main 1968.

120 Zur näheren politischen Deutung Hamlets verweise ich auf das hervorragende Shakespeare-Buch von Ekkehart Krippendorf, »Politik in Shakespeares Dramen«, Frankfurt am Main 1992, S. 345 ff.

121 Georg Wilhelm Hegel, »Sämtliche Werke«, herausgegeben von Hermann Glockner, Stuttgart 1958, Bd. 19, S. 685.

122 MEW, Bd. 8, S. 196.

123 MEW, Ergänzungsband, 1. Teil, S. 247.

124 W.I. Lenin, »Der ›linke Radikalismus‹, die Kinderkrankheit im Kommunismus«, in: »Ausgewählte Werke«, Berlin 1954, Bd. 2, S. 729.

125 »Reden zum IV. Kongreß des tschechoslowakischen Schriftstellerverbandes, Prag, Juni 1967«, mit einem Nachwort von Pavel Kohout, Frankfurt am Main 1968, S. 135 f.

126 Václav Havel, »Rede auf dem IV. Kongreß des tschechoslowakischen Schriftstellerverbandes«, ebd., S. 88 f.

127 Rudi Dutschke, »Von der Liberalisierung zur Demokratisierung. Ein Interview mit Rudi Dutschke«, in: Vladimir Klokocka, »Demokratischer Sozialismus. Ein authentisches Modell«, »Konkret extra 1«, Hamburg 1968, S. 9.

128 Hans-Jürgen Krahl, »Zur historischen Dialektik der nachstalinistischen Reform in der ČSSR«, in: Rainer Deppe, Brigitte Heinrich, Michael Bärmann, »Die Tschechoslowakei von 1945 bis 1968. Zwischen Kapitalismus und Revolution«, mit einem Aufsatz von Otta Sik, Berlin 1968, S. 14.

129 Ernst Bloch beharrt in einem Gespräch mit der Essener Schülerzeitung »Der Stachel« von 1970 darauf, daß ein »falscher Sozialismus«, welche Realitätsmacht er immer vorzuweisen haben mag, eben kein Sozialismus mehr ist. Philosophisch ist dieser Einwand wohl auf die Kritik des ontologischen Gottesbeweises zurückzuführen. Diesem lag der Gedanke zu Grunde, daß zur Idee des höchsten und vollkommensten Wesens notwendig seine Existenz gehöre. Bloße Existenz fügt einer Idee dagegen nichts an Wahrheitsgehalt hinzu; dieser beruht nach Bloch ausschließlich darin, wie der humanitäre Selbstanspruch Wirklichkeit geworden ist. Blochs Position ist unmißverständlich. Er sagt in dem Gespräch mit der Schülerzeitung: »Lukács hat vor einem Jahr bei einem Interview gesagt: ›Der schlechteste Sozialismus ist immer noch besser als der beste Kapitalismus.‹ Da gibt es aber ein lateinisches Sprichwort, es stammt von Sallust: ›corruptio optimi pessimaı. – Die Korruption des Besten ist gerade die allerschlechteste, die allerübelste Korruption ist die des Besten. So läßt sich sagen: Der schlechteste Sozialismus ist eben kein Sozialismus mehr und ist weiter vom Sozialismus entfernt als der armseligste, lahmste Reformismus ... Der schlechteste Sozialismus, also die Arbeitslager, in die Stalin die Leute geschickt hat, ist halt keiner mehr. Wenn der Sozialismus nicht gut ist, ist er kein Sozialismus.« (»Gespräche mit Ernst Bloch«, herausgegeben von Rainer Traub und Harald Wieser, Frankfurt am Main 1975, S. 139 f.)

130 »Prag und die Linke«, mit Beiträgen von Erich Kuby, Oskar Negt, Peter Weiss, Erich Fried, Jean-Paul Sartre, Ulrike Meinhof, Luigi Longo, Fidel Castro, »Konkret extra 2«, Hamburg 1968, S. 40.

131 Das Buch ist 1988 im Wilhelm Heyne Verlag München erschienen.

132 »›Nur Wölfe im demokratischen Schafspelz?‹ Vom Mythos der 68er blieb bei einer Tagung nichts übrig – Eine Demontage ohne Rücksicht auf Widersprüche«, Bericht von der Pankower Literaturwerkstatt von Ute Frings, in: »Frankfurter Rundschau«, 20.2.1995.

133 Olaf Ihlau, »Zwanzig Jahre nach dem Studentenaufstand: Die grauhaarigen 68er. Blick zurück mit abgeklärten Lächeln. Nur wenige von denen, die als Anführer der Osterevolte Schlagzeilen machten, haben sich danach in der bürgerlichen Welt zurechtgefunden«, in: »Süddeutsche Zeitung«, 31.3./1.4.1988.

134 Ebd.

135 Aus dieser Flut sozialpsychologisch bestimmter Karrierenliteratur ragen zwei Bücher heraus, die den politischen Gegenwartskontext in den Gesprächen nicht vergessen: Tobias Mündemann, »Die 68er ... und was aus ihnen geworden ist«, München 1988; Karl-Heinz Heinemann, Thomas Jaitner, »Ein langer Marsch. 68 und die Folgen«, Köln 1993.

136 Das jüngste Resultat dieser Bemühungen, die politischen Gegenwartswirkungen des Milieus von 68 zu bestimmen, ist das Buch »Dienstjubiläum einer Revolte. 1968 und 25 Jahre«, herausgegeben von Franz Schneider, München 1992

137 Vgl. dazu Detlev Claussen: »Der Blick ging gerade von der Familie weg zur Gesellschaft und zu der Frage, wie man den Kreislauf unterbrechen konnte, der immer wieder autoritäre Charaktertypen hervorbringt. Das Generationsschema ist demgegenüber sehr simpel ... Väter und Söhne, Töchter gegen Mütter.« (»Ein Mythos, den man

zerstören muß«, im Gespräch mit Claus Leggewie, »Frankfurter Rundschau«, 9.7.1988)

138 Vgl. dazu: Karl Griewank, »Deutsche Studenten und Universitäten in der Revolution von 1848«, a.a.O.

139 »Konstitution und Klassenkampf. Zur historischen Dialektik von bürgerlicher Emanzipation und proletarischer Revolution«, herausgegeben von Claussen, Leineweber, Loewy, Negt, Riechmann, Frankfurt am Main 1971, dokumentiert eine große Zahl hervorragender sozialphilosophischer Fragmente.

140 Eine würdige, sehr kurze Erinnerung an den früh verstorbenen scharfsinnigen Kritiker linker Geschichtslosigkeit schreibt Detlev Claussen in der »Frankfurter Rundschau« vom 13.2.1995.

141 Ich nenne drei Bücher von Dutschke in diesem Zusammenhang: »Aufrecht Gehen. Eine fragmentarische Autobiographie«, Berlin 1981; »Geschichte ist machbar. Texte über das herrschende Falsche und die Radikalität des Friedens«, Berlin 1991; »Mein langer Marsch. Reden, Schriften und Tagebücher aus zwanzig Jahren«, Reinbek bei Hamburg 1980. Wie ich höre, sitzt Gretchen Dutschke-Klotz an einer umfassenden Biographie ihres Mannes.

142 Siehe dazu seine umfassende Untersuchung »Versuch, Lenin auf die Füße zu stellen. Über den halbasiatischen und den westeuropäischen Weg zum Sozialismus, Lenin, Lukács und die Dritte Internationale«, Berlin 1974. Der handschriftliche Gruß in dem Exemplar, das er mir zuschickte, lautet: »Roten Dank, viel Solidarität! Rot Front. Rudi.«

143 Das respektable Ergebnis dieser Transformation der Energie formaler Radikalität in jene kleinen politischen Schritte, die ihm gut ein Jahrzehnt zuvor nur ein verächtliches Achselzucken abgefordert hätten, hat Daniel Cohn-Bendit in einem mit Thomas Schmid gemeinsam geschriebenen Buch vorgelegt: »Heimat Babylon. Das Wagnis der multikulturellen Demokratie«, Hamburg 1993.

144 Dieses Buch ist nie erschienen; das vorliegende Buch ist die über sieben Jahre entwikkelte kritische Verarbeitung der »angestaubten Textsammlung«, die ich Gott sei Dank damals nicht herausgebracht habe.

145 Jean-Paul Sartre, »Der Intellektuelle und die Revolution«, Neuwied und Berlin 1971, S. 11.

146 Das Buch ist im Paul List-Verlag München 1963 erschienen.

147 Vgl. dazu: Marianne Regensburger, »Zur Bedeutungsgeschichte des Wortes ›links‹«, in: Horst Krüger, »Was ist heute links?«, a.a.O., S. 29 f.

148 Ebd., S. 27.

149 Peter Schneider, »Der neue deutsche Grobian«, in: »Der Spiegel«, 8.8.1994.

150 Ebd.

151 Das Buch von Elmar Altvater, »Die Zukunft des Marktes. Ein Essay über die Regulation von Geld und Natur nach dem Scheitern des ›real existierenden Sozialismus‹«, Münster 1991, geht als gründlichste Gegenwartsanalyse der Grenzen des Marktes in diese Richtung.

152 Karl Marx, »Die Frühschriften«, a.a.O., S. 361.

153 Ebd., S. 208.

154 Ebd.

155 Ebd.

156 Walter Benjamin, »Über den Begriff der Geschichte (Fragmente und Vorarbeiten)«,

in:»Gesammelte Schriften«, unter der Mitwirkung von Theodor W. Adorno und Gershom Scholem herausgegeben von Rolf Tiedemann und Hermann Schweppenhäuser, Bd. I, 3, Frankfurt am Main 1972, S. 1244.

157 Ebd., S. 1235 f.

158 Max Horkheimer,»Die Juden in Europa. Autoritärer Staat, Vernunft und Selbsterhaltung«, Verlag de Munter, Amsterdam 1967, S. 59.

159 Walter Benjamin,»Gesammelte Schriften«, a.a.O., S. 1231.

160 »Frankfurter Rundschau«, 5.3.1994.

161 Ebd.

162 Meinhard Miegel,»Vollbeschäftigung – eine sozialromantische Utopie?«, in: Alfred Herrhausen, Gesellschaft für internationalen Dialog (Hg.),»Arbeit der Zukunft, Zukunft der Arbeit«, Stuttgart 1994, S. 44 und S. 48 f.

163 Fritz Neumark,»Wandlungen in den Auffassungen vom Volkswohlstand«, Frankfurt am Main 1964.

164 Bernard de Mandeville,»The fable of the bees, or private vices, public benefits«, London 1714.

165 Jürgen Seifert,»Wir brauchen eine Ökonomie für das ganze Haus«, in:»vorgänge«, 1989, Heft 2, S. 25.

166 »Frankfurter Rundschau«, 12.3.1994.

167 Vgl. Herbert A. Henzler, Lothar Späth,»Sind die Deutschen noch zu retten?«, München 1993.

168 André Gorz,»Die Arbeitsgesellschaft ist faktisch tot«, in:»die tageszeitung«, 10.3.1994.

169 Pierre Bourdieu,»Die Intellektuellen und die Macht«, Hamburg 1991, S. 49 f.

170 Karl Korsch hat 1919 den Gründungsversuch einer deutschen Fabiergesellschaft unternommen. Mit großer Achtung sprach er von G. B. Shaw und den Fabian Tracts, den politisch und polemisch zugespitzten Kurzessays. Sie sind, wie er sagt,»das unübertroffene, schlechthin musterhafte Vorbild des politischen Traktats, der nicht für Parteien, sondern für Ideen wirbt. Sie sind zugleich unerschöpfliche Fundgruben volkswirtschaftlicher und kulturwissenschaftlicher Erkenntnis.« (Karl Korsch,»Gesamtausgabe«, herausgegeben und eingeleitet von Michael Buckmiller, Frankfurt am Main 1980, Bd. 2, S. 163). Ob der am Ende seines Aufsatzes»Über die Möglichkeiten einer sozialistischen Aufklärungsarbeit« formulierte Gründungsaufruf für eine deutsche Fabiergesellschaft Erfolg hatte, ist zu bezweifeln; M. Buckmiller hält das für unwahrscheinlich (vgl. ebd., S. 635).

Auswahlbibliographie

1. Dokumentationen zu 68

Glucksmann, André, A. Gorz, E. Mandel, J.-M. Vincent, »Revolution Frankreich 1968. Ergebnisse und Perspektiven«, Frankfurt am Main 1969

Griewank, Karl, »Deutsche Studenten und Universitäten in der Revolution von 1848«, Weimar 1949

Griewank, Karl, »Der neuzeitliche Revolutionsbegriff. Entstehung und Entwicklung«, Frankfurt am Main 1969

Habermas, Jürgen, »Protestbewegung und Hochschulreform«, Frankfurt am Main 1969

Negt, Oskar, »Politik als Protest. Reden und Aufsätze zur antiautoritären Bewegung«, Frankfurt am Main 1971

Nitsch, Wolfgang, Uta Gerhardt, Claus Offe, Ulrich K. Preuß, »Hochschule in der Demokratie«, Neuwied und Darmstadt 1965

»Der CDU-Staat. Analysen zur Verfassungswirklichkeit der Bundesrepublik«, herausgegeben von Gert Schäfer und Carl Nedelmann, 1. Auflage Frankfurt am Main 1967, 2. Auflage Frankfurt am Main 1969

»Chronik 1968. Tag für Tag in Wort und Bild«, Dortmund 1987

»Das Establishment antwortet der APO«, Dokumentation von Hans-Joachim Winkler, Opladen 1968

»Studentenbewegung 67–69. Protokolle und Materialien«, herausgegeben und eingeleitet von Frank Wolf und Eberhard Windaus, Frankfurt am Main 1977

»um 1968. konkrete utopien in kunst und gesellschaft«, Katalog zur gleichnamigen Ausstellung in der Städtischen Kunsthalle Düsseldorf, Köln 1990

»Universität und Widerstand. Versuch einer politischen Universität in Frankfurt«, herausgegeben von Detlev Claussen und Regine Dermitzel, Frankfurt am Main 1968

2. Aufarbeitungen und biographische Skizzen

Brückner, Peter, »Ulrike Meinhof und die deutschen Verhältnisse«, Berlin 1976

Claussen, Detlev, »Mit steinernem Herzen. Politische Essays«, Bremen 1989

Cohn-Bendit, Daniel, »Der große Basar«, Gespräche mit Michel Lévy, Jean-Marc Salmon, Maren Sell, München 1975

Dutschke, Rudi, »Mein langer Marsch. Reden, Schriften und Tagebücher aus 20 Jahren«, herausgegeben von Gretchen Dutschke-Klotz, Helmut Gollwitzer und Jürgen Miermeister, Reinbek bei Hamburg 1980

Dutschke, Rudi, »Geschichte ist machbar. Texte über das herrschende Falsche und die Radikalität des Friedens«, Berlin 1991

Heinemann, Karl-Heinz, Thomas Jaitner, »Ein langer Marsch. 68 und die Folgen«, Köln 1993

Krahl, Hans-Jürgen, »Konstitution und Klassenkampf. Zur historischen Dialektik von bürgerlicher Emanzipation und proletarischer Revolution. Schriften, Reden und Entwürfe aus den Jahren 1966–1970«, Frankfurt am Main 1971

Mündemann, Tobias, »Die 68er ... und was aus ihnen geworden ist«, München 1988

Negt, Oskar, »Keine Demokratie ohne Sozialismus. Über den Zusammenhang von Politik, Geschichte und Moral«, Frankfurt am Main 1977

»1968 revisited. Erfahrungen mit einem Umbruch«, »Neue Rundschau«, 1993, Heft 2

»Dienstjubiläum einer Revolte. 1968 und 25 Jahre«, herausgegeben von Franz Schneider, München 1992

3. Theorieansätze

Altvater, Elmar, »Die Zukunft des Marktes. Ein Essay über die Regulation von Geld und Natur nach dem Scheitern des ›real existierenden Sozialismus‹«, Münster 1991

Adorno, Theodor W., »Negative Dialektik«, Frankfurt am Main 1966

Adorno, Theodor W., »Kritik. Kleine Schriften zur Gesellschaft«, Frankfurt am Main 1971

Bloch, Ernst, »Naturrecht und menschliche Würde«, Frankfurt am Main 1961

Bloch, Ernst, »Politische Messungen. Pestzeit, Vormärz«, Frankfurt am Main 1970

Fanon, Frantz, »Die Verdammten dieser Erde«, Vorwort von Jean-Paul Sartre, Frankfurt am Main 1966

Habermas, Jürgen, »Strukturwandel der Öffentlichkeit«, Neuwied und Berlin 1962

Habermas, Jürgen, »Erkenntnis und Interesse«, Frankfurt am Main 1968

Horkheimer, Max, »Gesammelte Schriften«, Bd. 6, »›Zur Kritik der instrumentellen Vernunft‹ und ›Notizen 1949–1969‹«, Frankfurt am Main 1991

Lukács, Georg, »Geschichte und Klassenbewußtsein«, Neuwied und Berlin 1968 (entstanden 1923)

Marcuse, Herbert, »Der eindimensionale Mensch. Studien zur Ideologie der fortgeschrittenen Industriegesellschaft«, Neuwied und Berlin 1967

Negt, Oskar, »Lebendige Arbeit, enteignete Zeit. Politische und kulturelle Dimensionen des Kampfes um die Arbeitszeit«, Frankfurt am Main und New York 1984

Negt, Oskar, Alexander Kluge, »Öffentlichkeit und Erfahrung. Zur Organisationsanalyse bürgerlicher und proletarischer Öffentlichkeit«, Frankfurt am Main 1972

Radbruch, Gustav, »Rechtsphilosophie«, Stuttgart 1950

»Spätkapitalismus oder Industriegesellschaft? Verhandlungen des 16. Deutschen Soziologentages«, herausgegeben und eingeleitet von Theodor W. Adorno, Stuttgart 1969

»Spuren der Befreiung – Herbert Marcuse. Ein Materialienbuch zur Einführung in sein politisches Denken«, herausgegeben von Detlev Claussen, Neuwied und Darmstadt 1981